铸造数字化信息化智能化技术丛书

# 铸造企业数字化管理系统及应用

周建新　计效园　等编著

机械工业出版社

本书系统阐述了铸造企业信息化进程中数字化管理的理论与方法、软件系统架构以及典型应用案例。本书分上下两篇：上篇铸造企业数字化管理理论与方法，主要介绍了铸造企业单件化、智能化、柔性化（设计与实施）、集成化（软件间、软硬件间）、协同化、智能化排产等管理方法；下篇铸造企业数字化管理软件及应用，主要介绍了华铸ERP集成系统的功能模块、二次开发方法以及典型应用案例等。本书是对我国铸造行业从数字化、信息化走向智能化的思考与探索，以期为我国铸造行业由大变强奠定好信息化基础，并为我国铸造行业走向智能化提供管理理论方法指导、国产铸造ERP软件系统支持以及典型应用案例借鉴。

本书可供铸造工程技术人员、管理人员使用，也可供相关专业的在校师生及研究人员参考。

### 图书在版编目（CIP）数据

铸造企业数字化管理系统及应用/周建新等编著. —北京：机械工业出版社，2020.6

（铸造数字化信息化智能化技术丛书）

ISBN 978-7-111-65419-3

Ⅰ.①铸…  Ⅱ.①周…  Ⅲ.①铸造工业-工业企业管理-管理系统（软件）-研究-中国  Ⅳ.①F426.41

中国版本图书馆CIP数据核字（2020）第065606号

机械工业出版社（北京市百万庄大街22号　邮政编码100037）
策划编辑：陈保华　责任编辑：陈保华
责任校对：王　延　封面设计：马精明
责任印制：孙　炜
天津嘉恒印务有限公司印刷
2020年7月第1版第1次印刷
184mm×260mm·27.25印张·677千字
标准书号：ISBN 978-7-111-65419-3
定价：99.00元

电话服务　　　　　　　　网络服务
客服电话：010-88361066　机　工　官　网：www.cmpbook.com
　　　　　010-88379833　机　工　官　博：weibo.com/cmp1952
　　　　　010-68326294　金　书　网：www.golden-book.com
**封底无防伪标均为盗版**　机工教育服务网：www.cmpedu.com

# 前　言

21世纪以来，数字化、信息化、智能化技术在制造业广泛应用，制造系统集成式创新不断发展，形成了新一轮工业革命的主要驱动力。在当前的数字化时代，"云计算、大数据、物联网、移动互联"正在深刻地影响每个人的生活方式和每个企业的运营方式。《中国制造2025》明确提出，要以新一代信息技术与制造业深度融合为主线，以推进智能制造为主攻方向。

作为装备制造业的基础，我国铸造业积极向智能制造转型升级，不断寻求运用数字化、网络化、信息化、智能化技术来提升自身效率和核心竞争力，不断向高质量发展。在此背景下经过较长时间的数字化应用和转型升级，我国铸造行业取得了长足的进步，铸造企业两化融合进程呈现出新的特点和趋势，也遇到了产品单件化、精细化管控，柔性化、集成化、智能化管理等种种需求与困惑，迫切需要系统性的理论方法、软件系统架构以及典型应用案例借鉴。因此，作者结合华铸软件中心近30年来从事铸造企业数字化与信息化管理研究与实践工作的经验撰写了本书。

本书分上下两篇，系统阐述了铸造企业信息化进程中数字化管理的理论与方法、软件系统架构以及典型应用案例。本书上篇介绍了铸造企业数字化管理理论与方法，主要内容包括：铸造企业数字化管理概述、铸造企业单件化管理方法、铸造企业智能化管理方法、铸造企业柔性化管理方法、数字化管理系统柔性化实施方法、数字化管理系统集成化方法、铸造企业设备数据采集方法、铸造企业协同化管理方法、铸造企业智能化排产方法；下篇介绍了铸造企业数字化管理软件及应用，主要内容包括：华铸ERP集成系统概述、华铸ERP集成系统部署与安装、华铸ERP集成系统通用操作、华铸ERP集成系统二次开发、华铸ERP集成系统典型应用案例。本书是华铸软件中心近30年来从事铸造企业信息化研究与实践工作的成果总结，是对我国铸造行业从数字化、信息化走向智能化的思考与探索，以期为我国铸造行业由大变强奠定好信息化基础，并为我国铸造行业走向智能化提供管理理论方法指导、国产铸造ERP软件系统支持以及典型应用案例借鉴。

本书主要由周建新、计效园、殷亚军、沈旭编著。具体编写分工：第1~7章及附录部分由周建新编著，第8~13章及第14章的14.1~14.4节由计效园编著，第14章的14.5节、14.6节由殷亚军编著，第14章的14.7节、14.8节由沈旭编著。

鉴于作者水平有限，本书在广度与深度上还有待扩展，错误和不足之处还请读者批评指正。

作　者

# 目 录

前言

## 上篇 铸造企业数字化管理理论与方法

### 第1章 铸造企业数字化管理概述 ········ 2
- 1.1 铸造数字化管理技术的定义与内涵 ······ 2
- 1.2 现代化企业管理理论 ······················ 3
  - 1.2.1 企业资源规划理论 ···················· 3
  - 1.2.2 产品工艺管理理论 ···················· 5
  - 1.2.3 生产管理理论 ························· 6
  - 1.2.4 质量管理理论 ························· 8
- 1.3 铸造数字化管理技术发展历史、现状与趋势 ······················· 9
  - 1.3.1 发展历史与现状 ······················ 9
  - 1.3.2 已实用化的技术 ····················· 11
  - 1.3.3 发展中的技术与未来趋势 ·········· 21

### 第2章 铸造企业单件化管理方法 ······· 23
- 2.1 铸件单件化管理需求 ····················· 23
- 2.2 单件化管理 ································ 24
  - 2.2.1 单件化管理的思想 ··················· 25
  - 2.2.2 单件化管理的定义 ··················· 26
  - 2.2.3 单件化管理的方法体系 ············· 27
  - 2.2.4 单件化管理的意义和适用范围 ···· 29
- 2.3 铸件单件全生命周期管理模型 ········ 30
- 2.4 流程驱动模型 ····························· 33
- 2.5 盈余期排产模型 ·························· 34

### 第3章 铸造企业智能化管理方法 ······· 36
- 3.1 铸造企业数字化管理中智能化需求 ··· 36
- 3.2 智能化方法 ································ 36
  - 3.2.1 智能化方法的背景 ··················· 36
  - 3.2.2 智能化方法的思想 ··················· 37
  - 3.2.3 智能化方法的定义与体系 ·········· 38
  - 3.2.4 智能化方法的意义和适用范围 ···· 40
- 3.3 智能任务技术 ····························· 40
  - 3.3.1 智能任务技术发展的背景 ·········· 40
  - 3.3.2 智能任务技术的内容 ··············· 40
  - 3.3.3 智能任务技术的意义 ··············· 41
  - 3.3.4 智能任务技术实现的关键及难点 ································· 42
- 3.4 智能分析技术 ····························· 42
  - 3.4.1 智能分析技术发展的背景 ·········· 42
  - 3.4.2 智能分析技术的内容 ··············· 43
  - 3.4.3 智能分析技术的意义 ··············· 44
  - 3.4.4 智能分析技术实现的关键及难点 ································· 44
- 3.5 智能决策技术 ····························· 45
  - 3.5.1 智能决策技术发展的背景 ·········· 45
  - 3.5.2 智能决策技术的内容 ··············· 45
  - 3.5.3 智能决策技术的意义 ··············· 45
  - 3.5.4 智能决策技术实现的关键及难点 ································· 46
- 3.6 智能托管技术 ····························· 46
  - 3.6.1 智能托管技术发展的背景 ·········· 46
  - 3.6.2 智能托管技术的内容 ··············· 46
  - 3.6.3 智能托管技术的意义 ··············· 47
  - 3.6.4 智能托管技术实现的关键及难点 ································· 47
- 3.7 智能绩效分析技术 ······················· 48
  - 3.7.1 智能绩效分析技术发展的背景 ···· 48
  - 3.7.2 智能绩效分析技术的内容 ·········· 48
  - 3.7.3 智能绩效分析技术的意义 ·········· 49
  - 3.7.4 智能绩效分析技术实现的关键及难点 ································· 49
- 3.8 智能绩效点评技术 ······················· 50
  - 3.8.1 智能绩效点评技术发展的背景 ···· 50
  - 3.8.2 智能绩效点评技术的内容 ·········· 50
  - 3.8.3 智能绩效点评技术的意义 ·········· 50
  - 3.8.4 智能绩效点评技术实现的关键及

难点 …………………………………… 50

**第4章  铸造企业柔性化管理方法** ……… 52
4.1  铸造企业数字化管理中系统柔性
需求 …………………………………… 52
4.2  企业管理需求对信息系统的柔性表征
模型 …………………………………… 54
　4.2.1  表单需求模型 …………………… 54
　4.2.2  功能需求模型 …………………… 55
　4.2.3  模块需求模型 …………………… 56
　4.2.4  流程需求模型 …………………… 56
4.3  支持流程再造的信息系统柔性化
方法 …………………………………… 59
　4.3.1  表单柔性方法与技术 …………… 59
　4.3.2  功能柔性方法与技术 …………… 69
　4.3.3  模块柔性方法与技术 …………… 75
　4.3.4  流程柔性方法与技术 …………… 80
4.4  信息系统柔性性能的评价方法 …… 83

**第5章  数字化管理系统柔性化实施
方法** ………………………………… 84
5.1  信息系统实施方法研究现状与柔性化
实施需求 ……………………………… 84
5.2  间歇性柔性化快速实施模型与方法 … 85
5.3  间歇性快速实施分期评价模型 …… 87
5.4  间歇性快速实施分期评价步骤 …… 92

**第6章  数字化管理系统集成化方法** …… 94
6.1  数字化管理系统集成化需求 ……… 94
6.2  "1+N"模式的数字化铸造平台架构 … 95
6.3  "1+N"模式的数字化铸造平台的关键
集成技术 ……………………………… 97
6.4  "1+N"模式的数字化铸造平台应用
案例 …………………………………… 98
　6.4.1  同源系统间集成：华铸ERP与
其他华铸软件系统集成 ………… 98
　6.4.2  异源系统间集成：华铸ERP与
其他软件系统集成 ……………… 102

**第7章  铸造企业设备数据采集
方法** ………………………………… 105
7.1  设备数据采集发展现状 …………… 105
7.2  基于PLC与组态的设备数据柔性
采集方法 ……………………………… 108
　7.2.1  下位机采集站点设计 …………… 109
　7.2.2  上位机软件采集与柔性存储 …… 111

7.3  基于数据库的设备数据柔性采集
方法 …………………………………… 113
　7.3.1  设备数据库采集分析 …………… 114
　7.3.2  设备数据库柔性采集方法 ……… 117
　7.3.3  设备数据实时显示与监控方法 … 122
7.4  基于PLC与组态的设备数据柔性采集
应用 …………………………………… 122
　7.4.1  某一钛合金熔模精铸企业设备
数据采集 ………………………… 122
　7.4.2  应用效果分析 …………………… 129
7.5  基于数据库的设备数据柔性采集
应用 …………………………………… 130
　7.5.1  某一自动生产线砂铸企业设备
数据采集 ………………………… 130
　7.5.2  应用效果分析 …………………… 133

**第8章  铸造企业协同化管理方法** ……… 134
8.1  铸造数字化管理系统协同化管理
需求 …………………………………… 134
8.2  铸件生产质量双链协同管控模型 … 135
　8.2.1  生产与质检脱节问题分析 ……… 136
　8.2.2  双链协同管控模型建立 ………… 137
　8.2.3  模型实现的关键技术 …………… 138
8.3  铸造企业双链协同管控模型的应用 … 139
　8.3.1  双链协同管控模型在不同类型
铸造企业的应用 ………………… 139
　8.3.2  应用效果分析 …………………… 140
8.4  铸件质量与工艺、生产三角协同管控
模型 …………………………………… 142
　8.4.1  质量-工艺-生产脱节问题分析 … 142
　8.4.2  三角协同管控模型建立 ………… 143
　8.4.3  模型实现的关键技术 …………… 144
8.5  铸造企业三角协同管控模型的应用 … 149
　8.5.1  三角协同管控模型在不同类型
铸造企业的应用 ………………… 150
　8.5.2  应用效果分析 …………………… 156

**第9章  铸造企业智能化排产方法** ……… 159
9.1  铸造智能化排产需求分析 ………… 159
9.2  铸造企业造型熔炼炉次计划建模与
求解 …………………………………… 160
　9.2.1  造型熔炼炉次计划整型规划数学
模型 ……………………………… 160
　9.2.2  基于改进遗传算法的造型熔炼
炉次计划求解方法 ……………… 162

9.3 铸造企业热处理炉次计划建模与
　　求解 ·················· 166
　9.3.1 热处理工艺信息模型 ······ 166
　9.3.2 热处理炉次计划 0-1 整型规划
　　　　数学模型 ··············· 168
　9.3.3 基于改进教与学算法的热处理
　　　　炉次计划求解方法 ········ 170

# 下篇　铸造企业数字化管理软件及应用

## 第 10 章　华铸 ERP 集成系统概述 ······ 177
10.1 华铸 ERP 集成系统发展简介 ··· 177
10.2 华铸 ERP 集成系统架构简介 ··· 178
　10.2.1 系统业务模型 ··········· 178
　10.2.2 系统功能组成 ··········· 178
　10.2.3 系统应用分级 ··········· 179
10.3 华铸 ERP 集成系统模块简介 ··· 180
　10.3.1 铸造经营/订单销售客户管理 ··· 180
　10.3.2 铸造产品工艺技术管理 ··· 180
　10.3.3 铸造生产管理 ··········· 181
　10.3.4 铸造质量管理 ··········· 181
　10.3.5 铸造采购仓储管理 ······ 182
　10.3.6 铸造车间综合保障管理 ··· 182
　10.3.7 铸造人力资源管理 ······ 182
　10.3.8 铸造财务管理 ··········· 183
　10.3.9 铸造设备互联/数据采集与
　　　　监控 ··················· 183
　10.3.10 系统管理 ·············· 183

## 第 11 章　华铸 ERP 集成系统部署与
##         安装 ················ 184
11.1 数据与文件服务器部署 ······ 184
　11.1.1 数据服务部署方法 ······ 184
　11.1.2 文件服务部署方法 ······ 186
　11.1.3 备份服务器配置方法 ···· 188
11.2 软件安装与注册 ············· 189

## 第 12 章　华铸 ERP 集成系统通用
##         操作 ················ 191
12.1 主界面主菜单 ··············· 191
　12.1.1 显示/隐藏左侧导航栏 ··· 192
　12.1.2 用户定制服务 ··········· 192
　12.1.3 企业新鲜事 ············· 193
　12.1.4 修改用户名密码 ········ 193
　12.1.5 发布通知 ··············· 193
　12.1.6 用户列表 ··············· 193
　12.1.7 个人设置 ··············· 193
　12.1.8 监控中心 ··············· 194

　12.1.9 指导中心 ··············· 194
　12.1.10 RSS 服务 ·············· 195
　12.1.11 个人信箱 ·············· 196
　12.1.12 快捷键 ················ 196
　12.1.13 特殊字符 ·············· 198
　12.1.14 临时文件清理 ········· 198
　12.1.15 数据库维护 ··········· 198
　12.1.16 帮助手册 ·············· 199
　12.1.17 帮助资料 ·············· 199
　12.1.18 版本说明 ·············· 200
12.2 数据处理中心主菜单 ········ 200
　12.2.1 栏目 ···················· 201
　12.2.2 分组 ···················· 201
　12.2.3 分析 ···················· 203
　12.2.4 样式 ···················· 204
　12.2.5 打印 ···················· 205
　12.2.6 输出 ···················· 208
　12.2.7 添加 ···················· 210
　12.2.8 浏览模式/修改模式 ····· 211
　12.2.9 删除 ···················· 211
　12.2.10 过滤 ··················· 211
　12.2.11 批量修改 ·············· 211
　12.2.12 行隐藏 ················ 212
　12.2.13 恢复 ··················· 212
　12.2.14 保存 ··················· 212
　12.2.15 刷新 ··················· 212
　12.2.16 导入 Excel ············ 212
　12.2.17 工具 ··················· 212
　12.2.18 展开 ··················· 215
　12.2.19 退出 ··················· 216
　12.2.20 列表区功能 ··········· 216
　12.2.21 数据窗口状态栏 ······ 216
12.3 特色功能 ····················· 217
　12.3.1 数据显示窗口 ··········· 217
　12.3.2 FTP 文件服务 ·········· 217
　12.3.3 打印解析公式 ··········· 217
　12.3.4 短信服务 ··············· 219

| | | |
|---|---|---|
| 12.3.5 监控中心 | 219 | |
| 12.3.6 签名机制 | 219 | |
| 12.3.7 无限分组 | 220 | |
| 12.3.8 全文搜索 | 220 | |
| 12.3.9 右键系统工具库 | 221 | |
| 12.3.10 指导中心 | 221 | |
| 12.3.11 分析中心 | 222 | |
| 12.3.12 评估中心 | 223 | |
| 12.3.13 日期where器 | 223 | |
| 12.3.14 对象属性器 | 223 | |
| 12.3.15 分组器右键功能菜单 | 224 | |
| 12.4 系统管理 | 224 | |
| 12.4.1 初始化 | 224 | |
| 12.4.2 自助服务 | 226 | |
| 12.4.3 系统维护 | 228 | |

## 第13章 华铸ERP集成系统二次开发 232

| | |
|---|---|
| 13.1 语法修改器专题 | 232 |
| 13.1.1 语法修改器菜单专题 | 232 |
| 13.1.2 语法修改器控件属性专题 | 248 |
| 13.2 万能键及Excel导入专题 | 255 |
| 13.2.1 公式器 | 255 |
| 13.2.2 复制与粘贴 | 257 |
| 13.2.3 栏目设置 | 257 |
| 13.2.4 分组统计 | 258 |
| 13.2.5 动态增加列 | 258 |
| 13.2.6 图形化分析 | 259 |
| 13.2.7 对象属性修改器 | 260 |
| 13.2.8 排序 | 262 |
| 13.2.9 模板输出 | 262 |
| 13.2.10 Excel导入技术 | 264 |
| 13.2.11 美化 | 268 |
| 13.2.12 用户界面标题栏右键操作 | 270 |
| 13.2.13 用户界面数据区右键操作 | 271 |
| 13.3 用户自定义模块专题 | 271 |
| 13.3.1 系统三层架构 | 271 |
| 13.3.2 数据窗口技术 | 273 |
| 13.3.3 中级模块建立流程 | 280 |
| 13.3.4 任务驱动技术 | 287 |
| 13.3.5 细则处理技术 | 288 |
| 13.4 应用库与工具库专题 | 291 |
| 13.4.1 系统应用库设计 | 291 |
| 13.4.2 系统工具库设置 | 299 |

| | |
|---|---|
| 13.5 智能约束专题 | 301 |
| 13.5.1 不为空约束 | 301 |
| 13.5.2 其他约束 | 305 |
| 13.5.3 系统约束集 | 305 |
| 13.6 TAG标签技术专题 | 306 |
| 13.6.1 RbuttonDown族标签 | 307 |
| 13.6.2 ItemChanged族标签 | 313 |
| 13.6.3 Clicked族标签 | 314 |
| 13.6.4 [usertag]标签 | 317 |
| 13.6.5 字符多引号的说明 | 318 |
| 13.7 常见函数库专题 | 318 |
| 13.7.1 程序函数库 | 318 |
| 13.7.2 数据库函数 | 320 |
| 13.8 其他功能专题 | 321 |
| 13.8.1 系统其他设置 | 321 |
| 13.8.2 系统指导中心设置 | 322 |
| 13.8.3 FTP模板功能 | 325 |
| 13.8.4 系统分类信息 | 328 |
| 13.8.5 数据维护 | 329 |
| 13.8.6 系统维护 | 331 |
| 13.8.7 大数据搜索 | 336 |

## 第14章 华铸ERP集成系统典型应用案例 339

| | |
|---|---|
| 14.1 航空航天领域钛合金熔模精密铸造企业中的应用 | 339 |
| 14.1.1 企业应用背景介绍 | 339 |
| 14.1.2 应用特色1：精密铸造主子卡生产管理 | 340 |
| 14.1.3 应用特色2：生产制造ERP系统与财务供应链系统集成 | 348 |
| 14.1.4 应用特色3：全流程外协管理 | 350 |
| 14.2 铁路领域半自动造型砂型铸造企业中的应用 | 351 |
| 14.2.1 企业应用背景介绍 | 351 |
| 14.2.2 应用特色1：铸造工艺自动评分 | 352 |
| 14.2.3 应用特色2：生产质量双链协同管控流程优化 | 355 |
| 14.3 汽车领域自动生产线砂型铸造企业中的应用 | 361 |
| 14.3.1 企业应用背景介绍 | 361 |
| 14.3.2 应用特色：发动机铸铁件断芯 | |

　　　　　缺陷研究与控制 ………… 362
14.4 核电石油领域精密铸造、砂型铸造混合
　　　大型集团式铸造企业中的应用 ……… 368
　14.4.1 企业应用背景介绍 ………… 368
　14.4.2 应用特色1：财务管理系统 …… 369
　14.4.3 应用特色2：扫码式现场完工
　　　　　报工 ………………………… 371
　14.4.4 应用特色3：基于库位模型的
　　　　　生产物流管控 ……………… 380
　14.4.5 应用特色4：车间现场扫码与
　　　　　数据在线化处理 …………… 386
　14.4.6 应用特色5：数字化工艺卡 …… 388
14.5 核电石油领域多厂区多车间集团式
　　　精密铸造企业中的应用 ……………… 390
　14.5.1 企业应用背景介绍 ………… 390
　14.5.2 应用特色1：主子卡跟踪与质量
　　　　　追踪追责 …………………… 390
　14.5.3 应用特色2：生产质检流程
　　　　　优化 ………………………… 397
14.6 核电石油领域砂型铸造、精密铸造
　　　混合型中型集团式企业中的应用 …… 400
　14.6.1 企业应用背景介绍 ………… 400

　14.6.2 应用特色：铸件质量与工艺、
　　　　　生产三角协同管控 ………… 401
14.7 工程机械领域大型铸件单件小批砂型
　　　铸造企业中的应用 …………………… 404
　14.7.1 企业应用背景介绍 ………… 404
　14.7.2 应用特色1：单件化管理 …… 405
　14.7.3 应用特色2："1+N"数字化
　　　　　铸造管理平台 ……………… 408
　14.7.4 应用特色3：数字化铸造工艺卡
　　　　　模型 ………………………… 411
14.8 工程机械领域中小型铸件单件小批
　　　砂型铸造企业中的应用 ……………… 412
　14.8.1 应用背景介绍 …………… 412
　14.8.2 应用特色1：铸件质量与工艺、
　　　　　生产三角协同管控 ………… 413
　14.8.3 应用特色2：砂型铸造流程
　　　　　优化 ………………………… 417
　14.8.4 应用特色3：热处理智能
　　　　　排产 ………………………… 419
附录　相关英文术语解释 ……………… 423
参考文献 …………………………………… 426

# 上 篇

## 铸造企业数字化管理理论与方法

# 第1章

# 铸造企业数字化管理概述

进入21世纪以来,新一代信息技术呈现爆发式增长,数字化、网络化、智能化技术在制造业得到广泛应用,制造系统集成式创新不断发展,形成了新一轮工业革命的主要驱动力。数字化管理技术作为智能制造的重要组成,是改造传统产业和实现信息化带动工业化的突破口,符合"中国制造2025"的国家重大战略需求。进入21世纪,尤其是近十年,我国铸造数字化管理技术在应用中快速发展,铸造ERP等已成为铸造企业迈入现代化管理进程中最为重要的先进铸造技术之一。

本章将阐释铸造数字化管理技术的定义、范畴,简述相关的现代化企业管理理论;论述发展沿革与现状,重点讨论已实用化的技术、正在发展中的技术;并分析铸造数字化管理技术的发展趋势。

## 1.1 铸造数字化管理技术的定义与内涵

发展先进制造技术是推动我国从"制造大国"走向"制造强国",从"中国制造"走向"中国创造""中国智造"的重要战略手段。数字化制造是先进制造技术的重要体现和必然趋势;而制造业信息化能够为数字化制造创造有利条件,是用信息技术改造传统产业和实现信息化带动工业化的突破口。提高信息化水平是企业谋求发展的必经之路。

面对新一轮工业革命,《中国制造2025》明确提出,要以新一代信息技术与制造业深度融合为主线,以推进智能制造为主攻方向。世界各国都在积极采取行动,如美、德、英、法、日、韩都将发展智能制造作为本国构建制造业竞争优势的关键举措。作为装备制造业的基础,我国铸造业目前面临着发达国家重返制造业、中低发展中国家低端铸造的快速崛起、国内企业激烈竞争以及政府节能环保高压态势等严峻挑战,铸造企业应积极向智能制造转型升级、不断寻求数字化网络化智能化技术提升自身效率和竞争力。

**1. 定义**

铸造数字化管理技术指的是面向铸造企业以数字化信息化形式为主要载体的各类管理方法、手段、工具、系统等,如应用于铸造企业的ERP、MRP/MRP Ⅱ、MES、PDM/PLM、SCM、CRM、OA等。铸造信息化过程指的是企业积极应用各类数字化信息化管理技术或系统以改善自身管理、提升企业竞争力的过程。铸造ERP,作为传统铸造与现代管理以及信息化高新技术相结合的典范,在当今信息化革命的时代,它是铸造企业长期建设和发展的方向,也是助力铸造企业腾飞的生产力。在日益加剧的全球化市场下,企业必须靠信息化取胜,把企业信息化当作一种企业发展战略来考虑,铸造企业的信息化建设,是企业生存和发展的需要;而企业信息化的关键是管理信息化,管理信息化的重点是ERP。对信息化技术的开发和利用已经成为铸造企业提升核心竞争力的重要手段之一。

## 2. 内涵

（1）数字化信息化　广义的数字化信息化可以分为设计信息化和管理信息化，设计信息化通常被称为设计数字化，信息化狭义上被理解为管理信息化。涉及管理层面，人们习惯性使用信息化这个概念，涉及设计领域，人们习惯性使用数字化这个概念。数字化、网络化、信息化概念和词汇常常在一起被使用。对信息化的定义有很多，笔者认为，信息化是一个过程，由企业实施信息化软件/系统/解决方案、构建自身信息化体系来管理整个企业相关业务和信息的过程；企业是主体，信息化系统是载体，重点在于"化"，在于内化、变化、深化以及优化。

（2）信息化过程三方　信息化过程中涉及三方：系统供应商或软件商、系统实施方、企业应用方。系统供应商为企业提供软件产品或者服务，系统实施方引导和帮助企业实施系统，两者可以分开，也可以是软件商兼任实施方。当企业上线使用简单的单业务信息系统时，如库存管理系统、财务管理系统，可能不需要实施方。在整个信息化进程中，企业始终是主体，而发展的前期可能是由软件商或者实施方占主导，随着企业信息化应用不断深入，角色会发生转型，企业应用方逐渐会成为主导。企业成为信息化主导后，将会主动进行系统/业务规划、设计和集成，积极应用各类数字化网络化智能化先进技术，积极培养发展自身信息技术与企业业务相结合的复合型人才，积极加强信息系统的自主研发和二次开发，主动推动业务管理不断向集成化和精细化发展，不断向广度和深度两个方向发展。

（3）信息化系统　信息化系统指的是利用现代网络技术、数据库技术、传感技术等，并结合现代企业管理理论，对企业内外部各类业务的信息流进行管理的系统，是一个数据库系统体系，由系统用户、应用程序、数据库、服务器硬件等组成。信息化系统包括很多，如MRP、MRP II、ERP、SCM、MES、PDM、PLM、SCADA、ES、CRM、FM、HRM、OA等。在信息化过程中，各种系统的概念、理念及产品纷纷出现，而ERP管理理论自提出后便得到快速广泛的应用且经久不衰，成为最主流和最具影响力的概念之一，被公认为是信息化技术的杰出代表和企业信息化的基础管理工具。

## 1.2　现代化企业管理理论

### 1.2.1　企业资源规划理论

**1. 物料需求计划系统**

物资需求计划（MRP）（Material Requirement Planning）即指根据产品的结构/制造/消耗物料清单（BOM）中各层次物品的从属和数量关系，以每个物品为计划对象，以完工日期为时间基准倒排计划，按提前期长短决定各个物品下达计划时间的先后顺序，是一种工业制造企业内物资计划管理模式。MRP是根据市场需求预测和顾客订单制定产品的生产计划，然后基于产品生成进度计划，组成产品的材料结构表，结合材料仓库的库存状况计算所需物料的需求量和需求时间，从而确定材料的加工进度和订货日程的一种实用技术。

美国生产与库存控制协会（APICS）对物料需求计划的定义：物料需求计划是依据主生产计划（MPS）、物料清单、库存记录和已订未交订单等资料，经由计算而得到各种相关需求物料的需求状况，同时提出各种新订单补充的建议，以及修正各种已开出订单的一种实用技术。其主要内容包括客户需求管理、产品生产计划、原材料计划以及库存记录。其中客户需求管理包括客户订单管理及销售预测，将实际的客户订单数与科学的客户需求预测相结合即能得出客户需要什么以及需求多少。

**2. 制造资源计划系统**

制造资源计划是基于整体最优，运用科学方法，对企业的各种制造资源和企业生产经营各环节（产、供、销、财等）实行合理有效的计划、组织、控制和协调，达到既能连续均衡生产，又能最大限度地降低各种物品的库存量，进而提高企业经济效益的管理方法。制造资源计划是一种出现于 20 世纪 70 年代末期的，以企业资源优化配置，确保企业连续、均衡地生产，实现信息流、物流与资金流的高效集成和提高企业整体水平为目标，以计划与控制为主线，面向企业产、供、销、财的现代企业管理思想和方法。

制造资源计划是以物料需求计划为核心，覆盖企业生产活动所有领域、有效利用资源的生产管理思想和方法的人-机应用系统。自 18 世纪产业革命以来，手工业作坊迅速向工厂生产的方向发展，出现了制造业。随后，几乎所有的企业所追求的基本运营目标都是要以最少的资金投入而获得最大的利润。20 世纪 60 年代人们在计算机上实现了物料需求计划，它主要用于库存控制。可在数周内拟定零件需求的详细报告，可用来补充订货及调整原有的订货，以满足生产变化的需求。到了 20 世纪 70 年代，为了及时调整需求和计划，出现了具有反馈功能的闭环 MRP，把财务子系统和生产子系统结合为一体，采用计划-执行-反馈的管理逻辑，有效地对生产各项资源进行规划和控制。20 世纪 80 年代末，人们又将生产活动中的主要环节销售、财务、成本、工程技术等与闭环 MRP 集成为一个系统，成为管理整个企业制造的一种综合性制订计划的工具，称为制造资源计划（MRP Ⅱ）。MRP Ⅱ 可在周密的计划下有效地利用各种制造资源，控制资金占用，缩短生产周期，降低成本，实现企业整体优化，以最佳的产品和服务占领市场。采用 MRP Ⅱ 之后，一般可在以下方面取得明显的效果：库存资金降低 15%~40%；资金周转次数提高 50%~200%；库存盘点误差率降低到 1%~2%；短缺件减少 60%~80%；劳动生产率提高 5%~15%；加班工作量减少 10%~30%；按期交货率达 90%~98%；成本下降 7%~12%；采购费用降低 5% 左右；利润增加 5%~10% 等。此外，可使管理人员从复杂的事务中解脱出来，真正把精力放在提高管理水平上，去解决管理中的实质性问题。

**3. 企业资源规划系统**

企业资源规划（ERP）是 20 世纪 90 年代美国 Gartner Group 公司提出的，对 ERP 的定义：打破企业的四壁，把信息集成的范围扩大到企业的上下游，管理整个供需链，实现企业信息的集成、共享、规范和控制；包含 MRP、FM、CRM、HRM、SCM 等，实现企业的物流、资金流、信息流的集成。ERP 的发展经历了 20 世纪 50 年代数据记录形式的管理信息系统（MIS）、库存管理等，60 年代线性计划形式的物料需求计划系统 MRP，70 年代闭环 MRP，80 年代闭环计划形式的制造资源计划 MRP Ⅱ，到 90 年代的企业资源计划 ERP，逐步形成了趋于完善的现代化管理理念。ERP 要从企业内部信息集成开始，核心价值在于管理整个供需链，实现企业内外信息共享，ERP 系统的结构如图 1-1 所示。

ERP 强调管理是第一生产力。ERP 可认为是一种管理理念，也可认为是一个软件系统，软件系统只是管理理念落地的手段，它是企业信息化整体解决方案。ERP 强调的核心管理思想如下：

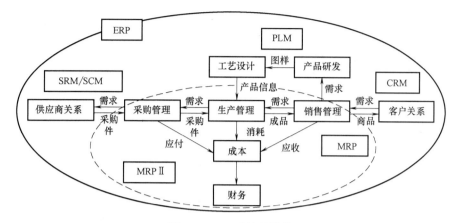

图 1-1 ERP 系统的结构

1）对整个供应链进行管理，包括供应、采购、生产、销售、分售和客户。

2）精益生产（LP）或者准时制生产（JIT）和敏捷生产，通过与整个供应链进行合作，消除一切无效的作业和浪费，从控制库存到追求零库存；通过"虚拟工厂"的理念，迅速组织生产和推出新产品，时刻保持产品的高质量、多样性和灵活性。

3）事先计划、事中控制和事后分析。

4）适时创新企业业务流程再造。

5）体现企业个性化资源管理特点。

ERP 是目前信息化进程中杰出的代表，它标志着企业的管理水平。ERP 应用程度越高，效果越好，则企业管理水平越高，效率越高。

**4. 协同商务**

协同商务（ERPⅡ）是 2000 年由美国调查咨询公司 Gartner Group 在原有 ERP 的基础上扩展后，提出的新概念。ERPⅡ是通过支持和优化企业内部和企业之间的协同运作和财务过程，以创造客户和股东价值的一种商务战略和一套面向具体行业领域的应用系统。为了区别于 ERP 对企业内部管理的关注，该公司在描述 ERPⅡ时，引入了"协同商务"的概念。协同商务是将具有共同商业利益的合作伙伴整合起来，主要是通过对整个商业周期中的信息进行共享，实现和满足不断增长的客户需求；通过对合作伙伴的竞争优势整合，共同创造和获取最大的商业价值，并提高获利能力。

ERPⅡ定义是一种新的商业战略，它由一组行业专业化的应用组成，通过它们建立和优化企业内部和企业之间流程、协作运营和财务运作流程，从而将客户和股东价值优化。传统 ERP 系统注重制造业企业的资源计划和库存准确率，以及企业的业务可见度。但由于企业客户对供应链管理（SCM）、客户关系管理（CRM）和电子商务功能等新功能的要求不断出现，一些 ERP 厂商为应对这方面的需求而推崇所谓的企业应用套件（EAS）。ERPⅡ的定义强调未来的企业注重深度行业专业分工和企业之间的交流，而不仅仅是企业业务过程管理。

## 1.2.2 产品工艺管理理论

**1. 计算机辅助工艺规划**

计算机辅助工艺规划（CAPP）是指借助计算机软硬件技术和支撑环境进行数值计算、

逻辑判断和推理等功能来制定零件机械加工工艺的过程，从而解决手工工艺设计效率低、一致性差、质量不稳定、不易优化等问题。CAPP 系统的基本结构由零件信息的获取、工艺决策、工艺数据库/知识库、人机界面、工艺文件管理/输出五大模块组成。

当前，CAPP 正在向柔性 CAPP（非线性 CAPP、可选 CAPP）、动态 CAPP（闭环 CAPP、实时 CAPP）、分布式 CAPP、可重构 CAPP、集成环境下 CAPP、并行工程环境下 CAPP 以及智能 CAPP 等系统发展。

**2. 产品数据管理**

产品数据管理（PDM）是以产品为管理的核心，所有的信息组织和资源管理都围绕产品展开，并实现对产品的两条主线（静态的产品结构和动态的产品设计流程）、三大要素（相关的数据、过程、资源）的一体化集成管理。产品数据管理技术，是将产品的所有相关信息（包括零件信息、配置、文档、CAD 文件、结构、权限信息等）和所有产品相关的过程（包括过程定义和管理）进行统一管理的一种技术。PDM 主要是面向制造业的产品工艺设计部分，PDM 的理念是所有的信息组织和资源管理都是围绕产品设计展开的，这也是 PDM 系统有别于其他的信息管理系统的特点和关键所在。

**3. 产品生命周期管理**

根据 CIMDATA 的定义，产品生命周期管理（PLM）是一种解决方案，能够应用于单点或多点的企业内部或企业之间，支持产品协同研发，支持产品全生命周期的信息创建、管理、分发和应用，能够集成与产品相关的人力资源、流程、应用系统和信息，PLM 完全包含了 PDM。根据 John Stark 的定义，PLM 管理每一个产品的生命周期，从产品最初的概念到报废处理。PLM 的理念是以产品为中心，对产品的全生命周期（从概念创建、设计、制造、交付，到客户使用，到最终报废，跨越供应链）的数据信息进行管理、跟踪、追溯和利用。

### 1.2.3 生产管理理论

**1. 制造执行系统**

美国先进制造研究机构（AMR）将制造执行系统（MES）定义为位于上层的计划管理系统与底层的工业控制系统之间的、面向车间层的管理信息系统，它为操作人员或管理人员提供计划的执行、跟踪以及所有资源（人、设备、物料、客户需求等）的当前状态。制造执行系统协会（MESA）对 MES 所下的定义：MES 能通过信息传递对从订单下达到产品完成的整个生产过程进行优化管理。当工厂发生实时事件时，MES 能对此及时做出反应、报告，并用当前的准确数据对它们进行指导和处理。这种对状态变化的迅速响应使 MES 能够减少企业内部没有附加值的活动，有效地指导工厂的生产运作过程，从而使其既能提高工厂及时交货能力，改善物料的流通性能，又能提高生产回报率。MES 还通过双向的直接通信在企业内部和整个产品供应链中提供有关产品行为的关键任务信息。

MES 是一套面向制造企业车间执行层的生产信息化管理系统，包括制造数据管理、计划排程管理、生产调度管理、库存管理、质量管理、人力资源管理、工作中心与设备管理、工具工装管理、采购管理、成本管理、项目看板管理、生产过程控制、底层数据集成分析、上层数据集成分解等模块，可为企业打造一个扎实、可靠、全面、可行的制造协同管理平台。

## 2. 批次管理

批次管理（Batch Management）是生产和质量管理中常用的名词，指的是产品从原材料投入到交付出厂的整个生产制造过程（包括投料、加工、转工、入库、保管、装配等）中，实行严格按批次进行的科学管理。工厂中一般都需要对价格比较敏感、有质量要求的特殊物料进行严格的批次管理。物料管理如果要严格按照先进先出原则就必须要对采购的物料进行批次管理。批次管理的目的和理念是根据产品的批次（生产批次或采购、发货批次等）能够跟踪和追溯产品的投料质量、生产加工等整个生产过程的质量。

然而，当前竞争激烈的市场经济条件下，企业主流生产方式不再是批量生产而是单件小批量生产，而且信息化技术快速发展不断推进社会精细化管理，客户对产品的可追溯性要求不再仅限于批次，而是要具体到某一件。这就要求企业在生产加工、转工、入库、保管、装配等环节（除投料管理环节外的其他五个环节）中做到单件化管理，这时批次管理方式已难以满足企业管理的需求。

## 3. 单件生产

单件生产（Piece Production）是指按照客户订单所需要的产品特定规格和特定数量进行的产品生产组织和管理的方式和过程。生产类型按产品或服务专业化程度的高低，可以划分为大量生产、成批生产和单件生产三种。单件生产或称为单件小批生产的特点，与大批或批量生产不同，需生产的产品往往是定制化的、需生产的数量少，生产一件或几件后，不再重复生产；即便需要重复生产，也是个别的、不定期的。造船工业、重型机器的生产就属于这种生产类型。

相比批量生产，单件生产的工序往往会更多，产品生产周期长，劳动生产率较低，成本高，但其优势在于容易适应社会对产品的多品种需求。当前全球化市场经济和个性化经济热潮下，单件小批量生产逐步成为企业主流的生产方式。

## 4. 推动式生产

推动式生产（Push Production），简称推式生产，由订单推动工艺、推动生产、推动发货，生产由最初工序向最终工序"推动"，由前向后的安排计划和组织生产，比较符合车间生产实际的习惯，操作上容易被理解和接受。但是由于推动式生产模式考虑订单交货期较弱，上工序无须为下工序负责，各个工序之间相互独立，各工序都尽其所能地、尽快地完成任务；并且制造商为了保证交货期而保持较多的安全库存，这常常会造成物品的堆积。从精益生产的角度来看，这些在制品的堆积，一方面占用了大量的资金，另一方面也产生很多浪费，如搬运、放置、保养等。

## 5. 拉动式生产

拉动式生产（Pull Production），简称拉式生产，由交货期倒排生产，将生产任务首先交给最后一道工序，然后根据最后一道工序的安排倒推计算出上一道工序应该何时在相应的位置准备好相应的在制品，从而一道道工序向前拉动，构成一种由后向前拉动式的生产。拉式生产模式是准时生产（JIT，又叫实时生产，源自日本丰田汽车公司，又称为丰田生产方式）得以实现的一个关键技术手段。JIT 生产的实质是保持物质流和信息流在生产中的同步，实现以恰当数量的物料，在恰当的时候进入恰当的地方，生产出恰当质量的产品，从而减少库存，缩短工时，降低成本，提高生产率。JIT 生产的核心理念是"适时适量"，JIT 主要通过生产同步化（即保证生产各个工序和部门间的速率与节拍协调，以减小在制品库存）和生产均衡化（即指生产制造与需求相适应，以避免出现生产过早或者过多而产生浪费）两种手段来保证，具体的操作形式主要是看板管理或者电子看板管理。JIT生产后经人总结为精益生产，或叫精益制造（Lean Manufacturing），其原则是消除价值流中的一切浪费。精益生产或者说准时生产已经被认为是制造业管理的标准模式，而拉动式生产是保证JIT生产均衡化的关键技术。但是，拉动式生产在思维上是一种逆向思维，实际排产中往往不容易被接受；在操作上通过看板或者电子看板来实现，往往比较烦琐；且拉动式生产一般要求生产较稳定，精细化要求非常高，一旦出现了未及时完成情况，该模式常常会陷入被动。

### 1.2.4 质量管理理论

**1. 质量管理发展历史**

质量管理的发展大致经历了三个阶段：质量检验阶段、统计质量控制阶段、全面质量管理阶段。

（1）质量检验阶段 20世纪前，产品质量主要依靠操作者的技艺水平和经验来保证，属于"操作者的质量管理"。20世纪初，以F. W. 泰勒为代表的科学管理理论的产生，促使产品的质量检验从加工制造中分离出来，质量管理的职能由操作者转移给工长，是"工长的质量管理"。随着企业生产规模的扩大和产品复杂程度的提高，产品有了技术标准（技术条件）、公差制度，各种检验工具和检验技术也随之发展，大多数企业开始设置检验部门，有的直属于厂长领导，这是"检验员的质量管理"。上述几种做法都属于事后检验的质量管理方式。

（2）统计质量控制阶段 1924年，美国数理统计学家W. A. 休哈特提出控制和预防缺陷的概念。他运用数理统计的原理提出在生产过程中控制产品质量的统计过程控制理论，绘制出一张控制图并建立了一套统计卡片。与此同时，美国贝尔研究所提出关于抽样检验的概念及其实施方案，成为运用数理统计理论解决质量问题的先驱，但当时并未被普遍接受。以数理统计理论为基础的统计质量控制的推广应用始于第二次世界大战。由于事后检验无法控制武器弹药的质量，美国国防部决定把数理统计法用于质量管理，并由标准协会制定有关数理统计方法应用于质量管理方面的规划，成立了专门委员会，于1941—1942年先后公布一批美国战时的质量管理标准。

（3）全面质量管理阶段 20世纪50年代以来，随着生产力的迅速发展和科学技术的日新月异，人们对产品质量从注重产品的一般性能发展为注重产品的耐用性、可靠性、安全性、维修性和经济性等方面。在生产技术和企业管理中要求运用系统的观点来研究质量问题。在管理理论上也有新的发展，突出重视人的因素，强调依靠企业全体人员的努力来保证质量。随着"保护消费者利益"运动的兴起，企业之间市场竞争越来越激烈，美国A. V. 费根鲍姆于20世纪60年代初提出全面质量管理的概念。他提出，全面质量管理是"为了能够在最经济的水平上，考虑到充分满足顾客要求的条件下进行生产和提供服务，并把企业各部门在研制质量、维持质量和提高质量方面的活动构成为一体的一种有效体系"。

**2. 全面质量管理**

全面质量管理（TQM）是指一个组织以质量为中心，以全员参与为基础，目的在于通过顾客满意和组织内所有成员及社会受益而达到长期成功的管理途径。在全面质量管理中，质量这个概念和全部管理目标的实现有关。全面质量管理包括两个支柱：

第一支柱：成本控制及时全面。浪费在传统企业内无处不在：生产过剩，零件不必要的移动，操作工多余的动作、待工，质量不合格或返工，库存等，消除生产流程中一切不能增加价值的活动，即杜绝浪费。

第二支柱：持续改善自动化。持续改善是另一种全新的企业文化，实行全面质量管理，由传统企业向精益企业的转变并且享受精益生产带来的好处，贯穿其中的支柱就是管理自动化。这也是ISO9000：2000所强调的质量管理工作八大原则之一。

#### 3. 六西格玛

六西格玛（$6\sigma$）是一种管理策略，由当时在摩托罗拉任职的工程师比尔·史密斯（Bill Smith）于1986年提出。这种策略主要强调制定极高的目标、收集数据以及分析结果，通过这些来减少产品和服务的缺陷。六西格玛背后的原理是如果检测到项目中有多少缺陷，就可以找出如何系统地减少缺陷，使项目尽量完美的方法。

六西格玛在20世纪90年代中期开始被美国通用电气公司（GE）从一种全面质量管理方法演变成为一个高度有效的企业流程设计、改善和优化的技术，并提供了一系列同等地适用于设计、生产和服务的新产品开发工具。继而与GE的全球化、服务化等战略齐头并进，成为全世界上追求管理卓越性的企业最为重要的战略举措。六西格玛逐步发展成为以顾客为主体来确定产品开发设计的标尺，追求持续进步的一种管理哲学。

## 1.3 铸造数字化管理技术发展历史、现状与趋势

### 1.3.1 发展历史与现状

铸造行业处于制造业的底部，为装备制造业提供毛坯铸件，其信息化发展水平相对低于其他制造业，例如钢铁行业、工程机械行业和汽车行业。在发达国家如美国、日本、德国，其铸造厂数量较少，厂均年产量较高。发达国家铸造企业从20世纪60年代开始应用各种信息化技术与各种管理信息系统，至今已经比较广泛地应用了ERP系统，长期积累了信息化系统应用的宝贵经验和历史数据。发达国家有比较成熟的铸造ERP系统，应用以企业定制化模式为主，成熟的软件解决方案推广到我国的比较少，近年来英国有一个专业面向铸造企业的Synchro-ERP系统开始引入到我国。我国铸造企业信息化起步较晚，铸造企业信息化的早期发展主要是采用校企合作的形式。20世纪90年代，一些铸造厂使用了简单的MIS系统，20世纪初开始实施ERP系统。近年来，越来越多的铸造企业开始重视企业信息化建设，纷纷研究ERP系统的选型、实施和利用信息技术来改造传统产业。华中科技大学华铸软件中心研发的专业面向铸造行业的华铸ERP系统目前已经成为国内铸造行业成熟的、具备自主知识产权的国产软件商用系统。经过国家和行业两化融合的大力支持和推进，我国铸造企业的信息化系统应用进入了快速发展阶段，具有广阔的发展空间。

我国铸造行业的计算机技术应用较早，21世纪初有专家对计算机技术在铸造行业的应用做了非常全面的回顾，并将铸造行业计算机应用划分为萌芽期（改革前）、发育期（20世纪80年代）、发展期（20世纪90年代）。经过二三十年的发展，如今铸造行业计算机应用面越来越广，如产品设计业务、工艺设计业务、企业经营管理业务、专家系统、知识库等，但是离"普及期"还有一段距离。作为铸造计算机应用的一个重要方面，我国铸造行业管理信息化起步于21世纪初，普遍认为这比美国、日本等铸造发达国家晚十几年，甚至

较之国内制造行业 ERP 也晚十年。其中的原因,一方面是国内计算机和互联网发展起步晚,国外优秀的管理方法和工具引入较晚;另一方面是铸造业自身特点造成的:铸造由于处于制造业的底部,所以接触、接受和应用新事物相对更慢,铸造工作环境恶劣、生产流程复杂、企业人员的新鲜事物接受能力较弱、平均计算机水平较低等多方面因素致使企业推行和实施 ERP 系统更加困难。

早期铸造企业 ERP 系统的应用比较浅,多数系统往往只是传统工作方式的附属品,并不能真正用于指导和规范企业运作。对于生产管理问题的研究和应用主要停留在批次管理的水平,难以做到针对铸件单件的生产质量全过程信息的管理、跟踪与追溯。对于生产过程控制问题,许多 MIS/MRP/ERP 系统往往只是记录在传统人工管理方式下的某些表单,没有业务流程的概念在其中,不具备系统流程驱动、系统指导性等特点。对于生产管理中工期监控问题,一些系统中的计划全靠人工安排好计划,然后手工录入到系统中。对于企业常常需要的各种动态的绩效报告,一些系统可以提供自定义报告功能(包含表格形式和数据内容),但是多数研究者是自己在系统里面事先设计好的分析报表模式,而更加柔性、独立的商务智能数据分析系统在铸造企业中的应用更少。

2010 年之前,我国铸造企业信息化与 ERP 系统的研发和应用总体状况如下:

1) ERP 系统的实施和应用远远不够,应用普及率很低。
2) 企业对 ERP 的管理理念和系统的认识不足。
3) 大多数 ERP 应用仅仅停留在数据的录入和查询层次。
4) 具有铸造专业背景的信息化人才缺乏。

针对我国铸造行业信息化建设的薄弱,很多权威人士都在不同时期从不同的角度阐述了铸造管理信息化的重要性和紧迫性。2002 年缪良在我国加入世贸组织后指出,管理落后是妨碍我国铸造行业进步和经济效益提高的最大绊脚石,管理不善是废品率居高不下和铸件品质不稳定的主要原因,管理的进步和发展需求将大于技术。2004 年苏仕方等人指出,铸造企业的信息化建设,是企业生存和发展的需要,信息化带动工业化已经成为必然趋势,信息化在价值挖掘方面开源与在控制成本方面节流为企业创造效益,管理信息化是企业信息化的首要任务和核心内容。2008 年郭景杰等人指出,铸造行业产学研结合不够紧密、铸造技术基础薄弱,管理水平不高,有些企业尽管引进了国外的先进的设备和技术,但却无法生产出高质量铸件,究其原因就是管理水平较低。2009 年姜不居等人指出,目前 2000 多家精铸厂的管理水平差距还是很大,呼吁熔模铸造企业在经济危机中"调结构、重环保"的同时,要重视利用各种管理信息系统或 ERP 系统等强化企业内部管理。作为制造业的基础,铸造在我国国民经济中发挥着重要作用。在由大变强的路上,我国也将基础铸造提升到整机装配同等重要的战略高度。

对制造管理系统的研究与应用,国外起步较早,始于 20 世纪 60 年代,目前在德国、美国、日本、韩国等发达国家,管理系统已经广泛应用于制造业且成为企业的标准配置。在国内,制造业信息化始于 20 世纪 80 年代,从沈阳鼓风机厂和沈阳第一机床厂率先引进 MRPⅡ 系统开始,经过 30 多年的探索和发展,取得了一定的成绩,也形成了一个千亿级的信息化产业。

对铸造管理系统的研究与应用,发达国家起步早,现在应用比较成熟,近年来已经有移动 ERP 在铸造工厂应用,铸造生产管理方式已经进入移动互联网时代。我国起步晚,始于 20 世纪 90 年代,还处于初期发展阶段,普及率较低,各方面都还不成熟。国内一些科研单位及学者仍然对此进行了积极的探索和研究,并在企业中取得了一定的应用效果。

对于铸造行业管理信息化,国内一些科研单位早期进行了积极探索和研发,并在企业中取得了良好的应用效果。从初期为企业开发某些模块的计算机系统(如质量管理、销售生产管理等),到后来的多个模块构成的信息系统,再到更加全面的通用性 ERP 系统,现在发展到基于 ERP 系统的某些模块的深入研究,模式从 C/S 到基于 Intranet/Internet 的 B/S,以及信息系统和 ERP 系统在企业实施的实践研究,研究越来越全面,越来越深入。铸造企业 ERP 系统的研究已经从通用性深入发展到专业性、柔性排产、集成性,研究向精细化、智能化、柔性化、考核精细化、管理在线化、业务集成化、硬件集成化、管理云端化、管理移动化等方面发展。

近年来,华中科技大学华铸软件中心在铸造数字化信息化管理方面的研究具有鲜明的特色,提出了单件管理模型、单件成本核算模型、工期与生产盈余期模型、基于"框计算"理念的智能工具库、铸造工艺知识库、基于任务驱动的流程化模型、智能化方法体系、设备集成、车间在线固定终端和移动终端管理方式等内容,所研发的铸造管理系统应用于一汽铸造、江苏万恒、江苏华兴、安徽华峰、广东奥浦、四川法拉特、北京百慕航材等各类型多领域的铸造企业,为推动铸造企业两化融合转型升级做出了积极的贡献。

### 1.3.2 已实用化的技术

进入 21 世纪,尤其是近十年,我国铸造数字化管理技术在应用中快速发展,多项技术已经成熟,进入实用化阶段。

**1. 单件化管理技术**

单件化管理技术是采用基于产品全生命周期理论和全面质量管理理论的单件铸件全生命周期管理模型(CLM),能够以单件标识或单件号(单个铸件的唯一标识)为索引,通过生产计划与验收中批次操作单件化自动管控功能,实现自动记录、管理、跟踪与追溯单个铸件的生产和质量全过程信息,如化学成分、组织及性能等质量信息,各个过程的操作人员、设备、材料等信息。单件化管理,将管理理念由传统的以流程化(物流、资金流、信息流)为观察中心深化为以流程化中的单个产品为观察中心,将传统的批次管理带到单件化管理。单件化管理是一种精细化管理,是一种精益生产管理,是一种面向全流程的工作流管理。其典型应用如图 1-2 所示。

**2. 系统智能化技术**

系统智能化技术即信息系统智能化技术,基于人机交互的"交互动作分解"、人工智能的"系统代替人"、专家系统的"专家推理"三个方面思想,是一组实现信息系统自动化任务分配、方案分析、校核等方法体系和技术,将"手录式"信息系统升级至"智能式"信息系统,从而能够智能指导、推动用户工作,能够代替用户的部分工作,甚至能够替代部分用户进行工作。该技术体系包括面向用户层面的智能任务驱动、智能分析约束、智能决策作业、智能托管操作和面向企业两个层面的智能绩效分析和智能绩效点评六项技术。该技术对铸造企业的流程规范、运营效率提升、用户工作的引导和驱动、约束和督促以及信息的完善和准确等方面具有较显著的促进作用;可以适用于各行各业,适用于各类信息系统,如 ERP、SCM、MES、PDM、PLM 等大型集成性信息化系统,订单管理系统、设备管理系统、进销存管理系统等各种小型的信息管理系统。其典型应用如图 1-3 所示。

a) 铸件的单件标识/单件号

b) 自动化单件生产跟踪与追溯

c) 自动化单件质量跟踪与追溯

图 1-2　铸造单件化管理技术的典型应用

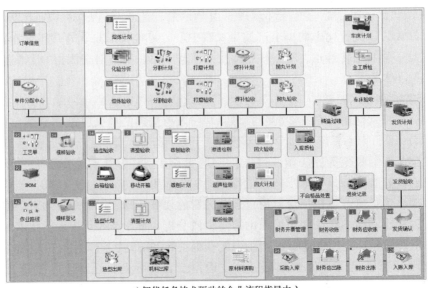

a) 智能任务技术驱动的企业流程指导中心

图 1-3　信息管理系统智能化技术的典型应用

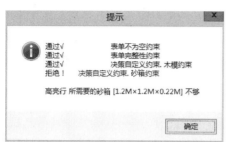 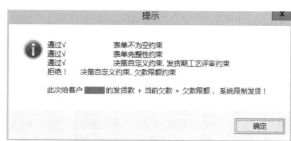

b) 智能分析技术的应用：造型生产计划排程约束、发货计划欠款约束

图 1-3　信息管理系统智能化技术的典型应用（续）

**3. 系统柔性化技术**

系统柔性化技术是一组提升信息系统适应和应对企业管理模式多样性和多变性能力的方法和技术体系，是一种支持铸造管理系统业务"即时重构"的参数化配置式的多维度即时柔性方法体系。该柔性方法体系基于信息系统三层四维结构模型和参数化与组件技术，本着"管理业务即时满足、管理系统即时重构"的理念，包括系统表单柔性、功能柔性、模块柔性和流程柔性四方面，各方面依次含有 7 项、2 项、4 项和 2 项技术。该技术突破了传统的定制化方式和常规柔性化方式，可显著提升系统可重用性和应变能力，缩短实施周期，降低铸造业信息化推进难度。其典型应用如图 1-4 所示。

**4. 实施柔性化技术**

实施柔性化技术即信息系统柔性化实施技术，是一种基于柔性系统的间歇性分步快速实施方法和技术，如图 1-5 所示。采用时间阶段分步实施、流程分段分步实施、企业方与实施

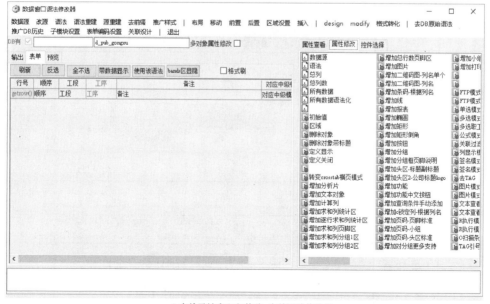

a) 表单柔性定义与修改-表单语法修改器

图 1-4　信息管理系统柔性化技术的典型应用

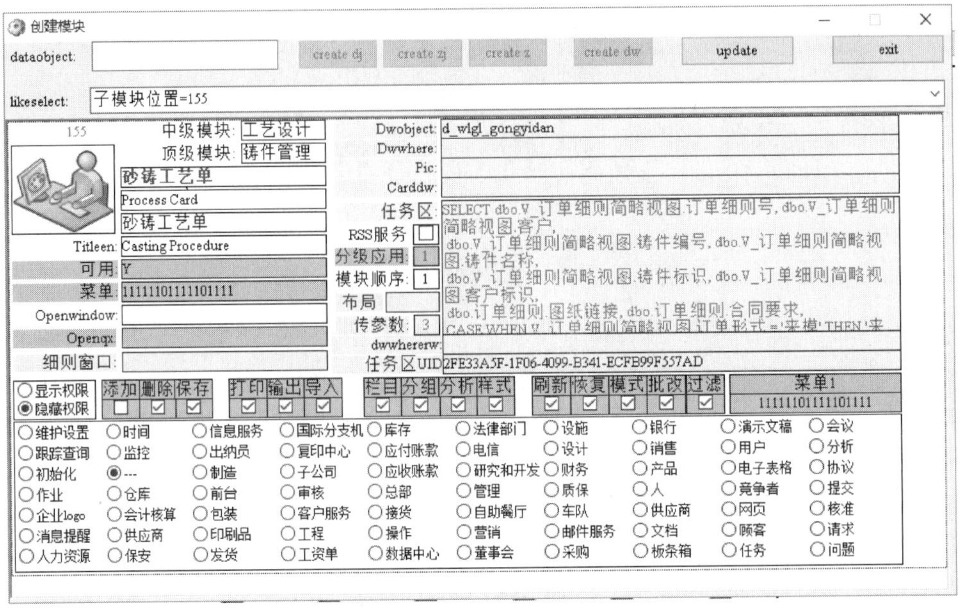

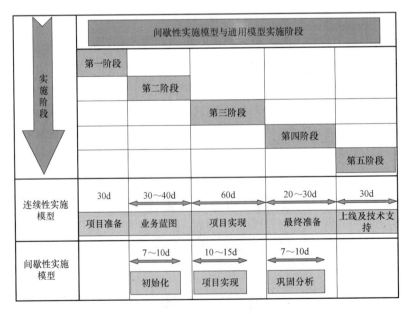

b) 模块柔性创建与修改技术

图 1-4 信息管理系统柔性化技术的典型应用（续）

方同步进行的原则，通过时间和流程分步实施，可显著缩短信息系统建设周期，增强系统建设灵活性。该技术包括间歇性实施模型和基于柔性信息系统的超级管理员二次开发技术。表 1-1 所示为两家中型、大型铸造企业柔性信息系统与柔性实施效果。结果表明，信息系统结构与实施的柔性性能越强，则信息系统实施周期、实施人工工作量、底层开发、后期投入就越少。

图 1-5 间歇性柔性化实施技术模型

表1-1 两家中型、大型铸造企业柔性信息系统与柔性实施效果

| 企业情况 | 阶段 | 实施模式 | 系统柔性能力 | 实施工作量 | 周期 |
| --- | --- | --- | --- | --- | --- |
| 大型民企<br>含砂铸精铸加工<br>高端<br>出口<br>集团ERP | 实施阶段：<br>2013年7月—<br>2013年12月 | 间歇性三步实施 | 逐步全面柔性 | 240人·d | 5个月 |
| | 后期支持：<br>2014年至今 | 现场支持<br>远程升级<br>超管培训（超管能力较强） | 全面柔性 | 2014年30人·d | 至今 |
| 国企<br>砂铸发动机<br>生产线<br>MES质量 | 实施阶段：<br>2014年7月—<br>2014年11月 | 间歇性三步实施 | 具备较强的柔性，<br>逐步全面柔性 | 实施200人·d<br>其他60人·d | 5个月 |
| | 后期支持：<br>2015年至今 | 现场支持<br>远程升级<br>超管培训（超管能力较强） | 全面柔性 | <10人·d/a | 至今 |

**5. 业务协同化技术**

业务协同化技术指的是信息系统中各个业务之间的信息集成、共享、通信、交互和协同技术，如生产与质量耦合推进的双链协同、铸件工艺—生产—质量的互耦合互限制的三角协同。铸造企业铸件质量与工艺设计、生产管理环节之间出现普遍的脱节现象，传统的铸造企业管理模式缺乏有效的机制来约束关联质量检测、工艺设计以及生产管理环节，质量信息不能及时反馈至工艺设计与生产管理环节，从而造成铸件质量不稳定、车间实际生产和技术工艺脱钩、质量检测不及时、缺陷发现晚等问题。该技术可以显著解决以上企业生产管控问题。业务协同化技术及应用如图1-6所示。

**6. 软件集成化技术**

软件集成化技术是指集成同构、异构、同源、异源信息系统的技术，该技术使得软件之间能够实现数据信息共享和信息通信。该技术包括任务驱动、文件服务、同源数据库等集成技术，以某一基础性信息系统（如华铸ERP系统）为集成中心，将企业内部各个设计数字化应用和管理数字化应用集成在一起，消除不同来源的多套系统（如CAD、CAE、ERP、PDM、MES等）的"系统间信息孤岛"，消除系统之间的数据重复和不一致，从而实现更大程度的信息共享，提高数字化应用的效果，提升企业运作效率。信息管理系统集成化技术及典型应用如图1-7所示。

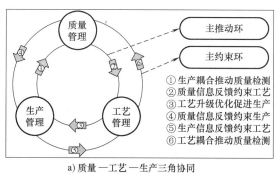

a) 质量—工艺—生产三角协同

图1-6 业务协同化技术及应用

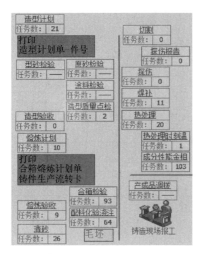

b) 质量链协同约束耦合推进及质量对生产反馈约束控制

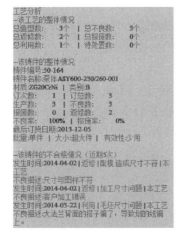
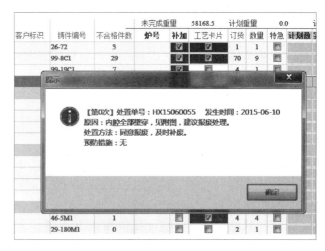

c) 生产质量对工艺的反馈　　　　　　d) 工艺质量对生产的反馈

图 1-6　业务协同化技术及应用（续）

### 7. 现场可视化技术

现场可视化技术指的是数字化管理系统在企业车间等地方的显示终端动态显示各类信息的技术，如图 1-8 所示企业现场信息可视化技术典型应用，有生产可视化电子看板、工艺可视化电子看板、质量可视化电子看板。

通过生产可视化信息面板，车间或工段工人能够实时查看当天各工段的生产任务计划，以及当前产品完成的进度、计划达成率等，以便车间更好地调整生产进度。工艺可视化信息面板可滚动显示当天计划生产的各种产品工艺，或按照操作人当前生产产品的工序扫码显示工序工艺及作业指导书，从而实时、准确地指导工人具体的工艺操作要点和步骤，如按照造型工艺要求和三维示意图进行造型操作，简洁清晰便捷。尤其是信息面板显示的工艺历史质量分析，能够直接及时提醒车间工段工人的生产注意事项，哪些环节或操作容易造成质量问

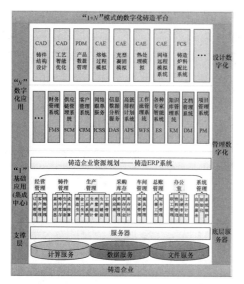
a) 1+N 集成架构

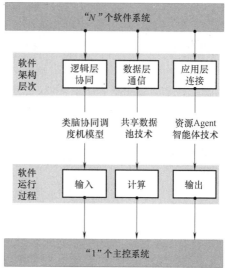
b) 集成技术

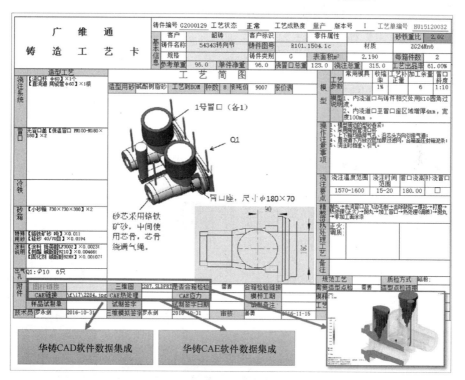
c) 软件间集成应用：CAD-CAE-ERP

图 1-7 信息管理系统集成化技术及典型应用

题。质量信息面板能够实时监控、提醒车间当前生产环节的质量情况，以便车间更加重视并提升产品质量。

## 8. 信息处理在线化技术

信息处理在线化技术指的是能在车间现场将产品当前生产的进度信息、质量信息，以及各环节的人、机、料、法、环、测信息在线实时反馈进数字化管理系统中的技术，涉及软件信息反馈处理功能和在线信息处理终端硬件设备，如图 1-9 所示。该技术能够使得车间现场信息反馈更加及时、准确；操作工、质检员等人能够在工作完成后及时扫码和在线处理信息，从而减少事后工作量，提供工作效率和物流流转效率；同时使得生产监控中心及时进行信息更新和反馈。

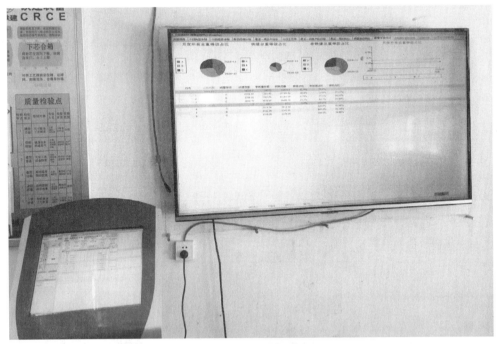

a) 铸造车间可视化电子看板

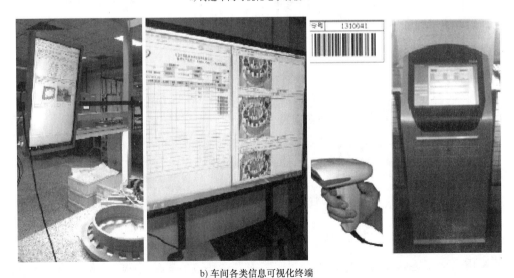

b) 车间各类信息可视化终端

图 1-8　企业现场信息可视化技术典型应用

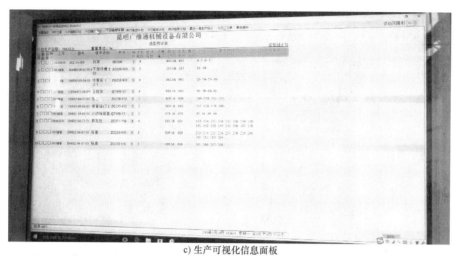

c) 生产可视化信息面板

d) 工艺可视化信息面板

e) 质量可视化信息面板

图 1-8　企业现场信息可视化技术典型应用（续）

a) 固定立式终端应用与扫码枪　　　　　b) 移动终端

c) 某精铸企业生产流程卡(系统)　　　　d) 某砂铸企业生产流程卡(实物)

e) 某熔模铸造车间现场工艺扫码和操作

f) 某车间生产完工扫码报工

图 1-9　信息在线处理技术典型应用

### 1.3.3 发展中的技术与未来趋势

**1. 发展中的技术**

（1）铸造工艺知识库与工艺智能技术　铸造工艺知识库技术指的是对铸件的铸造生产（包含部分加工）工艺、BOM、生产工序路线、生产工序工位作业规程、工艺设计CAD/CAE、生产和质量历史信息以及对工艺的反馈等内容进行管理，形成庞大的工艺知识库，将工艺师的技术经验进行信息化存储，便于查询、参考和提升，通过参考工艺生产质量反馈和同铸件不同版本的工艺不断改进工艺版本，通过相似铸件工艺进行样品工艺快速设计。建立单个企业铸造工艺知识库，以及全行业的工艺知识库，意义重大，可以快速提升我国铸造工艺水平，而目前多数铸造没有健全自身的工艺知识库系统。工艺智能技术便于基于工艺、生产、质量等多源海量大数据、利用启发式/元启发式群体智能算法、云计算、机器视觉、神经网络、深度学习等各类人工智能技术，实现工艺分析与优化、质量诊断等，如基于多源数据的铸件关键工艺参数优化。

（2）铸件识别技术　铸件识别技术指的是利用机器视觉、图像识别、FRID等技术，对附加铸件上（或铸字或激光刻码或移动托盘）的标识或标记（如炉号、件号等）、条码、二维码或FRID芯片等进行识别，获得每个铸件的炉号、流水号等唯一编码，从而结合企业信息管理系统ERP、车间制造执行系统MES等手段，快速对铸件进行信息处理、跟踪、追溯、管理。铸件识别技术是铸造企业车间物联网、智能物流、智能制造的关键技术之一。该技术当前主要应用形式有移动托盘码、激光刻码、随件流卡码等。识别方式有固定终端条码枪式、有移动终端手机扫码式，是当前发展中的技术，同时识别方式进一步向铸字识别、FRID等手段发展。铸件识别技术，有别于机械加工产品识别，其中间涉及熔炼浇注、热处理、酸洗、抛丸、打磨等特殊工序，识别技术中产品标记与识别的要求都更高。

（3）移动化车间管理技术　随着移动互联网、车间互联网、物联网等技术的不断发展，以及智能手机等移动终端的快速普及，支持多平台多屏适应的移动化车间管理技术正在快速发展中，如基于移动终端（智能手机、PAD等）的五金、刀具、模具库的出入库管理、移动化仓储管理系统、移动化车间现场扫码与报工技术、移动化铸件跟踪追溯技术等。企业移动化办公和车间管理的需求将会变得越来越主流、重要和迫切，大力发展各种移动式系统技术（如HTML5+JS等）将会让铸造企业车间的现场管理更加简单、便捷，进一步解放相关人员的生产力，提高企业效率。

**2. 未来的发展趋势**

（1）具备双向数据集成与安全控制的智能化铸造装备技术　具备双向数据集成与安全控制的智能化铸造装备技术指的是铸造生产、检测装备等能够自动记录设备运行、服役等过程的详细参数，能够供外部系统读取集成，能够供外部写入参数并安全控制装备的技术，从而做到软件与硬件数据的集成和控制，类似智能空调、智能家居等，减少人工数据录入量和差错率，提高数据准确率和效率，降低装备运行的工艺参数波动性，提高控制的精准度。软硬件数据集成是工业4.0发展的关键内容，也是行业发展的需要。目前已有很多铸造装备厂商提出了各式各样的智能化装备概念，重点涉及设备数据的可读性。具备双向数据集成与安全控制的智能化铸造装备技术是"网络化协同与智能制造技术"的发展趋势和重点内容，做到设备的可读性和可控性可以更好地满足智能化制造的需求。目前华铸软件中心已经在多个铸造企业实现了铸造设备的各种数据（如光谱仪化学成分的直接读取、浇注机记录、立体库出入库记录、射蜡机、考勤机、脱蜡焙烧、热处理等）的集成，有些设备甚至达到了无缝非人工干预式的实时数据集成，但对于数据写入和设备安全控制还有很多工作要做。

具备双向数据集成与安全控制的智能化铸造装备技术作为工业4.0、铸造"十三五"规划网络制造的共性技术，需要多方（包括设备商、软件服务商以及铸造厂）共同努力。形成通用性的数据接口标准是其中重要工作。

（2）高柔性化铸造生产与检验装备技术　高柔性化铸造生产与检验装备技术是指将车间生产线（甚至是自动化生产线）划分为若干个生产单元、检测单元，企业可以根据市场需求，快速柔性化地组合生产线的硬件系统，并快速柔性定义好生产检测生产线的管控软件系统，从而做到协同化网络制造以快速响应市场需求。该技术要求各个铸造生产设备和检测设备，尤其是自动化生产线上的生产检测单元都必须是高度柔性的。

（3）大数据与数据云端技术　大数据与云计算是全行业的发展趋势，也是铸造企业数字化信息化建设和发展的必然趋势。利用大数据和云计算，将数据存放于公有云或私有云端，利用高性能分布式计算机集群进行大规模实时计算，能够更好地处理和适应产业的智能制造，为车间的工业互联网、物联网提供载体支持和计算服务，为智能制造环节的在线质量检测与控制提供实时计算。

（4）人工智能技术　人工智能，如机器视觉、图像识别、计划调度、算法与优化、神经网络、深度学习等技术将会广泛而深入地应用于铸造企业的各个环节，如基于SVM或CNN的铸件X射线图像缺陷智能检测识别与特征提取，基于BP的铸件缺陷成因分析与控制策略，基于CNN的金相组织智能识别，基于元启发式的铸造造型、熔炼与热处理批计划与调度的智能排产，基于生产质量多源数据的铸造工艺优化。人工智能技术的深入应用将会给铸造企业乃至全行业带来深刻的变化。智能化铸造将会从部分点的智能化应用逐步向"多点"乃至"面"的智能化应用方向发展。

# 第 2 章

# 铸造企业单件化管理方法

本章针对铸造企业对单件可追溯性的管理需求，在借鉴和吸收 PDM 的"以产品为中心"的思想、PLM 的"全生命周期管理"的理念、批次管理的"批次操作便捷"的特性、工作流管理的"流程驱动"的机制、推动式生产模式的"顺序排产"方式以及拉动式生产模式中的根据交货期"倒排生产"思路的基础上，创建了包含三个要素、具备两个特性、有三个模型支撑的单件化管理方法体系；并对单件化管理方法中的两个策略选择、意义和适用范围以及方法体系中的三个要素和两个特性进行了深入讨论；对单件化管理方法的三个模型：单件模型、流程驱动模型和盈余期排产模型进行了建模，论述了模型的原理以及模型的技术实现重点、难点以及关键数据结构设计。

## 2.1 铸件单件化管理需求

在当前世界经济复苏缓慢、全球化竞争日趋激烈、国内实体企业投资环境愈加恶化的形势下，很多细分行业开始快速步入淘汰性阶段。随着制造技术的发展、产品需求水平的提高——从标准化和批量化逐渐向多样化和个性化过渡，企业生产方式不断由批量生产转向单件小批量生产，甚至是单件生产，面向"单件产品生产"是制造业整体的一个趋势。信息化技术的不断发展、客户对产品品质的不断追求，使得客户对产品单件生产过程和质量的可追溯性要求越来越高。企业内部生产方式的转变迫使企业的管理方式由传统的批次管理逐步向单件化管理转变，企业外部供应链上的客户需求也迫使企业必须具备单件化管理能力。企业内部和外部的形势都对企业从"批次管理"向"单件管理"转换的能力提出更高要求。

面对日益激烈的全球化竞争，客户除了对产品要求高质量和具有竞争力的价格以外，对产品的可追溯性的要求也越来越高。例如，汽车"召回"处理背后靠的是产品单件和零部件追溯，拥有适当的产品可追溯性系统是汽车零配件制造商的必备条件之一。多数汽车制造商对关键零配件（如发动机缸体、缸盖、曲轴等）的铸件厂商要求必须能够追溯每一个铸件单件。类似需要对产品有单件可追溯性要求的领域很多，如航空发动机以及零部件，另外海外客户对产品可追溯性要求较高。制造业向高精度高质量发展，高端装备制造业对零部件全生命周期的可追溯性要求更高。市场需要能够跟踪和追溯到单个产品的全生命过程中的质量信息，而产品需要做到单件化管理还有一个原因是，同一批投产的产品因中间某一个或某些生产环节的不同质量会不同。

单件可追溯，就是要求精细化管理围绕产品每个单件，以产品单件的全生命周期为线索，要求细化到由谁，在什么时候，完成了某个产品的某个生产工序，使用了哪些设备、哪些工装，消耗了哪些原辅材料以及多少能源、水等，重点关注生产过程中的各种质量信息。单件可追溯性实际上就是要求企业管理做到单件化管理，其中不仅涉及生产管理理论和模型的变革，也对传统的信息化管理技术提出了更高更苛刻的要求。单件管理，是相对批次管理而言的，是由原来批次管理的数量和质量的管理细化到每个产品单件的全生命周期管理。随着信息技术的高速发展，企业管理从传统的批次管理进入单件管理成为可能。

企业实现单件管理需要涉及两个方面：①生产现场中对产品单件的标记、识别、控制和管理等技术，这方面可以归类为"硬件方面"；②信息化系统（如 ERP 系统）中对产品单件的标识、流转、监控和管理技术，这方面可以归类为"软件方面"。

对于"硬件方面"的技术，市场上已经有比较成熟的数字码、条码、二维码打标和识别技术，广泛应用于汽车、食品、关键零部件、关键物资等；甚至还有更为先进的无线射频识别（RFID）技术，在近几年发展迅速的物联网方面应用广泛。各种单件号的标记方法如图 2-1 所示。产品单件号的识别方法如图 2-2 所示。然而在"软件方面"，关于信息化系统（如 ERP 系统、生产管控系统、MES 系统等）中产品单件号的选择策略、单件管理的数据模型、单件生命周期数据模型、单件追溯的方法等方面的研究较少。对信息系统中单件化管理方法进行研究，可以给大量的单件小批量生产和批量生产企业由传统的批次管理向单件管理转型提供方法上的指导。

a) 汽车车牌　　　　　b) 条码　　　　c) 二维码　　　　d) 产品数字码

图 2-1　产品单件号的标记方法

a) 条码识别器　　　　b) RFID 的 TAG 标签识别器

图 2-2　产品单件号的识别方法

## 2.2　单件化管理

目前，企业生产方式不断由批量生产转向单件小批量生产，甚至是单件生产。信息化在全行业中的进一步深化和应用，以及客户对产品品质的不断追求，促使了产业链上游客户对下游生产供货商的产品单件可追溯性的要求越来越高。企业内部生产方式的转换迫使企业的管理方式由传统的批次管理逐步向单件化管理转变，企业外部供应链上的客户需求也迫使企业管理具备单件化管理能力。信息技术的飞速发展，以及条码、二维码以及 RFID 技术在车间现场中的应用等为企业由批次管理跨入单件化管理奠定了技术基础。

首先从方法论的角度出发，吸收产品数据管理、产品生命周期管理、传统的批次管理、工作流管理、传统的推动式生产模式以及精益生产中的拉动式生产模式的部分思想，以企业单件化管理需求为立足点，从中提炼出单件化管理的基本内容、单件化管理的基本理念，并深层次地对单件化方法进行定义，探讨其内涵，从而构建整个方法体系。然后结合信息化技术，构建实现单件化管理的模型，并对实现单件化管理的关键技术进行论述。后面将结合工程实践，从企业应用的角度给出单件化管理的应用和应用价值分析。单件化管理将管理理念由传统的以流程化（物流、资金流、信息流）为观察中心深化为以流程化中的单个产品为观察中心，将传统的批次管理时代带到单件化管理时代。

## 2.2.1 单件化管理的思想

管理来自于需求，经济环境的变化影响着企业的管理需求。由于当前经济环境的不同，某些行业如船舶业、汽车关键零部件制造业、毛坯制造的铸造业等，基本上是面向订单单件小批量的生产，甚至是面向单件的生产，这些都对企业提出了单件化管理的需求，要求企业能够针对单个产品，对其全生命周期过程中与其相关的所有信息（包括流程、人力、设备、质量、成本、工期、物流、资金等）进行管理、追踪和利用。

1）单件管理与传统的批次管理的不同在于：①单件管理的数量为一；②单件管理是按照唯一的单件号一跟到底，是终身制的；③从产品整体品质来说，单件管理比批次管理更为精细，发货和退货等方式也便于管理，而且质检基本上是每件必检验而非抽检。然而单件管理也有很多不利的因素：一方面，由于单件管理更为精细，管理上的成本会非常高；另一方面，实际操作中单件管理更为烦琐、费时，如安排生产计划或生产申报验收时，批次管理只需要安排或者记录某种产品需生产或已经生产多少件即可，记录就一条而已，但单件管理就需一套多少件有多少条记录，这样实际操作中的工作量会呈几何级数增长。如何消除单件管理中管理成本大幅上升和操作控制极为烦琐的两大问题，是影响甚至是决定单件管理能否实实在在地在企业管理中"落地"的关键，所以在考虑和设计单件管理方法体系的时候务必要做到让单件管理与批次管理一样易于操作。

2）单件管理要求以每个单件为中心，围绕单件的全生命周期进行管理，这个方面可以借鉴PDM的"以产品为中心"的思想、PLM的"全生命周期管理"的理念。

3）单件管理方法体系的排产模式是采用"推动式"还是"拉动式"？推动式排产模式的优点在于"顺序排产"思维，实际操作中易于被接受也更简便，但是容易造成在制品和成品积压。拉动式排产模式的优点在于根据交货期倒排生产，让每道工序知道应该何时组织生产而非立刻尽可能尽快地生产，从而做到"生产均衡化"，最大限度地消除了在制品或成品的积压，但是这种模式是一种"逆向思维"，实际操作中不容易被理解和执行。笔者对此提出了一种"盈余期排产模型"，结合拉动式生产模式和推动式生产模式的优缺点，采用了以拉动式生产模式为驱动（驱动"当前生产盈余期"），以推动式生产模式为排产形式（在实践中容易被接受）。因此，"盈余期排产模型"形式上是推式，本质上是拉式驱动。

结合PDM的"以产品为中心"的思想、PLM的"全生命周期管理"的理念、批次管理的"批次操作便捷"的特性、工作流管理的"流程驱动"的机制、推动式生产模式的"顺序排产"方式、以及拉动式生产模式中的根据交货期"倒排生产"的思路，如图2-3所示，研究并构建了一套企业信息化中单件化管理的方法体系，包括单件化管理的定义、单件化管理的内容、铸件全生命周期管理模型（或称单件模型）以及排产中的盈余期排产模型。

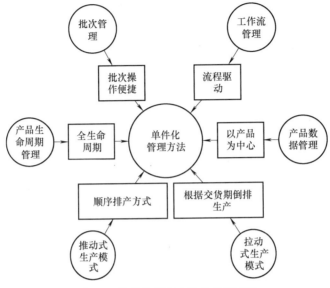

图 2-3　单件化管理方法的思想来源

## 2.2.2　单件化管理的定义

根据当前环境下企业对单件化管理的需求，借鉴和吸收批次管理、产品数据管理、产品生命周期管理的理念和定义，以及批次管理的操作便捷特性和工作流管理的流程驱动特性，对单件化管理的定义为：企业（无论是多品种单件小批生产模式，还是少品种批量生产模式）对产品的生产突破传统的批次管理理念和手段，以每一个单件为中心，以唯一的单件号为线索，具备流程驱动的智能特性和批次操作的便捷特性，使用顺序排产形式和拉动式排产驱动相结合的排产方式，实现对每一个单件的整个生命周期（从概念创建、设计、制造、交付、客户使用、售后，到最终报废，跨越供应链）的所有相关过程信息（包括工艺、流程、人力、设备、质量、成本、工期、物流、资金等）进行管理、控制、跟踪、追溯和利用。单件化管理，也可称为铸件单件生命周期管理、铸件全生命周期管理，或者单件管理。

**1. 单件化管理的要素**

概括地说，单件化管理就是单件号沿着生命周期管理相关过程信息。企业实施精细化管理，做到单件化管理，各个企业对单件管理的需求不尽相同，但是单件号、生命周期、过程信息是其基本的三个要素，不可或缺。三个要素的论述如下：

（1）单件号　单件化以唯一的单件标识号或者单件号为基础，单件号是全企业唯一标识，单件报废后单件号不再重复使用。

（2）生命周期　单件化管理的生命周期是从概念创建开始，到设计、生产制造、交付、客户使用、售后、最终报废，是从"孕育"到"坟墓"，跨越供应链。随着单件的生命过程不断进行，依附于单件的数据信息不断增加，是一种"滚雪球"模式。

（3）过程信息　过程信息包括以单件号为线索的单件制造前的概念创建和设计相关信

息（称为静态信息）和单件制造过程中和制造后的相关过程信息（称为动态信息）。静态信息主要包括客户订单、各个相关工序的工艺、物流清单（BOM）以及产品的作业路线等。所涉及的动态信息包含单件的生产数据、质量数据、物料信息、物流数据、负责该单件生产的操作工信息、设备信息、涉及的成本信息、工期信息等。过程信息涉及人财物，信息流、物流和资金流在单件过程中同步。

**2. 单件化管理的特性**

单件化管理必须具备两个特性：流程驱动的智能特性和批次操作的便捷特性。批次操作的便捷特性指的是单件化管理中安排计划及生产验收等环节中，操作人员可以按批次操作，对某种产品计划生产或生产验收多少件时可以只需要操作一条信息即可，而不需要操作每个单件的信息，每个单件的过程信息管理由计算机自动完成。批次操作的便捷特性是单件化管理的操作可行性保障，是单件化管理在实际管理中"落地"的保障。流程驱动的智能特性指的是，单件化管理方法中单件的全生命周期过程是一个能够串联在一起的完整流程（大流程固定，小流程各有不同，流程由一个一个的作业构成），从前到后，由上一步作业智能流转到下一步作业，从而一步一步完成单件的全生命周期过程。也就是说，在单件的全生命周期流程中，中间作业的任务区都是根据流程智能获得的。流程驱动的智能特性是单件化管理的全生命周期管理的驱动，是单件化管理能够从"被动"转变为"主动"的关键。

**3. 单件化管理的生产模式**

单件化管理下的生产模式使用顺序排产形式和拉动式排产驱动相结合的排产模式，此模式称为盈余期模式。盈余期模式以盈余期排产模型为基础，根据交货期和产品工艺中的作业路线以及各个工序的工作时间，并结合单件当前生产的工序进度，直接计算出单件在当前生产工序下的"生产盈余期"，表示理想状态下该单件在该工序下"最晚"可以延迟多久生产而不会导致延迟交货，同时又保证了不产生产品积压。这种盈余期模式本质是拉动式排产驱动，但是该模式下计算工序的"生产盈余期"不需要依赖下道工序反馈，形式上就是顺序排产形式，从前到后，从前一道工序到后一道工序。根据盈余期排产模型可以直接实时计算并预计出各工序什么时候将完成什么任务的电子看板，即类似拉式生产模式的动态电子看板。

## 2.2.3　单件化管理的方法体系

根据上述单件化管理方法、定义和论述，单件化管理方法体系包含三个要素，具备两个特性，由三个模型支持，如图2-4所示。

三个要素中的单件号要素吸收了产品数据管理中的"以产品为中心"的思想，全生命周期要素吸收了产品生命周期管理的"全生命周期管理"的理念。两个特性是吸收了批次管理的"批次操作便捷"的特性、工作流管理的"流程驱动"的机制。批次操作特性和流程驱动特性都是为了更好地实现对单件全生命周期过程信息的管理和控制。三个模型依次是单件模型、流程驱动模型和盈余期排产模型，它们支撑着整个单件化管理，是单件化管理方法的实现手段。单件模型支撑着方法体系中的三个要素和批次操作特性，是精细化管理的体现，也是单件化管理方法的实现主体。流程驱动模型支撑着单件化管理方法体系中的流程驱动特性，是面向全流程的工作流管理的体现。盈余期排产模型是结合了推动式生产模式的"顺序排产"方式和拉动式生产模式中的"倒排生产"的"适时"思路，是精益生产管理

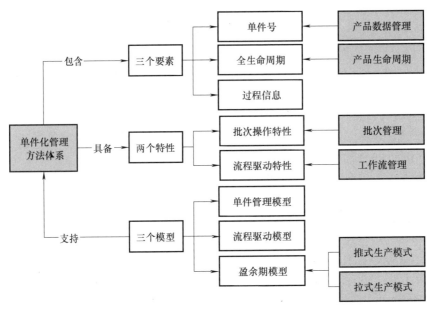

图 2-4 单件化管理方法体系

的体现。因此,单件化管理是一种精细化管理,是一种面向全流程的工作流管理,是一种精益生产(准时生产)管理。

单件化管理方法体系架构后,还会面临两个策略选择问题:

1)单件的过程信息采用什么策略进行记录?笔者采用的策略是为每个单件设计一个对应的"单件作业过程"对象。单件作业过程中包含作业工序、时间、作业编号等信息,通过作业编号关联生产作业的具体内容(包含设备、工装、模具、人力等信息)从而为每个单件记录详细的过程信息。这样设计的理由是不必为同批生产作业的单件一一记录相同的作业详细信息,从而简化数据库。

2)单件的生命周期采用什么策略进行管理?单件全生命周期管理的策略有很多种,根据生命周期的路线固定与否,有路线固定型和路线随机型两种。路线固定型策略指的是单件的生产制造前,在工艺设计环节已经确定了产品的工序路线,单件按照既定的路线严格进行流转。路线随机型策略指的是单件的生产路线并非确定的,或者说工艺设计环节可以大致定义产品的路线,但单件的具体生命过程要根据每道工序实际生产情况而变化,由每道工序决定下一道工序是哪个工序。路线固定型策略的对单件过程的控制比较好,适用了生产比较稳定的情况,对于生产不是很稳定的情况适用性欠佳。路线随机型策略具备了很强的柔性,易于应对生产中很多不稳定性的因素,适用性较好,但该策略对单件过程的事先控制较弱,且每道工序后必须指定下道工序,给操作带来一定的工作量。根据企业资源规划 ERP 的"事先计划事中控制"的思想,笔者在此采用的策略是路线决定型策略,结合了路线固定型和路线随机型两者的优势。该策略在工艺设计时生成该单件的作业路线(即完成单件的后续生命周期的定义),然后单件根据各自的作业路线完成相应的生命周期过程;如果在生命周期过程中出现"异常",可以通过调整产品的作业路线,甚至是调整单件作业路线,从而做到单件路线的变更。

在单件化管理方法中,笔者将单件的全生命周期划分为四个时期:订单投产期、生产准备期、计划生产期以及发货售后期,如图2-5所示。订单投产期内处理订单的录入、评审、签订与投产、变更等相关业务。生产准备期中根据订单进行相应的工艺设计(包括工艺卡制定、BOM制定、作业路线制定)和工装模具的准备。计划生产期内负责产品的生产计划制定、过程控制以及生产的验收。发货售后期负责产品的销售以及售后产品质量跟踪和服务。对于单件来说,订单投产期根据订货投产量决定相应数量的单件号的生成,生产准备期根据产品工艺设计中的产品作业路线设计决定单件作业路线生成,在后续的计划生产期和发货售后期通过单件作业路线记录单件的所有过程信息。如果过程中有"异常"(例如需要返修),可以调整产品或者单件的作业路线而做到单件作业路线的更变。

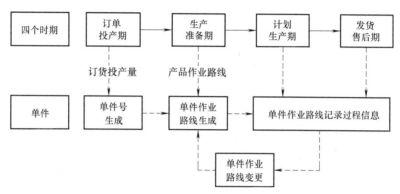

图 2-5　单件全生命周期管理的时期划分和策略

## 2.2.4 单件化管理的意义和适用范围

单件化管理,将管理理念由传统的以流程化(物流、资金流、信息流)为观察中心深化为以流程化中的单个产品为观察中心,将传统的批次管理时代带到单件化管理时代。单件化管理是一种精细化管理,是一种精益生产(准时生产)管理,是一种面向全流程的工作流管理。单件化管理是管理理念或者管理模式的一次变革和升华,是管理手段和技术的一次创新,是精细化管理的更深一步的体现。

传统的批次管理向单件化管理转变并非易事,而是一步步地逐渐转变,由一开始针对几种特殊产品进行单件化管理,然后逐步扩大范围到部分产品,最终实现对全部产品实现单件化管理。单件化管理与批次管理相比较,单件化管理的对象是单件,精细化程度更高,管理深度更深,管理范围也更广,如表2-1所示。

表 2-1　批次管理与单件化管理对比

| 项目 | 批次管理 | 单件化管理 |
| --- | --- | --- |
| 管理对象 | 流程 | 流程中的单件 |
| 管理深度 | 批次号及数量 | 单件号、批次号及数量,管理更深 |
| 管理范围 | 整个生产制造过程<br>从原材料投入到交付出厂,即从投料、加工、转工、入库、保管到装配等 | 全生命周期<br>从概念创建、设计、制造、交付、客户使用、售后,到最终报废,跨越供应链 |

对照批次管理中的"六环节批次管理",即投料、加工、转工、入库、保管、装配六个环节实现批次管理,而单件化管理则要求六个环节都必须实现单件化管理。但有一点需要说

明的是，批次管理中投料环节使用的原辅料做到批次管理，单件化管理中投料环节使用的原辅料也是做到批次管理，但是批次管理的投料到生产哪个产品需要做到单件化管理。

单件化管理方法是一个方法，是一种管理思维，需要依靠管理信息化系统这样的管理实体来应用和实现其方法。单件化管理方法具备全生命周期管理特征，需要融入企业某些信息化系统中，如资源规划系统 ERP、业务流程管理系统 BPM，或者生产管理系统等，以信息化系统作为载体。单件化管理中单件号具体在车间生产管理中的体现形式，根据各行各业的具体情况而定，可以是条码或二维码或普通打标或制造凸标凹标或 RFID 芯片方式，有的单件号标在产品某个部位上，有的单件号标在随单件一起流转的流程卡上。

单件化管理方法并不适用于所有行业，也不是对所有的制造业都适用。单件化管理方法适用于那些面向订单的单件小批量生产或者单件生产的、具有单件管理需求的制造企业，如为制造业提供毛坯的铸造企业、造船业、模具研发生产企业等。

## 2.3 铸件单件全生命周期管理模型

为了实现单件化管理模式和理念，创建了单件全生命周期管理模型，该模型是实现单件化管理方式的主要手段。围绕全生命周期、过程数据、单件排产、跟踪与追溯等要求，可以将单件模型细化为如下内容：

对于铸件的全生命周期，可以将其分为四个时期：订单投产期、生产准备期、计划生产期、发货售后期。

1）过程是由不同时期内的不同作业串联而成的。不同时期内的基本作业不一样，且由基本作业串联成的流程，可以由用户自定义，从而增加模型的适应性，更好地适应实际需要，体现出作业柔性。例如，铸造行业中铸件的生产一般由造型、熔炼浇注、清整、分割、焊补、热处理、抛丸、打磨、检验、成品入库等几个环节构成，这些环节就是基本作业；其次每个铸件的生产工艺路线不尽相同，用户可以根据各铸件的要求，选择含热处理、加工、质检作业，也可不选择，从而进行灵活搭配，这就要求铸件的工艺作业路线由用户定义，从而体现作业的柔性。

2）由产品作业构成的流程化特性必须是基于任务驱动的，即产品单件的各项作业要智能连贯，上游作业完毕，自动流到本单件的下游作业任务区，下游作业未完成智能回溯到上游作业任务区，从而实现重做，体现规范性和智能性。这个方面的内容需要流程驱动模型来支持。

3）具备批次操作性。作业要批次操作和单件管理相结合，体现模型的操作友好性。批次操作性尤为重要，如果需要人工一项项地去选择每个单件或者给单个单件排产，这样的工作量将会非常巨大，这样的单件管理是没有应用价值的。

4）具备单件跟踪功能，能够监控各个产品的各时期过程及整个生命周期过程，且能便捷地查看某个单件的各个作业情况。

5）具备过程监控功能，能够监控生产管理中的各环节的生产情况，给出某时段的各作业汇总和对比，从而更好地宏观监控和分析生产，及时发现问题，解决问题。

为了使单件模型满足上述要点内容，其数据模型设计如图 2-6 所示。

单件模型以对象"单件"为核心，将对象"单件作业过程"与计划与生产、质检与处

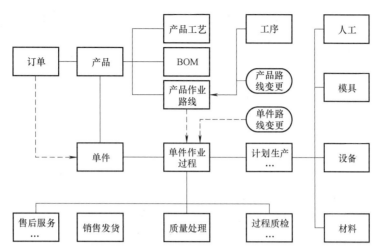

图 2-6 单件模型的数据模型设计

理、发货与售后等相关联,记录整个单件全生命过程。订单驱动产品研发,驱动单件的创建。用户自定义设计产品作业路线后,单件作业过程则相应地生成。生产制造销售等环节由"单件作业过程"自动根据作业路线所构建的流程智能驱动,而之前的单件创建和工艺研发环节等全部标准化,所以工序柔性化并非全部柔性化,而是生产制造销售等环节的柔性化。生产过程中,如果单件由于某种原因(如返修、工艺调整等)需要改变作业路线,可以通过"产品路线变更"或者"单件路线变更"做到单件过程的调整,但是调整的路线只能是修改还"未经历"的作业过程。对"计划生产""过程质检""售后服务"等并非一个工序作业,而是由很多作业构成的作业集合,此处只是做了统一的描述。计划生产过程中详细记录了相关的人工、模具、设备、材料等信息,从而使得单件关联和管理了生命周期中相关的所有信息。

单件模型中单件对象和单件作业过程对象是关键,图 2-7 所示为单件和过程的 IDEF1X 模式的实体关系(ER)图。两者靠"单件号"列外键关联,并且两个对象中所有列的内容全部由系统自动生成、更新,是最底层的数据,不需要人工操作。

单件对象数据模型中关键的列有单件号、客户单件号、订单细则号、终止、终止说明、属性、性质、最后作业顺序、等待作业顺序、等待,各列的详细说明如下:

(1)单件号 单件号的主键是单件号列,唯一对应每一个产品单件,即使单件报废也不重复使用。单件号相当于企业内部"物联网"的"全厂唯一码",如果和产品销售及外部大物流的"物流网"联系在一起,对厂内单件号与厂外物流"全球唯一码"数字标签进行一对一

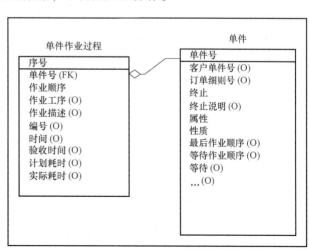

图 2-7 单件模型中的单件和过程的 ER 图

映射，可以做到厂内"物联网"和厂外的"物联网"的无缝对接。如果企业和供应链上的客户进行合作，还可以将产品的单件号直接用于客户物料的单件号，如发动机的零部件。

（2）客户单件号　客户单件号是客户要求标记的铸件单件的标识码。

（3）订单细则号　该列用以关联产品单件到客户订单。这项内容有可能会变化，如单件创建时是分配给 A 订单的，之后客户订单数量减少，单件被转至备件库，该订单细则号就会变成备件订单细则号。如果该单件后来又从备件库中分配给了 B 订单，则该订单细则号又会变成 B 订单。

（4）终止　表示单件生命周期是否终止，"N"表示不终止，单件继续流转；"Y"表示产品单件生命过程终止，可能原因是单件报废或者单件生产中质检有问题需要暂停生产进行不合格分析、认定和处理。终止说明列用以说明产品单件当前终止的原因。

（5）属性　属性列指的是产品单件当前的属性，如"正常""内修""外修""内废""外废"等。

（6）性质　用以标记产品单件创建时的性质，类似于"天性"，不会随着过程而改变，如"普通件""内补件""外补件"。"普通件"表示单件是按照客户订单正常创建的单件，"内补件"表示该单件是由于前面给客户的某一单件在企业内部生产中报废（属于"内废"）而追补的单件，"外补件"表示该单件是由于已经发货给客户的某一单件报废（属于"外废"）而追补的单件。

（7）最后作业顺序　用以标记单件作业过程中的已经完成的最后一个作业过程，该项内容由产品单件作业过程对象自动生成。如果单件生命过程还未开始，则最后作业顺序为空。

（8）等待作业顺序　用以标记该单件生命周期中等待下一个作业的顺序，该项内容由产品单件作业过程对象自动生成。如果单件作业过程已经完成，则该项为空，表示单件暂时不再继续进行流转，也许该单件已经发货。

（9）等待　用以标记该单件生命周期中等待下一个作业的名称。

单件作业过程对象用以记录产品单件的详细生命周期过程，其数据模型中的列有序号、单件号、作业顺序、作业工序、作业描述、编号、时间、验收时间、计划耗时、实际耗时，各列的详细说明如下：

（1）序号　序号是主键，自增型。

（2）单件号　用以与单件对象中的单件号关联。

（3）作业顺序　用以标记单件生命周期过程。

（4）作业工序　用以与工序对象关联，和计划生产对象、过程检测对象、质量处理对象、销售发货和销售服务对象有关联。

（5）作业描述　用以为单件作业路线中作业工序做简单备注。

（6）编号　用以与计划生产对象、过程检测对象、质量处理对象、销售发货和销售服务对象中的主键进行关联。

（7）时间　用以标记单件生命过程中与某计划作业工序的计划时间或普通作业工序的执行时间，如发货计划的时间、质检入库的时间等。在该单件模型中，作业工序分为两种：计划验收性质作业工序和普通的作业工序。例如，对于上涂料工序，如果单件生命过程只记录上涂料工序的执行情况而不考虑工序的计划安排情况，则上涂料工序为普通作业工序，如果需要记录上涂料工序的计划安排情况则上涂料工序为计划验收工序。再如，造型计划和造型验收为造型作业工序的两部分，造型工作工序即为计划验收性质工序。

（8）验收时间　用以标记单件生命过程中与某些计划作业工序相对应的验收工序完成时间，如发货计划的时间、质检入库的时间等。

（9）计划耗时　表示单件在该工序计划的额定耗时。

（10）实际耗时　表示单件在该工序实际生产耗时。通过对比计划耗时和实际耗时可以得出单件的生产快慢、哪几个环节中某段时间内哪些工序生产耗时平均多于计划耗时等相关的生产同步性问题。

单件模型中涉及几个关键词：全生命周期、过程、基本作业、柔性、模型的适应性、智能连贯、智能化、操作友好性、单件排产、单件监控、单件跟踪与追溯等。单件模型的功能和理念关系如图 2-8 所示。

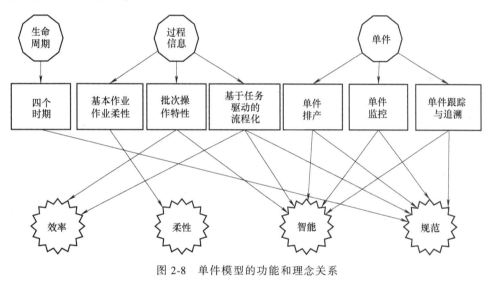

图 2-8　单件模型的功能和理念关系

## 2.4　流程驱动模型

流程驱动模型支撑着单件化管理方法体系中的流程驱动特性，是面向全流程的工作流管理的体现。流程驱动模型的具体内容论述如下：

1）流程驱动模型覆盖了单件化管理方法的全生命周期的四个时期，从单件的创建、研发，到生产制造，到销售。

2）在订单投产期和生产准备期，单件的流程是由事先设定的作业流程进行驱动的，如订单录入—工艺单设计—BOM 设计—作业路线设计—模具验收这样一个过程。

3）在计划生产期和发货售后期，单件的流程是由单件作业过程所构成的流程进行驱动的。根据单件模型中产品作业路线设定后生成单件作业过程，这是一个空的作业过程模板。单件根据空的单件作业过程，作业顺序从前到后依次流转。流转的过程中，单件作业过程的内容也一项项地完善。

4）在订单投产期和生产准备期，根据既定的作业流程进行流转；在计划生产期和发货售后期,根据用户自定义的单件作业过程进行流转。各项作业共同构成单件全生命周期,然后按照工作流管理的模式将单件生命周期过程中的各项作业连在一起,通过智能驱动技术驱动整个单件的生命周期的流转,从而做到整个单件化管理方法的智能驱动和流转。

## 2.5　盈余期排产模型

盈余期排产模型是结合了推动式生产模式的"顺序排产"方式和拉动式生产模式中的根据交货期"倒排生产"的"适时"思路,是精益生产管理的体现。

企业生产经营中会遇到各式各样的时间、期限,如订货日期、订单要求交货日期、生产工期、实际交货日期等,这些时间、日期共同构成企业管理的工期体系。盈余期模型就是由工期体系中某些期限和时间组成,包括工艺盈余期和生产盈余期,如图2-9所示。

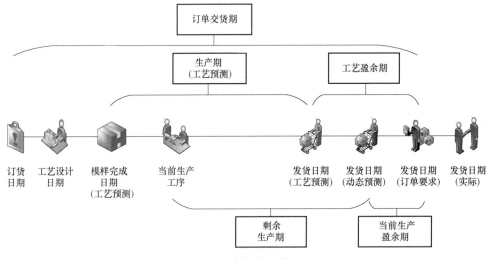

图2-9　盈余期排产模型图

(1) 工艺盈余期　订单下达后,订货日期和订单要求交货日期之间便产生一个(订单)交货期,工艺设计(含作业路线、模具工期等)后产生一个生产发货期,即正常理想状态下生产某产品需要的总时间(由作业路线中各工序的作业计划耗时决定),工艺设计耗时与模具工期一起构成生产准备期,则工艺盈余期(=交货期-生产准备期-生产发货期)便确定了,即工艺预定的交货日期与订单要求的交货日期之间的差值。如果它是正数表示可以按时交货,可以签订订单,正几天表示生产中有几天盈余的余地;否则,表示难以按时交货,需加班。

(2) 生产盈余期　系统会根据当前日期,比对后续工序总时和剩余交货期,得出当前生产盈余期(=剩余交货期-后续工序总时,负得越多表示越应该加班赶工)。这个当前生产盈余期出现在每个计划任务项目里面,它随着不同的产品、不同工序、不同时期而变化。根据生产盈余期,排产员能够看出哪些铸件才是真正的紧急件(而不仅仅根据订单签订时决定是否为特急件)。

图2-10所示为盈余期排产模型的关键数据结构图,主要有8个表单:订单表和订单细则表与订单有关;产品工艺单表和产品作业路线表与生产准备中工艺设计有关;计划生产表

和发货记录表记载着产品的生产和发货的计划和验收；单件表和单件作业过程表是单件模型的两个核心表，记载着单件的整个行为。

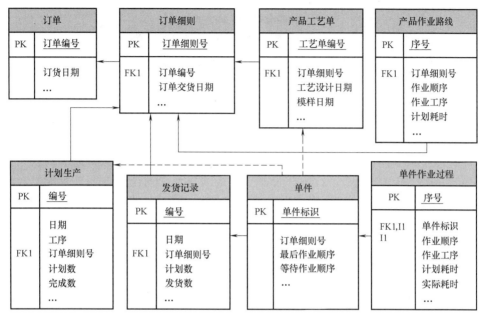

图 2-10  盈余期排产模型的关键数据结构图

盈余期排产模型的应用有两个方面：工期预警和工期预计。工期预警是根据产品当前的生产进度和产品的工艺作业路线，得出理想的剩余生产工期还有多少天，再和剩余交货期相比，超过或接近剩余交货期，则表示产品应该加紧生产，该产品的工期应该得到预警。工期预计是在订单下达后，工艺设计完毕，产品的生产和发货工期便能够预计，按正常、理想的生产状态，产品将会在几天后发货；并且结合实际生产反馈，预计出哪一天哪道工序会有哪些铸件要安排生产，共多少吨。

盈余期排产模型也可适用于制造、建筑等其他领域。

# 第 3 章

# 铸造企业智能化管理方法

本章针对铸造企业对信息化系统智能化特性的需求，在借鉴和吸收人机交互的"交互动作分解"、人工智能的"系统代替人"、专家系统的"专家推理"三个方面思想的基础上，创建了智能化方法体系；并依次对智能化方法体系中面向用户的四项智能技术（智能任务技术、智能分析技术、智能决策技术和智能托管技术）和面向企业的两项智能技术（智能绩效分析技术和智能绩效点评技术）进行了详细论述，包括技术的原理、意义以及实现的难点和关键点。

## 3.1 铸造企业数字化管理中智能化需求

在我国，虽然已经有很多铸造厂应用了各种信息化管理系统，但是系统多半比较简单，停留在数据录入和查询层面，暂时还没有得到普遍认可的较成熟的专门面向铸造行业的商业ERP系统。铸造属于传统产业，严重缺乏专业的信息化人才，其企业信息管理系统的操作人员多半计算机基础相对薄弱。另外，信息化系统不断向大型化、集成化、复杂化方向发展，而专业人才的缺乏和信息化系统的庞大、复杂、不易操作等原因严重制约了铸造企业的信息化进程。因此，在培养和发展铸造企业信息化专业人才的同时，铸造信息化系统本身必须做到操作界面友好，必须具备较强的智能化特性。

## 3.2 智能化方法

信息化系统需要大力发展智能化技术，需要能够智能指导、推动用户工作，能够代替用户的部分工作，甚至是能够替代部分用户进行工作。

首先从方法论的角度出发，吸收人工智能、专家系统、人机交互等技术的部分思想，以企业对信息化系统的智能化需求为立足点，从中提炼出系统智能化方法的基本理念、内容，并对智能化方法进行定义，从而构建整个方法体系。然后结合信息化技术，对构建实现智能化方法体系的多种智能化技术的背景、内容、意义、实现的关键和难点进行探索和论述。后续章节将结合工程实践，从企业应用的角度给出智能化方法的应用和应用价值分析。

### 3.2.1 智能化方法的背景

#### 1. 人工智能

人工智能（AI）也称作机器智能，是指由人工制造出来的系统表现出来的智能。自1956年在Dartmouth学院召开的夏季研讨会上被提出以来，人工智能已经发展为一门研究、开发用于模拟、延伸和扩展人的智能的理论、方法、技术及应用系统的新技术科学，其概念也得到广泛扩展。目前认为,人工智能是研究人类智能活动的规律,构造具有一定智能的人工系统,研究如何让计算机去完成以往需要人的智力才能胜任的工作,也就是研究如何应用计算机的软硬件来模拟人类某些智能行为的基本理论、方法和技术。人工智能这门科学内涵丰富,但总的来说,人工智能研究的一个主要目标是使机器能够胜任一些通常需要人类智能才能完成的复杂工作。当然,复杂工作的定义也会随着时代的变化和技术的进步而变化。在企业信息化过程中,结合人工智能,利用计算机来延伸、扩展和代替各类角色人员的部分工作任务,是深化企业信息化应用的一个重要方面和重要途径。

### 2. 专家系统

专家系统(ES)是早期人工智能的一个重要分支,指一类具有专门知识和经验的计算机智能程序系统,通常采用人工智能中的知识表示和知识推理技术来模拟通常由领域专家才能解决的复杂问题。该系统内含有大量某领域专家水平的知识与经验,能利用人类专家的知识进行推理和判断,模拟人类专家的决策过程处理该领域的问题。专家系统是专家级的知识库与推理机的结合,因此也称为基于知识的系统。目前比较著名的专家系统有 ExSys(商用专家系统)、Mycin(医用诊断系统)、Siri(辨识语音作业的专家系统)等。专家系统的核心价值在于计算机的智能决策。在企业信息化过程中,有大量工作是需要具备一定经验的专业人才才能完成的,如新的复杂产品设计、产品工艺设计审核、生产计划的科学排程等,这些工作就可以结合类似专家系统一样的技术从而做到智能决策。

### 3. 人机交互

人机交互(HCI)是一门研究系统与用户之间交互关系的学科,是指人与计算机之间使用某种对话语言,以一定的交互方式,为完成确定任务的人与计算机之间的信息交换过程。这种技术主要用于解决用户如何使用计算机,以及如何设计一个可以帮助用户提高工作效率的计算机系统。人机交互技术从最初的手工作业阶段、作业控制语言计算机交互命令语言阶段,逐渐发展到图形用户界面阶段、网络用户界面。如今,随着高速处理芯片、多媒体技术和互联网技术的迅速发展和普及,已发展到多通道、多媒体的智能人机交互阶段。目前,人机交互的研究重点主要集中于智能化交互、多通道-多媒体交互、虚拟交互以及人机协同交互等方面。在智能化的过程中,人机交互越少,智能化程度就越高。企业信息化过程中,随着管理的不断细化和深入,信息化系统相关操作人员每天都需要和计算机交互很多,如数据录入、查询、分析等,大量的系统操作工作会成为企业信息化过程的负担。尽量减少人机交互,提高系统的智能化程度,是智能化的一个重要手段。

## 3.2.2 智能化方法的思想

技术发展来自于企业需求。信息化系统向集成化发展,系统更庞大,功能更强,范围更广,管理更细,操作用户的工作量也随之更多更繁重,这也是信息化给企业带来的不利方面,慢慢成了企业的沉重的负担。信息化只有起点没有终点,从这点意义上来说,多数企业一把手感觉企业似乎已经被信息化系统"挟持"了。这个时候,企业就呼吁信息化系统能够更智能化、更傻瓜化,不需要太专业的人,不需要消耗很多精力就能让一个新手快速掌握等,信息化过程中企业对系统智能化的追求更加强烈。例如,宝钢在发展信息化的 20 多年中,无论是 MRP、CIMS、MES、ERP 等,都非常重视信息化和智能化的结合,重视信息化系统本身的智能化,要求智能化能帮助人工作,帮助人分析和思考,帮助人积累经验提升技能。为此，从方法论的角度，对信息化系统的智能化方法进行系统性的研究意义重大。

智能化技术的产生和发展，不断地推动着企业信息化系统的演变和发展，人机之间的关系也不断地发生着变化，如图3-1所示。

图3-1　智能化技术推动信息化系统的演变以及人和系统之间关系的演变

人工智能技术的思想是利用计算机来延伸、扩展和代替人的某些部分动作或者说工作。专家系统的精髓在于利用计算机构建知识库和推理规则，然后再利用计算机进行推理计算，从而使计算机具备智能专家决策功能，在于专家推理。而人机交互和智能化的关系在于人机交互越少，智能化程度越高。信息化系统的智能化方法可以围绕人机交互的"交互动作分解"、人工智能的"系统代替人"、专家系统的"专家推理"三个方面展开，如图3-2所示。

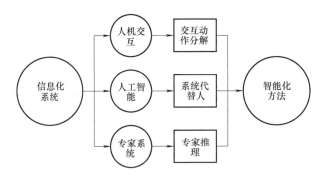

图3-2　信息化系统的智能化方法研究思路

### 3.2.3　智能化方法的定义与体系

信息化系统各式各样，各种系统关注点也各有不同，但是信息化系统的最终目标都是通过系统用户的操作为企业的管理带来便利、轻松、高效，并持续优化企业绩效。因此，在信息化系统中，用户和企业这两个层面值得关注。深入分析用户和企业的需求，并将其抽象提取出来，从而研究和发展解决某些核心需求的智能化技术。

对于用户层面而言，企业经营运作中会有各种各样的角色人员，各种角色岗位职责不同，而企业的运作基本方式都依靠各类角色传递各种信息（数据表单、口头指示等）来驱动。根据各角色对数据表单的操作形式，大致可以将企业中各种角色分为四类（即WOML分类）：工人（Worker）、作业人员（Office Worker）、中层管理人员（Management Worker）、审批领导（Leader），如图3-3所示。企业运作是由各种各样的作业和流程组成，如采购流程、工艺设计流程、销售发货流程等，每种流程基本上都会涉及上述分类的四类人员，将所有流程进行抽象化，可以抽象为企业运作的"四六"模型，如图3-4所示。"四六"模型指的是四类人员进行六种操作，最终领导和管理人员通过办事员驱动工人进行工作。

对于企业层面而言，企业的需求主要是中高层领导（考核人员）对企业运行的绩效分

图 3-3 企业运作中人员角色的 WOML 分类

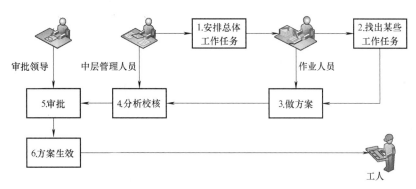

图 3-4 企业运作流程的"四六"模型

析(包括业务绩效和角色绩效两个方面)以及根据绩效报告(包含大量的关键绩效指标)进行点评和决策,可以将这两种动作抽象为做绩效分析和绩效点评。而根据用户层面的"四六"模型,企业运作流程中相关用户的动作可以进行分解并抽象为五类:找任务、做方案、作分析、做校核、做审批。

结合人工智能的"系统代替人"的思想,智能化方法的研究路线可以如图 3-5 所示。

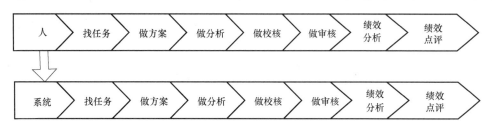

图 3-5 智能化方法的研究路线

对信息化系统的智能化方法的定义为:信息化系统或解决方案为企业及系统用户不断提供相关业务分析和操作的自动处理功能和应用的方法。信息化系统或解决方案的智能化技术体现在多个方面和多个层面;从系统用户(包括业务作业人员、管理人员、系统维护人员等)方面可以分为智能任务、决策分析、智能决策、智能托管四个层面,且智能化程度依次递增;从企业整体信息化方面可以分为智能绩效分析和智能绩效点评两个层面,且智能化程度依次递增。智能化方法体系如图 3-6 所示。

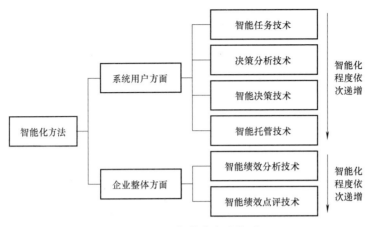

图 3-6 智能化方法体系

### 3.2.4 智能化方法的意义和适用范围

信息化系统智能化方法的意义在于将人工智能的方法引入到企业信息化系统里面,将传统的依靠人来推动的信息化系统转变为推动和指导人的系统,使得系统从被动服务变为主动服务。

相对于单件化管理方法,信息化系统的智能化方法的适用范围就广得多,可以适用于各行各业,适用于各类信息化系统,可以适用于企业资源规划系统(ERP)、供应链管理系统(SCM)、制造执行系统(MES)、产品数据或生命周期管理(PDM 或 PLM)等大型集成性信息化系统,也可以适用于订单管理系统、生产管理系统、库存管理系统、质量管理系统、设备管理系统、进销存管理系统等各种小型的信息化管理系统。

## 3.3 智能任务技术

### 3.3.1 智能任务技术发展的背景

人们在做事情、办公的时候,往往需要借助于手写记事簿或者电子表格,甚至是仅凭记忆来管理办公任务列表。仅凭记忆来管理任务列表的人们,记忆的负担极重,且记错或忘记的概率极高。用记事簿或电子表格管理任务列表的人们,当新任务产生时,由于不知道或者忘记"新任务已经产生"等诸多人为或非人为的原因,而没有及时加入任务列表中,或者当某项任务完成后没有及时更新任务列表等,这些都很容易造成工作重复或遗漏,并且人们对任务本身的管理负担很重。造成上述种种问题的原因主要是办公工具有限,且目前多数办公系统或者信息化系统仅仅是停留在用户自己人工管理任务的层面。通过信息化系统本身来管理作业的所有任务,而不需要用户自己来管理,可减免用户的任务管理负担,避免人为管理可能产生的种种过失和错误。

### 3.3.2 智能任务技术的内容

智能任务技术,或称之为基于任务的智能驱动技术,即实时地、智能地为用户提供当前的作业任务,并通过单击某项或某些项任务便可以开启新的作业,而这些新的作业已经根据任务区的提示智能完成了相应内容的录入,用户只需要完善后续内容即可。

从流程化的角度看,一个个的作业串联(中间可以含有多个并联方式)成流程,除了始端作业和终端作业,系统中每项作业都有其上游作业和下游作业,可以将其分成两个区域:任务区和工作区,如图 3-7 所示。工作区是该项作业的录入、编辑等操作的主要区域并装载、显示所有已完成的表单内容,任务区显示该作业的当前所有作业任务。当前作业的任务区来自于上游作业,而当前作业的任务完成后便会流到下游作业的任务区。除了始端作业没有任务区,其他所有的作业都有任务区。用户根据任务区的提示可以实时地明确当前该作业剩余的任务数,通过单击某项或某些项任务,系统便会立即将选中的任务传入工作区并智能地完成相应内容的自动录入。

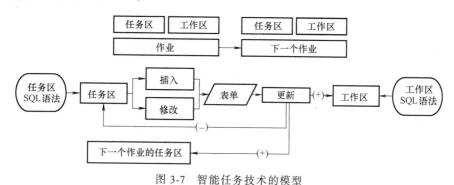

图 3-7 智能任务技术的模型

在任务区中选择一个或者多个任务,然后单击工作按钮,系统将会通过"插入"方式或者"修改"方式生成一个或者多个相关未完成的表单。填完并更新表单,工作区的数量就会增加,任务区的数量就会减少,并且下一个工作的任务区数量会增加。当前作业和下一个工作的关系可以是事先确定的,如订单到工艺设计,工艺单到物料表单 BOM。它们之间的关系也可以是动态的和事先不确定的,例如某个铸造产品,热处理后可以流向加工任务区也可以流向发货任务区,即有些产品有加工工序有些不需要,这个依赖于各个产品的动态的工艺路线设计。智能任务技术将原来虚拟的任务区"现实化",使其工作区并列,强化任务区的概念。

### 3.3.3 智能任务技术的意义

智能任务技术涉及企业管理人员及作业人员,不仅省去了管理人员给作业人员安排任务的工作,同时该技术也时时显示每个作业的任务数,从而省去了管理人员对任务的监管和督促的工作,对企业信息化进程具有重大意义。

1)对管理模式来说,该技术将传统的人给人安排工作的模式完全转变为系统给人安排工作的模式,将传统的人监控和督促人工作的模式转变为系统自动监控和督促人工作的模式,这是一项重大的企业管理转变。

2)对管理人员来说,管理人员不必每天花费大量的时间和精力去给作业人员安排任务并监控、督促相应的工作,彻底地解放了管理人员,使得管理轻松、高效,使得管理人员有更多时间和精力思考企业战略决策的问题。

3)对作业人员来说,不必总是等待任务或者不清楚当前需要做什么,从而做到整体状况了然于胸,避免了时忙时闲;同时根据任务进行操作系统会自动录入相应的内容,从而减少了作业人员的录入的工作量,提高了工作效率。

### 3.3.4 智能任务技术实现的关键及难点

智能任务技术需要完成两项工作：一是智能显示作业的任务区内容及条数；二是需要根据用户选中的任务区传递到工作区并智能录入相应的内容。前者的实现相对比较容易，只需要设计一个任务区的数据源，则系统根据任务区数据源检索后台数据库，便可给出任务区的内容和条数。需要注意的是：该任务区数据源所囊括的数据内容需要"集合与"所有上游作业流入的任务，还需要"集合减"已经完成的任务。后者的实现相对就复杂得多，主要的技术难点如下：

1) 任务区数据和工作区数据如何关联。两者通过主键进行关联，由于工作区的数据需要更新，所以以工作区的表单主键为准，而任务区的数据是由一个动态的数据源构成，不存在表单主键，所以需要指定任务区的某一列为主键列与工作区相对应。

2) 任务区的数据由若干个列组成，要确定进入工作区智能录入的数据是哪些列，需要指定多少列的数据传递到工作区。这些列和工作区的列名要对应。

3) 任务区的任务进入工作区有两种形式：一种是插入数据，另一种是修改数据。要确定系统智能判断任务区进入工作区的方式。根据任务区传递到工作区的关键列和列值，在后台数据库查询是否有该主键列存在，如果存在表示为"修改方式"，否则为"插入方式"。

4) 由任务区进入工作区，有可能直接在工作区中插入或找到某项数据，也有可能是弹出一个窗口（称为细则处理窗口）进行数据处理。

智能任务技术实现的关键数据结构如图 3-8 所示。其中关键的数据结构为权限子模块表单，其记录每个作业模块的模块名称（即子模块）、模块 id（即子模块位置）、模块工作区的数据显示模板（即工作区数据模板）、任务区的设计（即任务区数据源）、任务区向工作区传递的列数（即传参数）以及细则处理窗口等。根据此数据结构，企业可以根据业务需求柔性化自定义模块，系统将可以动态地构成子模块及相应的任务区和对应的细则处理方式。

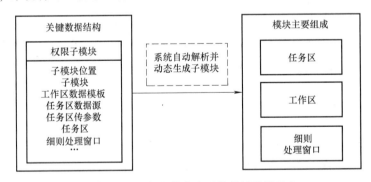

图 3-8 智能任务技术实现的关键数据结构

## 3.4 智能分析技术

### 3.4.1 智能分析技术发展的背景

信息化过程中，人们在提交表单的时候，有时会遗忘某些内容没有填写或者某些内容出现笔误,从而导致表单数据不完整、不合理。另一方面,人们在决策的时候,缺乏全局信息的统筹考虑而容易出现决策不合理、不科学的现象。例如,企业生产过程中,排产员常常在不知情的情况下安排了生产任务,但是他并不确定车间的工装设备是否满足需要。发货员在安排发货计划的时候,由于不明白各个客户的财务状况而往往造成发货时某个或某些客户已经超过了欠款限额。这些现象的出现就是因为信息化系统缺乏一种基于约束理论(TOC)的决策约束机制。通过一种决策前的分析技术、一种基于多约束的决策分析机制,可分析判断出某项决策或者表单提交是否完整、合理、可行。

### 3.4.2 智能分析技术的内容

智能分析技术,即根据系统约束集合,分析和评估用户当前的作业或决策是否完整、可行、合理,保证决策的完整性、可行性和合理性。智能分析技术的框架如图3-9所示。

当表单提交或者决策提交(可能包含多个表单同时提交)时,首先需要经过第一个环节:表单自定义约束分析。表单自定义约束包括两个内容:自定义表单不为空约束和自定义表单完整性约束。自定义表单不为空约束是由信息化系统超级管理员用户根据企业当前的运作程度而设定某些表单某些列值不为空的集合。设计这项内容有诸多用途,例如企业在实施信息化系统前期可以放开表单的列,从而使得系统能够快速运作起来,后期可以根据需求逐渐控制表单的某些列不为空使得数据逐步完善,这样就避免了很多信息化系统一开始要求极其严格、表单的多数内容必须完整才可以提交而造成了系统实施前期工作量大、压力大、困难大。自定义表单完整性约束是在自定义表单不为空的基础上,由控制表单的完整性进一步到控制表单的准确性,如控制某些列的值的范围或者相对其他列的值范围。表单自定义约束分析环节,如果所有约束都能通过,则表示分析可行;否则分析不可行,分析不可行即提交失败。

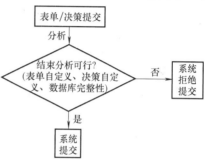

图 3-9 智能分析技术的框架

如果表单自定义约束分析可行,则进入第二个环节:决策自定义约束分析。决策自定义约束分析是由系统超级管理员用户根据企业的需求进行自定义设置的,突破了单一表单约束的范围,从更大的范围内,从相关的业务出发,分析决策或者表单提交时整个自定义的约束集合都能否通过。如果决策自定义约束分析不能够通过,则返回提交失败。设计这项内容是为了保证决策的合理性。例如,在提交生产排程计划时,通过设置工装模具可用性约束,则系统会检测计划安排的生产任务对工装和模具的需求是否能被满足。如果不能满足的话,则计划提交失败。

如果第二个环节也能够通过,则进入最后一个环节:数据库完整性约束。数据库完整性约束指的是数据库中已经设计好的静态约束,包括主键、唯一值、不为空、Check 约束、外键约束、触发器等。如果能够通过这个环节的约束,则表单或者决策提交成功,表明决策是合理的、可行的;否则提交失败。

通过对表单或决策进行两个层面(单一表单约束与全局约束)的分析,该决策分析机制实现了对决策的严密控制,保证了决策的完整性、可行性和合理性。

### 3.4.3 智能分析技术的意义

智能分析技术涉及作业人员及各种数据审核或签字人员等，通过动态地定义和控制决策约束集合，不仅可以为数据审核或签字人员省去枯燥费时的数据、表单检查工作，同时也可以避免作业人员因决策失误而带来的频繁改动工作量及时间和经济上的损失，对信息化进程中"数据质量"具有重大意义。

1）对管理理念层面来说，该技术强调的是将表单或决策第一次提交成功，第一次就把事情做对。所谓效率就是第一次把事情做对，该技术的理念深层次强调的是一种先进的工作效率。

2）对各种数据审核或签字人员来说，他们不必花费时间和精力去检查数据的完整性，只需要根据数据判断是否审核或者签字即可。这意味着由人来检查转型为由系统来检查数据或决策的完整性和可行性，这又是一个重大的转变。

3）对作业人员来说，不必因决策失误而频繁改动，不必因为数据填写错误而受到处罚，省去了由此而带来的时间和经济上的损失，一次将数据填写成功，实现了对决策的严密的控制，保证了决策的完整性、可行性和合理性，提高了工作效率。此外，对于新上手的作业人员（如排产员），通过系统的约束集合的失败提示，作业人员可以不断地从中学习。

### 3.4.4 智能分析技术实现的关键及难点

智能分析技术需要完成两项工作：一是建立起表单自定义约束机制，二是建立系统自定义约束机制，如图 3-10 所示。

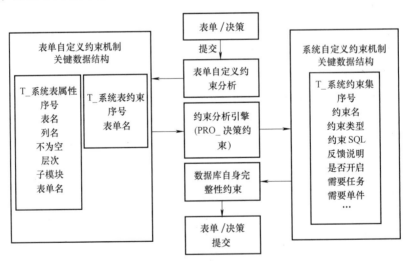

图 3-10 智能分析技术实现的关键数据结构

前者的实现相对较容易，表单提交时首先经过表单自定义约束分析。表单自定义约束机制包括两个关键的数据表单：T_系统表属性和 T_系统表约束。T_系统表属性用于记录自定义的表单列不为空的集合。T_系统表约束用于记录定义的表单的 CHECK 约束。获得提交的表单的表单名及更新的表名，从约束集合中筛选出所有相关的约束，然后用提交的数据逐行去检查每个约束是否都可以通过，如果可以则表单自定义约束通过，否则需要反馈提交表单的哪一行数据违反了哪些约束。表单自定义约束分析的关键在于用表单提交中的逐行数据和相关自定义约束中逐个约束进行比对。

后者系统自定义约束机制的建立比较困难，该机制的关键数据结构是 T_系统约束集。该机制主要用于对决策的分析，如发货计划中某个或某些客户的发货金额是否超标。T_系统约束集有约束名、约束类型、约束 SQL、反馈说明、是否开启等列。系统自定义约束机制是需要对提交表单的数据进行集合操作，不像表单自定义约束机制那样对每行数据进行分析，而是利用约束分析引擎，根据提交表单时带有的约束类型和约束集比对。如果有相关的已经开启的约束，则需要将客户端或终端将表单所提交的所有数据传递到服务器数据库端，然后根据约束 SQL 中内容对集合进行检测。如果通过约束检查，则表示可以决策提交满足系统自定义约束。该机制的难点和关键在于如何将表单集合和约束 SQL 进行比对是否满足约束。解决方法是将表单集合存放在临时表 T 中，约束 SQL 对临时表 T 和其他表进行查询返回真假值。

## 3.5 智能决策技术

### 3.5.1 智能决策技术发展的背景

当信息化系统不断追求智能化的过程中，人们希望系统能够在某些方面实现一定程度的智能决策。例如，排产时根据总量、材料数量限制以及设定好的排产优先条件，系统能够智能地计算出满足条件的排产方案，从而替代人们思考和决策。

### 3.5.2 智能决策技术的内容

智能决策技术指的是系统可以代替人工根据一定的条件智能地给出决策方案，如根据产能限制和排产优先级智能地计算出满足条件的排产方案。本质上来说，决策是在待决策集中，根据当前的限制条件和某种取舍策略以及最优策略（也可能没有），从而决策出应该选择哪个或哪些方案及相应的比例，智能决策指的就是系统自动地计算出应该如何取舍方案，如图 3-11 所示。

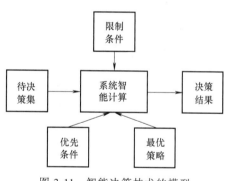

图 3-11 智能决策技术的模型

### 3.5.3 智能决策技术的意义

智能决策技术就是要代替人工做决策，将作业人员或决策人员从繁杂的大量的计算中解脱出来，在计划排程方面的应用尤为重要，对企业的信息化建设具有一定的意义。

1) 对管理理念层面来说，该技术是利用系统代替人工进行大量的决策计算，实现系统自动决策，为决策人员带来便利，也能保证决策结果的合理性。此外，信息化系统中运用该技术的地方越多，系统便会积累优秀的决策技术，使得管理技术做到积累和传承，利用这些，新的人员可以快速地做出合理的方案。

2) 对作业人员或决策人员来说，经常使用智能决策，可提高业务能力和工作效率。

### 3.5.4 智能决策技术实现的关键及难点

相对智能任务技术和智能分析技术，智能决策技术在智能化程度上更深。为了让该技术方法具有更广的应用价值，对技术的高度抽象建模是关键，更是难点。由于现实中各种决策形式多为不同，对于建模来说，待解决集抽象为统一的数据结构很困难。将"决策"抽象为对事物的优化组合过程，是一个计算的过程，关键和难点在于数据结构和算法，如图3-12所示。

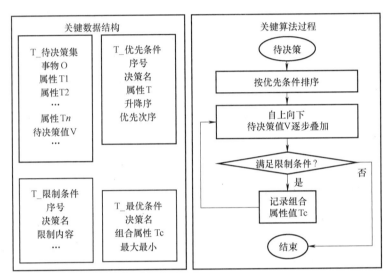

图 3-12 智能决策技术实现的关键数据结构和算法

## 3.6 智能托管技术

### 3.6.1 智能托管技术发展的背景

信息化系统中会经常涉及很多审核签字的环节，有的时候一个表单需要经过七八个人签字，领导签字的快速响应程度直接响应了业务的办理速度。领导很难时时在信息化系统上，响应肯定不会很及时，有的时候直接用纸质的找人签字反而会更快。有的系统会自动通过某种方式，如手机短信、电子邮箱等方式提醒相关领导进行签字，也有的解决办法是安排好每项签字的时间做到集中签字加快速度。但是总体来说，信息化进程中签字审核环节等待的时间很长，严重降低了整体工作效率。是否有一种技术，当领导长时间不在线，系统能够自动审核签字从而加快业务办理速度？于是智能托管技术应运而生。

### 3.6.2 智能托管技术的内容

智能托管技术指的是系统可以根据之前设定好的托管时间和条件，以及设定好的托管内容，自动地进行作业，比智能决策技术更进一步，可以免除人工操作。图3-13所示为智能托管技术的模型。当托管伺服机上的某项托管开启，该托管首先对托管表单进行定时筛选查询满足托管条件的记录,然后当到了所设定的托管时间,系统便会根据所设定的托管内容对满足托管条件的记录进行智能数据处理。例如,根据设定的签字审核的托管时间,到了托管设定的时间,系统会自动筛选符合一定条件的表单进行签字审核,从而进入下一个环节。

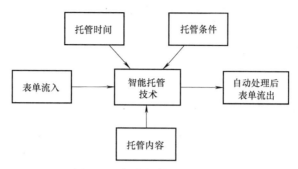

图 3-13　智能托管技术的模型

### 3.6.3　智能托管技术的意义

1) 对管理理念层面来说,该技术利用系统代替人工进行大量的作业或工作。
2) 对作业人员或决策人员来说,他们经常使用托管,提高效率。
3) 对各种数据审核或签字人员来说,可以使用该技术设置系统定时自动签字审核,从而加速表单数据的流转。

### 3.6.4　智能托管技术实现的关键及难点

智能托管技术实现的关键数据结构设计如图 3-14 所示,主要由托管表和托管条件内容表构成。

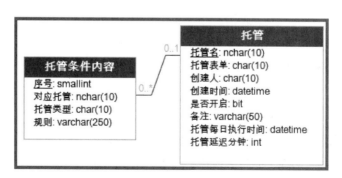

图 3-14　智能托管技术实现的关键数据结构设计

托管表中包含托管名、托管表单、创建人、创建时间、是否开启、备注、托管每日执行时间、托管延迟分钟等列。托管表单指明某项托管属于某个表单。谁创建的托管只能为谁服务。托管每日执行时间是托管时间设置,如每天 15:30 自动托管执行。托管延迟分钟指的是托管表单中满足托管条件的数据记录延迟多少分钟后,如果没有人操作,则系统就自动托管执行。托管每日执行时间和托管延迟分钟是两种不同的托管策略,前者可用于在固定时间处理某事务,后者可用于对某些表单的流程传递时间有要求的事务处理中。

托管条件内容表中包括序号、对应托管、托管类型、规则等列。对应托管列与托管表中主键托管名外键关联。托管类型列内容为条件或者内容。规则列是关键,其内容是智能托管机检测和执行的语法根据,是一个逻辑命令,如(审核人='huazhu')、(年龄>28)等。当托管类型为条件时,规则就是托管条件对托管表单的数据筛选语法;当托管类型为内容时,规则便是系统对托管表单中满足条件的数据进行处理的命令。

## 3.7 智能绩效分析技术

### 3.7.1 智能绩效分析技术发展的背景

企业信息化的发展历程如图3-15所示。对企业关键绩效指标的关注以及基于数据挖掘技术的商务智能分析,即系统代替企业相关绩效考核人员根据企业所运行的信息系统对全厂所关注的绩效指标进行智能分析,已经成为企业信息化发展的新需求。传统的绩效考核主要是由负责绩效考核的人员定时(如每月)对企业运行的相关指标进行统计计算并提交给企业领导的。这种绩效分析方式存在两个问题:①由人工来统计计算费时费力,难以做到实时获得,还经常会计算错误;②绩效考核指标往往比较少,难以全面和系统性地对企业运行进行分析和把握。企业构建了自身的信息化平台后,利用商务智能技术可为企业提供实时、多指标、多维度的全面绩效分析,从而为企业科学决策提供数据基础,做到"用数据说话,用数据决策"。

图3-15 企业信息化的发展历程

### 3.7.2 智能绩效分析技术的内容

智能绩效分析技术是基于海量数据的多维度多绩效指标的数据挖掘和分析技术,其技术模型如图3-16所示。该模型包括两个部分:数据挖掘引擎和数据分析模板。数据分析模板由关键绩效指标(KPI)构成。数据挖掘引擎根据关键绩效指标对信息化系统的数据库进行分析,然后给出一份由KPI指标和值组成的商务智能分析报告。

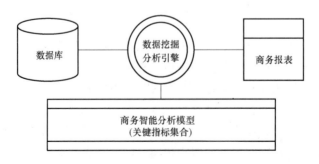

图3-16 智能绩效分析技术的模型

分析报告的输出形式有很多种,如纯指标报告(只输出需要关注指标集的值)、月度对比分析报告(输出当月和上月所关注的指标集的值并进行对比)、季度对比分析报告等。分析报告可以按照"业务"进行分组,如销售方面的指标、质量方面的指标等;也可以按照"角色"进行分组,如技术员、业务员等。

### 3.7.3 智能绩效分析技术的意义

1)对管理理念层面来说,智能绩效分析可以为企业提供实时、多指标、多维度的全面绩效分析。利用月度、季度、年度等分析功能,可以为企业定期的战略调整和短期的产品营销策略提供科学的数据参考。

2)对中层管理人员来说,利用该技术可以避免由人工来统计计算造成的费时、费力以及计算错误,做到分析实时获得。

3)信息化的核心作用,即开发信息资源,再有效地利用信息资源为企业和客户创造更大的效益;也就是说,所谓信息化的最重要的作用不是信息的共享和传递,而是对信息本身进行数据分析、发掘价值,为企业和客户创造更大的效益。

### 3.7.4 智能绩效分析技术实现的关键及难点

商务智能分析模板的数据结构由两个表组成:分析模板和分析模型,核心在于分析模板表。图3-17所示为月度对比分析的ER图。

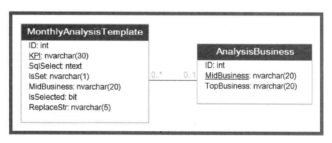

图3-17 月度对比分析的ER图

分析模型表包括ID、TopBusiness、MidBusiness三列。月度分析指标模板表包括ID、KPI、SqlSelect、IsSet、MidBusiness、IsSelected、ReplaceStr七列。KPI列指的是需要监控和分析的绩效评估指标。SqlSelect列比较关键,是驱动KPI分析的SQL查询语法,它有两种形式:

形式1:SELECT [computevalue1] FROM … WHERE …(CONVERT(CHAR(7),[datatimecol],120)='MJXY')

形式2:SELECT [groupcol1],[computevalue1] FROM … WHERE …(CONVERT(CHAR(7),[datatimecol],120)='MJXY') GROUP BY [groupcol1]

形式1的分析结果是一个值,表示该KPI分析是一个值,如"2012-10"月度的销售金额。而形式2的分析结果是一个二元集合,表示该KPI分析是一种分布,如"2012-08"的不合格品损失金额的原因分布,即某种原因各损失多少金额,占多少比例。形式1可以称为值分析,形式2可以称为集分析。值分析用于分析关键指标,集分析可以用来对问题进行深入探究。IsSelected列指的是分析应用是否会输出该行KPI的结果。ReplaceStr列很重要,是

SqlSelect 列的代替字串，每个 SqlSelect 列都有代替字串用以指代需分析的月度，如字串"MJXY"，以便使得查询语法可以比较容易应对不同月度的分析。

## 3.8 智能绩效点评技术

### 3.8.1 智能绩效点评技术发展的背景

企业在利用商务智能数据分析技术时，不断地自行制定适合企业自身的关键指标库——KPI 库。然而这些指标库往往会越来越庞大，容纳来自企业各个部门各个角色数以百种的指标。当面对一份包括了几百个数字指标的分析报告时，管理者往往会非常困惑，不明白如何去"读"或者疲于去"读"懂这份纯指标的报告。绩效智能点评技术可以对绩效分析报告根据各种模型进行深入分析和点评，直接指出企业当前运行中存在的主要问题、问题的主要原因，以及提供几点问题解决建议，做到智能化地点评。

### 3.8.2 智能绩效点评技术的内容

智能绩效点评技术是指基于智能点评模型对商务智能绩效分析结果进行智能点评，简明扼要地给出企业当前信息化绩效中主要问题和可以采用的相应策略。

智能绩效点评技术的模型如图 3-18 所示。由绩效点评引擎根据各种绩效点评模型（如生产点评模型、营销点评模型等）对绩效分析报告进行智能点评，输出绩效点评报告。绩效点评模型是重点和难点。绩效点评报告包括企业当前运行中存在的主要问题、问题的主要原因，以及提供几点问题解决建议。

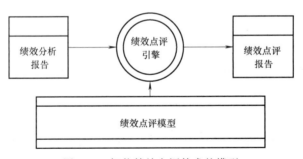

图 3-18 智能绩效点评技术的模型

### 3.8.3 智能绩效点评技术的意义

1) 减少了管理者对繁多冗长的绩效分析报告中进行人工解读的工作量。

2) 对绩效分析报告根据各种模型进行深入分析和点评，直接指出企业当前运行中存在的主要问题，问题的主要原因，以及提供几点问题解决建议，做到智能化地点评。

### 3.8.4 智能绩效点评技术实现的关键及难点

绩效点评模型的部分数据结构如图 3-19 所示，主要包括这几个表：点评模型、点评指标、点评指标评分和点评原因。

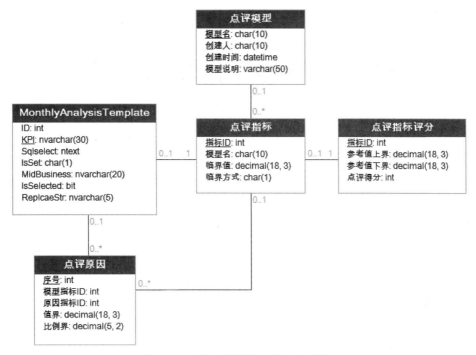

图 3-19 绩效点评模型的部分数据结构

  MonthlyAnalysisTemplate（月度分析模板）是绩效分析技术中数据结构设计中关键表单。点评模型中包括模型名、创建人、创建时间、模型说明等列。

  点评指标用来点评企业当前运行情况的，包括指标 ID、（所属）模型名、临界值、临界方式等列。指标 ID 外键关联了 MonthlyAnalysisTemplate 中的 ID 列。列模型名关键关联点评模型表中的主键模型名列。临界值是用来区分该指标绩效是否很重要，是否需要进一步的原因分析。临界方式为大于 '>' 或者小于 '<'。某个点评模型中一般由几个点评指标组成。如果绩效值达到了临界值，则需要进一步进行原因分析。

  点评指标评分用来点评企业当前运行情况，包括指标 ID、参考值上界、参考值下界、点评得分等列。指标 ID 外键关联点评指标表中的主键指标 ID 列。列模型名关键关联点评模型表中的主键模型名列。参考值上界和参考值下界是用来比对绩效分析结果中的该指标值，如果指标的值在参考值上界和参考值下界之间，则可以点评该指标的得分，即列点评得分。某个点评指标一般有几个指标评分区间。

  点评原因用来当绩效分析值达到了指标的临界值时对指标进行原因分析，包括序号、模型指标 ID、原因指标 ID、值界和比例界等列。模型指标 ID 列外键关联到点评指标的主键。原因指标 ID 列关联到 MonthlyAnalysisTemplate 的主键，在这里可以是"值指标"或者"集指标"，用作深层次原因，主要是集指标，分析式分析。值界和比例界都是用于对原因指标的结果做处理，如果原因分析中某项指标超过值界或者比例界时，则认为该原因指标结果是其中点评指标数据不佳的、重要的、深层次的原因。

# 第 4 章

# 铸造企业柔性化管理方法

本章针对信息管理系统的柔性不足导致的系统可重用性低、应变能力弱和实施周期长、铸造业信息化推进困难等问题，分析了铸造企业管理模式的多样性（不同企业管理业务千差万别）与多变性（企业发展中管理业务不断变化）的特点；针对企业管理需求多样性和多变性的特点，建立了基于多维度信息系统结构模型；建立了支持信息管理系统业务重构的柔性化方法体系；突破传统的定制化方式和常规柔性化方式，基于参数化和组件方法，本着"管理业务即时满足、管理系统即时重构"的理念，提出"即时柔性"的概念，建立了支持铸造管理系统业务"即时重构"的参数化配置式的多维度即时柔性方法体系，并给出了系统柔性的评价方法。

## 4.1 铸造企业数字化管理中系统柔性需求

铸造，一方面，作为制造业的基础和重要组成部分，是国民经济发展的重要风向标；另一方面，我国铸造现状大而不强，其中企业管理水平偏低已经成为重要制约因素。铸造是制造业的基础组成部分，在汽车、航天航空、造船、机械、矿山、化工、电力等支柱产业中发挥着重要作用；同时铸造生产为装备制造业提供铸造毛坯或基本零部件，在快速增长的国民经济中会被首先拉动起来，在经济下行过程中也会率先表现出来。自 2000 年起，我国铸件产量一直位居世界第一，但存在许多问题。总体问题是：厂小点多，从业人员庞杂，厂均年产量低，效率低，人均产值低；铸件质量和精度低，附加值低；管理水平原始、粗放等。在我国铸造装备和技术得以大幅提升的同时，被忽略的管理环节已经成为当前制约铸造由大变强的重要因素。我国无法生产出高质量铸件，究其原因主要是管理水平较低。

因此，对于铸造业，加快推进信息化，提高管理水平，显得更为重要、更为紧迫。铸造"十二五"规划在四大目标和八大任务中都重点强调了全面提升企业管理水平，推进"两化融合"。铸造"十三五"网络制造规划部分明确指出发展目标，针对我国铸造业网络制造与工业 4.0 标准之间的差距，在"十三五"期间，构建一个互联互通网络协同和数字化智能化的铸造平台，做到产业链网络、企业价值链网络、数字化管理系统与车间设备软硬件网络三个方面的集成，促进产业结构升级，打造若干个铸造 4.0 示范工厂，提升行业整体实力。在竞争日益加剧的全球化市场下，走信息化管理之路，是铸造企业提升核心竞争力的最重要的手段之一，也是整个铸造行业发展的必然趋势。有一定规模的铸造企业，都需要通过各种管理软件系统来提升企业数字化管理水平，实现企业内部信息的准确一致、快速传递和共享，提高企业运作效率。目前，在产能过剩、竞争激烈、原料和人工成本上升、企业利润率下降的情况下，利用信息化技术提升企业管理水平，提高效率，降低成本，显得更为重要。

然而，管理系统的可重用性低、应变能力弱和实施周期长，是当前加快推进铸造业信息化面临的突出问题。近年来，越来越多的铸造企业开始重视企业数字化建设，纷纷研究ERP系统的选型、实施，利用信息技术来改造传统产业。然而在铸造信息化进程中，多数情况是：各个铸造企业的生产类型不同、管理模式不同使得管理系统不能重用、需要定制，从而导致项目的实施周期长达一两年，甚至更长；企业投入了大量的人力、物力、财力，但项目最终还是搁置、失败或者企业"另起炉灶"进行重复性投资建设，造成了企业巨大损失。更多的情况是：铸造管理系统在实施初期能够满足企业的管理需求，但随着企业发展和流程变化（且企业开始主动进行需求明确的信息化建设），系统不能应对变化并且难以快速跟进，最终导致系统部分模块失效或者整个系统被搁置、弃用。从实践角度进行分析，项目失败有来自软件开发商、实施服务商、企业领导、企业用户等多方面原因。例如："一把手"认识不足，不够重视；实施团队不够专业，缺乏耐心；系统选型不科学；软件系统本身存在缺陷；软件缺乏柔性或者定制化过程反馈不够及时等。但是归根结底，核心原因之一就是管理系统柔性（应对变化的能力）不足，难以适应各个铸造企业的不同管理模式，难以应对企业在不断发展过程中产生的管理需求变化。从理论角度进行分析，管理系统本身是相对刚性的，一旦系统研发部署好，总体管理流程和框架也基本随之固定；而企业管理模式是相对柔性多变的，不同的企业有不同的管理方法，且环境在变化，企业在发展，企业的管理需求也会不断发生变化；刚性的系统自然难以满足柔性的管理需求。因此，上述问题无论从理论还是实践的角度进行分析，其主要原因在于刚性的管理系统难以应对柔性的企业管理模式的多样性（不同企业管理业务的千差万别）与多变性（企业发展中业务的不断变化），即铸造企业管理系统的柔性不足，提升管理系统的柔性是铸造信息化过程中的共性问题。

铸造企业管理业务的多样性指的是不同企业管理业务的千差万别，如不同企业的化验单不同，采购审批流程不同等。管理业务的多变性指的是企业发展中业务的不断变化。多变性的演化行为如随着企业重视产品质量，生产流程中会增加或强化"合箱检验"等某些质检工序；如随着企业拓展加工业务，生产流程中会增加多种加工工序；如随着企业优化流程，某些环节可能会被舍弃。

提高铸造管理系统的柔性，可提升系统对不同铸造企业的适应能力，减少定制工作量；且可灵活应对企业管理模式和流程的改变，减少甚至是避免二次开发，提升系统的适用性和持续性。此外，随着美国重返铸造业，当今全球铸造业的竞争势必会更加激烈，市场瞬息万变，"大鱼吃小鱼"的时代早已过去，信息经济时代追求的是"快鱼吃慢鱼"。在应对同样变化的情况下，能够在较大范围内快速反应而又经济的系统更具有柔性。铸造企业要做到快速响应市场，就迫切地需要支持业务即时重构的铸造管理系统做支撑，使企业能够随着市场变化进行迅速调整。唯有支持业务即时重构的系统才能快速满足企业的各种需求。

综上所述，信息化管理是现代铸造企业发展的重要内容和必然趋势，然而管理系统的可重用性低、应变能力弱和实施周期长，是加快推进铸造业信息化面临的突出问题。究其根源在于管理系统不能即时应对企业管理业务的多样性与多变性。为此，针对该多样性与多变性，研究并提出了一种支持铸造管理系统业务"即时重构"的新方法：即时柔性方法。

## 4.2 企业管理需求对信息系统的柔性表征模型

### 4.2.1 表单需求模型

分析大量的铸造企业管理需求,将其分类归纳,提炼分析表单方面的需求要点,如图 4-1 所示。这也就要求信息管理系统具备对这些需求点提供柔性化配置功能。表单由列、数据内容、显示形式等构成。列包括数据类型、长度限制、内容要求限制、更新逻辑、受保护逻辑、数据内容编辑方式、显示格式等。表单的显示形式多种多样,如网格形式、卡片形式、树形式、组形式等,这就需要一个功能完善的表单形式编辑器组件。表单又可以划分为数据编辑型表单、数据显示型表单(即通常意义下的报表),而编辑型表单又涉及动态增加列、数据编辑、列初值自定义、提交前的数据合法性检查(或称为合法性约束,如 NOT-NULL 检查、CHECK 检查、其他完整性检查以及表间完整性检查,这些内容类似后台数据库层面的数据完整性约束,是在数据库层面之上功能逻辑层面的控制,以便实现更大的柔性)、提交前的数据提醒、提交后的数据触发(包括数据库层面的触发器动态设计和功能逻辑层面的触发控制),以及表单的重构和新建等。图 4-2 所示为信息系统中的表单样例。

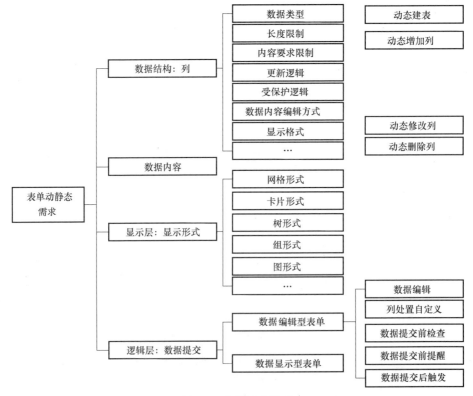

图 4-1 表单需求模型

表单作为管理系统的数据基础,是实现系统柔性的基础和关键。需要进行广泛的需求采集、严密的需求划分,才能构建起完备的表单需求模型。

| 行号 | 班组 | 条形码 | 班组名 | 部门 | 工作备注 | 对应工序 |
|---|---|---|---|---|---|---|
| 1 | 0901 | ||||| | 电工 | 后勤 | | |
| 2 | 0902 | ||||| | 综修 | 后勤 | | |
| 3 | 1001 | ||||| | 数控车间 | 机加工 | | |
| 4 | 1002 | ||||| | 普车车间 | 机加工 | | |
| 5 | 1003 | ||||| | 球车间 | 机加工 | | |
| 6 | 1004 | ||||| | 工装车间 | 机加工 | | |
| 7 | 1201 | ||||| | 造型 | 砂铸车间 | | |

图 4-2　信息系统中的表单样例

## 4.2.2　功能需求模型

图 4-3 所示为企业对信息系统的功能需求模型。功能类大多是对表单的数据进行操作，可分为数据操作类、数据分析类、数据显示类和特殊功能类。数据操作类的功能有添加、插入、删除、修改、保存、查询、导出、导入、打印、全选、反选、多选、复制、数据预览处理等方面的需求。数据分析类的功能有数据汇总明细分组统计、图形化分析等；用户自行进行数据分析后需要可保存已制定好的分析模式，并能够分享给指定的用户，如制定好报表分享给领导。数据显示类的功能有栏目设置（包含各个列的字体、颜色、背景、大小、前后顺序等）、排序、浏览与打印样式、分组样式、美化、行显隐等；各个用户角色根据工作需求需要自定义各自的显示排序分组样式，还能够制定分享给其他人。

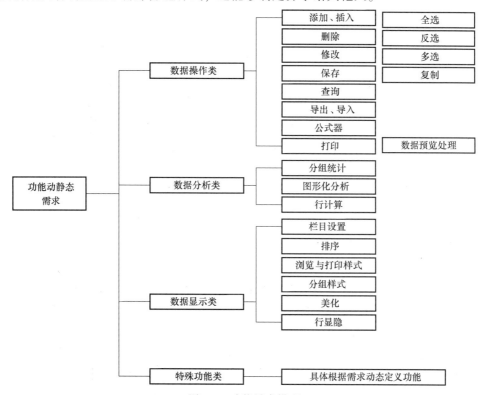

图 4-3　功能需求模型

前三者的功能需求是明确的，可以通过功能静态穷举法事先设计好编译在系统里，除此之外，各个模块或系统的其他方面有特殊之类的需求，即特殊功能类，是不明确的，需要实际根据企业需求动态来设置的。这种动态特殊的数据处理需求能否设计成柔性的，需要脱离代码级的参数化配置，这是非常困难的，对柔性化方法和技术的要求极高，需要使用（智能化）组件动态重构法，或者说动态继承方式。

### 4.2.3 模块需求模型

图 4-4 所示为企业对信息系统的模块需求模型。模块需求可分为定义类、权限类两大类需求。模块定义类可进一步细分为模块名称定义、模块的从属关系定义、模块数据区定义、模块任务区定义、模块任务区与数据区的通信机制定义。模块权限类需求可进一步细分为模块可用性、模块按企业信息化程度高低而启动关闭、模块菜单权限（如有无输出、打印功能等）、用户组的模块权限、用户的模块权限（分录入、浏览、管理、无权限等级别）。通过模块的参数化自定义配置，结合表单的动态建立和加载，可以做到对既定的模块的完全重构。图 4-5 所示为信息系统中的模块样例，头区有标题、功能菜单和特殊功能按钮、数据区和任务区。

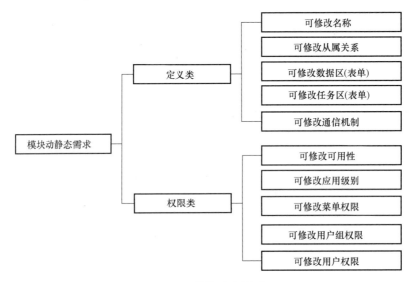

图 4-4　模块需求模型

### 4.2.4 流程需求模型

图 4-6 所示为企业对信息系统的流程需求模型。流程需求可分为定义类与编辑类两大类需求。流程定义类可细分为静态流程的节点顺序定义、动态流程的节点顺序定义、节点间通信机制定义（包括前节点到后节点的数据传递机制、后节点对前节点的数据反馈机制）、生产流程定义、产品的工序路线定义等；流程编辑类可细分为节点动态增加、节点动态调整、节点动态删除等。

图 4-7 所示为信息系统流程中的节点间数据通信机制。从流程化的角度看，一个个的作业串联（中间可以含有多个并联方式）成流程，除了始端作业和终端作业，系统中每项作业都有其上游作业和下游作业，可以将其分成两个区域：任务区和工作区。工作区是该项作

第4章 铸造企业柔性化管理方法

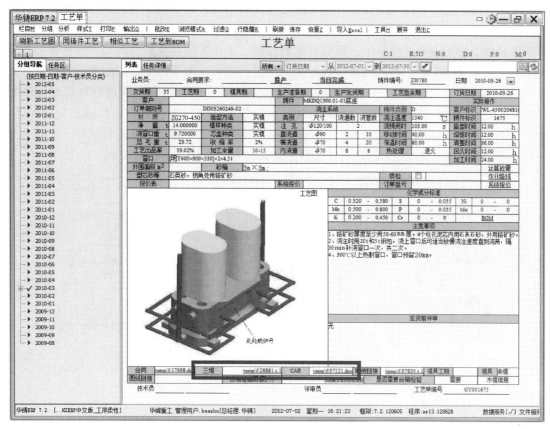

图 4-5 信息系统中的模块样例

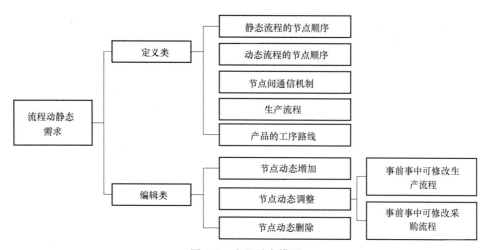

图 4-6 流程需求模型

业的录入、编辑等操作的主要区域,并装载、显示所有已完成的表单内容。任务区显示该作业的当前所有作业任务。当前作业的任务区来自于上游作业,而当前作业的任务完成后便会流到下游作业的任务区。除了始端作业没有任务区,其他所有的作业都有任务区。用户根据任务区的提示可以实时地明确当前该作业剩余的任务数,通过单击某项或某些项任务,系统便会立即将选中的任务传入工作区,并智能地完成相应内容的自动录入。在任务区中选择一个或者多个任务,然后单击工作按钮,系统将会通过"插入"方式或者"修改"方式生成一个或者多个相关未完成的表单。填完并更新表单,工作区的数量就会增加,任务区的数量就会减少,并且下一个工作的任务区数量会增加。当前作业和下一个工作的关系可以是事先确定的,如订单到工艺设计,工艺单到物料表单 BOM。它们之间的关系也可以是动态的和事先不确定的。例如某个铸造产品,热处理后可以流向加工任务区也可以流向发货任务区,即有些产品有加工工序有些不需要,这个依赖于各个产品的动态的工艺路线设计。智能任务技术将原来虚拟的任务区"现实化",使其工作区并列,强化任务区的概念。

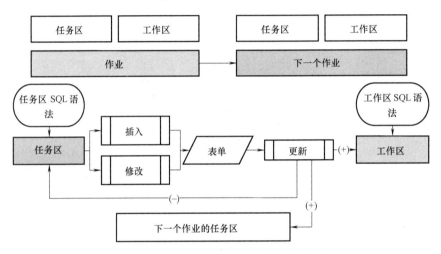

图 4-7 信息系统流程中的节点间数据通信机制

图 4-8 所示为信息系统中的流程样例。各个作业模块右下方实时显示任务数,企业管理

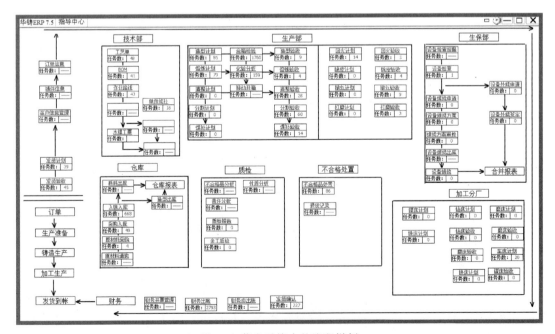

图 4-8 信息系统中的流程样例

人员可以全局实时掌握企业的运行情况，及时发现哪些环节任务堆积，哪些环节工作顺畅。这种方式显示的作业任务数，有权限的人员都可以直接单击进入相关模块进行工作。

## 4.3 支持流程再造的信息系统柔性化方法

基于管理需求对信息管理三层四维度的柔性表征模型，针对每一个柔性需求点进行分析，通过参数化、组件、继承和动态继承的方法，围绕即时满足的理念，设计与之相对应的解决方法，建立起支持四个维度的业务"即时重构""流程再造"的管理系统柔性方法体系。对照一个个的方式，研制一系列的对应技术并通过程序实现。

图4-9所示为信息系统柔性化方法体系。其中生产流程也属于流程柔性一部分，但由于铸件企业的管理多样式多变性需求多数在于生产管理流程的不同，因此才单独列为一项，有别于通用性标准化的管理需求。表单柔性、功能柔性、模块柔性和流程柔性之间并非相互独立，也不是简单组合，而是相互交织、互为补充、有机结合，从而构成整个即时柔性方法体系。下面还将论述柔性技术的评价方法。

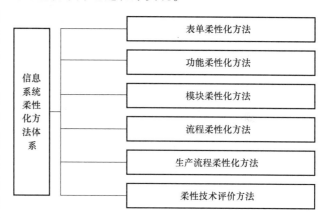

图4-9 信息系统柔性化方法体系

### 4.3.1 表单柔性方法与技术

针对企业信息管理系统中表单的动静态共性需求，设计大量的功能组件，并通过参数传递来实现组件与表单之间的通信。所有的表单功能需求点与表单进行通信，从而达到各种功能间的自由组合，从而建立起表单柔性方法。

图4-10所示为信息系统中的表单柔性方法。

**1. 动态建表列技术**

应用程序通过标准化查询语言（SQL）与数据库进行数据交互，SQL语句既可以在程序开发时封装在程序中，也可以在应用程序运行时被构造，即静态SQL语句和动态SQL语句。借助于动态SQL语句，在ERP系统中设计了一个可视化SQL语句界面，如图4-11所示。实施过程中，遇到业务表单的调整需求，比如新的业务表单的建立、表单中字段的增删改操作，只需在此界面编辑相应的SQL语句，然后单击"执行"按钮，这样就不需进入数据库底层做修改，即可快速地做出调整，迅速满足用户表单调整需求。表单模板改变时，可能涉及某些字段的显示或隐藏，此时也需要通过动态SQL语句来控制字段的显隐，表单字段显隐操作可在图4-12所示界面完成。

动态建表列技术用于对表单的数据库底层结构进行动态创建、修改和删除，以及数据区表单的列的显示隐藏。比如不同企业对订单项目的记录内容有很多细微的不同，这就需要对订单模块的数据区表单使用动态建表列技术。一般来说，该技术在信息管理系统中仅限于管

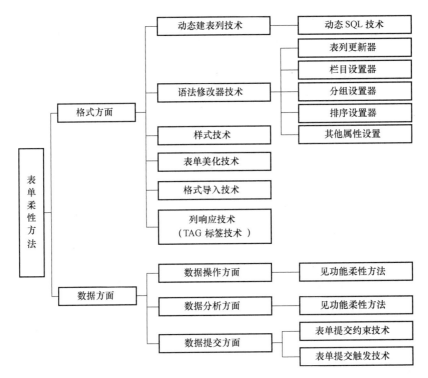

图 4-10 表单柔性方法

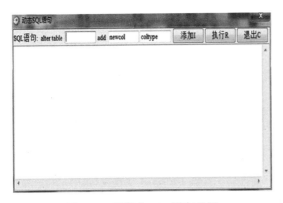

图 4-11 可视化 SQL 语句界面

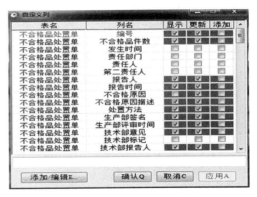

图 4-12 表单字段的显隐操作

理员使用。

**2. 语法修改器技术**

图 4-13 所示的表单语法修改器，包括菜单区、属性修改预览区、语法显示区、控件选择、控件属性以及属性库调用区域。通过这个脱离于代码级别的语法修改器平台，任何一个表单都可以自定义，包括表单栏目设置（图 4-14）、表单排序设置（图 4-15）、表单对象属性框设置（图 4-16）、表单列更新设置（图 4-17）、表单分组设置（图 4-18）、表单显示风格设置以及其他属性的设置等。其他属性的设置有几个比较重要的属性有：列的保护属性（protect、tabsence、displayonly 等）、列编辑属性（常规、富文本、下拉选项、下拉数据区、单选、复选等）、表单整体显示风格（网格、卡片、树、组、图等形式）等。语法修改器技

术可以用来设计各种各样的表单与报表，极大地满足了企业个性化的表单与报表需求。

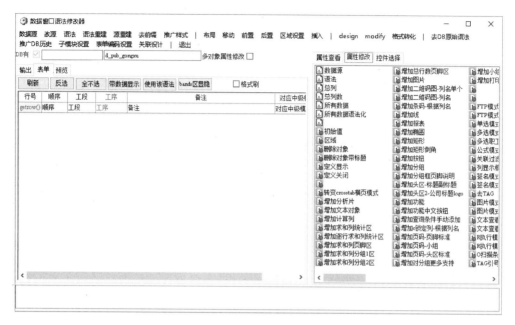

图 4-13 表单语法修改器

图 4-14 表单栏目设置

图 4-15 表单排序设置

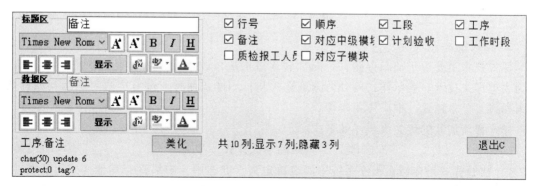

图 4-16 表单对象属性框设置

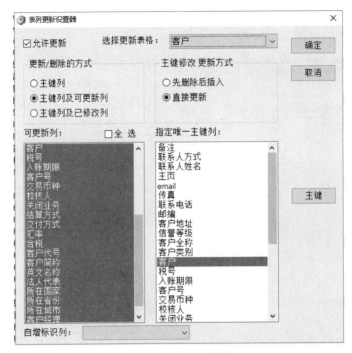

图 4-17　表单列更新设置

图 4-18　表单分组设置

### 3. 样式技术

样式技术主要用于动态存储、智能加载通过语法修改器设计好的表单格式。图 4-19 所示为表单样式技术。表单样式可分为浏览样式和打印样式两种。浏览样式可分为初始样式、个人样式、分享样式、推广样式四种。

样式智能加载的优先级顺序如下式所示：

$$\text{推广样式} > \text{默认的个人样式} > \text{初始样式} \tag{4-1}$$

1）初始样式是存储在程序系统中的表单定义。静态中，如果没有其他样式，系统首先加载显示的是初始样式。

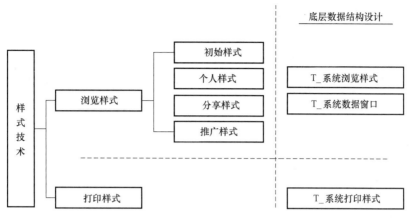

图 4-19　表单样式技术

2）每个用户都可以通过栏目设置、对象属性框设置自定义表单的格式，然后存储多个个人的样式，如图 4-20 所示。个人样式可以设定为默认与否。如果设定了默认的个人样式，则系统数据区加载时会优先于初始样式加载。分享样式是用户自定义后的个人样式指定为相应的用户可以使用，图 4-20b 中新样式即分享给了其他人，图 4-20a 中"[分享] 新样式"样式即为其他用户分享给自己的。别人分享的样式不可以修改，自己分享给别人的样式修改后会同步更新别人接收到的分享样式。单击不同的样式即可切换不同的表单格式、不同的数据显示编辑方式。

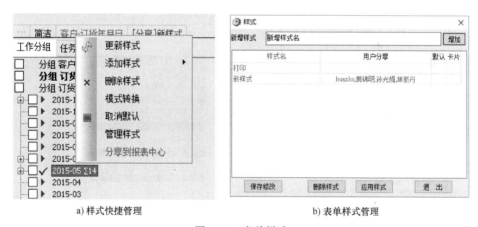

a) 样式快捷管理　　　　　　　　　　　b) 表单样式管理

图 4-20　表单样式

3）推广样式是有权限（一般是系统的管理员）的用户全局分享的一种个人样式。一个表单只有一个初始样式和最多一个推广样式。设定了推广样式，系统优先加载的是推广样式。推广样式可以不断更新，也可以删除取消推广样式，更新推广样式的时候一般需要慎重，因为这会影响所有使用该数据区的用户。

4）推广样式技术的原理是在数据库中参数化地存储了推广样式的语法定义，存储的数据结构涉及两个表：T_系统浏览样式和 T_系统数据窗口。打印样式的原理在数据库中参数化地存储了每个数据区的打印要求，包括打印的标题、副标题等，存储的数据结构涉及表：T_系统打印样式。图 4-21 所示为表单样式技术中关键表数据结构。

图 4-21　表单样式技术中关键表数据结构

#### 4. 表单美化技术

表单美化技术的原理是在数据库底层参数化地存储了美化逻辑。如图 4-22 所示，每项美化逻辑中两个空格作为替代符与表单中每一个对象进行替换后 modify 属性值，美化逻辑就是不同的属性值修改逻辑的组合。图 4-23 所示为表单数据区中的美化选项，单击执行某一项就自动进行该项的美化。所有美化逻辑的设置都已参数化，企业可以自行定义增加或减少。

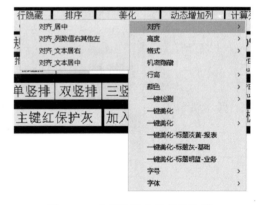

图 4-22　表单美化逻辑参数化　　　　　图 4-23　表单数据中的美化选项

表单美化技术的用途在于可以任意组合各种属性修改集合，从而快速便捷地进行修改，使得表单的格式保持风格一致，如修改标题文本 text 对象的 y 值、height 值、修改列 column 对象的 y 值和 height 值等。

#### 5. 格式导入技术

企业运作时存在许多 Excel 表单，如发货单、质保卡等，将这些保单的格式数字化到 ERP 系统中是一个比较烦琐的过程。设计一种 Excel 格式的导入技术，如图 4-24 所示，能够迅速地将企业现有的表单导入系统中，大幅减少了表单设计的工作力量。

图 4-24　Excel 格式导入技术

格式导入技术的原理如图 4-25 所示。按照处理后的 Excel 表单格式（图 4-26）对信息系统中表单进行格式调整，Excel 表单中单元格对象和系统表单的对象名进行对应比对，按每个单元格对象的属性（如大小、位置、边框、字体字号、颜色背景色、对齐等属性）修改系统表单中对应对象名的属性，导入后的结果如图 4-27 所示。Excel 表单中单元格对象主要有两种：text 对象和 column 对象，各自的标记方法如下：

图 4-25　Excel 格式导入技术原理图

1) text 对象：文本名即可，或者文本前加@标记号，如铸件编号的文本列，即代表铸件编号_t 的 text 文本对象的文本内容为铸件编号。

2) column 对象：前加#标记号，如#铸件名称，代表铸件名称列。

图 4-26　处理后 Excel 表单格式

图 4-27　Excel 格式导入系统

**6. 列响应技术——TAG 标签技术**

列响应技术指的是单击编辑表单中列，系统做出响应的动作。将所有的列响应事件全部组件化，通过对象的某项属性参数化存储在表单的定义，从而可以达到柔性化快速定义修改每个列的响应事件。TAG 标签技术就是将列的响应行为标记在列的 tag 属性中。图 4-28 所示为 TAG 标签技术框架。TAG 标签技术分为三类：右击响应类、列内容变更类、单击响应类。

@联合符号是用于单个列的 tag 属性中定义同时可以调用多项组件执行多项任务，如表单中【生产车间】列的【tag】属性值 =【（F）部门.车间 =1@d）部门.部门编号：生产方式=车间生产方式；}，表示的是单击改列，列响应F关联过滤模式，弹出下拉数据窗口，对下拉的数据窗口按【部门．车间=1】条件进行查询，减小选择的范围；编辑选中确定某个值后，列响应触发D列显示模式，按照【部门．部门编号：生产方式=车间生产方式；}条件，查询该部门车间的生产方式值，将其自动加载至表单的【生产方式】列中。

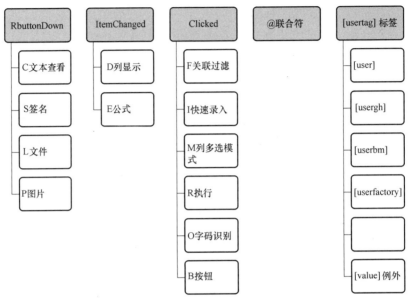

图 4-28　表单列响应技术——TAG 标签技术框架

图 4-28 中的［usertag］标签并不属于表单对象 TAG 标签技术，因为都是标签技术才放在一个图中。［usertag］标签是用于表单的数据源 SQL 中，在表单从数据库端查询数据中，系统会检测数据源中是否有［usertag］标签，并替换成对应的值，具体的［usertag］标签与信息系统中的对应值见表 4-1。［usertag］标签主要用于区别不同的用户角色看到的表单数据不一样，对数据内容进行分离。

表 4-1　［usertag］标签与信息系统中的对应值

| ［usertag］ | 对应值 |
| --- | --- |
| ［user］ | 当前用户的登录名 |
| ［usergh］ | 当前用户对应的职工号 |
| ［userbm］ | 当前用户对应的部门编号 |
| ［userfactory］ | 当前用户对应的厂区 |

TAG 标签技术的用法见表 4-2。

表 4-2　TAG 标签技术的用法

| 标签名 | 用法 | 用途 |
| --- | --- | --- |
| F关联过滤模式 | （F）db 表．db 列=dw 列<br>（F）db 表．db 列=dw 列表达式 | 满足需求：单击下拉选择数据时根据动态条件缩小范围，如确定部门后选择该部门职工 |
| I快速录入模式 | 单选模式：(I)S<br>多选模式：(I)M | 满足需求：单击快速的单选或多选 |

(续)

| 标签名 | 用　　法 | 用　　途 |
|---|---|---|
| M 多选模式 | (M)dw 名\|dw 列名 | 满足需求:单击下拉数据区中选择多行某列组成的字符,如多选参会的职工 |
| R 执行模式 | (R)表达式 | 满足需求:单击提示表达式的计算返回值,可执行在数据库底层动态实现的存储逻辑 |
| O 字码识别模式 | (O)码\|列名<br>(O)字\|列名 | 满足需求:单击启动二维码条码和铸件识别的组件,调用摄像头识别字符,如条码扫描 |
| C 文本模式 | (C)文本查看<br>(C)文本查看预览 | 满足需求:右键查看某列很长的内容 |
| S 签名模式 | (S)签名<br>(S)签名:签名时间 | 满足需求:右键启动数字签名组件,如实现表单自定义签名列 |
| L 文件模式 | (L)查看<br>(L)上传查看 | 满足需求:右键调用 FTP 文件模式,上传或查看,如实现表单自定义 FTP 列 |
| P 图片模式 | (P)上传查看<br>(P)查看<br>(P)[上传]查看:db 图片列 | 满足需求:右键调用图片模式,上传或查看,如实现表单图片列的自定义 |
| D 列显示模式 | (D)db 表名.db 列名 0;dw 列名 1;dw 列名 2;dw 列名 3=db 列名 3; | 满足需求:编辑列后显示相关的其他列,如选择产品编码自动显示产品名称规格等 |
| E 公式模式 | (E)dw 列名 1=公式 1\|dw 列名 2=公式 2 | 满足需求:编辑列后自动根据公式进行计算将值写入指定列,如修改单价或数量,金额自动变化 |

### 7. 表单提交约束技术

图 4-29 所示为表单提交约束技术。该项技术分为表单不为空约束（图 4-30）、行数据完整性约束（图 4-31）、集合数据完整性约束。该项技术一般只有管理员才有权限。管理员可以根据企业 ERP 的应用情况逐步控制表单的完整性，逐步设定某些列不能为空以及表单数据提交需要满足单表或多表间的约束条件，从而使得表单数据逐步趋于完善，保证表单的完整性，同时还避免了一开始由严密的数据库完整性约束造成的系统刚上线时工作难以开展的情况。

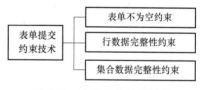

图 4-29　表单提交约束技术

表单不为空约束可以通过以下两种方式来实现：

第一种是在 DB 底层修改表单某个列的属性 NOTNULL 或者 NULL。这个方式一方面直接操作底层不安全；另一方面这个 DB 级别的完整性约束使得表单中的所有数据某列全部可为 NULL 或者全部不可以为 NULL，这个情况使得后续底层修改表单的列属性定义非常不适用。

第二种方式是通过参数化技术存储表单中不为空约束的定义，然后表单提交时系统根据自定义的不为空约束来自动判断提交的数据是否满足条件，如图 4-30 所示。这种表单不为空约束可按层次进行约束，执行原理是对提交的每一行数据，第 $N$ 层要求不为空的列中一个列值不为空，则低于 $N$ 层次的要求不为空的列必须全部不为空。这种柔性的定义，管理员可以随时调整，逐步要求表单提交时越来越多的列不可为空，从而使得数据逐步完善。多层次不为空约束技术很好地满足了企业中大量的按先后顺序填表审批的需求，如采购订单申请时，必须请采购部门签字后，采购员才可以签字制作采购表。通过这项技术，系统自动地

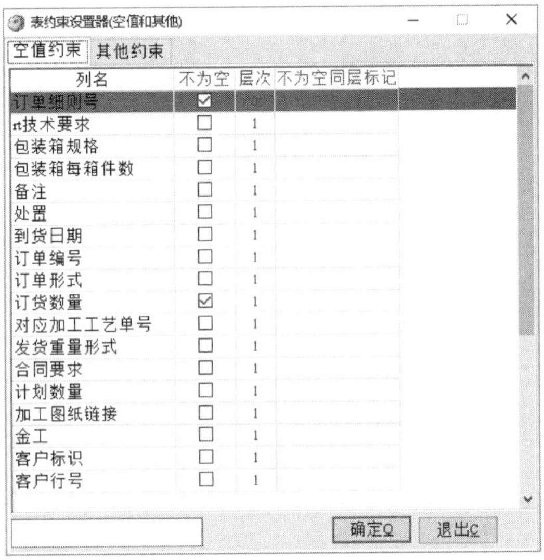

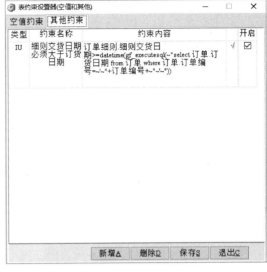

图 4-30　表单不为空约束　　　　　图 4-31　行数据完整性约束

监督和控制各项表单的填表要求。

表单行数据完整性约束也可以有两种方式：一种是数据库层面的表单完整性约束，一种是参数化技术存储的自定义完整性约束，如图 4-31 所示。该完整性约束，企业可以根据需要自定义随时新建、开启、关闭指定的约束。这种约束可以是单表性的，也可以是多表之间的约束。

图 4-32 所示为决策自定义约束集合。例如，在造型计划提交的时候会有"工艺是否审核""工艺报价是否生成""模具是否足够""砂箱是否足够"等决策约束，只有当计划满足全部已经开启的决策约束，造型计划才能成功提交。如果某一个约束不能通过，则系统会提示相应的反馈说明，做到友好性提示。约束 SQL 语法便是检测决策是否满足条件的依据，如果所提交的决策（一项纪录或者一个集合）内在约束 SQL 语法中执行结果不为空，则表示决策不满足约束。通过这种决策自定义约束，企业可以根据需要对各种决策制定相关的约束；同时利用这种技术，企业可以根据 ERP 系统实施进程决定是否开启某项决策，从而有利用 ERP 系统的前期推行。

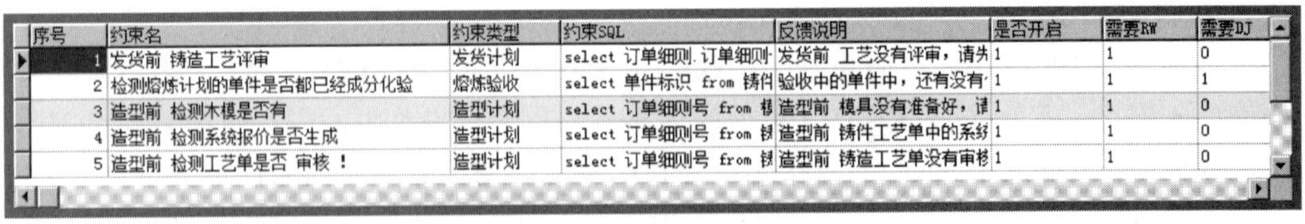

图 4-32　决策自定义约束集合

图 4-33 所示为决策分析的一个实例：造型生产计划排程约束分析。制定好计划后提交，系统首先检测表单自定义约束，然后检测决策自定义约束，最后检测系统数据库完整性约束。如果三个约束都能通过，整个造型计划才能成功提交。如果不满足哪项约束，系统会逐一提示。在此，由于排程计划不能满足"砂箱是否足够"约束，并且系统还精确提示出是哪一行计划不能满足约束。图 4-33a 为造型计划排程的内容，图中显示此次排程中安排了近

52t 造型任务，订单细则号"DA12110026-01"的连杆计划生产 33 件。图 4-33b 为该造型计划提交时系统智能分析的结果，该计划通过了表单不为空约束、表单完整性约束和决策自定义约束中的木模约束，但是没有通过决策自定义约束中的砂箱约束，原因在于高亮行中的铸件造型所需要的砂箱不够，最终系统限制了该造型计划执行。

a) 造型计划

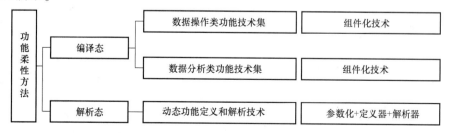

b) 造型智能分析约束限制

图 4-33 造型生产计划排程约束分析

## 4.3.2 功能柔性方法与技术

### 1. 功能柔性方法架构

针对前文所述企业信息管理系统中功能的动静态共性需求，建立起功能柔性方法架构，如图 4-34 所示。

图 4-34 功能柔性方法架构

功能柔性的实现原理大致有以下两种：

（1）编译态穷举法　将企业信息化中所需要的共性功能尽量全部组件化设计完，编译到程序系统中，使用的时候灵活调用各个组件即可。信息系统的本质就是对数据、表单的各种处理，所以企业关于功能方面的需求绝大多数在于表单的数据处理类。编译态的功能柔性方法可划分为数据操作类功能技术集、数据分析类功能技术集。这种方法属于编译态技术，设计和理解都比较容易，但是一旦系统在运行过程中企业需要其他的功能，这就没有办法柔性处理，只能使用传统的思路，进行程序再设计，增加该项功能。仅仅这种方法显然不能满足企业不断变化的管理需求。

（2）解析态动态法　一旦系统在运行过程中企业需要其他功能，这就是需要解析态的功能柔性方法——动态功能定义和解析技术。该技术由参数化技术结构、功能定义器和功能解析器组成。在信息系统中，动态实现功能逻辑定义和解析技术才能实现真正的功能柔性技术，这也是很多研究中难以解决的思路和技术难题。

**2. 数据操作类功能技术集**

数据操作类功能技术集包含多项数据操作的技术，如添加、插入、删除、修改、保存、查询、导出、文件模版输出、导入、文件模版导入、打印、堆栈打印、全选、反选、多选、复制、数据预览处理、信息补全等组件技术。

图 4-35 所示为表单数据的高级查询组件。该组件技术具备列自动定位功能，可以提供常规的组合查询筛选、兼容识别%与?等特殊字符的模糊查询、识别汉字首字母查询、自定义语法高级查询和叠加查询模式。其中叠加查询模式可以用于企业车间现场生产中批量扫描条码快速筛选的功能，是同类型的系统设计中不曾有的。

图 4-36 所示为 Excel 数据导入组件。该组件技术可以将标准化数据文件（如 Excel）的数据导入到相应的表单中，并智能识别相关的对应列，快速将数据导入进系统。传统系统初始化阶段大多是需要人工一项项录入系统，耗费大量的人力，数据一致性还难以保证。企业信息化实施阶段就迫切需要一种技术能够快速将企业原有的数据快速导入系统。该组件技术在系统数据初始化阶段起到了非常重要的作用。

图 4-35　高级查询组件　　　　　　图 4-36　Excel 数据导入组件

图 4-37 所示为文件模版输出组件。该组件技术可将当前表单选中的列数据传递到文件中，根据标记列（如#客户#），快速实现系统中数据的自定义模版输出。企业中很多输出文

件的格式多数是临时性的，不会长期使用文件模版，通过这项技术可以快速地将数据输出到指定的位置，从而不必频繁使用复制粘贴来完成数据的输出，更不必在系统中设计该种格式的数据报表。

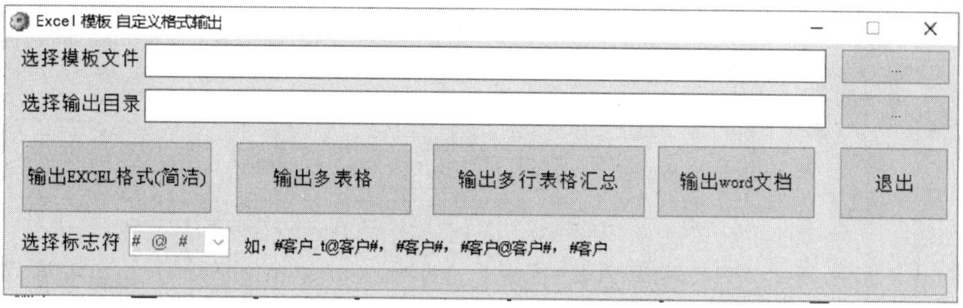

图 4-37 文件模版输出组件

图 4-38 所示为信息补全组件。该组件技术可按照一定的选择对应条件，将指定文件的某些列数据补全到表单中对应条件的行的对应列中，从而快速实现表单信息的补全。企业管理中很多人员经常会使用 Excel 等处理大量数据，修改或增加列，如管理职工档案的人，这些人往往能够很熟地使用 Excel 的各项功能，在 Excel 中能够更高效地处理数据。这样企业就需要系统中某些表单的数据能够输出为 Excel 表格，通过 Excel 快速高效地增、改、删数据，然后又能够通过另一项技术反馈更新到信息系统的表单数据区中。该项技术便可以柔性地满足这种需求。此外，车间设备运行时会不断地产生记录存储数据，将这些运行的数据直接读取关联到企业 ERP 系统中是企业当前迫切需要的技术，也是工业 4.0、智能制造的基础共性技术，而该项技术也可以满足这种需求。图 4-39 所示为 W 公司（一个中型精密铸造集团化公司）光谱仪数据直读的集成应用。应用信息补全技术，在登记每一炉铁液的成分时单击"直读光谱"功能，则自动获得光谱仪中该炉铁液的炉前和炉后成分，不需要人工填写各元素成分，从而提高了数据的可信度和准确性。

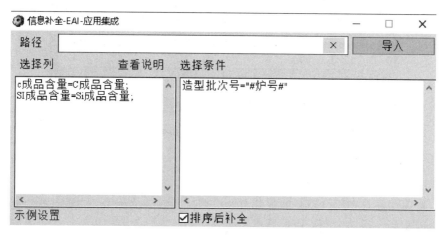

图 4-38 信息补全组件

图 4-40 所示为表单数据操作或分析处理的功能组件集合。通过调用，各个表单都可以使用相应的功能。

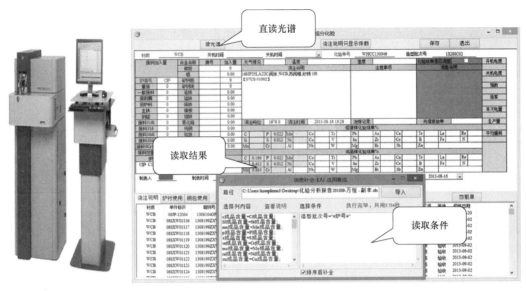

图 4-39　光谱仪数据直读的集成应用

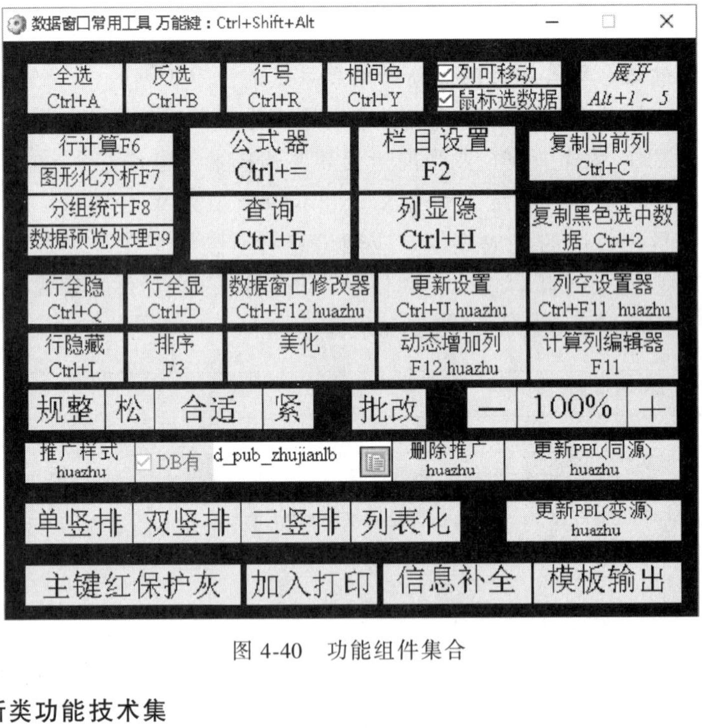

图 4-40　功能组件集合

### 3. 数据分析类功能技术集

数据分析类功能技术集有数据图形化分析、行计算、报表中心、分析中心、汇总明细分组统计、监控中心、指导中心等组件技术。

图 4-41 所示为表单图形化分析技术。选择两列或三列作为图形化分析的 G 系列值、X 轴和 Y 轴，分析得出右侧的图形化显示。例如：想比较每月的订货项数，选择订货日期（年）为 X 值，订货项数为 Y 值。如果还想细化到每个业务员的月订货数量比较，则需选择业务员为 G 值。右侧的图形可以改变不同的风格（如饼状、柱状、条状、曲线、三维等近

10种），可以输出图片，可以分享到分析中心。用户自行定义好了分析图片后即可分享到分析中心供其他人使用，从而不必每次使用时都重复制作。做图形分析是企业信息管理中数据分析、决策支持的一项重要需求，该技术相比报表展现形式，简单明了。

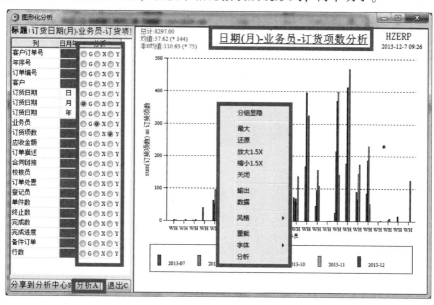

图 4-41　表单图形化分析技术

图 4-42 所示为系统报表中心和分析中心。利用报表中心和分析中心的组件技术，企业可以根据需求对各个业务表单（如职工档案、订单、采购、发货等）进行设计，从而设计出自身所需要的报表功能和图形化分析功能。

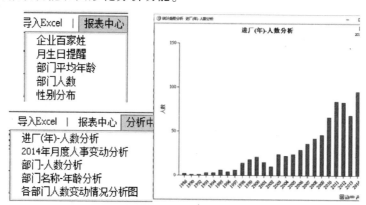

图 4-42　系统报表中心与分析中心

图 4-43 所示为汇总明细分组统计分析技术。在分组统计组件中选择需要分层统计的列，并选择需要统计的列进行统计，即可生成汇总明细报表。企业各个业务领域都会有大量的按月按类进行汇总统计分析的需求，如年月销售订单汇总明细表、年月采购汇总明细表、年月部门消耗用料汇总明细表与月度开票回款汇总明细表等。

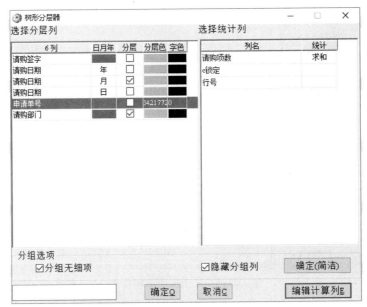

图 4-43 汇总明细分组统计分析技术

### 4. 动态功能定义和解析技术

动态功能定义和解析技术的运作原理，类似 Excel 程序中的宏 VBA 程序段，在运行中需要其他的功能，则公司管理员可以自行在定义器中定义该功能程序段，并将其通过参数化技术存储在后台数据库中，在应用的时候调用该程序段，使用功能解析器解析运行，如图 4-44 所示。由于多数信息系统的主体运行都是编译态运行（效率高），如何在编译态的主体系统中动态调用和执行解析态的程序，是一项技术难题。

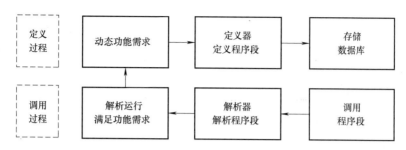

图 4-44　动态功能定义和解析技术原理

现在主流的程序设计语言都是面向对象程序设计语言，如 C、C++、C#、Java 等。这些程序可以通过编辑态程序 EXE+DLL 来执行，也可以通过中间态解释态 EXE+中间态文件（用 EDLL 代表）来执行。图 4-45 所示为动态功能定义和解析技术的思路。系统由静态的主程序和动态的辅助程序构成。动态调用存储在数据库中程序段的步骤：第 1 步主程序根据程序段动态生成辅助程序解释态的程序体 EDLL；第 2 步主程序调用辅助程序的 EXE 程序头文件，从而使得系统顺利进入解释态运行状态；第 3 步由辅助程序自身的程序头 EXE 调用执行动态生成的程序体 EDLL 文件。执行结束后，系统重新回到主程序框架，至此动态动能定义和解析调用执行过程结束。

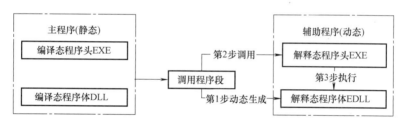

图 4-45　动态功能定义和解析技术的思路

### 4.3.3　模块柔性方法与技术

针对企业信息管理系统中模块的共性需求，可建立起模块柔性方法，如图 4-46 所示。下面将对图 4-46 所示的四种模块柔性技术的原理、数据结构等进行展开论述。

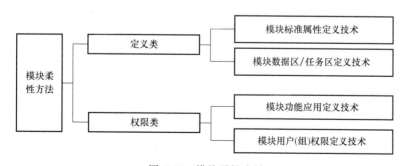

图 4-46　模块柔性方法

图 4-47 所示为信息系统中的模块属性。其中，模块权限属性并非存储在模块对象中，

而是存储在用户组和用户的模块权限定义对象中。模块标准属性定义技术即可柔性化定义模块的标准属性，模块数据区/任务区定义技术可柔性化定义模块的表单属性，模块功能应用定义技术对应模块的功能应用属性，模块用户（组）权限定义技术可柔性定义用户组和用户对某个模块的权限。

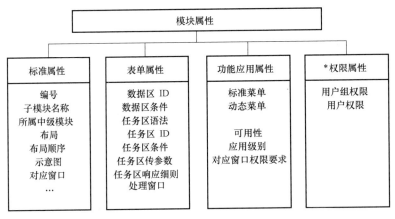

图 4-47　模块属性

### 1. 模块标准属性定义技术

图 4-48 所示为模块属性定义组件。模块的属性定义利用参数化技术全部存储在底层数据库中。定义和修改模块的标准属性即可使得模块的名称、所属中级模块的名称、图标等发生变化。

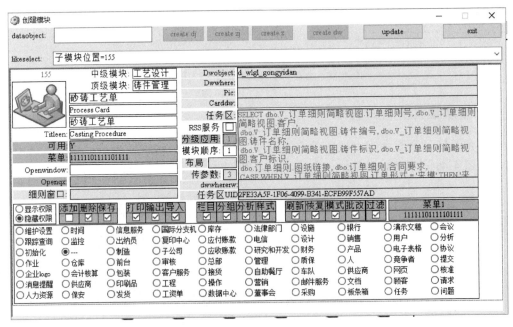

图 4-48　模块属性定义组件

图 4-49 所示模块布局显示了名称、图标、位置、所处应用级别、是否包括任务区和任务区数等。图 4-50 所示模块界面由标题区、功能菜单区、数据分组区、数据区、任务区、

状态区等组成。利用参数化和组件，模块的标准属性定义发生变化，模块的界面和布局也会发生变化。

图 4-49　模块布局

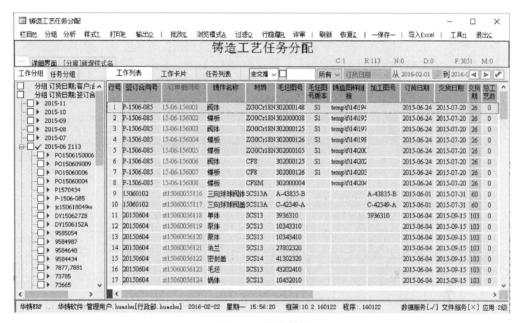

图 4-50　模块界面

### 2. 模块数据区定义技术

通过参数化和组件技术，设置图 4-48 所示模块的表单属性，即可实现模块工作区、任务区以及任务处理方法和传参数等的柔性快速定义。图 4-50 所示为信息化系统的模块工作区。图 4-51 所示为信息化系统的模块任务区。在笔者所研发的 ERP 系统中，笔者将作业窗口分为两类：一类是数据处理类，如工艺单设计、模样验收等；另一类是计划验收类，如造型计划、造型验收、熔炼计划、熔炼验收、发货计划、发货验收等。图 4-51a 是数据处理类方式，在工艺单设计的任务区中，系统自动获得任务的相关客户、订单、铸件、图样、业务员、订货日期以及历史工艺数等信息，工艺设计人员便可以非常便捷地从事工艺设计。图 4-51b 是计划验收类方式，在造型计划中的任务区中，系统自动获得了所有等待造型的任务，包括了安排造型计划的所有相关信息，计划员只需要安排计划数即可，人机交互的内容非常少。

模块的任务处理方法（图 4-7 中有部分描述），即模块的任务区到工作区之间的通信机制有多种方式，如图 4-52 所示。上一个模块节点的内容满足当前模块的任务区的"加任务条件"，则任务推送至当前模块的任务区。根据模块属性"任务传参数 $N$"和任务区 SQL 语

a) 数据处理类方式

b) 计划验收类方式

图 4-51 模块任务区

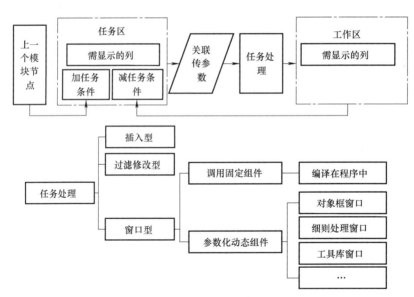

图 4-52 任务区到工作区的通信机制

法中需显示的列的顺序,将任务区前 $N$ 个列传送至任务处理逻辑,任务处理完毕后保存进入模块的任务区,则满足任务区的"减任务条件",任务区减少。通过这种过程,达成了任务区与工作区的通信,并使得任务区的增加或减少。模块的任务处理有三种形式:插入型、过滤修改型和窗口型,前两者都可以直接在工作区表单直接插入或过滤显示后进行编辑、保存。窗口型有两种:一种是调用固定式、编译在程序中的窗口组件,这种方法没有柔性;另一种是参数化动态组件方式,如对象框窗口、细则处理窗口、工具库窗口等,这些组件也是编译在程序中，但是可以通过参数化定义这些组件的构成，并由参数化调用这些组件，从而动态初始化某个需要的动态组件，这种方法柔性化强。

**3. 模块功能应用定义技术**

模块的功能应用定义技术包括对模块的功能属性和应用属性进行参数化配置。

参数化修改模块的应用属性，是可以动态调整模块的应用级别、关闭与否等。修改模块属性的可用性，由 Y 变为 N，则模块关闭，不再显示在任何用户的权限中。修改模块属性的应用级别，如从 2 变为 3，则如果当前整个信息系统的应用级别为 2，则该模块也不再显示。修改模块的对应窗口权限要求，其中 0 表示无权限，1 表示管理，2 表示录入，3 表示浏览，例如 12，表示对该模块拥有管理或录入权限的人才可以打开该模块。

参数配置模块的功能属性，是可动态调整模块的标准菜单功能，如图 4-53 所示。由于定义中没有包括添加功能，所有模块中没有添加功能。

模块的动态功能定义、配置和执行，可参考上文的图 4-44 和图 4-45，此处不再赘述。

**4. 模块用户（组）权限定义技术**

图 4-54 所示为模块的用户组权限定义，可以添加、删除用户组，修改用户组的权限，参数化配置各个顶级模块、中级模块的权限。

a) 模块的功能菜单定义

b) 模块的功能菜单

图 4-53 模块的标准功能定义

模块的用户权限定义，如图 4-55 所示。用户管理模块用于管理员管理各系统登录用户的权限。界面分为左中右三部分，左侧树形列表为当前存在的用户名和组别，右边树形列表

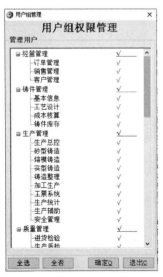

图 4-54 模块的用户组权限定义     图 4-55 模块的用户权限定义

为当前用户的所有权限状况。对于右侧列表的查看可以通过中间单选框的选择来控制，选择中间部分某个单选框，右侧树状列表自动跳至当前选中处，便于用户操作。

每个用户都属于某一个用户组，用户的权限决定于其所处用户组的中级模块权限中的每个子模块的权限，包括管理、录入、浏览、无权限四种权限。即便某用户拥有"砂铸工艺单"模块的录入权限，但是该用户所在的用户组"车间工艺组"不具备"工艺设计"中级模块的权限，则该用户的模块"砂铸工艺单"权限无效，具备连带性。

### 4.3.4 流程柔性方法与技术

对比前面介绍的企业信息管理系统中流程的共性需求，流程需求中的定义类编辑类技术都可以通过模块的柔性来实现。下面主要介绍流程指导中心定义技术和简易信息聚合（RSS）任务定义技术。

**1. 流程指导中心定义技术**

图4-56所示为流程指导中心定义组件。企业管理员可以自行定义、布局企业的流程指导中心，可以自定义全局流程或局部流程。流程面板中可以有子模块（模块中可以显示任务数提醒）、线、箭头、文本等控件，可自定义大小、位置。流程面板的布局定义数据全部参数化存储在数据库中，如图4-57所示。

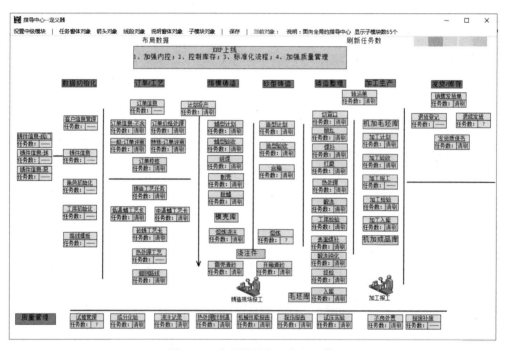

图4-56 流程指导中心定义组件

图4-58所示某砂型铸造企业的流程指导中心。系统根据企业自定义的流程布局数据，动态加载并生成指导中心。各个用户权限不同，各个模块的任务数等显示不尽相同，有模块权限的显示模块任务数（如工艺单模块中的任务数为95），还可以直接单击进入各个模块进行任务处理，没有权限的模块不显示任务数。企业中高层领导对照全局流程指导中心，即可轻松掌握企业的各个环节当前状况、剩余的任务数，哪个环节是否有滞留等。

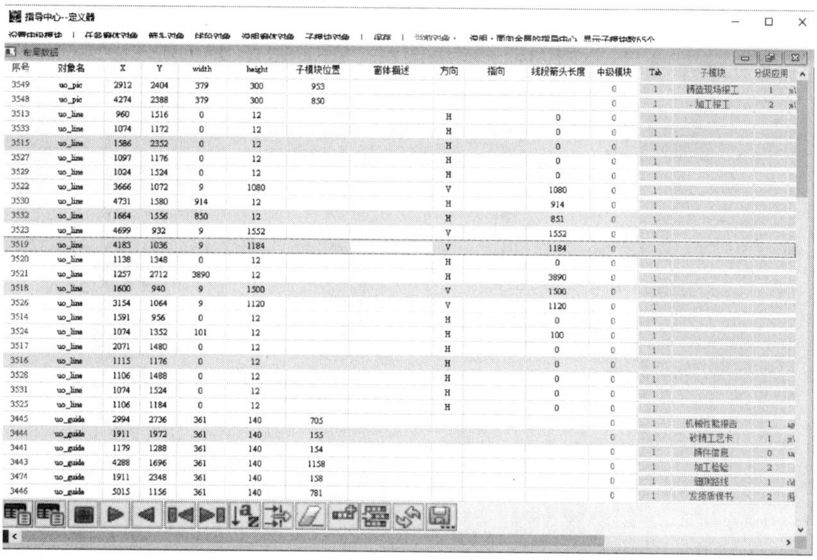

指导中心--定义器

设置中级模块 | 任务窗体对象 箭头对象 线段对象 说明窗体对象 子模块对象 | 保存 | 当前对象： 说明：面向全局的指导中心 显示子模块数55个

布局数据

| 序号 | 对象名 | X | Y | width | height | 子模块位置 | 窗体描述 | 方向 | 指向 | 线段箭头长度 | 中级模块 | Tab | 子模块 | 分级应用 |
|---|---|---|---|---|---|---|---|---|---|---|---|---|---|---|
| 3549 | uo_pic | 2912 | 2404 | 379 | 300 | 953 | | | | | 0 | 1 | 铸造现场报工 | 1 |
| 3548 | uo_pic | 4274 | 2388 | 379 | 300 | 850 | | | | | 0 | 1 | 加工报工 | 2 |
| 3513 | uo_line | 960 | 1516 | 0 | 12 | | | H | | 0 | 0 | 1 | | |
| 3533 | uo_line | 1074 | 1172 | 0 | 12 | | | H | | 0 | 0 | 1 | | |
| 3515 | uo_line | 1586 | 2352 | 0 | 12 | | | H | | 0 | 0 | 1 | | |
| 3527 | uo_line | 1097 | 1176 | 0 | 12 | | | H | | 0 | 0 | 1 | | |
| 3529 | uo_line | 1024 | 1524 | 0 | 12 | | | H | | 0 | 0 | 1 | | |
| 3522 | uo_line | 3666 | 1072 | 9 | 1080 | | | V | | 1080 | 0 | 1 | | |
| 3530 | uo_line | 4731 | 1580 | 914 | 12 | | | H | | 914 | 0 | 1 | | |
| 3532 | uo_line | 1664 | 1556 | 850 | 12 | | | H | | 851 | 0 | 1 | | |
| 3523 | uo_line | 4699 | 932 | 9 | 1552 | | | V | | 1552 | 0 | 1 | | |
| 3519 | uo_line | 4183 | 1036 | 9 | 1184 | | | V | | 1184 | 0 | 1 | | |
| 3520 | uo_line | 1138 | 1348 | 0 | 12 | | | H | | 0 | 0 | 1 | | |
| 3521 | uo_line | 1257 | 2712 | 3890 | 12 | | | H | | 3890 | 0 | 1 | | |
| 3518 | uo_line | 1600 | 940 | 9 | 1500 | | | V | | 1500 | 0 | 1 | | |
| 3526 | uo_line | 3154 | 1064 | 9 | 1120 | | | V | | 1120 | 0 | 1 | | |
| 3514 | uo_line | 1591 | 956 | 0 | 12 | | | H | | 0 | 0 | 1 | | |
| 3524 | uo_line | 1074 | 1352 | 101 | 12 | | | H | | 100 | 0 | 1 | | |
| 3517 | uo_line | 2071 | 1480 | 0 | 12 | | | H | | 0 | 0 | 1 | | |
| 3516 | uo_line | 1115 | 1176 | 0 | 12 | | | H | | 0 | 0 | 1 | | |
| 3528 | uo_line | 1106 | 1488 | 0 | 12 | | | H | | 0 | 0 | 1 | | |
| 3531 | uo_line | 1074 | 1524 | 0 | 12 | | | H | | 0 | 0 | 1 | | |
| 3525 | uo_line | 1106 | 1184 | 0 | 12 | | | H | | 0 | 0 | 1 | | |
| 3445 | uo_guide | 2994 | 2736 | 361 | 140 | 705 | | | | | 0 | 1 | 机械性能报告 | 1 |
| 3444 | uo_guide | 1911 | 1972 | 361 | 140 | 155 | | | | | 0 | 1 | 砂铸工艺卡 | 1 |
| 3441 | uo_guide | 1179 | 1288 | 361 | 140 | 154 | | | | | 0 | 1 | 铸件信息 | 0 |
| 3443 | uo_guide | 4288 | 1696 | 361 | 140 | 1158 | | | | | 0 | 1 | 加工检验 | 2 |
| 3474 | uo_guide | 1911 | 2348 | 361 | 140 | 158 | | | | | 0 | 1 | 细则路线 | 1 |
| 3446 | uo_guide | 5015 | 1156 | 361 | 140 | 781 | | | | | 0 | 1 | 发货质保书 | 2 |

图 4-57　流程指导中心定义的布局数据

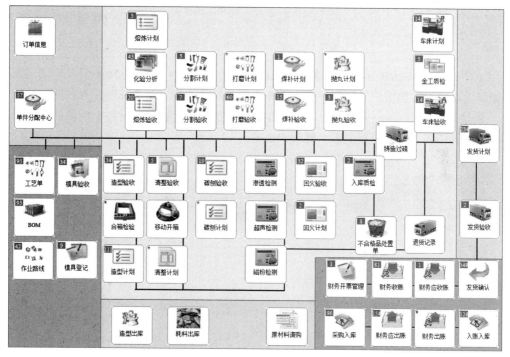

图 4-58　某砂型铸造企业的流程指导中心

## 2. 流程 RSS 任务定义技术

RSS（简易信息聚合）是一种描述和同步网站内容的格式，是使用最广泛的 XML 应用，RSS 的理念即按需求自动推送，而信息系统有大量的类似的需求。例如，在采购审批模块中有很多任务，但有人审批普通物料采购，有人审批大型设备采购，有人做第二级审批等，这就需要任务细分、用户定制和分别自动推送的方法和技术，在此借用 RSS 的理念，设计了 RSS 任务技术。

图 4-59 所示为流程 RSS 任务定义组件。该组件可参数化定义各项细分的任务（如采购审批）的任务 SQL 数据源、授权模块、授权用户、是否启动等。

图 4-59 流程 RSS 任务定义组件

图 4-60 所示为流程 RSS 任务的推送和执行组件。根据图 4-59 中的 RSS 服务定义，图 4-60 的左侧显示系统推送给用户的所有任务以及各个任务的任务数。单击某种任务右侧即显示具体任务，单击具体的每一项任务，RSS 服务组件便直接在该下方处理对应各个模块的任务，从而使得流程流转任务非常便捷地汇集、显示和处理。

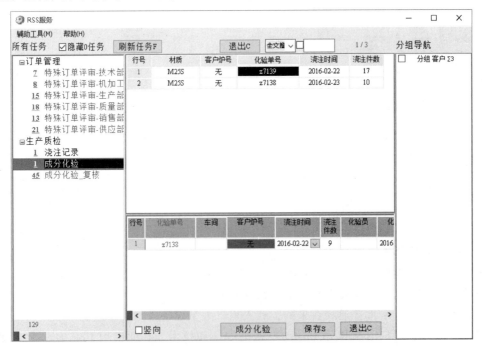

图 4-60 流程 RSS 任务的推送和执行组件

## 4.4 信息系统柔性性能的评价方法

定性、定量地分析和评价某种方法对企业需求的满足情况,定性判断该方法是否可以大幅减少企业数字化建设和发展中的大量的定制化和二次开发的工作量与成本,定量评价其对企业需求的快速满足情况。定性评价方法主要采用问卷调查的方式,顶层设计,横向和纵向进行对比,分析企业应用该即时柔性方法给企业信息化建设带来的变化。定量评价方法主要采用在线测试方式。

结合工程应用,定量评价企业管理系统超级管理员操作铸造 ERP 系统实现各个需求模型下的所有需求点所花费的时间。其中,超级管理员经过严格培训,对基于该即时柔性方法的铸造 ERP 系统操作熟练。假设总合理需求点数量为 $N$,任一需求点为 $X_i$,满足该需求所花费的时间为 $T_i$,则需求满足的平均耗时 $T_a$ 按下式计算:

$$T_a = AVG(T_i) = SUM(T_i)/N \tag{4-2}$$

可以用 $T_a$ 来评价即时柔性方法的柔性强度——即时性。24h 内能够满足的需求点数量占总需求点数量的比例 $Y_{24h}$ 按下式计算:

$$Y_{24h} = SUM(if(T_i<24h,1,0))/N \tag{4-3}$$

可以用 $Y_{24h}$ 来评价即时柔性方法的柔性广度——彻底性。对需求点的满足时间 $T_i$ 进行范围划分和权重计算,假设需求点 $X_i$ 的满足时间 $T_i$ 的权重得分为 $S_i$,定义 $S_i$ 和 $T_i$ 的关系如下式 (4-4) 所示:

$$S_i = if(T_i<1min,5,if(T_i<10min,4,if(T_i<1h,3,if(T_i<8h,2,if(T_i<24,1,-2))))) \tag{4-4}$$

即 1min 内得分为 5,10min 内得分为 4,1h 内得分为 3,8h 内得分 2,24h 内得分 1,超出 24h 得分为-2,即扣 2 分。平均得分 $S_a$ 按式 (4-5) 和式 (4-6) 计算:

$$S_a = AVG(S_i) = SUM(S_i)/N \tag{4-5}$$

$$S_a = SUM(if(T_i<1min,5,if(T_i<10min,4,if(T_i<1h,3,if(T_i<8h,2,if(T_i<24,1,-2))))))/N \tag{4-6}$$

可以用 $S_a$ 来度量即时柔性方法及管理系统的整体柔性,$S_a$ 值越大则柔性为大。$S_a$ 最大值为 5,表示理想状态下所有需求点都能在 1min 内得到满足;$S_a$ 最小值为-2,表示系统完全不具备任何柔性。假定即时柔性方法要求的是 24h 内满足企业 85% 的任一合理需求,则即时柔性下的 $S_a$ 的范围值为 (1×0.85-2×0.15)-(5×0.85-2×0.15),即 0.55-3.95。

$T_a$、$Y_{24h}$ 和 $S_a$ 三个指标可以分别用来评价即时柔性方法体系的即时性、彻底性和整体性能。此处需要说明的是,权重得分的定义考虑因素较少,没有考虑各个需求点的难易程度和工作量多少等因素,但也能科学评价柔性性能。

# 第 5 章

# 数字化管理系统柔性化实施方法

本章针对信息系统连续性整体实施方法导致系统建设周期过长、实施风险大的问题，设计了一种基于柔性系统的间歇性分步快速实施方法。该实施方法采用时间阶段分步实施、流程分段分步实施、企业方与实施方同步进行的原则。该方法通过时间和流程分步实施，可显著缩短信息系统建设周期，增强系统建设灵活性。

同时，铸造企业 ERP 系统的实施评价常采用"终期评价"模式，由于缺乏对实施过程的跟踪性评价，导致该评价模式的及时反馈能力较弱，实施团队难以及时发现具体实施中的不足。为此，本章建立了强反馈式的"实施全过程分期评价模型"，该模型具有"边实施，边评价，边改进"的显著优势，可解决终期评价的弱反馈问题。

## 5.1 信息系统实施方法研究现状与柔性化实施需求

近年来，随着两化融合的推进和"铸造行业准入制度"的颁布，铸造行业厂点小而分散的局面将得以改变，大型铸造企业的数量将在未来一段时间内有一定幅度的增加。系统集成与业务整合便成为大型铸造企业信息化建设的主要任务。ERP 系统由于采用了先进的管理思想，并与当前"智能制造""万物互联"等热点信息技术进行了良好结合，已经成为改造铸造企业转型升级的强大管理工具。然而，传统的信息系统实施方法——连续性整体实施法在很大程度上阻碍了铸造业信息化的推进速度，系统建设和实施周期过长往往造成信息系统的实施失败。ERP 系统的实施周期长、定制化工作量大、实施成功率低是困扰学术界和企业界的一大难题。国内外专家学者进行了大量的实证研究，提出了很多的方法。

国内方面，信息化领域教育专家陈启申早期便提出了标准化 ERP 系统的常规的规范化实施流程。闵庆飞研究了影响中国企业 ERP 项目实施的关键成功因素。刘春林、彭纪生等人认为，国外的 ERP 系统采用的是国际企业的最佳业务流程，不适应当前我国企业的现状，并提出了基于业务流程重组（BPR）ERP 的实施方法。陈长征指出，导致我国许多 ERP 实施案例失败的一个重要原因是基础数据的缺乏，并针对 ERP 实施过程中的基本数据提出了七个要点。Chun-Chin Wei 提出了评估 ERP 系统的性能的全面框架。笔者所在课题组对铸造企业信息系统的实施方面进行了持续地研究，在一些文章中指出了实施步骤和一些注意事项。大型信息系统的实施周期长一直令业界苦恼，尤其是对于信息化程度和自动化程度比较低的底层制造业（如铸造、焊接、锻压、热处理等热加工行业），尤为如此。很多人对如何快速实施 ERP 系统进行了多方面的思考和讨论。

国外方面，Elgar Fleisch 等人提出了一个基于 ASAP 方法的 ERP 快速实施方法，根据他的研究，成功的 ERP 项目实施时间平均约为 6 个月，相比传统的 12 个月减少了近一半。Yahaya Yusuf、Tsan Ming Choi 等人通过引入案例分析介绍了大型企业 ERP 实施过程中所面临的问题及其解决方案。一些知名 ERP 厂商基于自己的系统也提出了总体实施计划，例如，SAP 的 ASAP 实施方法、Oracle 的 AIM 实施方法、用友的 UFIDA 方法。其原理是利用系统开放的参数化接口，企业自身快速设置和定制系统以满足管理的个性化需求。

ERP 系统必然会成为大型铸造企业走向成功的不二之选。考虑到瞬息万变的市场环境，ERP 的快速实施与成功实施同样重要。业务流程再造和优化作为 ERP 实施的主要内容，是成功实施的关键所在。目前，铸造企业 ERP 的应用并不乐观，落后于其他行业，尤其是在大型铸造企业。一方面，复杂多样的铸造工艺难以并入集成管理；另一方面，市场上一般供应商提供的通用 ERP 软件难以适用于铸造企业特殊的生产模式。

综上所述，传统的大型信息系统实施方法基本都是连续性的整体实施法，先模拟后整体上线切换，建设周期比较长，动辄一年甚至更长。这种模式在很大程度上阻碍了铸造业信息化的建设，建设周期过长往往造成信息系统的实施失败。一套铸造管理系统要在不同企业内做到快速实施，一套铸造管理系统要做到为企业长期服务、与企业共同成长和发展，这都要求铸造管理系统自身具备很强的柔性能力，并且还应具备即时满足企业需求的能力。除了柔性化的信息管理系统之外，还需要研究柔性化和快速实施方法。

## 5.2 间歇性柔性化快速实施模型与方法

间歇性柔性快速实施模型如图 1-5 所示。采用时间阶段分步实施、流程分段分步实施、企业方与实施方同步进行的原则，通过时间和流程分步实施，可显著缩短信息系统建设周期，增强系统建设灵活性。

华铸系统 ERP 实施的间歇性也体现在其流程的上线是分步的，不是所有的流程一起上线。实施过程主要分为三个阶段，设置三个阶段以及三个阶段所包含的步骤的依据是铸造企业内部流程之间的关系和客户—企业—供应商之间的关系。

从流程的角度看，第一阶段是为流程上线做准备，该阶段在企业布置网络环境，为企业用户安装华铸 ERP 系统并授权。所安装的华铸 ERP 系统是在采集企业实际需求后，先导入铸造企业较通用的华铸 ERP 系统，类似于 SAP 中的参考模型。第二阶段是完成生产流程的上线，并在生产流程上线过程中带动与生产相关的质量控制、销售管理、产品研发等流程的上线。第三阶段主要完成与财务相关的流程上线。铸造企业生产流程是企业流程的核心，可以说铸造企业生产之外的流程与生产流程都有直接或间接的关系，生产环节是促进其他流程上线的强效推力。华铸 ERP 实施团队正是抓住了铸造企业的这一特点，建立了流程分步上线的 ERP 系统间歇性实施模型。

从客户—企业—供应商之间的关系看，第一阶段分别处理了铸造企业与供应商、铸造企业与客户之间的业务交流。铸造企业和其供应商之间，存在原材料、半成品的供应以及外协委托等关系。从图 5-1 可以看出，最左、最右边部分分别是对铸造企业与供应商关系、铸造企业与客户关系的处理，均属于第一阶段。铸造企业与供应商、客户的关系对于铸造企业而已是比较基础的、非常重要的关系，在第一阶段率先处理这两个关系表现出该实施方法对 ERP 系统实施过程中企业基础的搭建很重视。回归到流程层面上，其实就是坚持以生产为中心的原则，先处理好边缘部分的仓库管理、原材料管理工作，为第二阶段生产流程的上线夯实基础。

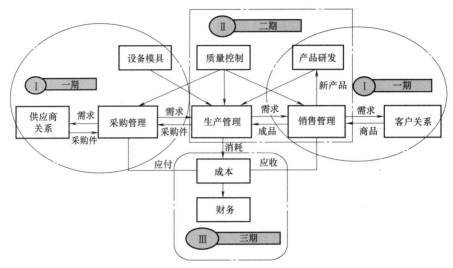

图 5-1 铸造企业间歇性柔性快速实施三阶段划分

由上述分析可见,以铸造企业的流程关联性特点和客户—企业—供应商之间的关系为建立实施模型的理论基础是具备科学性的、逻辑清晰的。有了坚实的理论基础,华铸 ERP 系统的快速实施方法还需要特殊的技术支撑。

柔性是指在外界环境发生变化时,及时改变自身某些特质来适应外界变化。铸造企业 ERP 系统的柔性,简而言之就是要求 ERP 系统对不同的企业、不同市场需求做出动态调整。华铸 ERP 系统实施团队对于铸造企业 ERP 系统的柔性研究较深,已经建立了比较完善的柔性技术体系。华铸 ERP 系统之所以可以采用间歇性实施的方式,实现分阶段、分流程的分步式上线,其技术支撑就是华铸 ERP 系统的柔性技术。ERP 系统的功能开发是借助计算机语言进行编程来实现的,华铸 ERP 系统使用的主要是 SQL 语句编程。华铸 ERP 在编程设计时,就充分考虑到了铸造企业流程的特点,所以在编程时就考虑了柔性设计。这样一方面可根据不同的铸造企业实际运行状况,对系统功能进行调整,便于定制化开发;另一方面由于市场需求变化万千而且速度较快,只有可更改的底层数据才能及时对上层系统功能进行调整,使 ERP 系统能够在短时间内满足铸造企业的需求。华铸 ERP 系统是专门针对铸造企业设计的,在开发设计过程中只需要考虑铸造行业的大背景。华铸 ERP 系统开发团队对华铸 ERP 系统建立了一系列相关的柔性技术,尤其是在流程方面。华铸 ERP 系统的结构为报表—模块—流程,铸造企业中存在大量报表,ERP 系统模块将报表囊括在内,模块之间相互关联构成铸造企业的各道流程。柔性技术的依据主要是组件技术,组件在华铸 ERP 系统中表现为模块的形式。而且最关键的是华铸 ERP 系统在底层数据编写时,允许组件之间灵活组合,即模块之间灵活选择,来构成不同铸造企业的不同流程,对各流程的上线顺序不做强制性要求。因此华铸 ERP 系统的上线可以根据铸造企业生产经营状况,分步上线,这样不仅可以减少整体连续上线所导致的问题,也可以节省大量的人力物力。此后再结合实施经验,在分步上线的两两阶段之间设置间隔期,间隔期不代表空闲期,而是在间隔期夯实上一阶段的成果并为下一阶段做准备。

间歇性实施与通用的连续性实施最显著的区别有两点:一是实施周期在时间上不是连续的,设有间隔期;二是流程上线不是全部整体上线,而是以铸造企业实际的流程特点为科学依据，按照一定顺序分步骤上线。通用型的连续性实施模型，在本书中指的是基本符合蓝图—设计—开发—试运行—上线这种模式的实施方法。间歇性实施模型在前期准备阶段耗时很少，一般为1~2天，因此可不计入实施周期中。从图5-2中可以看出，间歇性实施模型分为三个阶段：基础培训阶段、流程培训阶段、报表培训阶段。间歇性实施模型的初始化阶段可以完成连续性实施模型的项目准备和业务蓝图两个阶段所完成的任务。间歇性快速实施模型中有时间间隔，即间歇期。

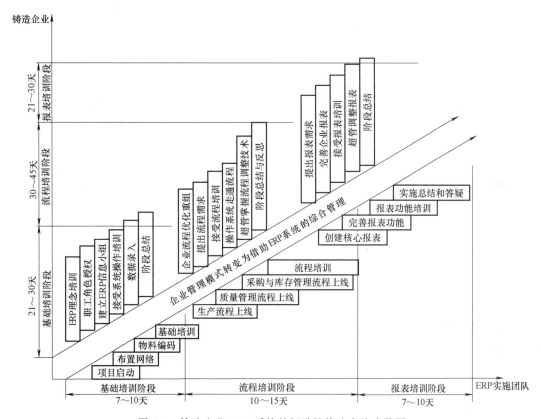

图 5-2 铸造企业 ERP 系统的间歇性快速实施步骤图

## 5.3 间歇性快速实施分期评价模型

图 5-3 所示内圈表示对采用终期评价所导致的问题，外圈表示借助及时的、全面的、科学的分期评价可以改进 ERP 系统的实施效果。

对于 ERP 系统实施方法评价的终期评价模式存在不及时、不全面、不科学的问题。首先，终期评价多是对 ERP 系统进行绩效评价，而绩效评价只是对于实施方法进行评价的一部分，遗漏了对这种实施方法的理论依据和实践过程可行性分析。其次，终期评价多是基于评价理论相关的通用的评价方法，没有充分考虑到铸造企业的流程特点以及具体实施方法的特点。最后，终期评价是在实施完成后进行的，而所提出的改进意见是针对实施进行时的。但实施已经结束了，只能在下一个铸造企业实施之前考虑这些改进意见，然而下一个铸造企业的业务流程特点与上一个铸造企业多少存在差异，之前所提出的改进意见不一定适应下一

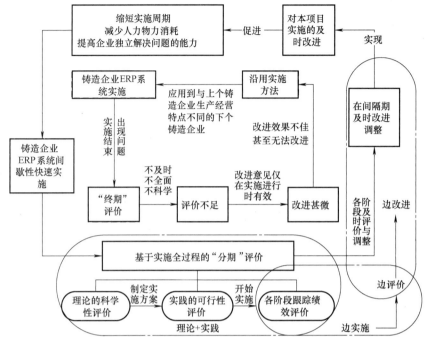

图 5-3 评价目的图

个铸造企业。对已完成实施的铸造企业来说，只有对后期维护提出的改进意见能够发挥一定作用。由此可以看出，终期评价实际上是一种弱反馈模式，这种弱反馈无法真正发挥评价的作用。

只有通过对铸造企业 ERP 系统实施方法进行及时的、科学的、全面的评价，以"边实施，边评价，边改进"的模式形成强反馈机制，才能解决及时实施周期长、人力物力消耗大等问题。目前对铸造 ERP 实施方法评价所存在的问题，主要是对铸造企业的业务流程特点考虑不足，缺乏对实施各阶段跟踪的评价，以及把实施绩效的评价作为实施方法评价的全部。因此，在建立铸造企业 ERP 系统间歇性快速实施评价模型时要解决上述三个问题。建立铸造企业 ERP 系统间歇性快速实施方法评价模型的原则应该包括以下几点：

**1. 要体现出铸造企业流程特点以及间歇性实施方法的特点**

考虑铸造企业的 ERP 系统实施方法时，需要时刻把握铸造企业这一特殊行业的针对性。某些 ERP 系统在实施过程中遇到的周期长、人力物力消耗大、培训效果不佳等问题，很大一部分原因是其实施方法对铸造企业业务流程特点考虑不周。此外，系统中所存在的缺乏柔性技术问题，也是导致这一现象的原因。系统设计之初就存在未充分考虑铸造企业流程特点，实施方法与铸造企业流程特点匹配度不够，导致实施过程中需要企业和实施方做大量调整，拖长实施周期等问题，后期实施过程中对于实施方法的评价同样没有把铸造企业的业务流程特点考虑在内，导致没有相应的指标来发现问题。办事情要善于抓住事物的独特之处，并巧妙利用其特点顺藤摸瓜才能实现最高效率。对铸造企业 ERP 系统的实施方法进行评价，一方面要把握铸造企业业务流程的特点，另一方面要明确间歇性快速实施方法这一特殊的实施方法的特点。如果从一开始就没有针对特定对象，那么评价过程也会跟着出现偏差。基于铸造企业流程特点、间歇性快速实施方法特点这两点所建立的评价模型才能具有针对性。

### 2. 要具体到各阶段的跟踪评价

对铸造 ERP 系统实施的评价，不仅涉及最终的绩效评价，还应该对实施各阶段建立相应指标进行评价。ERP 系统的实施步骤基本上有 3~5 步，华铸 ERP 系统的间歇性快速实施模型的准备阶段主要包括三个阶段，用友 ERP 等多为五个阶段。实施路线对各阶段实施过程需要完成的任务和目标均进行了明确规定，但并没有设计相应的评价指标。即使在最终进行了绩效评价，也是在实施末期进行的，对整个实施过程各阶段没有提出相应的改进意见。如果所建立的评价模型，能够具体到实施各阶段的评价，在该阶段实施完成后进行及时的评价和改进，就可以在一定程度上改进整个实施过程。

### 3. 要具有对实施方法进行评价的严密逻辑

要对实施方法进行评价，首先应该明确对实施方法进行评价是对一种理论、方法体系进行评价，而非简单的绩效评价。绩效评价是一种效果评价，可以作为对一种实施方法的实施效果进行评价时的参考。对 ERP 系统实施绩效进行评价，目的是验证铸造企业利用 ERP 系统是否可以改善管理现状，但并不是针对 ERP 系统的实施方法进行评价。以往的研究很多是将实施方法的评价看作单纯的绩效评价，这就犯了逻辑上的错误。正确的逻辑应是先明确要对谁进行评价，再充分考虑评价对象的特点，以此来确定评价的目标（如这种实施方法的科学性、实用性等）。首先要清楚评价对象的特点，可以从一种理论成熟的过程来考虑，从理论的诞生到理论的实践再到实践的效果。这样就可以设计出贯穿这一实施方法分期评价模型，保证评价的全面性、逻辑的严密性。

### 4. 要在评价的基础上提出合理的改进意见

对铸造企业 ERP 系统间歇性快速实施模型进行评价的目标不仅是针对这一方法进行理论、实践以及效果上、高效、智能的验证，更重要的是通过评价发现问题，提出合理的意见。改进意见的提出是对这种实施方法的肯定和升华，目标是建立一种"边实施，边评价，边改进"的评价模式。因此每阶段完成跟踪性评价后，需要针对该特定阶段提出相应的改进意见。此时的评价必须摒弃以往 ERP 系统实施评价的"终期"评价方式，而要采取在该阶段实施结束前或间隔期内完成改进。只有及时进行调整和改进，才能真正发挥所做评价的作用。

为了构建一种科学的、全面的、及时的铸造企业 ERP 系统实施方法评价模型，应该考虑一种实施方法从理论的诞生到实践的成熟过程。参考全生命周期理论在企业管理中的应用，如图 5-4 所示，一种理论方法的形成过程基本符合"理论的产生→实践的验证→方法体系的形成"。

铸造企业 ERP 系统间歇性快速实施方法的形成过程如图 5-5 所示，也是首先由华铸 ERP 研发

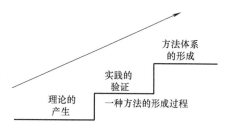

图 5-4 一种方法形成的过程图

团队提出了间歇性快速实施理论，然后依靠柔性技术设计出符合铸造企业流程特点的华铸 ERP 软件并应用到多个铸造企业中，通过总结实施经验和教训不断对间歇性实施理论、路线、培训方案进行调整，最终的得到一套较成熟的铸造企业 ERP 系统间歇性快速实施模型和方法。笔者认为对间歇性快速实施方法的评价必须包括前期理论评价，也即对理论的科学性进行评价，目的是评价该实施方式是否适合实施企业。同理，也需要进行实践的可行性评

价，即对实施方法是否可行进行评价，目的是为该企业定制化设计出科学合理的实施方案。

图 5-5　铸造企业 ERP 系统间歇性快速实施方法的形成过程

根据事物的客观发展规律，一种实施方法的形成过程是：首先提出该实施理论，当理论完善到一定程度时，就需要用实践来检验这种理论的科学性；通过实践不断地发现问题并对理论进行改进；多次应用和改进后最终才能上升成为一种完整的方法体系。因此，要对一种实施方法进行评价，应该贯穿实施方法形成的这三个阶段。对理论的产生阶段，重点评价该理论的科学性；对反复实践和改进的过程，应在实践前进行实践的可行性分析，在实施完成后进行实施绩效的分析。为此建立了如图 5-6 所示的铸造企业 ERP 实施评价与实施方法的形成过程对应关系。

与铸造企业 ERP 实施方法产生的过程相对应，应在产生过程中的各阶段进行相应的评价。从图 5-6 中可看出，绩效评价只是对实施方法进行评价的一个方面。因此只进行实施效果评价，显然是不够全面的。只有贯穿理论、实践、方法全过程的评价模型，才具有充分的科学性和全面性。

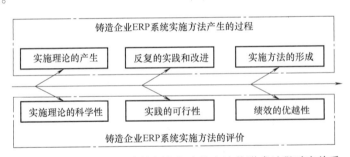

图 5-6　铸造企业 ERP 实施评价与实施方法的形成过程对应关系

为了实现对间歇性快速实施方法进行各阶段跟踪性的、及时的评价，应在分期评价模型中对实施各阶段均进行绩效评价，如图 5-7 所示。对各阶段的评价可以在间歇性快速实施模型的间隔期进行，评价完成后可以及时对该阶段进行调整，发挥绩效评价的作用。此前的众多研究中均是"终期"评价，对各个阶段跟踪性的评价看似也在实施后，但利用间歇期的设置可以巧妙地实现"分期"评价。这种绩效评价方式，实际上是以间歇性快速实施方法"分步实施，分步上线"的特点为依据的。

从图 5-8 可以看出，全过程评价模型的"全"体现在两点：一是该模型整体上是基于该实施方法形成的全过程，二是其中的绩效评价贯穿该实施方法的具体实践全过程。分期评价的"分"体现在整体评价分为理论、实践、绩效评价，绩效评价部分又按照间歇性快速实施的三个阶段分期进行跟踪性评价。全过程分期评价模型具有科学性和全面性，其中绩效评价部分具有及时性，因此该评价模型在一定程度上可以解决对铸造企业 ERP 系统实施方法

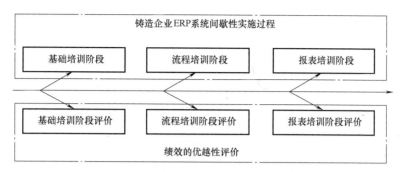

图 5-7 绩效评价与间歇性快速实施过程的对应关系

评价不足的问题。

笔者基于实施方法从理论到实践再到体系方法的形成过程建立总体评价模型,并在总体评价模型中的绩效评价部分,基于间歇性快速实施的具体实施过程建立评价指标。

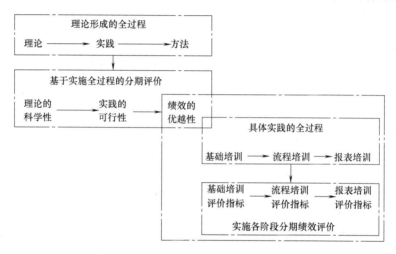

图 5-8 基于实施全过程的分期评价特点

图 5-9 所示为基于实施全过程的分期评价模型。该评价模型贯穿评价对象,即间歇性快速实施方法形成过程。具体实施的各阶段,对间歇性快速实施理论和实践进行双重"全过程"评价。尤其利用间歇性快速实施分期实施的特点以"边实施,边评价,边改进"的模式形成强反馈机制。其中一级指标包括实施理论的科学性、实践的可行性、绩效的优越性。建立评价指标体系模型后,在具体企业中进行评价时对于数据的处理采用层次分析法与模糊综合评价法相结合的方式。需要注意的是,此时建立的分期评价模型是基于间歇性实施方法特点的比较全面的评价指标。具体到对某一铸造企业的 ERP 系统间歇性快速实施方法评价,可在此模型基础上根据具体实施过程进行评价指标的修改。

图 5-9 中纵轴方向代表实施方法产生的过程,即从理论到实践最终才得以上升成为一种方法体系。所建的分期评价模型中理论的科学性、实践的可行性指标完成的是对间歇性快速实施方法是否科学、可行的评价,相对于终期评价更加全面。横轴表示所搭建的模型贯穿了间歇性快速实施理论形成的全过程、具体实施的全过程,由此实现实施、评价和改进同步进行的效果。

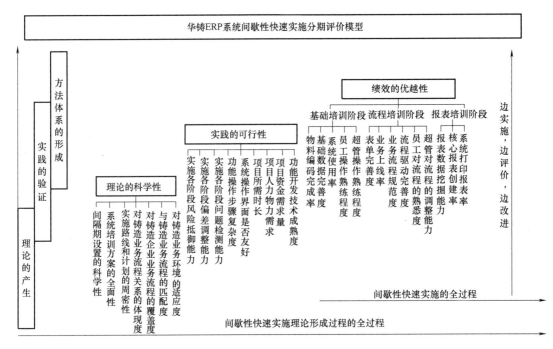

图 5-9 基于实施全过程的分期评价模型

实施理论的科学性主要评价实施方法与铸造企业流程特点是否匹配、实施路线和培训方案是否周密,只有充分把握评价对象的特点,即通过"定制化"评价的形式才能保证评价的科学性。实践的可行性主要评价该实施方法模式下 ERP 项目实施所需人力物力、资金、时间、实施各阶段生产任务及时处理能力,此时所做的主要是实施所需人力物力财力的预估,以及对实施各阶段风险抵御能力、问题检测能力、偏差调整能力的评价。绩效的优越性是对实施各阶段的任务完成情况、目标实现情况、系统使用情况进行跟踪评价性评价,绩效评价是最能直观表现实施效果的评价,也是评价的核心部分,但前面所做的理论及实践的评价也是必不可少的。

## 5.4 间歇性快速实施分期评价步骤

对铸造企业 ERP 系统的间歇性快速实施方法进行分期评价的步骤如图 5-10 所示。

**1. 结合实施背景**

为建立评价模型所考虑的铸造企业业务流程特点、间歇性快速实施模型的特点、间歇性快速实施方法形成的过程、间歇快速实施过程等因素均已进行充分考虑,并在此基础上制定了相应的评价原则、评价目标。

**2. 构建指标体系**

运用层次分析法的多对象、多指标建模方式,为间歇性快速实施方法的评价构建基于实施全过程的分期评价模型。

**3. 收集评价数据**

对问卷调查和员工自评表的数据进行回收整理。分期评价模型中部分指标数据可实现从

# 第5章 数字化管理系统柔性化实施方法

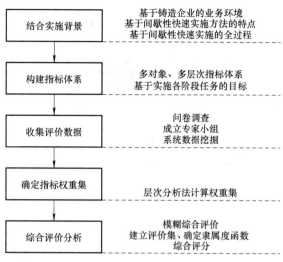

图 5-10 分期评价的步骤

ERP 系统中采集。层次分析法中判断矩阵以及模糊综合评价中的模糊关系矩阵,需要组建专家小组,进行打分。

**4. 确定指标权重集**

通过层次分析法中的权重计算公式计算得到指标权重集。

**5. 综合评价分析**

以层次分析法所建立的指标集为因素集,以权重组成此时的权重集,由专家小组制定评语集,通过模糊综合评价法进行评价。

# 第 6 章

# 数字化管理系统集成化方法

本章针对铸造企业数字化信息化进程中缺乏全局规划，应用不同来源的多套系统（如 CAD、CAE、ERP、PDM 等）导致从"部门间信息孤岛"走向"系统间信息孤岛"的问题，构建了一种"1+$N$"模式的数字化铸造平台。该平台以华铸 ERP 系统为集成中心，通过任务驱动、文件服务、同源数据库等集成技术将企业内部各个设计数字化应用和管理数字化应用集成在一起。实际企业应用表明，该平台能够较好地集成和整合企业内部各个应用系统，消除它们之间的数据孤岛、信息重复和不一致，从而实现更大程度的信息共享，提高了数字化应用的效果，并大力提升了企业运作效率。

结合铸造企业特点和信息化现状，本章对铸造企业实施生产制造与财务供应链双 ERP 系统集成进行了可行性分析，提出了双系统的集成方法，并根据某铸造企业的需求案例，结合华铸 ERP 和用友 U9 的特点，制定了一套具体集成方案，对双系统集成研究和其他企业实施双系统有很好的借鉴作用。

## 6.1 数字化管理系统集成化需求

自 2000 年起，我国铸件产量一直位居世界第一。随着绿色铸造、现代化铸造的快速推进，铸造企业纷纷引入自动化铸造生产线、智能化立体芯库、精益生产管理等一系列先进的车间生产设备、技术和管理方案。对于整个铸造行业来说，硬实力（如先进设备和技术）取得了很大的进展，然而软实力（如数字化设计和管理）却没有得到相应的提升，这严重制约了企业的长期发展。有一定规模的铸造企业，都需要通过各种管理软件系统来建设企业信息化，实现企业内部信息的准确一致、快速传递和共享，提高企业运作效率。在这个信息化时代，走信息化之路，发展企业软实力，是铸造行业发展的必然趋势。

铸造企业在发展软实力方面相对滞后于硬实力方面，这有多种原因，但近年来铸造企业逐渐意识到软实力的重要性（尤其是新建的铸造厂），在不断改进传统的铸造技术、工艺及装备等方面的同时，纷纷采用各种铸造计算机应用系统来提高产品质量、企业管理水平等。计算机在铸造领域中应用也越来越多，可以肯定地说国内铸造行业的计算机应用水平会越来越高：一方面，现有的技术会不断地完善、提高；另一方面，计算机技术与其他学科交叉融合，不断诞生出崭新的技术，而这些高新技术在铸造生产中的应用将会使铸造业继续不断地发生变革。随着企业对信息化的认识越来越深，信息化过程中的主导权在转型，从厂商主导到企业主导，企业开始有计划、有目的地进行需求明确的信息化建设。各式各样的计算机应用技术，如铸造工艺设计系统、铸造工艺分析优化系统技术、铸造企业资源规划系统、各种质量/工艺/排产的铸造人工智能专家系统、铸造产品数据管理系统、铸造炉料配比系统、项目管理、文档管理、知识库管理、高级排产系统、财务管理系统、客户关系管理、资产管理、供应链管理、工作流管理系统、商务智能分析等，这些统一构成企业的整体数字化。

然而，我国很多铸造企业对自身整体数字化的搭建缺乏全面系统的认识和规划。往往是为了解决某一项或几项比较关键或重要的业务问题而选型、实施了一些系统、如质量管理系统、库存管理系统、进销存管理系统、生产管理系统、人力资源管理系统、客户关系管理系统等。但是这些系统之间相互独立、不能够共享，又有一些内容相互重复、不一致，从而造成各个系统之间存在"信息孤岛"。有些铸造企业在企业数字化建设的时候，较少考虑数字化设计和数字化管理的集成和统一，在操作一个系统的同时需要切换到另一个系统中去查询相关信息，给实际使用带来诸多不便。例如在产品设计的时候，往往需要切换到另一个系统去查找相关的设计图样和订单要求，同时对于查询某个工艺的各方面信息，需要查询几个不同的系统。有些铸造企业实施某些软件系统的时候，考虑过某两个或几个系统的一体化，比如设计 CAD 和 CAE 的一体化，但是全面统筹规划企业的整体数字化架构，将内部的所有系统集成在一起的铸造企业比较少。

针对这种现象，笔者展开了研究，构建了一种"1+$N$"模式的数字化铸造平台。

## 6.2 "1+$N$"模式的数字化铸造平台架构

图 6-1 所示为"1+$N$"模式的数字化铸造平台架构。采用"1+$N$"模式，底层服务器（含数据服务、文件服务和计算服务）作为平台支撑层，多个管理数字化应用和多个设计数字化应用构成集成性的服务应用库，以此作为应用层；"1"表示数字化基础应用和连接其他应用的集成中心（本章采用华铸 ERP 系统作为集成中心），"$N$"表示企业内部其他各个数字化设计（如华铸 CAD、华铸 CAE、华铸 FSC 等）和数字化管理（生产管理系统、质量管理系统、专家系统、产品数据管理系统）的应用；"$N$"所指代的多个应用系统通过任务驱动、文件服务、同源数据库等关联方式与"1"所指代的数字化基础应用集成在一起，从而构成整个企业的数字化铸造平台。

1. **集成中心**

铸造 ERP 系统作为企业基础的数字化应用，涵盖了订单、研发、生产、销售、采购、存储、质量、成本、设备、模具、人力、财务等各个部门的信息，贯穿整个企业运营流程。同时该应用作为平台的集成中心，能够为其他的应用提供集成方法。铸造 ERP 系统以生产管理为核心，订单拉动生产，全面面向铸造企业流程作业，做到流水线式的管理，使管理更加轻松、简便、规范；在铸造工艺、技术方面，它包含铸造工艺卡管理，如对造型、材质、浇注系统、工艺参数、CAD 简图、CAE 模拟数据等信息的管理。

企业所有的应用以铸造 ERP 系统为中心，围绕中心运作，从而将企业的整体数字化有机地结合在一起。平台支撑层是服务器，提供三种服务：计算服务、数据服务和文件服务，支撑企业所有系统的运作；可以同时将这三种服务部署在同一台服务器上，也可以部署在多台服务器上。

2. **管理数字化应用**

管理数字化应用包括项目管理、铸造文档管理、铸造知识库管理、铸造专家系统、工作流管理、商务智能信息数据分析服务、网络订单跟踪系统、客户关系管理系统、供应链管理系统、财务管理系统、铸造产品数据管理（PDM）系统等。

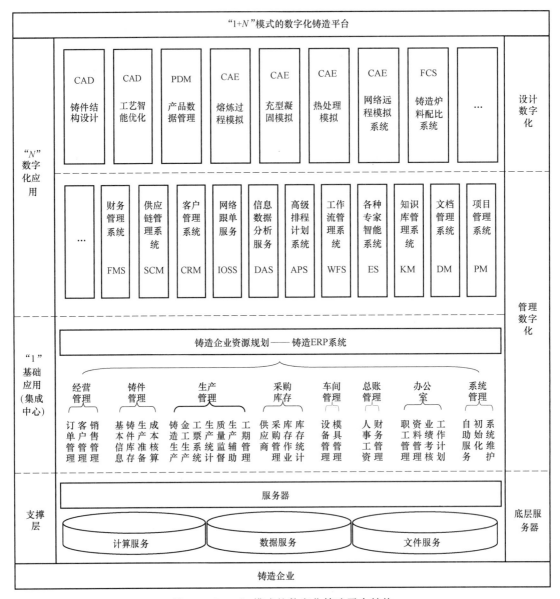

图 6-1 "1+N"模式的数字化铸造平台结构

铸造专家系统可以分为工艺专家系统、质量专家系统、排产专家系统等。据调查统计，60%的铸造企业认为自身缺乏铸造工程师或者铸造工艺员。铸造由于工作环境较艰苦、恶劣，难以吸引年轻的技术人员，经验丰富的工程师少且流动性大。另外，铸造生产本身是一个复杂的过程，产品质量受诸多影响因素的制约，这些因素一般是随机的、复杂的，很难用数学公式描述，同时这些因素相互影响、相互关联，并与铸件质量存在非线性的关系。在铸造生产过程中处理突发事件时，往往需要丰富的知识与经验，而这些知识与经验并不是所有人都能够掌握的，因此专家系统在铸造方面的研究与应用具有广阔的前景。

铸造 PDM 系统是在一般 PDM 系统的基础上，专门针对铸造工艺特点而开发的。它包含基本的图文档管理、工作流程管理、产品管理等模块；它以产品为核心，将与产品有关的客户图样、设计文档、技术要求、工艺文档、工程制造等数据统一起来，为企业提供一个协同的研发环境；除此之外，它以铸造工艺为核心，将铸造工艺计算设计、铸造工艺卡、铸造CAE数据挖掘融为一体，为企业提供全方位的工艺信息管理。

3. 设计数字化应用

设计数字化应用包括铸造工艺设计 CAD 系统、熔炼模拟 CAE 系统、充型凝固模拟 CAE 系统、热处理模拟 CAE 系统、网络远程模拟服务、炉料配比 FCS 系统等，其中数字模拟技术已经成为铸造工艺设计和优化过程中的重要工具，应用较广泛。在应用层上的每个应用通过关联某些信息表单从而关联到平台 ERP 上，在一个平台上可以直接调用其他所有应用。

铸造工艺 CAD 将铸造工艺设计与计算机数据库技术、图像技术结合起来，快捷、准确地代替人工和个人经验来进行铸造工艺设计和绘图工作。在铸造工艺参数数据库方面，它包含金属密度、收缩率、分型负数、浇注系统参数、冒口系统参数；在绘图方面，主要包括铸件的分型面、加工余量、拔模斜度、芯头、浇注系统、冒口及各种工艺符号的绘制。然而该类系统是基于主流商业 CAD 平台开发的，由于各厂的 CAD 类型、版本不同，各厂的实际情况不同，制约了该类系统的应用推广；同时，由于该类型的系统自成一体，工艺设计人员操作的是 CAD 图样文件，没有和数据库结合，很难和其他系统交互，不便于查询和系统集成。"1+$N$" 模式的铸造数字化平台可将铸造 CAD 的图样和铸造 ERP 中铸造工艺数据相结合，做到集成统一。

铸造 CAE 是铸造工艺由"经验"走向"科学"的重要途径，从温度场发展到流动场、应力场，从宏观模拟深入到微观领域，多学科、多尺度、高性能、高精度及高效率是铸造模拟仿真努力的目标。企业在应用铸造 CAE 过程中，会产生海量的模拟数据，有效分类管理好这些数据，对提高模拟效率及工艺人员技术水平有重要意义。目前，主流铸造 CAE 商品化软件都有后处理模块或资源管理器，以工程的形式管理模拟数据，然而其数据仅存在本机并面向工艺设计人员，没有达到数据的网络化和协同化。"1+$N$" 模式的铸造数字化平台可将铸造 CAE 的工程模拟所有数据、文档及结果和铸造 ERP 中铸造产品工艺相结合，实现集成统一。

"1+$N$" 模式的铸造数字化平台，贯穿设计与管理，通过集成中心的连接作用，做到铸造企业内部各种数字化系统集成一体化，消除各个系统之间的信息孤岛，从而达到数据共享。

## 6.3 "1+$N$" 模式的数字化铸造平台的关键集成技术

"1+$N$" 模式的数字化铸造平台的关键集成方式，主要有三种：任务驱动、文件服务和同源数据库，如图 6-2 所示。基于任务驱动的连接集成，即 ERP 系统中某些流程作业中的任务区列出任务，则作业时调用应用解决问题，解决后的文件则连接到 ERP 系统中，下次作业查询时便可直接使用应用查看上次的方案。例如：铸造工艺设计时调用三维设计软件进行工艺设计，调用工艺模拟软件进行工艺优化和确认，最后两者的文件关联到该工艺卡上，通过系统进行管理。基于文件服务的连接集成，指的是其他应用与 ERP 系统所包含的文件服务进行应用集成，同时企业资源管理应用也可以对 ERP 系统中分散在各个业务中的文件进行统一管理。基于同源数据库的应用集成，指的是其他应用调用 ERP 系统的数据库（应用自身也可以带有额外的数据库），互通数据从而达到应用集成。例如：对 ERP 系统进行二次产品研发或者产品深度和广度设计而得到的应用，以及 ERP 系统与其他系统基于同源数据库共享和关联进行应用与应用的对接等。

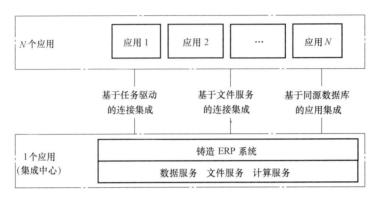

图 6-2 "1+N" 模式的数字化铸造平台的集成方式

该 "1+N" 模式的数字化平台的构建方式，本质是在铸造企业中所有分散的应用系统中选取其中一个应用作为集成中心（在此选铸造 ERP 系统为集成中心），其他所有的应用通过各种方式，统一与集成中心进行对接和集成，从而使各项应用得以有机结合在一起，各个应用之间都通过统一的媒介——集成中心进行数据共享。

## 6.4 "1+N" 模式的数字化铸造平台应用案例

### 6.4.1 同源系统间集成：华铸 ERP 与其他华铸软件系统集成

HF 公司是一个面向工程机械的单件小批民营中小型砂铸企业，公司占地 4.2 万 $m^2$，固定资产投资达到 1.3 亿元，年生产量达 3 万 t，专业生产轮胎模具及矿山机械、工程机械等其他铸件，同时具备良好的生产环境和较强的精加工能力。该公司自 2009 年开始注重企业的数字化建设，逐步实施华铸 ERP 系统、三维设计软件应用、华铸 CAE 工艺模拟仿真、财务管理软件、文档管理应用、工艺库指导服务、业务员跟单应用、企业商务智能数据分析服务等。

图 6-3 所示为 HF 公司的 "1+N" 数字化平台结构。利用一台专业的服务器作为支撑层，同时提供计算服务、数据服务和文件服务；利用铸造企业资源规划——华铸 ERP 系统作为集成中心，同时关联和集成其他应用。该公司设计数字化的应用主要有三维工艺设计系统和铸件充型凝固模拟华铸 CAE 系统；管理数字化的应用主要有文档管理应用、工艺指导服务、业务员跟单应用、企业商务智能数据分析服务等。

图 6-4 所示为基于任务驱动相连接的 ERP 与 CAD/CAE 的集成。铸造工艺设计时分为任务区和作业区，任务区列出当前需要进行新产品研发的任务。第一步，技术员单击某项任务，ERP 系统可以调用工艺指导应用，调出历史工艺或者相似工艺，从而参考其中某项工艺；第二步，单击被参考的工艺方案中的三维图，启动三维设计软件打开方案，进行修改从

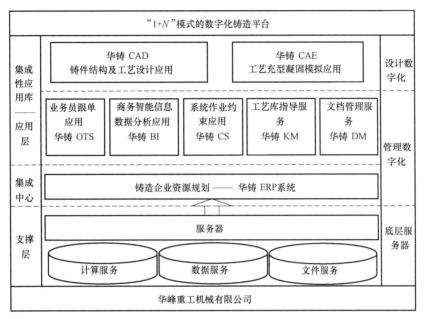

图 6-3　HF 公司的 "1+N" 数字化平台结构

而得到新产品三维设计；第三步，将设计完成的新产品三维方案保存到 ERP 系统中的工艺单中；第四步，如果产品方案需要模拟，则 ERP 系统启动华铸 CAE 系统进行工艺模拟，将模拟方案也保存到 ERP 系统该工艺方案中；最后，两者的文件关联到该工艺卡上，通过基于文件服务的连接集成方式，ERP 系统对三维设计方案和 CAE 方案进行统一管理，如图 6-5 所示。

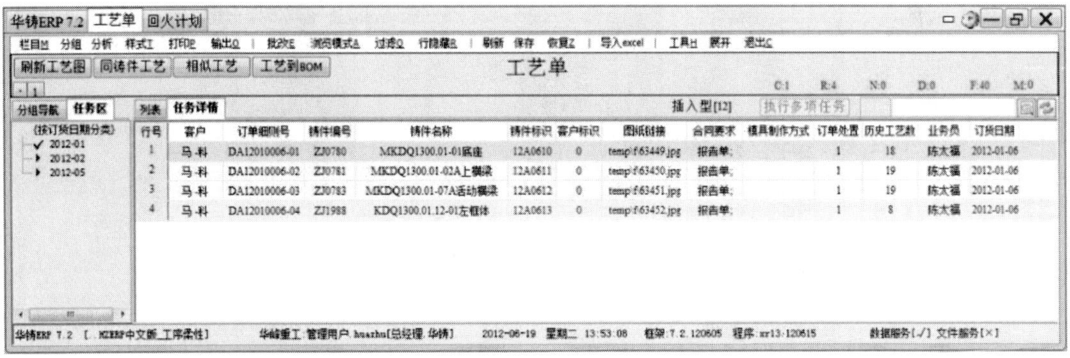

图 6-4　基于任务驱动相连接的 ERP 与 CAD/CAE 的集成

图 6-6 所示为与 ERP 中铸造工艺集成的铸造 CAE 应用。通过工艺单中的 CAE，单击即可查看 CAE 的模拟方案和结果，并可保存等。

图 6-7 所示为基于同源数据库相连接的 ERP 与 PDM 的集成。PDM 的企业文件夹将分散到各个部门各台计算机中的关键文件统一管理，存储在文件服务器中。每个用户可以进行新建文件夹、上传文件、复制、剪切、粘贴、删除、权限设置、归档、签入、签出等操作，还可以查看 ERP 中的相关的产品工艺设计、产品工艺信息以及工作流程等，实现 ERP 和 PDM 的集成。

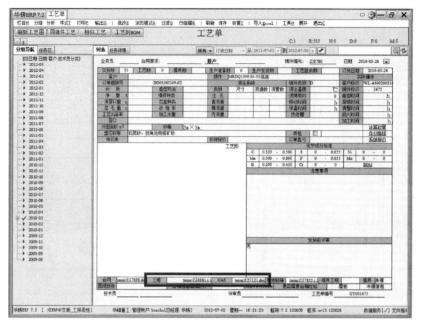

图 6-5　基于文件服务相连接的 ERP 与 CAD/CAE 的集成

a) 色温分布图　　　　　　　　b) 缩松缩孔分布图

图 6-6　与 ERP 中铸造工艺集成的铸造 CAE 应用

图 6-8 所示为基于同源数据库相连接的 ERP 与 BI 数据分析服务应用的集成。华铸 BI 可实时而全面地分析企业运营的所有监控指标，从而为管理决策层提供决策依据，包含三个部分：数据分析引擎、数据分析模板（使用 BI 方法数据库）及数据分析源（使用 ERP 数据库）。华铸 BI 通过使用华铸 ERP 系统的数据库，从而做到应用集成。随着 ERP 系统的运行，BI 所分析出的指标数据也随变化，BI 应用完全反映了 ERP 系统及铸造企业整体运行情况。

图 6-9 所示为基于同源数据库相连接的 ERP 与业务宝的集成。业务宝通过调用 ERP 系

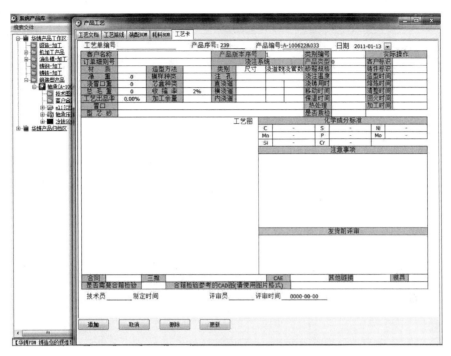

图 6-7　基于同源数据库相连接的 ERP 与 PDM 的集成

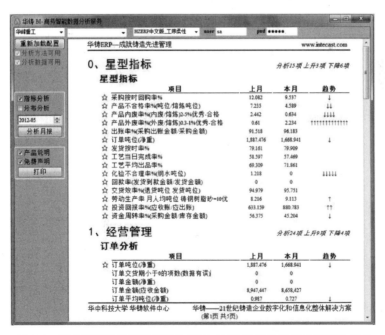

图 6-8　基于同源数据库相连接的 ERP 与 BI 数据分析服务应用的集成

统数据库中的部分表单，查询跟踪某业务员所负责的各个客户的整体业务，包括客户的基本情况、订单进度、单件跟踪状态、回款等。业务员通过此应用，可以实时、便捷地掌握所负责客户的所有订单进度。

图 6-10 所示为基于同源数据库相连接的 ERP 与企业文档管理应用的集成。企业文档管理应用通过调用 ERP 系统数据库中的所有含有文件服务的表单,将其中所有的文件服务和图片内容整合在一起,统一管理,便于企业统一查询相关的重要文件。

综上所述,HF 公司构建了"1+N"模式的数字化平台,通过任务驱动、文件服务、同源数据库等关联方式,将多种应用系统与华铸 ERP 系统进行集成,从而使企业内部各个系统得以信息共享。

图 6-9 基于同源数据库相连接的 ERP 与业务宝的集成

图 6-10 基于同源数据库相连接的 ERP 与企业文档管理应用的集成

## 6.4.2 异源系统间集成:华铸 ERP 与其他软件系统集成

铸造企业在信息化进程中,经常会先选择使用一家企业的信息管理系统,如用友、金蝶的财务管理系统;而后在生产制造方面选择另一家的数字化管理系统。以用友、金蝶为首的国内信息化管理龙头企业在财务管理模块一直占据领先地位,但其 ERP 产品在功能和细腻度上还存在缺陷,尤其在生产制造管理模块,不能满足铸造企业实时管控生产制造过程等深层次的需求。越来越多的铸造企业开始实施以华铸 ERP 为代表的能有效管控生产制造过程的信息化系统,这种现象尤其在近几年呈现出爆发式增长的趋势。

某钛合金精密铸造企业实行战略转型后订单量急剧增加,客户对产品的交付进度、价格的要求越来越高。然而,因企业存在物流与信息流不同步、生产计划多变、生产进度监督及时性差、工序等待严重等问题,导致产品的交付进度不能满足客户交付要求,欠交的现象经常发生。该企业在引入用友公司的 ERP 系统(用友 U9)对公司财务、供应链进行管理后,又引入华铸 ERP 对公司生产过程、质量控制过程、工艺设计过程进行管理,以求双系统强强联合,量身打造适合企业自身实际管理需要的 ERP 系统。

由于两套 ERP 系统来自不同的开发商,双系统之间存在业务和数据的异源(不同来源)异构性,要实现双系统的高效集成,企业还面临着种种难题。经企业管理层、华铸 ERP 开发商与用友 U9 开发商三方多次协商、反复研讨,华铸方和用友方都制定了详细的系统集成方案。

该系统集成方案设定了华铸 ERP 与用友 U9 双系统间业务集成的 7 个接口,其中由华铸方维护基础数据并推送给用友 U9 的有订单校核—销售订单、计划投产—生产工单、委外计划—外协订单、铸件成品—完工入库共计 4 个业务接口；由用友方维护基础数据并推送给华铸 ERP 的有采购入库—材料入库质检、生产领料—材料领用记录、销售发货—发货单共计 3 个业务接口。业务集成具体方案如图 6-11 所示。

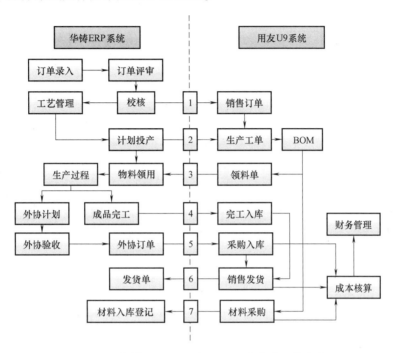

图 6-11　华铸 ERP 和用友 ERP 业务集成具体方案

**1. 接口结构设计**

对于每一个业务节点的数据接口，华铸和用友双方各提供一部分处理方法。其中，数据接收方提供存储过程函数，存储过程函数体放在数据发送方数据库中，供发送方调用。而对于数据发送方，华铸 ERP 和用友 U9 则有不同的处理方法。

华铸 ERP 的处理方法为：在需要推送数据的模块中确定对应数据库表，编写'UPDATE/INSERT/DELETE'触发器，触发器中对华铸 ERP 中提交的数据进行分析与处理，调用存放在华铸 ERP 数据库中用友 U9 提供的触发器。而用友 U9 的处理方法则是在接口程序代码中调用存放在用友 U9 数据库中华铸 ERP 提供的触发器。最终实现双方的协议数据传送目标。

华铸方提供的存储过程，可直接将接受的数据写入华铸 ERP 的数据库中，进入业务流程。用友方提供的存储过程，将接收到的数据写入用友 U9 数据库中的接口表中，由用户在用友 U9 系统界面单击"同步"按钮，自动提取接口表数据进行业务处理。

**2. 数据对接过程案例**

由于每个业务对接节点的数据对接方法大致相同，在此只对接口 1——订单校核—销售订单接口的数据对接过程做详细说明。该接口的数据对接如图 6-12 所示。

对于该接口程序，用友方（数据接收方）提供接收数据的存储过程："U9ERP_Create_SaleOrder"和"U9ERP_Delete_SaleOrder"，该存储过程函数体放在华铸方（数据发送方）数

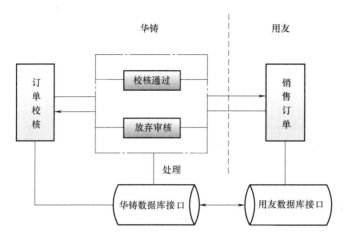

图 6-12　订单校核—销售订单接口的数据对接

据库中，供华铸数据库调用。

华铸方在"订单"表中增加"HZERP_SaleOrder_U"的更新触发器。通过查询 inserted、deleted 和其他关联表，取得"订单"表中"校核人"字段在更新前后的值并进行比较。当该字段由空值 null 变为非空，即订单校核通过时，循环调用"U9ERP_Create_SaleOrder"函数，数据推送给用友 U9；而当该字段由空值非空变为 null，即订单校核通过后又放弃审核时，循环调用"U9ERP_Delete_SaleOrder"函数，用友 U9 处理弃审动作。

# 第7章

# 铸造企业设备数据采集方法

设备数据采集是铸造企业走向智能制造的重要关卡和必经之路，设备运行中关键参数的变化与产品质量息息相关，如浇注温度、浇注时间等。然而，当前铸造车间设备运行关键数据主要依靠人工记录或拷贝等，实时性差，效率慢，数据存在失真可能；且车间设备众多，来源广，自动化程度不一，针对特定设备的数据采集方法实施周期长，难以快速适用于不同设备，普适性差。针对这种情况，我们根据铸造设备的数据存储方式，分别设计了基于PLC与组态相结合的设备数据柔性采集和基于数据库的设备数据柔性采集两种方法，并研发了相应技术。

本章分析了铸造企业车间设备的自动化状况，介绍了基于PLC与组态相结合的数据柔性采集和基于数据库的数据柔性采集两种方法。前者由PLC集成站点柔性采集相近区域多个设备的运行数据，通过组态软件对站点数据按需进行柔性转存或存储，从而实现设备数据的柔性采集；后者通过数字化参数配置的方式实现远程数据库链接的动态管理、访问和数据集成，从而实现设备数据的柔性集成。本章还介绍了两种数据柔性采集方法相对应的实现技术。最后介绍了两家典型铸造企业的设备数据采集案例。

## 7.1 设备数据采集发展现状

系统集成对于调整工业企业的所有层次以及优化层次结构中的每个层次至关重要。系统集成实现了从设备硬件和电子芯片集成到信息技术网络化软件集成的不断发展。对于工业现场异构设备的数据交互，国际上已经有几种比较通用的通信技术方案。1999年，由德国电工器材工会（ZVEI）和PROFIBUS国际组织提出的FDT（Fied Device Tool），基于微软的COM和Activex技术为基础，规定了FDT框架、通信DTM和设备厂商DTM，实现了现场设备的集成，受到国际上40多家自动化行业的大型公司支持。2003年，HART通信基金会（HCF）、现场总线基金会（FF）、PROFIBUS国际组织合作开发了统一的电子设备描述语言（EDDL）版本，受许多国际知名厂商支持并成为国际标准，使用EDD技术的设备管理系统可以集成各个厂家的现场设备。2006年，OPC基金会在1996年为解决不同供应商设备和DCS、HMI数据信息交互提出的用于过程控制的OLE（OPC）基础上提出OPC UA统一架构，它是一种与平台无关的工业系统信息交换标准，由OPC COM和XML规范演变而来，采用非常复杂的软件基础设施来实现工业应用之间的同性，用于在各种类型的网络上的客户端和服务器之间进行消息的通信。有学者分析OPC UA、FDT和EDDL各自的特点，可将其结合起来进行设备通信建模的研究，以获得更广泛的实际应用。

生产制造领域中企业本身的实际状况各有特点，一种数据采集方案难以适应所有的工业场景，数据采集方案也出现了多样性。

自 20 世纪 70 年代，微机技术和继电器结合催生了可编辑逻辑控制器（PLC），由于其在价格、性能等上的优越性，在工业控制领域得到了广泛应用，在工业 3.0 时代占据了重要位置，在即将到来的工业 4.0 时代，也会起到更重要的作用。PLC 有自己独立的寄存器存储数据，未来铸造企业中使用 PLC 的设备会更多，从 PLC 中读取数据的需求也会更大。

涂成春、凌宏江等利用 C8501 单片机采集低压铸造机的开关量与模拟量，WIFI 传送数据到 PC 机上的应用程序，实现了铸造过程的参数采集、存储与现实。葛婉宁、姜明顺等通过数据采集终端获取传感器数据，再使用 VC++ 开发数据采集集成系统并对数据进行处理，实现了对多种接口设备的数据实时显示、历史数据查询等功能。沈荣成、张秋菊等应用.net 平台下的 WPF 框架开发了上位机管控系统，利用 OPC 标准与 OPC Server 通信来采集数控机床的 PLC 数据，最终实现了数据的采集、处理、分析、反馈等功能。专用组态或第三方组态软件在数据采集、设备监控、远程控制上得到广泛应用，通过与 PLC 或数据采集卡的通信实现了与设备的数据交互。

Marcos V. Scholl 等基于嵌入式计算平台和单片机原型，设计开发了一个开源的数据采集与监控软件，为用户提供了一个低成本、开放源码和可扩展的工具，对于小型企业有很强的借鉴意义。Avik Dayal 等在传统数据采集与监视控制系统（SCADA）基础上引入虚拟化概念，提出 VSCADA 平台，系统基于 OPC UA 标准实现了与下位机的通信，用于仿真监控设备。对于已经建立 SCADA 的企业，利于 SCADA 系统分析历史数据，可提高决策的准确性，如 Eduardo J. Alvarez 等通过分析 SCADA 系统中风力涡轮机的扭矩数据，提高了风力发电机组的寿命预测准确性。

新的标记技术在数据采集方面也获得了应用。医院的管理系统中利用条码识别技术管理设备，提高了医院设备利用率。在建筑行业通过射频识别技术（RFID）采集墙板生产数据，再对 RFID 数据包进行处理，实现了生产计划和实时性能监控；在食品安全领域，RFID 与追踪位置的无线传感器网络结合，实时获取食品存储和运输的温湿度，保证了食品质量。

信息技术的高速发展，工业化与信息化的结合，使得以软件控制设备运行越来越普遍，机器逐渐在企业替代人工生产产品。与此同时，生产设备的软件控制系统数据存储与处理必不可少，数据库技术应用于生产数据的存储和处理。对于有数据库的工业设备，可以通过读取数据库数据，对同构、异构数据库进行集成，解决设备"信息孤岛"问题。

数据集成经过多年的研究，先后有很多的企业以及研究机构根据不同的应用需求设计了多种集成方案，主要有联邦式、中间件模型和数据仓库三种方法构造集成系统。

### 1. 联邦式数据库集成系统（FDBMS）

Hammer 和 Mcleod（1979 年）及 Heimligner 和 Mcleod（1985 年）先后提出了联邦数据库的基本概念。联邦数据库系统是一组单元数据库系统的结合，它们之间相互独立但又彼此协作，同时，联邦数据库系统又不同程度地集成了单元数据库系统，一个单元数据库可以加入多个联邦系统。一种典型的联邦数据库系统及其组成形式如图 7-1 所示。

联邦数据库系统应用最为突出的是 IBM 公司 2003 年推出的 DB2 Information Integrator。IBM 通过大量投资研究联邦技术，其数据管理系列产品在市场上获得领先。目前，IBM 的产品中包括 DB2 Relational Connect、DB2&reg 和 IBM Enterprise Information Portal 都可以使用这些联邦技术。Luis Marenco 等也对联邦数据库框架进行了研究。国内的联邦数据库产品较少，应用不是很广泛，翟妍伟设计了一个联邦式数据集成与交换系统，实现了分布式数据的

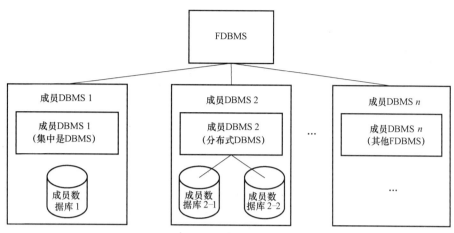

图 7-1 联邦数据库系统及其组成

自动交换与透明访问。刘旻设计了联邦数据库查询系统并应用。

### 2. 数据仓库模式

"数据仓库之父" William H. Inmon 在其《建立数据仓库》一书中对数据仓库（Data Warehouse）的定义是：数据仓库是针对企业管理和决策而产生的一种不可修改的、无关时间的数据集合。数据仓库主要用于企业战略性决策分析，对分析型数据进行处理，按照既定的主题转换成管理人员需要的格式，一般与联机分析处理（OLAP）及数据挖掘之间进行互补操作，开创商业智能领域。图 7-2 所示为基于数据仓库的数据集成体系结构。

目前，在数据仓库这一领域，几乎都是国外的企业和研究机构独领风骚。NCR、IBM（包括原来的 Informix）、Sybase、CA、Oracle、Microsoft 和 SAS 等有实力的国际知名公司，通过收购或研发的

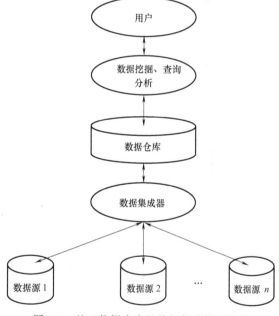

图 7-2 基于数据仓库的数据集成体系结构

途径，相继推出了自己的数据仓库与商业智能方案；BO 和 Brio 等软件公司也在前端在线处理工具市场上占据一席之地。其中，关系型数据库的市场领导者是 Oracle 和 DB2，Oracle 的数据仓库方案相比 DB2，可提供更先进的功能应对黑客攻击和数据丢失，DB2 仅提供基本的数据库安全机制。

### 3. 中间件模式

中间件（Mediator/Wrapper）模式可以将分布在不同环境中的各种结构化、半结构化和无结构化信息进行数据有效集成，实现了异构数据源的统一访问，保证各数据源的安全性，并与原有系统无缝对接，实现更大范围的信息共享。图 7-3 所示基于中间件的数据库集成

结构。

第一个严格定义的中间件产品是 Tuxedo，但是最早拥有中间件思想和技术功能的却是 IBM 的 CICS。目前数据库中间件产品较多，国内有阿里巴巴 B2B 团队开发的 Cobar 与基于 Cobar 二次开发的 Mycat，以及开楼方鑫开发的 Oneproxy、360 团队基于 MySQL proxy 开发的 Atlas 等。国外有 MySQL 官方推出的 MySQL Route、Youtube 正在使用的 Vitess、IBM 的 websphere 等。云技术的出现，对数据集成提出了新的挑战。Sanjkta Pal 在基于 SaaS 的应用程序中，提出了 MDIP 中间件模型对服务器级别的异构云数据库集成，与已经提出的 SLDI 中间件相比有更好的数据访问质量。XML 是一种用于标记电子文件使其具有结构性的可扩展标记语言。基于 XML 的特性，国内外相关研究人员经常设计基于 XML 的中间件来完成同构、异构数据源之间的数据交互，实现数据集成。

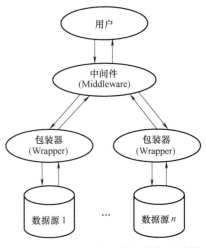

图 7-3　基于中间件的数据库集成结构

中间件方式集成数据相对联邦数据库系统和数据仓库法，集成更加灵活，不需要存储大量的数据，解决了数据一致性问题，是当前研究最广泛、应用最多的一种数据集成模式。

## 7.2　基于 PLC 与组态的设备数据柔性采集方法

PLC 经过几十年的发展，功能逐渐完善，其优良的性能和较低的价格使其在工业设备中获得大规模应用，逐渐代替了继电器控制。PLC 在工业 3.0 时代广泛用于工业设备，成为工业现场控制的重要角色。在铸造车间，PLC 控制的自动化工业机械正在逐渐代替人力，以减轻工人劳动强度和提高工作环境。

根据设备的不同状况完善设备自动化信息集成程度来采集多设备数据虽然可行，但是方案实施会很麻烦。铸造车间的设备相对集中，相同的设备几乎在一个区域，工序相近的设备距离也不会隔离太远，针对这种情况，采用新增 PLC 的方式来柔性采集多铸造设备数据，在一个设备相对集中的区域，添加一个 PLC 集成站点来集成本区域的所有设备需要采集的开关量与模拟量。PLC 的输入与输出接口通过接线连接着设备运动的控制点，在寄存器中对不同的接口控制线赋 0 与 1 的值来控制设备的停与动，不同的接口线在现场能观察到，确定不同接口线控制着设备的具体状态。对现有需要采集的设备 PLC 输入与输出接口控制接线并联到新增的 PLC 输入接口中并赋寄存器地址，这样就不需要在不了解设备 PLC 寄存器地址信息的状况下与设备产商沟通了解相关信息，可以直接读取新增 PLC 的寄存器地址来采集设备的开关量。同时，对于没有 PLC 的设备也可以并联接线来获取设备的开关量。图 7-4 所示为基于 PLC 的数据采集方案。

铸造设备数据通过柔性转换到新增的 PLC，在 PLC 站点采集数据并传输数据到数据库中完成数据存储。采集系统主要步骤包括：①把需要采集的开关量与模拟量信号在原有的基础上分流集成到附件的数据采集站点，并在 PLC 寄存器中设置好变量的存储地址和上位机通信需要的通信参数；②上位机采集软件通过工业通信协议实现与新建站点通信，采集站点

# 第7章 铸造企业设备数据采集方法

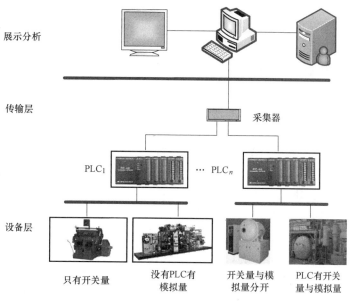

图 7-4 基于 PLC 的数据采集方案

中的 PLC 数据到上位机中;③在上位机软件中设置好数据传输方式,根据不同设备、不同设备状态把采集到的数据通过 ODBC 或 ADO 传输到系统数据库 SQL Server 中,实现数据的有效存储;④在 ERP 系统上开发模块,在模块中展示各个设备的采集数据,实时显示数据的采集情况,监控设备运行。图 7-5 所示数据采集系统实施步骤。

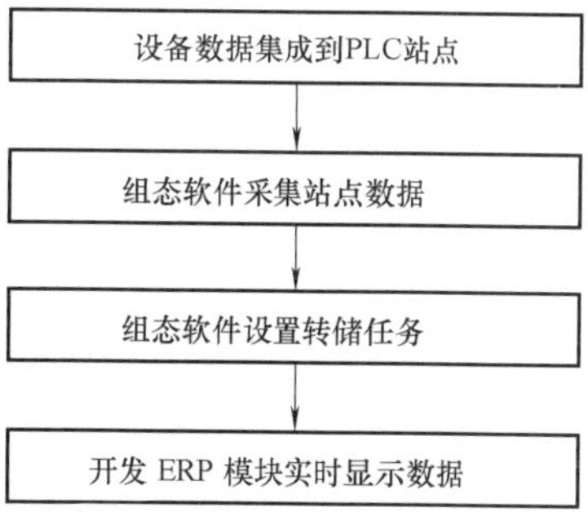

图 7-5 数据采集系统实施步骤

## 7.2.1 下位机采集站点设计

根据铸造车间所有需要采集数据的设备分布不同,对铸造设备进行区域划分,归类集中采集数据。在一个就近区域,添加一个新的 PLC 控制点,添加模拟量输入模块和数字量输入模块来集成附近需要采集的设备数据。因为不需要控制设备运行,因此不需要输出模块。根据企业实际情况需要,综合考虑通信需求及通信方式,考虑添加以太网模块,使用工业以太网协议与上位机相连传输数据。通过设置多个站点 PLC,每个站点 PLC 集成附近区域的设备信息,实现大多数设备信息的有效集成,完成所有站点 PLC 的信息采集就实现了设备数据的采集需要。

**1. 模拟量信号隔离处理**

铸造车间设备数量很多,工厂的工业用电区别于居民用电,电压信号值较大,在车间电压与电流信号传输时存在一定干扰性,由于传感器产生的电压与电流信号微弱,分别达到毫安与毫伏级别,信号稍微波动都会对数据采集产生很大影响。使用新站点 PLC 集中采集设备数据,涉及原有的设备控制量与模拟量信号分流,把信号同时输出到原有的控制器和新站点 PLC 中,对于原有的信号必然产生影响。通过添置信号隔离器可以实现信号的保护,信号隔离器将输入电流或电压信号变送输出隔离的单路或双路线性的电流或电压信号,并提高电气隔离性能,保护信号在传输过程中不受各种各样的干扰,使电压或电流信号稳定。信号隔离器相比较其他的现场隔离办法，如隔离卡、现场带隔离的变送器等，有以下优点：

1）在绝大部分情况下，采用信号隔离器和非隔离卡件更实惠。
2）信号隔离器的隔离能力、抗干扰能力突出，性能更加优越。
3）信号隔离器相对灵活，还可以完成信号转化和信号分配。
4）信号隔离器有单通道、一入二出、多通道等形式，通道之间相互独立，功能更加强大。

在新建站点集成传感器的电压或电流信号，在原有铸造设备的电气控制柜添加一入二出的信号隔离器，实现对原有的信号分流并保证原有信号稳定，抵抗各种不确定干扰因素，避免信号衰减与波动。图7-6所示为市场上的一种信号隔离器。

### 2. 数字量信号隔离处理

旧设备中的 I/O 数字量集成到新站点的 PLC，通过并联接线，对原设备控制线并联接引出来。设备的控制线常常为 220V 电压，可以采用继电器来处理控制信号，把电压信号转换 0/1 数字量再传输给 PLC 数字量输入模块。继电器是具有隔离功能的自动开关元件，输入部分有能够反映输入变量（如电压、电流）的感应机构，输出部分有能够被控电路实现"通""断"控制的执行机构，以及对输入量进行耦合隔离、功能处理和对输出部分进行驱动的中间机构。通过继电器处理接引出的控制线信号，隔离信号干扰，实现数字量的有效集成，通过在 PLC 中赋予输入寄存器 I 的位（bit）地址，方便上位机软件的有效读取。图7-7所示为市场上的一种继电器。

图 7-6　信号隔离器　　　　　　　　图 7-7　继电器

### 3. PLC 中信号存储

原设备旧有的 I/O 控制量与 I/O 模拟量电压或电流信号通过分流集成到新集成站点 PLC 中，通过上位机编程软件，对输入的 I/O 控制量赋合适的寄存器位（Bite）地址。I/O 模拟量经过 PLC 模拟量输入模块中模数转换后，电压与电流信号转化成数字量信号，经过上位机 PLC 编程软件转化成对应的传感器数值并赋在寄存器中双字（DoubleWorld）地址。根据企业的实际情况和要求选择合适的数据传输方式，可以选择以太网传输或串口通信等。在 PLC 中设置好与上位机通信需要的协议参数，使 PLC 与上位机软件实现通信，获取 PLC 的数据。

新建站点 PLC 集成设备的数据，在采集的设备模拟量信号较多，需要添加更多的模拟量模块。由于不同型号的 PLC CPU 模块可以扩展的模块数量不是无限制，所以在选择 PLC 型号时要充分考虑需要采集的模拟量点数、模拟量输入模块的点数及 PLC CPU 的扩展模块的数量。在 CPU 扩张模块数量剩余或者扩展的模拟量输入模块点数有剩余的情况下，铸造车间新增设备需要采集数据时，可以使用同样的方式，对新购置的设备集成到附近站点，采集数据。当采集的数据设备淘汰或需要迁移时，随时撤线，不会影响其他的设备采集。

### 7.2.2 上位机软件采集与柔性存储

下位机站点完成铸造设备的数据集成，但是完成设备的数据采集与存储需要上位机软件或使用数据采集终端等采集 PLC 数据传输到数据库中。目前，实现与 PLC 通信获取其寄存器数据的方式各有其特点。常用的 PLC 数据采集主要分为硬件采集和软件采集，硬件采集主要有单片机采集、各个企业自己研发的数据采集终端等；软件采集主要是通过 PLC 厂商开发的专用通信协议或通用工业协议完成与设备通信，经过软件处理完成数据采集、存储与界面展示，如组态软件、OPC Server 与 OPC Client、各种工业软件厂商开发的通信软件等。

采用第三方组态软件 ForceControl 来完成 PLC 数据的采集与存储。目前国内第三方组态软件经过 20 多年的发展已经很成熟，功能强大，开发灵活，可支持市场上 3000 多种设备，应用广泛，在石油、铁路、煤矿、石化、电网等领域都有成功的应用。组态软件本身存在工业数据库存储数据，对采集的实时数据进行历史存储，但是因为其存储性能的限制并不能大规模的存储数据，同时，其工业数据库的数据可利用率不高。第三方组态软件支持与关系型数据库的交互，通过 ODBC 或 ADO 完成对关系型数据库的数据操作，实现历史数据或实时数据存储到关系型数据库中。

**1. 组态通信与采集设置**

通过工业以太网协议实现 PLC 以太网模块与上位机通信连接，TCP/IP 通信协议相对于 RS485、RS482 传输速度更快、更稳定，传输距离更远。在工程开发界面上，通过"I/O 设备组态"，选择合适的 TCP/IP 通信驱动，选择正确的通信参数与合适的数据采集频率，实现上位机与新建站点 PLC 设备通信。图 7-8 所示为设备配置第一步界面。上位机组态软件 ForceControl 完成设备配置与设备通信后，在数据库组态中创建数据库变量，通过"I/O 连接"设置界面，设置数据库变量的参数并在组态界面中完成与 PLC 的数据连接。图 7-9 所示为数据库变量设置组态界面。

图 7-8 设备配置第一步界面

图 7-9 数据库变量设置组态界面

## 2. 数据柔性存储设置

ForceControl 支持与结构化的关系型数据库交互，同时对于本地公文、演示稿、电子表、图表等非结构化数据也支持读取。ForceControl 与关系型数据库交互主要有两种方式，即分别通过 ODBCRouter 控件、后台组件中的 ADO 组件来进行。ADO 后台组件随运行系统一起加载运行，只有属性界面，而 ODBCRouter 组件单独于运行系统运行。

ODBCRouter 组件通过 ODBC 的方式，把数据按照一定的格式，转储到关系数据库里，或把关系数据库数据导入到实时数据库中，使得第三方软件可以很方便地读取或处理这些数据。ODBCRouter 通过转储任务创建引导可以非常方便快捷地创建数据存储任务，在存储任务创建过程中，转储类型的选择可以实现对历史数据或实时数据的单一记录或多记录存储，如图 7-10 所示。在转储任务执行条件的触发类型中可选择"周期触发"或"变化率触发"，如图 7-11 所示。"周期触发"是每隔一段时间循环执行存储任务。"变化率触发"当任务中的数据任何一个变化率达到设定的变化率时执行存储任务，存储任务的执行频率最高达到秒级。

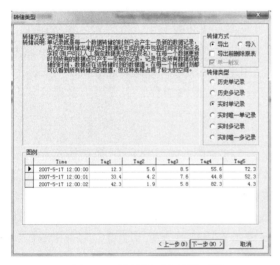

图 7-10　转储类型设置界面图　　　　图 7-11　触发类型设置界面

后台组件同时提供了很多的方法及属性，以方便操作 ODBCRouter。通过在脚本中使用 ODBCRouter 方法属性，控制存储任务的运行和停止。ODBCRouter 组件的方法及属性见表 7-1。

表 7-1　ODBCRouter 组件的方法及属性

| 方法及属性 | 说明 | 方法及属性 | 说明 |
| --- | --- | --- | --- |
| StartLocalApp( ) | 启动本地力控目录下的 DatabaseRouter | RunTask( ) | 启动任务 |
| Connect( ) | 连接 ODBCRouter | StopTask( ) | 停止任务 |
| LoadConfiger( ) | 加载配置文件 | | |

ADO 组件提供了一系列与关系数据库互操作的方法及属性，使用脚本可以与关系数据库交换数据。在 ADO 后台组件设置中，通过"基本属性"中配置连接字符串与关系型数据库实现连接，如图 7-12 所示。在"数据表管理"中管理"SQL 数据表模板"和"数据表绑

定",如图 7-13 所示。其中"SQL 数据表模板"可按照建立的模板在数据库中建表,"数据表绑定"可按照数据表绑定中的格式与变量向关系数据库中插入数据。

图 7-12　ADO 组件中基本属性设置

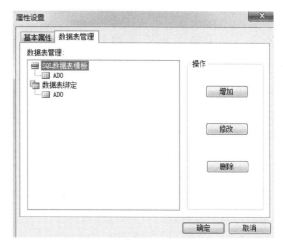

图 7-13　ADO 组件数据表管理

通过使用 ADO 组件中的方法来操作数据表绑定,可以把采集到的数据传输存储到关系型数据库中。ADO 组件的方法及属性见表 7-2。

表 7-2　ADO 组件的方法及属性

| 方法及属性 | 说明 | 方法及属性 | 说明 |
| --- | --- | --- | --- |
| OpenDataBase( ) | 打开数据库 | AddNew( ) | 新添加一条数据 |
| CreateTableEx( ) | 创建表 | GetData( ) | 整条记录从 db 获取数据 |
| OpenRecordSet( ) | 通过制定 SQL 打开记录集 | Update( ) | 提交修改的数据 |

动作脚本编译系统给用户提供了最大的灵活性和能力,这些程序编程语言允许在基本功能基础上,扩展自定义的功能来满足用户的需求。强大的动作脚本语言可以访问和控制所有组件。通过动作脚本语言实现灵活控制 ODBCRouter 的任务运行及 ADO 组件传输实时数据到关系型数据库中。

## 7.3　基于数据库的设备数据柔性采集方法

随着信息技术的发展,越来越多的领域开始应用信息技术来辅助发展本行业,产生的数据也不断积累增多。在工业控制领域,计算机辅助控制系统的应用减少了工人劳动强度,大大提高了企业的生产力。铸造企业在信息化发展的道路上,可使用更多的自动化控制机械以提高企业效益。铸件的生产过程需要检测产品的成分、力学性能、缺陷等,需要使用检测系统来辅助人工检测产品获取相关信息。企业每个系统的信息会存储在不同数据库当中,几乎相互独立,信息难以共享。企业整合管理需要的信息,需要与应用系统进行通信需求时,就涉及数据库集成问题。

在自动化铸造车间,有很大一部分铸造设备的数据会存储在控制系统相关的数据库当中。通过对数据库的信息集成会大大方便采集需要的数据。不需要改造设备，使用数据库同步技术来获取数据库中的数据就可以达到数据集成的目的。对于不断运转的车间设备来说，整个方案实施过程中会大大减少对设备的干扰，避免耗费企业的人力物力。

### 7.3.1 设备数据库采集分析

数据管理经过了人工管理阶段、文件系统阶段发展到数据库系统阶段。第一代数据库系统是层次和网状数据库系统，代表系统有 1969 年 IBM 公司研制的层次模型的数据库管理系统 IMS 以及 20 世纪 70 年代数据系统语言研究会 CODASYL 下属的数据库任务组 DBTG 网状模型，目前国内的层次数据库系统、网状数据库系统已经很少使用。支持关系数据模型的关系数据库系是第二代数据库系统，是目前使用最多的数据库模型。第三代的数据库系统虽然尚未成熟，但是有不少不同于第一、二代数据库的新一代数据库系统诞生。

数据集成是在集成应用公开数据结构的情况下，通过应用间的数据交换解决数据的分布性和异构性的问题来实现集成。研究的数据库集成主要是针对第二代关系型数据库系统，目前企业使用的管理、控制系统中几乎都是使用关系型数据库。

**1. 设备数据库集成系统特点分析**

数据集成的问题由来已久，企业实际的数据集成需求促进了各种集成方案的产生。关心型数据库的集成需要把不同的关系型数据库，不同的数据表中的数据在逻辑上或物理上进行有机的结合，从而实现为企业提供数据共享。在企业数据集成领域，数据集成技术已经很成熟。常用的方案主要有联邦式数据库系统、数据仓库模式以及中间件模式。对于铸造厂的设备数据库集成方案也有一定借鉴作用，但由于铸造设备的存在，需要考虑的因素更多，所以没有办法完全照搬应用。铸造设备的数据集成系统特点主要包含以下几点：

（1）安全性  铸造设备每天都在运转工作，关系到产品质量与工人安全。设备数据库集成过程中应避免改动数据库系统，数据集成过程中应避免改动本地数据库数据，以保证不影响设备本身的控制系统对数据的插入、更新、删除操作。设备数据库的改动影响到设备的运行，企业可能会造成重大经济损失，在方案实施过程中，应充分考虑设备的安全运行。

（2）高效率  数据采集过程需要企业的积极配合。现场设备状况的调查，集成系统的实施，要充分考虑整个周期的长短，以提高效率，避免干扰企业的生产过程，减少人力、物力的投入，控制集成方案成本。

（3）维护性  铸造企业随着社会的发展而不断地发展，新的自动化设备购置，设备地理位置的转移，新的数据需要集成等，都会为后期集成系统添加新的需求。铸造设备数据集成系统保证良好的可维护性，可方便后期系统故障的修复以及随需求增加而更新。

（4）分布式  铸造车间的设备不在物理上的同一个区域，设备数据存储在网络不同节点当中，通过网络连接。但是在逻辑上，整个数据系统又可以看作一个整体数据库，被集成数据库用户统一访问。同时，存储设备数据的本地数据库的 DBMS 各不相同，但是又保持独立性，可以进行常规的数据管理。

（5）异构性  铸造设备来自不同的产家，数据库系统很难统一，需要统一接口来解决异构性问题，各种设备数据库系统才能集成到数据库 SQL Server 中。主要解决的异构性体现在以下几点：

1）控制铸造系统运行的环境不同，有的数据库运行在 Linux 系统，有的运行在 Windows

7、Windows 10，有的运行在服务器上。

2）不同的数据库管理系统各不相同，数据的存储模式也存在差异，如 SQL Server 和 MySQL 的管理方式及存储模式。

3）数据本身的异构，包括数据语义异构、数据类型的异构等。

**2. 设备数据库集成系统技术问题分析**

设备数据库的异构性导致在集成设备数据库时要考虑以下几方面技术问题：

（1）全局数据模式及查询语言　分布在不同网络节点上的设备数据库的模式可能各不相同，需要一个统一的全局数据模式，方便用户在集成系统透明地获得异构数据库数据。对应全局数据库模式的全局查询语言，为用户提供数据定义与数据操作。由于系统最终集成到 SQL Server 数据库中，所以使用 dbo 数据库模式和 T-SQL 语言。

（2）数据匹配性　因为铸造设备数据存储在不同的数据库中，集成到 SQL Server 数据库中时，各个字段的类型、长度等要与节点数据库对应识别，不能出现混乱。

（3）全局数据字典　对整个网络节点上需要集成的数据库定义与分布，SQL Server 本地表名与对应的局部表名以及局部表的节点名等，需要定义清楚，它是集成查询的基础。

（4）集成效率与结果处理　铸造设备运行的时间可能时间比较长，积累的数据量很大，加上网络传输速度的限制，因此要优化查询，提高查询效率。同时，各种局部数据库存储的铸造系统数据在多个表中，查询结果要汇总，按照一定的方式显示。

**3. 数据库集成常用方法分析**

下面以使用华铸 ERP 系统的铸造企业为对象进行分析。华铸 ERP 系统使用的是 Microsoft 开发的 SQL Server 数据库，所以设备的数据最终集成到 SQL Server 中，再开发华铸 ERP 模块显示集成数据。

Microsoft SQL Server 数据库平台通过集成的商业智能（BI）为企业提供数据管理，SQL Server 可以提供多种方式执行分布式查询，下面介绍几种访问异构数据库的方式。

（1）基于 ETL 工具 SSIS 的集成

1）SSIS 简介。SQL Server Integrate Service（SSIS）是 SQL Server 2005 版本发布时就免费附带的组件，SSIS 使用一种新的体系结构来满足典型的 ETL 需求，可以实现 1h 内加载超过 2TB 的数据。SSIS 的核心部分是包，是一个以循序渐进的方式执行的任务集，SSIS 任务的执行都在包的上下文中。包的核心就是控制流，它协调保证所有组件的执行顺序。这些组件通常由任务和容器组成，并且受优先约束的控制。SSIS 的核心力量就是：将数据提取到服务器内存中，转换数据并将数据写入到另一个目标。

如果说控制流是 SSIS 的大脑，那么数据流就是 SSIS 的心脏，主要负责处理内存中的数据转换，数据流任务只是包中的一个可执行任务。这种内存体系结构有助于 SSIS 扩张，并使 SSIS 更快地运行。数据源是这些数据管道的源泉，通常被表示为连接，一旦定义了数据源，就可以被重复使用。一个数据源可以使用多种连接，而这些连接通常是与 OLE DB 相兼容的数据源以及 ADO.NET 数据源，比如 SQL Server、Oracle、MySQL，甚至可以是一些非传统数据源（比如 Analysis Service 和 Outlook）。数据源可以在某个 SSIS 包作用域内，也可以在项目的多个包之间共享。

一个包中有一个控制流，一个控制流可以包含多个任务流。因此，可以通过控制流实现多个数据流任务的同时执行，实现异构数据库多表集成。SQL Server SSIS 数据集成工具：①支持采用 XML 格式作为统一的数据交换标准,使访问数据更方便;②支持对多个系统的多种数据源实时抽取,转换和加载;③使可视化操作更方便,使数据加载更快速。

2)SSIS 包设计。SSIS 设计器的数据流任务中没有直接同步映射表的功能。利用 SSIS "合并联结"组件把需要同步的数据源表 Source_Table 和同步的目标数据源表 Target_Table 的主键列合并成一个新的表 Join_Table。再利用"有条件拆分"组件进行拆分判断,使用 NULL 函数"ISNULL()"判断 Join_Table 中主键列是否为空,如果为空,Join_Table 中需要同步数据映射到 Target_Table 中;如果不为空,则利用"OLE DB 命令"组件使用 SQL 语句实现 Target_Table 表中同步更新操作。SSIS 数据流程如图 7-14 所示。

通过开发一个数据流实现一个表中数据增量式同步。在控制流中开发多个数据流,根据约束以此执行每个数据流任务,实现一个控制流多表同步。

3)SSIS 包运行。SSIS 包开发完成后,要实现数据同步操作还要运行包。SQL Server Agent 是一个任务规划器和警报管理器,将周期性的活动定义成一个任务,使之在 SQL Servrer Agent 帮助下自动运行。因此,在 SQL Server Agent 中创建新的 Job,创建任务执行 SSIS 包,设置执行时间间隔,定时运行包实现数据的同步。

(2)基于链接服务器的集成 SQL Server 的链接服务器用于分布式查询。它包含管理数据源及其交互的动态链接库(DLL)的"OLE DB 访问接口"和用来标识通过 OLE DB 访问的数据库的"OLE DB 数据源"两个组件。SQL Server 通过链接服务器可以直接访问远程同构、异构数据库,实现对远程数据的查询、修改等操作。图 7-15 所示为链接服务器配置。

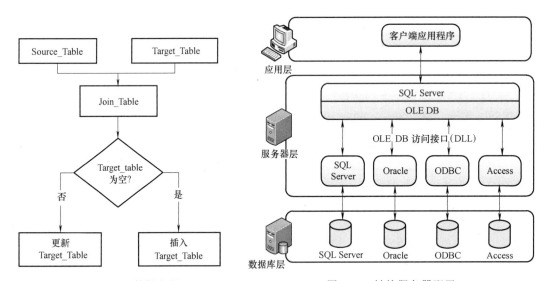

图 7-14 SSIS 数据流程    图 7-15 链接服务器配置

链接服务器定义完成并与远程数据源通信成功,执行分布式查询,使用 linked_server_name.catalog.schema.object_name 四个部分组成的限定表名格式时,远程设备的数据经过长时间的积累数据量比较大,会影响数据的查询速度,可使用 Openquery() 函数优化查询。Openquery(lingked_server,'query')函数是在指定的链接服务器上执行指定的传递查询,该服务器是 OLE DB 数据源。通过链接服务器与 Openquery() 函数会大大降低数据的查询速度。

通过使用链接服务器连接远程 OLE DB 数据源，在本地 SQL Server 数据库创建视图，查询本地视图直接获得远程数据。

（3）基于跨库函数的集成  SQL Server 2012 支持跨库函数执行分布式查询，通过跨库函数直接获取远程数据，常用的数据库跨库函数有 Opendatasource（）以及 Openrowset（）两种。Opendatasource（）跨库函数提供临时连接信息作为四部分对象名称的一部分，并且不使用链接的服务器名称。使用 Openrowset（）函数查询远程 OLE DB 数据源的数据时需要所有的连接信息。它代替链接服务器访问表，是一种通过使用 OLE DB 访问远程数据的一次性方法。如果访问远程 OLE DB 数据源比较频繁，使用链接服务器比较合适。OPENROWSET 函数可以在查询的 FROM 字句中引用，就如一个表名一样，查询结果只返回多个集中的第一个结果集。同时，OPENROWSET 还通过内置的 BULK 提供程序支持批量操作，使得文件中的数据可以作为行表读取和返回。

虽然通过跨库函数可以访问 OLE DB 远程数据源，实现分布式访问，但是对于铸造厂众多的设备来说，涉及各种类型的数据源，实现应用过程中还是很不方便。因此，使用跨库函数可以作为一种补充的分布式查询手段。通过跨库函数获取 OLE DB 远程数据源的连接，然后在本地创建视图，通过视图来访问远程数据；或者利用 SQL Server Agent Job 定时执行 T-SQL 同步语句，实现远程数据与本地数据的同步更新。

## 7.3.2　设备数据库柔性采集方法

企业数据库集成方案有多种，上面讲述了几种利用 SQL Server 固有的技术实现多数据库集成到 SQL Server 中的方案。本节研究了 SQL Server 的链接服务器以及 SQL Server Agent Job，设计了以链接服务器为基础的接口连接器和 SQL Server Agent Job 为基础的数据集成执行器的多数据库柔性集成方案，实现远程数据的柔性集成到本地数据库。数据集成定义器定义远程数据源连接接口，通过接口定义器动态配置接口参数实现 SQL Server 柔性连接远程数据库；通过动态配置集成定义器集成参数，数据集成执行器实现定时执行 T-SQL 语句，实现远程数据定时同步到本地表。柔性集成系统的逻辑图如图 7-16 所示。

**1. 远程数据源的连接设计**

连接远程数据源主要通过数据库接口定义器，定义使用 SQL Server 链接服务器连接数据源所需要的参数信息，接口连接器调用接口定义器定义的参数，通过执行接口连接器来连接远程 OLE DB 数据源。在 SQL Server 数据库中创建本地表接口定义器，添加字段。接口定义器的参数说明见表 7-3。根据链接服务器连接远程 OLE DB 数据源需要的参数，在接口定义器中添加合适的参数值，链接服务器通过调用接口定义器的

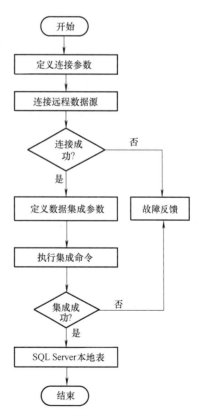

图 7-16　柔性集成系统逻辑图

参数值连接远程数据库。

表 7-3 接口定义器的参数说明

| 参数名称 | 参数说明 | 参数名称 | 参数说明 |
| --- | --- | --- | --- |
| 链接名 | 链接服务器名称 | 密码 | 远程数据源用户登录密码 |
| 产品名 | 远程数据源数据库产品名称 | 访问接口 | 连接远程数据源使用的访问接口 |
| 路径 | 连接远程数据源的字符串路径 | 扩展属性 | 标识唯一数据源 |
| 用户 | 远程数据源用户 | 备注 | 备注说明 |

链接服务器可以通过多种途径创建。在 SQL Server 服务器上，可以通过存储过程、目录视图以及 SQL Server Management Studio 管理器来定义和管理链接服务器。

1）执行 sp_addlinkedserver 存储过程创建链接服务器。

2）执行 sp_addlinkedsrvlogin 存储过程登录链接服务器。

3）执行 sp_dropserver 存储过程删除定义的链接服务器。

4）通过对 sys.servers 系统目录视图执行查询，查看有关在 SQL Server 的特定实例中定义的链接服务器。

5）通过使用 SQL Server Management Studio 来管理查看链接服务器。

接口连接器是在数据库中创建链接服务器的数据库存储过程，根据链接服务器的状况删除、创建链接。接口连接器中执行 T-SQL 语句，通过执行管理链接服务器的存储过程创建链接服务器，链接服务器的变量赋接口定义器的参数值，用户可以通过链接服务器对 OLE DB 数据源进行分布式异构查询。如果连接失败，失败结果反馈到集成定义器的故障时间及故障说明中。

接口连接器的代码如下所示：

```
CREATE PROCEDURE [dbo].[PRO_刷新设备互连链接] @链接名 nvarchar(50),
@mode nvarchar(10) = 'create'
AS
BEGIN
    SET NOCOUNT OFF
    declare @execsql varchar(1000)
declare @产品名 nvarchar(50),@路径 nvarchar(50),@用户 nvarchar(50),@密码 nvarchar(50),@访问接口 nvarchar(50),@扩展属性 nvarchar(250)
    declare mycursor scroll cursor for
    select 链接名,ISNULL(产品名,''),路径,用户,密码,ISNULL(访问接口,'SQLNCLI'),ISNULL(扩展属性,'') from SPC系统_设备互连接口设置
    where 链接名 = @链接名 or isnull(@链接名,'')=''
    open mycursor
    fetch next from mycursor into @链接名,@产品名,@路径,@用户,@密码,@访问接口,@扩展属性
    while(@@FETCH_STATUS=0)
```

```
begin
    if exists(select * from master. dbo. sysservers where srvname=@链接名)
    begin
        --先删除链接
        select @execsql=' master. dbo. sp_dropserver @server=N '''+@链接名+''',
@droplogins ='' droplogins '''
        exec (@execsql)
    end
    if @mode=' create '
    begin
        select @execsql=' master. dbo. sp_addlinkedserver   @server = N '''+@链接名+''',
@srvproduct=N '''+@产品名+''',   @provider=N '''+@访问接口+''',@datasrc=N '''+@路径+''',@
provstr=N '''+@扩展属性+'''
        exec (@execsql)
        select @execsql=' master. dbo. sp_addlinkedsrvlogin @rmtsrvname=N '''+@链接名+''',
@useself=N '' False '',@locallogin=NULL,@rmtuser=N '''+@用户+''',@rmtpassword='''+@密码+'''
        exec (@execsql)
    end
    fetch next from mycursor into @链接名,@产品名,@路径,@用户,@密码,@访问接口,@扩展属性
end
close mycursor
deallocate mycursor
END
```

通过接口定义器与接口连接器的结合，实现灵活管理远程数据库的连接。当接口定义器定义了连接参数，执行接口执行器，直接实现远程数据源的连接访问。

**2. 数据集成过程的设计**

（1）集成定义器　通过接口连接器的成功执行，连接上远程数据库，在集成定义器定义数据集成所需参数，集成定义器为 SQL Server 数据库本地表。定义的参数主要通过链接服务器分布式查询需要的参数、SQL Serverv Agent Job 需要的参数以及反馈结果。集成定义器的参数说明见表 7-4。数据集成过程根据远程数据表的列的信息，在集成定义器中确定唯一字段列，是"自增列""时间列""字符串列"，由唯一列确定远程数据与本地数据的增量式更新，并查看唯一列的值。在"集成方式"中定义同步方式是增量式同步还是全量式同步。

（2）集成执行器　在集成定义器中定义完参数，当集成定义器表中数据新增或者改变时，通过定义的本地表触发器自动创建本地存储表与远程数据表对应。数据集成执行器为 SQL Server Agent Job，在 Job 任务中创建命令语言调用集成定义器中的参数，使用链接服务器连接远程数据库，获得远程数据，插入、更新本地表。集成执行器调用集成定义器中的

"刷新频率"来控制 Job 运行时间,每隔一段时间执行 Job 任务,实现数据的定时集成。集成结果中实时反馈集成信息,确定是采集的数据为空数据、有效数据及相关的采集次数;当数据集成出现问题,故障原因及故障时间及时反馈到集成定义器中。集成定义器中"存档时间"定义集成的数据保存时间,当数据超过设置的存档期限,删除服务器中超期数据。

表 7-4 集成定义器的参数说明

| 参数名称 | 参数说明 | 参数名称 | 参数说明 |
| --- | --- | --- | --- |
| 链接名 | 链接服务器名称 | 采集字串值 | 远程数据源中标识字符串列值 |
| 模式库名 | 远程数据源数据库名称 | 采集方式 | 远程数据源数据同步方式 |
| 模式 dbo | 模式类型 | 备注 | 备注说明 |
| 模式表名 | 远程数据源数据存储表名 | 采集故障时间 | 集成故障发生时间 |
| 对应本地表名 | 本地同步表名 | 采集故障说明 | 集成故障发生原因 |
| 标定自增列 | 远程数据源中自增列名 | 空采次数 | 数据集成为空的次数 |
| 采集自增值 | 远程数据源中总自增列值 | 间采次数 | 有效集成次数 |
| 标定时间列 | 远程数据源中时间列名 | 刷新频率 | 远程数据源数据同步间隔时间 |
| 集成自增值 | 远程数据源中时间列值 | 存档期限 | 远程数据源数据在本地保存时间 |
| 标定字串列 | 远程数据源中标识字符串列名 | | |

由集成定义器定义集成的参数控制集成执行器的数据集成过程,实时获取数据集成的结果,根据企业的需求便捷管理数据集成的方式。接口定义器、接口执行器、集成定义器、集成执行器四者相互结合递进,促进分布式数据库系统的连接、访问与管理。集成执行器的关键代码如下:

```
use DATABASE
set nocount on
declare @ execsql varchar(4000)
SET @ execsql=""
    SELECT @ execsql=@ execsql+" INSERT INTO "+ A. 对应本地表名+"
        SELECT TOP 2  *
            FROM "+( CASE WHEN B. 访问接口="" MSDASQL" THEN " OPENQUERY("+A. 链接名+","" SELECT  *
FROM "+ISNULL(A. 模式库名,"")+". "+A. 模式表名+""") " ELSE A. 链接名+". "+
ISNULL(A. 模式库名,"")+". "+ISNULL(A. 模式 DBO,"")+". "+A. 模式表名 END)+""+
CASE WHEN ISNULL(A. 采集方式,"")="增量采集" AND ISNULL(A. 标定自增列,"")<
>"" THEN " WHERE "+A. 标定自增列+" > "+LTRIM(STR(ISNULL(A. 采集自增值,0)))+" OR-
DER BY "+A. 标定自增列
    WHEN ISNULL(A. 采集方式,"")="完整采集" AND ISNULL(A. 标定自增列,"")
<>"" THEN "
WHERE "+A. 标定自增列+" NOT IN ( Select ISNULL("+A. 标定自增列+",0)
from "+A. 对应本地表名+") ORDER BY "+A. 标定自增列
    WHEN ISNULL(A. 采集方式,"增量采集")="增量采集" AND ISNULL(A. 标定自增
```

列,'')='' AND
ISNULL(A. 标定时间列,'')<>'' THEN " WHERE "+A. 标定时间列+" > '"+LTRIM(RTRIM(CONVERT(VARCHAR(30),ISNULL(A. 采集时间值,'1900-01-01'),121)))+"' ORDER BY "+A. 标定时间列

    WHEN ISNULL(A. 采集方式,'')="完整采集" AND ISNULL(A. 标定自增列,'')='' AND ISNULL(A. 标定时间列,'')<>'' THEN " WHERE "+A. 标定时间列+" NOT IN (Select "+A. 标定时间列+" from "+A. 对应本地表名+" where "+A. 标定时间列+" is not null)
ORDER BY "+A. 标定自增列

    WHEN ISNULL(A. 标定自增列,'')='' AND ISNULL(A. 标定时间列,'')='' AND ISNULL(A. 标定字串列,'')<>'' THEN " WHERE "+A. 标定字串列+" NOT IN (Select ISNULL("+A. 标定字串列+",'') from "+A. 对应本地表名+") ORDER BY "+A. 标定字串列

    END +"'

  FROM SPC 系统_设备数据采集设置 A

  LEFT OUTER JOIN SPC 系统_设备互连接口设置 B ON B. 链接名 = A. 链接名

select @ execsql

EXEC (@ execsql)

declare @ execsql2 varchar(4000)

SET  @ execsql2 =''

  SELECT @ execsql2 = @ execsql2+" update SPC 系统_设备数据采集设置 set 采集自增值 = (select max("+
A. 标定自增列+") from "+A. 对应本地表名+")  where 对应本地表名 ='"+A. 对应本地表名+"'
'

  FROM SPC 系统_设备数据采集设置 A

  where ISNULL(A. 标定自增列,'')<>''

SELECT  @ execsql2 =
@ execsql2+" update SPC 系统_设备数据采集设置 set 采集时间值 = (select max("+A. 标定时间列+")
from "+A. 对应本地表名+" )  where 对应本地表名 ='"+A. 对应本地表名+"'"

FROM SPC 系统_设备数据采集设置 A

where ISNULL(A. 标定时间列,'')<>''

SELECT  @ execsql2 =
@ execsql2+" update SPC 系统_设备数据采集设置 set 采集字串值 =(select max("+A. 标定字串列+")
from "+A. 对应本地表名+" )  where 对应本地表名 ='"+A. 对应本地表名+"'"

FROM SPC 系统_设备数据采集设置 A

where ISNULL(A. 标定字串列,'')<>''

EXEC (@ execsql2)

### 7.3.3 设备数据实时显示与监控方法

企业资源计划 ERP 系统集信息技术与先进管理思想与一身，其核心思想是供应链管理。华铸 ERP 系统是专注于研究发展铸造企业信息化管理的软件系统，铸造企业通过华铸 ERP 系统可提高铸造企业的管理水平，增加企业效益。

华铸 ERP 系统分为顶级模块、中级模块、子模块三层结构。顶级模块管理多个中级模块，一个中级模块管理多个子模块，一个子模块单独管理信息需求。根据铸造企业需要，在 ERP 系统中开发中级模块和子模块，在子模块中关联数据库数据表，实时显示数据变化。系统支持图形方式显示，在子模块中可开发图形显示数据波动。

对铸造设备数据库数据集成到华铸 ERP 系统数据库 SQL Server 后，通过二次开发华铸 ERP 系统，实现所有集成设备数据实时显示，关联数据到企业产品信息中。企业人员登录华铸 ERP 系统，在开发的模块中实时查看设备数据，监控设备运行状态，通过关联信息查看铸件其他信息。

## 7.4 基于 PLC 与组态的设备数据柔性采集应用

### 7.4.1 某一钛合金熔模精铸企业设备数据采集

B 公司是一家 2000 年成立的高科技公司，该公司致力于研究、开发、制造和销售以新材料、新工艺、新技术为基础的系列高新技术铸件产品，具有全套完备的铸造钛合金及其铸件研制生产的硬件条件。该公司为国内航空航天、国内外宇航、医学工程、石油化工等行业提供了大量的钛合金铸件。

该公司目前正在朝着"智能铸造"的方向发展，谋求更加高效高质的生产方式，2015 年引进了华铸 ERP 系统，通过生产流程卡主子卡管理生产流程。在新的时期下该公司提出新的需求，希望实时获取生产数据，集成生产过程中的产品相关信息，监控设备运行状态，对铸造设备的数据进行信息集成到华铸 ERP 公司，并为以后的铸造生产工艺智能化提供基础服务。针对企业需求，笔者首先在 B 公司进行铸造设备现场调查，与企业积极沟通，了解现场需要采集的设备具体状况与需要采集的参数，并与企业探讨设备数据采集系统方案。

B 公司现场车间设备种类、数量众多，需要采集的设备数据涉及生产过程中的多个重要生产工序。根据现场调查结果，需要采集的设备有真空熔炼炉、压蜡机、退火炉、真空氩弧焊箱、温湿仪等。因为购置设备的厂商和时间跨度不同，设备自动化情况比较复杂。B 公司部分设备现状调查结果见表 7-5。设备主要控制器使用的是 PLC 控制，不同设备的 PLC 型号会有区别，有西门子、欧姆龙、士林等。有的设备部分信息会存储在 PLC 寄存器中部分信息单独显示，并且 PLC 接口多样化、程序加密、设备来国外沟通困难等使得获取 PLC 寄存器信息比较困难，甚至有部分工序需要采集的参数在设备中不存在，需要添加传感器等硬件获取相关信息。同时，B 公司现场设备地理位置存在不确定性，设备有时候会从一个厂房迁移到另外一个厂房，或从 B 公司迁移到其他铸造基地，或是厂房中新增其他设备。这些影响因素的存在，造成在现有设备中直接获取数据会非常不方便。

表 7-5　B 公司部分设备现状调查结果

| 设备名称 | 设备状况 |
| --- | --- |
| 脱蜡炉 | 两台都是 PLC 控制，传感器信号不经过 PLC |
| 隧道炉 | 两台都是 PLC 控制，传感器信号不经过 PLC |
| 熔炼炉 | 3 台都是西门子 S7-300PLC 控制，传感器信号经过 PLC |
| 退火炉 | 欧姆龙 PLC 控制，传感器信号不经过 PLC |
| 压腊机 | 6 台都是士林 PLC 控制，传感器信号不经过 PLC；4 台是欧姆龙 PLC 控制，传感器信号经过 PLC |
| 真空焊箱 | 一台有 PLC 但真空度传感器信号不经过 PLC，一台有 PLC 且传感器信号经过 PLC，剩下 6 台都没有 PLC |
| 酸洗箱、碱洗箱 | 只有温度传感器 |
| 温湿仪 | 只有传感器，信号单独显示 |

根据 B 公司的现场设备分布状况，与相关人员分析讨论，设计了整个采集系统，拟建 7 个数据采集站点采集附近的设备数据，再根据每个采集站点的设备种类分布状况，建立主站与从站分别采集设备数据。为方便后期维护，所有站点的 PLC 都采用西门子的 S7-300 系列，数据接口预留以太网接口，经过公司网络人员的协商划分，给所有站点的 IP 地址预留在 108 网段的 190~200。同时，考虑到设备种类多，采集系统需要实时运行，如果采集系统安装在已有的华铸 ERP 系统服务器上会加大服务器运载，影响 ERP 系统的运行。因此建立单独的数据采集服务器，用来采集设备数据并存储在服务器上的数据库 SQL Server 2008 中。整个采集系统的数据先是经过从站或主站采集设备数据，再经主站传输到服务器中，再通过组态软件 ForceControl 中的转储机制把采集到的数据存储在采集服务器数据库 SQL Server 2008 中。华铸 ERP 系统数据库 SQL Server2012 通过建立链接服务器实现对 SQL Server 2008 的异构访问。最后，在 ERP 中开发模块实现对采集数据的实时展现。下面以高大厂采集主站为例，详细介绍整个设备的数据采集系统。

高大厂采集站点包括一个主站和两个从站，其中主站需要采集的设备包括两台隧道炉（图 7-17）、两台脱蜡炉（图 7-18），一个从站采集 3 台熔炼浇注炉的数据，一个从站采集两台退火炉的数据。

图 7-17　两台隧道炉

图 7-18　两台脱蜡炉

一台隧道炉需要采集 7 个温度和 1 个开光量数据，一台脱蜡炉采集 3 个温度数据。现场调查得知，所有温度传感器都是热电偶型的，所以主站 PLC 采用 315-2EH14-0AA0 的 CPU、4 个 8 通道的用于热电偶的模拟量输入模块 331-7PF11-0AB0、1 个 16 通道的数字量输入模块 321-1BH02-0AA0。采集主站如图 7-19 所示。温度传感器通过并联接线直接连到模拟量输入模块，通过编程转换成温度数据，对数据进行滤波处理，并对温度数据出现偏差的进行补偿，尽量缩小数据偏差。最后，模拟量数据存储在寄存器 DB2 区，存储地址如图 7-20 所示。隧道炉的两个开关量，通过并联接引原来的控制线，220V 电压信号经过继电器转换成 0/1 信号传输给模拟量输入模块，数据存储在寄存器 I 区，存储地址如图 7-21 所示。

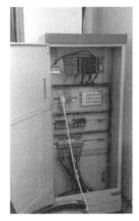

图 7-19 采集主站

| 地址 | 名称 | 类型 | 初始值 | 实际值 | 注释 |
|---|---|---|---|---|---|
| 0.0 | STAT0 | REAL | 0.000000e+000 | 272.7 | |
| 4.0 | STAT1 | REAL | 0.000000e+000 | 524.4 | |
| 8.0 | STAT2 | REAL | 0.000000e+000 | 309.8 | |
| 12.0 | STAT3 | REAL | 0.000000e+000 | 311.3 | |
| 16.0 | STAT4 | REAL | 0.000000e+000 | 337.3 | |
| 20.0 | STAT5 | REAL | 0.000000e+000 | 789.3 | |
| 24.0 | STAT6 | REAL | 0.000000e+000 | 521.2 | |
| 28.0 | STAT7 | REAL | 0.000000e+000 | 237.7 | |
| 32.0 | STAT8 | REAL | 0.000000e+000 | 681.9 | |
| 36.0 | STAT9 | REAL | 0.000000e+000 | 595.7 | |
| 40.0 | STAT10 | REAL | 0.000000e+000 | 61.6 | |
| 44.0 | STAT11 | REAL | 0.000000e+000 | 61.7 | |
| 48.0 | STAT12 | REAL | 0.000000e+000 | 58.0 | |
| 52.0 | STAT13 | REAL | 0.000000e+000 | 52.8 | |
| 56.0 | STAT14 | REAL | 0.000000e+000 | 46.7 | |
| 60.0 | STAT15 | REAL | 0.000000e+000 | 46.8 | |
| 64.0 | STAT16 | REAL | 0.000000e+000 | 607.9 | |
| 68.0 | STAT17 | REAL | 0.000000e+000 | 550.1 | |
| 72.0 | STAT18 | REAL | 0.000000e+000 | 1041.1 | |
| 76.0 | STAT19 | REAL | 0.000000e+000 | 1042.0 | |

图 7-20 温度数据在 DB2 寄存器中的存储地址

DB1 -- S7_Pro15\SIMATIC 300 站点(1)\CPU 315-2 PN/DP

| 地址 | 名称 | 类型 | 初始值 | 注释 |
|---|---|---|---|---|
| 0.0 | | STRUCT | | |
| +0.0 | STAT0 | BOOL | FALSE | |
| +0.1 | STAT1 | BOOL | FALSE | |
| =2.0 | | END_STRUCT | | |

图 7-21 采集主站中两个开关量在寄存器中的存储地址

PLC 主站集成了隧道炉和脱蜡炉的数据后，采集服务器上的 ForceControl 经过 S7-300 TCP/IP 协议驱动与主站 PLC 实现通信。在“数据库组态”中创建数据库变量，与站点中 PLC 的寄存器关联，读取寄存器数据。创建的数据库变量如图 7-22 所示。ForceControl 中的实时数据库会实时显示数据的变化，如图 7-23 所示。

ForceControl 采集到数据后，根据企业的要求，需要设置相应的转储机制，实现数据的有效存储。由于隧道炉有模拟量和开关量，首先 ODBC 每隔 1min 转储一次隧道炉的数据，避免开关量在 ODBC 的 1min 转储间隔中变化而采集不到信息，再添加 ADO 来补充。在“动作语言”中以开关量为条件，当开关量由 0 转 1 时执行一次 ADO 转储，动作语言设置如图 7-24 所示。脱蜡炉只有模拟量，直接使用 ODBC 转储存储采集的数据。采集的数据会存储在采集服务器上的数据库 SQL Server 2008 中，如图 7-25 所示。

华铸 ERP 系统服务器数据库 SQL Server 2012 建立链接服务器连接远程 SQL Server 2008，访问存储采集数据的数据库。ERP 系统中开发数据采集与历史数据两个中级模块，实现公司人员对设备的 24h 实时监控和历史数据查询。数据采集中级模块下开发各个对应的设备子模块，如图 7-26 所示。通过图片分析与数据结合的方式实时展现最近的数据采集状况。例如：对高大厂房主站设备采集最近 30min 的数据显示分析，图 7-27 所示为隧道炉北子模块

## 第7章 铸造企业设备数据采集方法

| NAME<br>[点名] | DESC<br>[说明] | %IOLINK<br>[I/O 连接] | %HIS<br>[历史参数] | %LABEL<br>[标签] |
|---|---|---|---|---|
| 1 | SD2 | 隧道炉北-800 温度 | PV=高大厂… | | 报警未打开 |
| 2 | SD1 | 隧道炉北-入口温度 | PV=高大厂… | | 报警未打开 |
| 3 | SD3 | 隧道炉北-700 温度 | PV=高大厂… | | 报警未打开 |
| 4 | SD4 | 隧道炉北-500 温度 | PV=高大厂… | | 报警未打开 |
| 5 | SD5 | 隧道炉北-1050 下 | PV=高大厂… | | 报警未打开 |
| 6 | SD6 | 隧道炉北-1050 上 | PV=高大厂… | | 报警未打开 |
| 7 | SD7 | 隧道炉北-出口温度 | PV=高大厂… | | 报警未打开 |
| 8 | SD8 | 隧道炉南-800 温度 | PV=高大厂… | | 报警未打开 |
| 9 | SD9 | 隧道炉南-出口温度 | PV=高大厂… | | 报警未打开 |
| 10 | SD10 | 隧道炉南-进口温度 | PV=高大厂… | | 报警未打开 |
| 11 | SD11 | 隧道炉南-700 温度 | PV=高大厂… | | 报警未打开 |
| 12 | SD12 | 隧道炉南-500 温度 | PV=高大厂… | | 报警未打开 |
| 13 | SD13 | 隧道炉南-上 1050 | PV=高大厂… | | 报警未打开 |
| 14 | SD14 | 隧道炉南-下 1050 | PV=高大厂… | | 报警未打开 |
| 15 | TL1 | 两台脱蜡炉温度点 1 | PV=高大厂… | | 报警未打开 |
| 16 | TL2 | 两台脱蜡炉温度点 2 | PV=高大厂… | | 报警未打开 |
| 17 | TL3 | 两台脱蜡炉温度点 3 | PV=高大厂… | | 报警未打开 |
| 18 | TL4 | 两台脱蜡炉温度点 4 | PV=高大厂… | | 报警未打开 |
| 19 | TL5 | 两台脱蜡炉温度点 5 | PV=高大厂… | | 报警未打开 |
| 20 | T16 | 两台脱蜡炉温度点 6 | PV=高大厂… | | 报警未打开 |
| 21 | SK1 | 隧道炉北撞点 | PV=高大厂… | PV=1.000% | 报警未打开 |
| 22 | SK2 | 隧道炉南-撞点 | PV=高大厂… | PV=1.000% | 报警未打开 |

图 7-22 ForceControl 中的数据库变量

| NAME | KIND | DESC | UNIT | FORMAT | LASTPV | PV | EU | EULO | EUHI | PVRAW | SCALEFL | PVRAWLO | PVRAWHI |
|---|---|---|---|---|---|---|---|---|---|---|---|---|---|
| SD2 | 0 | 隧道炉北… | 1 | 2 | 808.799988 | 808.60 | | 0.000000 | 100.000000 | 808.599976 | 0 | 0.000000 | 4095.000000 |
| SD1 | 0 | 隧道炉北… | 1 | 2 | 415.700012 | 397.40 | | 0.000000 | 100.000000 | 397.399994 | 0 | 0.000000 | 4095.000000 |
| SD3 | 0 | 隧道炉北… | 1 | 2 | 582.099976 | 583.90 | 度 | 0.000000 | 100.000000 | 583.900024 | 0 | 0.000000 | 4095.000000 |
| SD4 | 0 | 隧道炉北… | 1 | 3 | 545.099976 | 543.300 | | 0.000000 | 100.000000 | 543.299988 | 0 | 0.000000 | 4095.000000 |
| SD5 | 0 | 隧道炉北… | 1 | 2 | 1057.599976 | 1057.00 | | 0.000000 | 100.000000 | 1057.000000 | 0 | 0.000000 | 4095.000000 |
| SD6 | 0 | 隧道炉北… | 1 | 2 | 1050.699951 | 1050.50 | | 0.000000 | 100.000000 | 1050.500000 | 0 | 0.000000 | 4095.000000 |
| SD7 | 0 | 隧道炉北… | 1 | 2 | 309.100006 | 313.00 | | 0.000000 | 100.000000 | 313.000000 | 0 | 0.000000 | 4095.000000 |
| SD8 | 0 | 隧道炉南… | 1 | 1 | 807.700012 | 806.0 | | 0.000000 | 100.000000 | 806.000000 | 0 | 0.000000 | 4095.000000 |
| SD9 | 0 | 隧道炉南… | 1 | 2 | 403.299988 | 403.10 | | 0.000000 | 100.000000 | 403.100006 | 0 | 0.000000 | 4095.000000 |
| SD10 | 0 | 隧道炉南… | 1 | 2 | 247.600006 | 247.70 | | 0.000000 | 100.000000 | 247.699997 | 0 | 0.000000 | 4095.000000 |
| SD11 | 0 | 隧道炉南… | 1 | 1 | 494.000000 | 494.3 | | 0.000000 | 100.000000 | 494.299988 | 0 | 0.000000 | 4095.000000 |
| SD12 | 0 | 隧道炉南… | 1 | 1 | 474.200012 | 474.4 | | 0.000000 | 100.000000 | 474.399994 | 0 | 0.000000 | 4095.000000 |
| SD13 | 0 | 隧道炉南… | 1 | 1 | 1043.400024 | 1044.1 | | 0.000000 | 100.000000 | 1044.099976 | 0 | 0.000000 | 4095.000000 |
| SD14 | 0 | 隧道炉南… | 1 | 1 | 1044.800049 | 1045.3 | | 0.000000 | 100.000000 | 1045.300049 | 0 | 0.000000 | 4095.000000 |
| TL1 | 0 | 两台脱蜡… | 1 | 1 | 319.299988 | 319.5 | | 0.000000 | 100.000000 | 319.500000 | 0 | 0.000000 | 4095.000000 |
| TL2 | 0 | 两台脱蜡… | 1 | 1 | 320.600006 | 320.4 | | 0.000000 | 100.000000 | 320.399994 | 0 | 0.000000 | 4095.000000 |
| TL3 | 0 | 两台脱蜡… | 1 | 1 | 323.899994 | 323.8 | | 0.000000 | 100.000000 | 323.799988 | 0 | 0.000000 | 4095.000000 |
| TL4 | 0 | 两台脱蜡… | 1 | 1 | 314.500000 | 312.7 | | 0.000000 | 100.000000 | 312.700012 | 0 | 0.000000 | 4095.000000 |
| TL5 | 0 | 两台脱蜡… | 1 | 1 | 313.799988 | 313.7 | | 0.000000 | 100.000000 | 313.700012 | 0 | 0.000000 | 4095.000000 |
| T16 | 0 | 两台脱蜡… | 1 | 1 | 313.799988 | 313.7 | | 0.000000 | 100.000000 | 313.700012 | 0 | 0.000000 | 4095.000000 |

图 7-23 ForceControl 的实时数据库显示采集的实时数据

实时显示采集的北边隧道炉的 30min 数据，图 7-28 所示为隧道炉南子模块实时显示采集的南边隧道炉的 30min 数据，图 7-29 所示为脱蜡炉子模块实时显示采集的两台脱蜡炉的 30min 数据。

为方便企业查询生产的历史数据，在历史数据中级模块中开发子模块显示采集的设备所有数据。图 7-30 所示为历史数据中级模块下的子模块，在各个子模块中对数据进行标记，超出范围的数据标记颜色，以方

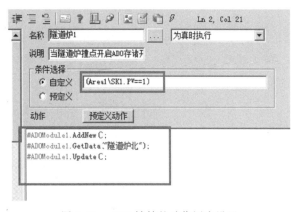

图 7-24 ADO 转储的动作语言设置

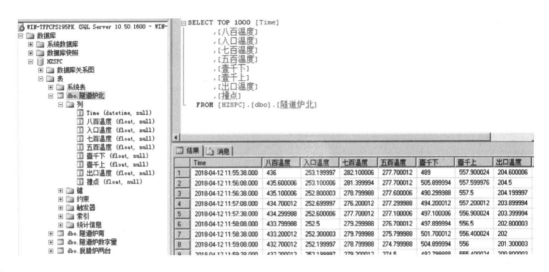

图 7-25　SQL Server 2008 中的实时存储数据

注：图中八百温度、七百温度、五百温度、壹千下、壹千上都是软件设置的字段的列，
应分别为 800℃、700℃、500℃、1000℃以下、1000℃以上，以后同。

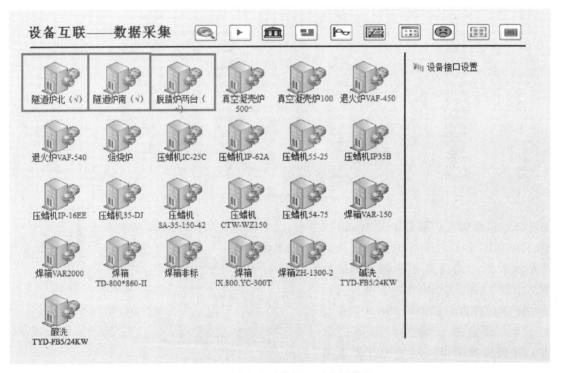

图 7-26　设备实时数据显示分析模块

便查看。图 7-31 所示为隧道炉北子模块显示的北边隧道炉历史数据，图 7-32 所示为隧道炉南子模块显示的南边隧道炉历史数据，图 7-33 所示为脱蜡炉子模块显示的两台脱蜡炉历史数据。

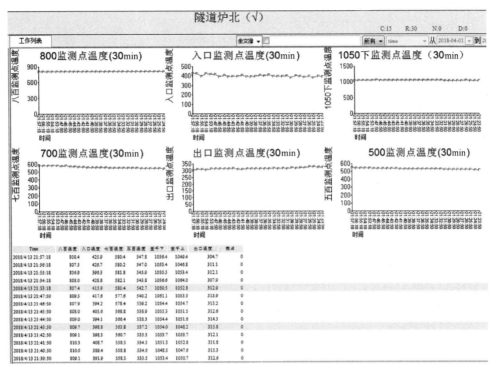

图 7-27 采集的北边隧道炉的 30min 数据

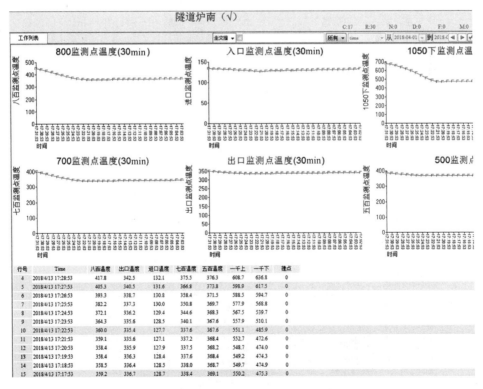

图 7-28 采集的南边隧道炉的 30min 数据

| 行号 | Time | 温度一 | 温度二 | 温度三 | 温度四 | 温度五 | 温度六 |
|---|---|---|---|---|---|---|---|
| 1 | 2018/4/13 17:31:31 | 116.3 | 121.0 | 129.3 | 81.2 | 88.6 | 84.0 |
| 2 | 2018/4/13 17:30:31 | 108.1 | 112.2 | 118.5 | 77.4 | 81.1 | 77.0 |
| 3 | 2018/4/13 17:29:31 | 99.9 | 103.3 | 107.9 | 70.9 | 73.9 | 70.9 |
| 4 | 2018/4/13 17:28:31 | 91.8 | 94.6 | 97.7 | 65.7 | 67.6 | 64.7 |
| 5 | 2018/4/13 17:27:31 | 84.0 | 86.2 | 88.1 | 61.1 | 61.5 | 59.5 |
| 6 | 2018/4/13 17:26:31 | 77.1 | 78.8 | 79.7 | 57.5 | 56.6 | 54.2 |
| 7 | 2018/4/13 17:25:31 | 70.9 | 71.9 | 72.8 | 54.6 | 51.4 | 50.3 |
| 8 | 2018/4/13 17:24:31 | 66.3 | 66.7 | 67.3 | 53.1 | 48.1 | 46.8 |
| 9 | 2018/4/13 17:23:31 | 62.9 | 63.0 | 63.4 | 50.9 | 45.5 | 44.7 |
| 10 | 2018/4/13 17:22:31 | 61.3 | 61.4 | 61.4 | 49.5 | 44.1 | 43.9 |
| 11 | 2018/4/13 17:21:31 | 61.2 | 61.2 | 60.7 | 50.9 | 43.4 | 43.4 |
| 12 | 2018/4/13 17:20:31 | 61.2 | 61.3 | 60.8 | 49.9 | 43.5 | 43.5 |
| 13 | 2018/4/13 17:19:31 | 61.1 | 61.2 | 60.8 | 49.8 | 43.4 | 43.5 |
| 14 | 2018/4/13 17:18:31 | 61.3 | 61.3 | 60.7 | 49.8 | 43.5 | 43.5 |

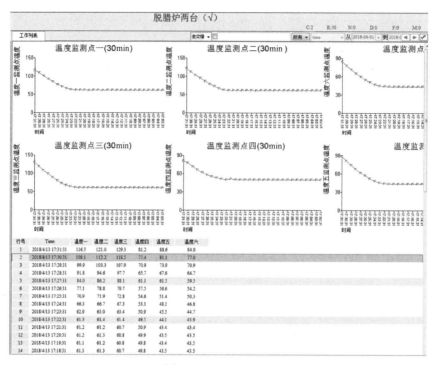

图 7-29　采集的两台脱蜡炉的 30min 数据

图 7-30　历史数据中级模块下的子模块

| Time | 八百温度 | 入口温度 | 七百温度 | 五百温度 | 壹千下 | 壹千上 | 出口温度 | 撞点 |
|---|---|---|---|---|---|---|---|---|
| 2018/4/13 09:44:50 | 651.7 | 353.3 | 439.3 | 407.0 | 684.2 | 756.9 | 471.7 | 1 |
| 2018/4/13 09:44:20 | 651.7 | 353.3 | 439.3 | 407.0 | 684.2 | 756.9 | 471.7 | 0 |
| 2018/4/13 09:43:50 | 651.6 | 354.1 | 439.4 | 407.9 | 680.5 | 757.4 | 471.5 | 0 |
| 2018/4/13 09:43:20 | 651.4 | 356.3 | 441.5 | 410.5 | 685.2 | 758.0 | 470.3 | 0 |
| 2018/4/13 09:42:50 | 650.4 | 358.7 | 444.3 | 413.5 | 682.5 | 758.6 | 468.7 | 0 |
| 2018/4/13 09:42:20 | 649.2 | 361.2 | 448.3 | 417.7 | 682.2 | 758.9 | 466.3 | 0 |
| 2018/4/13 09:41:50 | 647.3 | 363.7 | 450.8 | 421.7 | 687.2 | 759.1 | 462.8 | 0 |
| 2018/4/13 09:41:20 | 645.3 | 365.8 | 454.1 | 426.7 | 682.9 | 758.9 | 458.5 | 0 |
| 2018/4/13 09:40:50 | 643.0 | 369.0 | 457.8 | 433.2 | 682.9 | 758.3 | 452.9 | 0 |
| 2018/4/13 09:40:20 | 640.9 | 371.5 | 462.2 | 443.8 | 682.9 | 757.9 | 447.4 | 0 |
| 2018/4/13 09:39:50 | 640.2 | 373.9 | 468.1 | 457.9 | 682.9 | 757.3 | 443.6 | 0 |
| 2018/4/13 09:39:20 | 640.6 | 375.1 | 471.2 | 462.5 | 682.9 | 761.1 | 441.9 | 0 |
| 2018/4/13 09:14:40 | 683.9 | 455.9 | 648.0 | 594.6 | 952.0 | 1010.1 | 310.0 | 0 |
| 2018/4/13 09:14:10 | 684.6 | 455.0 | 647.5 | 597.9 | 987.1 | 1026.5 | 294.2 | 0 |
| 2018/4/13 09:13:40 | 687.0 | 454.1 | 647.7 | 593.7 | 1019.2 | 1041.1 | 283.8 | 0 |
| 2018/4/13 09:13:10 | 686.3 | 449.1 | 645.2 | 587.6 | 1063.7 | 1052.3 | 281.9 | 0 |
| 2018/4/13 09:12:40 | 688.1 | 455.8 | 646.4 | 587.9 | 1070.3 | 1052.3 | 282.8 | 0 |

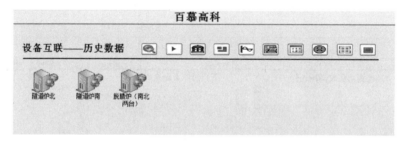

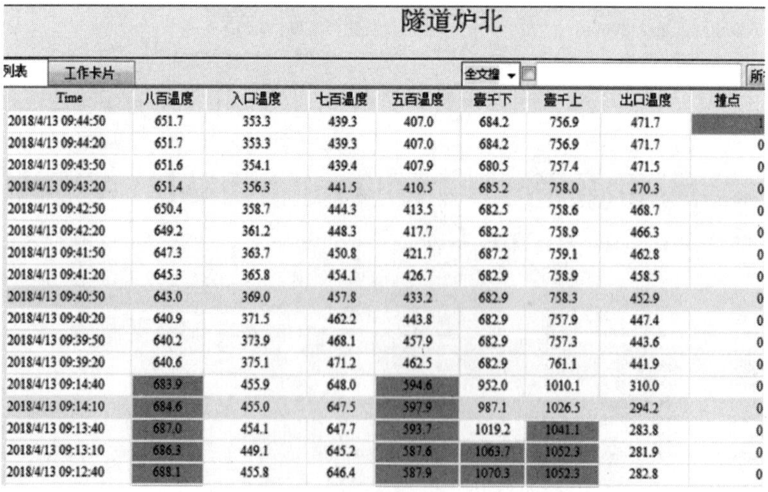

图 7-31　北边隧道炉历史数据

## 隧道炉南

| Time | 八百温度 | 出口温度 | 进口温度 | 七百温度 | 五百温度 | 一千上 | 一千下 | 撞点 |
|---|---|---|---|---|---|---|---|---|
| 2018/4/14 09:44:20 | 757.7 | 531.3 | 274.5 | 690.4 | 615.9 | 1051.7 | 1054.0 | 0 |
| 2018/4/14 09:43:20 | 758.7 | 531.2 | 276.5 | 690.0 | 615.5 | 1052.4 | 1054.4 | 0 |
| 2018/4/14 09:42:20 | 760.3 | 531.0 | 278.5 | 689.5 | 615.2 | 1052.0 | 1053.7 | 0 |
| 2018/4/14 09:41:20 | 761.7 | 531.0 | 281.1 | 688.7 | 614.8 | 1052.1 | 1053.7 | 0 |
| 2018/4/14 09:40:20 | 763.7 | 531.0 | 283.2 | 688.2 | 614.5 | 1052.5 | 1053.9 | 0 |
| 2018/4/14 09:39:20 | 766.0 | 530.8 | 285.4 | 687.6 | 614.3 | 1051.8 | 1053.5 | 0 |
| 2018/4/14 09:38:20 | 768.3 | 530.4 | 288.3 | 687.1 | 614.1 | 1051.5 | 1053.2 | 0 |
| 2018/4/14 09:37:20 | 769.6 | 530.4 | 290.1 | 686.6 | 614.0 | 1051.9 | 1053.0 | 0 |
| 2018/4/14 09:36:20 | 770.7 | 530.3 | 291.5 | 686.1 | 613.8 | 1051.4 | 1052.9 | 0 |
| 2018/4/14 09:35:20 | 772.3 | 530.3 | 293.3 | 685.6 | 613.6 | 1052.0 | 1053.0 | 0 |
| 2018/4/14 09:34:20 | 773.8 | 530.3 | 294.0 | 685.1 | 613.3 | 1051.9 | 1053.0 | 0 |
| 2018/4/14 09:33:20 | 775.4 | 530.1 | 295.3 | 684.3 | 613.1 | 1051.8 | 1052.8 | 0 |

图 7-32　南边隧道炉历史数据

| Time | 温度一 | 温度二 | 温度三 | 温度四 | 温度五 | 温度六 |
|---|---|---|---|---|---|---|
| 2018/4/14 00:33:22 | 219.4 | 225.5 | 241.2 | 164.3 | 162.4 | 147.3 |
| 2018/4/14 00:32:22 | 223.7 | 230.0 | 247.9 | 166.3 | 170.8 | 152.4 |
| 2018/4/14 00:31:22 | 229.7 | 235.7 | 253.7 | 169.2 | 178.3 | 156.5 |
| 2018/4/14 00:30:22 | 236.5 | 243.0 | 260.3 | 172.6 | 183.0 | 159.7 |
| 2018/4/14 00:29:22 | 244.6 | 251.3 | 267.5 | 176.5 | 187.3 | 162.7 |
| 2018/4/14 00:28:22 | 253.0 | 258.4 | 274.9 | 180.3 | 192.0 | 166.2 |
| 2018/4/14 00:27:22 | 261.9 | 267.1 | 282.5 | 184.3 | 196.7 | 169.7 |
| 2018/4/14 00:26:22 | 271.8 | 276.7 | 290.6 | 188.6 | 201.4 | 173.4 |
| 2018/4/14 00:25:22 | 282.6 | 286.7 | 298.5 | 193.0 | 206.3 | 177.3 |
| 2018/4/14 00:24:22 | 293.8 | 297.0 | 306.9 | 197.5 | 211.3 | 181.4 |

图 7-33　两台脱蜡炉历史数据

## 7.4.2　应用效果分析

基于 PLC 与组态的设备数据柔性采集方法在 B 公司获得成功的应用，实现了不同自动化状况的铸造设备数据实时自动采集与存储，其应用效果及优势见表 7-6。根据上一节的应用结果分析可知，该方法的应用效果及优势具体有以下几点：

表 7-6　应用效果及优势

| 类型 | 采集效率 | 数据真实 | 数据量 | 应用范围 | 旧设备改造 | 存储机制 |
|---|---|---|---|---|---|---|
| 基于 PLC 与组态的柔性采集 | 秒级 | 真实 | 全部采集 | 广泛 | 不需要 | 高效 |
| 人工采集 | 小时 | 可能失真 | 可能丢失 | — | — | — |
| 特定设备采集 | — | — | — | 狭窄 | 需要 | — |
| 周期存储机制 | — | — | — | — | — | 低效 |

1)实时、高效地获取真实的设备数据。该设备数据采集方法直接采集设备的电压与电流信号,数据流转没有经过人工过程,获取的设备数据真实有效,避免了人工手录或拷贝可能造成的数据失真;采集服务器24h不停运行,实时采集与存储数据,不会造成数据缺失;获取设备数据的时间可以达到毫秒级,实时了解设备运行状况,不再需要耗费人工去现场花时间去记录数据。

2)高效的转储策略。通过ForceControl中的动作脚本语言,控制采集的数据转储机制,实现对不同设备、不同设备状态下的不同数据存储密度。例如:在设备运行时可高密度采集数据,在设备停止运行时可低密度存储数据,实现需要的数据及时存储。相对于定时的周期性存储机制,减少了垃圾数据存储量,有效地减轻了数据库的负载。

3)采集方法适用广泛。PLC站点可以集成附近所有的设备数据。由于数据来源于设备本身的电压与电流信号,不需要考虑设备的控制器,所以对于不同的设备状况都可以采集数据,采集方法相对于定制的采集系统应用范围更加广泛。同时,对于自动化状况较差的设备,减少了设备改造时间和改造成本。

## 7.5 基于数据库的设备数据柔性采集应用

### 7.5.1 某一自动生产线砂铸企业设备数据采集

X公司位于无锡市惠山经济开发区,主要生产的发动机缸体、缸盖、曲轴、飞轮等为一汽集团中重型货车使用。该公司主要设备采用国际知名公司产品,代表国际先进水平。包括德国的全套HWS全自动静压造型线、KUTTNER全自动旧砂冷却器、Eirich混砂机及型砂质量在线监测控制装置、Wheelabrator气道喷丸机、HWS全自动浇注机、ABP中频感应电炉、ABB组芯机器人,英国的Clansman机械手以及国内知名品牌的南京年达退火炉、直读光谱仪等设备。信息技术的高速发展,使设备生产商都有自己的先进控制系统。该公司采用的先进设备产生的生产信息大多数储存在控制系统的数据库中,故利用数据库集成技术,设计了SQL Server数据库集成方案,实现了分布式查询设备数据库数据。笔者对该公司的设备进行现场实地调查,调查了光谱仪、退火炉、浇注机、测温仪、立体库、混砂机等现场设备的数据存储状况,获取了相关设备的信息。数据存储在关系型数据库居多,其中混砂机的控制系统使用的文件型数据库,制芯机为PLC控制,其他为关系型数据库,见表7-7。设备控制系统所在的计算机都处于孤岛状态,网络未通,但是有网络布置,对于设备联网比较方便。

表7-7 X公司设备现场调查结果

| 设备名称 | 数据库类型 | 设备名称 | 数据库类型 |
| --- | --- | --- | --- |
| 退火炉 | SQL Server | 测温仪 | Access |
| 立体库 | SQL Server | 光谱仪 | SQL Server |
| 浇注机 | InterBase | 碳硫仪 | Access |

对于关系型数据库的铸造设备,使用数据库集成技术来实现设备信息的集成,会大大节约集成方案的工作量和成本,不需要添加额外的硬件成本,只对本身的设备进行联网,对现

有的数据库系统进行分布式设计。X 公司的华铸 ERP 系统已经完成实施，系统服务器满载运行，多个设备的数据库数据都实时同步到服务器中，增加了服务器的载荷，日积月累数据量会非常大。

根据 X 公司的实际情况，多设备数据库柔性集成方案不是很适合同步远程数据库到本地服务器当中。若实施多设备数据柔性集成方案，会加重服务器的载荷，影响服务器运行。SQL Server 视图是一种虚拟表，其内容由 SELECT 查询语句定义，同真实的表一样，视图的作用类似于筛选，定义视图的筛选可以来自当前或其他数据库的一个或多个表，或其他视图。分布式查询也可用于定义使用多个异类数据源的视图，数据不存储在本地表，不占据服务器内存。

因此，通过创建 SQL Server 链接服务器连接远程数据库，使用链接服务器查询远程数据库数据定义视图实现分布式查询。设计多设备数据库集成方案，在华铸 ERP 系统中创建设备互联接口设置模块，即接口定义器，定义链接服务器连接需要的参数，并添加刷新设置，如图 7-34 所示。接口执行器用于创建链接服务器的数据库存储过程，执行数据库连接。在 ERP 系统设备互联接口设置模块中刷新设置与存储过程相连，单击"刷新链接"就会执行一次存储过程，实现链接服务器的重新创建，如图 7-35 所示。创建的链接服务器连接远程设备数据库。

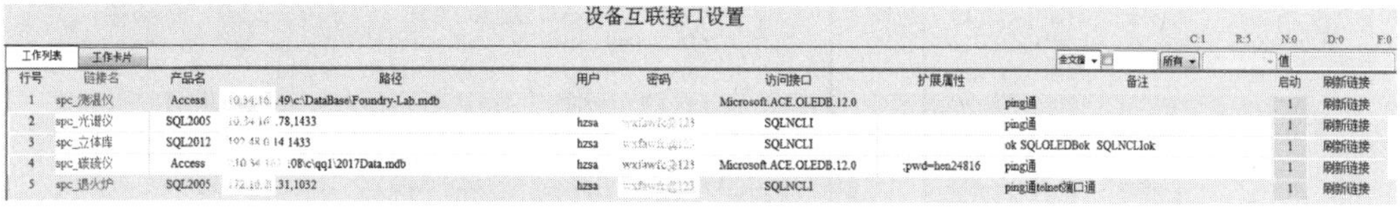

图 7-34　设置接口定义器参数

SQL Server 与远程数据库成功连接后，需要使用链接服务器查询数据创建视图，获取需要的数据。远程数据库存储的数据与企业想要的实际数据不一定能够直观获取到，需要对数据查询进行处理，生产信息往往在多个表中存储，各个表之间有其独有的关联关系。因此，创建视图时使用 T-SQL 语句获取到企业需要的完整数据，剔除多余的数据列，以及为了在上位机上显示设备的数据，方便企业人员理解与查看，设备数据库表中的字段名称、字段类型等需要转化，可以通过 T-SQL 语句中的 where 语句、JOIN 相关语句、CAST 等函数进行处理。

SQL Server 视图创建完成，实现远程数据查询后，为了方便企业人员能在 ERP 系统查看并与铸件关联，在华铸 ERP 系统中开发了相关模块显示数据。图 7-36 所示 X 公司设备互联相关模块，单击该模块进去，可以查看设备数据。为避免对设备数据改动，保证数据的真实性，在创建模块时只有查看权限，不予修改、删除权限。其中，立体库原始记录（实时）数据如图 7-37 所示，造型下芯（实时）数据如

图 7-35　创建 SQL Server
链接服务器

图 7-38 所示，图 7-39 所示为光谱仪原始记录（实时）数据，图 7-40 所示为测温仪（实时）数据。

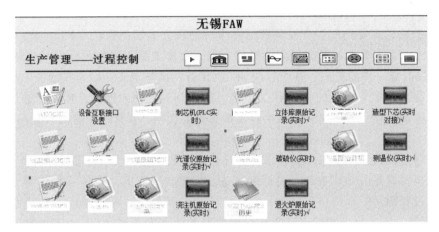

图 7-36　X 公司设备互联相关模块

图 7-37　立体库原始记录（实时）数据

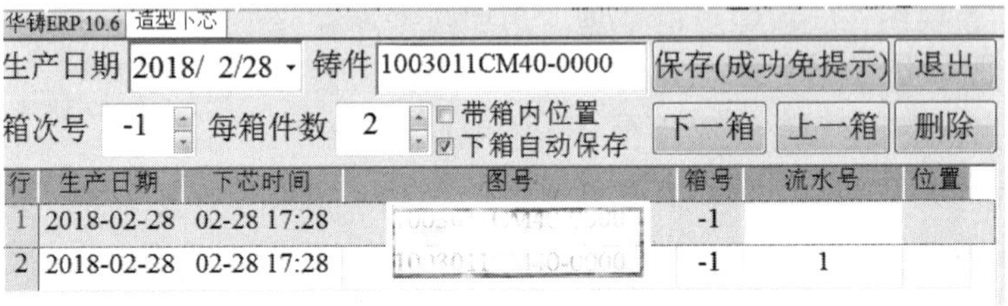

图 7-38　造型下芯（实时）数据

图 7-39　ERP 光谱仪原始记录（实时）数据

| 日期 | 时间 | 生产日期 | 件号 | 类别 | 炉号 | 炉次 | 温度 | 次数 | 班次 | 包次 |
|---|---|---|---|---|---|---|---|---|---|---|
| 2015/12/1 | 0:19:58 | 2015/11/30 | 1003011-81D-P | 浇注包 | 3 | 1 | 1457 | | 夜 | 1 |
| 2015/12/1 | 0:25:49 | 2015/11/30 | 1003011-81D-P | 浇注包 | 3 | 1 | 1459 | | 夜 | 2 |
| 2015/12/1 | 0:29:31 | 2015/11/30 | 1003011-81D-P | 浇注包 | 3 | 1 | 1432 | | 夜 | 3 |
| 2015/12/1 | 0:33:49 | 2015/11/30 | 1003011-81D-P | 浇注包 | 3 | 1 | 1428 | | 夜 | 4 |
| 2015/12/1 | 0:38:17 | 2015/11/30 | 1003011-81D-P | 浇注包 | 3 | 1 | 0 | | 夜 | 5 |
| 2015/12/1 | 0:38:42 | 2015/11/30 | 1003011-81D-P | 浇注包 | 3 | 1 | 1430 | | 夜 | 5 |
| 2015/12/1 | 0:42:50 | 2015/11/30 | 1003011-81D-P | 浇注包 | 3 | 1 | 1434 | | 夜 | 6 |
| 2015/12/1 | 0:46:50 | 2015/11/30 | 1003011-81D-P | 浇注包 | 3 | 1 | 1436 | | 夜 | 7 |
| 2015/12/1 | 0:47:06 | 2015/11/30 | 1003011-81D-P | 浇注包 | 3 | 1 | 1433 | | 夜 | 7 |
| 2015/12/1 | 0:50:57 | 2015/11/30 | 1003011-81D-P | 浇注包 | 3 | 1 | 1431 | | 夜 | 8 |
| 2015/12/1 | 0:55:03 | 2015/11/30 | 1003011-81D-P | 浇注包 | 3 | 1 | 1427 | | 夜 | 9 |
| 2015/12/1 | 0:58:56 | 2015/11/30 | 1003011-81D-P | 浇注包 | 3 | 1 | 1410 | | 夜 | 10 |
| 2015/12/1 | 0:59:11 | 2015/11/30 | 1003011-81D-P | 浇注包 | 3 | 1 | 1432 | | 夜 | 10 |

图 7-40　测温仪（实时）数据

## 7.5.2　应用效果分析

基于数据库的设备数据柔性采集方法在 X 公司的应用，实现了企业关键设备数据的有效采集与显示，其应用效果及优势见表 7-8。根据上一节的应用结果表明，该采集方法的应用效果及优势具体有以下几点：

表 7-8　应用效果及优势

| 类型 | 采集效率 | 数据真实 | 数据量 | 实施成本 | 实施时间 | 集成实施与管理 |
|---|---|---|---|---|---|---|
| 基于数据库的柔性采集 | 秒级 | 真实 | 全部采集 | 零成本 | 几天 | 工作量小 |
| 人工采集 | 小时 | 可能失真 | 可能丢失 | — | — | — |
| 其他集成方法 | — | — | — | 成本较高 | 周期长 | — |
| 直接利用系统集成 | — | — | — | — | — | 工作量大 |

1）实时、高效地获取真实数据。该采集方法通过网络获取设备的数据库数据，可以实时查询远程设备数据库，减少了人工的记录、传输数据过程和所用的时间，效率更高；因为数据传输没有经过人工操作过程，数据来源更加可靠。

2）零成本采集设备数据。该采集方法利用的是企业已有的数据库 SQL Server 自带的链接服务器功能，不需要额外的软件或硬件，只需要设备连通企业的局域网，采集设备数据需要的成本几乎为零。

3）采集方法实施更加方便。通过数字化参数配置来实现对远程数据库的连接、访问、集成数据。相对于直接利用 SQL Server 的链接服务器与 Agent Job 实现数据集成来说，不需要每次手动创建集成过程，减少了数据库集成实施过程和管理的工作量。

# 第 8 章
# 铸造企业协同化管理方法

针对铸造企业铸件质量信息与工艺、生产信息之间的脱节现状，通过多次参与铸造企业项目实施，深入了解企业实际情况，将协同管理理念引入华铸 ERP 系统，并在华铸 ERP 系统的基础上通过详细的需求分析和模型构建，设计研发了一系列铸件质量、工艺、生产协同管理的模块，并将这些模块应用于企业，取得了良好的效果。

本章主要内容如下：

针对铸造企业铸件质量信息无法及时反馈至工艺与生产的突出问题，将协同管理理念引入铸造企业信息管理系统，通过智能任务驱动技术和智能决策分析技术构建了铸件质量、工艺、生产的相互耦合推动且相互限制的三角协同模型，及时将信息反馈，形成质量、工艺、生产之间紧密的闭环反馈。

对铸造企业铸件质量、工艺、生产三角协同管理的业务流程、数据流程、数据字典从生产质量协同管理、质量工艺协同管理以及生产工艺协同管理这个三方面进行详细分析和设计，并从协同管控的角度分析了三者之间的反馈机制。

在模型建立和需求分析的基础上对相应模块进行了详细的设计，主要包括模块数据表、数据逻辑的设计、关键技术的应用以及系统功能模块的实现。

将铸造企业铸件质量、工艺、生产三角协同管理系统在企业实施与应用，从协同管理的角度对铸件质量、生产、工艺三者进行协同管理，实现了三者信息之间的闭环反馈，从而有效指导车间生产，提升工艺水平，增强铸件质量稳定性。

## 8.1 铸造数字化管理系统协同化管理需求

对于铸造企业来说，质量就是生存之本。质量定义为：一组固有特性满足要求的程度。简而言之，质量就是指产品的适用性。铸件的质量不仅仅是生产与工艺过程中诸多因素相互耦合的最终体现，更是企业自身信誉的保证。因此对铸件质量的管理必然是信息化管理系统的研究重点。然而，目前铸造企业 ERP 信息管理系统大多侧重于订单下达、采购仓储、生产计划、工艺设计以及发货，很好地体现了 ERP 事先计划按时发货的思想，但是由于铸造生产过程长、生产工序多，往往生产一个复杂铸件，需要涉及 30 多个工位、120 多个动作，任何一个单元发生质量问题都会波及铸件质量，因而将铸件质量数据及时反馈到生产和工艺显得尤为重要。但是如今对铸造企业铸件质量信息及时反馈至工艺与生产的研究尚少。随着市场需求日益多样化，各个厂家都需要通过提高铸件的质量，优化生产流程，提升工艺水平来赢得客户。因此在这样的背景下，对铸件质量、工艺、生产的协同管控逐步成为铸件管理的关键。随时掌握铸件的数量、进度、工艺、质量状态等信息，实际上就是对生产和工艺的控制和协调。由于生产过程中的铸件在各个工序中流动和运转，所以要求铸件管理信息系统能够动态地管控铸件，使得铸件在各个工序的质量信息能及时反馈到生产，以便更好地下达生产计划。另外，在铸造生产过程中，铸件往往也需要经过多个工序的质量检验，而某些需要进行质量检验的工序也是由工艺来制定的，所以同样要求铸件管理信息系统能够控制质检的信息并及时和工艺关联起来，从而优化工艺提升铸件的质量。如今，铸造企业一般都采取了面向订单和面向库存相结合的生产方式，因此加强对工艺的优化更加有助于生产计划的安排，并可得到详细的排产进度，以保证供货商能够按时交货，从而大大提升企业的信誉度。

随着市场竞争的加剧以及客户需求日趋多样化，铸造企业必须不断提高自身的铸件质量管理水平来提高市场影响力。铸件产品数据不仅包括自身工艺的基础性数据，还包括大量在生产工序中产生的生产数据以及质量检测工序中产生的质量数据。随着铸造生产过程的不断进行，这些数据也会逐渐积累。图8-1所示为铸件质量与工艺、生产之间的反馈机制。随着铸造企业的铸件产品种类日益增多，铸造企业铸件质量与工艺、生产脱节现象越发普遍，继而要求加强铸件质量与工艺、生产之间的联系。如今对铸件协同管理的研究尚少，许多企业忽视相关铸件协同管理理论和管理方法，通常都是以增加人力、物力、财力的方法对铸件加以管理。这样不仅增加了管理成本，而且导致了工作强度大，准确性差，管理不规范，铸件生产、质量、工艺的数据难以维护。铸件协同管理系统可以很好地解决上面的困难，通过智能化技术帮助企业实现规范管理。然而，现有的铸造企业信息管理系统并不能有效管控铸件各个生产、质检工序的状态和质量，不能及时地将质量数据与工艺、生产协同起来。

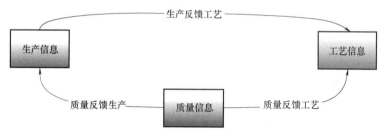

图8-1 铸件质量与工艺、生产之间的反馈机制

铸造企业生产工序多，流程长，生产工艺版本多，甚至某一铸件可能会存在重复工序，如打磨、抛丸，这一生产模式也更容易导致铸造企业中数据之间无法及时反馈，从而造成"信息孤岛"的现象。究其原因主要在于两方面：一方面是各个模块缺乏关联机制造成"信息孤岛"，例如质量、工艺、生产各个相应模块之间的节点数据没有高度共享，也缺乏相应的约束机制来关联三者；另一方面也是其根本原因在于企业没有把"信息共享，协同管理"作为一种管理机制、一种企业文化来进行固化。因此，铸造企业须广泛推广"信息共享，协同管理"的理念，让员工都能了解到信息高度共享的益处。这样就会更加容易建立起有效的约束机制来关联质量控制、生产管理和工艺设计，加强三者之间的耦合推动，从而帮助相关部门及时有效地分析工序瓶颈，指导车间生产，预防铸件重复性报废，进而提升企业的竞争力。

## 8.2 铸件生产质量双链协同管控模型

随着对铸件"零缺陷""低返修率"的不断追求，铸造企业积极利用各种高科技手段以保障和提升产品的质量和合格率。企业一方面在设计环节利用各种结构和工艺仿真优化系统，另一方面在生产环节引入各种先进检测仪器和设备。然而多数企业仍然难以解决"质量难控制""质量不稳定""缺陷发现晚""遗漏质检环节"等相关质量问题。究其根本原因在于企业的质量链和生产链脱节，有些质量检验（质检）环节严重滞后于生产，生产和质检之间没有形成有效的相互约束机制。为此提出了生产管理和质量控制的双链协同模型，即生产质量双链协同模型。该双链协同模型连接生产链和质量链，其中"协同"意味着相互约束、反馈和促进。该模型以单件化管理模型、流程化管理思想、任务驱动技术为基础，以基于约束理论的决策分析技术为核心，做到生产环节和质检环节的交互和协同。

### 8.2.1 生产与质检脱节问题分析

生产与质检之间的脱节现象在企业中无处不在，因为生产过程与质检过程之间没有传统管理模式的有效约束机制。生产与质检之间的脱节现象如图 8-2 所示。

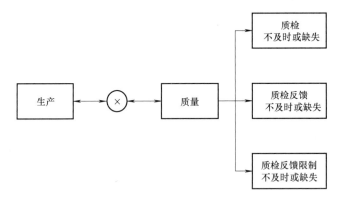

图 8-2 生产与质检之间的脱节现象

质量管理一直是一个热门的研究课题，如全面质量管理、5S 管理、6σ 管理、供应链质量管理、赢得质量管理等。大多数研究都集中在如何提高产品质量和关注大质量管理理念和方法上。然而，很少有研究关注生产和质量之间的分离问题，这在许多行业中广泛存在，很少有人研究协同制造链和质量链。

R. R. Inman 等人简要回顾了关于质量和生产系统设计交叉的有限文献，并指出传统观点认为产品的质量受其设计影响远大于其生产。但他们认为用于制造产品的生产系统确实会影响其质量，并且在质量和生产系统设计的交叉点上观察到缺乏研究。C. Ament 和 G. Goch 提出了基于模型的单一过程和生产链质量控制的概念，它将生产链与质量链联系起来，但没有说明质量节点和生产节点如何相互制约和合作。C. J. Robinson 和 M. K. Malhotra 定义了供应链质量管理的概念，并认为质量管理应贯穿整个供应链。

协作、整合和面向整体流程是质量管理研究的趋势。传统的质量管理注重产品检验技术指标的整合，各部门与质量控制之间的联系较低，不利于产品质量的控制和管理。段贵江提出了一种合作的全球质量链管理模型，但没有注重质量和生产的分离问题，也没有把重点放在质量控制对生产管理的约束上。杨景平研究了炼钢行业综合生产质量管理方法，并基于约束理论提出了批量生产计划和质量的优化模型。

事实上,在整个行业(如铸造行业)管理水平较低的情况下,生产和质检的这种脱节现象更为严重,但很少受到关注,这一被忽视的问题往往会引发重大的质检问题。铸造企业生产与质检脱节现象的原因有以下几种:

1)生产是企业的主要任务,他们总是忙于生产管理,因此质量控制通常被有意或无意地忽略,并且得到的关注较少。

2)生产过程被视为增值过程,而质量控制被视为无价值增加的过程。

3)低价格的市场竞争和低成本的追求迫使企业无法重视产品质量。

4)许多公司都有一系列质量管理标准认证证书,如 ISO9000、TQM(全面质量管理),但这些认证并未得到很好的实施。很难通过人为的方式全面而严格地实施这些质量控制和管理解决方案,这必须通过严格的系统机制来实施。这是主要原因。

## 8.2.2 双链协同管控模型建立

为了解决生产链和质量链分离问题,提出并建立了一个名为双链协同(DCC)的模型,如图 8-3 所示。双链协同模型是生产链和质量链之间的"相互约束和耦合推进"模型。合作包括两个方面:生产管理对质量控制的推动力,以及质量控制对生产管理的约束力。生产管理节点和质量控制节点之间的推动力和约束力使得两个链条具有相互约束和耦合推进作用。

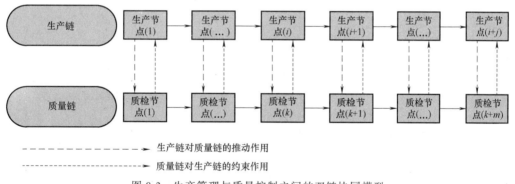

图 8-3 生产管理与质量控制之间的双链协同模型

图 8-4 所示显示了双链协同模型的相互约束和耦合推进机制。当一些生产节点($i$)完成时,将生成一些质检节点($k$),质量结果将反馈并形成对生产链的约束。质量的反馈结果可分为三类:合格、修复和返工,不同的结果将对生产链产生相应的限制。返工后果将使生产链废弃相关产品,并在第一个生产节点中补充相应数量的产品,以便及时筛选问题产品,避免不必要的后续生产。修复结果将使生产链再次进行生产节点($i$),这可以调整一些小问题以防止发生大问题。合格的结果可以反馈到下一个生产节点($i+1$)或下 $j$ 个生产节点($i+j$),因为一些质量检验过程可以及时完成,而这些质量检验过程若重复进行又会花费很长时间。上面讨论的第二种情况允许质量约束相对滞后于 1~2 个或几个生产过程,但绝对不会滞后太多步骤,否则质量链对生产链的限制作用将非常弱。只有当相关质量检验的所有结果都合格时,生产链才能进入下一步。在此双链协同模型的基础上,生产链和质量链可以及时通知,及时反馈,及时约束,相互制约,耦合推进和协作,消除原有的分歧和非合作以及生产的脱节现象和质量问题。依靠这种相互

制约和耦合推进机制，铸造企业可以及时纠正小问题，及时处理产品质量的大问题，从而降低废品率和成本，保证质量稳定。

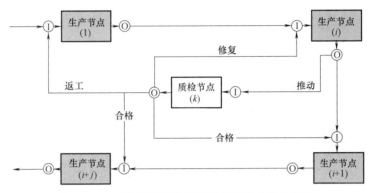

图 8-4 双链协同模型的相互约束和耦合推进机制

### 8.2.3 模型实现的关键技术

生产链和质量链之间的双链协同模型由智能任务驱动技术和智能决策分析技术两大关键技术组成，如图 8-5 所示。智能任务驱动技术吸收了业务流程管理的思想（BPM），智能决策分析技术吸收了约束理论（TOC）的思想。

**1. 智能任务驱动技术**

智能任务驱动技术吸收了业务流程管理的思想，其原理如图 8-6 所示。每个操作流程可分为两个方面：任务区和工作区。当前进程的任务区域来自最后一个进程，当前进程完成时，数据流入下一进程的任务区域。例如：流程设计的任务区域来自订单，当输入包括三个新产品的订单时，工艺设计任务将增加三个；当工艺设计完成时，任务区域将减少一个。

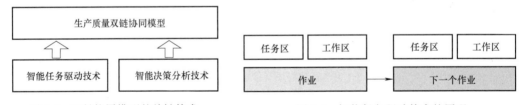

图 8-5 双链协同模型的关键技术　　图 8-6 智能任务驱动技术的原理

**2. 智能决策分析技术**

智能决策分析技术吸收了约束理论的思想，其原理如图 8-7 所示。

在提交表格或决定之前，有三种约束检查措施：第一种检查方法是对表单自定义约束，其中包含对表单自定义非空约束和对表单自定义完整性约束。第二个是决策的自定义约束，它是根据企业的需求定制的，是多个表单之间的一种约束。例如，制作生产计划可能会受到模具数量和质量以及其他限制因素的影响。第三个是数据库的完整性约束，它指的是数据库中设计的静态约束，包括主键约束、唯一值约束、非空约束、检查约束、外键约束和触发约束等。只有通过对这三种约束的检查，才能成功提交决定，否则将仅限于提交。智能决策分析技术是根据整个系统约束收集来分析的，以确保当前决策的完整性、可行性和合理性。

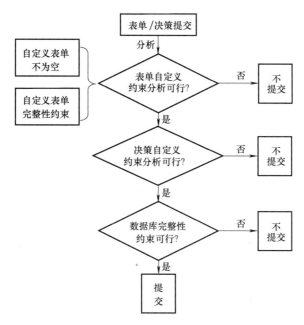

图 8-7 智能决策分析技术的原理

## 8.3 铸造企业双链协同管控模型的应用

通过笔者研究小组开发的名为华铸 ERP 的铸造 ERP 系统的实施，双链协同模型已应用于许多铸造企业，帮助这些企业加强了质量控制。本节以三种不同类型的铸造企业为例来介绍其应用情况，三种不同类型铸造企业的基本情况见表 8-1。

表 8-1 三种不同类型铸造企业的基本情况

| 铸造公司 | 基本情况 |
| --- | --- |
| HF 公司 | 砂型铸造，中小型；年产量 2 万 t，低端铸造；主要是单件，小批量和按订单生产 |
| HX 公司 | 砂型铸造，中小型；年产量 5000t，高端铸造；主要是单件，小批量和按订单生产 |
| W 公司 | 熔模铸造和砂铸，中大尺寸；年产量 3.6 万 t，高端铸造；主要是小批量和按订单生产 |

### 8.3.1 双链协同管控模型在不同类型铸造企业的应用

图 8-8 所示为双链协同模型在 HX 公司中的应用。从模样验收到交付有 9 个生产节点和 11 个质量控制节点，具有非常严格的生产质量控制系统。大多数质量控制节点应该有资格控制和约束生产跳转到下一个节点。例如，力学性能检测允许滞后一点，因为它需要一定的时间，但其结果必须在抛丸之前得出。

图 8-9 所示为智能任务驱动技术的应用。基于智能任务驱动技术，华铸 ERP 系统实时计算并显示每个节点的任务数量（包括生产、质量、过程等）。因此，系统将在一些生产任务完成后及时通知质检人员进行相应的检查工作，并在完成一些质量检查任务时及时带动工人做相应的生产工作。

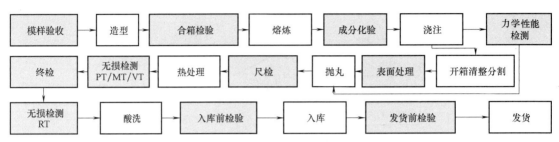

图 8-8　双链协同模型在 HX 公司中的应用

图 8-9　智能任务驱动技术的应用

图 8-10 所示为智能决策分析技术的应用。当计划员提交生产计划时，系统将检测相关约束。它表明计划已经通过了表上的自定义非空约束和自定义完整性约束，并通过了模样可用性测试（自定义约束决策），但没有通过铸造砂箱可用性测试（决策的另一个约束）。它显示 1.2m×1.2m×0.22m 的砂箱是不够的。根据这种智能决策分析技术，质量控制节点及时反馈并限制生产节点。

图 8-10　智能决策分析技术的应用

### 8.3.2　应用效果分析

表 8-2 所示为 HF 公司生产质量脱节造成的年度主要质量问题，2010 年、2011 年和 2012 年的年产量基本相同。2010 年最大的质量问题是成分不合格，这是因为在浇注之前钢的成分没有得到很好的控制。然后将双链协同模型与浇注生产节点、成分检测质量节点联系起来，只有在成分检测结果合格时才能进行浇注节点的限制。因此 2011 年完全避免了该质量问题，但是出现了尺寸错误的问题。2011 年，双链协同模型加强了模样装配验收，2012 年错误尺寸问题从 226t 大幅减少到 74t。

表 8-2　HF 公司生产质量脱节造成的年度主要质量问题

| 2010 年 | | 2011 年 | | 2012 年 | |
| --- | --- | --- | --- | --- | --- |
| 缺陷 | 重量/t | 缺陷 | 重量/t | 缺陷 | 重量/t |
| 化学成分不合格 | 238 | 尺寸错误 | 226 | 尺寸错误 | 74 |

(续)

| 2010 年 | | 2011 年 | | 2012 年 | |
|---|---|---|---|---|---|
| 缺陷 | 重量/t | 缺陷 | 重量/t | 缺陷 | 重量/t |
| 漏箱 | 39 | 漏箱 | 61 | 无加工余量 | 37 |
| 尺寸错误 | 27 | 型芯浮起 | 47 | 打磨不合格 | 35 |
| 型号错误 | 26 | 打磨不合格 | 38 | 漏箱 | 32 |

表 8-3 所示为 HX 公司生产质量脱节导致的月度主要质量问题，2013 年 10 月的化学成分不合格问题与 2013 年 5 月相比有所改善。

表 8-3 HX 公司生产质量脱节导致的月度主要质量问题

| 2013 年 5 月 | | 2013 年 10 月 | |
|---|---|---|---|
| 缺陷 | 重量/kg | 缺陷 | 重量/kg |
| 化学成分不合格 | 4161 | 毛坯尺寸问题 | 6893 |
| 型芯落偏导致壁厚单边 | 946 | 型芯落偏导致壁厚单边 | 2776 |
| 标识错误或不清晰 | 451 | 化学成分不合格 | 1992 |
| 浇注漏包 | 86 | 标识错误或不清晰 | 1972 |
| 冒口放置偏移位置 | 39 | 钢液浇不足 | 1666 |
| 合箱错型 | 20 | 漏箱 | 1080 |

表 8-4 所示为 W 公司生产质量脱节导致的月度主要质量问题，壳损、钢液泄漏、错位等等问题得到了一定程度的改善。

表 8-4 W 公司生产质量脱节导致的月度主要质量问题

| 2013 年 10 月 | | 2013 年 11 月 | |
|---|---|---|---|
| 缺陷 | 重量/kg | 缺陷 | 重量/kg |
| 壳损 | 4247 | 壳损 | 1618 |
| 钢液泄漏 | 1531 | 钢液泄漏 | 684 |
| 分层 | 451 | 鼓胀 | 288 |
| 变形 | 449 | 缺字 | 186 |
| 鼓胀 | 383 | 分层 | 172 |
| 错位 | 330 | 变形 | 145 |
| 缺字 | 224 | 断筋 | 36 |
| 面层壳损 | 192 | 字版砂 | 36 |
| 漏芯 | 140 | 歪筋 | 20 |
| 背层壳损 | 59 | 字版不清 | 15 |
| 字版砂 | 20 | 错位 | 15 |

如上所述，双链协同模型可以帮助铸造企业加强生产管理链和质量控制链的联系，对解决生产管理与质量控制脱节带来的相关质量问题具有良好的效果。

## 8.4　铸件质量与工艺、生产三角协同管控模型

### 8.4.1　质量-工艺-生产脱节问题分析

需求分析的目的在于将企业实际情况与信息管理解决方案相结合，弄清系统需要实现的功能和达到的效果。准确的需求分析结果建立在明确企业所面临的主要问题基础之上。当前，铸造企业铸件质量管理存在的主要问题如下：

1）铸件管理混乱、不规范。生产一个铸件的周期较长，往往都要经历订单签订—技术部门工艺设计—生产部门计划排产—车间制造生产—库房入库—销售发货整个流程，其中涉及的部门、人员多，部门与车间、部门与部门之间信息流转量大。而如今很多企业对铸件数据的管理完全由手工汇总并以文档的形式进行数据保存和汇总查询，这种作业方式强度大、效率低、数据不能实时共享。特别是铸件的生产过程复杂，生产工序繁多，从而积累了大量生产过程数据以及质量检测数据，使得企业对生产工序、模样与设备、质量检查的数据采集、查询以及汇总更加困难。随着客户对产品可追溯性的要求日益严格，也需从大量的生产数据中快速定位到这个铸件生产到哪一个工序，实时了解该生产工序的状态；同时企业还要求对存在质量问题的铸件进行可追溯性查询，以确定是哪个生产环节出现问题，从而确定相应的不合格原因以及负责人。

2）铸件质量与工艺、生产之间脱节。铸件生产过程长，生产工艺复杂，因而影响铸件质量最大的两个因素就是工艺与生产。然而铸件生产过程中，铸件质量与工艺、生产之间缺乏有效的约束机制使其相互联系，导致了质量信息、生产信息、工艺信息之间相互脱节，形成了"信息孤岛"的现象。三者之间的脱节也导致铸件质量管理困难、铸件质量不稳定、无法及时找出产生铸件缺陷的原因，甚至会因为错误的生产工序或者工艺问题不能及时反馈而导致铸件重复性报废。

因此，铸造企业对铸件质量管理的需求主要在于能够形成有效的约束机制来加强质量与工艺、生产之间的反馈和耦合推动，实现铸件生产过程和质检过程的实时可追溯性，形成对铸件质量与工艺、生产的协同管控，从而提高工艺水平，提升铸件质量。具体功能实现由以下几个方面组成：

1）生产与质量协同管理。对于存在的质量问题，及时将这些信息反馈到生产中，对生产过程进行限制，从而有效地指导生产；同时根据生产过程中每个工序节点上的数据进行分析，下达更精确的生产计划，从而使得生产的数据推动质量的提升。

2）质量与工艺协同管理。将质量的信息及时反馈到工艺上去，然后对长期有质量缺陷的铸件工艺进行评价，必要时对其做出相应的改进，并将这些工艺统计起来建立相应的工艺库。同时，也可以根据质量信息的反馈情况，通过CAD/CAE技术对铸件进行工艺优化和铸造缺陷分析，从而提升铸造质量。

3）生产与工艺协同管理。实现车间生产与工艺的紧密联系。合理的工艺可帮助相关人员更加精确地下达生产计划，提升铸件质量；同时每一个生产工序节点上的数据也应及时反馈到工艺中，使得相关人员能够及时对工艺做出调整和优化。

4）对铸件生产过程中的生产数据进行可追溯管理，追踪其生产过程。

5) 对铸件质检过程中的质检数据进行可追溯管理,监督其质量。

6) 对铸件质量所需报表的管理,包括某个铸件在某个工序上产生的缺陷统计、质检报告、质保书等。

## 8.4.2 三角协同管控模型建立

本节结合铸造企业铸件的特性与协同管理理念,构建出铸造企业铸件质量与工艺、生产三角协同管控模型,如图 8-11 所示。其中内环为主推动环,外环为主约束环。

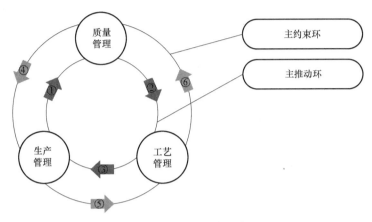

图 8-11 三角协同管控模型

图 8-11 中线 1 表示生产耦合推动质量检测,具体由三个方面呈现:①对反馈的质量信息进行生产评估分析,从而下达更精确的生产计划,提升铸件质量;②熔炼时推动成分的检测,从而及时进行炉料配比;③一般铸件经过熔炼、热处理工序后推动力学性能检测铸件的力学性能指标。

图 8-11 中线 2 表示质量信息反馈工艺,同时约束工艺条件,具体由三个方面呈现:①不合格品质量信息及时反馈至工艺单上,技术人员下次选择老工艺时能及时看到此工艺铸件生产的历史信息及生产各个环节的情况;②如果有些不合格品经过焊补、打磨等工序返修后可以消除缺陷继续使用,则对其返修设计返修路线,操作时会弹出返工/返修的作业界面,从而分析出造成铸件缺陷的原因;③不合格产品的情况要及时反馈给工艺部门,如无损检测报告分析出该铸件的缩孔、疏松现象,则需立刻查看该工艺冒口设计是否合理。

图 8-11 中线 3 表示优化工艺指导生产,具体由三个方面呈现:①铸造模拟技术可优化工艺,从而更加精确地指导生产;②冒口、砂箱、浇注温度等合理工艺参数会以造型打印的形式传递车间,精确指导了生产;③工艺卡中的注意事项详细指导了生产过程中应注意的地方。

图 8-11 中线 4 表示质量信息及时反馈至生产,同时限制生产,具体由三个方面呈现:①质量信息及时反馈至计划投产中,生产过程出现不合格品的详细原因和具体情况都会及时反馈到计划投产中;②熔炼过程中要及时进行成分化验,根据成分化验的结果随时进行炉料配比,使得每种元素含量都在规定范围内才能开始浇注;③每个生产检测工序都会限制生产的进行,如无损检测延迟了生产的进行,由于出无损检测报告时间较长,某些工序必须等到无损检测报告的结果出来,待相关人员分析后才允许铸件进入该工序生产,因而限制了铸件生产。

图 8-11 中线 5 表示生产信息及时反馈至工艺,限制工艺条件,具体由三个方面呈现:

①新品开发过程中进行工艺设计时,生产车间需对砂箱是否合理、工装模样是否适用、造型参数是否合理、熔炼参数是否在一定范围内等工艺信息进行评审,对不满足条件的应对工艺条件进行指导修改;②进行热处理前,需对热处理工艺进行评审;③每个生产验收工序都需对铸件进行验收点评,若是工艺问题需及时修改工艺。

图 8-11 中线 6 体现了工艺耦合推动质量检测,具体由三个方面呈现:①工艺条件限定造型前需要进行造型点检,检测型箱、芯子等情况,同时工艺条件限定造型后需要进行合箱检验,检测销子定位是否到位,划线定位是否准确,从而避免错箱;②工艺条件限定了无损检测过程中的质检方式;③集成 CAE 与 CAD 技术,可优化工艺从而提升铸件质量。

### 8.4.3 模型实现的关键技术

**1. 业务流程集成**

(1) 总体业务流程 铸造企业铸件质量与工艺、生产协同管理系统的总体业务流程图如图 8-12 所示。总体业务流程主要由生产、工艺以及质检相关的模块组成,三者之间通过反馈机制相互关联。

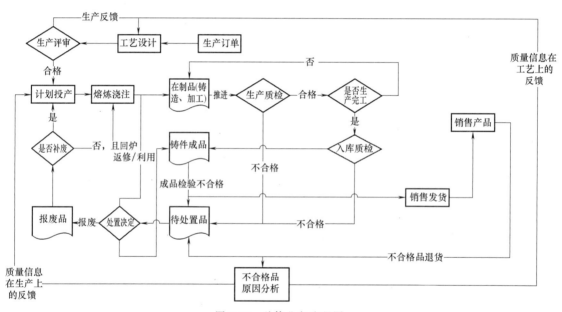

图 8-12 总体业务流程图

如今铸造企业一般都是面向订单生产和备件生产。业务部门与客户签订了生产订单后,生产部门会根据企业的实际情况来决定订单生产是否委外。如果委外则选择委外生产商,待其生产完工后送回销售发货;如果企业内部自己生产,则生产部门需把图样等信息分配给技术部门制作工艺,接下来生产部门根据工艺结果来制定投产计划。熔炼浇注前需要做好各种准备,如造型、制芯等,待熔炼浇注后形成在制品。技术人员会根据铸件种类等特点以及工艺要求制作相应的作业路线,对浇注后形成的在制品完成规定的作业工序,入库质检合格后入铸造成品库成为铸件成品,然后根据销售计划出库发货。铸造生产过程长,容易出现较多的缺陷,因而在生产过程中要建立相应的节点对铸件进行质量检测,如造型检测、成分化验、尺寸检测、无损检测、初检、终检等。质量检测不仅与生产上各个工序紧紧挂钩,同时也和工艺息息相关,如造型检测、点检都是根据工艺的需要来决定是否进行这些检测。有些铸件经过生产后往往还需要进行机加工,对于有机械加工车间的铸造企业,其需要加工的成品经过转发加工计划重新成为加工在制品,然后根据制定的加工路线来完成相应的加工工序,最后入库成为加工成品。对于铸造企业自身没有机械加工车间但是其铸件又需要进行加工时,就需要委外加工,然后待其送回销售发货。对于生产过程中产生的不合格铸件应及时进入不合格品处置流程,最后相关人员对不合格品进行会诊,并将不合品的质量信息及时反馈至工艺和生产部门。完成不合格品管控流程后,需对以往的不合格品信息进行统计分析,对于经常发生的缺陷,还需制定纠正预防措施,以防止重复性报废。

(2) 生产质量协同管理业务流程　生产与质量是铸造生产过程中密不可分的两个环节。经过熔炼浇注后形成的在制品会根据制定的作业路线来完成相应的工序,与之对应,每个生产工序上都会推动相应的质检工序,只有质检合格、入库检合格的产品才能入铸造成品库。对于生产质检以及入库质检不合格的铸件,则进入待处置库等待相关部门进行处理。某些铸造生产完后的毛坯件还需要进行加工,则通过转发加工计划转发到加工车间进行加工,加工完后也会进行相应的质检和入库检测。只有合格的加工件才能流入加工成品库,不合格的加工件同样也需将其标识为待处置品。事后,相关部门人员会对待处置库的不合格品进行分析,这些分析结果会及时反馈到计划投产当中。当下一次生产部门人员下达生产计划时,就可以看到已经生产过的铸件会有详细的生产过程记录、质量信息、缺陷情况等。通过这些质量信息的反馈,生产部门人员可以更好地对生产进行分析评估,很好地将生产、质量协同管控起来。生产质量协同管理的业务流程图如图8-13所示。

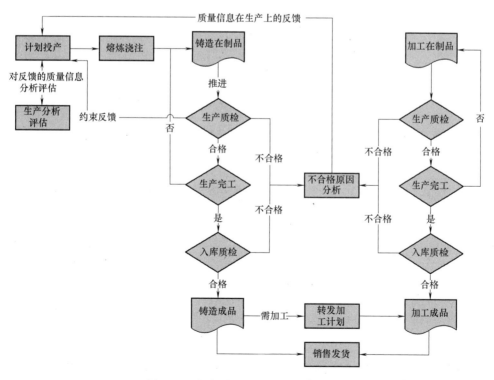

图 8-13　生产质量协同管理业务流程图

(3) 质量工艺协同管理业务流程　以往的铸造信息管理系统都是单一的对工艺和质量分别进行管理，从而造成了质量与工艺之间的脱节。为了解决这一现象必须构建有效的机制对质量与工艺协同管理。铸造生产检测过程和加工生产检测过程中出现的不合格品进入待处置库后，相关人员将对其不合格原因进行评估分析，这一些分析结果不仅将反馈至生产，同样反馈至工艺，具体体现在工艺单上。技术部门人员在使用老工艺时可以在工艺单上看到该铸件历史的质量信息、哪些工序上发生的缺陷情况等，然后对这些有缺陷的铸件进行工艺评价，必要时做出相应的工艺改进；对于常发生缺陷的工序增加工艺检测要求，如造型检测、点检，最后将这些优化后的工艺统计起来建立相应的工艺库，此时质量信息的反馈就会约束限制工艺的条件。同时，也可以根据质量信息的反馈情况通过工艺模拟CAD/CAE技术对铸件进行工艺优化和铸造缺陷分析，从而提升质量，使得质量、工艺紧密协同管控。质量工艺协同管理业务流程图如图8-14所示。

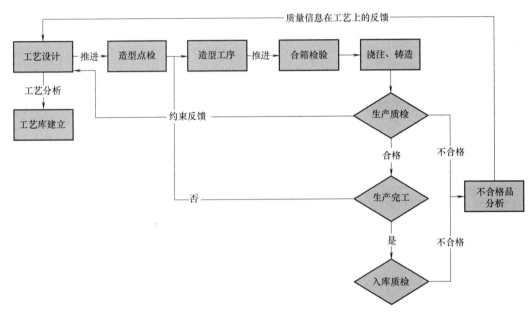

图 8-14　质量工艺协同管理业务流程图

(4) 生产工艺协同管理业务流程　生产工艺协同管理的业务流程图如图8-15所示。主要分为两个部分：第一部分是工艺优化指导生产；第二部分是生产信息及时反馈至工艺。对于新品铸件，往往要重新制定工艺，在制定好工艺后生产部门需对其进行评审检测。生产部门对新品工艺的评审主要体现在两个方面：①检测工艺的工装模样、造型工艺、合箱浇注等信息；②热处理工序前需对热处理工艺进行评审，找出潜在的问题。若工艺设计不合理，生产部门则马上提出反馈意见，约束工艺条件；若生产评审该工艺合格，则该工艺形成工艺单，指导接下来的生产。同时该系统可通过集成CAE与CAD技术优化工艺，从而对生产起到很好的指导作用。

2. 数据流程集成

数据流程分析就是把数据在系统中的流转情况抽象出来，从而对信息的详细情况进行分析。而数据流程图（DFD）则是描述系统逻辑模型和数据流程的工具，它将数据独立出来，

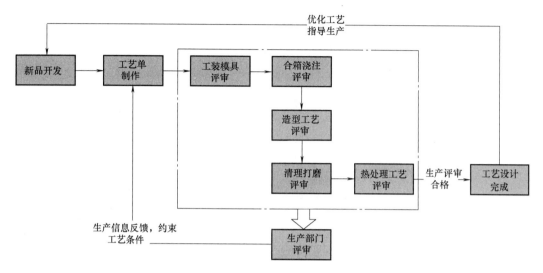

图 8-15 生产工艺协同管理业务流程图

通过图形化的方式来描述数据从输入到输出过程中的实际流程。设计数据流程图时不需去考虑组织机构、载体等物理部件的影响,单纯从数据流动过程来分析,从而解决数据流程不合理、前后数据紊乱等问题。数据流程图的基本成分包括数据流、数据加工、数据存储和外部实体四个部分。

（1）总体数据流程　图 8-16 所示为总体数据流程图（第一层）。总体数据流程图由一个系统数据库、三个外部实体（生产部门、技术部门与质检部门）、三个数据加工（生产质量协同管理、质量工艺协同管理以及生产工艺协同管理）构成。

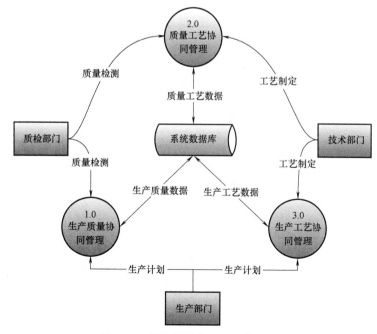

图 8-16　总体数据流程图（第一层）

(2) 生产质量协同管理数据流程　图 8-17 所示为生产质量协同管理数据流程图（第二层）。它包括了一个外部对象（生产车间）、七个处理过程（铸造在制品、生产质检验收、铸造成品、加工在制品、加工质检验收、加工成品、待处置品）、一个数据存储（质检批量），以及一个数据单据（生产跟踪流程卡）。

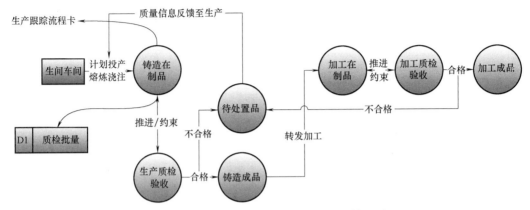

图 8-17　生产质量协同管理数据流程图（第二层）

(3) 质量工艺协同管理数据流程　图 8-18 所示为质量工艺协同管理数据流程图（第二层）。它包括七个数据处理过程（工艺设计、造型点检与合箱点检、铸造在制品、铸造成品、加工在制品、加工成品以及待处置品）、一个外部对象（技术部门）和两个数据存储（工艺单、单件作业路线）。

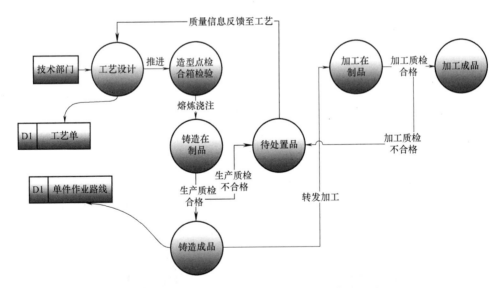

图 8-18　质量工艺协同管理数据流程图（第二层）

(4) 生产工艺协同管理数据流程　图 8-19 所示为生产工艺协同管理数据流程图（第二层）。它由新品开发、工艺设计、工艺评审、工艺完成四个数据处理过程，技术部门和生产部门两个外部对象，一个工艺单数据存储过程构成。

(5) 处置品管理数据流程　图 8-20 所示为待处置品管理数据流程图（第三层）。它包

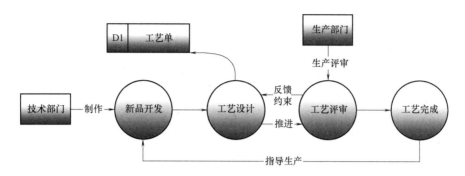

图 8-19　生产工艺协同管理数据流程图（第二层）

括生产车间、仓库、销售部门三个对象，待处置品、不合格原因、责任部门、不合格品处置、返修路线、让步生产、报废处置七个处理过程以及不合格品处置单、返修作业路线两个数据存储。

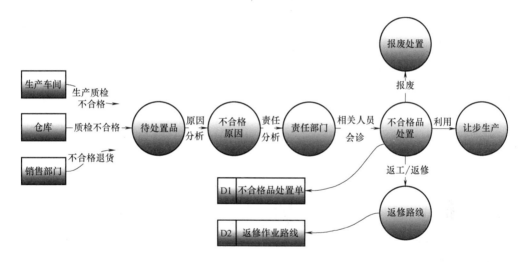

图 8-20　待处置品管理数据流程图（第三层）

## 8.5　铸造企业三角协同管控模型的应用

研究的铸造企业铸件质量与工艺、生产三角协同管理系统是基于华铸 ERP 实现的，并且应用于某一面向泵阀的单件小批民营中小型砂铸企业（HX 公司）和某一面向泵阀的精铸砂铸混合民营中型集团式企业（F 公司），取得了良好的效果。下面以两公司的案例进行应用分析。

HX 公司和 F 公司的 ERP 应用均采取间歇性分三阶段的实施方法。在现有环境下，两家企业质量信息与工艺、生产信息之间数据分离，三者之间的信息无法在系统上及时反馈，特别是 F 公司精密铸造铸件数量多，脱节现象更为普遍，甚至出现由于反馈机制的缺失导致产品重复性报废的现象，使得铸件的质量难以得到保证。针对这一现状，在华铸 ERP 系统的基础上开发了铸件质量与工艺、生产三角协同管理系统，以满足企业需求。

## 8.5.1 三角协同管控模型在不同类型铸造企业的应用

**1. 铸件生产质量协同管理在 HX 公司的应用**

图 8-21 所示为质量信息在生产上的反馈，图 8-22 所示为生产工序推进质量检测，二者充分体现了生产与质量之间的协同性。质量信息分析结果在生产上的反馈主要体现在计划投产中，计划投产显示了以往这个铸件的不合格件数，双击铸件编号弹出以前的纠正预防措施以及处置方法，这方面的信息反馈能帮助计划人员更加精确地下达生产计划；生产工序推进质量检测主要体现在熔炼过程中要及时进行成分化验，多次炉料配比的结果在合理范围内才能进行浇注。

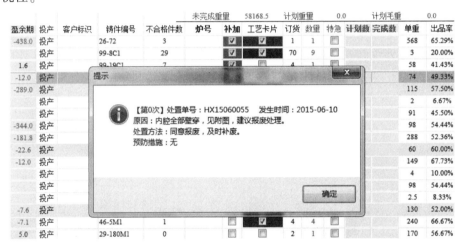

图 8-21 质量信息在生产上的反馈

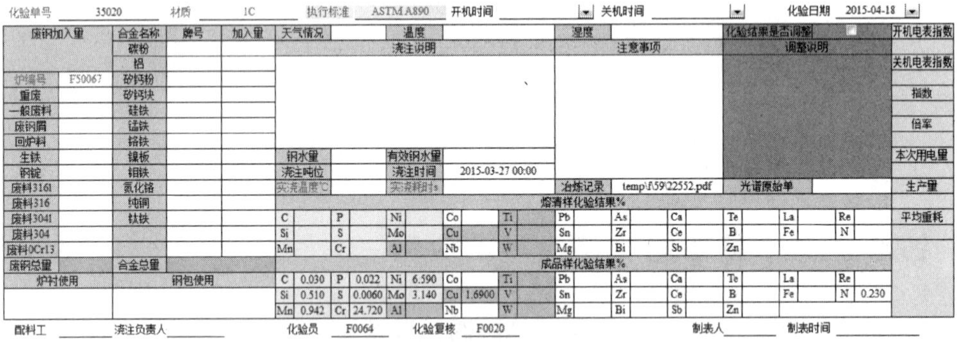

a) 配料浇注化验记录

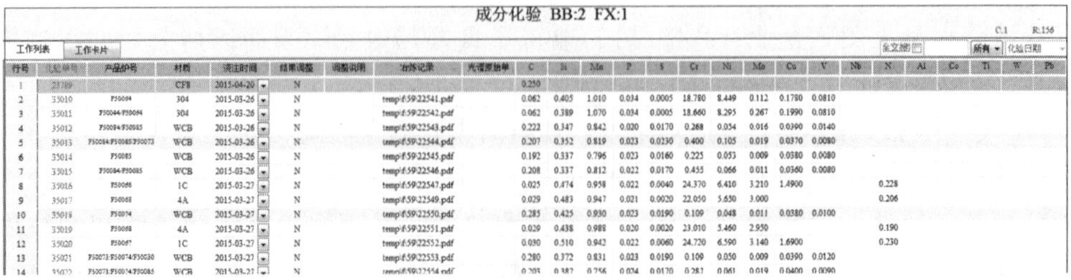

b) 成分化验

图 8-22 生产工序推进质量检测

### 2. 铸件质量工艺协同管理在 HX 公司的应用

质量信息在工艺上的反馈主要体现在工艺单上，如图 8-23 所示。工艺单的右侧通过计算自动识别了以往一段时间内在此工艺条件下铸件生产的情况，包括处置数、报废数、近期该铸件产生不合格品的次数、不合格原因描述等重要指标。正是依靠这些重要历史质量信息的反馈，技术人员在进行工艺重用时即可一目了然地知道工艺哪方面需要进行修改。图 8-24 所示为工艺促进质量检测，工艺要求该铸件需进行造型质量检测，并通过任务驱动技术将造型工序工作区完成的数据传递至造型质量点检模块的任务区。二者体现了铸件管理的协同性和智能性，有效地将质量与工艺紧密结合。

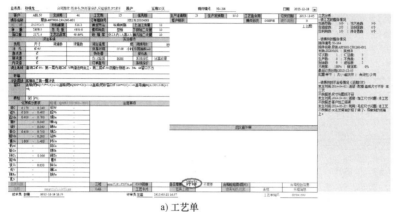

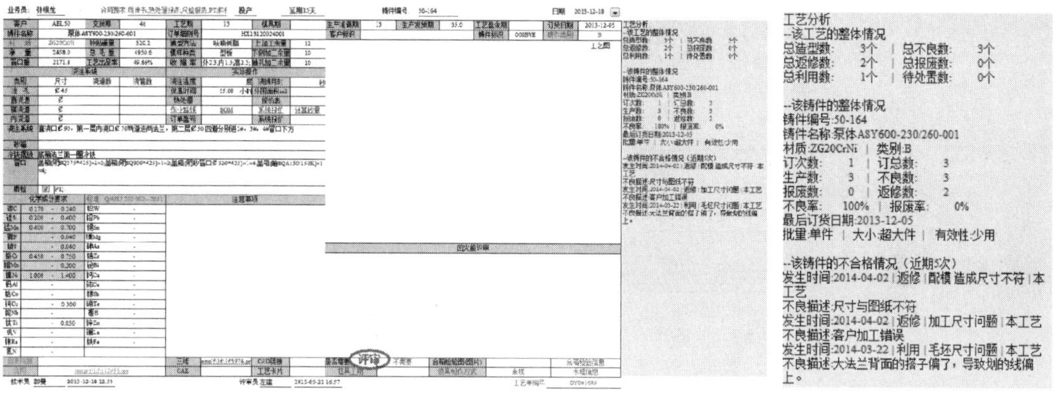

a) 工艺单　　b) 不合格品情况

图 8-23　质量信息在工艺上的反馈

造型质量点检

工作列表　任务列表

| 班组 | 行号 | 样品 | 补加 | 客户简称 | 名称 | 型号 | 模样号 | 规格 | 图号 | 材质 | 单重 | 客户标记号 | 计划 | 细则备注 | 工艺质量 | 砂型质量 | 材料质量 | 客户标记 | 模具质量 | 造型质检备注 |
|---|---|---|---|---|---|---|---|---|---|---|---|---|---|---|---|---|---|---|---|---|
| F造型1 | | | | | | | | | | | | | 112 | | | | | | | |
| | 1 | | | | 阀体 | | 250-2047 | 4"-900Lb | FT-044 | CF3M | 133.0 | F50116 | 1 | 交丰科利航 | | | | | | |
| | 2 | | | | 阀体 | CV3000 | 23-2017 | DN150*300 | A3010166-047 | CF8 | 140.0 | F50103 | 1 | | | | | | | |
| | 3 | | | | 阀体 | | 123-2114 | DN150 PN10.0 | FJ41Y-600#-6"木模" | WCB | 212.0 | F50098 | 2 | | | | | | | |
| | 4 | | | | 阀体 | CV3000 | 23-2064 | DN250*40 | F3012608-057 | WC6 | 344.0 | F50096 | 1 | | | | | | | |
| | 5 | | | | 壳体 | | | | | ZG304 | | F50103 | 2 | 可以不打磨 | | | | | | |
| | 6 | | | | 阀体 | HPS | 23-2223 | DN50*1500 | E3010042-01A | WCB | 62.0 | F50110 | 1 | | | | | | | |
| | 7 | | | | 阀体 | | 250-2046 | 6"-900 | FT-064 | CF3M | 232.0 | F50114 | 1 | 交丰科利航 | 合格 | | | | | |
| | 8 | | | | 阀体 | | 23-2008-01 | DN200*16 | HTSP1-200-01P-0001- | WCB | 170.0 | F50110 | 1 | | | | | | | |
| | 9 | | | | 阀体 | HPAC | 23-2213 | DN200ANSI90( | I3010038-057 | WC6 | 610.0 | F50112 | 1 | | | | | | | |
| | 10 | | | | 上阀盖 | HCP | 23-2171 | DN400*16 | HCPP1-400-005P/VP7- | WCB | 230.0 | F50110 | 1 | | | | | | | |
| | 11 | | | | 阀体 | CV3000 | 23-2016 | DN150*40 | A3010116-01A | WCB | 128.0 | F50122 | 3 | | 合格 | | | | | |
| | 12 | | | | 阀体 | CV3000 | 23-2014 | DN125*40 | A3010115-01A | WCB | 88.0 | F50110 | 1 | | | | | | | |
| | 13 | | | | 放空阀阀盖 | | 21-2032 | DN500-4.0II | FJ41Y-300class/20-19-1 | WCB | 311.0 | F50098 | 1 | | | | | | | |
| | 14 | | | | 阀体 | HPS/C | 23-2229 | DN80ANSI900 | E3010034-01A | WCB | 76.0 | F50110 | 1 | | | | | | | |
| | 15 | | | | 吊环螺母 | HPC | 23-3234 | DN400 | HPCA9-400-046P-01A | WCB | 4.6 | F50110 | 5 | | | | | | | |
| | 16 | | | | 阀体 | | 250-2047 | 4"-900Lb | FT-044 | CF3M | 133.0 | F50116 | 1 | 交丰科利航 | 合格 | | | | | |
| | 17 | | | | 阀体 | | 250-2008 | 10"-900Lb | FT-104 | CF3M | 521.0 | F50113 | 1 | 交丰科利航 | 合格 | | | | | |
| | 18 | | | | 吊环螺母 | HPC | 23-3234 | DN400 | HPCA9-400-046P-01A | WCB | 4.6 | F50110 | 10 | | | | | | | |
| | 19 | | | | 阀体 | VBJGF | 23-3212 | DN700*16 | VBJGF-001-0068（P） | WCB | 452.0 | F50015 | 1 | 急件 | | | | | | |
| | 20 | | | | 阀体 | HPS | 23-2225 | 2"-900Lb | E3010032-01A | WCB | 58.0 | F50110 | 4 | | | | | | | |

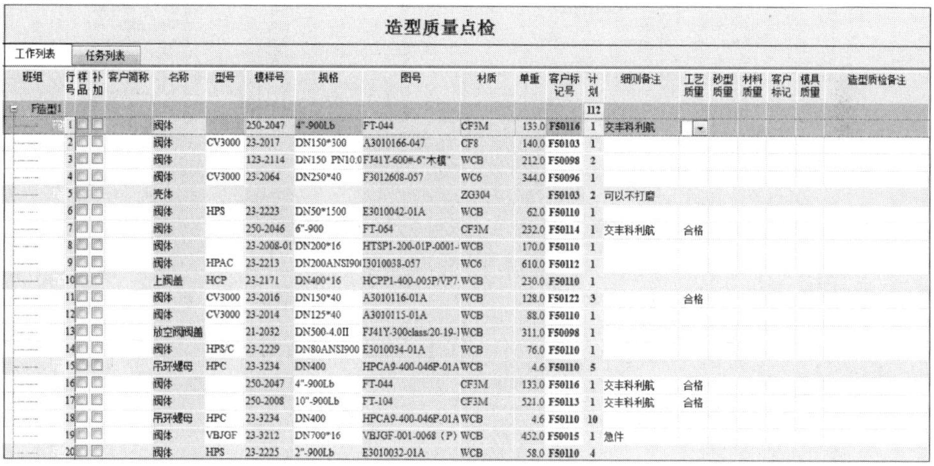

图 8-24　工艺促进质量检测

### 3. 铸件生产工艺协同管理在 HX 公司的应用

生产信息对工艺的反馈主要体现在制订工艺时，生产部门对工艺信息的评审和点评。图 8-25 和图 8-26 所示为生产部门对工艺信息的评审和工艺单点评。经过评审和点评，可对可能存在的工艺问题及时进行修改。

图 8-27 所示为造型型芯质量过程评价表，图 8-28 所示为造型熔炼开箱卡。右击主键编号即弹出两张一直伴随着工序运转的工艺卡，从而时时刻刻指导生产。

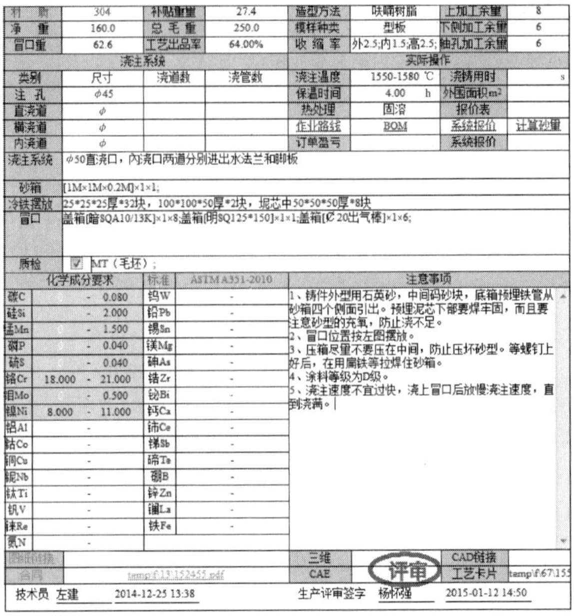

| | | | | | | | |
|---|---|---|---|---|---|---|---|
| 材质 | 304 | 补贴重量 | 27.4 | 造型方法 | 呋喃树脂 | 上加工余量 | 8 |
| 净重 | 160.0 | 总毛重 | 250.0 | 模样种类 | 型板 | 下侧加工余量 | 6 |
| 冒口重 | 62.6 | 工艺出品率 | 64.00% | 收缩率 | 外2.5;内1.5;高2.5; | 轴孔加工余量 | 6 |
| 浇注系统 | | | | 实际操作 | | | |
| 类别 | 尺寸 | 浇道数 | 浇管数 | 浇注温度 | 1550-1580 ℃ | 浇铸用时 | s |
| 注孔 | φ45 | | | 保温时间 | 4.00 h | 外围面积m² | |
| 直浇道 | φ | | | 热处理 | 固溶 | 报价表 | |
| 横浇道 | φ | | | 作业路线 | BOM | 系统报价 | 计算砂量 |
| 内浇道 | φ | | | 订单盈亏 | | 系统报价 | |
| 浇注系统 | φ50直浇口，内浇口两道分别进出水法兰和脚板 | | | | | | |
| 砂箱 | [1M×1M×0.2M]×1×1; | | | | | | |
| 冷铁摆放 | 25*25*25厚*32块，100*100*50厚*2块，坭芯中50*50*50厚*8块 | | | | | | |
| 冒口 | 盖箱[暗SQA10/13K]×1×8;盖箱[明SQ125*150]×1×1;盖箱[Ȼ20出气棒]×1×6; | | | | | | |
| 质检 | ☑ MT（毛坯）; | | | | | | |

| 化学成分要求 | | 标准 | ASTM A351-2010 | 注意事项 |
|---|---|---|---|---|
| 碳C | - 0.080 | 钨W | - | 1、铸件外型用石英砂，中间码砂块，底箱预埋铁管从砂箱四个侧面引出。预埋泥芯下部要焊牢固，而且要注意砂型的充氧，防止浇不足。 |
| 硅Si | - 2.000 | 铅Pb | - | 2、冒口位置按左图摆放。 |
| 锰Mn | - 1.500 | 锡Sn | - | 3、压箱尽量不要压在中间，防止压坏砂型。等螺钉上好后，在用扁铁等拉焊住砂箱。 |
| 磷P | - 0.040 | 镁Mg | - | 4、涂料等级为D级。 |
| 硫S | - 0.040 | 砷As | - | 5、浇注速度不宜过快，浇上冒口后放慢浇注速度，直到浇满。 |
| 铬Cr | 18.000 - 21.000 | 锆Zr | - | |
| 钼Mo | - 0.500 | 铋Bi | - | |
| 镍Ni | 8.000 - 11.000 | 钙Ca | - | |
| 铝Al | - | 铈Ce | - | |
| 钴Co | - | 锑Sb | - | |
| 铜Cu | - | 碲Te | - | |
| 铌Nb | - | 硼B | - | |
| 钛Ti | - | 锌Zn | - | |
| 钒V | - | 镧La | - | |
| 稀Re | - | 铁Fe | - | |
| 氮N | - | | | |

| | | | | | |
|---|---|---|---|---|---|
| 图纸链接 | | 三维 | 评审 | CAD链接 | |
| 合同 | temp\f\13\152455.pdf | CAE | | 工艺卡片 | temp\f\67\155 |
| 技术员 左建 | 2014-12-25 13:38 | 生产评审签字 | 杨怀强 | 2015-01-12 14:50 | |

图 8-25　对工艺信息的评审

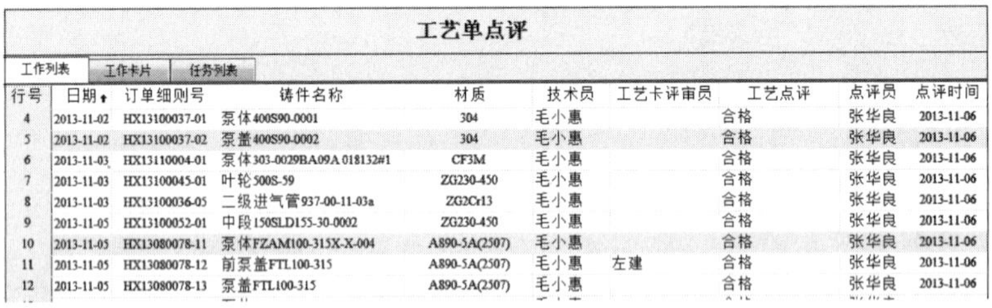

工艺单点评

工作列表　工作卡片　任务列表

| 行号 | 日期 | 订单细则号 | 铸件名称 | 材质 | 技术员 | 工艺卡评审员 | 工艺点评 | 点评员 | 点评时间 |
|---|---|---|---|---|---|---|---|---|---|
| 4 | 2013-11-02 | HX13100037-01 | 泵体400S90-0001 | 304 | 毛小惠 | | 合格 | 张华良 | 2013-11-06 |
| 5 | 2013-11-02 | HX13100037-02 | 泵盖400S90-0002 | 304 | 毛小惠 | | 合格 | 张华良 | 2013-11-06 |
| 6 | 2013-11-03 | HX13110004-01 | 泵体303-0029BA09A 018132#1 | CF3M | 毛小惠 | | 合格 | 张华良 | 2013-11-06 |
| 7 | 2013-11-03 | HX13100045-01 | 叶轮500S-59 | ZG230-450 | 毛小惠 | | 合格 | 张华良 | 2013-11-06 |
| 8 | 2013-11-03 | HX13100036-05 | 二级进气管937-00-11-03a | ZG2Cr13 | 毛小惠 | | 合格 | 张华良 | 2013-11-06 |
| 9 | 2013-11-05 | HX13100052-01 | 中段150SLD155-30-0002 | ZG230-450 | 毛小惠 | | 合格 | 张华良 | 2013-11-06 |
| 10 | 2013-11-05 | HX13080078-11 | 泵体FZAM100-315X-X-004 | A890-5A(2507) | 毛小惠 | | 合格 | 张华良 | 2013-11-06 |
| 11 | 2013-11-05 | HX13080078-12 | 前泵盖FTL100-315 | A890-5A(2507) | 毛小惠 | 左建 | 合格 | 张华良 | 2013-11-06 |
| 12 | 2013-11-05 | HX13080078-13 | 泵盖FTL100-315 | A890-5A(2507) | 毛小惠 | | 合格 | 张华良 | 2013-11-06 |

图 8-26　工艺单点评

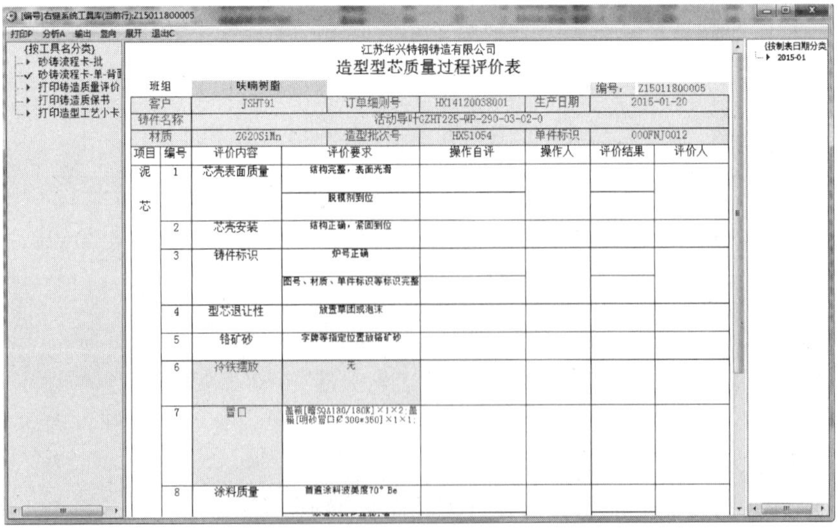


江苏华兴特钢铸造有限公司

造型型芯质量过程评价表

| 班组 | 呋喃树脂 | | | | 编号： | Z15011800005 | |
|---|---|---|---|---|---|---|---|
| 客户 | JSHT91 | 订单细则号 | HX14120038001 | 生产日期 | 2015-01-20 | | |
| 铸件名称 | 活动导叶CZHT225-WP-290-03-02-0 | | | | | | |
| 材质 | ZG20SiMn | 造型批次号 | HX51054 | 单件标识 | 000FNJ0012 | | |
| 项目 | 编号 | 评价内容 | 评价要求 | 操作自评 | 操作人 | 评价结果 | 评价人 |
| 泥芯 | 1 | 芯壳表面质量 | 结构完整，表面光滑 | | | | |
| | | | 脱模剂到位 | | | | |
| | 2 | 芯壳安装 | 结构正确，紧固到位 | | | | |
| | 3 | 铸件标识 | 炉号正确 | | | | |
| | | | 图号、材质、单件标识等标识完整 | | | | |
| | 4 | 型芯退让性 | 放置草团或泡沫 | | | | |
| | 5 | 铬矿砂 | 字牌等指定位置放铬矿砂 | | | | |
| | 6 | 冷铁摆放 | 无 | | | | |
| | 7 | 冒口 | 盖箱[暗SQA180/180K]×1×2;盖箱[明砂冒口Ȼ300*380]×1×1; | | | | |
| | 8 | 涂料质量 | 首遍涂料波美度70° Be | | | | |

图 8-27　造型型芯质量过程评价表

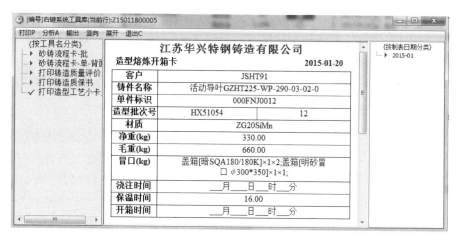

图 8-28 造型熔炼开箱卡

## 4. 铸件生产质量协同管理在 F 公司的应用

图 8-29 所示为无损检测界面，包括了超声检测 UT、渗透检测 PT、磁粉检测 MT 三种检

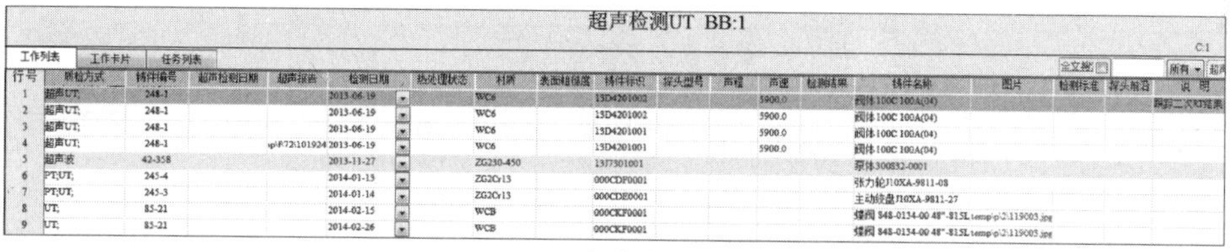

a) 超声检测 UT

b) 渗透检测 PT

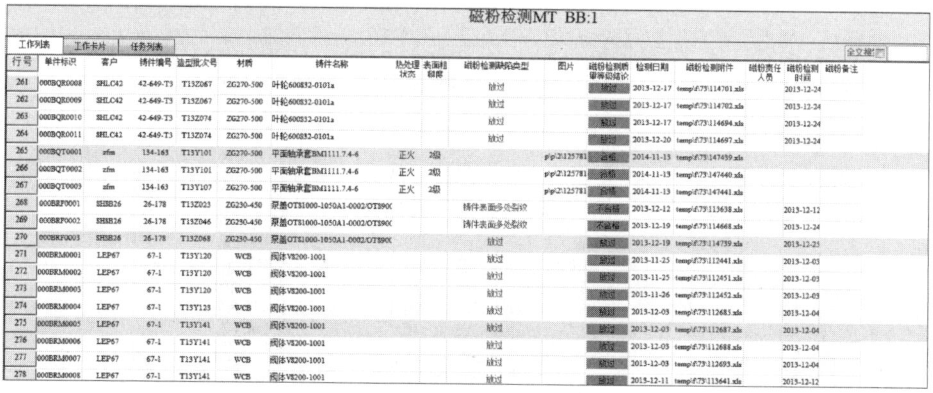

c) 磁粉检测 MT

图 8-29 无损检测界面

测形式。无损检测前一道工序工作区完成的数据通过任务驱动传递至无损检测模块的任务区，进行无损检测。由于无损检测时间长，在出无损检测报告之前会限制焊补工序的进行，从而无损检测工序限制约束了生产的推进。

图 8-30～图 8-32 所示分别为力学性能报告、热处理温度时刻登记以及每炉的热处理单

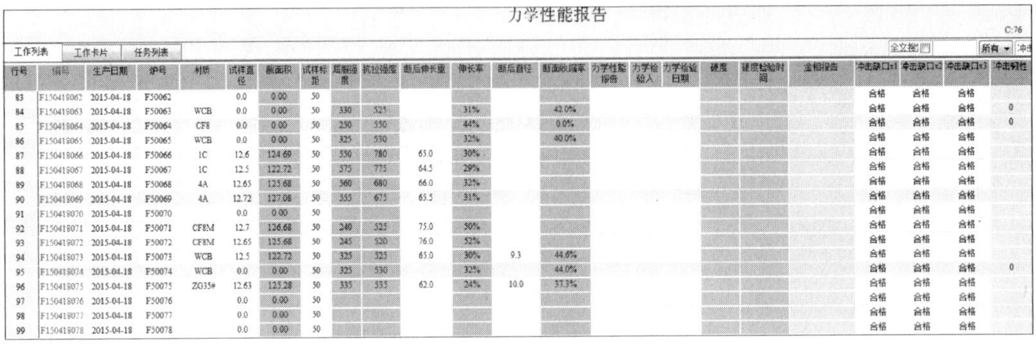


| 行号 | 编号 | 生产日期 | 炉号 | 材质 | 试样直径 | 截面积 | 试样标距 | 屈服强度 | 抗拉强度 | 断后伸长量 | 伸长率 | 断后直径 | 断面收缩率 | 力学性能报告 | 力学检验人 | 力学检验日期 | 硬度 | 硬度检验时间 | 金相报告 | 冲击缺口x1 | 冲击缺口x2 | 冲击缺口x3 | 冲击韧性 |
|---|---|---|---|---|---|---|---|---|---|---|---|---|---|---|---|---|---|---|---|---|---|---|---|
| 83 | F150418062 | 2015-04-18 | F50062 | | 0.0 | 0.00 | 50 | | | | | | | | | | | | | 合格 | 合格 | 合格 | |
| 84 | F150418063 | 2015-04-18 | F50063 | WCB | 0.0 | 0.00 | 50 | 330 | 525 | | 31% | | 42.0% | | | | | | | 合格 | 合格 | 合格 | 0 |
| 85 | F150418064 | 2015-04-18 | F50064 | CF8 | 0.0 | 0.00 | 50 | 250 | 550 | | 44% | | 0.0% | | | | | | | 合格 | 合格 | 合格 | 0 |
| 86 | F150418065 | 2015-04-18 | F50065 | WCB | 0.0 | 0.00 | 50 | 325 | 530 | | 32% | | 40.0% | | | | | | | 合格 | 合格 | 合格 | |
| 87 | F150418066 | 2015-04-18 | F50066 | 1C | 12.6 | 124.69 | 50 | 550 | 780 | 65.0 | 30% | | | | | | | | | 合格 | 合格 | 合格 | |
| 88 | F150418067 | 2015-04-18 | F50067 | 1C | 12.5 | 122.72 | 50 | 575 | 775 | 64.5 | 29% | | | | | | | | | 合格 | 合格 | 合格 | |
| 89 | F150418068 | 2015-04-18 | F50068 | 4A | 12.65 | 125.68 | 50 | 560 | 680 | 66.0 | 32% | | | | | | | | | 合格 | 合格 | 合格 | |
| 90 | F150418069 | 2015-04-18 | F50069 | 4A | 12.72 | 127.08 | 50 | 555 | 675 | 65.5 | 31% | | | | | | | | | 合格 | 合格 | 合格 | |
| 91 | F150418070 | 2015-04-18 | F50070 | | 0.0 | 0.00 | 50 | | | | | | | | | | | | | 合格 | 合格 | 合格 | |
| 92 | F150418071 | 2015-04-18 | F50071 | CF8M | 12.7 | 126.68 | 50 | 240 | 525 | 75.0 | 50% | | | | | | | | | 合格 | 合格 | 合格 | |
| 93 | F150418072 | 2015-04-18 | F50072 | CF8M | 12.65 | 125.68 | 50 | 245 | 520 | 76.0 | 52% | | | | | | | | | 合格 | 合格 | 合格 | |
| 94 | F150418073 | 2015-04-18 | F50073 | WCB | 12.5 | 122.72 | 50 | 325 | 525 | 65.0 | 30% | 9.3 | 44.6% | | | | | | | 合格 | 合格 | 合格 | |
| 95 | F150418074 | 2015-04-18 | F50074 | WCB | 0.0 | 0.00 | 50 | 325 | 530 | | 32% | | 44.0% | | | | | | | 合格 | 合格 | 合格 | 0 |
| 96 | F150418075 | 2015-04-18 | F50075 | ZG35# | 12.63 | 125.28 | 50 | 335 | 555 | 62.0 | 24% | 10.0 | 37.3% | | | | | | | 合格 | 合格 | 合格 | |
| 97 | F150418076 | 2015-04-18 | F50076 | | 0.0 | 0.00 | 50 | | | | | | | | | | | | | 合格 | 合格 | 合格 | |
| 98 | F150418077 | 2015-04-18 | F50077 | | 0.0 | 0.00 | 50 | | | | | | | | | | | | | 合格 | 合格 | 合格 | |
| 99 | F150418078 | 2015-04-18 | F50078 | | 0.0 | 0.00 | 50 | | | | | | | | | | | | | 合格 | 合格 | 合格 | |

图 8-30　力学性能报告

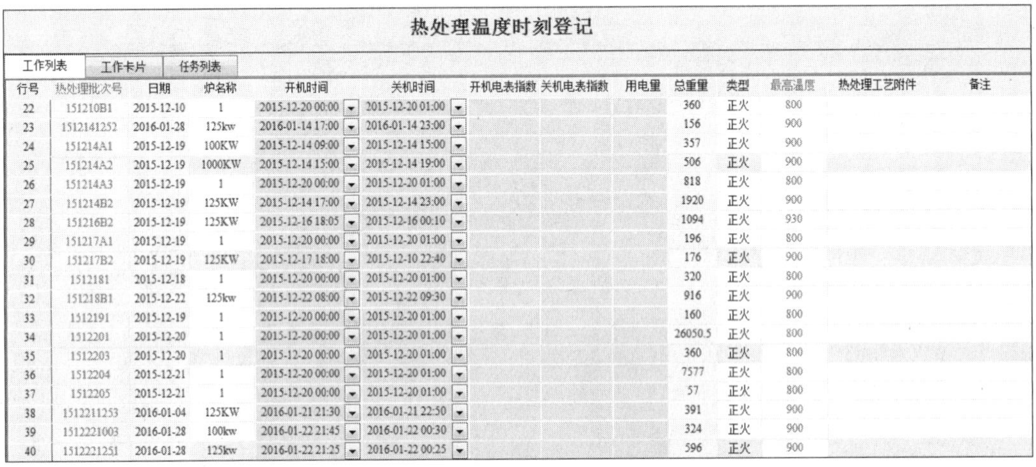


| 行号 | 热处理批次号 | 日期 | 炉名称 | 开机时间 | 关机时间 | 开机电表指数 | 关机电表指数 | 用电量 | 总重量 | 类型 | 最高温度 | 热处理工艺附件 | 备注 |
|---|---|---|---|---|---|---|---|---|---|---|---|---|---|
| 22 | 151210B1 | 2015-12-10 | 1 | 2015-12-20 00:00 | 2015-12-20 01:00 | | | | 360 | 正火 | 800 | | |
| 23 | 1512141252 | 2016-01-28 | 125kw | 2016-01-14 17:00 | 2016-01-14 23:00 | | | | 156 | 正火 | 900 | | |
| 24 | 151214A1 | 2015-12-19 | 100KW | 2015-12-14 09:00 | 2015-12-14 15:00 | | | | 357 | 正火 | 900 | | |
| 25 | 151214A2 | 2015-12-19 | 1000KW | 2015-12-14 15:00 | 2015-12-14 19:00 | | | | 506 | 正火 | 900 | | |
| 26 | 151214A3 | 2015-12-19 | 1 | 2015-12-20 00:00 | 2015-12-20 01:00 | | | | 818 | 正火 | 800 | | |
| 27 | 151214B2 | 2015-12-19 | 125KW | 2015-12-14 17:00 | 2015-12-14 23:00 | | | | 1920 | 正火 | 900 | | |
| 28 | 151216B2 | 2015-12-19 | 125KW | 2015-12-16 18:05 | 2015-12-16 00:10 | | | | 1094 | 正火 | 930 | | |
| 29 | 151217A1 | 2015-12-19 | 1 | 2015-12-20 00:00 | 2015-12-20 01:00 | | | | 196 | 正火 | 800 | | |
| 30 | 151217B2 | 2015-12-19 | 125KW | 2015-12-17 18:00 | 2015-12-10 22:40 | | | | 176 | 正火 | 900 | | |
| 31 | 1512181 | 2015-12-18 | 1 | 2015-12-20 00:00 | 2015-12-20 01:00 | | | | 320 | 正火 | 800 | | |
| 32 | 151218B1 | 2015-12-22 | 125kw | 2015-12-22 08:00 | 2015-12-22 09:30 | | | | 916 | 正火 | 900 | | |
| 33 | 1512191 | 2015-12-19 | 1 | 2015-12-20 00:00 | 2015-12-20 01:00 | | | | 160 | 正火 | 800 | | |
| 34 | 1512201 | 2015-12-20 | 1 | 2015-12-20 00:00 | 2015-12-20 01:00 | | | | 26050.5 | 正火 | 800 | | |
| 35 | 1512203 | 2015-12-20 | 1 | 2015-12-20 00:00 | 2015-12-20 01:00 | | | | 360 | 正火 | 800 | | |
| 36 | 1512204 | 2015-12-21 | 1 | 2015-12-20 00:00 | 2015-12-20 01:00 | | | | 7577 | 正火 | 800 | | |
| 37 | 1512205 | 2015-12-21 | 1 | 2015-12-20 00:00 | 2015-12-20 01:00 | | | | 57 | 正火 | 800 | | |
| 38 | 1512211253 | 2016-01-04 | 125KW | 2016-01-21 21:30 | 2016-01-21 22:50 | | | | 391 | 正火 | 900 | | |
| 39 | 1512221003 | 2016-01-28 | 100kw | 2016-01-22 21:45 | 2016-01-22 00:30 | | | | 324 | 正火 | 900 | | |
| 40 | 1512221251 | 2016-01-28 | 125kw | 2016-01-22 21:25 | 2016-01-22 00:25 | | | | 596 | 正火 | 900 | | |

图 8-31　热处理温度时刻登记

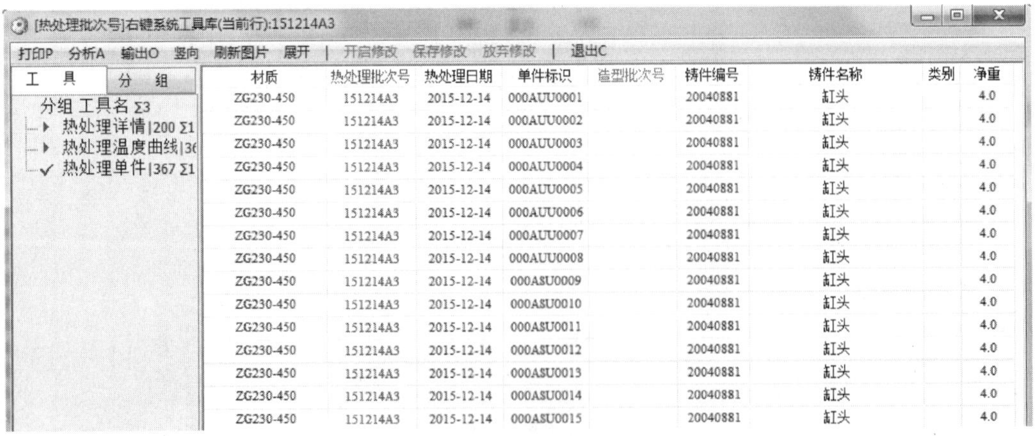


| 材质 | 热处理批次号 | 热处理日期 | 单件标识 | 造型批次号 | 铸件编号 | 铸件名称 | 类别 | 净重 |
|---|---|---|---|---|---|---|---|---|
| ZG230-450 | 151214A3 | 2015-12-14 | 000AUU0001 | | 20040881 | 缸头 | | 4.0 |
| ZG230-450 | 151214A3 | 2015-12-14 | 000AUU0002 | | 20040881 | 缸头 | | 4.0 |
| ZG230-450 | 151214A3 | 2015-12-14 | 000AUU0003 | | 20040881 | 缸头 | | 4.0 |
| ZG230-450 | 151214A3 | 2015-12-14 | 000AUU0004 | | 20040881 | 缸头 | | 4.0 |
| ZG230-450 | 151214A3 | 2015-12-14 | 000AUU0005 | | 20040881 | 缸头 | | 4.0 |
| ZG230-450 | 151214A3 | 2015-12-14 | 000AUU0006 | | 20040881 | 缸头 | | 4.0 |
| ZG230-450 | 151214A3 | 2015-12-14 | 000AUU0007 | | 20040881 | 缸头 | | 4.0 |
| ZG230-450 | 151214A3 | 2015-12-14 | 000AUU0008 | | 20040881 | 缸头 | | 4.0 |
| ZG230-450 | 151214A3 | 2015-12-14 | 000ASU0009 | | 20040881 | 缸头 | | 4.0 |
| ZG230-450 | 151214A3 | 2015-12-14 | 000ASU0010 | | 20040881 | 缸头 | | 4.0 |
| ZG230-450 | 151214A3 | 2015-12-14 | 000ASU0011 | | 20040881 | 缸头 | | 4.0 |
| ZG230-450 | 151214A3 | 2015-12-14 | 000ASU0012 | | 20040881 | 缸头 | | 4.0 |
| ZG230-450 | 151214A3 | 2015-12-14 | 000ASU0013 | | 20040881 | 缸头 | | 4.0 |
| ZG230-450 | 151214A3 | 2015-12-14 | 000ASU0014 | | 20040881 | 缸头 | | 4.0 |
| ZG230-450 | 151214A3 | 2015-12-14 | 000ASU0015 | | 20040881 | 缸头 | | 4.0 |

图 8-32　热处理单件情况

件情况。熔炼浇注工序完成后进行力学性能检测，主要检测铸件的力学性能指标；热处理工序完成后进行热处理温度时刻登记，其中右键热处理批次号可以查看热处理详细情况、该炉进行热处理的单件以及热处理温度曲线。

**5. 铸件质量工艺协同管理在 F 公司的应用**

图 8-33 所示为不合格品处置单操作界面。生产质检不合格、退货不合格、入库质检不合格的铸件进入不合格品处置流程后，相关部门人员会对产生缺陷的原因进行分析并追究责任人和责任部门，最后技术部人员对不合格品做出处置决定。若产生缺陷的原因是由于工艺设计不合理造成的，则及时把质量信息反馈至工艺，对工艺进行修补。

图 8-34 所示为合箱检验操作界面。对于工艺要求进行合箱检验的铸件，在完成造型工序后应对铸型、涂层质量、排气等情况进行检测。这充分体现了工艺推进质量检测。

| | | | | | |
|---|---|---|---|---|---|
| | 四川法拉特不锈钢有限公司 | | 处置单号　135948 | | 处置单类型 |
| | 不合格品处置单 | | 处理完：否 | | |
| 客户 | ZQSL | 订单细则号 | FZZ1512002005 | 业务员 | 向湘兰 |
| 铸件名称 | 右阀体 | 铸件编号 | Z05589 | 来源 | 内部 |
| 单件标识 | 0000DK0004 | 客户标识 | | 发生时间 | 2015-12-21 |
| 材质 | CF3M | 净重 | 82.00 | 类别 | |
| 不合格类型 | ◎外购外协件　◎半成品　◎成品　◎加工　◎退废 | | | | |
| 不合格描述 | 阀根部位疏松缩孔严重<br>报告人　熊利　报告时间 | | | 实物问题图 | |
| 处置结果 | ◎返工　◎返修　◎让步　◎报废 | | | | |
| 技术部意见 | 技术部　处置时间 | | | | |
| 生产部意见 | 工艺改进<br>生产部　袁理恒　评审时间　2015-12-26 15:30 | | | | |
| 质保部意见 | 1、请技术部评估工艺。2、产品挖焊处理<br>质保部　吴枝峰　评审时间　2016-01-18 14:35 | | | | |
| 责任部门(人)原因分析 | 分析人　分析时间 | | | | |
| 责任部门 | | | 责任人 | | 第二责任人 |
| 处 置 决 定 | 返修 | 返修作业 | | 承担损失 | |
| 签　署 | | 签署时间 | | 直接损失 | |
| 是否采取纠正预防措施 | a、经现场分析为气缩孔，钢液温度偏高，阀杆死角出现烧结。b、浇注速度偏快，阀杆处排气孔偏小造成呛火所致。适当降低浇注温度和速度，增大阀杆处的排气孔直径50mm，减少气缩孔的产生。 | | | | |
| 评审意见 | 同意返修处置。<br>生产总经理签署　曾光前　生产总经理签署日期　2015/12/22 | | | | |
| 总经理意见 | 代签　总经理签字时间 | | | | |
| 返工重新检验结果 | 质检部　改进时间 | | | | |

图 8-33　不合格品处置单操作界面

图 8-34 合箱检验操作界面

### 6. 铸件生产工艺协同管理在F公司的应用

图 8-35 所示为蜡型验收处置界面。蜡型工作区数据完成后，流转到蜡型验收模块，此模块需要填写验收的合格数量、缺陷数量，并对其进行验收点评。若铸件产生缺陷的原因是由工艺问题造成的，系统会将验收点评的结果及时反馈至工艺，以便及时调整工艺条件。

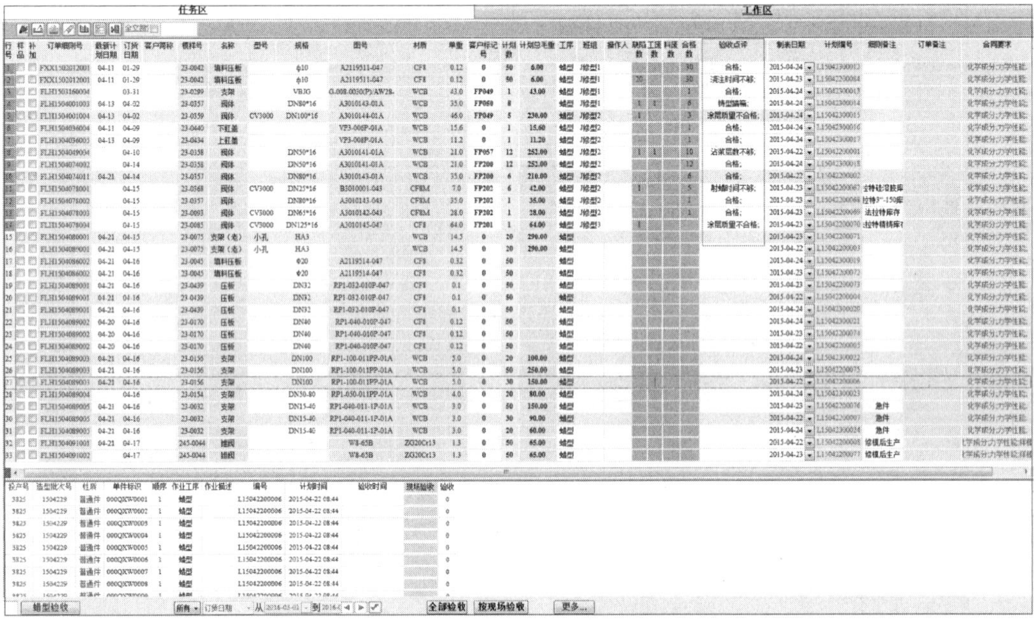

图 8-35 蜡型验收处置界面

造型计划下达后，超级管理员根据企业实际需求制定打印样式，其中包含了订单、铸件以及工艺等信息。打印好的样式随后分发到车间指导生产。造型打印样式如图 8-36 所示。

## 8.5.2 应用效果分析

HX 公司和F公司应用铸造企业铸件质量与工艺、生产三角协同管控方案前后的对比见表 8-5 和表 8-6。实际应用表明，该方案提升了铸件管理水平，将质量信息及时反馈至工艺和生产中，提升了工艺水平，能够有效指导车间生产，避免了产品重复性报废的现象，大大增强了铸件质量的稳定性。

# 第8章 铸造企业协同化管理方法

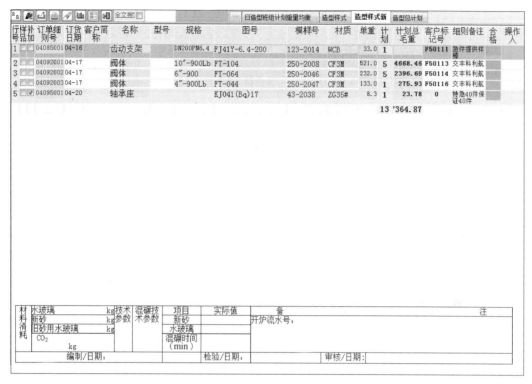

图 8-36 造型打印样式

表 8-5 HX 公司应用三角协同管控方案的前后对比

| 比较项 | 方案应用前 | 方案应用后 |
|---|---|---|
| 生产质量协同关系 | 铸件质量数据无法及时反馈至生产，导致铸件缺陷发现晚；不能及时对铸件进行质量检测；生产质量无法协同关联 | 铸件质量数据及时反馈至计划投产，便于精确下达生产计划；熔炼等工序及时推进成分检验等质检工序；生产质量协同挂钩 |
| 质量工艺协同关系 | 铸件质量数据无法及时反馈至工艺；工艺设计缺乏质量检测环节；质量工艺无法协同关联 | 铸件质量数据及时反馈至工艺单，系统自动识别出该工艺条件铸件的质量信息；工艺设计更加完善，协同关联造型质量点检等模块，推进质量检测 |
| 生产工艺协同关系 | 铸件生产数据无法及时反馈至工艺；工艺设计对生产的指导不够完善；生产工艺无法协同关联 | 铸件生产数据及时反馈至工艺；工艺设计更加完善，对工装模具、工艺参数、熔炼参数等注意事项进行了详细说明；生产工艺形成闭环反馈 |

表 8-6 F 公司应用三角协同管控方案的前后对比

| 比较项 | 方案应用前 | 方案应用后 |
|---|---|---|
| 生产质量协同关系 | 铸件质量数据没有约束生产，导致铸件生产过程紊乱，铸件质量不稳定；不能及时对铸件进行质量检测；质量与生产之间出现脱节现象 | 铸件质量数据及时约束生产，生产工序运转更加规范；热处理等工序及时推进力学性能报告等质检工序；生产质量相互耦合推进且相互限制 |
| 质量工艺协同关系 | 铸件质量数据没有约束工艺条件，以前的质量问题在如今的生产中仍然存在；工艺设计对质量要求不够具体；质量工艺之间出现脱节现象 | 铸件质量数据限制工艺条件；工艺设计更加完善，要求造型工序后推进合箱检验；质量工艺相互耦合推进且相互限制 |

(续)

| 比较项 | 方案应用前 | 方案应用后 |
|---|---|---|
| 生产工艺协同关系 | 生产部门没有及时对工艺进行评审；工艺水平低，无法集成相关技术提升工艺水平；生产工艺之间出现脱节现象 | 生产部门对工艺信息进行评审限制约束工艺条件；集成CAE/CAD等技术提升铸造工艺水平；生产工艺相互耦合推进且相互限制 |

表8-7和表8-8通过两个重要指标来衡量企业应用三角协同管控方案后的情况。从表8-7中可以看出，企业的铸件生产报废率逐年减低，一定程度上提升了铸件质量。工艺更新率具体指对老工艺进行版本的升级、修改，是质量信息及时反馈至工艺的重要衡量指标。表8-8中所示工艺更新率大幅度地提高，这说明应用三角协同管控方案后大大提升了工艺水平。

表8-7 F公司应用三角协同管控方案后生产报废率对比

| 年份 | 生产报废率(%) |
|---|---|
| 2013 | 2.65 |
| 2014 | 2.6 |
| 2015 | 2 |

表8-8 HX公司应用三角协同管控方案后工艺更新率对比

| 年份 | 工艺更新率(%) |
|---|---|
| 2013—2014 | 0.64 |
| 2014—2015 | 4.8 |

# 第 9 章

# 铸造企业智能化排产方法

针对铸造企业人工制定熔炼批量计划与调度造成效率低下、资源难以优化配置、产能利用率低等问题，本章基于铸件交货期、熔炼炉容量利用率以及炉次间合金转换约束的考虑，构建了批量计划与调度整数规划模型。针对该模型的特点，提出了启发式的求解策略，将原问题分解为两个相互关联的子问题：同炉浇铸的铸件批量划分和熔炼炉熔炼合金的调度，并分别采用动态规划和遗传算法进行求解。最后，分别使用仿真数据和某个砂型铸造企业的实际数据进行测试。结果表明：该模型与求解方法能科学有效地解决砂型铸造企业熔炼批量计划与调度问题。

热处理炉次计划是一个在复杂约束条件下的不相容铸件排产问题，是铸造企业生产计划的重要一环。由于热处理具有时间长与能耗高等特点，且大部分铸造企业采用的是面向订单的多品种小批量生产模式，因而热处理炉次计划要考虑炉设备利用率、不同订单之间的合炉工艺约束与交货期等多种复杂因素。而现有的人工排产模式耗时费力、设备利用率低且难以综合考虑复杂因素得到较优的炉次计划。为此，本章基于改进教与学算法的铸造企业热处理炉次计划建模与求解方法，介绍了算法辅助排产模式的热处理炉次计划系统。结果表明：对比人工排产模式，该算法辅助排产模式能够比较显著提升排产效率，获得更优的炉次计划，以及提高热处理炉设备的利用率。

## 9.1　铸造智能化排产需求分析

制造业是国民经济的重要支柱产业。然而，随着经济全球化的加剧，我国的制造业正面临着严峻的压力与挑战。伴随着新的工业革命浪潮，我国制造业也将逐渐丧失传统优势。在当前的严峻形势下，我国政府提出了"中国制造 2025"计划，旨在实现我国从制造大国到制造强国的转变，打造我国的工业强国地位。在"互联网+"经济的背景下，制造业要想实现转型升级，必须依靠先进的信息化管理技术，提高企业信息化与智能化水平，进而在激烈竞争中占据优势地位。2017 年 7 月，国务院印发了《新一代人工智能发展规划》，其中指出要围绕制造强国需求推进产业智能化发展，打造智能制造标准体系，促进制造全生命周期活动智能化。2017 年 12 月，工业和信息化部印发了《促进新一代人工智能产业发展三年行动计划（2018—2020 年）》，指出要推动信息技术与制造业深度融合，促进人工智能在制造业的应用，加快制造强国建设。因此，越来越多的制造企业开始加快信息化与智能化发展进程，以提升自身的核心竞争力。对于制造企业来说，实施企业信息管理系统是加快信息化步伐的主要手段。主流的信息管理系统主要有制造执行系统（MES）、供应链管理系统（SCM）和企业资源计划系统（ERP）。在近年来，ERP 系统由于能够为企业带来巨大的战略与竞争优势而得到越来越多的青睐。ERP 系统作为一种综合信息管理软件，其整合了横跨多部门的信息流与业务流，能够实现企业资源的优化配置。实施信息化将有利于企业更加有效地管理生产过程，也有利于推动企业向自动化与智能化方向发展。此外，信息系统的应用也为制造业生产计划的优化提供了新的契机。

众所周知，生产计划是制造业生产环节的基础，优化生产计划是提高资源利用率和企业运行效益的关键环节。在传统的生产环境，由于企业各个生产环节的信息不能及时收集利用，生产计划的制定往往依靠人力。对于面向订单的铸造企业，其采用的生产模式大部分是批生产模式，即将相近的产品或者订单合并成同一批次进行生产。因此，铸造企业的生产计划属于典型的批计划，在各个生产流程中要制定不同的批计划，如熔炼批计划和热处理批计划等。目前铸造企业采用人工制定生产批计划。而在实际生产中，各个生产过程错综复杂，单纯依靠人力很难整合各类信息资源来优化生产计划。而且，企业生产越来越呈现多品种小批量趋势，这导致企业的生产计划制定难度越来越大，如何更加高效地优化生产计划将是大部分制造企业亟待解决的问题。目前制造企业的信息管理系统整合了各个生产环节的信息，这些数字化信息为实现生产计划的计算机辅助制定与优化奠定了重要基础。

铸造业作为传统的制造业，是其他制造行业如汽车、船舶与航空航天产业的支柱。与其他制造行业一样，我国的铸造业一直处于国际较落后的地位，尽管产量大，但是总体上经济效益低下，生产质量也不高。在越来越激烈的国际竞争中，铸造企业也开始逐步加快信息化建设，提高自身的信息化管理水平。推动铸造企业的信息化建设，是铸造企业生存和发展必然需求。近年来，铸造业已经开始大力推进铸造 ERP 系统建设，特别是适应国内铸造企业的华铸 ERP 系统。对于铸造业来说，生产计划仍然是制约其提高生产率与产能的关键因素。而大部分的 ERP 系统已经能够实时地保存与更新产品信息和工艺信息。如果能有效地利用这些信息，就可以通过计算机来辅助铸造生产计划的优化。然而，目前的铸造信息管理系统大部分都侧重于信息管理系统的设计与生产管理方案研究，如铸件单件管理模型、数字化铸造工艺卡设计、生产流转卡设计，以及熔模铸造数字化管理方案等。近年来，人们已经开始研究信息化管理系统下的铸造生产质量管控。但是，关于有效地利用信息管理系统来优化铸造生产计划的研究相对较少。

## 9.2 铸造企业造型熔炼炉次计划建模与求解

### 9.2.1 造型熔炼炉次计划整型规划数学模型

图 9-1 所示为典型的砂型铸造生产简略流程图。根据铸造 ERP 系统中的订单制定生产计划，采用熔炼炉熔炼合金，将熔炼的合金浇注到造型得到的铸型中冷却凝固形成铸件，对铸件进行清砂、打磨、检验等后续工序入库发货。安排生产计划时，要确定接下来几天熔炼合金的种类以及每炉对应浇注的铸件，造型工序会依据计划提前造型。批量计划与调度主要考虑对可合炉生产合金类型下对应的铸件进行批量划分，划分批量时优先生产交货期近的铸件，且最大化使用瓶颈设备熔炼炉的容量，以提高设备利用率和防止设备恶化。此外，由于可能存在的合金污染问题，同一个炉子安排熔炼合金不能以任意的顺序，如上一炉次合金碳含量较高，下一炉次不能熔炼低碳种类的合金，故必须考虑到熔炼合金顺序约束。

考虑的铸造批计划与调度问题模型有以下特点：

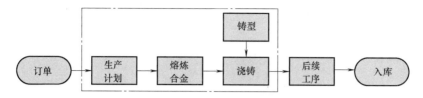

图 9-1 典型的砂型铸造生产简略流程图

1) 熔炼炉容量固定且相同,每炉熔炼合金重量等于使用此炉金属液的铸件毛重总和。
2) 每一炉次只能熔炼一种合金,且熔炼的合金要尽快浇注,不能留到下一个时期。
3) 一种合金可以生产多种铸件,但是一个铸件仅使用一种合金。
4) 熔炼浇注只是前道工序,要最大化使用熔炼炉容量,以安排交货期近的铸件生产。

基于砂型铸造企业熔炼批量计划与调度问题的预期目标与约束条件,提出熔炼批量计划与调度的整型规划模型。此模型中使用的符号与参数变量如下所述:

符号:

$j, k$——合金种类,$j, k = 1, \cdots, K$;

$i$——铸件种类编号,$i = 1, \cdots, N$;

$t$——计划周期(如天),$t = 1, \cdots, T$;

$s$——子周期数,$s = 1, \cdots, S$;

$S_t$——所属计划周期 $t$ 的子周期集合 $\{1 \cdots S\} = S_1 \cup, \cdots, \cup S_T$。

参数:

$C_{ap}$——熔炼炉容量(kg);

$q_i$——铸件 $i$ 的订单数量;

$d_i$——铸件 $i$ 的交货期(d);

$m_i$——铸件 $i$ 的毛重(kg);

$S(k)$——使用合金 $k$ 的铸件集合,$\{1, \cdots, N\} = S(1) \cup, \cdots, \cup S(K)$;$S(j) \cap S(k) = \varnothing$,$\forall j \neq k$;

$SC_{jk}$——合金由 $j$ 转换到 $k$ 的二元转换参数,$SC_{jk} \in \{0, 1\}$,$SC_{jk} = 1$ 表示熔炼顺序可从 $j$ 到 $k$,$SC_{jk} = 0$ 则表示不能;

$C$——一个合适的常数(大于任意一铸件交货期)。

变量:

$X_{is} \geq 0$——子时期 $s$ 铸件 $i$ 的浇铸生产数量(批量),$X_{is} \geq 0$;

$I_{it} \geq 0$——铸件 $i$ 在周期 $t$ 后的浇铸生产量,$I_{it} \geq 0$;

$Y_{ks} \in \{0, 1\}$——$Y_{ks} = 1$ 表示子时期 $s$ 熔炼合金 $k$,$Y_{ks} \in \{0, 1\}$;

$Z_{jks} \in \{0, 1\}$——$Z_{jks} = 1$ 表示子时期 $s$ 熔炼炉合金种类由上一炉次的合金 $j$ 转换 $k$,$Z_{jks} \in \{0, 1\}$,$Z_{jks} = Y_{j,s-1} Y_{ks}$。

提出的整型规划模型如下:

$$\text{Max} \sum_{i=1}^{N} \sum_{t=1}^{T} (C - (d_i - t)) m_i I_{it} \tag{9-1}$$

其条件如下:

$$I_{it} = I_{it-1} + \sum_{s \in S_t} X_{is}, \quad i = 1, \cdots, N, t = 1, \cdots, T \tag{9-2}$$

$$\sum_{i \in S(k)} X_{is} m_i \leq C_{ap} Y_{ks}, \quad k = 1, \cdots, K, s = 1, \cdots, S \tag{9-3}$$

$$\sum_{k=1}^{K} Y_{ks} = 1, \quad s = 1, \cdots, S \tag{9-4}$$

$$Z_{jks} SC_{jk} = Z_{jks}, \quad j = 1, \cdots, K, k = 1, \cdots, K, s = 1, \cdots, S \tag{9-5}$$

$$X_{is} \in Z_0^+, \quad s = 1, \cdots, S \tag{9-6}$$

$$I_{it} \leq q_i, \quad i = 1, \cdots, N, t = 1, \cdots, T \tag{9-7}$$

$$I_{i0} = 0, \quad i = 1, \cdots, N \tag{9-8}$$

$$Y_{k0} = 0, \quad k = 1, \cdots, K \tag{9-9}$$

其中，式（9-1）为目标函数，旨在最大化计划周期内生产铸件的收益，每个铸件的收益值为常数 $C$ 与铸件交货期差值与毛重之积，从而满足交货期近的铸件优先生产且最大化利用熔炼炉容量；式（9-2）为生产数量平衡约束；式（9-3）保证了一个炉次浇注铸件总毛重不超过炉子容量，且只有属于此炉次熔炼合金种类的铸件在此炉次浇注；式（9-4）表明每一个子周期只能生产一种合金；式（9-5）为合金熔炼顺序约束的数学表达式；式（9-6）表示铸件每个子周期生产数量为非负整数；式（9-7）保证铸件生产数量不能超过订单所需数量；式（9-8）和式（9-9）为变量初始化值。

### 9.2.2　基于改进遗传算法的造型熔炼炉次计划求解方法

熔炼批量计划与调度模型旨在求解铸造企业面临的以下两个问题：同炉浇铸的铸件批量划分和熔炼炉熔炼合金的调度。如果将这两个问题集成决策，计算复杂度和时间代价比较大，故采用启发式的求解策略将这两个问题分解决策。首先对不同合金下的铸件以熔炼炉容量为限制，考虑铸件交货期的基础上进行批量划分，此问题视作背包问题采用动态规划计算并存储结果；其次在考虑炉次间合金转换约束的基础上，批次的调度结合铸件批量划分的结果使用遗传算法计算得到。

**1. 划分铸件生产批量**

由于已知各个铸件所需合金种类、毛重与需求量，故可以同种合金（可同炉生产）为划分标准，将各个铸件以合金种类进行归类，对每种合金下的铸件集依次以炉熔炼容量为背包容量连续进行背包计算，每次背包计算后更新此合金下剩余待批量划分的铸件信息，直到对应属于此合金的铸件总毛重不够组成一炉生产。将每次计算得到的铸件批量存储下来，以备调度计算直接使用。图 9-2 所示为批量划分求解流程图。

对于属于合金种类 $k$ 的铸件，若记该合金批量划分共有 $f$ 次，则计算所得解依次记为 $k(1), \cdots, k(f)$。铸件 $i$ 其价值为铸件交货期与毛重确定的 $(C-d_i)m_i$，这里与目标函数一定程度上保持一致。$X_i$ 为安排铸件 $i$ 的生产数量，$d_i$ 为该次背包计算时铸件 $i$ 的需求量。对于合金种类 $k$ 的某次基于背包问题的铸件批量划分计算模型如下：

$$\text{Max} \sum_{i \in S(k)} (C - d_i) m_i X_i \tag{9-10}$$

其条件如下：

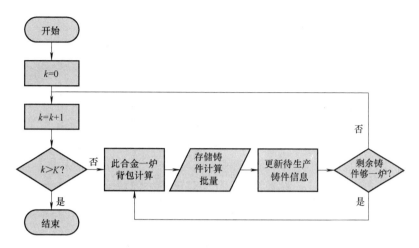

图 9-2 批量划分求解流程图

$k$—合金种类  $K$—合金种类总数

$$\sum_{i \in S(k)} m_i X_{ic} \leq C_{ap} \tag{9-11}$$

$$0 \leq X_i \leq d_i \text{ 且为整数}, i \in S(k) \tag{9-12}$$

其中，式（9-10）为目标函数，旨在最大化在容量一定的情况下生产铸件的收益，收益是权衡所有铸件交货期与毛重所决定的，与目标函数保持一致。式（9-11）为炉子熔炼容量的限制。式（9-12）为铸件生产数量的限制。将此问题视为多重背包问题，采用简单适用的动态规划（DP）求解。

**2. 批次调度**

批次调度问题属于 NP_hard 问题，智能优化算法作为求解方式能在可行时间内得到求解结果。故采用广泛应用的遗传算法（GA）作为批次调度求解的工具。铸造厂批次调度问题是求解在计划时期内熔炼合金种类。设计的遗传算法如下：

（1）染色体编码方式与解码规则  每个染色体（解）上的基因为合金种类，即基因为整数编码。染色体的长度为计划周期内子周期的总数 $S$，染色体（解）上的基因依次代表各个子周期的熔炼合金种类。初始化染色体为各个基因在 $[1,K]$ 的范围内随机产生整数，其中 $K$ 是合金种类总数。对给定的染色体进行解码，即可以得到炉次间合金的转化变量 $Z_{jks}$。其次可根据染色体确定每个子周期铸件的生产批量，即依次确定每个基因（即每个周期）对应熔炼合金 $k$ 以及合金 $k$ 出现的次数 $f$，则各个子周期对应的批量为该合金下第 $f$ 次背包计算得到的背包解 $k(f)$。假设子周期数 $S=20$，计划天数为 5 天，每天周期数均为 4，合金种类为 5 种时，图 9-3 所示为某一初始解以及解码结果。

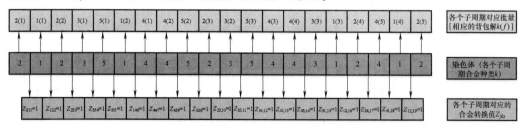

图 9-3 某一初始解以及解码结果

(2) 评估与选择　处理合金熔炼顺序约束（不能接受会产生合金污染的解）采用惩罚不可行个体的方法，即通过扩展目标函数定义个体适应度函数。个体 index 适应度函数如：

$$Fitness_{index} = \sum_{i=1}^{N} \sum_{t=1}^{T} (C - (d_i - t)) m_i I_{it} + Q_{index} \qquad (9-13)$$

式中，$Q_{index}$ 代表个体 index 的惩罚函数。由于本问题为最大化问题，故对不可行解 $Q_{index}$ 取一个非常大的负数，对可行解 $Q_{index}$ 取值为 0。如此在进化过程中不可行解会被舍弃。每个个体合金调度解确定之后，可以依照解码方式依次调用背包问题计算得到的批量，从而计算适应度函数值。选择算子采用二联赛选择策略，为了避免最优个体的丢失或被破坏采取精英策略，选择下一代时保留当前代最优个体于下一代。

(3) 交叉与变异　采用双点交叉算子。选取两个父代交叉产生两个子代，若子代个体适应度大于父代个体适应度，则子代个体替换掉父代。变异操作是随机选取染色体某一基因突变为 $[1,K]$ 的范围内随机整数。对本问题变异是初始化种群产生合金种类变化的主要方式，故选取的变异概率较常规遗传算法中的变异更高，选取变异概率为 0.4。

**3. 测试验证**

为了验证所提出的模型与求解方法的有效性和适用性，分别采用仿真数据和国内某家砂铸企业的实际数据进行测试验证。对国内某家砂铸企业熔炼计划的实际生产情况进行调研，该砂铸企业是白天造型，晚上熔炼合金并对造型的铸件进行浇注。使用熔炼容量为 4000kg，每天依次熔炼 4 炉金属液。该企业熔炼与造型的生产计划是人工根据经验进行排产的，通过所属于同种合金的订单铸件交货期选择铸件批量确定造型计划，同时也确定了炉子熔炼的合金种类。

(1) 仿真数据测试　为了验证模型与求解方案的质量，采用不同规模的仿真数据进行测试。根据表 9-1 随机产生三种规模合金不同的测试问题，并采用动态规划与遗传算法进行求解。合金种类分别为 10、15 和 20 三种规模，每种合金下铸件种类数为 10~20 之间随机整数，每种铸件订单数为 1~5 随机整数。毛重分布为 200~600kg 的铸件占 60%，50~200kg 和 600~2000kg 的铸件各占 20%，交货期为 5~25 天。计划周期为 5 天，每天各 4 个子周期，即计划期内共 20 个子周期。熔炼炉容量为 4000kg。动态规划与遗传算法基于 matlabR2014a 进行代码编写。运行环境：处理器为 Intel(R) Core(TM) i5 3.2GHz，运行内存为 8GB，操作系统为 64 位。在测试问题中遗传算法种群数量取 200，最大迭代代数为 100，交叉与变异概率分别选择为 0.8 和 0.4。每个测试问题各独立计算 10 次。

表 9-1　仿真测试数据参数

| 参数 | 值 |
| --- | --- |
| 合金种类 $K$ | 10,15,20 |
| 铸件编号数 $N$ | DU[10,20] |
| 每个铸件编号订单数 $q_i$ | DU[1,5] |
| 铸件毛重 $m$ | 20% DU[50,200]+60% DU[200,600]+20% DU[600,2000] |
| 铸件交货期 $d_i$ | DU[5,25] |
| 生产周期 $T$ | 5 |
| 子周期数 $S$ | 20 |
| 熔炼炉容量 $C_{ap}$ | 4000 |

表 9-2 所示为仿真测试结果。随着合金种类数增加,动态规划所用时间也有所增加,这是由于问题规模扩大,使得动态规划算法时间复杂性增加,不同合金种类下遗传算法平均运行时间均保持在 6.5s 左右,即此方法可以在较短时间内得到问题解。根据结果显示可知,熔炼炉容量利用率均超过 99%,在一个比较高的水平,这说明对瓶颈设备有着充分的利用。10 次遗传算法求得的目标函数最优解与最差解之差与最优解百分比相差很小,最大的不超过 0.5%,这说明遗传算法的稳定性和适应性较好。图 9-4 所示为三种合金规模下的遗传算法收敛曲线。随着合金种类数的增加使得问题的解空间增加,故收敛速度会有所下降。

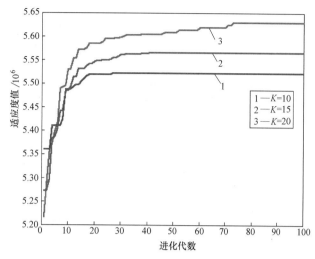

图 9-4 遗传算法收敛曲线

表 9-2 仿真测试结果

| 合金种类 $K$ | DP 运行时间 /s | GA 平均运行时间 /s | 炉容量利用率(%) | 最优解 | 最差解 | 平均解 | (最优解−最差解)/最优解(%) |
|---|---|---|---|---|---|---|---|
| 20 | 1.24 | 6.5 | 99.52 | 5629469 | 5618912 | 5622605 | 0.18 |
| 15 | 0.94 | 6.5 | 99.37 | 5565139 | 5560775 | 5563591 | 0.07 |
| 10 | 0.73 | 6.5 | 99.56 | 5521717 | 5499673 | 5511032 | 0.40 |

(2) 实际数据测试  提取某砂型铸造企业的实际订单数据作为测试案例,包括的铸件种类数为 118 种,共计铸件数 357 件,涉及 9 类合金。砂铸企业的订单有着多品种小批量的特点,同时铸件的毛重分布差异较大(11~3100kg),实际案例的订单细则见表 9-3。根据合金间可能存在污染情况,炉次转换值 $SC_{jk}$ 为已知。

表 9-3 订单细则

| 合金种类 | 铸件种类 | 铸件总数 | 最小毛重/kg | 最大毛重/kg |
|---|---|---|---|---|
| 合金 1 | 3 | 12 | 270 | 470 |
| 合金 2 | 11 | 15 | 30 | 950 |
| 合金 3 | 20 | 78 | 11 | 1080 |
| 合金 4 | 10 | 60 | 30 | 670 |
| 合金 5 | 5 | 32 | 280 | 2200 |
| 合金 6 | 26 | 37 | 50 | 1660 |
| 合金 7 | 16 | 66 | 30 | 1460 |

(续)

| 合金种类 | 铸件种类 | 铸件总数 | 最小毛重/kg | 最大毛重/kg |
|---|---|---|---|---|
| 合金8 | 19 | 45 | 28 | 3100 |
| 合金9 | 8 | 12 | 30 | 1350 |

表 9-4 所示为该企业实际使用提出模型方法与人工调度方法的订单测试结果。对比根据铸造企业人工面向此实际订单安排 5 天生产计划的结果，提出的模型方法求解时间只需 6.5s，而人工调度用时约为 1h，故提出的模型与方法使得批量计划与调度所用时间大大降低。使用模型方法所得炉次容量利用率比人工调度的炉次容量利用率高 5.76%，求解结果比人工调度解优化了 29%。综上表明，采用提出的模型与求解方法所得结果比人工排产效率更高、结果更优。

表 9-4 订单测试结果

| 排产方式 | 时间 | 炉容量利用率(%) | 解 | (DP+GA 解-人工解)/DP+GA 解(%) |
|---|---|---|---|---|
| DP+GA | 6.5s | 99.31 | 7692109 | 29 |
| 人工调度 | 1h | 93.55 | 5461397 | |

## 9.3 铸造企业热处理炉次计划建模与求解

### 9.3.1 热处理工艺信息模型

目前大部分的铸造企业信息管理系统在热处理工艺管理方面比较薄弱，这是由于铸造企业的信息管理系统多偏重于造型与熔炼模块。一些信息管理系统甚至没有热处理工艺相关模块，这样企业只能依靠热处理工艺纸质文档进行查询热处理工艺，这种方式比较烦琐，效率低下，而且数据也不能实时共享。另外一些信息管理系统中虽然包含热处理工艺模块，但是其没有与铸件生产环节相关联，这样的热处理工艺模块也仅仅起到记录作用。为了保证铸件生产质量，有必要将热处理工艺信息与铸件的热处理作业关联在一起，这有利于加强热处理作业管控，而且每个热处理作业的关联工艺信息也可为热处理炉次计划的制定提供数据基础。据此提出基于作业驱动的铸造企业热处理工艺信息模型，如图 9-5 所示。

铸造企业热处理工艺信息模型主要根据作业路线中的热处理作业去驱动热处理工艺细则任务，因而每个热处理作业都会有关联的热处理工艺细则，这些工艺信息将为制定热处理炉次计划提供指导。热处理工艺信息模型的整

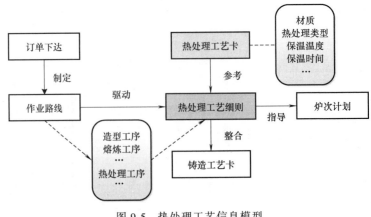

图 9-5 热处理工艺信息模型

个流程如下:

1)当客户订单下达之后,生产部要对订单中每一个细则制定作业路线,即每一个订单细则都会有自己的作业路线。作业路线是该订单细则中铸件的生产流程,即要进行流转的工序,如图9-6所示。该作业路线共包含16个工序,其中第6个作业工序是热处理工序,热处理工艺方式为固溶处理。有时候,铸件的作业路线不只包含一个热处理作业,此时可以用作业顺序号来区别同一个作业路线中不同的热处理工序。

| 行号 | 顺序 | 作业工序 | 作业描述 | 前期等待时间 | 操作时间 | 后期等待时间 | 总耗(天): 31.9 |
|---|---|---|---|---|---|---|---|
| 1 | 1 | 造型 | 造型 | | | | 72.0 |
| 2 | 2 | 熔炼 | 熔炼 | | | | 12.0 |
| 3 | 3 | 分割 | 分割 | | | | 12.0 |
| 4 | 4 | 外表开工 | 打磨计划 | | | | 20.0 |
| 5 | 5 | 焊补 | 焊补 | | | | 60.0 |
| 6 | 6 | 热处理 | 固溶 | | | | 56.0 |
| 7 | 7 | 抛丸 | 抛丸 | | | | 32.0 |
| 8 | 8 | 外表完工 | 打磨验收 | | | | 208.0 |
| 9 | 9 | 酸洗 | 钝化处理 | | | | 32.0 |
| 10 | 10 | 毛坯质检 | 尺寸 外表 | | | | 8.0 |
| 11 | 11 | 铸造过磅 | 铸造过磅 | | | | 8.0 |
| 12 | 13 | 探伤 | PT | | | | 24.0 |
| 13 | 14 | 加工 | 精加 | | | | 200.0 |
| 14 | 15 | 成品质检 | 金工质检 | | | | 16.0 |
| 15 | 16 | 发货 | 发货 | | | | 6.0 |
| | | | | | | | 766 |

图9-6 铸件的作业路线

2)制定好作业路线之后,那么需要对作业路线中每个热处理工序制定具体的热处理工艺细则。这里采用基于作业驱动的模式。对于作业路线中热处理工序,可以采用订单细则号+作业顺序号结合来作为其唯一标识,这样每个唯一的热处理作业都会驱动一个热处理工艺细则任务。

3)在制订热处理工艺细则时需要参考热处理工艺卡。热处理工艺卡是根据铸件的材质和热处理类型制定的热处理工艺信息,主要包括热处理类型、冷却方式、保温温度及保温时间等工艺信息。每一个热处理工艺卡使用工艺单编号来进行唯一标识,热处理工艺卡是制定热处理工艺细则的参考。

4)当作业路线中的热处理工序驱动到热处理工艺细则任务区后,首先根据订单细则号在订单信息中查询铸件的材质,基于材质可以筛选出热处理工艺卡中的具体工艺,然后选择合适的热处理类型,就确定了该热处理工艺细则所采用的热处理工艺卡,使用工艺单编号进行唯一性关联。选定热处理工艺卡之后,相应的工艺信息如冷却方式、保温温度及保温时间会同步从热处理工艺卡中带过来,还可以根据具体性能要求修改这些工艺参数,从而完成热处理工艺细则的制定。热处理工艺细则制定流程如图9-7所示。

5)制定好的热处理工艺细则为热处理炉次计划提供工艺指导。当铸件流转到具体的热处理作业时,生产员可以看到该热处理任务所对应的热处理具体工艺信息,这样就可以根据工艺信息制定热处理炉次计划,避免人工查找工艺信息的烦琐工作。为了保证进行热处理作业时已经包含具体的工艺细则,需要对信息系统中的计划投产模块进行约束,即当作业路线中热处理工艺细则信息未填写时，不允许该产品投产，此约束可以保证正常的生产逻辑。

6）为了保证铸造工艺卡的完整性，制定好的热处理工艺细则可以汇总到铸造工艺卡中，这可以通过订单细则号进行关联。同一个订单细则号的热处理工艺细则信息可以同步到对应订单细则号下的铸造工艺卡中。

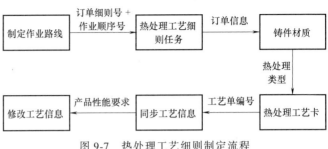

图 9-7 热处理工艺细则制定流程

### 9.3.2 热处理炉次计划 0-1 整型规划数学模型

下面详细叙述热处理炉次计划数学模型的模型假设、模型参数、决策变量、优化目标以及约束方程。

**1. 模型假设**

在建立热处理炉次计划模型之前，对热处理炉次计划问题做出如下假设：

1）同一个炉次中铸件的总重不能超过要安排的热处理炉的最大负载。

2）在组成同一个炉次时，尽量将材质或热处理工艺相近的铸件安排在同一热处理炉中进行加工。

3）对于不同材质的铸件，当热处理工艺相近时可以考虑合炉，以充分利用热处理炉负载。但是，在合炉时要考虑到铸件间的热处理工艺差异，热处理工艺差别较大时一般不能在同一个炉次中加工。

4）在制定热处理炉次计划时，在满足工艺约束后交货期较近的铸件的应该尽量优先安排。

在建模时，这里假定所有的热处理炉没有差别，其具有相同的负载或者容量。为了评估同一炉次中铸件的差异，这里假定每一个炉次中存在一个中心铸件，这个中心铸件代表了该热处理批次的热处理工艺。其他加入该炉次的铸件，可以将其与中心铸件之间的差异来量化该铸件与这个炉次的匹配性。

**2. 模型参数及决策变量**

在建立热处理炉次计划数学模型前，首先定义模型中要使用的参数，见表 9-5。

表 9-5 热处理炉次计划数学模型参数

| | |
|---|---|
| $N$ | 要进行热处理的任务铸件集中铸件总数 |
| $P$ | 当前计划的热处理炉次数 |
| $G$ | 热处理炉次的最大装载量（kg） |
| $L$ | 热处理炉次的最低装载量（kg） |
| $i,j$ | 铸件的编号值，$i,j \in \{1,2,3,\cdots,N\}$ |
| $g_i$ | 铸件 $i$ 的重量（kg） |
| $t_i$ | 铸件 $i$ 的保温温度（℃） |

(续)

| | |
|---|---|
| $d_i$ | 铸件 $i$ 距离交货期的剩余天数(d) |
| $p$ | 炉次未利用负载所造成的单位费用 |
| $c_{ij}$ | 铸件 $i$ 与铸件 $j$ 之间不匹配造成的单位费用 |
| $q_i$ | 铸件 $i$ 的交货期系数，交货期越近时此系数越小 |

$c_{ij}$ 用来衡量不同铸件之间工艺差异造成的费用，可以用来表征组成炉次时的热处理工艺差异。在制定炉次计划时，要最小化同一炉次中铸件对应中心铸件之间的热处理工艺差异。但是当两个铸件之间热处理工艺差异太大时，两个铸件是无法合炉的。这里首先要考虑两个铸件的热处理冷却方式是否一致，即基本的热处理类型是否相同，当热处理冷却方式不同时，无论如何两个铸件无法同炉处理。然后要比较其热处理保温温度的差值，当保温温差大于某一个阈值时，同样两个铸件无法一起热处理。基于上面的考虑，这里根据冷却方式和保温温度来量化 $c_{ij}$：

$$c_{ij} = \begin{cases} +\infty & 铸件\ i\ 和铸件\ j\ 的热处理冷却方式不同 \\ +\infty & |t_i - t_j| > D_{\max} \\ z_1(|t_i - t_j|/D_{\max}) & |t_i - t_j| \leq D_{\max} \end{cases} \quad (9\text{-}14)$$

式中，$D_{\max}$ 为同炉次所允许的最大保温温度差，超过此值不允许铸件同炉热处理；$z_1$ 为系数。当两个铸件之间保温温度差低于阈值时，可以合炉，但是可以看到温差越小，$c_{ij}$ 的值越小。在制定热处理炉次计划时，将尽量使同一炉次中铸件的工艺差别最小化。可以看到，通过设置无穷大的系数来保证了铸件在合炉过程中的热处理工艺约束。

交货期系数 $q_i$，用来表明铸件的热处理作业的优先级，这里用交货期的剩余时间进行量化：

$$q_i = z_2 \frac{d_i - d_{\min}}{d_{\max} - d_{\min}} \quad (9\text{-}15)$$

式中，$d_{\min}$ 和 $d_{\max}$ 为任务铸件集中交货期剩余天数的最小值和最大值；$z_2$ 为系数。从式 (9-15) 可以看出，$d_i$ 值越小，那么 $q_i$ 越小。在制订热处理炉次计划时，要最小化该交货期因子，这样交货期较近的铸件将被优先排产。

模型的决策变量为

$$X_{ij} = \begin{cases} 1 & 当铸件\ i\ 加入了以铸件\ j\ 为中心铸件的炉次中时 \\ 0 & 其他情况 \end{cases} \quad (9\text{-}16)$$

热处理炉次计划数学模型要确定各个炉次要排产的铸件。一般情况下，热处理炉资源是有限的，所以并非所有的铸件都会排产。

**3. 优化目标及约束方程**

热处理炉次计划数学模型的优化目标包含三个部分：

1) 最大化热处理炉的负载利用率，以使得资源得到最大化利用。
2) 最小化同一炉次中铸件的工艺差异，以保证铸件热处理后的质量。
3) 最小化炉次计划中铸件的整体交货期，即交货期较早的铸件优先装炉加工。

基于这三个优化目标，这里给出热处理炉次计划的数学优化模型，主要包括优化目标和约束条件：

$$\min Z = \sum_{j=1}^{N} p \left( G X_{jj} - \sum_{i=1}^{N} g_i X_{ij} \right) + \sum_{i=1}^{N} \sum_{j=1}^{N} c_{ij} X_{ij} + \sum_{i=1}^{N} \sum_{j=1}^{N} q_i X_{ij} \quad (9\text{-}17)$$

$$\sum_{j=1}^{N} X_{ij} \leq 1, \ i = 1, 2, \cdots, N \tag{9-18}$$

$$\sum_{j=1}^{N} X_{jj} = P, \ j = 1, 2, \cdots, N \tag{9-19}$$

$$LX_{jj} \leq \sum_{i=1}^{N} g_i X_{ij} \leq GX_{jj}, \ j = 1, 2, \cdots, N \tag{9-20}$$

$$X_{ij} \leq X_{jj}, \ j = 1, 2, \cdots, N \tag{9-21}$$

$$X_{ij} \in \{0,1\} \quad i = 1, 2, \cdots, N; \ j = 1, 2, \cdots, N \tag{9-22}$$

由以上各式可以看到，该数学优化模型为最小化 0-1 整型规划模型，目标函数 [式 (9-17)] 包含三个部分：热处理炉未被利用负载的费用、同炉次中铸件与中心铸件工艺差造成的费用以及铸件交货期因子。热处理炉次计划数学模型共有 5 个约束方程。式 (9-18) 确保铸件任务集中每一个铸件至多安排到一个热处理炉中，值得注意的是铸件有可能不被计划，因为大部分时候热处理炉资源相对于铸件任务集是有限的。在式 (9-19) 中，$X_{jj}$ 表明是否存在一个炉次，其中心铸件为铸件 $j$，如果 $X_{jj}=1$，则说明存在一个以铸件 $j$ 为中心铸件的热处理炉次，而当 $X_{jj}=0$ 时则不存在。因为任何一个热处理炉次必须要包含一个中心铸件，不存在没有中心铸件的炉次，因此所有 $X_{jj}$ 的和必须与计划的炉次数保持一致。式 (9-20) 限制每个炉次安排的铸件总重不能大于热处理炉负载，同时铸件总重不能低于炉次的最低量，以降低成本。式 (9-21) 保证铸件只能计划安排在有中心铸件的炉次中，因为存在中心铸件的炉次才是真实计划的炉次。式 (9-22) 限制决策变量值为 0 或 1。从决策变量取值可以看出，炉次计划数学模型是一个 0-1 整型规划模型。

对于该数学优化模型，问题的可行解为一个 $N \times N$ 的矩阵，其具有如下特点：矩阵的所有元素为 0 或者 1；每一行最多有一个元素为 1；主对角线元素之和为 $P$；若当某主对角线元素为 0 时，该主对角线所在列的所有元素为 0。如果共有 6 个铸件，分别编号为 1，2，3，4，5，6，计划炉次数为 2。当不考虑其他约束时，热处理炉次计划的一个可行解为

$$\begin{bmatrix} 0 & 0 & 0 & 0 & 1 & 0 \\ 0 & 1 & 0 & 0 & 0 & 0 \\ 0 & 0 & 0 & 0 & 1 & 0 \\ 0 & 1 & 0 & 0 & 0 & 0 \\ 0 & 0 & 0 & 0 & 1 & 0 \\ 0 & 0 & 0 & 0 & 0 & 0 \end{bmatrix}$$

从这个解矩阵中可以看到，$X_{jj}$ 中只有 $X_{22}$ 与 $X_{55}$ 为 1，说明存在两个分别以 2 号铸件与 5 号铸件为中心铸件的炉次，存在中心铸件的炉次数要等于计划的炉次数，正好为 2。其他铸件只能安排到这两个炉次中。从矩阵中可以看到 4 号铸件加入了第一个炉次，而 1 号铸件与 3 号铸件加入了第二个炉次，因为最后一行元素全为 0，故 6 号铸件没有加入任何炉次。这个例子只是说明炉次计划数学模型解的性质，没有考虑其他约束条件，而在实际求解过程中还要考虑其他约束，如热处理炉负载和工艺约束。

### 9.3.3 基于改进教与学算法的热处理炉次计划求解方法

热处理炉次计划数学模型本质上是一个 0-1 整型规划模型。但是由于复杂的约束条件，

采用精确算法并不能高效地求解该模型。目前，对于复杂的工程优化问题，大部分会采用与问题相关的启发式算法。其主要思路是将原问题按照一定启发式规则来进行简化，或者将复杂的原问题降阶成规模较小的子问题，或者是将原问题划分成多阶段，每个阶段相对求解比较容易。由于元启发式算法能够适应不同的优化问题，而且求解效率高，所以目前工程优化问题大部分还是采用元启发式算法来进行近似求解。热处理炉次计划中最重要的约束条件是工艺约束，在热处理炉次计划数学模型中，工艺约束用铸件之间不匹配性系数来进行表征，当两个铸件无法合炉热处理时，不匹配性系数为无穷大。基于上面的分析，在构建的热处理炉次计划数学模型的基础上，提出基于改进教与学算法的热处理炉次计划分步求解方案，从而实现炉次计划的算法辅助排产模式。分步求解方案将原问题分为两个阶段：第一个阶段基于工艺约束将原问题划分成不同的子问题，第二阶段采用改进的教与学算法对每个子问题求解获取子问题的解。最后比较子问题的解选取最好的作为炉次计划，重复这个过程可以实现多炉热处理计划。热处理炉次计划分步求解方案的整体流程图如图9-8所示。

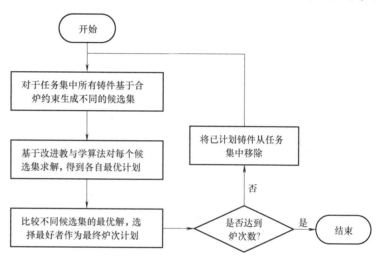

图9-8　热处理炉次计划分步求解方案的整体流程图

热处理炉次计划分步求解方案采用分阶段思路处理工艺约束，并将原炉次计划问题进行简化。基于工艺约束对任务集所有铸件进行拆分可以得到任务候选集，或者称为子问题。这些候选集已经满足了工艺约束，但是可以进一步去从三个优化目标来考虑制定一个最优的炉次计划。因此，设计了改进的教与学算法来从候选集中求解其最优炉次计划。通过比较各个候选集的最优结果，选出最好者作为当前炉次计划。然后从任务集中移除已经计划的铸件，重复上面计算直到满足炉次要求。采用分步求解方案一方面可以将问题在合理时间内求解，另外一方面可以处理每个热处理炉负载不同时的情况，在应用中更灵活。但是，采用分解的思路也存在一定的弊端，主要是在分解的过程中原问题的全局最优解可能会丢失。因此，热处理炉次计划分步求解方案得到的炉次计划是近似最优解。但是，在实际应用中是满足企业实际需求的，而且合理设计热处理炉次计划分步求解方案中的两个阶段，可以尽量保证所得炉次计划接近全局最优解。

热处理炉次计划分步求解方案主要包括两个部分：任务候选集生成方法和任务候选集求解方法。其中任务候选集求解方法是整个方案的核心程序，在教与学算法的基础上提出改进教与学算法来求解候选集。下面详细介绍两个部分各自的实现方法。

**1. 任务候选集生成方法**

热处理炉次计划分步求解方案的第一阶段是要生成任务候选集，这里提出基于工艺约束的任务候选集生成方法。对于工艺约束，主要考虑热处理工艺的保温温度和冷却方式。首先,不同冷却方式的铸件不能同炉热处理。其次,对于同一冷却方式的铸件,如果其保温温差超过一定阈值,也不允许放到一个炉次计划中。在研究中,考虑四种热处理冷却方式,分别是炉冷、空冷、水冷和油冷。热处理工艺类型是和热处理冷却方式相对应的,这里按照冷却方式划分是因为应用企业在实际生产中是按照冷却方式来制定热处理炉次计划的。综上分析,在一个任务候选集中,所有铸件都是同一个热处理冷却方式,而且最大保温温差不超过一定阈值。这样,任务候选集的铸件是可以考虑同炉热处理的,但是需要进一步去优化炉次负载利用率、工艺约束和铸件交货期,所以接下来会采用改进教与学算法从任务候选集中求解较优的炉次计划。据此,这里给出任务候选集的生成方法:

1)首先,根据各个铸件热处理工艺冷却方式的差异,将任务集中所有铸件分成四个类别,分别对应四种冷却方式,这里记包含各个类别的任务子集为 $U_i$( $i$ = 1,2,3,4)。但是每个任务子集并不能直接形成炉次计划,接下来还要考虑铸件的保温温度。

2)每个任务子集 $U_i$ 中铸件的保温温度范围记为 $[l_i, h_i]$,其中 $l_i$ 是该子集中铸件的最低保温温度,而 $h_i$ 是最高保温温度。$D_{max}$ 用来表征合炉时所允许的最大保温温差。比如,一个保温温度范围在 $[l_i, l_i+D_{max}]$ 的铸件集属于合法的合炉候选集。

3)根据2),分别针对每个任务子集产生合法的候选集。这里采用基于步长的策略。对于任何一个任务子集 $U_i$,设置一定的温度增长步长记为 $s$,并设置初始温度点 $t_0 = l_i + D_{max}/2$,令 $t = t_0$。

4)根据当前的 $t$ 在任务子集 $U_i$ 中生成一个可能的候选集记为 $C$,其铸件的保温温度范围为 $[t_i - D_{max}/2, t_i + D_{max}/2]$,满足最大温差要求。

5)如果 $t - D_{max}/2 < h_i$,那么候选集 $C$ 是一个合法的任务候选集,将其保存下来,同时更新 $t = t + s$,并跳转到步骤4)。否则,完成对任务子集 $U_i$ 的候选集生成过程。

6)对剩余的任务子集 $U_i$ 重复步骤2)、3)、4)和5),直到所有的任务子集生成了候选集。

综上所述,任务候选集的生成流程图如图9-9所示。首先根据冷却方式生成任务子集,然后根据保温温度从任务子集中生成任务候选集。

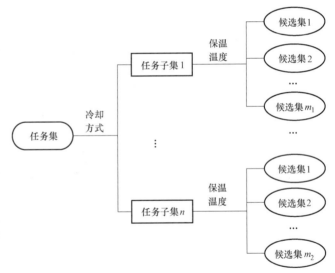

图9-9 任务候选集的生成流程图

从任务候选集生成流程中可以看到,温度步长 $s$ 一定程度上控制着任务候选集的生成数量。当温度步长 $s$ 增加时,任务候选集数量较少,反之,任务候选集数量增加。任务候选集数量越多,意味着改进教与学算法的解空间越大,需要的计算量越大,使用改进教与学算法得到的优化解与原问题的全局最优解越接近。但是,不可能穷举所有的任务候选集,否则计算量过大。因此,要设定合适的温度步长 $s$,以在速度和解质量之间做折中。

**2. 基于改进教与学算法的任务候选集求解方法**

任务候选集求解就是要从候选集中选取一定量的铸件形成一个炉次计划,该炉次计划的优化目标和前面所述的炉次计划数学模型一致，包含三个方面：炉次负载利用率、铸件工艺差异度以及交货期。这里采用改进连续教与学算法（C-ITLBO）来求解该优化问题，从而确定任务候选集的近似最优炉次计划。C-ITLBO 算法采用连续值对学生进行编码，需要设计相应的解码机制以建立连续值与铸件之间的映射关系。对于"教学"阶段和"学习"阶段，C-ITLBO 算法与标准 TLBO 算法操作一致。因此，下面主要叙述 C-ITLBO 算法的编码与解码机制、"自反馈学习"阶段和"回溯学习"阶段。

（1）编码与解码机制  对于一个任务候选集，其包含的铸件数记为 $k$，可以对铸件从 1 到 $k$ 进行编号，因此一个任务候选集就是一个铸件序列 $\pi = \{\pi_1, \pi_2, \cdots, \pi_k\}$。而 C-ITLBO 算法采用连续实数对个体进行编码，每个学生 $X_i$ 是一个实数值向量，解码的主要作用要将实数值向量映射为铸件序列。为了实现这样的解码，这里将学生中的每个学科与铸件一一对应，并且使用各个学科值来表征铸件的重要度。重要度越大的铸件其被加入炉次计划的优先级越大，因此可以按照铸件的重要度进行降序排列，从而得到一个铸件序列。表 9-6 给出了一个包含 5 个铸件的编码与解码实例。由表 9-6 可以看到，学生被编码为一个实数向量 $X_i = [2.45, -1.24, 1.51, 0.45, -2.05]$，根据解码机制，此实数向量被映射成一个铸件序列 $\pi = [1,3,4,2,5]$。当得到铸件序列后，需要考虑热处理负载来生成炉次计划，一种最简单的策略是按照铸件序列逐个将铸件加入炉次中，直到超过热处理炉负载。若热处理炉负载为 1500kg，此时只有铸件 1、3 和 4 被安排到炉次中，因为当继续加入铸件 2 时，铸件总重将超过热处理炉负载。因此，此实数值学生对应的热处理炉次计划为 $\{1,3,4\}$。

表 9-6  编码与解码实例

| 铸件编号 | 1 | 2 | 3 | 4 | 5 |
|---|---|---|---|---|---|
| 重量/kg | 450 | 650 | 350 | 500 | 600 |
| 重要度 | 2.45 | -1.24 | 1.51 | 0.45 | -2.05 |
| 排序号 | 1 | 4 | 2 | 3 | 5 |
| 序列号 | 1 | 3 | 4 | 2 | 5 |

当得到热处理炉次计划后，需要对该炉次计划 $\{J_i | i = 1, 2, \cdots, m\}$ 进行评估。这里按照数学模型中三个优化目标的加权和计算炉次计划的评分：

$$f = w_1 F_1 + w_2 F_2 + w_3 F_3 \tag{9-23}$$

式中，$F_1$、$F_2$ 和 $F_3$ 分别表示的是炉次负载未利用率、铸件工艺差异值以及铸件的交货期；$w_1$、$w_2$、$w_3$ 分别表示相应的权重值。根据炉次计划数学模型，$F_1$、$F_2$、$F_3$ 计算公式如下：

$$F_1 = \frac{G - \sum_{i=1}^{m} g_{J_i}}{G} \tag{9-24}$$

$$F_2 = \frac{1}{m} \sum_{i=1}^{m} \frac{|t_{J_i} - t_{J_h}|}{D_{\max}} \tag{9-25}$$

$$F_3 = \frac{1}{m} \sum_{i=1}^{m} \frac{d_{J_i} - d_{\min}}{d_{\max} - d_{\min}} \tag{9-26}$$

式（9-23）与炉次计划数学模型的优化目标是一致的，只不过用权重值 $w$ 替换了费用系数。实际生产中是难以确定各个因素的费用系数的，但是采用权重值只需要限定三个权重值之和为 1，而且当一个因素需要更多重视时，只需要增加其权重并降低其他因素权重即可。由于是最小化优化问题，当评分越低时，热处理炉次计划越优。这里用热处理炉次计划的评分表示对应学生的学习成绩 $f(X_i)$，学生成绩越低，炉次计划的解越优。

（2）"自反馈学习"阶段 反馈学习在学习过程中起到一定的作用，学生通过对比其当前状态和历史状态总结出学习经验，这是一种自学习机制。因此，改进教与学算法中引入"自反馈学习"阶段。"自反馈学习"阶段被嵌入在"教学"阶段和"学习"阶段之间。因此，学生首先通过老师教学进行学习，然后基于自己的历史状态进行"自反馈学习"，接下来再与学习伙伴进行学习。

在改进教与学算法中历史种群记为 $P^h = \{X_1^h, X_2^h, \cdots, X_{NP}^h\}$，其中第 $i$ 个历史学生记为 $X_i^h = \{X_{i,1}^h, X_{i,2}^h, \cdots, X_{i,D}^h\}$。历史种群的初始化与当前种群一致，即采用随机初始化的方式。每次迭代结束后，需要更新历史种群，更新方式采用随机化方式：

$$\text{如果 } a < 0.5 \ [a = rand(0,1)], \quad \text{那么 } X_i^h = X_i \tag{9-27}$$

从式（9-27）可以看到，历史种群的个体有一半的概率被当前种群中对应的学生所替换。因此，历史种群记录了当前种群中每个学生的某一历史状态。采用随机更新方式，也确保了历史种群与当前种群保持一定的距离，否则在 TLBO 算法中引入历史种群就失去意义。

在"自反馈学习"阶段，学生 $X_i$ 首先对比其当前成绩 $f(X_i)$ 和历史成绩 $f(X_i^h)$。如果当前成绩优于历史成绩，那么说明学生相比其历史状态取得了进步。因此，学生有可能从这次进步中学习到经验，这种"自反馈学习"机制用如下式描述：

$$\text{如果 } f(X_i) < f(X_i^h), \quad \text{那么 } X_{i,j}^{new} = X_{i,j} + rand(0,1)(X_{i,j} - X_{i,j}^h) \tag{9-28}$$

"自反馈学习"阶段的学生更新机制与标准 TLBO 算法相同，只有新个体更优时才进行更新操作。与 TLBO 算法中的"教学"阶段和"学习"阶段不同，不是所有学生都有机会进行学习。只有当学生当前成绩优于历史成绩时，学生才有可能进入"自反馈学习"阶段。

（3）"回溯学习"阶段 在"回溯学习"阶段，当前种群与历史种群进行交叉与变异来生成新种群，这是一种回溯搜索机制。TLBO 算法过早收敛的一个重要原因是丧失了种群多样性。交叉与变异操作最早在 GA 中使用，后来被很多优化算法所采用（如 DE 和 BSA），可以在一定程度上增加种群多样性。因此，改进教与学算法使用交叉与变异算子进一步提升算法的全局搜索能力。"回溯学习"阶段的交叉与变异算子是在 BSA 算法基础上进行改进的，主要通过当代种群和历史种群两者结合来完成。

对于变异操作，首先要随机打乱历史种群的学生顺序，产生一个乱序历史种群 $P^{rh}$，然后基于 $P$ 和 $P^{rh}$ 产生变异种群 $P^m$：

$$P^m = P + F(P - P^{rh}) \tag{9-29}$$

式中，$F$ 是尺度因子，控制 $P$ 和 $P^{rh}$ 差异值的幅度。随机打乱历史种群有利于增加变异种群的多样性，从而保证"回溯学习"的全局寻优能力。

交叉操作由两个步骤组成。首先，根据交叉概率 $\alpha$ 产生一个二元矩阵 $map$，其大小与种群 $P$ 一致，但是元素值为 0 或者 1，其用来控制新种群的产生。相比 BSA，C-ITLBO 算法采用一种更简单的方法生成 $map$：

$$map_{i,j}(i=1,2,\cdots,NP;j=1,2,\cdots,D) = \begin{cases} 1 & rand(0,1)<\alpha \\ 0 & 其他 \end{cases} \quad (9\text{-}30)$$

然后基于 $map$ 和 $P^m$ 生成新种群：

$$P_{i,j}^{new}(i=1,2,\cdots,N;j=1,2,\cdots,D) = \begin{cases} P_{i,j}^t & map_{i,j}=0 \\ mP_{i,j}^t & map_{i,j}=1 \end{cases} \quad (9\text{-}31)$$

可以看到，新种群是混合了当前种群 $P$ 与变异种群 $P^m$，这种随机混合方式可以增加新种群的多样性，从而提升 C-ITLBO 算法的全局寻优性能。由于"回溯学习"阶段的变异与交叉操作都是在种群上进行，式（9-29）和式（9-31）可以合并在一起：

$$P^{new} = P + Fmap \circ (P^{rh}-P) \quad (9\text{-}32)$$

当生成新种群后，C-ITLBO 同样采用贪婪更新策略：当 $f(X_i^{new})<f(X_i)$ 时，$X_i$ 被 $X_i^{new}$ 替换。

综上所述，C-ITLBO 算法的伪代码如图 9-10 所示。

```
输入: 任务候选集(D个铸件), 班级学生数NP, 交叉概率α, 尺度因子F, 迭代终止条件, 评估函数f
输出: 炉次计划最优解
1  开始
2   初始化全局最优解为Inf, 随机初始化种群P和历史种群P^h, 并计算学生成绩;
3   while 迭代终止条件未达到 do
4    for i ← 1 to NP do
5     // "教学"阶段
6     确定老师X_teacher和平均个体X_mean, 并随机生成教学因子T_F = round(1 + rand(0,1))
7     for j ← 1 to D do
8      | X_{i,j}^{new} = X_{i,j} + rand(0,1) · (X_{teacher,j} - T_F · X_{mean,j})
9     end
10    计算f(X_i^{new}), 如果f(X_i^{new}) < f(X_i), 接受X_i^{new};
11    // "自反馈学习"阶段
12    if f(X_i) < f(X_i^h) then
13     for j ← 1 to D do
14      | X_{i,j}^{new} = X_{i,j} + rand(0,1) · (X_{i,j} - X_{i,j}^h)
15     end
16     计算f(X_i^{new}), 如果f(X_i^{new}) < f(X_i), 接受X_i^{new};
17    end
18    // "学习"阶段
19    随机选择X_i的学习伙伴X_k (k ≠ i);
20    if f(X_i) < f(X_k) then
21     for j ← 1 to D do
22      | X_{i,j}^{new} = X_{i,j} + rand(0,1) · (X_{i,j} - X_{k,j})
23     end
24    else
25     for j ← 1 to D do
26      | X_{i,j}^{new} = X_{i,j} + rand(0,1) · (X_{k,j} - X_{i,j})
27     end
28    end
29    计算f(X_i^{new}), 如果f(X_i^{new}) < f(X_i), 接受X_i^{new};
30   end
31   // "回溯学习"阶段
32   随机打乱历史种群P^h, 产生乱序历史种群P^{rh}, 并根据α生成map矩阵;
33   P^{new} = P + F · map ∘ (P^{rh} - P)
34   for i ← 1 to NP do
35    | 计算f(X_i^{new}), 如果f(X_i^{new}) < f(X_i), 接受X_i^{new};
36   end
37   // 随机更新历史种群;
38   for i ← 1 to NP do
39    if rand(0,1) < 0.5 then
40     | X_i^h := X_i
41    end
42   end
43   更新全局最优解及炉次计划;
44  end
45 结束
```

图 9-10　C-ITLBO 算法伪代码

# 下 篇

## 铸造企业数字化管理软件及应用

# 第 10 章

# 华铸ERP集成系统概述

本章简述了华铸 ERP 集成系统的发展历史、系统架构、系统设计的业务模型、功能组成、应用分级方法以及系统中各个主要模块。

## 10.1 华铸 ERP 集成系统发展简介

华铸软件中心是华中科技大学材料成形与模具技术国家重点实验室的重要组成部分，是由原华中理工大学凝固模拟研究室发展而来的。凝固模拟研究室是由林汉同老师与刘瑞祥老师于 1985 年合作成立的，目的是进行铸造凝固模拟技术的系统研究与自主软件的开发。该中心目前主要从事热加工行业（以铸造为主）的数字化、信息化、智能化技术的研究、开发与应用，是国内从事铸造计算机应用研究规模最大的单位之一，拥有国家"211"工程重点建设的铸造凝固模拟基地、数字化铸造创新平台、先进航空轻质合金精密铸造联合实验室等。研究团队针对铸造领域的国家重大需求，长期致力于工艺优化设计、生产质量管控等数字化铸造技术的理论模型与集成方法、软件开发与工程应用的研究，取得了系列重要成果：获国家科技进步二等奖 2 项、省部级一等奖 5 项、省部级二等奖 1 项；获软件著作权及授权发明专利 50 余项；自主开发了"华铸 CAE""华铸 ERP/MES/PDM/SCADA""华铸 CAD""华铸 FCS"等系列华铸软件产品，并集成形成了"华铸 1+N"数字化铸造软件平台系统；所开发的软件系统已在国内外 700 余家单位成功应用。

早在 1995 年，该中心针对铸造行业与企业的数字化管理需求，系统地进行了铸造企业信息化智能化的研究，开发了国内专业面向铸造行业的"华铸 ERP"系统。针对该系统，该中心先后研发了 1.0 版本、2.0 版本到现在的 11.X 版本，从初期简单的生产管理系统、质量管理系统到熔模铸造 ERP 系统、砂型铸造 ERP 系统，再到支持混合生产模式、支持集团式-分厂两层架构式管控模式，支持单件化管理的、智能化柔性化 ERP 系统，到现在的"华铸 ERP/MES/PDM/SCADA"等系列集成系统。目前的集成系统包括市场管理、技术管理、生产管理、质量管理、采购管理、仓储管理、车间综合保障管理、人力资源管理、财务管理、设备互联/数据采集与监控等模块。由于研究团队长期从事铸造企业信息化智能化的研究，应全国铸造学会的邀请，负责起草了《铸造行业十三五技术发展规划纲要》中"网络制造"章节，以及《铸造技术路线图》中"数字化、网络化、智能化铸造"章节。华铸 ERP 集成系统成功应用于中国航发、中国铁建、中国一汽等近 30 家铸造企业中，涉及航空航天、军工兵器、铁路汽车、核电石油、工程机械、建筑五金等领域。华铸 ERP/MES/PDM/SCADA 等系列产品已经成为国内铸造行业成熟的商用信息管理系统，在国内处于领先地位。目前正大力研究大数据与人工智能技术在铸造企业的应用，如金相组织/X 射线检测缺陷的智能识别、基于多源大数据的工艺优化与质量实时检测控制等。

## 10.2 华铸 ERP 集成系统架构简介

### 10.2.1 系统业务模型

铸造 ERP 系统的业务模型如图 10-1 所示。系统的业务流程是以客户为中心，以生产管理为核心，订单拉动生产，全方位展开销售管理、生产管理、库存管理、采购管理等全套 MRP 流程，做到物流集成；对采购、生产、销售等环节进行严格的质量控制；对于生产密切相关的车间设备和模具进行集中管理；对采购、生产、销售等环节进行成本控制和财务管理，从而达到 MRP Ⅱ 物流资金流集成，再向外延伸到客户关系管理、供应商管理，做到整个供应链的管理。该系统全面面向铸造企业的生产作业流程，做到"铸造流水线式"管理，从而使得管理更加轻松、简便、规范、高效。

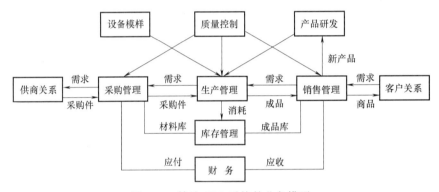

图 10-1 铸造 ERP 系统的业务模型

华铸 ERP 系统是根据铸造特点，本着规范铸造企业管理，提高企业效率，减少企业成本，加快企业信息化进程，提升企业市场响应能力，实现铸造企业全方位的信息整合而设计研发的。华铸 ERP 系统管理的业务涉及铸造企业内部和外部，包含订单、生产、设计、销售、采购、库存、质量、成本、设备、模具、人力、财务等环节，涉及客户和供应商。

### 10.2.2 系统功能组成

图 10-2 所示为华铸 ERP 系统的功能结构。其总体架构分三级，包括经营管理、生产管理、铸件管理、采购库存、车间管理、总账管理、人力资源、系统管理 8 个顶级模型，约

图 10-2 华铸 ERP 系统的功能结构

30个中级模型和200多个子模块。不同的铸造企业，其铸造类型、材质、企业管理模式不同，系统的功能结构也不尽相同。图10-3所示为某砂型铸造企业ERP系统部分业务流程图。其业务流程主要分为前期订单投产阶段、生产准备阶段、计划生产阶段、发货售后阶段以及质量监控、仓库物料管理和人力资源管理等。生产准备阶段需要根据客户订单是否提供模样或者图样来分叉处理业务流程，然后进行工艺设计或者模样生产和验收，然后进行BOM制定和工艺作业路线的设定。

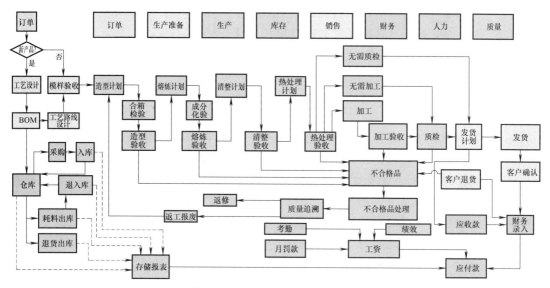

图10-3　某砂型铸造企业ERP系统部分业务流程图

### 10.2.3　系统应用分级

将ERP系统中对数据和表单的相关功能操作分为三个级别：

（1）基础应用级别　包括数据录入、修改、删除、查询、导入、导出、打印等基本功能。

（2）高级应用级别　包括批改、图形化分析、分享、分组统计、月季年度分析、行计算、签名/反签名、数据服务+文件服务、表单自定义、报表自定义等高级功能。

（3）智能应用级别　指的是对数据和表单进行智能化等操作。智能化操作包括智能任务、智能决策分析、智能决策、智能托管等，智能化程度依次越来越高。例如：化验分析后可以智能决策进行熔炼验收；作业路线制定后，系统可以根据作业路线对订单产品的造型新计划、发货新计划等进行智能任务；造型计划制定后可以对计划进行决策分析，判断是否有足够的规格砂箱来满足该计划，从而判断该决策是否可行。

铸造行业ERP系统经历了十多年的应用和发展，一方面ERP系统本身取得了不断地发展，另一方面企业对系统的应用水平也得到了不断地提升。为此，对ERP系统本身和企业应用水平进行分级别鉴定，可以更好地把握和指导铸造企业鉴别和应用ERP系统，如图10-4所示。

按照ERP系统各个模块应用情况来分，铸造ERP的应用可以分为三个级别：模块应用级、流程应用级、全线应用级，且级别越来越高，企业应用水平越来越高。模块应用级指的是企业应用ERP的水平还只是停留到某个或某几个单独模块的应用，这属于低层次的应用；

流程应用级指的是企业应用 ERP 的水平已不仅仅是某些模块的单独应用，而是某套流程或某几套流程的应用，这属于中级层次的应用；全线应用级指的是企业应用 ERP 的水平达到了全部流程的顺畅应用。模块应用级属于企业实施 ERP 的初始化阶段，当企业慢慢进入状态，某些业务开始流程化运行，这时候 ERP 运作开始发挥效用，当企业 ERP 应用进一步提升，全部流程都得以应用，则是全线应用级，这个级别难度比较大。当前，国内实施了 ERP 的铸造企业，水平基本上还属于

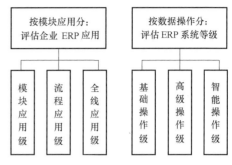

图 10-4　ERP 系统分级方法

模块应用级别，一些企业开始进入流程应用级，少量优秀企业则已进入了全线应用级。

按照上面对 ERP 中数据操作级别的划分，ERP 系统本身的"好坏"水平也可以分为这三个级别：基础操作级、高级操作级和智能操作级。级别越高，企业的 ERP 应用水平越高，信息化越高，管理水平越高；同时级别越高，对 ERP 系统的要求也越高。

目前国内 ERP 很少有智能操作级别的，更不用说铸造行业专用 ERP 了。但是，华铸 ERP 系统已经全面实现了基础操作功能、高级操作功能以及智能任务技术的应用，目前部分模块已经可以使用更好的智能化技术，如智能分析技术、智能决策技术、智能托管技术、智能绩效分析技术以及智能绩效点评技术。

## 10.3　华铸 ERP 集成系统模块简介

### 10.3.1　铸造经营/订单销售客户管理

铸造经营/订单销售客户管理包括的主要功能模块如下：

1）订单管理：订单信息登记校核、订单统计与跟踪、订单评审；订单报警设置、订单交货提醒、订单吨位比较、业务员初始化等。

2）销售管理：发货出库、退货入库、发货质保；发货统计、退货统计等。

3）客户管理：客户类别、信誉等级、客户信息；客户欠款限额、客户商机管理、客户联系回访管理等。

4）铸件仓储管理：铸件入库、铸件出库、铸件盘盈盘亏；铸件进退库历史、仓库实时库存；仓库铸件月度实存账表、仓库铸件监控；成品库存报警、半成品入库、半成品出库、成品入库、成品出库和半成品库存统计等。

### 10.3.2　铸造产品工艺技术管理

铸造产品工艺技术管理包括的主要功能模块如下：

1）铸件信息：铸件类别、铸件信息、产品结构 BOM；铸件质量分析、铸件生产分析等。

2）工艺设计：铸造工艺任务分配；卡片式工艺，包括砂铸工艺单、精铸工艺单；大纲式工艺，包括工艺大纲、各工序工艺（约 30 项）；工艺审批、技术图样；熔炼配料工艺、

热处理工艺;路线模板、工艺路线、细则路线、单件路线;材料 BOM、路线工时、订单物料需求计划;工艺质量分析、工艺系统评分;生产砂金属比分析、砂箱/关键工装使用分析等。

3) 工艺资源:铸造工艺资源、沙箱、冒口、冷铁、浇道等。

4) 科研管理:科研立项、项目完成进度管理、项目变更、项目总结与评分等。

5) 标准成本:成本类别、成本项目、均摊标准成本项目定额、成本核算、系统订单报价、报价调价等。

6) 工期监控:订单盈余期、工艺盈余期、当前生产盈余期;工期预警、工期预计等。

### 10.3.3 铸造生产管理

铸造生产管理包括的主要功能模块如下:

1) 生产总控:新品试制、超制投产、生产准备检查;计划投产、工序计划、报废补投;在制监控、流卡监控、计划执行率;计划跟踪、炉号跟踪等。

2) 铸造前段管理:各工序计划/验收;砂型铸造,包括造型、下芯、合箱、烘型;熔模精铸,包括制模(压蜡修型组树)、制壳(面层背层)、脱蜡焙烧;石墨型,包括制型、检验;其他铸造方式,如离心、压力铸造等。

3) 铸造熔炼浇注管理:各工序计划/验收;熔炼、浇注等。

4) 铸造后段整理:各工序计划/验收;移动开箱清整、去浇口、打磨、分割、焊补、抛丸、热处理、酸洗、碱洗、碳刨、涂漆、包装等。

5) 现场制造执行管理:现场生产报工、现场进度跟踪;生产辅助工装管理等。

6) 加工管理:加工路线及定额、加工工位;加工计划、加工上线、加工报工/记录/查询、加工工票记录/工资、加工验收、加工不良处置/退废、加工下线;加工等待库/完成库管理、加工在制监控;车床计划、铣床计划、镗床计划等。

7) 外协管理:外协计划、单价库建立、外协委托、外协验收、外协结算、外协成本呈报等。

8) 生产统计:各工序计划达成统计分析、人员劳动统计、产品品种进度/数量统计等。

9) 工票系统:计件工工票、辅助工工票、计件工资管理和工票详情等。

针对铸造企业车间生产质量管控及数字化可视化需求,华铸软件中心开发了国内专业面向铸造行业的铸造 MES。该系统包括展示层的现场数字化生产看板、数字化工艺看板、质量监控预警,管控层的工序级生产计划调度、车间作业完工扫码报工、产品接收扫码报工、产品上/下机扫码报工、现场物料管控、现场质量评审与管控、设备维护管理,设备互联层的 SCADA 系统、工控机、设备数据实时采集、设备运行监控、异常预警等模块。采用该系统,可实现铸件产品的生产和质量全过程跟踪、管控与追溯;并可实现车间无纸化,生产过程透明,现场信息收集反馈及时准确,优化资源调配,异常及时响应,设备运行可监控,数据采集全面及时;可与华铸 ERP、华铸 PDM、华铸 SCADA 等系列系统高度集成,发挥着承上启下车间级综合信息系统的作用。

### 10.3.4 铸造质量管理

铸造质量管理包括的主要功能模块如下:

1）采购质检：原料入库检验、辅料入库检验、采购入库检验合格率分析等。
2）生产质检：用料检验、原料型砂涂料检验；造型质量点检、合箱检验；配料化验浇注；分检、X射线检测、荧光检测、尺检、外观检、酸洗检验、碱洗检验、晶粒度、成分、性能、不良处置、终检等。
3）销售质检：合格证、发货质保书等。
4）质量处理：内部不良登记、外部不良登记；不良评审、不良处置等。
5）质量统计：来料质检统计分析、生产质检统计报表；不良统计分析、质量损失、废品率；来料质检统计分析、不良统计分析；废品率分析、废品原因分析；铸件单件全过程质量追溯等。

### 10.3.5 铸造采购仓储管理

铸造采购仓储管理包括的主要功能模块如下：
1）材料供商：材料类别、材料信息；供商类别、供商信誉等级、供商信息。
2）采购管理：部门申购、采购单、采购进退货；采购规范、采购跟踪、采购统计等。
3）采购统计：采购进退库历史、采购市场价格监控等。
4）材料仓储：仓库出入库（领退借还）、仓库调拨、仓库盘盈盘亏；模具工装、量具检具；出入库条码化管控等。
5）仓储统计：仓库领退料明细、调拨统计、盘库统计；仓库实时仓库、仓库月度实存账表、仓库月度账存账表；仓库材料监控等。

### 10.3.6 铸造车间综合保障管理

铸造车间综合保障管理包括的主要功能模块如下：
1）设备管理：设备类别、信息、检查、维修、更换、状态变更；关键配件更换、检修报警等。
2）模具工装：类别、信息、出厂\入厂、制作、检验、状态变更等。
3）量具夹具检具：类别、信息、周期检验、出入库等。
4）安全管理：安全培训、安全事故记录、处理和跟踪。
5）能耗管理：水电风气用量登记、统计、部门/吨产品能耗分析等。
6）环保监控：车间三害监控、设备改造升级等。

### 10.3.7 铸造人力资源管理

铸造人力资源管理包括的主要功能模块如下：
1）职工管理：人事档案、履历、信息变更、岗位变更；合同管理；体检、离职、关怀、社保；人员结构分析、各部门机构图等。
2）行政管理：资料管理、工作计划、会议记录及落实管理；考勤管理、请假出差调休加班管理等。
3）招聘管理：招聘需求、审核、发布；招聘应聘记录、结果录入等。
4）培训证书：培训记录管理、证书管理、证书延期等。
5）绩效管理：考核分值标准、考核奖惩标准、安全事故等级、安全事故评定、考核安全、考核设备、考核汇总安全、考核汇总设备、考核汇总质量、考核汇总节点和考核评分等。

6）薪酬管理：薪酬标准、综合绩效薪酬、计时计件薪酬、工资、奖罚单、部门绩效奖金分配、薪酬发放管理等、个人薪资查询等。

### 10.3.8 铸造财务管理

铸造财务管理包括的主要功能模块如下：

1）初始设置：货币、收付款方式、现金流库、科目类别；客户账款初始化、供商账款初始化等。

2）应收管理：发货确认、销售开票、财务应收、回款收账、客户发票核销等。

3）应付管理：采购来票、财务应付、付款出账（供商付款、杂项付款）、供商发票核销等。

4）现金流管理：客户回馈、供应商付款、杂项付款、现金流库划款、现金流库明细等。

5）实际成本：成本科目设置、成本归集、月度成本明细、月度科目成本统计等。

6）财务统计：客户业务汇总明细、供商业务汇总明细；开票详情、开票未付款查询、回款明细、应收发票查询、应收账款余额查询、应收账款账期回款分析；应付发票查询、应付账款余额查询、付款单明细、应付发票明细、应付账款给款发票入账提醒等。

### 10.3.9 铸造设备互联/数据采集与监控

铸造设备互联/数据采集与监控包括的主要功能模块如下：

1）数据采集：生产设备数据采集管理、检测设备数据采集管理、辅助设备数据采集管理等。

2）数据分析：设备使用率分析、设备使用效率分析、工艺参数和产品质量之间的关系分析等。

3）数据监控：工艺技术参数偏离远程报警、故障远程报警等。

### 10.3.10 系统管理

系统管理包括的主要功能模块如下：

1）初始设置：厂区、部门、车间、角色；企业日历、节假日；仓库、工序等。

2）数据维护：用户组管理、用户及权限管理、用户清单；反签名、表单编码规则、系统资源管理；个人信箱、信件管理等。

3）系统维护：操作日志管理、登录日志管理、登录考勤；系统报表中心、系统分析中心；系统打印样式、系统浏览样式；系统不为空/其他约束、系统对象框、系统数据刷新；系统表完善度、系统数据窗口；系统模块设置/简洁/详细、系统查询关键词；数据库维护、数据库自动备份等。

4）开发管理：系统应用库设计、系统工具库设置、系统其他设置；系统指导中心设计、创建数据区、创建模块；语法修改器、动态增加列、样式推广、万能键等。

# 第 11 章

# 华铸ERP集成系统部署与安装

本章详细介绍了华铸 ERP 集成系统的服务器配置、数据服务部署、文件服务部署，以及软件客户端安装、注册、授权过程。

## 11.1 数据与文件服务器部署

### 11.1.1 数据服务部署方法

**1. 数据库维护**

华铸 ERP 系统为管理员提供日常数据的备份与还原，让其能够在任何时间因计划或者紧急事件操作数据，如图 11-1 所示。

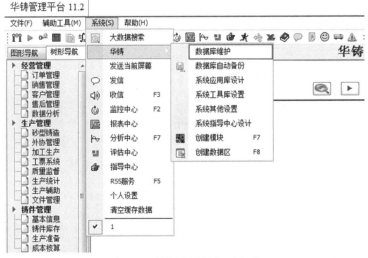

图 11-1 数据库维护打开方式

如图 11-2 所示，数据库维护操作步骤如下：
1）选择数据库备份或者还原。
2）填写服务器名称（一般为服务器的 IP 地址，系统默认）。
3）填写数据库名称（系统默认）。
4）填写用户名（系统默认）。
5）填写用户密码。
6）单击"浏览"按钮，选择要备份或者还原的文件夹。
注意事项：如果没安装好数据库插件，会显示系统提示框，如图 11-3 所示。

第11章 华铸ERP集成系统部署与安装

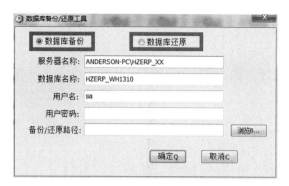

图11-2 数据库维护界面

图11-3 数据库维护系统提示框

### 2. 数据库自动备份

华铸 ERP 系统为超级管理员提供数据库自动备份功能，让系统能够自动进行日常的数据备份，确保数据安全，如图11-4 和图11-5 所示。

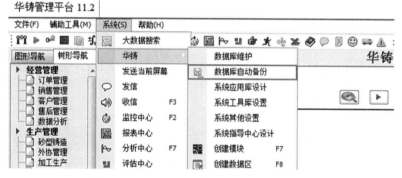

图11-4 数据库自动备份打开方式

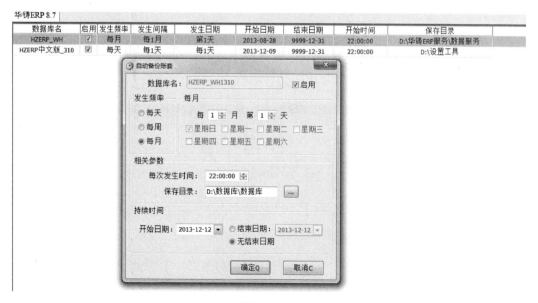

图11-5 数据库自动备份界面

数据库自动备份操作步骤如下：

1）单击"添加计划"按钮，弹出自动备份账套窗口。

2）选择发生频率以及发生的具体某一天。

3）选择相关参数：发生时间（企业空闲时间，推荐 22:00），保存目录（推荐在服务器 D:\华铸 ERP 服务\数据服务）。

4）持续时间选择，"确定"保存。

注意事项如下：

1）双击可以修改保存过的计划。

2）在数据库自动备份中可以选择该计划是否启用（默认启用）。

3）单击"删除计划"按钮，可以删除记录。

### 11.1.2 文件服务部署方法

以 Server-U 为例，FTP 服务配置步骤如下：

1）新建域：根据向导，输入 IP→自定义域名→端口号→选择域类型。

2）新建用户：输入用户名→密码→设置主目录→选择锁定用户主目录。

3）设置用户属性：在常规属性中，勾选总是允许登录，允许用户更改密码，设置最大上传/下载速度；在目录访问属性中，勾选用户权限。

FTP 配置图解如图 11-6~图 11-8 所示。

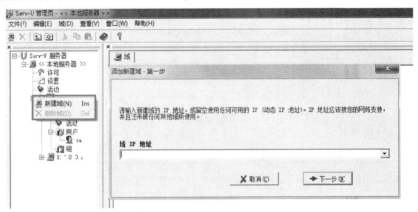

图 11-6 新建域

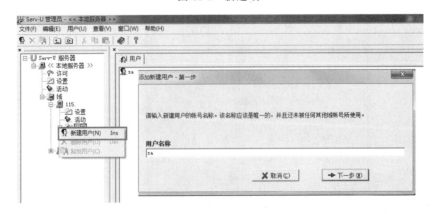

图 11-7 新建用户

# 第11章 华铸ERP集成系统部署与安装

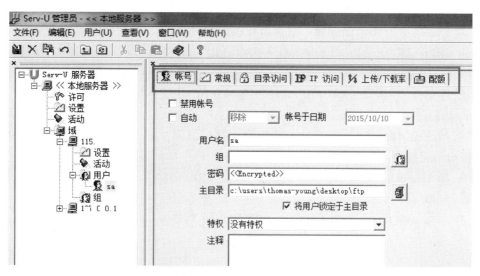

图 11-8　设置用户属性

FTP 配置常出现不能上传/下载的问题，问题及解决办法如下：

（1）ERP 的 FTP 配置　检查 ERP 的 FTP 配置是否有问题。一般之前都已经配置好了，没有改动就问题不大。

（2）端口映射　检查公司服务器 FTP 端口和主路由器的端口映射是否有问题。一般之前也都已经配置好，如果有修改，请重启一下路由器。

（3）FTP 被动服务模式　检查 FTP 被动服务模式是否开启。如果被动模式未开启，用户通过局域网访问外网的服务器时，服务器无法主动将数据传至用户端。FTP 被动模式开启方式如图 11-9 所示，在 Server-U 中单击本地服务器中的设置项，在高级设置中填写 FTP 被动服务 FASV 端口范围，如 2100~2121。

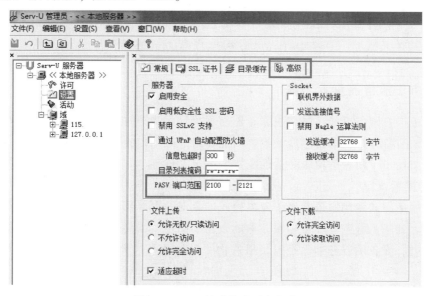

图 11-9　FTP 被动模式开启方式

(4) 防火墙设置　检查客户端和服务器的防火墙是否开启。防火墙 CMD 方式处理如下：

1) 客户端的 FTP 防火墙问题：直接执行以下 CMD 语句，设置入站规则。

netsh advfirewall firewall add rule name="华铸 ERP 程序" dir=in program="d:\华铸 ERP\华铸 ERP.exe" action=allow

netsh advfirewall firewall add rule name="华铸 ERP-升级程序"dir=in program="d:\华铸 ERP\hzupdate.exe"action=allow

2) 服务器端的防火墙问题就是入站规则，端口访问，必须要用 TCP，经测试 UDP 无效，设置出站无效。

netsh advfirewall firewall add rule name="华铸 ERP-SQL"protocol=TCP dir=in localport=1433 action=allow

netsh advfirewall firewall add rule name="华铸 ERP-FTP" protocol=TCP dir=in localport=20-21 action=allow

netsh advfirewall firewall add rule name="华铸 ERP-FTP" protocol=TCP dir=in localport=2100-2121 action=allow

或者

netsh advfirewall firewall add rule name="华铸 ERP-FTP" protocol=TCP dir=in localport=20-21,2100-2121 action=allow

服务器防火墙开启状态如图 11-10 所示。

图 11-10　服务器防火墙开启状态

### 11.1.3　备份服务器配置方法

备份服务器，顾名思义，是在主服务器出现故障无法短时间恢复时启用的。企业如何建立高效快速的应急方案，即备用服务器如何能在最短时间内完全接管主服务器的应用显得尤为重要。本节给出了两种备份服务器的配置方案。

**1. 手动配置**

对于主服务器和备用服务器属于分离模式的企业，可采用此方案，分两种情况考虑。

情况一：如果主服务器和备用服务器的数据不同步，需要把主服务上的最新数据复制到备用服务器上，在备用服务器已经安装相关软件的前提下，预计配置所需时间为 1~2h，具体操作如下：

1) 取硬盘：取出主服务器的硬盘，连接到备用服务器上。

2) 复制 FTP 文件：找到硬盘中的华铸 ERP 服务文件夹（通常在 D 盘或 E 盘），将数据服务中最新的备份文件和文件服务中的所有文件复制到备用服务器中。

3）还原数据库文件：将硬盘中的 SQL 数据文件和日志文件复制到备用服务器上，然后打开备用服务器上的 SQL 数据库，还原主服务器的 SQL 文件。

4）改 IP：将备用服务器的 IP 改为主服务器的 IP 地址，以便用户能照常连接。

5）配置 FTP：在备用服务器上配置 FTP 服务，保证 IP、用户名、密码、端口都与主服务器一致。

情况二：第一种情况的文件复制过程比较烦琐，且由于 FTP 文件较大，拷贝花费的时间长。因此，建议企业通过使用文件同步软件等方式实现主服务器和备用服务器的文件实时同步，保证备用服务器上的数据与主服务器的一致，这样可以大大节省备用服务器的配置时间。

**2．自动配置**

对于服务器采用计算机集群+主机控制模式的企业，可采用自动配置方案。

计算机集群是一种计算机系统，它通过一组松散集成的计算机软件和/或硬件连接起来，以高度紧密地协作完成计算工作。通过建立计算机集群+主机控制系统，当主服务器节点故障时，备用服务器自动接管主服务器的工作，这时只需要修改备用服务器的 IP 地址即可。

为了避免更改 IP 的工作，实现完全自动化，可以在此基础上，增加域名解析功能，即所有服务器共用一个域名，用户通过这个域名访问服务器。正常情况下域名指向主服务器 IP，当主服务器故障时，域名指向备用服务器 IP。

## 11.2　软件安装与注册

当用户安装完 HZERP 系统后，可从开始菜单击或直接双击桌面的图标，运行 HZERP 系统。当第一次运行时，会首先进入 HZERP 的注册界面。对于每个客户端，只需成功注册一次。注册步骤如图 11-11 所示。

HZERP 注册模块的菜单结构如图 11-12 所示。

HZERP 注册模块的主界面如图 11-13 所示。

说明：注册码文件为 HZERP 标识每台客户端计算机的文件，对于不同的客户端，此文件是不相同的。

对于每个不同的注册码文件，华铸软件中心唯一生成的授权文件。只有导入正确的授权文件，HZERP 才能正常使用。

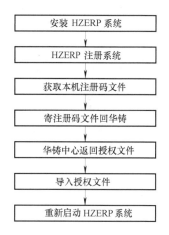

图 11-11　HZERP 系统注册步骤

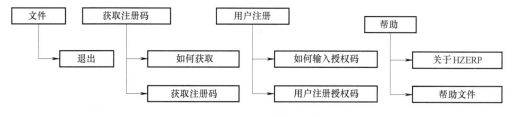

图 11-12　HZERP 注册模块的菜单结构

注册步骤如下：

### 1. 获取注册码

功能说明：获取本机的注册码（注册码在这里不等同于授权码，它是每台客户端计算机的标识码），不同的机器会有不同的注册码，它是一个 .com 格式的文件。

操作方法：可以通过选择"获取注册码"菜单下的"获取注册码"菜单获得。然后选择一个想要保存文件的路径，单击"确定"按钮即可。其界面如图 11-14 所示。

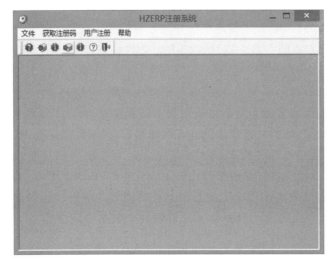 

图 11-13　HZERP 注册模块的主界面　　　　图 11-14　获取注册码路径界面

### 2. 将注册码寄回华铸软件中心

将该注册码文件（为 *_hzerp.com 格式的文件），通过 Email 寄回华中科技大学华铸软件中心，华铸软件中心会首先确认其合法性，然后根据寄回的注册码文件，生成相应的授权码文件。

华铸软件中心联系方式可单击"帮助"菜单下的"关于 HZERP"获得。

### 3. 注册授权码

功能说明：获得华铸软件中心寄回的授权码文件后，导入授权文件即可。

操作方法：选择"用户注册菜单"下的"用户注册授权码"菜单，其界面如图 11-15 所示。

可以选择两种注册方式：常用的为"导入授权文件"，然后通过"浏览"选择授权文件，程序帮用户导入授权文件。如果用户已知授权码的话，也可以通过直接输入授权码来生成并导入授权文件。此时系统会自动判断用户的授权码是否正确，不正确则不能继续。

图 11-15　华铸 ERP 授权界面

注意：此处并不验证用户的授权文件是否正确，当下次运行时会自动判断。如果导入文件正确的话，HZERP 系统就会直接跳过注册模块，否则，会重新进入注册模块。

# 第 12 章

# 华铸ERP集成系统通用操作

本章详细介绍了华铸 ERP 集成系统的通用操作，包括主界面、主菜单功能、数据处理中心与菜单功能、特色功能、系统管理、图文档管理等。其中，系统管理包括初始化、信件、信息、系统资源、日志、用户管理等功能；图文档管理包括文档管理、企业文件夹、搜索等功能。

## 12.1 主界面主菜单

华铸 ERP 集成系统的主菜单如图 12-1 所示，菜单结构如图 12-2 所示。

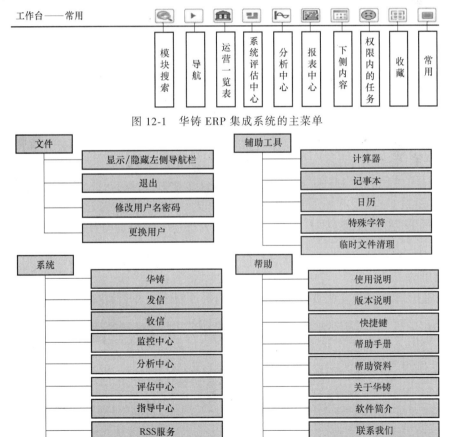

图 12-1 华铸 ERP 集成系统的主菜单

图 12-2 华铸 ERP 集成系统的菜单结构

系统工具栏由系统主菜单中的子菜单组成，其功能介绍如图12-3所示。

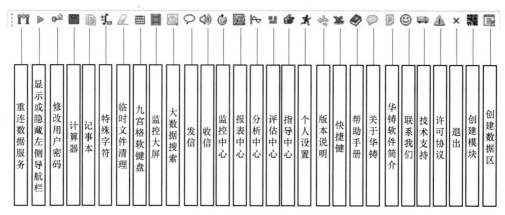

图12-3　系统工具栏的功能介绍

### 12.1.1　显示/隐藏左侧导航栏

功能说明：显示和隐藏窗口左侧导航栏。

使用方法：单击"文件"菜单，选择"显示/隐藏左侧导航栏"菜单，即可显示和隐藏左侧导航栏，如图12-4所示。

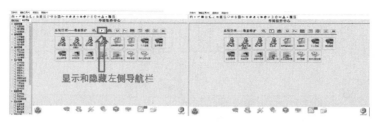

图12-4　显示/隐藏左侧导航栏

### 12.1.2　用户定制服务

功能说明：用户可以自己定制适合自己的服务，包括RSS中心、报表中心、分析中心和监控中心的定制。

使用方法：用户可以在需要定制的服务上勾选该服务即可，如图12-5所示。

图12-5　用户定制服务

## 12.1.3 企业新鲜事

图 12-6 所示为系统新鲜事界面。

功能说明：可以让用户第一时间看到其他用户发布的最新消息和新鲜事，实现用户之间的方便快捷沟通。

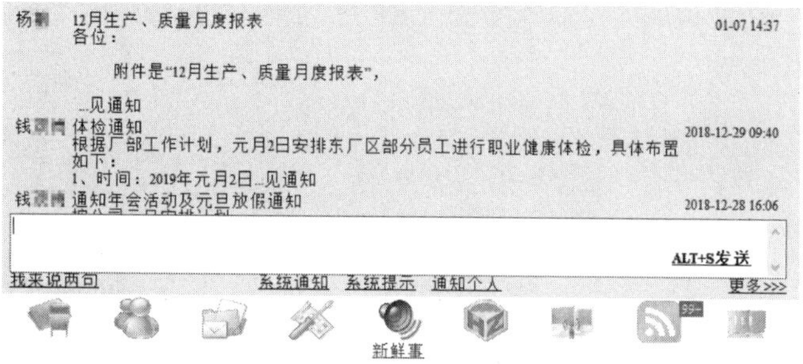

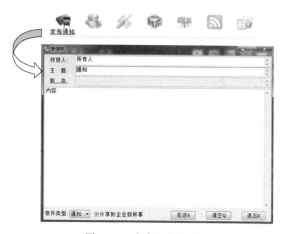

图 12-6 系统新鲜事界面

## 12.1.4 修改用户名密码

功能说明：修改当前用户的密码。

使用方法：单击"文件"菜单，选择"修改密码"菜单，即可进入修改用户登录/签名密码界面，其界面如图 12-7 所示。

请按照提示，依次输入原密码和新密码，并确认新密码，单击"确定"按钮即可。如果此时原密码不正确，或者新密码和确认的新密码不一致时，都会提示错误，修改密码失败！

## 12.1.5 发布通知

功能说明：可以快捷地打开用户的编辑新信件窗口，方便发布信息和通知。企业可以利用它发布通知和消息给所有人或者某些人。发布通知界面如图 12-8 所示。

图 12-7 修改用户登录/签名密码界面

图 12-8 发布通知界面

## 12.1.6 用户列表

功能说明：可以查看各个部门的用户在线情况。用户列表界面如图 12-9 所示。

## 12.1.7 个人设置

图 12-10 所示为个人设置界面。

功能说明：个性化定制 ERP 的功能，包括是否"开启文件服务"和是否"自动启动监控中心"。

图 12-9　用户列表界面

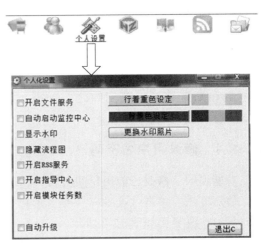

图 12-10　个人设置界面

## 12.1.8　监控中心

图 12-11 所示为监控中心界面。

功能说明：可以监控用户目前的任务情况，并能提醒用户是否有工作需要完成。

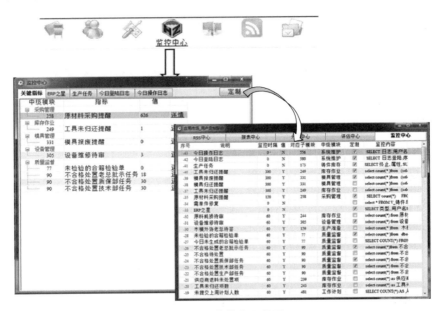

图 12-11　监控中心界面

## 12.1.9　指导中心

功能说明：从整个系统流程上查看工作信息，指导企业决策级的工作。指导中心界面如图 12-12 所示。

第12章 华铸ERP集成系统通用操作

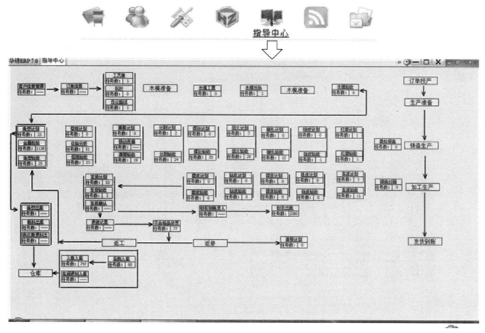

图 12-12　指导中心界面

## 12.1.10　RSS 服务

功能说明：RSS 服务可以记录所有的服务，将所有的任务放在一个窗口中，这样用户可以在一个窗口中操作所有任务。RSS 服务界面如图 12-13 所示。

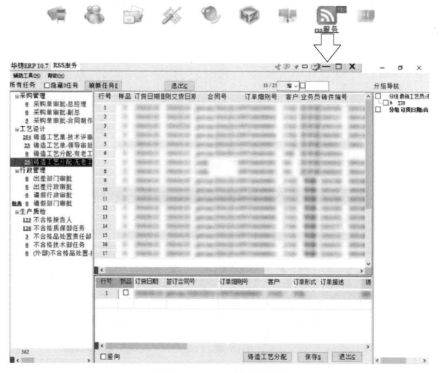

图 12-13　RSS 服务界面

## 12.1.11 个人信箱

功能说明：包括收件箱和发件箱，可以查看个人的所有信件信息。个人信箱界面如图 12-14 所示。

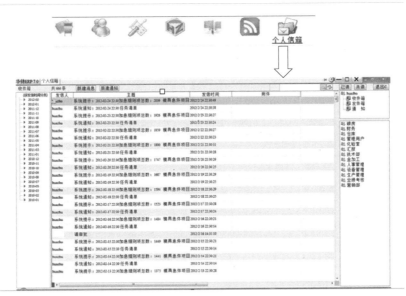

图 12-14　个人信箱界面

## 12.1.12 快捷键

图 12-15 所示为万能键快捷界面，列出了系统包括的快捷键及其功能。图 12-16 所示为分组统计界面，按下 <F8> 键即可完成系统分组统计。图 12-17 所示为动态增加列界面。

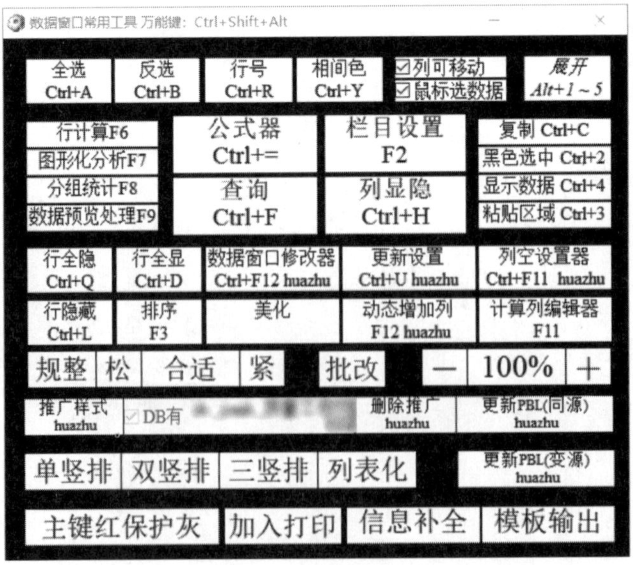

图 12-15　万能键快捷界面

第12章 华铸ERP集成系统通用操作

图 12-16 分组统计界面

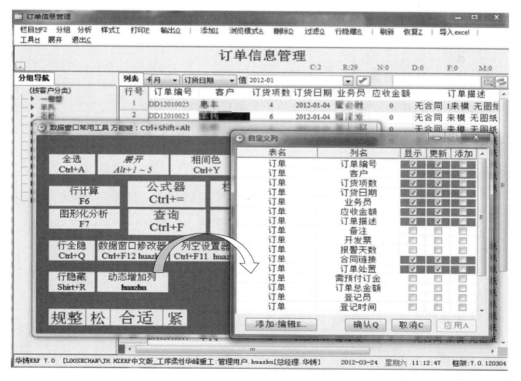

图 12-17 动态增加列界面

## 12.1.13 特殊字符

功能说明：打开特殊字符文本。

使用方法：单击"辅助工具"菜单，选择"特殊字符"菜单，即可打开特殊字符。利用系统提供的特殊字符。在录入信息时，遇到特殊字符，即可在此文本中找到，复制粘贴到相应地方即可。特殊字符菜单如图12-18所示。

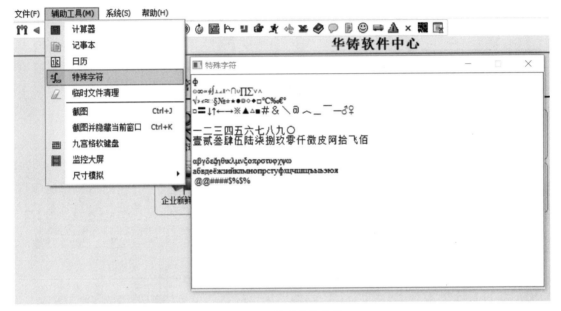

图 12-18　特殊字符菜单

## 12.1.14 临时文件清理

功能说明：可以删除临时文件夹里面的所有内容，只留一个空文件夹。

## 12.1.15 数据库维护

功能说明：备份和还原现有的数据库。

使用方法：单击"系统"菜单，选择"数据库维护"菜单，即可打开数据库备份/还原窗口，如图12-19所示。

单击"数据库备份"和"数据库还原"前面的单选按钮，即可选择一项进行操作。请务必填写"服务器名称""数据库名称""用户名""用户密码"各项内容，并确保内容正确。单击"浏览…"按钮，弹出选择路径对话框，选择正确的路径后，单击"确定"即可。

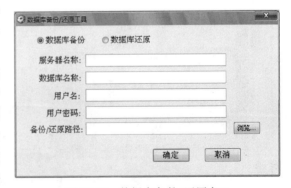

图 12-19　数据库备份/还原窗口

## 12.1.16 帮助手册

功能说明：打开帮助手册。

使用方法：单击"帮助"菜单，选择"帮助手册"菜单，即可打开帮助手册，如图12-20所示。

图 12-20　帮助手册

## 12.1.17 帮助资料

功能说明：如果帮助手册不够，还可以通过帮助资料观看视频帮助。

使用方法：单击"帮助"菜单，选择"帮助资料"菜单，如图12-21所示。

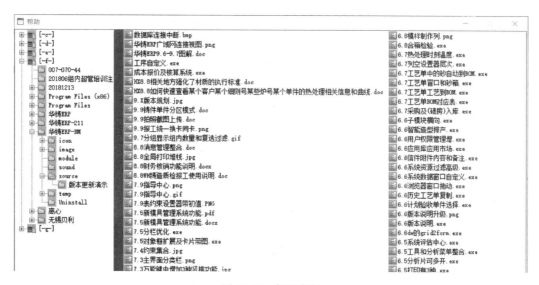

图 12-21　帮助资料

### 12.1.18 版本说明

功能说明：说明各个更新版本功能。

使用方法：单击"帮助"菜单，选择"版本说明"菜单，如图 12-22 所示。

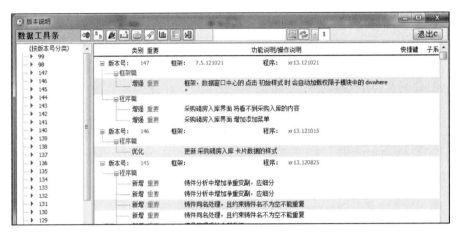

图 12-22　版本说明

## 12.2　数据处理中心主菜单

华铸 ERP 系统对于不同的窗口，提供了许多通用的简洁的界面，有许多通用的使用方法，如信息的添加、删除、过滤等。下面以"订单信息管理"为例说明各子模块菜单（见图 12-23）的使用方法。

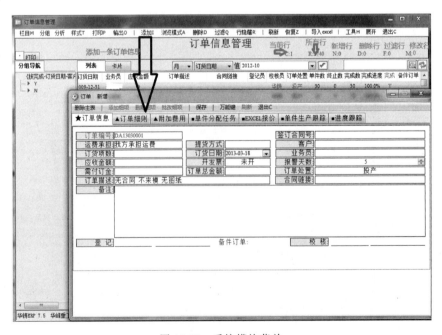

图 12-23　系统模块菜单

## 12.2.1 栏目

快捷键为<Alt+M>。实现当前窗口的列的显示设置，隐藏用户不需要看到的列名，提供用户自定义的列表。

如图 12-24 所示，在栏目设置中，可以设置某一列是否显示在表中，同时可以设置列的小数位数、字体、背景颜色以及是否对齐等。在栏目设置窗口左下角有"排序"按钮，单击该按钮后，弹出"选择排序的列"对话框，如图 12-25 所示，可以设置是否对选定的列进行升序排列，结果体现在上级表单中。

图 12-24 栏目设置界面

图 12-25 排序界面

## 12.2.2 分组

分组菜单将表单可以分为分组导航区和分组任务区。分组导航区可以选择要分组的列进行分组，图 12-26 所示左边列出了可以进行分组的列，右边窗口为选定进行分组的列。

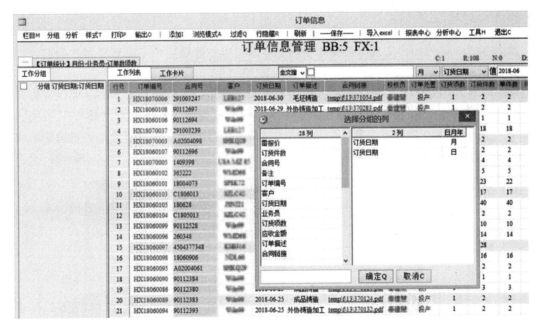

图 12-26 系统分组界面

一些子模块的分组菜单还可以将表单分为任务区和工作区。以铸造生产模块的造型计划为例，分为任务区和工作区，任务区列出需要进行造型的任务，工作区列出正在进行造型的任务，如图 12-27 和图 12-28 所示。

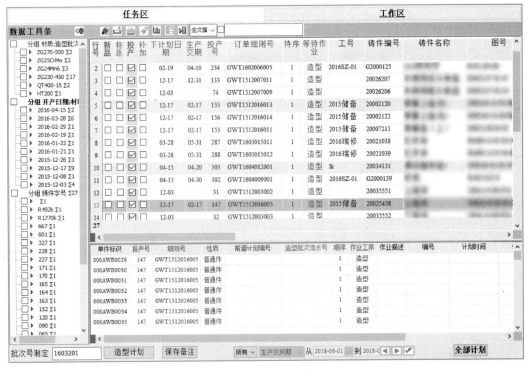

图 12-27 系统任务区

第12章 华铸ERP集成系统通用操作

图 12-28 系统工作区

## 12.2.3 分析

分析菜单可辅助用户对数据表中的数据进行科学的分析，可以对数据表中的数据按指定的过滤条件进行分析，有图形化分析、月度年度分析、行计算、分组统计。图 12-29 所示为图形化分析和月度年度分析。

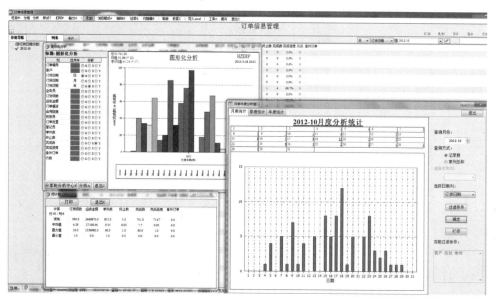

图 12-29 图形化分析和月度年度分析

行计算分析如图 12-30 所示，包括对需要进行分析的列进行求和、平均值、最大值、最小值，并可将行计算分析的结果打印。

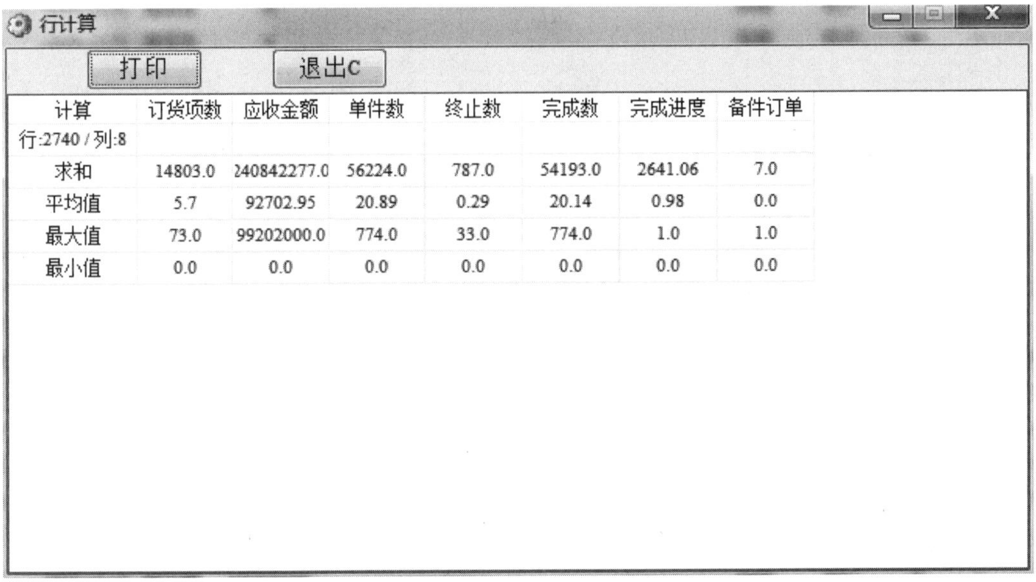

行计算
打印
退出C
计算
订货项数
应收金额
单件数
终止数
完成数
完成进度
备件订单
行:2740 / 列:8
求和
14803.0
240842277.0
56224.0
787.0
54193.0
2641.06
7.0
平均值
5.7
92702.95
20.89
0.29
20.14
0.98
0.0
最大值
73.0
99202000.0
774.0
33.0
774.0
1.0
1.0
最小值
0.0
0.0
0.0
0.0
0.0
0.0
0.0


图 12-30　行计算分析

分组统计分析如图 12-31 示，可以选择对多列按不同方式进行分析。

树形分层器
选择分层列
选择统计列
列
日月年
分层
分层色
字色
订单编号
客户
订货日期
年
订货日期
月
订货日期
日
业务员
订单描述
合同链接
校核员
订单处置
登记员
完成
列名
统计
订货项数
应收金额
单件数
终止数
完成数
完成进度
备件订单
行号
分组选项
分组无细项
隐藏分组列
确定Q
取消C
编辑计算列E


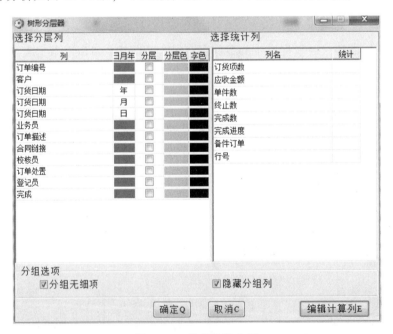

图 12-31　分组统计分析

### 12.2.4　样式

快捷键为<Alt+T>。对于用户自定义好的栏目和分组状态，可保存样式，下次进入的时候应用样式即可回到自定义好的样式，如图 12-32 所示。

调整好栏目显示和分组后，对于用户自定义的样式，填写完样式名称，单击"保存"按钮即可保存。保存完毕后，在下方的窗口中会显示用户保存的所有样式，用户可以通过窗口最下方的按钮，设定默认样式，取消默认样式，删除样式及应用样式。

还可以利用右键快捷菜单模式设置样式，在分组导航上面右击小黑点可以添加样式，如添加打印、浏览、简洁、详细等样式，如图 12-33 所示。用户单击管理样式弹出如图 12-32 所示的样式对话框，可以对样式进行管理。

图 12-32　样式界面

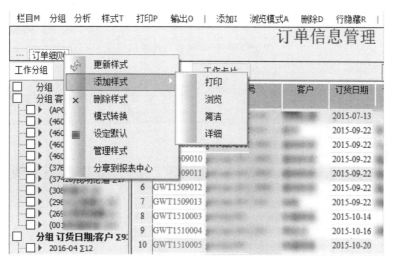

图 12-33　添加样式

对于样式菜单，可以分别设置列表的样式和卡片的样式。

## 12.2.5　打印

打印区域有三种，即打印列表区、打印卡片区和打印任务区。打印列表区设置窗口如图 12-34 所示。图中方框图中的内容表示用户可以设置欲打印表单的大标题、副标题、单位、制表人等信息。具体操作：单击横线上方大标题、副标题等字段，输入用户想要的大标题、副标题等，可以选择打印方向为横向打印或纵向打印，也可以设置缩放比例。

设置完成后，可以单击"预览"按钮预览设置好信息后进行打印的效果，也可以单击"直接打印"或者"不直接打印"，也可以将当前打印样式保存或删除，下次进入打印页面后可以应用用户之前保存的打印样式。图 12-35 所示打印样式界面设置了欲打印文档的大标题、副标题、单位、制表人等信息。

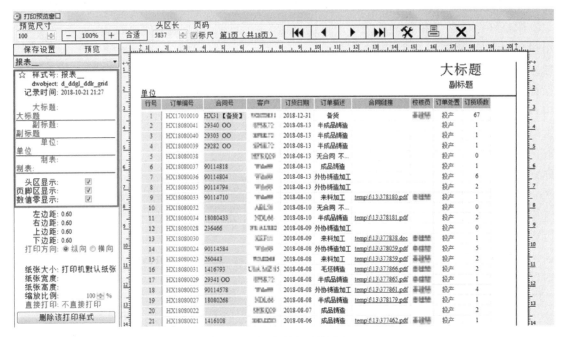

图 12-34　打印列表区设置窗口

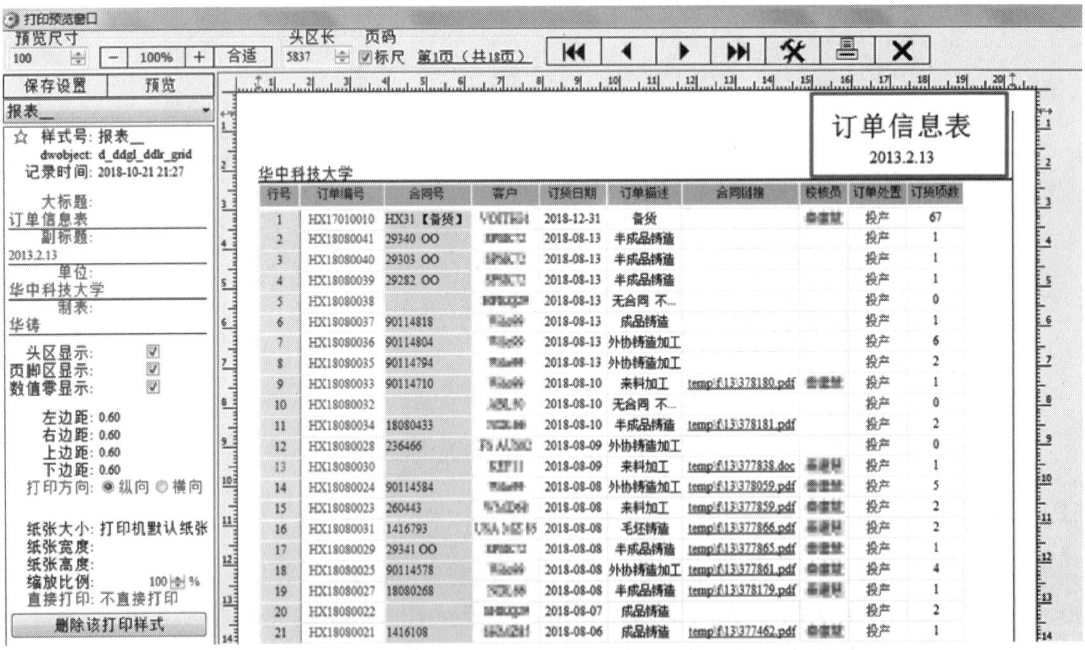

图 12-35　打印样式界面

用户单击"保存设置"按钮，在左侧导航栏下方将出现"增加打印样式"按钮，用户单击此按钮，即可将当前打印样式保存，如图 12-36 所示。

单击"打印设置"按钮，可以进入打印设置窗口，如图 12-37 所示。

图 12-36 增加打印样式

a) 打印设置界面

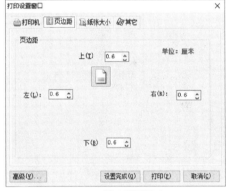

b) 页边距设置界面

c) 纸张设置界面

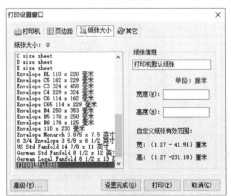

d) 其他设置界面

图 12-37 打印设置窗口

进入该窗口后，可以对打印机和纸张及打印方式等进行一系列的设置，可以设置的包括：

1) "打印机"：当用户配有多台打印机时，用户可以选择任意打印机。
2) "页面范围"：用户可以自定义打印的页码范围。
3) "打印方向"：用户可以自定义打印的纸张方向。
4) "页边距"：设置打印时的页边距，包括上、下、左、右等的页边距设置。
5) "纸张大小"：可以选择各种类型的纸张，还可以自定义纸张的大小。
6) "其他"：可以设置打印时的缩放比例，可以选择打印到文件，设置打印的份数，选择打印 "全部页" "奇数页" "偶数页" 等设置。

设置完成后，直接单击 "打印" 按钮即开始按用户的设置进行打印。可以保存上面设置的打印样式，下次需要打印时直接选择应用打印样式，如图 12-38 所示。

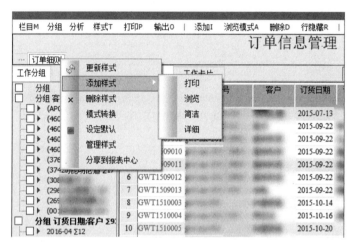

图 12-38　添加样式

## 12.2.6　输出

可以输出 Excel 格式和其他格式。如图 12-39 所示，将报表输出为 .xls 格式的 Excel 文件保存，输出后自动打开 Excel 表。

图 12-39　Excel 表输出

用户单击"保存"按钮后,就会在桌面上看到名为订单信息表的文件了,此时可以打开文件查看信息,如图 12-40 所示。

用户也可以选择输出其他格式,则会弹出类似图 12-40 的对话框,此时用户可以选择保存类型和编码方式。

自定义系统数据库窗口:可以通过数据窗口语法修改器,自定义数据窗口的显示方式,如图 12-41 所示。

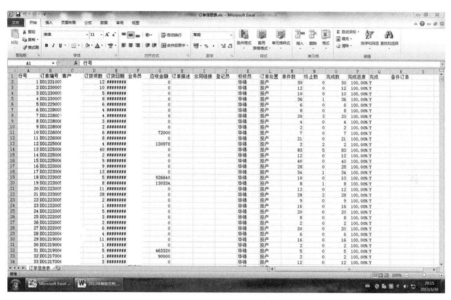

图 12-40 输出 Excel 表格

图 12-41 数据窗口显示方式

## 12.2.7 添加

快捷键为<Alt+I>。添加一条记录到数据库中，单击"添加"按钮后，可以选择加 1 行、加 5 行、加 10 行或者行复制。选择加 1 行命令，弹出如图 12-42 所示窗口，用户在数据显示窗口对应地输入相应的信息，确认无误后单击"保存"按钮即可。

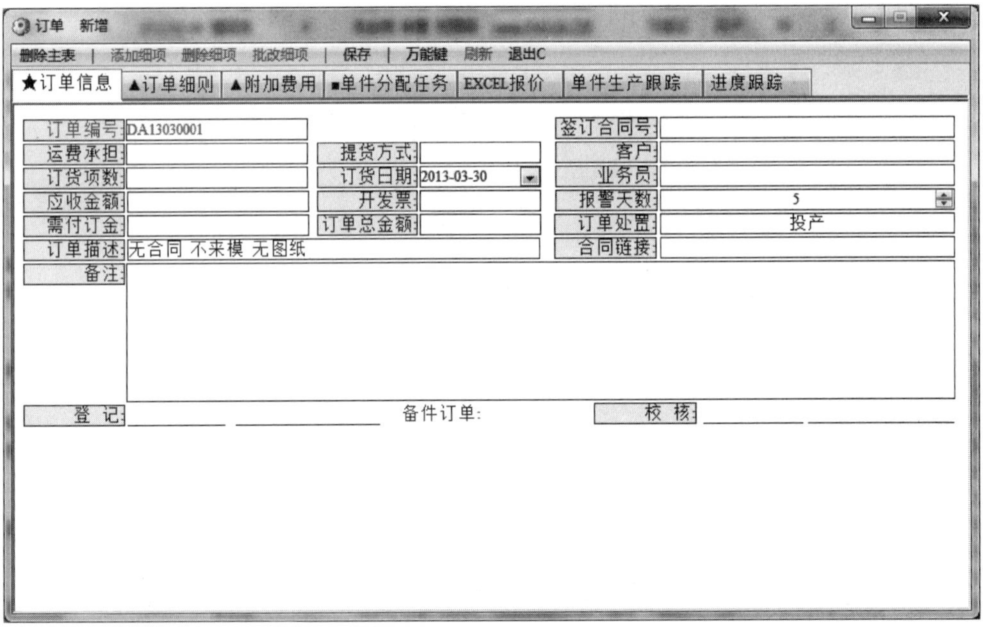

图 12-42 添加数据

用户添加信息完毕单击"保存"按钮后，若信息录入不完善，系统会提示未完善的信息，保存失败，如图 12-43 所示，此时用户须继续完善信息。

若用户选择添加 5 行或者 10 行，基本操作和添加 1 行是一样的，区别是系统会一次性地为用户建立 5 张或 10 张表。若用户选择行复制方式，则弹出如图 12-44 窗口，用户选择需要进行复制的列名，单击"确定"按钮后即可进行行复制。

图 12-43 保存失败提示     图 12-44 复制方式

## 12.2.8 浏览模式/修改模式

浏览模式/修改模式菜单可进行浏览模式和修改模式的切换。在浏览模式下，用户只能查看表单的各项信息而不能进行修改；在修改模式下，用户可以修改某些列的信息，图 12-45 所示为在修改模式下修改某一列的信息。

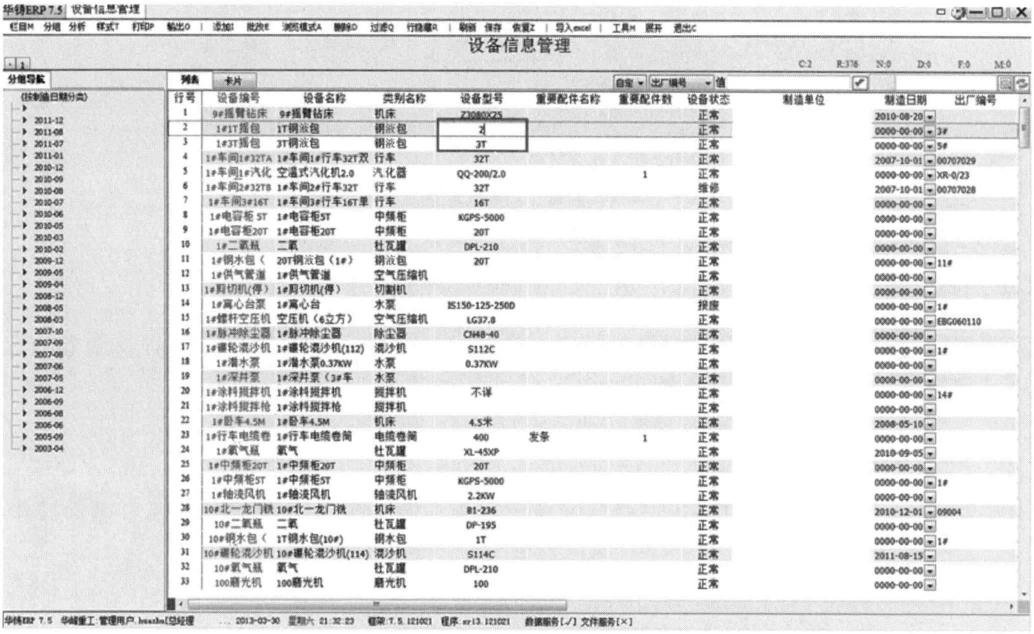

图 12-45　在修改模式下修改某一列的信息

## 12.2.9 删除

快捷键为<Alt+D>。在数据显示窗口选中要删除的行，单击"删除"按钮即可，如图 12-46 所示。

图 12-46　删除提醒

## 12.2.10 过滤

快捷键为<Alt+Q>。过滤界面如图 12-47 所示。在"列名"从下拉列表框选择相应的列；"比较符号"包括等于、大于、小于、不等于、大于等于、小于等于、类似；"数值"列输入相应的条件。若同时存在多个条件，则可以选择"并且/或"添加一条过滤条件。

## 12.2.11 批量修改

可以按住<Shift>键选定需要修改的行，然后对指定的列进行批量修改。

图 12-47 过滤界面

### 12.2.12 行隐藏

快捷键为<Alt+R>。对于不需要在用户信息窗口显示的信息，用户可以将其隐藏。选中需要隐藏的行，单击"行隐藏"即可。

### 12.2.13 恢复

快捷键为<Alt+Z>。添加一条信息后发现操作失误时，单击"恢复"按钮可撤销操作。

### 12.2.14 保存

快捷键为<Alt+S>。添加完一条信息后，单击"保存"按钮即保存至数据库。

### 12.2.15 刷新

快捷键为<F5>。数据更新后单击"刷新"按钮，可同步显示最新信息。可以选择刷新分组导航、刷新任务导航、刷新列表图片、刷新任务图片以及列表转卡片。

### 12.2.16 导入 Excel

用户可以从现有的 Excel 文件中导入相应的数据，如图 12-48 所示。但是务必确保 Excel 文件的各列内容与数据窗口的各列内容相对应，否则会出错。

图 12-48 导入 Excel 表格

### 12.2.17 工具

工具菜单包括全选、反选、行全显示、行全隐藏、列隐藏设置、行号、相间色、公式器、列空设置器、发送数据截图、帮助手册、帮助资料等下拉菜单。

用户单击“工具”菜单下的“全选”按钮，系统会全部选择当前表单的所有行，以便用户进行下一步操作，如图 12-49 所示

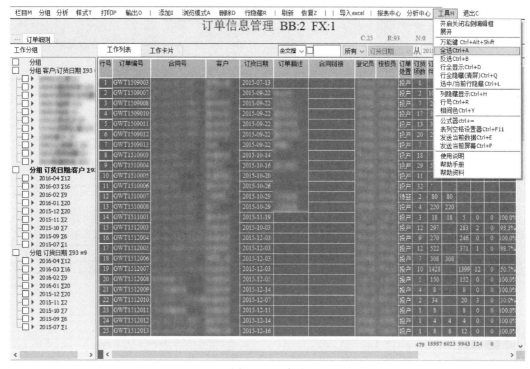

图 12-49　全选

反选：与全选相对应，若用户选择了全部行，单击“反选”按钮，可以反向进行之前的选择。

行全显示/行全隐藏：显示/隐藏全部行。

行号：显示/隐藏行的编号，如图 12-50 所示。

| 订单编号 | 客户 | 订货项数 | 订货日期 | 业务员 | 应收金额 | 订单描述 | 合同链接 | 登记员 | 校核员 | 订单处置 | 单件数 | 终止数 | 完成数 | 完成进度 | 完成 | 备件订单 | 行号 |
|---|---|---|---|---|---|---|---|---|---|---|---|---|---|---|---|---|---|
| DD12310076 | | 12 | 2009-12-31 | | 0 | | | | 华铸 | 投产 | 30 | 0 | 30 | 100.0% | Y | | 1 |
| DD12300075 | | 10 | 2009-12-30 | | 0 | | | | 华铸 | 投产 | 12 | 0 | 12 | 100.0% | Y | | 2 |
| DD12300074 | | 5 | 2009-12-30 | | 0 | | | | 华铸 | 投产 | 10 | 0 | 10 | 100.0% | Y | | 3 |
| DD12300073 | | 8 | 2009-12-30 | | 0 | | | | 华铸 | 投产 | 36 | 1 | 36 | 100.0% | Y | | 4 |

| 订单编号 | 客户 | 订货项数 | 订货日期 | 业务员 | 应收金额 | 订单描述 | 合同链接 | 登记员 | 校核员 | 订单处置 | 单件数 | 终止数 | 完成数 | 完成进度 | 完成 | 备件订单 |
|---|---|---|---|---|---|---|---|---|---|---|---|---|---|---|---|---|
| DD12310076 | | 12 | 2009-12-31 | | 0 | | | | 华铸 | 投产 | 30 | 0 | 30 | 100.0% | Y | |
| DD12300075 | | 10 | 2009-12-30 | | 0 | | | | 华铸 | 投产 | 12 | 0 | 12 | 100.0% | Y | |
| DD12300074 | | 5 | 2009-12-30 | | 0 | | | | 华铸 | 投产 | 10 | 0 | 10 | 100.0% | Y | |
| DD12300073 | | 8 | 2009-12-30 | | 0 | | | | 华铸 | 投产 | 36 | 1 | 36 | 100.0% | Y | |
| DD12280071 | | 4 | 2009-12-28 | | 0 | | | | 华铸 | 投产 | 8 | 0 | 8 | 100.0% | Y | |
| DD12280070 | | 4 | 2009-12-28 | | 0 | | | | 华铸 | 投产 | 20 | 3 | 20 | 100.0% | Y | |

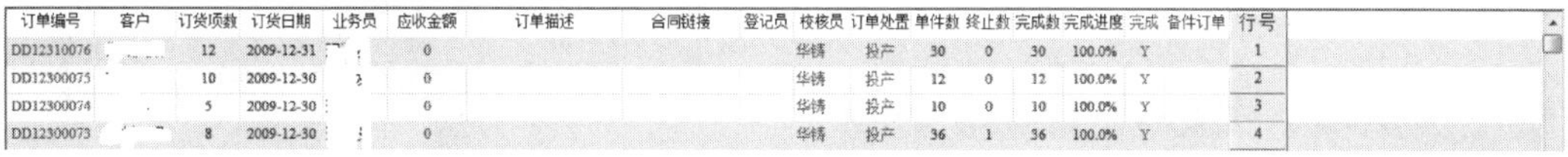

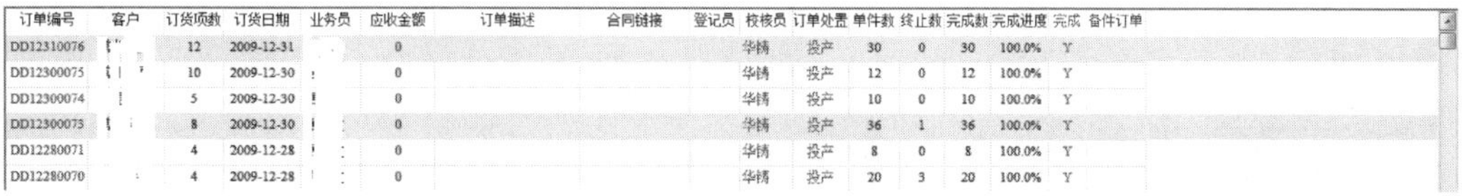

图 12-50　行号显示/隐藏

相间色：用户单击“相间色”按钮，可以设置相邻的行之间是否用不同的颜色显示。若当前为相间色显示，再单击一次此按钮则取消相间色显示，如图 12-51 和图 12-52 所示。

公式器：用户单击“公式器”按钮，可以自己定义一个计算公式，如图 12-53 所示。

表列空格设置器：设置表单的列是否允许为空，用户还可以自己添加其他约束类型，如图 12-54 所示。

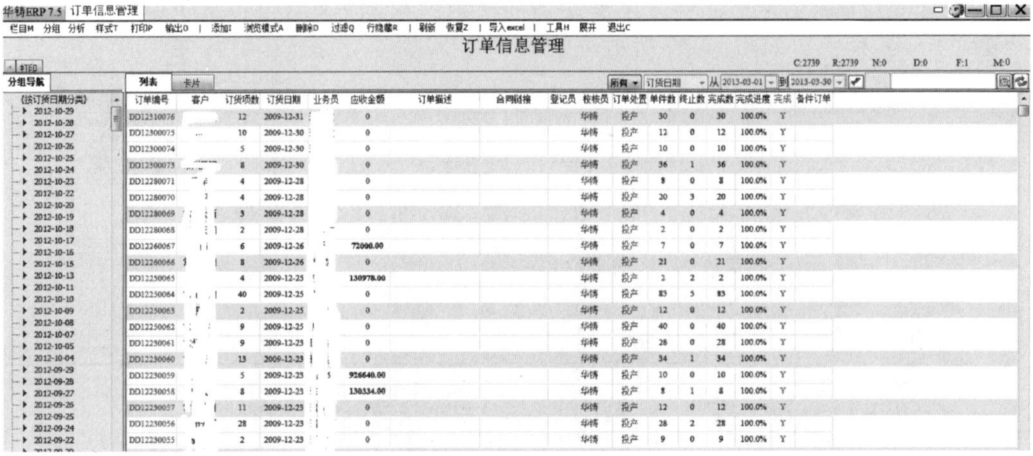

图 12-51 相间色显示

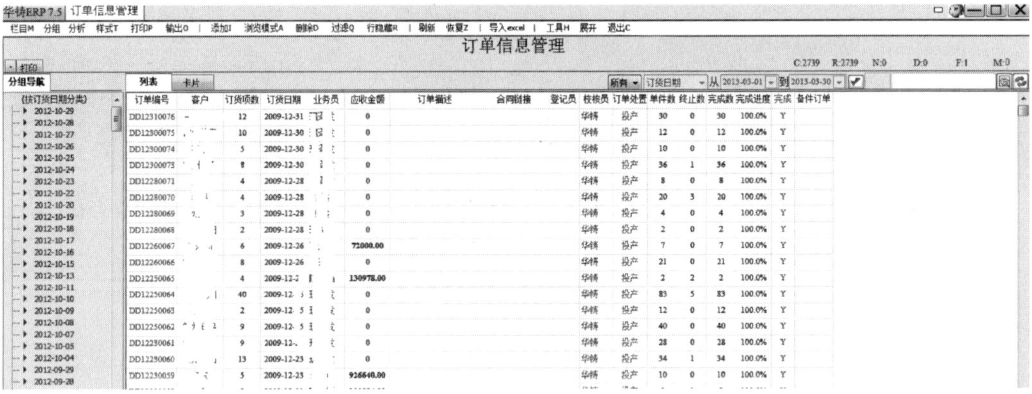

图 12-52 取消相间色显示

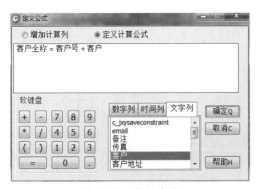

图 12-53 定义公式

图 12-54 表约束设置器

发送数据截图：用户单击"发送数据截图"按钮，可以发送当前数据窗口的内容，如图 12-55 所示。

帮助手册：单击"帮助手册"按钮，将弹出华铸ERP系统的用户帮助手册，如图12-56所示。

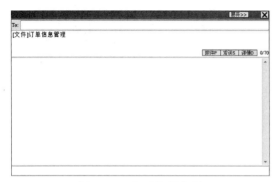

图 12-55  发送数据截图

图 12-56  帮助手册

帮助资料：单击"帮助资料"按钮，弹出华铸ERP系统的相关帮助资料的存储路径，包括帮助手册和操作视频，如图12-57所示。

图 12-57  帮助资料

## 12.2.18  展开

在展开菜单中，可以选择展开1层、2层、3层、4层或5层，如图12-58所示。

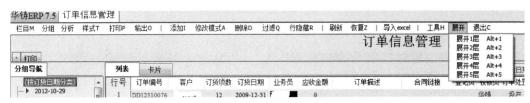

图 12-58 展开菜单

### 12.2.19 退出

快捷键为<Alt+X>。实现退出当前操作界面。

### 12.2.20 列表区功能

列表区功能可选择性地显示在数据窗口中的内容。用户可以在下拉选项中选择所有、时段、列、自定义关键字,在值下拉框中选择订单时间,单击最右侧的勾形按钮,即可在数据窗口显示按用户刚设置的过滤条件过滤过的结果。图12-59所示为按月显示的数据结果。

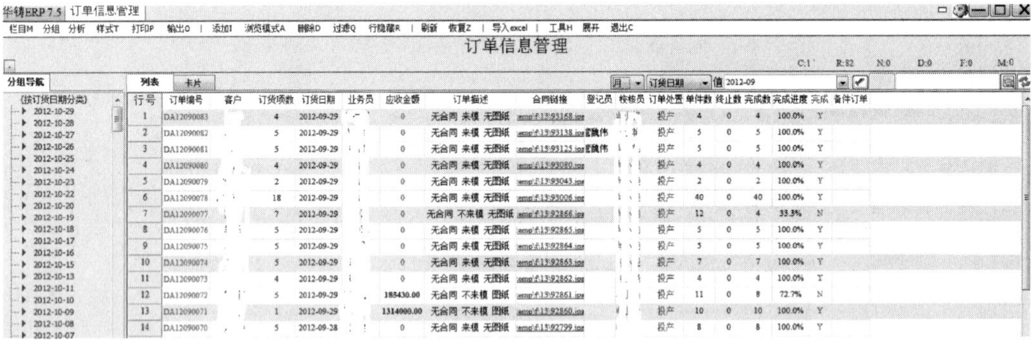

图 12-59 按月显示的数据结果

用户可在右侧的检索框里输入想要检索的信息,单击"检索"按钮后,数据窗口就会显示带有用户检索关键字的行信息,如图12-60所示。

图 12-60 用户检索

### 12.2.21 数据窗口状态栏

数据窗口状态栏的位置如图12-61中方框所示。其各项含义为:C表示当前行,R表示所有行,N表示新增行,D表示删除行,F表示过滤行,M表示修改行;字母后面的数字表示相应的行的数目，比如 C：8 表示第 8 行为当前行，用户双击 N/M 可以只显示新增行/修改行。

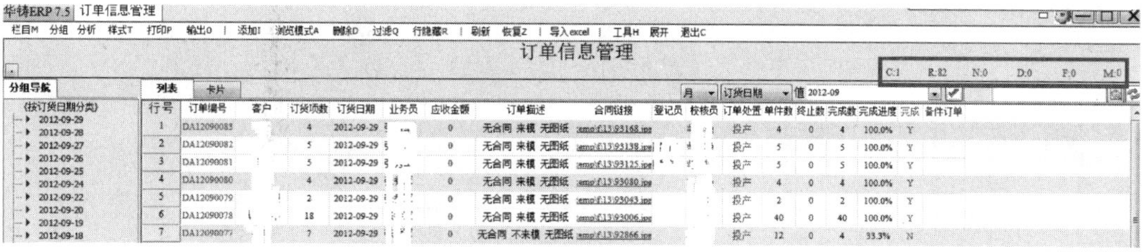

图 12-61　数据窗口状态栏

## 12.3　特色功能

### 12.3.1　数据显示窗口

数据显示窗口，如图 12-62 所示。单击列名可实现当前列的排序，拖动列名可以实现列在表中的位置转换。

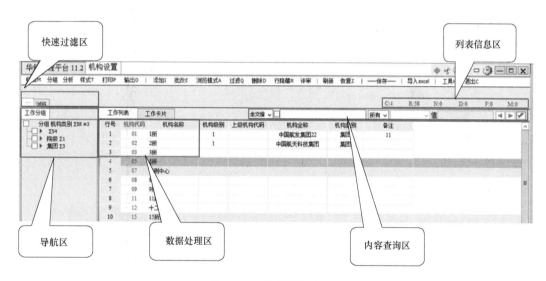

图 12-62　数据显示窗口

### 12.3.2　FTP 文件服务

FTP 文件服务的理念：集中管理企业重要文件。利用 FTP 文件服务技术，ERP 同时驾驭数据服务和文件服务，通过双击加载文件，双击查看文件，快捷管理企业重要文件，如订单中合同、工艺单中三维图、CAE 模拟等，如图 12-63 所示。

### 12.3.3　打印解析公式

打印解析公式的理念：打印标题页脚基于数据区。利用解析公式，可以设定打印时的标

铸造企业数字化管理系统及应用

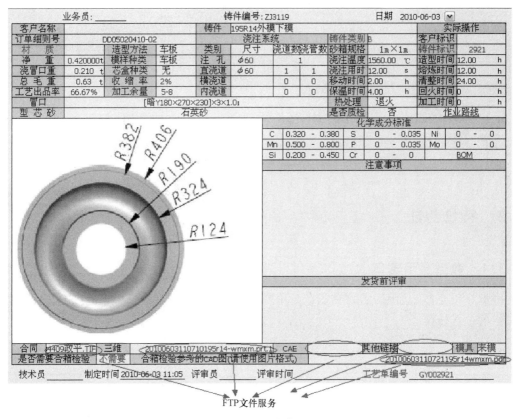

图 12-63  FTP 文件服务

题和页脚基于数据区，数据区的内容变化，标题和页脚也随之变化，从而不必每次设定标题和页脚，让打印服务更便捷，如图 12-64 所示。

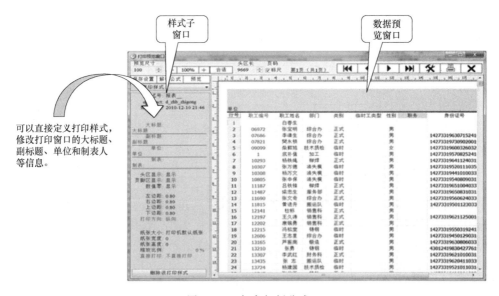

图 12-64  打印解析公式

## 12.3.4 短信服务

短信服务的理念：沟通无极限。快捷键：<F3>，收信；<F4>，发信；<ALT+3>，上一条；<ALT+4>，下一条；<ALT+S>，发送；<ALT+R>，有新短信时系统接收显示并提醒。通过操作快捷键，便捷地进行内部信息交流沟通，指令下达上传，做到快速响应，加快沟通，降低内容交流成本，如图12-65所示。

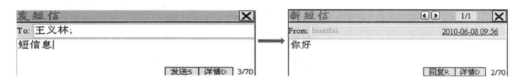

图12-65　短信服务

## 12.3.5 监控中心

监控中心的理念：时时监控企业运作关键指标（KPI）。监控中心可以监控企业运作中的各种关键信息，包括任务提醒，每天的生产等，并且可以参数化追加各种监控指标，做到时时监控整个企业ERP的运作，让信息掌握于胸，如图12-66所示。

图12-66　监控中心

## 12.3.6 签名机制

签名机制的理念：无纸化签名，即可以在ERP上直接进行数字签名以及反签名，从而脱离纸质办公。数字签名每个人都可以有权限，签过名之后，相关的内容被保护，不允许任何人修改。如果发现问题，则要求向上申请反签名，有反签名的领导则有权限，但是反签名还必须满足一个条件，就是反签名时还必须输入已签名人员的签名密码方可，做到信息安全。同时，签名机制可以批量进行签名，反签名不允许。签名机制如图12-67所示。

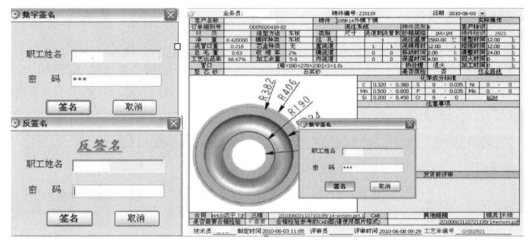

图 12-67　签名机制

## 12.3.7　无限分组

无限分组的理念：将分组进行到底。无限分组使用数据区可以按照自定义的各种方式进行归类，左侧导航区逐级深入分组，做到数据归类方便之极。同时可以对日期列按年、月、日小类进行分组，强大的分组功能，极大地满足企业中工程实际需求。分组服务如图 12-68 所示。

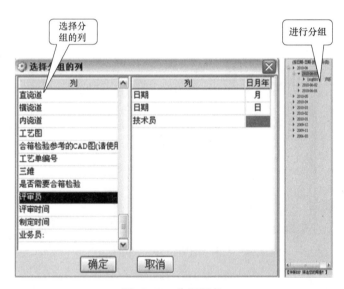

图 12-68　分组服务

## 12.3.8　全文搜索

全文搜索的理念：信息检索一步到位。全文搜索无须指定搜索的列，只需填写关键词，单击"搜索"按钮，系统便搜索、显示出所有包含关键词的信息，并且做到高亮显示，让信息检索一步到位，操作极其方便，如图 12-69 所示。

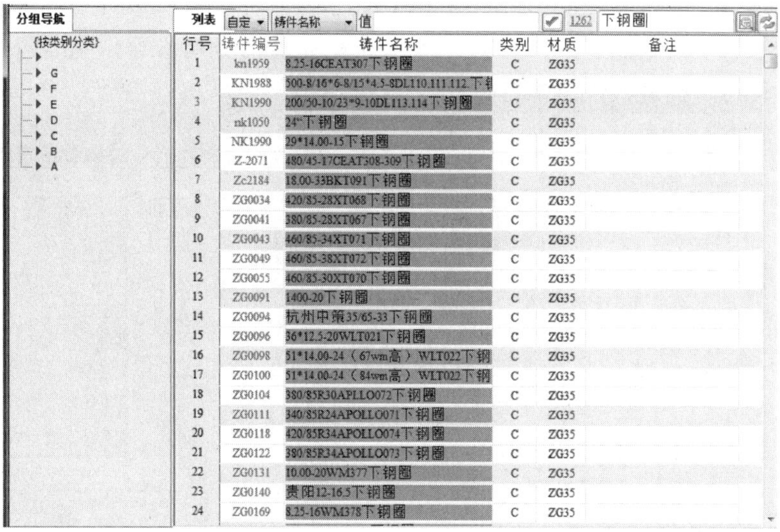

第12章　华铸ERP集成系统通用操作

图 12-69　全文搜索

## 12.3.9　右键系统工具库

右键系统工具库的理念：服务无处不在，即只要有权限，在任何界面单击关键词都可以看到更多相关信息，而不必跳出从特定界面进入。如图 12-70 所示，在系统中，单击订单编号，可以看到该订单的详情，包括该订单的所有订单细则详情，还可以追踪该细则的所有铸件的生产全过程；单击工期，可以看到该订单的工期信息；单击铸件，可以追踪该铸件的历史工艺，交货期分析，快速准备把握各铸件各种信息，从而影响定价策略。权限越高越便捷，服务无处不在。

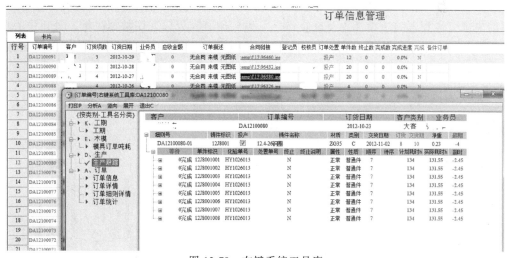

图 12-70　右键系统工具库

## 12.3.10　指导中心

指导中心的理念：流程化全局把握，即流程化展望企业各个环节的运作状况，全局把握各个环节,让流程化思想深入每个人心中。如图 12-71 所示,根据各环节的任务数,及时督促、处理堆积点,加快企业运作,实现 ERP 系统对企业的全局指导作用。同时单击各个环节,有权限者便可快捷进入各作业界面。

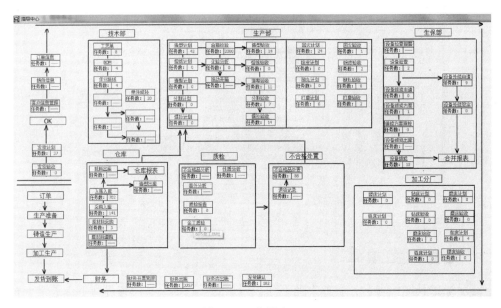

图 12-71 指导中心

## 12.3.11 分析中心

分析中心的理念:用数据决策,商务智能,即采用强大的数据挖掘技术和数据图形化技术,为高级管理层提供各种分析,涵盖生产到销售各个环节的重要数据,呈现为各种图像,以辅助决策,做到每项决策都不是凭空设想,做到用事实说话,用数据决策。分析中心中每个分析片都具有导航、放大、输出、数据、换风格等多项功能,方便分析数据,对比数据,如图 12-72 所示。

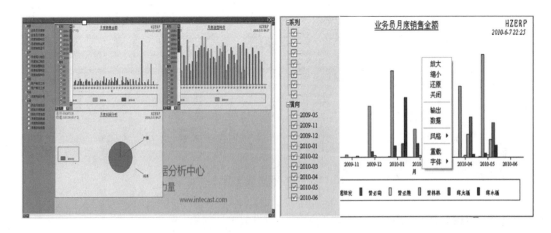

图 12-72 分析中心

## 12.3.12 评估中心

评估中心的理念：自动评估系统指标，便于管理高层一目了然地查看日志、销售等的趋势。单击"系统"菜单，选择"评估中心"菜单，如图12-73所示。

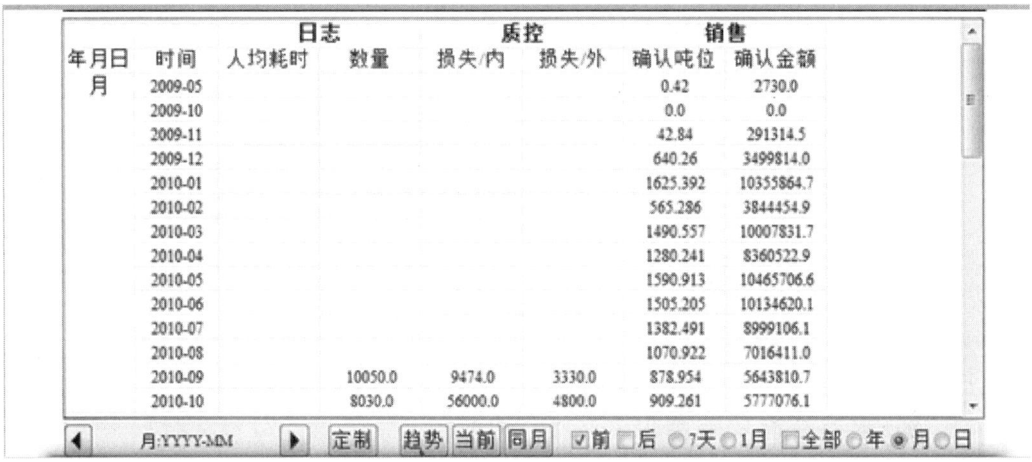

图 12-73　评估中心

## 12.3.13 日期 where 器

日期 where 器的理念：只显示最关注的信息。日期 where 器可便捷地对数据区各种日期进行月、时间段执行 where 查询，或者不执行 where 查询，显示全部；能够利用 cookie 技术记录上次方式，下次进入数据区智能显示某月或者某时段数据，大大提高数据加载速度。图12-74 所示为日期搜索。

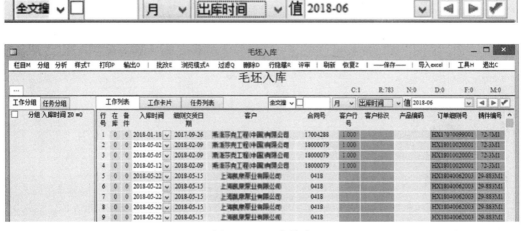

图 12-74　日期搜索

## 12.3.14 对象属性器

对象属性器的理念：自定义设计数据区。对象属性器类似 Word 2007 中的快速样式器，可便捷修改数据区列的各种属性，如图12-75所示。

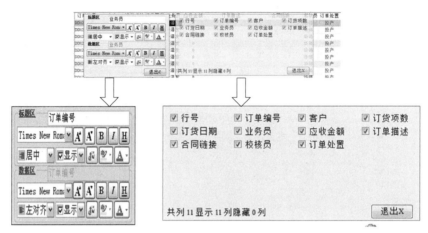

图12-75　对象属性器

## 12.3.15　分组器右键功能菜单

分组器右键功能菜单的理念：分组导航更方便。该菜单可便捷快速地对数据区进行分组、刷新、升序、降序，图12-76所示为分组。

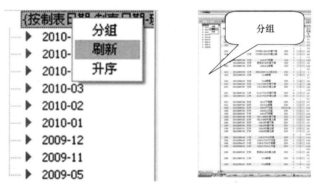

图12-76　分组

## 12.4　系统管理

### 12.4.1　初始化

初始化的主要功能有：材料初始化、工序初始化、部门初始化、仓库初始化、职务初始化、冒口初始化、砂箱初始化和班组初始化等，主要用于基础信息的初始化录入，如图12-77所示。

1）材料初始化：初始化所有原材料的信息。

2）工序初始化：初始化企业生产的工序，单击"添加"按钮依次录入：工序编号、工序名、工位数、类型、所用设备、所用模样、工序耗时、备注等，保存即可。左侧树形列表

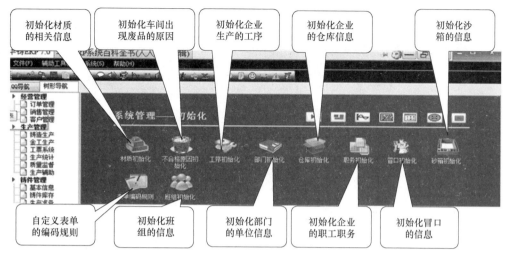

图 12-77　初始化

按类型分类管理。

3）部门初始化：初始化企业的部门单位信息，单击"添加"按钮依次录入：部门编号、部门名称、备注等，保存即可。

4）仓库初始化：初始化企业的仓库信息，单击"添加"按钮依次录入：仓库编号、仓库名称、存放物料类别、备注等，保存即可。

5）职务初始化：初始化企业的职工职务和相关信息，单击"添加"按钮依次录入：职务编号、职务名称、基本工资、出勤天数、出勤奖、工位津贴、伙食补贴、伙食费、工龄系数、应扣费用、其他、备注等，保存即可。

6）冒口初始化：初始化企业的冒口相关信息，单击"添加"按钮依次录入：冒口编号、冒口规格，保存即可。

7）砂箱初始化：初始化企业的砂箱相关信息，单击"添加"按钮依次录入：砂箱编号、砂箱规格，保存即可。

8）班组初始化：初始化企业的班组相关信息，单击"添加"按钮一次录入：班组、部门，保存即可。

初始化信息录入界面类似，以工序初始化为例，其界面如图12-78所示。

其他的界面都与工序初始化类似，表单编码规则有点不一样。表单编码规则如图12-79所示。编码格式是指该表单编码的显示格式，

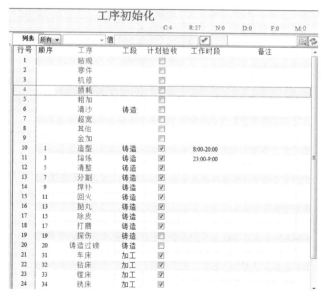

图 12-78　工序初始化界面

有可手录、保存自动审核、使用编码规则三个可勾选项，如果该表单没有勾选可手录，说明该表单编码是自动生成的，不可手动输入。

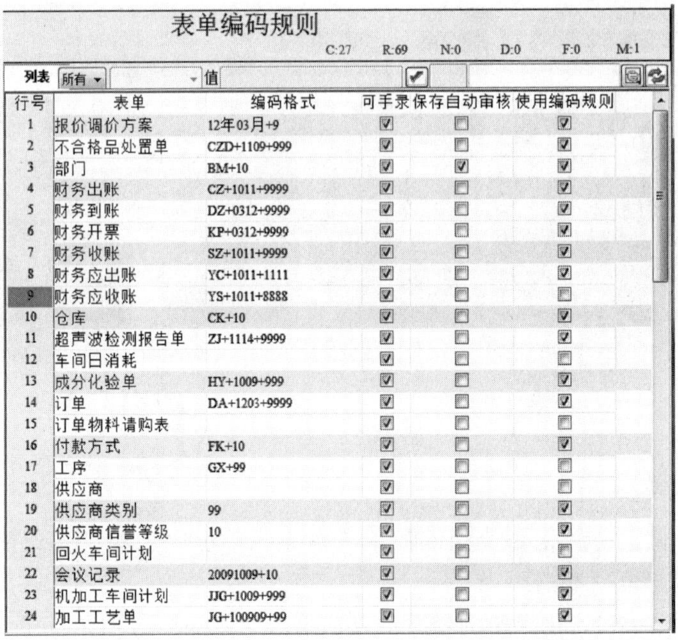


| 行号 | 表单 | 编码格式 | 可手录 | 保存自动审核 | 使用编码规则 |
|---|---|---|---|---|---|
| 1 | 报价调价方案 | 12年03月+9 | ☑ | ☐ | ☑ |
| 2 | 不合格品处置单 | CZD+1109+999 | ☑ | ☐ | ☑ |
| 3 | 部门 | BM+10 | ☑ | ☑ | ☑ |
| 4 | 财务出账 | CZ+1011+9999 | ☑ | ☐ | ☑ |
| 5 | 财务到账 | DZ+0312+9999 | ☑ | ☐ | ☑ |
| 6 | 财务开票 | KP+0312+9999 | ☑ | ☐ | ☑ |
| 7 | 财务收账 | SZ+1011+9999 | ☑ | ☐ | ☑ |
| 8 | 财务应出账 | YC+1011+1111 | ☑ | ☐ | ☑ |
| 9 | 财务应收账 | YS+1011+8888 | ☑ | ☐ | ☐ |
| 10 | 仓库 | CK+10 | ☑ | ☐ | ☑ |
| 11 | 超声波检测报告单 | ZJ+1114+9999 | ☑ | ☐ | ☑ |
| 12 | 车间日消耗 | | ☑ | ☐ | ☐ |
| 13 | 成分化验单 | HY+1009+999 | ☑ | ☐ | ☑ |
| 14 | 订单 | DA+1203+9999 | ☑ | ☐ | ☑ |
| 15 | 订单物料请购表 | | ☑ | ☐ | ☐ |
| 16 | 付款方式 | FK+10 | ☑ | ☐ | ☑ |
| 17 | 工序 | GX+99 | ☑ | ☐ | ☐ |
| 18 | 供应商 | | ☑ | ☐ | ☐ |
| 19 | 供应商类别 | 99 | ☑ | ☐ | ☑ |
| 20 | 供应商信誉等级 | 10 | ☑ | ☐ | ☑ |
| 21 | 回火车间计划 | | ☑ | ☐ | ☐ |
| 22 | 会议记录 | 20091009+10 | ☑ | ☐ | ☑ |
| 23 | 机加工车间计划 | JJG+1009+999 | ☑ | ☐ | ☑ |
| 24 | 加工工艺单 | JG+100909+99 | ☑ | ☐ | ☑ |

图 12-79　表单编码规则

### 12.4.2　自助服务

自助服务的主要功能有：个人信箱、信件管理、系统资源和系统百科，如图 12-80 所示。

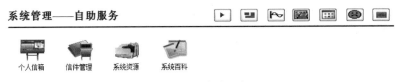

图 12-80　自助服务

#### 1. 个人信箱

个人信箱具有发送和接收信息的功能，用于用户之间的沟通和联系，必要时候可以发送附件，相当于一个邮件管理窗口，如图 12-81 所示。

(1) 发送消息　在右侧用户栏中双击需要发送的用户名，弹出如图 12-82 所示新信件窗口（当要给多人发送消息时，在对话框弹出后再单击要发送的用户名或右击组名添加整个组到收信人一栏），然后填写相应的主题，需要时添加附件，书写发送的内容，选择信件类型，然后单击“发送”按钮即可。单击“清空”按钮可清空所有栏目信息。已发信息将自动保存到发件箱。

(2) 接收消息

1) 当有用户发送消息给当前用户时，系统右下角会弹出对话框所示“您有新消息了”

# 第12章 华铸ERP集成系统通用操作

图12-81 个人信箱

并语音提示。此时单击该对话框即可浏览新消息。所有收到消息自动保存至收件箱。

2）单击右上角"未读"按钮，进入收件箱未读列表，双击对应信息可查看详细内容。

（3）回复消息 当阅读消息时，单击右上角"回复"按钮，弹出发送消息窗口。图12-83所示信件内容窗口，填写相应的内容后发送即可。

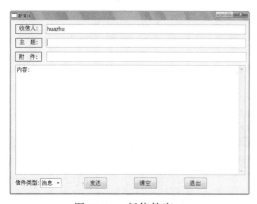

图12-82 新信件窗口

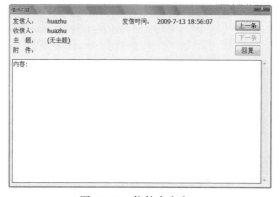

图12-83 信件内容窗口

（4）附件下载 阅读有附件的消息时，在"附件"一栏中将红色字体显示附件名，双击可下载，如图12-84所示。

## 2. 信件管理

信件管理主要用于系统数据库的维护管理，记录了所有用户的信件操作，对应有发信时间、发信人、收信人、读信人、主题、附件和通知消息等。管理员可以根据信件管理的记录跟踪信件。左侧树形列表按通知或

图12-84 附件下载

者消息分类，用户也可以根据"分组"自定义。该模块仅用于管理记录，一般情况下请勿删改。所有信件管理如图12-85所示。

## 3. 系统资源

系统资源主要用于记录系统所有的资源包括工艺单、报价单等，如图12-86所示。

图 12-85　所有信件管理

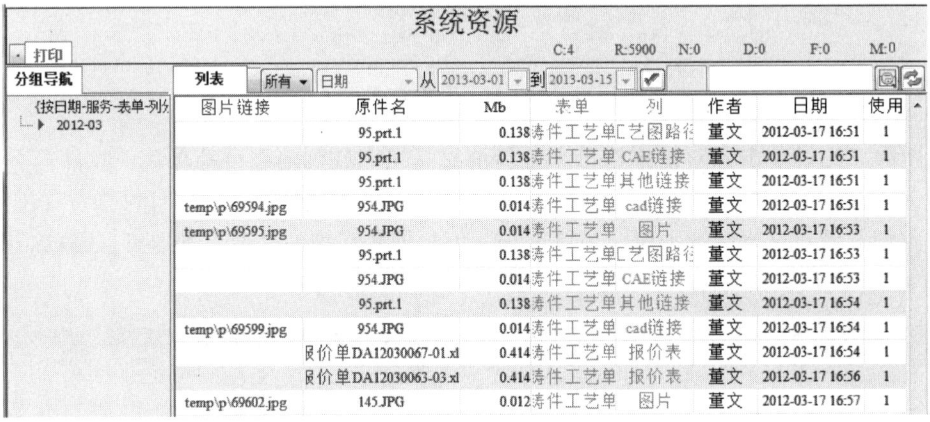

图 12-86　系统资源

### 12.4.3　系统维护

系统维护的主要功能有系统模块初始化、日志管理、用户管理、企业新鲜事、系统分析中心、反签名、系统报表中心和登录日志，如图 12-87 所示。

图 12-87　系统维护

**1. 系统模块初始化**

系统模块初始化如图 12-88 所示，可对系统模块进行初始化。

图 12-88　系统模块初始化

2. 日志管理

日志管理主要用于系统数据库的维护管理，记录了所有用户对数据库的所有操作信息，对应有用户名、时间、操作表、操作事件。管理员可以根据日志管理的记录追溯各数据操作的用户责任。左侧树形列表按数据库表分类，单击对应的表名可以查看对当前表的所有操作记录。该模块仅用于管理记录，一般情况下请勿删改。日志管理如图 12-89 所示。

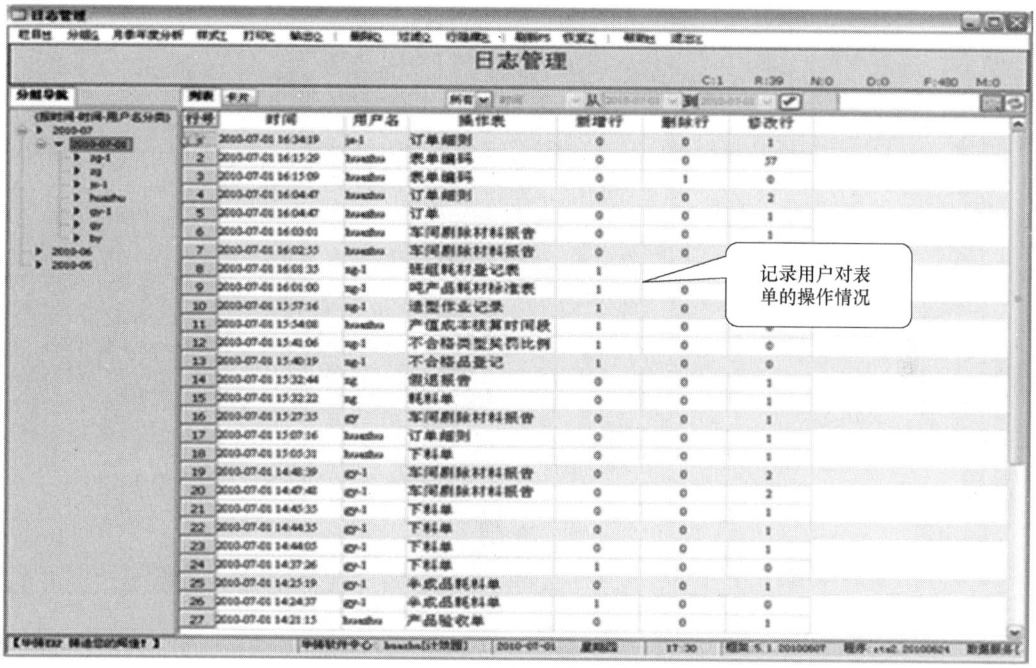

图 12-89  日志管理

3. 用户管理

用户管理模块用于管理员管理各系统登录用户的权限。如图 12-90 所示，其界面分为左中右三部分，左侧树形列表为当前存在的用户名和组别，中间为模块选择，右边树形列表为当前用户的所有权限状况。对于右侧列表的查看，可以通过中间单选框的选择来控制，选择中间部分某个单选框，右侧树状列表自动跳至当前选中处，便于用户操作。

（1）组权限操作

增加用户组：在左侧用户列表右击，弹出菜单，选择"增加用户组"，系统弹出如图 12-91 所示界面。在对话框中输入用户组名称保存即可添加用户组。

设置用户组权限：在需要设置的组名上右击，弹出菜单，选择"修改组权限"，弹出"权限状况"窗口，如图 12-92 所示。依次设置用户组对各模块的权限，如管理、录入、浏览等，然后保存即可。

修改用户组权限：同上"设置用户组权限"操作，在"权限状况"窗口修改对应的权限，修改完成后保存即可。

删除用户组：在需要删除的组名上右击，弹出菜单，选择"删除用户组"，弹出对话框选择确定即可。但如果组中存在用户，则会提示删除不成功。

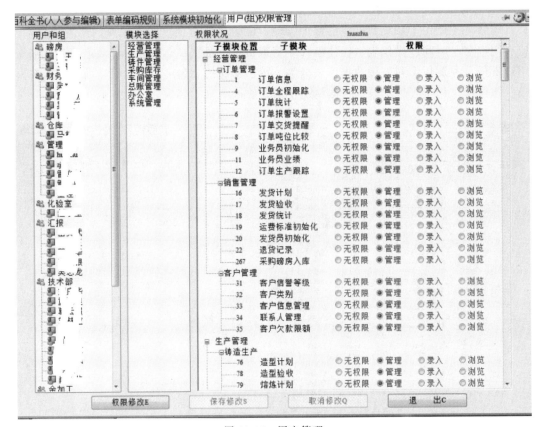

图 12-90 用户管理

(2) 用户权限操作

增加用户：在左侧用户列表右击，弹出菜单，选择"增加用户"，系统弹出如图 12-93 所示界面。在对话框中输入用户登录名、用户组别、用户姓名，设置用户密码，确认后单击"确定"按钮即在对应的用户组别下增加了一个用户。

修改用户：当用户与员工对应不正确或者出现员工调配需要更换组别时，使用此选项。在需要修改的

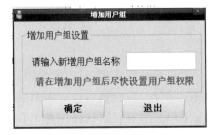

图 12-91 新增用户组

用户名上右击，弹出如图 12-93 所示界面，重新选择组别和员工姓名，然后单击"确认"按钮即更改完毕。

修改用户权限：当用户被分配到某组别中时，自动具有组权限，需要修改某一用户的具体权限时，执行此操作。在左侧用户列表中选中需修改用户名，权限状况一栏则显示对应的用户权限状况（当前状况只能浏览不能操作），然后单击左下角"权限修改"按钮，权限状况一栏则变为可编辑，此时对所需要修改的权限进行修改即可。修改完确认后，单击页面下方的"保存修改"按钮即可保存成功。

删除用户：选中需要删除的用户名右击，弹出菜单，选择"删除用户"，系统弹出提示对话框，确定后即可删除该用户。

# 第12章 华铸ERP集成系统通用操作

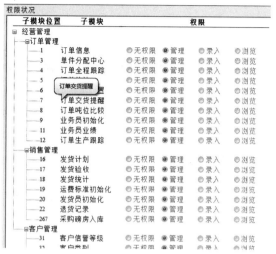

图 12-92 模块权限状况

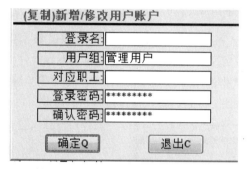

图 12-93 新增/修改用户账户

# 第 13 章

# 华铸ERP集成系统二次开发

本章详细介绍了华铸 ERP 集成系统的二次开发功能，便于系统超级管理员使用。主要内容包括数据窗口语法修改器专题、万能键及 Excel 导入专题、用户自定义模块专题、应用库与工具库专题、智能约束专题、TAG 标签技术专题、常见函数库专题、其他功能专题等。

## 13.1 语法修改器专题

### 13.1.1 语法修改器菜单专题

语法修改器是华铸 ERP 系统为超级管理员提供的修改数据窗口的强大工具。运用语法修改器，企业内部能够自行定义布局、表单、约束等功能。

通过万能键<Ctrl+Shift+Alt>进入万能键界面，单击"数据窗口修改器"按钮进入语法修改窗口进行相应操作，或者直接通过<Ctrl+F12>快捷键进入语法修改窗口，如图 13-1～图 13-4 所示。

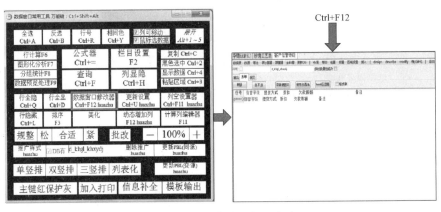

图 13-1　语法修改器打开方式

下面主要介绍语法修改器的菜单部分。

**1. 数据窗口设置**

数据窗口是华铸 ERP 系统的重要组成部分，其名字是唯一标识的，不能重复。

数据窗口语法：包含了数据窗口对象的所有信息，包括编译器版本、打印信息、区域信息、数据结构与数据源以及数据列标题信息等，如图 13-5 所示。

（1）数据源与源重建

1）数据源。数据源是从服务器数据库中选取数据的 SQL 语句的地方。数据源窗口如图 13-6 所示。

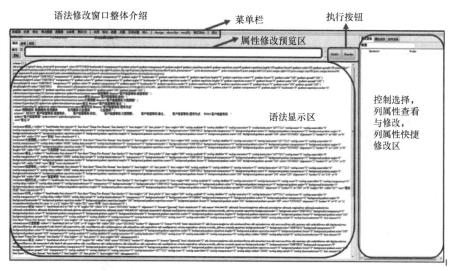

图 13-2　语法修改器整体结构

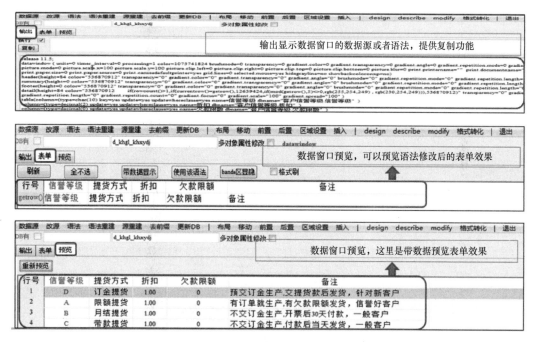

图 13-3　语法修改器整体功能-1

语句格式为 SELECT 表名 . 列名 FROM 表名 WHERE 子句。

2) 源重建。源重建是在修改数据源之后所进行的操作，如图 13-7 所示。必要时可以源重建来重新设置数据窗口的属性、样式。

注意：源重建以后原有表单数据更新属性需重新设置。

（2）改源　改源是当更改数据窗口数据源导致数据源与语法中的数据源不一致时，使两者保持一致的操作，如图 13-8 所示。

铸造企业数字化管理系统及应用

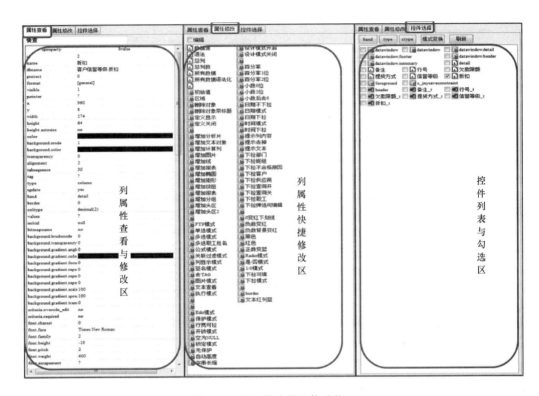

图 13-4　语法修改器整体功能-2

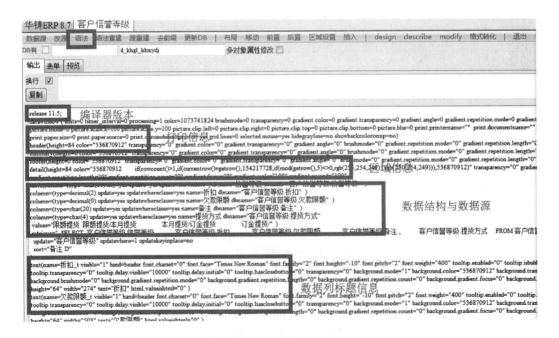

图 13-5　数据窗口语法构成

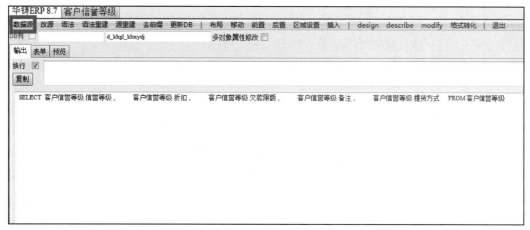

图 13-6　数据源窗口

图 13-7　源重建

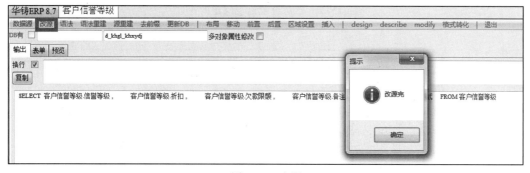

图 13-8　改源

（3）重建

1）语法。语法是此菜单用于显示查看数据窗口的语法，如图 13-9 所示。当模块出现问题时，一般查看窗口语法，找出语法问题加以解决。

在检查语法错误时，通常首先在图 13-10 所示语法可能出现问题的地方检查。

2）语法重建。语法重建是当模块出现问题时，查找语法问题并加以解决后，单击"语法重建"按钮提交保存修改后语法的操作，如图 13-11 所示。

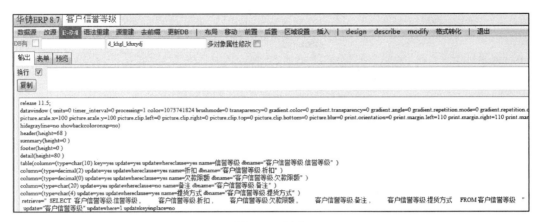

图 13-9　语法

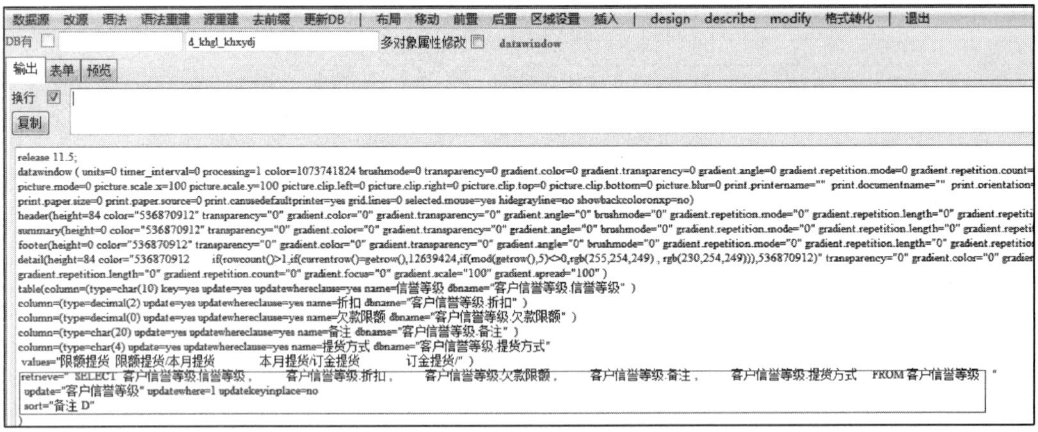

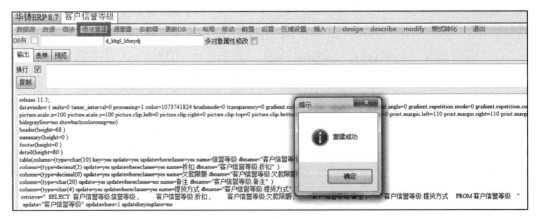

图 13-10　语法可能出现问题的地方

图 13-11　语法重建

（4）去前缀　去前缀是去除数据窗口列名前面的表名前缀的操作，一般用在源重建成功后，如图 13-12 和图 13-13 所示。

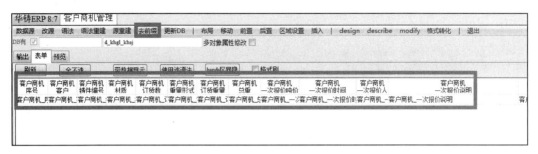

图 13-12　去前缀前

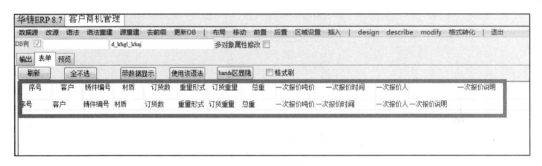

图 13-13　去前缀后

（5）更新 DB　更新 DB 是推广模式，使自己所做的修改能影响其他用户的界面，在修改语法并需要推广时使用，如图 13-14 所示。

图 13-14　更新 DB

**2. 数据窗口编辑**

（1）布局　布局是调整数据窗口表单的排版样式，包括子菜单项，如图 13-15 所示。

1）两对象交换位置：调整表单列之间的对齐方式，如图 13-16 所示。

使用方法：选中第一列，再选中第二列（第 $N$ 列），单击 X 对齐，则第二列（第 $N$ 列）以第一列为基准 X 对齐。也就是说，第一个选中的控件就是后选中控件的各个参数的标准。

2）调整表单列的高度和宽度，如图 13-17 所示。

使用方法：选中第一列，再选中第二列（第 $N$ 列），单击等宽/等高/等宽高或者使用相应快捷键，则第二列（第 $N$ 列）与第一列等宽/等高/等宽高。

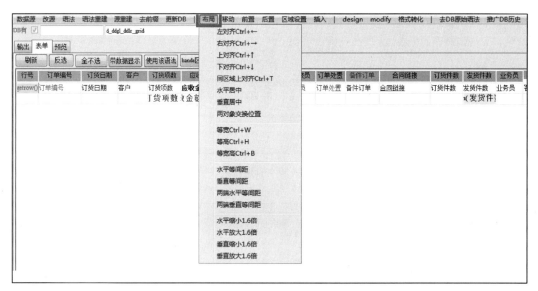

图 13-15　布局

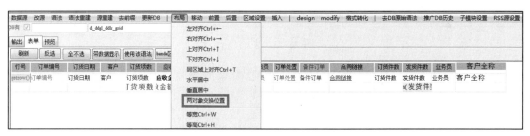

图 13-16　两对象交换位置

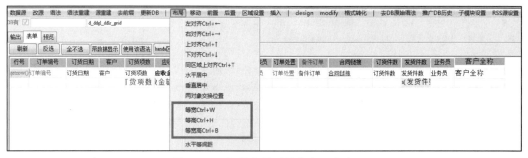

图 13-17　调整表单列的高度和宽度

图 13-18 显示的功能是用于设置表单列与列之间水平方向或者垂直方向的间距相等，以及快速调整表单列的高度和宽度，对其高/宽度进行 1.6 倍放缩等。

（2）移动　图 13-19 所示功能为选中需要移动位置的列，单击相应菜单项或通过相应快捷键进行上移、下移、左移、右移，以及选中需要调整高度或宽度的列，单击相应菜单项或通过相应快捷键进行高度或宽度增加或减少。

（3）前、后置　前、后置是调整列与列之间的层次关系，如图 13-20 所示。前后的说明：类似排队，排在前面的可以看见，排在后面的会被前排遮挡，可能会不可见。

第13章 华铸ERP集成系统二次开发

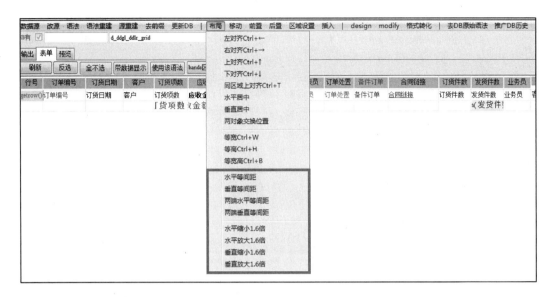

图 13-18　间距设置和放大缩小

图 13-19　移动

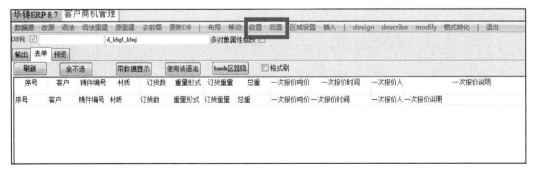

图 13-20　前、后置

（4）区域设置　区域设置是调整数据窗口各区域的颜色高度属性的操作，如图 13-21 所示。数据窗口区域设置如图 13-22 所示。图 13-23 所示为一个区域设置例子。

（5）插入　单击图 13-24 所示插入菜单项，可以向数据窗口中插入相应的类型列。

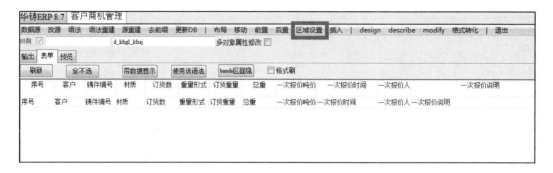

图 13-21 区域设置

图 13-22 数据窗口区域设置

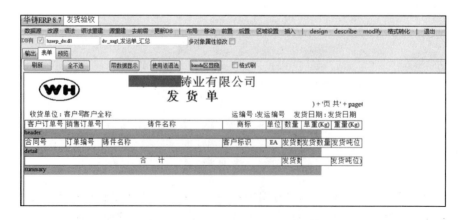

图 13-23 区域设置例子

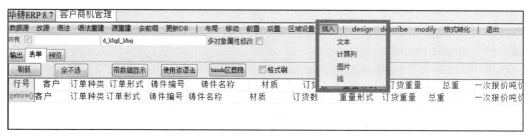

图 13-24 插入菜单

图 13-25 所示为插入四个对象。其中，浅底色的 t_1212_205939 为文本，深色的 c_1212_205942 为计算列，下划线为线，WH 为图片。

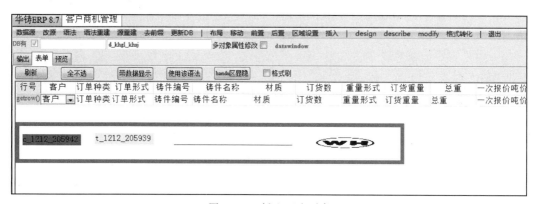

图 13-25 插入四个对象

### 3. 窗口语法修改

（1）design　design 包含的主要菜单有：表列更新设置、动态增加列、列类型刷新、反显、源自动美化、语法文件输出等，如图 13-26 所示。

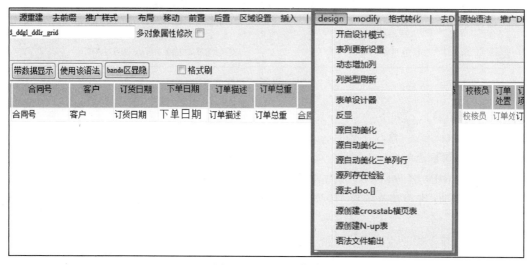

图 13-26 design 菜单

1）表列更新器。表列更新器可以设置数据源中哪个表的哪些列可以更新，以哪种方式更新或删除。如果在数据窗口中输入问题保存后，再进入时数据消失了，很可能是表列更新设置有问题。

如图 13-27 所示，选择更新表格客户信誉等级，选择可更新列为信誉等级、折扣、欠款限额、备注、提货方式，指定唯一主键列为信誉等级。

更新或删除方式（见图 13-28）如下：

① 主键列：根据主键列更新数据，如修改第一行数据中的备注时，系统执行语句：

UPDATE 客户信誉等级 SET 备注 = '778' WHERE 信誉等级 = '06'

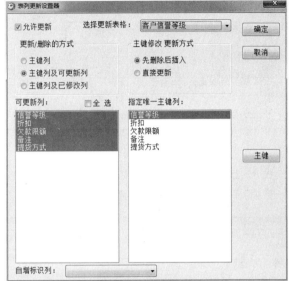

图 13-27　表列更新器

② 主键列及可更新列：根据主键列和选择的可更新列更新数据，如修改第一行数据中的备注时，系统执行语句：

UPDATE 客户信誉等级 SET 备注 = '778' WHERE 信誉等级 = '06' AND 折扣 = 10.00 AND 欠款限额 = 1111 AND 备注 = '9988' AND 提货方式 IS NULL

③ 主键列及已修改列：根据主键列和不变列更新数据，如修改第三行数据中的折扣和备注时，系统执行语句：

UPDATE 客户信誉等级 SET 折扣 = 12.00，备注 = '5775' WHERE 信誉等级 = 'B' AND 折扣 = 1.00 AND 备注 = '12'

| 行号 | 信誉等级 | 提货方式 | 折扣 | 欠款限额 | 备注 |
|---|---|---|---|---|---|
| 1 | 06 |  | 10.00 | 1,111 | 778 |
| 2 | A | 限额提货 | 1.00 | 10 | 交订金生产发货前欠款限额，信誉好的老客户 |
| 3 | B | 本月提货 | 12.00 | 1,111 | 5775 |
| 4 | C | 订金提货 | 1.00 | 0 | 交订金生产交提货款发货，一般针对新客户 |

图 13-28　更新或删除方式

主键修改更新方式如下：

① 先删除后插入：修改主键时，系统先执行 Delete 再执行 Insert，如更改第一列信誉等级为 05，系统执行语句：

DELETE FROM 客户信誉等级 WHERE 信誉等级 = '06'

INSERT INTO 客户信誉等级(信誉等级，折扣，欠款限额，备注) VALUES('05', 10.00, 1111, '778')

② 直接更新：修改主键时，系统直接执行 Update，如更改第一列信誉等级为 05，系统执行语句：

UPDATE 客户信誉等级 SET 信誉等级 = '05' WHERE 信誉等级 = '06'

2）动态增加列。当单击动态增加列时会弹出图 13-29 所示窗口，不用进入数据库，直接在此处动态地向数据库表中增加列。

3）列类型刷新。当在数据库中修改列类型时候，数据窗口并没有更新其类型，需要用到列类型刷新才能生效，如图 13-30 所示。其中，0 表示不用刷新。

图 13-29　动态增加列

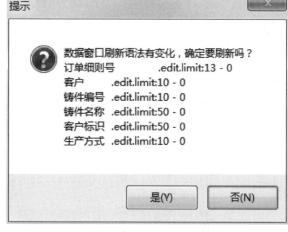

图 13-30　列类型刷新

4）反显。将当前显示的列隐藏，反显可将隐藏的列显示，以方便编辑隐藏列。

5）源自动美化。当单击数据源菜单发现出现的数据源比较多，影响阅读时，可以选择 design→源自动美化，使数据源显示更美观且便于阅读。

图 13-31 所示为使用源自动美化三单列行功能后，数据源的显示状态。

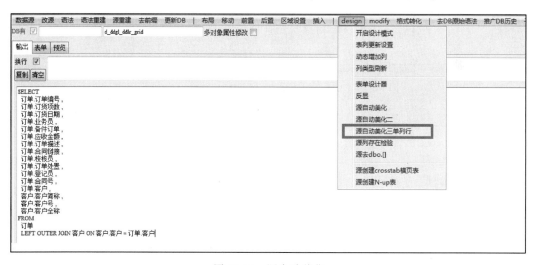

图 13-31　源自动美化

6）源去 dbo.[ ]。将数据源中 dbo.[ ] 去掉，增加数据源的可读性。

7）源创建 crosstab 横页表。可以对数据源所选取的数据进行一个横页式的统计，可对样式进行创建，用来做一些简单的报表。

单击选中 "Columns" "Rows" "Values" 中的字段进行移除或在 "Source" 选中字段移到 "Columns" "Rows" "Values" 中，如图 13-32 所示。

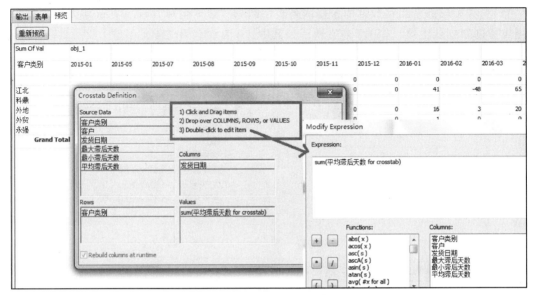

图 13-32　源创建 crosstab 横页表

8）语法文件输出。将数据窗口语法输出并以 txt 格式保存。

（2）modify　modify 是内置 modify 函数，包含以下子菜单项（见图 13-33）：

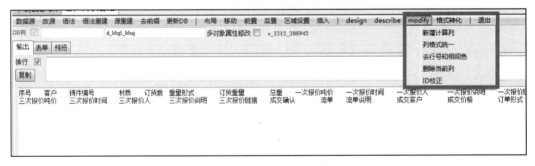

图 13-33　modify 子菜单

1）新增计算列。

2）列格式统一。

3）去行号和相间色。

4）删除当前列：在数据源和窗口语法中删除该列信息，十分简便快捷。

5）ID 校正：当数据区与标题区不对应时，可使用 ID 校正修复。

（3）格式转化　图 13-34 所示为格式转化子菜单。

（4）其他区域　其他区域如图 13-35 所示。

1）1 号区域的功能为显示此模块有无更新 DB 过，若有则自动勾选。

2）2 号区域的功能为显示窗口的名称。

3）3 号区域的功能为显示数据窗口控件的名称。

4）4 号区域的功能为勾选此处，可同时修改多控件的属性。

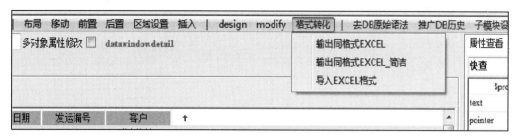

图 13-34 格式转化子菜单

5）5 号区域的功能为显示当前鼠标选中的控件名称。

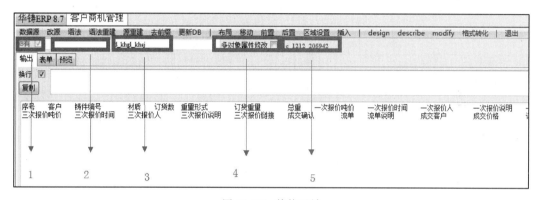

图 13-35 其他区域

**4．系统数据**

（1）去 DB 原始语法　该菜单可以查看 ERP 系统自身存储的数据，使用该菜单会使模块数据带来变化，如图 13-36 和图 13-37 所示。

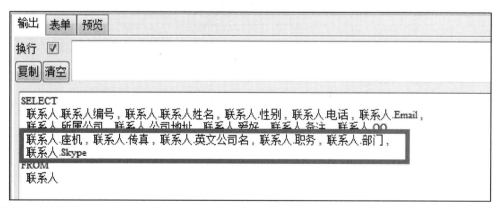

图 13-36 去 DB 原始语法前数据源

（2）推广 DB 历史　该菜单可以实现快速查看并推广 DB 历史。如图 13-38 所示，单击推广 DB 历史，在弹出的窗口中可以查看该数据窗口更新 DB 的时间和推广 DB 的机器。

双击预览，可以查看数据窗口使用过的语法，单击源重建→更新 DB，即可推广该窗口使用过的数据语法。

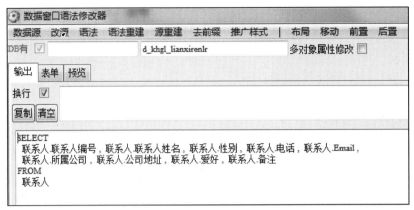

图 13-37　去 DB 原始语法后数据源

图 13-38　推广 DB 历史

（3）子模块设置　如图 13-39 所示，单击子模块设置（在系统主界面<Ctrl>+右键也可进入），可以快速查看该子模块的设置，修改子模块设置后单击 update，修改便生效。

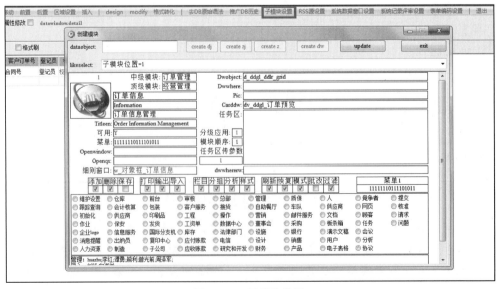

图 13-39　子模块设置

（4）表单编码设置　图 13-40 所示为表单编码设置。单击表单编码设置，可以实现修改表单编码参数设置。

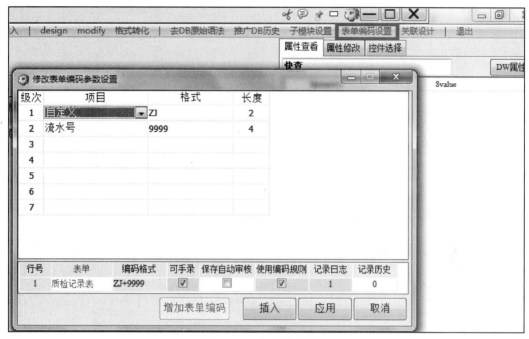

图 13-40　表单编码设置

（5）关联设计　如图 13-41 所示，单击关联设计，可以实现快速进入系统应用库设计窗口和系统工具库设置窗口，以及进行一些常用设置。

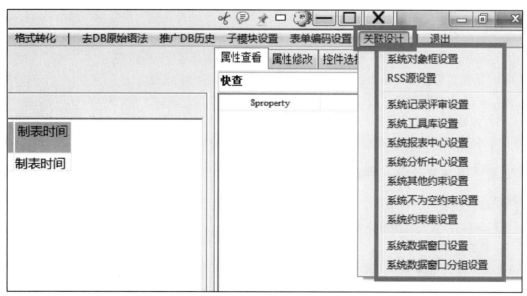

图 13-41　关联设计

1）系统对象框设置，涉及主细表的子模块可以激活打开，与系统维护中的系统对象框子模块功能一样，如图 13-42 所示。

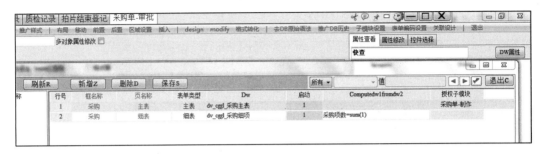

图 13-42 对象框设置

2）RSS 源设置，可以实现快速进入系统应用库设计窗口，如图 13-43 所示。

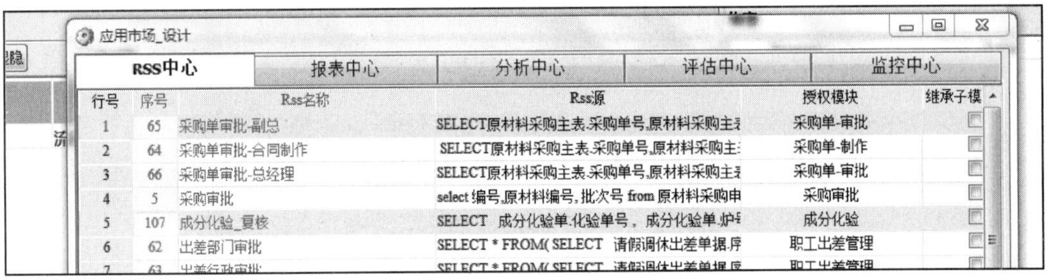

图 13-43 RSS 源设置

3）系统记录评审设置，可以快速进入系统记录评审设置。
4）系统工具库设置，可以快速进入右键系统工具库设置。
5）系统报表中心设置，可以快速进入系统报表中心设置。
6）系统分析中心设置，可以快速进入系统分析中心设置。
7）系统其他约束设置，可以快速进入系统其他约束设置。
8）系统不为空约束设置，可以快速进入系统不为空约束设置。
9）系统约束集设置，可以快速进入系统约束集设置。
10）系统数据窗口设置，可以查看该数据窗口的创建时间和历史更改时间。
11）系统数据窗口分组设置，可以快速进入系统窗口分组设置。

### 13.1.2 语法修改器控件属性专题

**1. 属性查看**

图 13-44 所示为数据窗口属性查看。

**2. 属性修改**

属性修改为超级管理员提供了方便快捷的功能一次性修改，如图 13-45 所示。操作步骤如下：

1）选择要修改的列，只能单选。
2）双击要修改的属性。
3）推广样式。

| Sproperty | Svalue |
|---|---|
| id | 3 |
| name | 欠款限额 |
| dbname | 客户信誉等级.欠款限额 |
| protect | 0 |
| format | #,##0 |
| visible | 1 |
| pointer | ? |
| x | 1243 |
| y | 8 |
| width | 503 |
| height | 64 |
| height.autosize | no |
| color | |
| background.mode | 1 |
| background.color | |
| transparency | 0 |
| alignment | 2 |
| tabsequence | 40 |
| tag | ? |
| type | column |
| update | yes |
| band | detail |
| border | 0 |
| coltype | decimal(0) |
| values | ? |
| initial | null |

属性查看 | 属性修改 | 控件选择

快查

| Sproperty | Svalue |
|---|---|
| name | datawindow |
| objects | 折扣_t欠款限额_t备注_t信誉等级_t |
| pointer | ? |
| processing | 1 |
| brushmode | 0 |
| color | 1073741824 |
| transparency | 0 |
| type | datawindow |
| bands | headerdetailsummaryfooter |
| table.data.storage | memory |
| table.delete.type | SQL |
| table.filter | ? |
| table.gridcolumns | 100115234 |
| table.insert.type | SQL |
| table.select | SELECT 客户信誉等级.信誉等级, |
| table.select.attribute | SELECT 客户信誉等级.信誉等级, |
| table.sort | 备注 D |
| table.sqlselect | SELECT 客户信誉等级.信誉等级, |
| table.update.type | SQL |
| table.updatekeyinplace | no |
| table.updatetable | 客户信誉等级 |
| table.updatewhere | 1 |
| table.arguments | ? |
| table.crosstabdata | ? |

图 13-44  数据窗口属性查看

属性修改页从软件安装目录下的 colmode.txt 文件中读取数据，可以进行控件属性的快速修改。若超级管理员想定制自己的属性风格，可以在 colmode.txt 中做相应修改。

以下为一些重要模式的具体解释：

1）FTP 模式——列可以保存附件，要求列类型为"vc 资源"：

. tabsequence = 32766 . tag = "（L）上传查看". pointer = "HyperLink！". tooltip. enabled = "1". tooltip. tip ="右键 FTP 操作". font. underline ="0 ~ tif(fileexists(    ),1,0)"

2）FTP 模式显原名：

. tabsequence = 32766  . tag = "（L）上传查看". pointer = "HyperLink！". tooltip. enabled = "1". tooltip. tip = "右键 FTP 操作. font. underline = "0 ~ tif( fileexists(    ),1,0)". dddw. name = dv_xtwh_系统资源链接名.dddw. displaycolumn = 原件名. dddw. datacolumn = 链接名. dddw. autoretrieve = "yes"

3）单选模式——可以定义一些模板，但只能选中一条模板：

. tag =' (I)S'

4）多选模式与单选模式对应，可以选择多条模板：

. tag ='(I)M'

5）多选职工姓名——职工姓名可以多选（可自行修改多选对象）：

. tag ='(M)d_pub_zhigong|职工姓名'

6）公式模式——可对列进行用户自定义公式：

. tag ='e)金额 = 单价 * 数量'

图 13-45 属性修改

7）关联过滤模式——某一列的取值选择范围可通过另外一列过滤缩小：

.tag='(F)原材料清单.原材料类别编号=类别编号'

8）列显示模式——此列内容选定后，另外一列的内容也随之显示：

.tag='d)数据来源列:列1;列2;(表名.列3[别名];表名.列4[别名]);列4;列5;'

9）签名模式——用户可以在此列右击来签名：

.tabsequence=32766.tag="(S)签名".dddw.name=d_pub_zg_qm.dddw.displaycolumn=职工姓名.dddw.datacolumn=职工编号.dddw.autoretrieve="yes"

10）签名模式带时间列——签名后，签名时间列自动显示：

.tabsequence=32766.tag="(S)签名:签名时间"

.dddw.name=d_pub_zg_qm.dddw.displaycolumn=职工姓名.dddw.datacolumn=职工编号.dddw.autoretrieve="yes"

11）去TAG——将列的tag属性变为空：

.tag=""

12）图片模式——将列的查看方式变为图片显示，可以上传图片附件：

.tabsequence=32766.tag="(P)上传查看".bitmapname=yes.pointer="HyperLink！".tooltip.enabled="1".tooltip.tip="右键图片操作"

13）图片模式显原名：

.tabsequence=32766.tag="(P)上传查看".bitmapname=yes.pointer="HyperLink！".tooltip.enabled="1".tooltip.tip="右键图片操作".tooltip.textcolor='0'.tooltip.backcolor='16777215'.tooltip.isbubble='0'.tooltip.delay.visible='10000'.dddw.name=dv_xtwh_系统资源链接名.dddw.displaycolumn=原件名.dddw.datacolumn=链接

14）文本查看——通过弹出文本框的方式查看数据：

.tag='c)文本查看'

15）Edit模式——将列的属性变为可编辑模式：

.edit.case='any'

16）保护模式/开锁模式——都是控制列的内容是否允许改动：

.protect='1'.tabsequence=10

17）保护模式签字人可改：

.protect='0~tif(isnull(签字人) or 签字人=gf_getparm(~"gs_userzgbh~"),0,1)'

18）行宽可拉——列的宽度可以拉伸：

.row.resize=1

19）无保护——去除列的保护：

.protect='0'

20）自动高度——列是否允许自动调整高度：

.height.autosize="yes"

21）字串长缩：

.edit.useellipsis="yes"

22）设计模式开启/关闭——控制设计模式的开启与关闭，在设计模式下，列的位置可以通过鼠标拖动：

.resizeable="1".moveable="1"

.resizeable="0".moveable="0"

23）Radio模式：

.values="承兑~t承兑/电汇~t电汇/".radiobuttons.columns=2.radiobuttons.lefttext=

no. radiobuttons. scale = no. radiobuttons. threed = no

24）是/否模式：

. values = " ~ t 是/~ t 否 ". checkbox. lefttext = no. checkbox. scale = no. checkbox. threed = yes. checkbox. text ="". checkbox. on ="是". checkbox. off ="否"

25）1/0 模式：

. values = " ~ t1/~ t0 ". checkbox. lefttext = no. checkbox. scale = no. checkbox. threed = yes. checkbox. text ="". checkbox. on ="1". checkbox. off ="0"

26）下拉可填——下拉框，既可选取也可编辑：

. ddlb. allowedit = yes. values ="质量~t 质量/安全~t 安全/"

27）下拉模式——只能从下拉框中选取：

. ddlb. allowedit = no. values ="质量~t 质量/安全~t 安全/"

28）百分率——将数据列以百分比的形式显示，可以设置百分点的位数：

. format ='0%'

. format ='0. 0%'

. format ='0. 00%'

29）小数——将数字列以小数形式显示，可以设置小数点的位数：

. format ='0'

. format ='0. 00'

30）日期下拉/不下拉——设置日期列的取值是否通过下拉日期来选取：

. format = " yyyy-mm-dd ". editmask. useformat = yes. editmask. mask = " yyyy-mm-dd ". editmask. ddcalendar = yes. editmask. ddcal_backcolor = 255. editmask. ddcal_textcolor = 33554432. editmask. ddcal_titlebackcolor = 134217741. editmask. ddcal_titletextcolor = 134217742. editmask. ddcal_trailingtextcolor = 134217745

31）日期模式/时间模式——设置日期列的数据显示格式为日期/时间：

. format ="yyyy-mm-dd". editmask. useformat = yes

. format ="yyyy-mm-dd HH：MM". editmask. useformat = yes

32）时间下拉——日期列的取值通过下拉时间来选取：

. format = "yyyy-mm-dd HH：MM". editmask. useformat = yes . editmask. mask = "yyyy-mm-dd HH：MM" . editmask. ddcalendar = yes

33）提示列内容——当鼠标移动到列范围内时，弹出小悬浮框提示列的数据内容：

. tooltip. enabled = '1'. tooltip. tip = '提示~t'. tooltip. isbubble = '0'. tooltip. delay. visible ='10000'

34）提示文本——类似提示列内容属性，但这里可以修改提示的内容：

. tooltip. enabled = '1'. tooltip. tip = '请修改这里提示的内容'. tooltip. isbubble = '0'. tooltip. delay. visible ='10000'

35）提示去掉——去掉提示属性：

. tooltip. enabled ='0'

36）下拉部门——使此列的内容可通过下拉弹出一个数据窗口来选择部门：

. dddw. name = d_pub_bumen. dddw. displaycolumn = 部门名称 . dddw. datacolumn = 部门编号

37）下拉班组——使此列的内容可通过下拉弹出一个数据窗口来选择班组：

．dddw．name＝d＿csh＿banzu．dddw．displaycolumn＝班组．dddw．datacolumn＝班组．dddw．autoretrieve＝"no"

38）下拉不合格原因——使此列的内容可通过下拉弹出一个数据窗口来选择不合格原因：

．dddw．name＝d_csh_bhgyy．dddw．displaycolumn＝不合格原因．dddw．datacolumn＝不合格原因．dddw．autoretrieve＝"no"

39）下拉客户——使此列的内容可通过下拉弹出一个数据窗口来选择客户：

．dddw．name＝d＿pub＿kehu．dddw．displaycolumn＝客户．dddw．datacolumn＝客户．dddw．autoretrieve＝"no"m

40）下拉客户简称——使此列的内容可通过下拉弹出一个数据窗口来选择客户简称：

．dddw．name＝dv＿pub＿kehu．dddw．displaycolumn＝客户简称．dddw．datacolumn＝客户．dddw．autoretrieve＝"yes"

41）下拉铸件类别——使此列的内容可通过下拉弹出一个数据窗口来选择铸件类别：

．dddw．name＝dv＿pub＿zhujianlb．dddw．displaycolumn＝备注．dddw．datacolumn＝类别．dddw．autoretrieve＝"yes"

42）下拉铸件图号——使此列的内容可通过下拉弹出一个数据窗口来选择铸件图号：

．dddw．name＝d＿pub＿zhujian．dddw．displaycolumn＝图号．dddw．datacolumn＝图号．dddw．autoretrieve＝"no"．tag＝"（F）铸件清单．类型＝~~'铸件~~'"

43）下拉铸件——使此列的内容可通过下拉弹出一个数据窗口来选择铸件：

．dddw．name＝d_pub_zhujian．dddw．displaycolumn＝铸件编号．dddw．datacolumn＝铸件编号．dddw．autoretrieve＝"no"．tag＝"（F）铸件清单．类型＝~~'铸件~~'"

44）下拉材料类别——使此列的内容可通过下拉弹出一个数据窗口来选择材料类别：

．dddw．name＝d＿kcgl＿yuancailiaolb．dddw．displaycolumn＝备注．dddw．datacolumn＝类别．dddw．autoretrieve＝"yes"

45）下拉供应商：

．dddw．name＝d_pub_gongyingshang．dddw．displaycolumn＝名称．dddw．datacolumn＝供应商编号．dddw．autoretrieve＝"yes"

46）下拉查询开/关

．dddw．autoretrieve＝"yes"/．dddw．autoretrieve＝"no"

47）下拉职工——使此列的内容可通过下拉弹出一个数据窗口来选择职工：

．dddw．name＝d_pub_zhigong．dddw．displaycolumn＝职工姓名．dddw．datacolumn＝职工编号．dddw．autoretrieve＝"yes"

48）显示职工——只显示职工姓名，不需要下拉，效率更高：

．tabsequence＝32766．dddw．name＝d＿pub＿zg＿qm．dddw．displaycolumn＝职工姓名．dddw．datacolumn＝职工编号．dddw．autoretrieve＝"yes"m

49）下拉弹选可编辑——列的内容既可通过下拉窗口选取也可直接编辑：

．dddw．allowedit＝"yes"

50）颜色属性，负数背景红：

.background.color="536870912~tif(<0,255,536870912)".background.mode=2

51）文本红列蓝：

.color="[if(describe(~".type~")=~"text~",255,rgb(0,255,0))]"

52）文本灰无线框：

.border="[if(describe(~".type~")=~"text~",0,4)]".color="[if(describe(~".type~")=~"text~",12512512,0)]".[if(describe(~".type~")=~"text~","text","tag")]="[if(describe(~".type~")=~"text~",describe(~".text~")+":",(describe(~".tag~")))]"

### 3. 控件选择

图 13-46 所示为控件选择的界面。在此界面中，可以选择到所需要修改的控件以及控件排列方式。

图 13-47 所示为控件选择的 band 子界面。

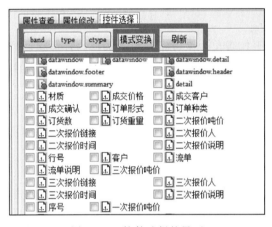

图 13-46 控件选择的界面

图 13-47 band 子界面

图 13-48 所示为控件选择的 type 子界面。

图 13-48 type 子界面

图 13-49 所示为控件选择的模式变换子界面,所显示的是控件的排列模式。

图 13-49  模式变换子界面

## 13.2  万能键及 Excel 导入专题

万能键是华铸 ERP 系统超级管理员根据企业自身情况二次调整需要用到的强大工具,之前专题所用到的数据窗口修改器就是其功能之一。它只能在数据窗口中调出,调出的快捷键是<Ctrl+Shift+Alt>。万能键部分界面如图 13-50 所示。

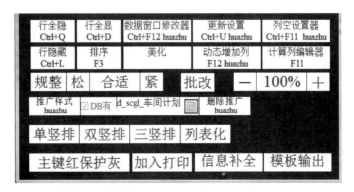

图 13-50  万能键部分界面

### 13.2.1  公式器

公式器是超级管理员对当前数据窗口所有的列(被保护的除外)进行公式的定义或者

添加新的计算列工具,快捷键为<Ctrl+=>。

如图 13-51 所示,公式器的主要功能有:

1) 增加计算列和定义计算公式。
2) 软键盘帮助用户输入公式。
3) 自动识别当前数据窗口的列属性。

**1. 增加计算列**

对当前数据窗口增加新的计算列,如图 13-52 所示。

图 13-51 公式器

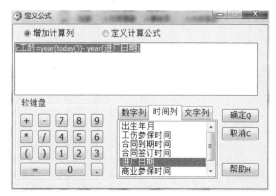

图 13-52 增加计算列

注意事项:

1) 增加的计算列以 c 开头,区别于窗口原有的列。
2) 公式定义可参照上面增加计算列的例子。
3) 最后需要推广样式保存新的计算列。

**2. 定义计算公式**

定义计算公式可对当前已有的三种列(数字、时间、文字)分别进行数字计算、时间推进、文字复制等改变,如图 13-53 所示。

操作步骤:

1) 选择所要改变的行:按<Ctrl>键不放,鼠标左击选择单行或多行。
2) 在公式器界面选择要改变的列。
3) 利用软键盘在定义窗口填写计算公式,确定即可。

图 13-53 定义计算公式

**3. 系统计算列范例**

1) 求和、求平均:sum(所计算的列)、avg(所计算的列)。

求和:c 细则重量 = sum(细则重量)

求平均:c 净工艺重量 = avg(净工艺重量)

2) 条件语句:if(表达式,为真执行的结果,为假执行的结果),可多重嵌套。

单个条件:c 发货进度 = if(sum(订货数量)= 0,0,(sum(发货数)/sum(订货数量)))

多个条件嵌套:c 提醒指数 = if（已有天数>45,'请示领导',if(已有天数>35,'急办',if(已有天数>24,'急',if(已有天数>14,'跟进',if(已有天数>0,'关注',"")))))

3）判别数据为空条件语句：isnull（需要判别的列），是就返回真，不是返回假，通常与 if（）一起使用。

c 接收数 = if(isnull(合格数),0,合格数) + if(isnull(回用数),0,回用数)

4）计算两个时间间隔天数：DaysAfter（前个时间，后个时间）。

c 交货期 = DaysAfter(订货日期,细则交货日期)

5）计算选择日期和选择间隔后的日期：gf_dateadd（间隔的类型（day，month，year），间隔的数量，选择的日期）。

c 下次检定校准时间 = gf_dateadd('day',-1, gf_dateadd('month',检定校准周期,检定校准时间))

6）执行 SQL 语句：gf_executesql(sql 语句)。

c 试制炉号 = gf_executesql("select top 1 造型批次号 from 铸件单件 where 细则号 ='"+订单细则号+"'")

### 13.2.2 复制与粘贴

如图 13-54 所示，使用万能键可以实现复制与粘贴的功能。
1）<Ctrl+C>复制蓝色选中区域。
2）<Ctrl+2>复制黑色/蓝色选中区域（复制时请优先使用<Ctrl+2>，然后是<Ctrl+C>）。
3）<Ctrl+3>/<Ctrl+V>粘贴所复制内容。
4）选中目标列，<Ctrl+3>/<Ctrl+V>，换回车键自动换行，从当前单元格开始向下粘贴内容。
5）<Ctrl+4>显示区域的数据，按列显示顺序复制。

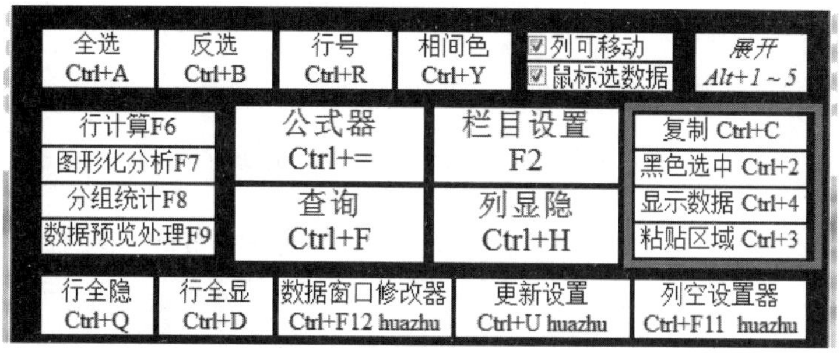

图 13-54 复制与粘贴

### 13.2.3 栏目设置

栏目设置具有调整列位置（鼠标左击不放上下调整顺序）、显示与否、小数位数设置、字体与背景颜色设置、对齐方式设置、自高度（即列高度随内容的多少变化）设置、保护设置等功能，如图 13-55 所示。

注意事项：栏目设置完后需要推广样式，设置才能生效。

保护设置：对着需要保护的列单击弹出设置窗口，下拉选择保护的控制列（当其不为空的时候，被保护的列不能编辑），也可以对已保护的列进行清除，如图 13-56 所示。

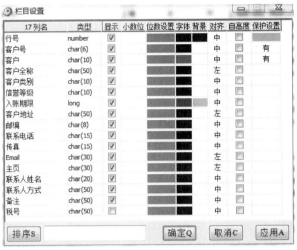

图 13-55 栏目设置

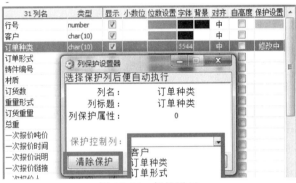

图 13-56 保护设置

### 13.2.4 分组统计

分组统计的功能是以树形分层的形式进行相关的数字统计，如图 13-57 所示。

操作步骤：

1）单击后按住鼠标左键将要分组的列按顺序放在最上方，并勾选分层。

2）选择需要统计的数字列进行求和、平均、最大、最小。

3）分组选项设置：勾选分组无细项则结果只包含要分层的列，不勾选时全部列都包含。

4）更新 DB。

### 13.2.5 动态增加列

动态增加列如图 13-58 所示，其主要功能有：

图 13-57 分组统计

1）根据当前的数据源中的表，选择要显示和更新的列。
2）直接填写当前选择表中的列，用 AS 改名。
3）SQL 语法增加列。

动态 SQL 语句如图 13-59 所示，其操作步骤：

1）填写表名。
2）填写列名。
3）填写列数据类型。
4）添加自动生成 SQL 语句。
5）执行成功。

图 13-58　动态增加列

图 13-59　动态 SQL 语句

## 13.2.6　图形化分析

图形化分析功能是对企业相关数据进行图形化的分析，如图 13-60 所示。
右击菜单介绍：

1）分组显隐：显示或者隐藏当前分析列。
2）输出：输出为 BMP 格式文件。
3）数据：输出为 XLS 格式文件。
4）风格：这里提供了 10 种风格。
5）重载：重新载入数据并刷新统计图。
6）分析：在数据窗口中打开原始数据。

操作步骤：

1）确定好需要分析的图像 G、X、Y 轴。
2）单击"分析"按钮。
3）对着图像右击修改图像风格、大小、显示内容、输出等。
4）将做好的图分享到分析中心。

说明：

1）X 轴：需要对比的对象。

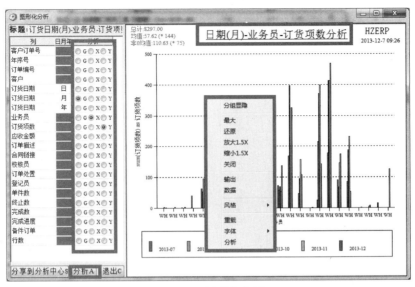

图 13-60　图形化分析

2）Y 轴：需要对比的数值。

3）G 值：需要对比的对象再细化。

例如：如果想比较每月的订货项数，选择订货日期（月）为 X 值，订货项数为 Y 值，如图 13-61 所示。如果还想细化到每个业务员的月订货数量比较，则需选业务员为 G 值，如图 13-62 所示。

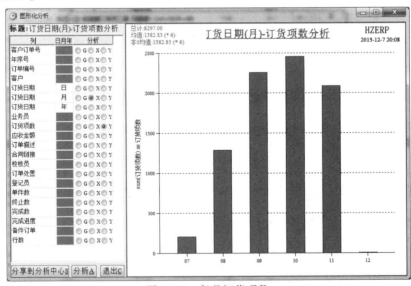

图 13-61　每月订货项数

### 13.2.7　对象属性修改器

原来的计算列编辑器升级为对象属性修改器，如图 13-63 所示。其功能是对数据窗口已有的列进行属性上的编辑。

第13章 华铸ERP集成系统二次开发

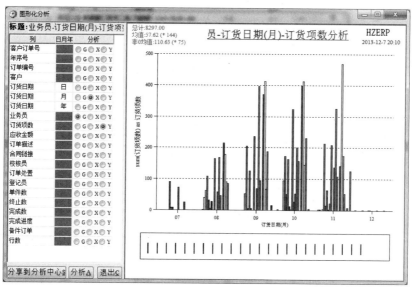

图 13-62　业务员-订货日期（月）-订货项数

计算公式的编辑可以参照前面介绍的计算列公式范例。

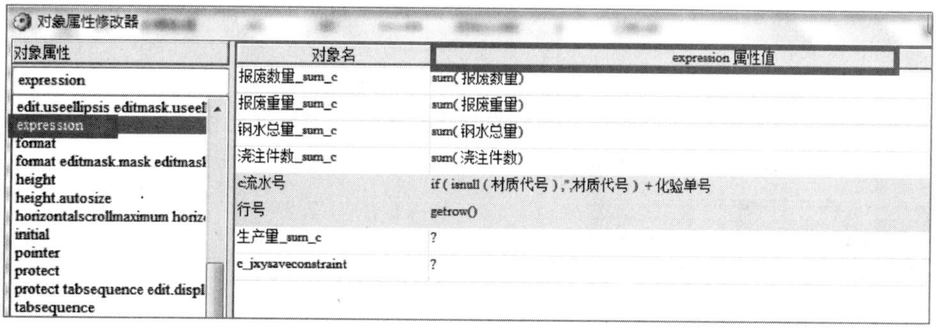

图 13-63　对象属性修改器

对象属性修改器不仅可对计算列的 expression 属性进行修改，还可以修改 tag、format 等属性，如图 13-64 所示。

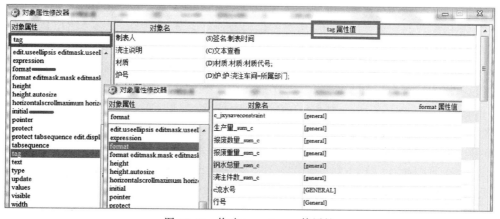

图 13-64　修改 tag、format 等属性

### 13.2.8 排序

排序可对当前数据窗口按照选择的列（多个）进行升序或者降序排列，如图13-65所示（图示结果为按客户升序排列，每个客户的记录再按订货日期降序排列）。

操作步骤：

1）鼠标左击选择要排序的列不放，从左边小窗口拖动到右边。

2）选择好多个列之间的顺序，从上到下排列。

3）打钩选择升序，不打钩则选择降序。

图13-65 排序

### 13.2.9 模板输出

模板输出如图13-66所示。其主要功能是将ERP里面的数据按自己预先设定的模板格式输出（从计算机里选择模板文件和输出目录）。模板输出可以按照Excel简洁格式输出、多表格格式输出、多行表格汇总格式输出、Word文档格式输出。

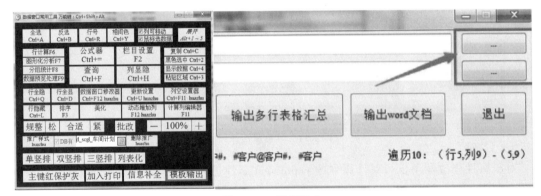

图13-66 模板输出

以订单信息为例，选择图13-67所示的模板文件（预先给定的），选择输出目录（desk-top），就可以按照以上四种格式输出了。

Excel简洁格式输出如图13-68所示。输出时ERP里面字体的大小、格式、颜色基本不变。

多表单格式输出如图13-69所示。当在ERP里面数据列选择多少行，就输出多少表单（本案例选了10行，输出10个表单），相应的信息也会输入进去。

多行表格汇总格式输出如图13-70所示。所选的10行数据全部输出在Excel表格里面。

注意：在预定义表格时，属性列名要与底层表的名称相同，否则在多表格输出和多表格汇总格式输出时无法显示相应的数据。如图13-71所示，ERP系统中数据列名"客户订单号"与底层表格名"合同号"不一致，表明列名被修改过，但是在设定预定格式时，列名要与底层表名一致。

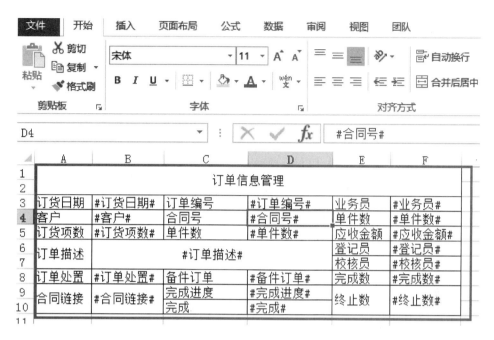

图 13-67　模板文件格式

图 13-68　Excel 简洁格式输出

图 13-69　多表单格式输出

| | | | | | |
|---|---|---|---|---|---|
| 订单信息管理 | | | | | |
| 订货日期 | 2014/11/1 | 订单编号 | A1411001 | 业务员 | 江志涛 |
| 客户 | 顺德奥浦 | 合同号 | - | 单件数 | |
| 订货项数 | 1 | 单件数 | | 应收金额 | 0 |
| 订单描述 | | | | 登记员 | |
| | | | | 校核员 | |
| 订单处置 | 投产 | 备件订单 | | 完成数 | |
| 合同链接 | | 完成进度 | | 终止数 | |
| | | 完成 | N | | |

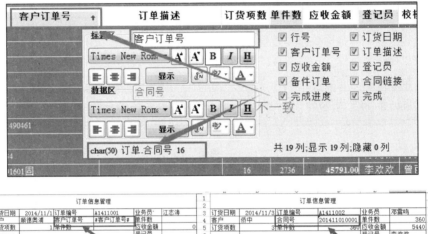

图 13-70　多行表格汇总格式输出

图 13-71　多表格注意事项

Word 文档格式输出如图 13-72 所示。将所选的数据在 Word 文档里面输出，输出的是所选中的所有数据的汇总。

| | | | | | |
|---|---|---|---|---|---|
| 订单信息管理 | | | | | |
| 订货日期 | ######## | 订单编号 | A1411002 | 业务员 | 邓雷鸣 |
| 客户 | 侨中 | 合同号 | 2.01E+11 | 单件数 | 360 |
| 订货项数 | 3 | 单件数 | 360 | 应收金额 | 5440 |
| 订单描述 | | | | 登记员 | 李欢欢 |
| | | | | 校核员 | 曾丽丽 |
| 订单处置 | 投产 | 备件订单 | | 完成数 | 0 |
| 合同链接 | | 完成进度 | 0.00% | 终止数 | 0 |
| | | 完成 | N | | |

图 13-72　Word 文档格式输出

## 13.2.10　Excel 导入技术

企业运作时存在许多 Excel 表单，如发货单、质保卡等，将这些保单数字导入 ERP 系统中是一个比较烦琐的过程。华铸 ERP 系统提供了 Excel 导入技术，如图 13-73 所示，能够迅速地将企业现有的表单导入系统中工作。

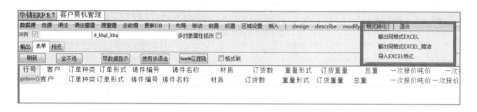

图 13-73　Excel 导入技术

下面以不合格处置单作为例子，详细介绍 Excel 导入的步骤。

1) 准备好 SQL 语句，建立数据窗口，并将列表化窗口改为表格化窗口，如图 13-74 所示。

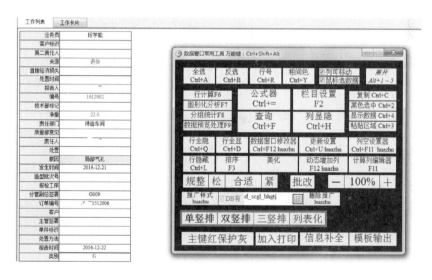

图 13-74　表格化窗口

2) 在已有的 Excel 表单中处理相关列名和导入的数据区，如图 13-75 所示。

说明：

① 标题列不变，数据列（即 ERP 加载数据的区域）改为#数据列名#。

② 如果空格的地方需要加载（例如为了表单呈现为方形而不是缺一个角），则在单元格上写上@。

3) 在表单设置器中将列表移动至右边，保证表单导入后不重叠，如图 13-76 所示。

4) 单击格式转换——导入 Excel 格式，选择要导入的 Excel 格式，如图 13-77 所示。导入成功后再单击"使用该语法"。

5) 处理剩下没有关联的列，将它们的 visible、x、y 属性值改为 0，如图 13-78 所示，对比图 13-77，右侧的对象移至 (0, 0) 处并隐藏。

6) 单击"使用该语法"按钮，再更新 DB，进行 Excel 导入确定，如图 13-79 所示。

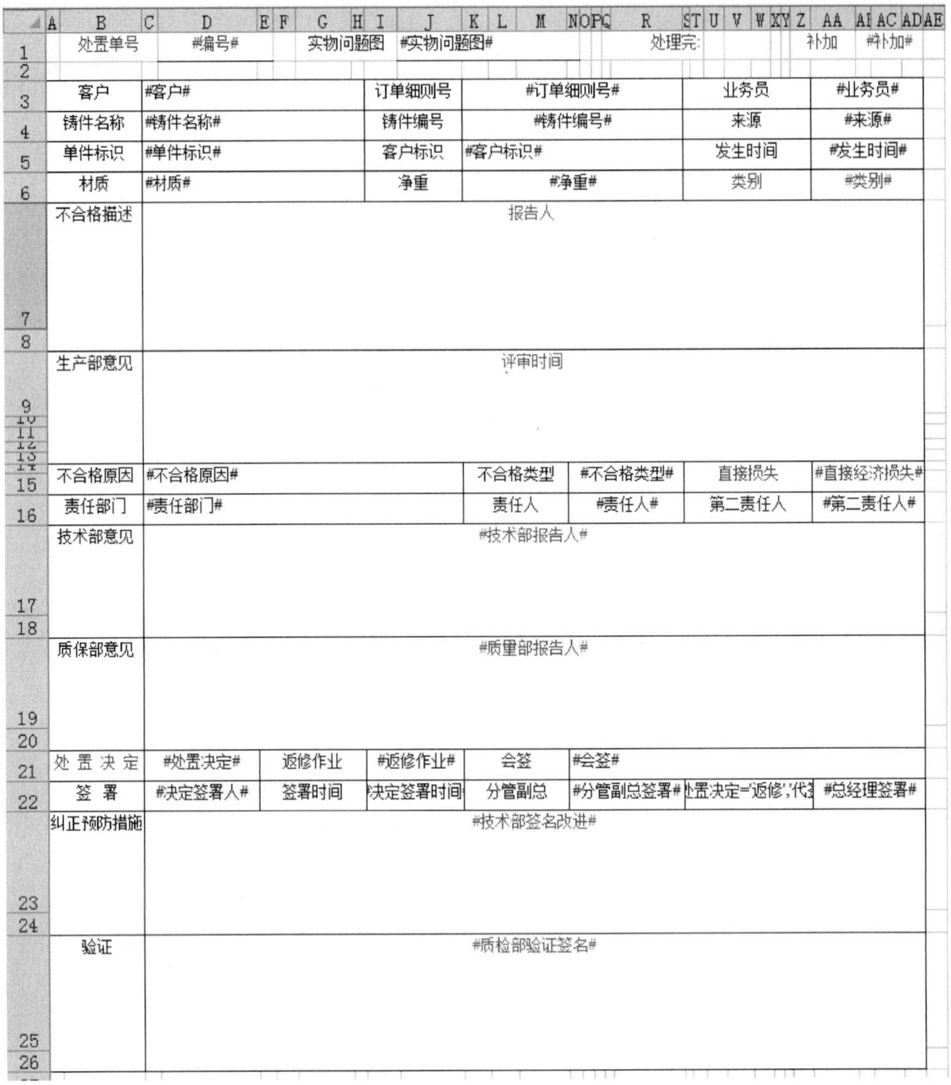


图 13-75　Excel 处理

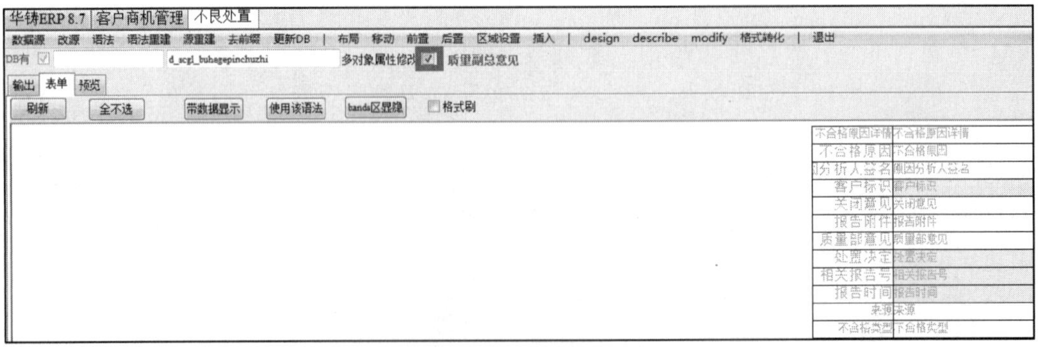


图 13-76　列表移动

第13章 华铸ERP集成系统二次开发

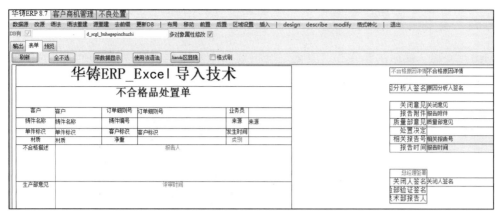

图 13-77 导入 Excel

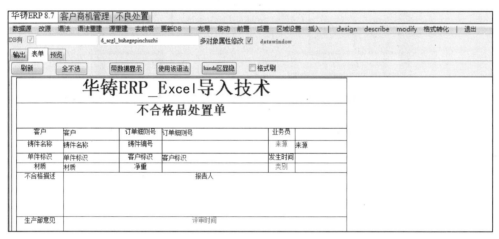

图 13-78 坐标变换和隐藏列

图 13-79 Excel 导入确定

## 13.2.11 美化

调出万能键,鼠标左键单击"美化"会出现一个复选框,复选框中所罗列的各项是对当前用户界面进行美化的不同选项,如图 13-80 所示。

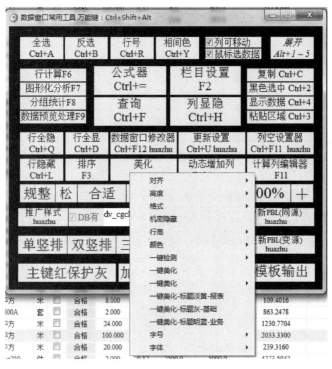

图 13-80 美化

(1) 对齐 对齐有四种方式可选,如图 13-81 所示。选中相应的对齐方式,数据区将按照相应方式变化。

(2) 高度 高度针对对象、数据区和头区分别进行不同形式的优化,如图 13-82 所示。

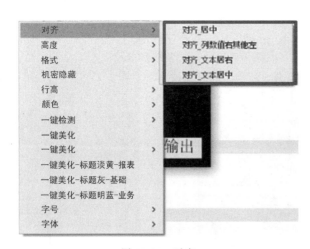

图 13-81 对齐

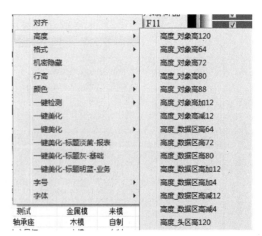

图 13-82 高度

(3)格式 如图13-83所示,格式主要包括显示格式、TAG标签、文件格式、编辑格式、日期格式等。

(4)行高 对数据区和表头区的高度统一设置为72,如图13-84所示。

(5)颜色 对背景和文本颜色统一选定,主要是"背景透明"和"文本灰色"选项,如图13-85所示。

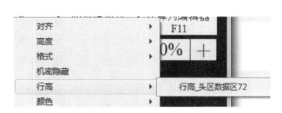

图13-84 行高

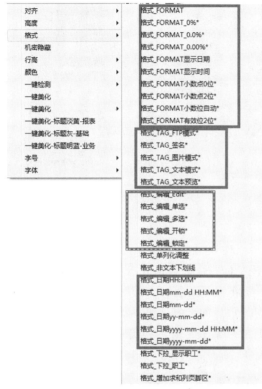

图13-83 格式

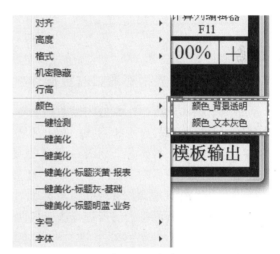

图13-85 颜色

(6)一键检测 检测数据、列等信息,如图13-86所示。

(7)一键美化 一键美化分为自动一键美化和用户自定义一键美化,如图13-87所示。用户可根据自己的需求进行界面美化操作。

图13-86 一键检测

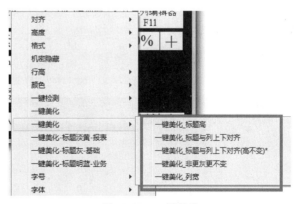

图13-87 一键美化

(8) 字号和字体　选择合适的字号和字体，如图 13-88 所示。

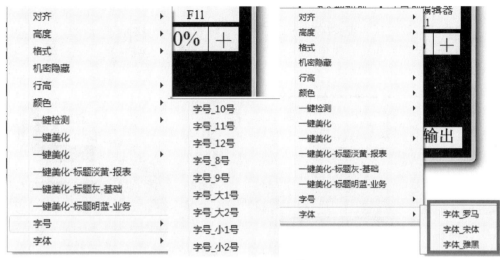

图 13-88　字号和字体

### 13.2.12　用户界面标题栏右键操作

进入子模块以后，在数据区标题栏上右击，会出现如图 13-89 所示标题栏右键界面。右边区域主要控制列的显示和隐藏。左边区域分别控制标题区和数据区。左边区域可以修改字体、字号、加粗、斜体、下划线以及字的颜色、背景填充颜色、去掉背景填充颜色、左对齐、居中、右对齐。左下方的"关联创建工具库"可以将当前列添加到工具库中。单击关联创建工具库会出现如图 13-90 所示界面。单击左下角"美化"会出现如图 13-91 所示界面，利用这个工具可对当前列进行快速属性修改。

图 13-89　标题栏右键界面

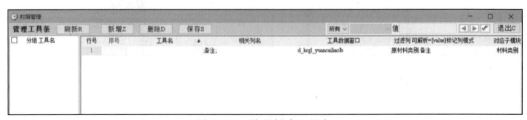

图 13-90　关联创建工具库

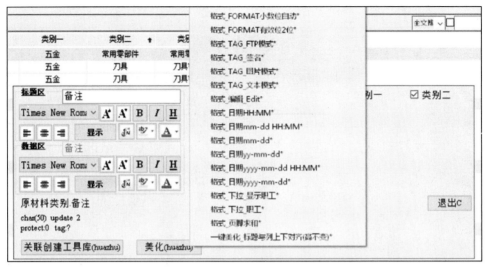

图 13-91 美化

### 13.2.13 用户界面数据区右键操作

在用户界面数据区右击会出现如图 13-92 所示数据右键菜单。

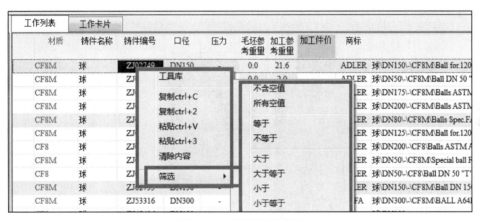

图 13-92 数据右键菜单

说明：
1) 有工具库的列会在右键菜单中显示工具库，单击进入工具库界面。
2) 右键添加复制、粘贴、清除内容功能，数据操作更便捷。
3) 筛选功能常用项提取出来，筛选更方便。

## 13.3 用户自定义模块专题

### 13.3.1 系统三层架构

华铸 ERP 系统结构可分三层：顶级模块、中级模块、子模块，对应的数据库表为权限顶级模块、权限中级模块、权限子模块，如图 13-93 所示。

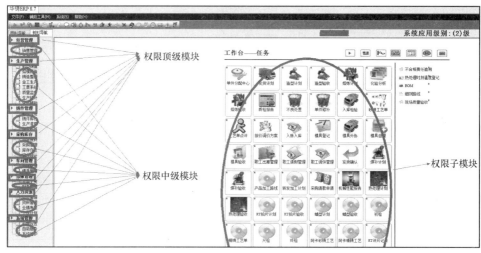

图 13-93　华铸 ERP 三层架构

### 1. 顶级模块建立

图 13-94 所示为模块创建窗口打开方式。如图 13-95 所示，在创建模块界面选择 creat dj，下侧数据窗口中填写相应的内容，单击 update 确认。

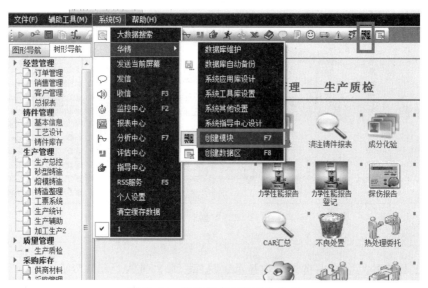

图 13-94　模块创建窗口打开方式

### 2. 中级模块建立

如图 13-96 所示，在创建模块界面选择 creat zj，下侧数据窗口中填写相应的内容，单击 update 确认。

### 3. 子模块建立

如图 13-97 所示，在创建模块界面（快捷键：主界面<F7>）选择 creat z，下侧数据窗口中填写相应的内容，单击 update 确认。

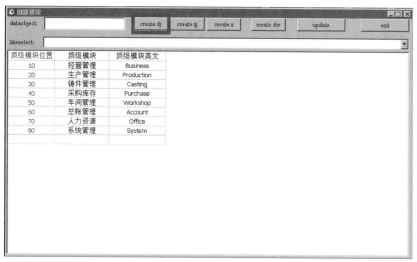

| 顶级模块位置 | 顶级模块 | 顶级模块英文 |
|---|---|---|
| 10 | 经营管理 | Business |
| 20 | 生产管理 | Production |
| 30 | 铸件管理 | Casting |
| 40 | 采购库存 | Purchase |
| 50 | 车间管理 | Workshop |
| 60 | 总账管理 | Account |
| 70 | 人力资源 | Office |
| 80 | 系统管理 | System |

图 13-95　顶级模块创建窗口

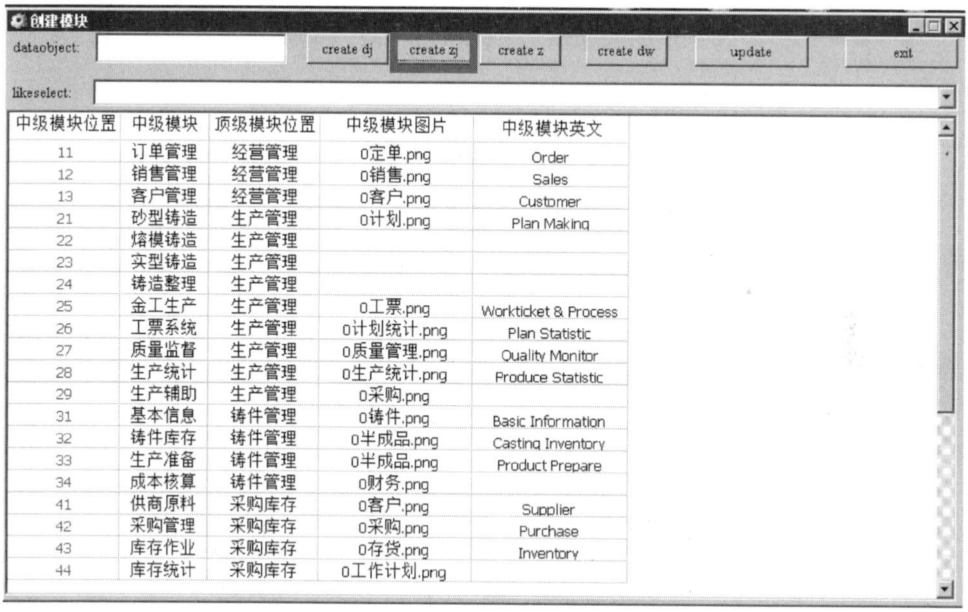


| 中级模块位置 | 中级模块 | 顶级模块位置 | 中级模块图片 | 中级模块英文 |
|---|---|---|---|---|
| 11 | 订单管理 | 经营管理 | 0定单.png | Order |
| 12 | 销售管理 | 经营管理 | 0销售.png | Sales |
| 13 | 客户管理 | 经营管理 | 0客户.png | Customer |
| 21 | 砂型铸造 | 生产管理 | 0计划.png | Plan Making |
| 22 | 熔模铸造 | 生产管理 | | |
| 23 | 实型铸造 | 生产管理 | | |
| 24 | 铸造整理 | 生产管理 | | |
| 25 | 金工生产 | 生产管理 | 0工票.png | Workticket & Process |
| 26 | 工票系统 | 生产管理 | 0计划统计.png | Plan Statistic |
| 27 | 质量监督 | 生产管理 | 0质量管理.png | Quality Monitor |
| 28 | 生产统计 | 生产管理 | 0生产统计.png | Produce Statistic |
| 29 | 生产辅助 | 生产管理 | 0采购.png | |
| 31 | 基本信息 | 铸件管理 | 0铸件.png | Basic Information |
| 32 | 铸件库存 | 铸件管理 | 0半成品.png | Casting Inventory |
| 33 | 生产准备 | 铸件管理 | 0半成品.png | Product Prepare |
| 34 | 成本核算 | 铸件管理 | 0财务.png | |
| 41 | 供商原料 | 采购库存 | 0客户.png | Supplier |
| 42 | 采购管理 | 采购库存 | 0采购.png | Purchase |
| 43 | 库存作业 | 采购库存 | 0存货.png | Inventory |
| 44 | 库存统计 | 采购库存 | 0工作计划.png | |

图 13-96　中级模块创建窗口

## 13.3.2　数据窗口技术

子模块是用户工作的基本模块，其工作区与任务区都是由数据窗口支撑的，如图 13-98 所示。

数据窗口两个组成要素：数据源和窗口语法（通俗地说，就是窗口的布局和内容）。

### 1. 数据源

每个数据窗口都有其数据源，即 SQL 语句，指示系统从数据库中选择相应的数据，如图 13-99 所示。

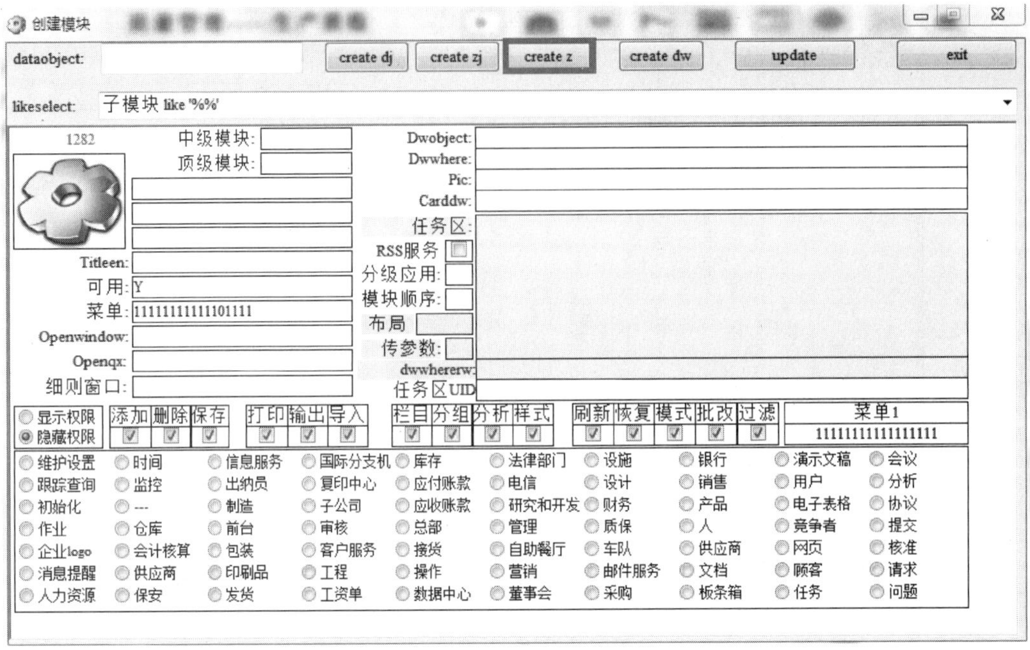

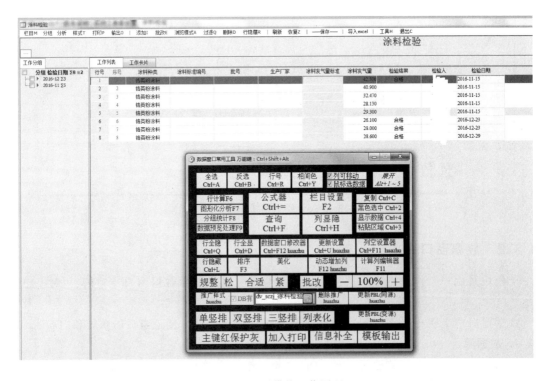

图 13-97　子模块创建窗口

图 13-98　子模块工作原理

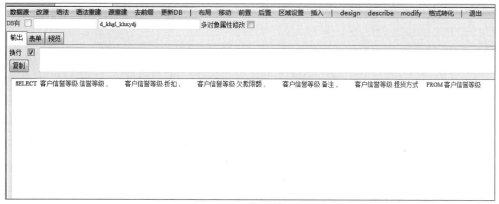

图 13-99　窗口数据源

熟悉华铸 ERP 的表以及其中的列内容（列名、列类型、主键）。

下面是提供的几个在系统二次调整时会用到的 SQL 知识。

（1）select 语句（选择、查询语句）

select ＊ from 客户——选择所有列

select 客户号,客户,客户全称 from 客户——选择表部分列

select 客户号 as 客户编号,客户,客户全称 from 客户——AS 指定别名

（2）where 语句（设置条件选择）

比较条件：>、>＝、＝、<、<＝、！＝、！>、！<

例子：select ＊ from 订单细则 where 订货数量>100

空值运算：is null、not is null

例子：select ＊ from 订单 where 合同要求 is null

逻辑运算：and（并且）、or（或者）

例子：select ＊ from 订单细则 where 订货数量>100 and 合同要求 is null

select ＊ from 订单细则 where 订货数量>100or 订货数量<10

（3）多表连接　很多时候会碰到需要连接几个表完成工作区的情况，比如订单信息里客户选择后，想知道客户的联系方式、地址等信息，并在一个界面显示，这时就需要多表连接。首先，先确定要的表：订单信息表和客户表。然后找到它们的相同列：客户。在 select 语句末尾（where 语句之前）加上一个关键的句子：

SELECT 订单.订单编号,订单.客户,订单.订货项数,订单.订货日期,订单.业务员 FROM 订单　LEFT OUTER JOIN 客户 ON 订单.客户 = 客户.客户

最后通过动态增加列在界面上增加要显示的列。

（4）create 语句（创建表）　列常用的数据类型：

int——整数

char（10）/varchar（10）——字符，数字表示长度，10 个字母，五个汉字

nchar（10）/nvarchar（10）——字符，数字表示长度，10 个字母，十个汉字

decimal（5，3）——00.000，数字，3 表示小数点后面的位数

datetime——时间

VC 资源——图片、上传的文件等

创建表的语句如下:
CREATE TABLE [测试表](
    [编号][char](10) COLLATE Chinese_PRC_CI_AS NOT NULL,
    [姓名][char](10) COLLATE Chinese_PRC_CI_AS NULL,
    [数字][int] NULL,
    [时间][char](10) COLLATE Chinese_PRC_CI_AS NULL,
    CONSTRAINT [PK_测试表] PRIMARY KEY  CLUSTERED
    (
        [编号]
    ) ON [PRIMARY]
) ON [PRIMARY]
GO

注意事项:

1) 在华铸ERP系统中,统一规定:由企业超级管理员自行创建的表取名同一格式:T_表名。

2) 创建表也可以直接在SQL SERVER中创建,如图13-100~图13-102所示。

图13-100 新建表

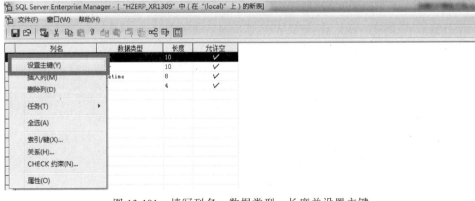

图13-101 填写列名、数据类型、长度并设置主键

第13章 华铸ERP集成系统二次开发

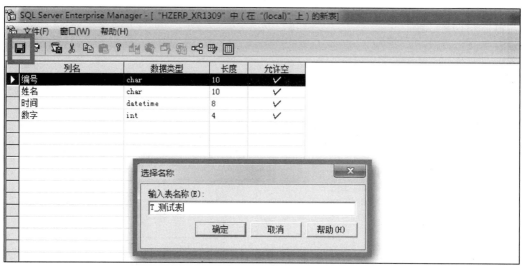

图 13-102 命名新表

### 2. 窗口语法

窗口语法是创建数据窗口时系统自动生成的，管理员只需利用语法修改器的技术对其进行修改即可。其创建过程如图 13-103～图 13-107 所示。

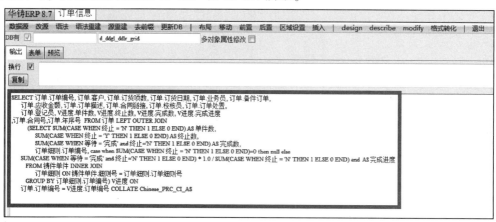

图 13-103 准备好 SQL 语句

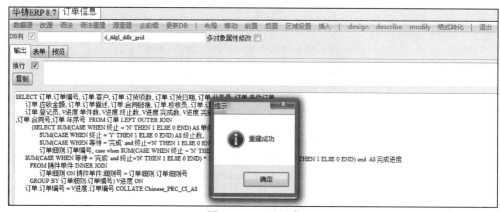

图 13-104 源重建

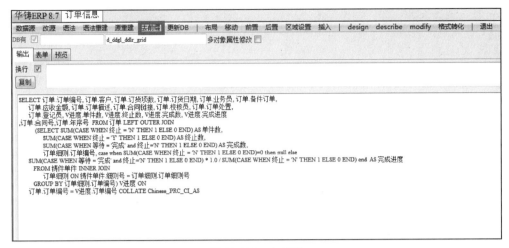

图 13-105　去前缀

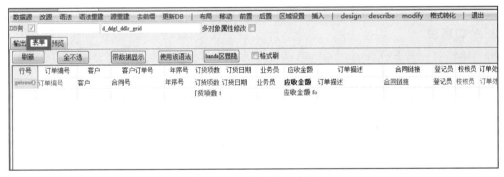

图 13-106　修改窗口布局

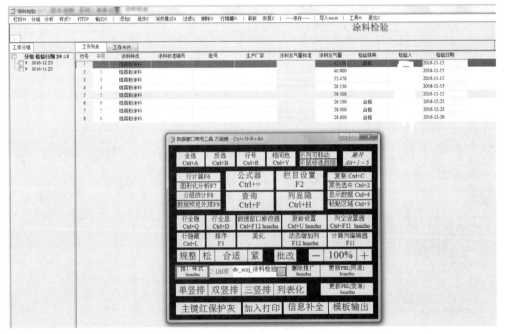

图 13-107　推广样式

注意事项：

1）推广样式前，一定先看看 where 语句，将需要删除的内容删除掉，数据源改源或语法更新后再推广样式。

2）推广样式只修改系统的默认样式，用户的自定义样式不改动。

3）当多人对一个模块操作时，一个数据窗口推广前，先退出再进入，以免其他实施人员推广的样式被影响。

### 3. 带查询条件的数据窗口

ERP 系统允许在数据窗口中设置查询参数，操作步骤如下：

1）在"属性修改"中双击"增加查询条件手动添加"，然后系统报"操作失败"，如图 13-108 所示。

2）单击"语法"按钮，在语法的数据源中添加查询条件，并在数据源结束位置声明相应的参数，然后单击"语法重建"按钮，如图 13-109 和图 13-110 所示。

图 13-108　失败提示

数据源中的查询参数形式：参数

参数声明形式：arguments(("参数1"，类型)，("参数2",类型))

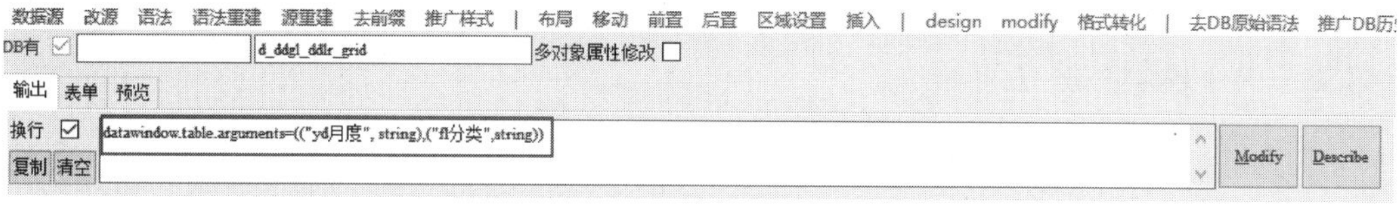

图 13-109　语法格式

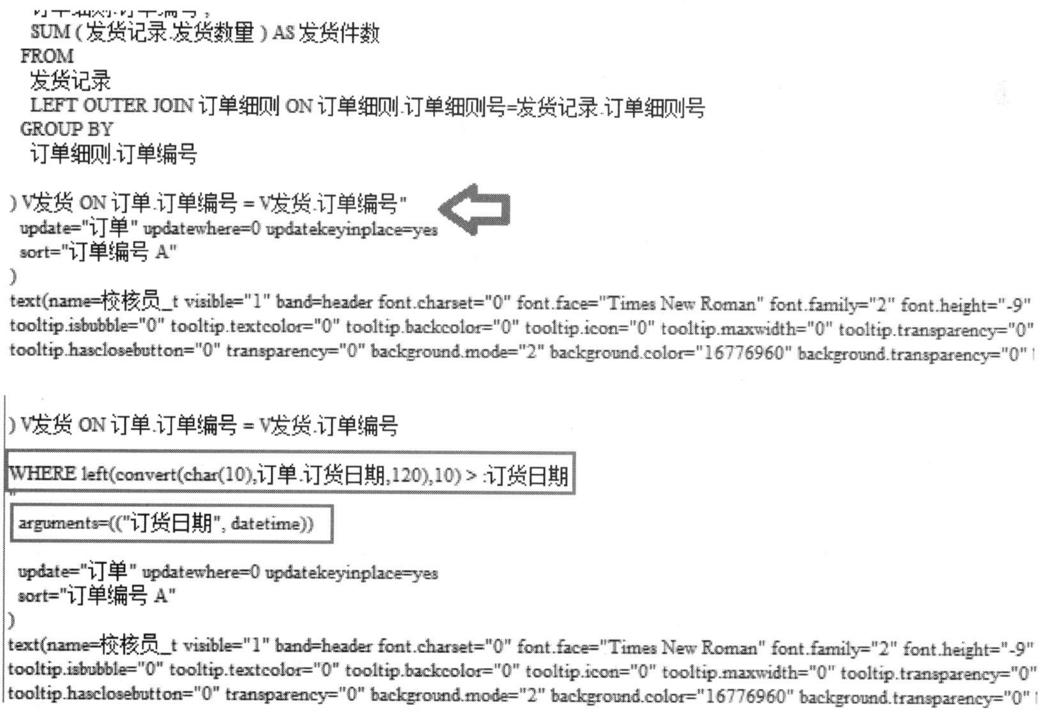

图 13-110　添加语法位置

3）再次进入模块后，提示输入查询条件，输入并单击"OK"按钮后显示相应的记录，如图13-111所示。

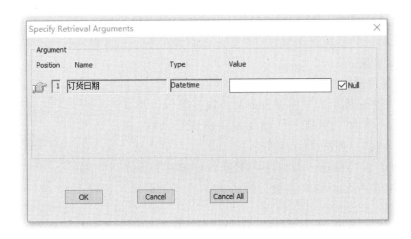

图 13-111　带查询条件的语法修改窗口

### 13.3.3　中级模块建立流程

为了让超级管理员能够自行地根据企业自身需求建立自己的流程，下面以安全管理为例，详细介绍华铸ERP系统中级模块的建立流程。

**1. 确立流程**

图13-112所示为安全管理流程。日常基本工作为安全检查、安全事故登记、安全例会记录，每月做一次安全考核，最后形成安全管理台账。

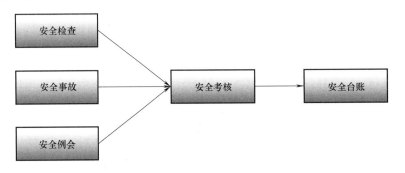

图 13-112　安全管理流程

**2. 建立相应表**

根据上述流程，相应建立4个数据库表：T_安全检查表、T_安全事故表、T_安全例会表、T_安全考核表，注意主键的设置，默认都为数据类型char（10）的编号。

1）安全检查表的建立如下：
CREATE TABLE［T_安全检查表］（
　　［检查编号］［char］（10）NOT NULL,

［检查岗位］［varchar］（10）NULL,

［岗位领导］［varchar］（10）NULL,

［安全隐患处数］［int］NULL,

［现场不合格数］［int］NULL,

［责任人］［varchar］（10）NULL,

［检查人］［varchar］（10）NULL,

［检查日期］［datetime］NULL,

CONSTRAINT［PK_T_安全检查表］PRIMARY KEY CLUSTERED

(

　　［检查编号］

) ON［PRIMARY］

) ON［PRIMARY］

2）安全事故表的建立如下：

CREATE TABLE［T_安全事故表］(

［事故编号］［char］（10）COLLATE Chinese_PRC_CI_AS NOT NULL,

［事故描述］［varchar］（50）COLLATE Chinese_PRC_CI_AS NULL,

［发生时间］［datetime］NULL,

［发生地点］［varchar］（50）COLLATE Chinese_PRC_CI_AS NULL,

［工作岗位］［char］（10）COLLATE Chinese_PRC_CI_AS NULL,

［受害人］［varchar］（10）COLLATE Chinese_PRC_CI_AS NULL,

［报告人］［varchar］（10）COLLATE Chinese_PRC_CI_AS NULL,

［报告时间］［datetime］NULL,

［岗位领导］［varchar］（10）COLLATE Chinese_PRC_CI_AS NULL,

CONSTRAINT［PK_T_安全事故表］PRIMARY KEY CLUSTERED

(

　　［事故编号］

) ON［PRIMARY］

) ON［PRIMARY］

3）安全例会表的建立如下：

CREATE TABLE［T_安全例会表］(

［例会编号］［char］（10）COLLATE Chinese_PRC_CI_AS NOT NULL,

［例会时间］［datetime］NULL,

［例会地点］［varchar］（50）COLLATE Chinese_PRC_CI_AS NULL,

［会议主持人］［varchar］（10）COLLATE Chinese_PRC_CI_AS NULL,

［会议内容］［varchar］（100）COLLATE Chinese_PRC_CI_AS NULL,

［与会人员］［varchar］（255）COLLATE Chinese_PRC_CI_AS NULL,

CONSTRAINT［PK_T_安全例会表］PRIMARY KEY CLUSTERED

(

［例会编号］

)  ON［PRIMARY］

) ON［PRIMARY］

4）安全考核表的建立如下：

CREATE TABLE［T_安全考核表］(

［考核编号］［char］(10) COLLATE Chinese_PRC_CI_AS NOT NULL,

［被考核人］［varchar］(10) COLLATE Chinese_PRC_CI_AS NULL,

［考核项目］［char］(10) COLLATE Chinese_PRC_CI_AS NULL,

［考核评分］［int］NULL,

［考核人］［varchar］(10) COLLATE Chinese_PRC_CI_AS NULL,

［考核日期］［datetime］NULL,

CONSTRAINT［PK_T_安全考核］PRIMARY KEY　CLUSTERED

(

［考核编号］

)  ON［PRIMARY］

) ON［PRIMARY］

### 3. 创建中级模块

创建中级模块如图 13-113 所示。其中中级模块位置编写说明：第一个数字代表所在的顶级模块，第二个数字代表所建立的中级模块与其他同处于一个顶级模块的排列顺序。

| 中级模块位置 | 中级模块 | 顶级模块位置 | 中级模块图片 | 中级模块英文 |
|---|---|---|---|---|
| 31 | 基本信息 | 铸件管理 | 0铸件.png | Basic Information |
| 32 | 铸件库存 | 铸件管理 | 0半成品.png | Casting Inventory |
| 33 | 生产准备 | 铸件管理 | 0半成品.png | Product Prepare |
| 34 | 成本核算 | 铸件管理 | 0财务.png | |
| 41 | 供商原料 | 采购库存 | 0客户.png | Supplier |
| 42 | 采购管理 | 采购库存 | 0采购.png | Purchase |
| 43 | 库存作业 | 采购库存 | 0存货.png | Inventory |
| 44 | 库存统计 | 采购库存 | 0工作计划.png | |
| 51 | 设备管理 | 车间管理 | 0设备.png | Equipment |
| 52 | 模具管理 | 车间管理 | 0模具.png | Mould & Die |
| 61 | 人事工资 | 总账管理 | 0工资.png | Personal & Wages |
| 62 | 财务管理 | 总账管理 | 0财务.png | Finance |
| 63 | 职工管理 | 人力资源 | 0客户.png | |
| 71 | 资料管理 | 人力资源 | 0技术资料管理.png | Document |
| 72 | 业绩考核 | 人力资源 | 0业绩考核.png | Performance Evaluati |
| 73 | 工作计划 | 人力资源 | 0工作计划.png | Work Plan |
| 81 | 初始设置 | 系统管理 | 0系统初始化.png | Initialization |
| 82 | 自助服务 | 系统管理 | 0消息.png | Message |
| 83 | 系统维护 | 系统管理 | 0维护.png | System Maintain |
| 64 | 安全管理 | 人力资源 | | |

图 13-113　创建中级模块

### 4. 创建数据窗口

创建子模块之前必须先创建数据窗口，数据窗口的创建步骤如下：

1)打开创建数据窗口界面,如图13-114所示。

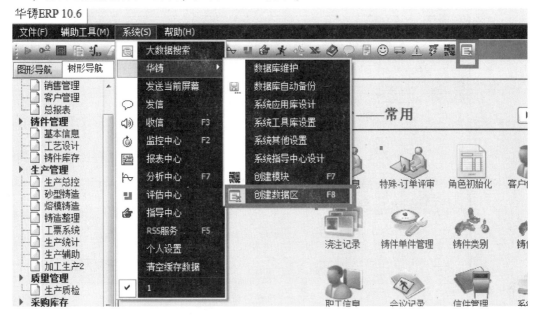

图13-114 创建数据窗口打开方式

2)单击"RUNSQL"按钮,在下侧填写准备好的select语句,单击"RUN"按钮,显示结果,如图13-115所示。

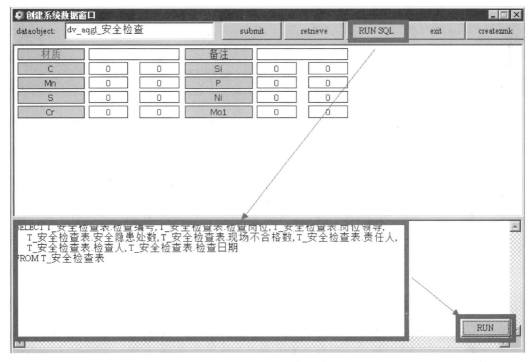

图13-115 运行SQL语句

3）数据窗口命名，单击"submit"按钮确定，如图13-116所示。

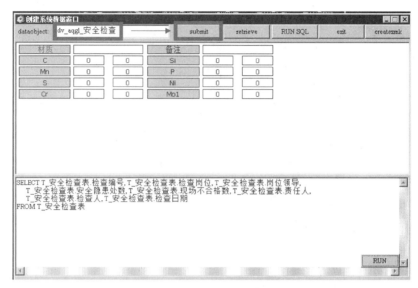

图13-116 数据窗口命名

数据窗口命名规则示例：dv_aqgl_安全检查，其中dv为固定格式，aqgl为安全管理中级模块拼音首字母。

安全检查：根据数据窗口功能自定义，确保不重复。

4）单击中间窗口，<Ctrl+Shift+Alt>调出万能键，确保两名字一样，去前缀，推广样式，确定数据区的建立，如图13-117所示。

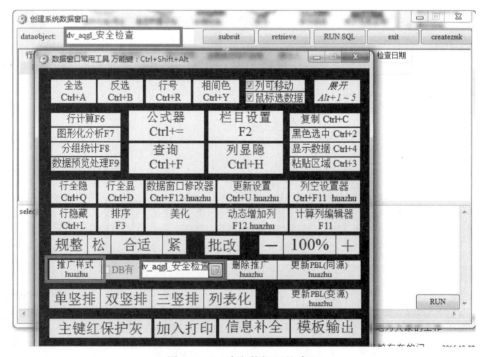

图13-117 确定数据区的建立

5. 创建子模块

在以上工作都准备好后，建立用户最基本的工作站——子模块，如图13-118所示。

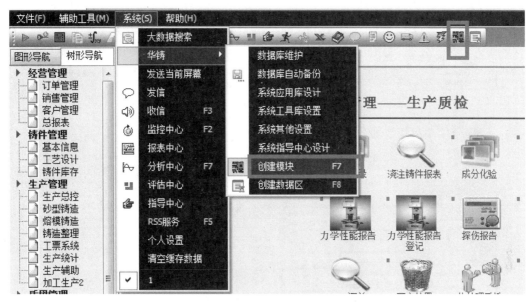

图13-118　创建子模块打开方式

创建步骤如下：

1）选择刚建立好的中级模块，顶级模块自动填写，填写刚才建立的数据窗口名字，如图13-119所示。

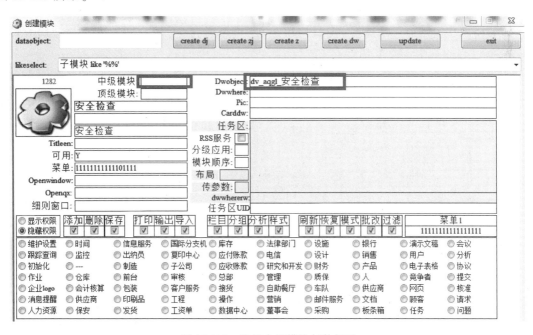

图13-119　选择中级模块与数据区

2）填写子模块名字与标题，如图13-120所示。

图 13-120　子模块名字与标题

3）设置子模块可用性与分级应用，如图 13-121 所示。

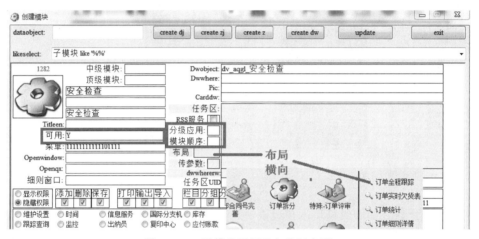

图 13-121　子模块可用性与分级应用

设置子模块可用性可用选 Y，分级应用 1，不可用选 N，分级应用 10。分级应用为华铸 ERP 实施过程的三期开放程度。

菜单选择两个方案：管理和浏览，同时可以以自己勾选的方式来定义菜单，如图 13-122 所示。

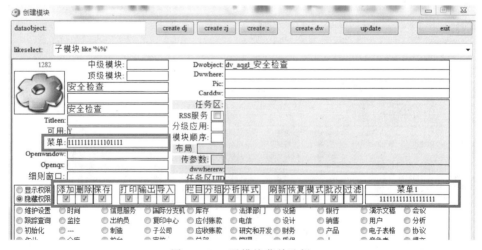

图 13-122　子模块菜单选择

至此，已经创建完安全管理模块的所有工作区域。

### 13.3.4 任务驱动技术

上一节中建立了安全管理中级模块中的各个子模块，但是它们仍是独立工作，没有相互关联，数据之间还需建立联系，这里就要用到华铸 ERP 系统的任务驱动技术。

华铸 ERP 系统每个子模块除了工作区外，还提供任务区连接其他模块的数据，子模块的任务区数据来自于上一道流程的工作区，再加上 where 条件。在安全管理模块中，安全考核的任务区来自于前三个子模块数据的集成，如图 13-123 所示。

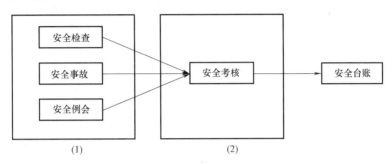

图 13-123　安全考核任务区来源

**1. 多个 select 语句集合——union all**

如图 13-124 所示，安全检查表、安全事故表、安全例会表没有关联，需要在一个任务区窗口显示，select 语句有三个，需要用到 union all。

图 13-124　三个无关联的表

union all 语句：

1) 用于合并两个或多个 SELECT 语句。
2) 内部的 SELECT 语句必须拥有相同数量的列。
3) 每条 SELECT 语句中的列的顺序必须相同。

根据上述规则，得到安全考核任务区的数据源：

Select * from (
　　SELECT NULL AS 考核编号,岗位领导 AS 被考核人,'安全检查' AS 考核项目,检查编号 AS 项目编号,现场描述 AS 项目详情 FROM T_安全检查表
　　Union all
　　SELECT NULL AS 考核编号,岗位领导 AS 被考核人,'安全事故' AS 考核项目,事故编

号 AS 项目编号,事故描述 AS 项目详情 FROM T_安全事故表
Union all
SELECT NULL AS 考核编号,会议主持人 AS 被考核人,'安全例会' AS 考核项目,例会编号 AS 项目编号,会议内容 AS 项目详情 FROM T_ 安全例会表）V
Where V. 项目编号 not in（select 项目编号 from 安全考核表）

### 2. 设置任务区

在创建模块窗口中,填写任务区的 SQL 语句和任务区传参数,系统将自动为该模块自动创建任务区,如图 13-125 所示。

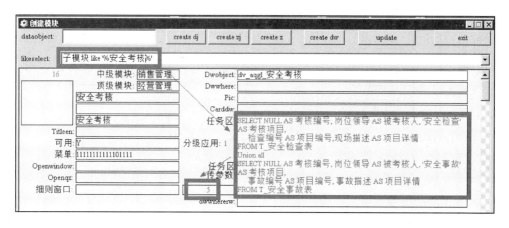

图 13-125　任务区自动生成

任务区传参数设置需要注意：
1）需要传递的参数从 select 语句中的第一个开始。
2）传递的参数需要和工作区的列名保持一致（AS）。
3）工作区必须保证有传递的参数列,顺序没有关系。

任务区类型有：窗口型（工作区为主细表结构）、过滤型（第一个传参在工作区有）和插入型（第一个传参在工作区没有,可以多行执行）。

## 13.3.5　细则处理技术

企业在实际运作过程中会应用许多开单形式,即一个单子记录一个对象,该对象下面会对应很多细项,如订单、采购单、发货单等。它们的共同特点是：关键信息共用,如订单中的客户、业务员、订货日期等。不同的细则中通过一个关键列关联到一个单子上,如同一张采购单下面采购细则都关联一个采购单编号,表明它们是这张单子的。

处理这种形式的单子需要用到系统的细则处理技术,以财务来票为例,其操作步骤如下：

### 1. 准备数据库表

以来票管理为例子,采购入库并且财务付款后,供应商会开一张发票过来,对应的是多张入库单里面的多个细则,这里就可以应用细则处理技术。

准备好两个数据库表：来票管理主表和来票管理细表,如图 13-126 所示。

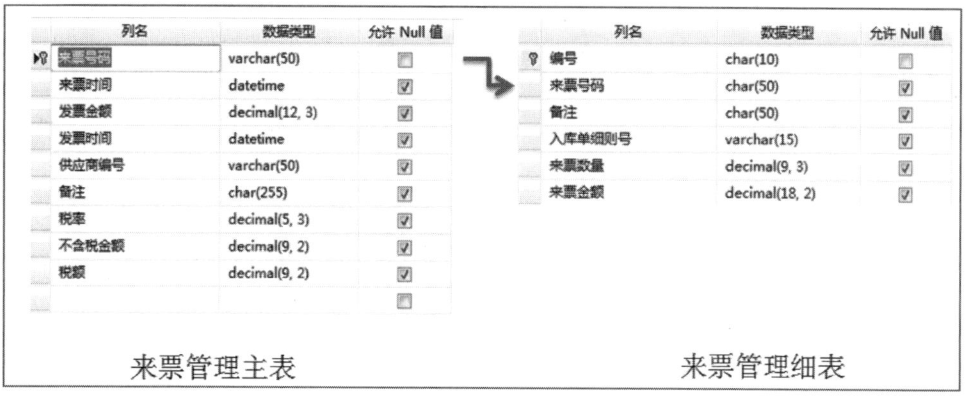

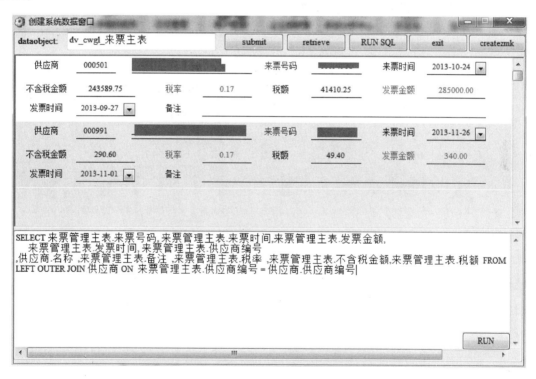

图 13-126　来票管理主表和来票管理细表

### 2. 建立数据窗口

建立两个数据窗口：dv_cwgl_来票主表和 dv_cwgl_来票细则，如图 13-127 和图 13-128 所示。

图 13-127　dv_cwgl_来票主表

### 3. 系统对象框

系统对象框打开方式如图 13-129 所示。在系统对象框子模块中分别添加主表和细表两条记录，如图 13-130 所示。

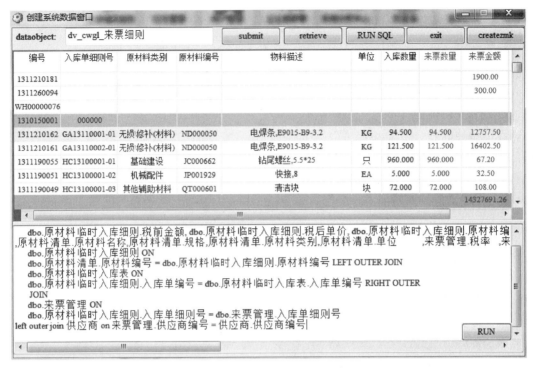

图 13-128  dv_cwgl_来票细则

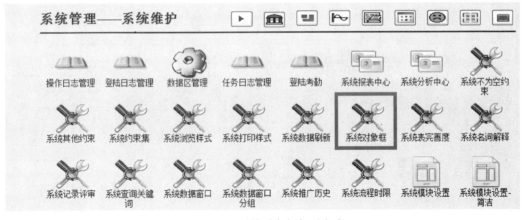

图 13-129  系统对象框打开方式

记录填写说明如下：
1）框名称统一，用户根据功能自定义。
2）页名称和表单类型都分别填写主表、细表。
3）Dw 对应填写上节建立的数据窗口名字。
4）填写 Computedw1fromdw2，一般细表项数的求和。
5）选择相应的授权子模块。

4．子模块细则窗口

创建来票管理子模块，在使用细则处理技术的子模块中填写细则窗口名字，如图 13-131 所示。

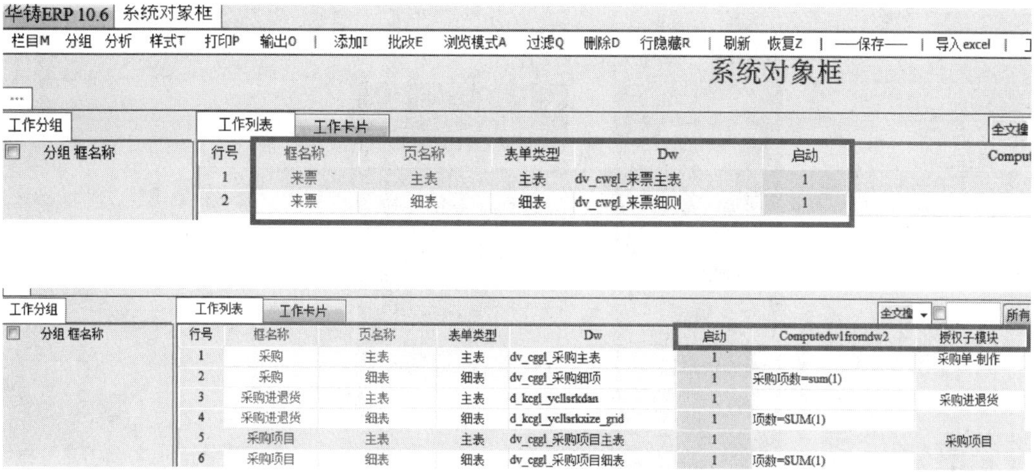

第13章 华铸ERP集成系统二次开发

图13-130 系统对象框界面

图13-131 创建来票管理子模块

细则窗口命名方式：w_xzcl_来票。w_xzcl：系统固定；来票：用户根据功能自定义，确保不重复。

## 13.4 应用库与工具库专题

### 13.4.1 系统应用库设计

系统应用库打开方式如图13-132所示，系统应用库是HZERP系统内部集成的，与数据库结合的一个工作区域，包含五大功能中心：RSS中心、报表中心、分析中心、评估中心和监控中心，如图13-133所示。

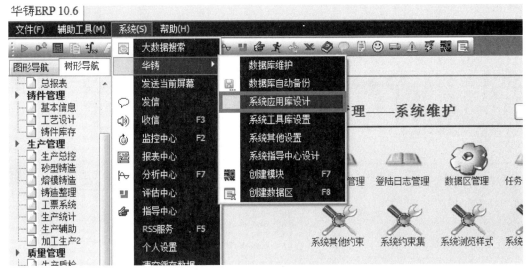

图 13-132　系统应用库打开方式

图 13-133　系统应用库界面

## 1. RSS 中心

RSS 中心的核心思想是针对每个人在企业中的角色整合其工作信息，它与用户权限分配结合在一起，目的是将个人所在权限的子模块内容整合在一个界面上，这样用户就不用跳转到各个子模块中工作。在 RSS 中心，系统每隔一段时间刷新任务，保证用户能够在第一时间看到自己权限内所有任务，从而加快工作效率。RSS 服务打开方式和便捷性操作如图 13-134 和图 13-135 所示。

图 13-134　RSS 服务打开方式

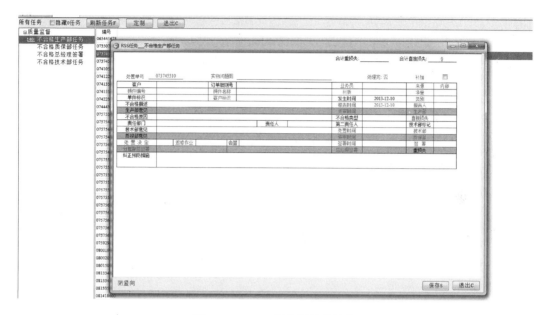

图 13-135　RSS 服务便捷性操作

管理员在这一块主要工作是结合每个环节中每个角色的工作条件，编写相应的任务语句到 RSS 源中，并初始化授权模块，让用户能更好地一次性集合操作，如图 13-136 所示。

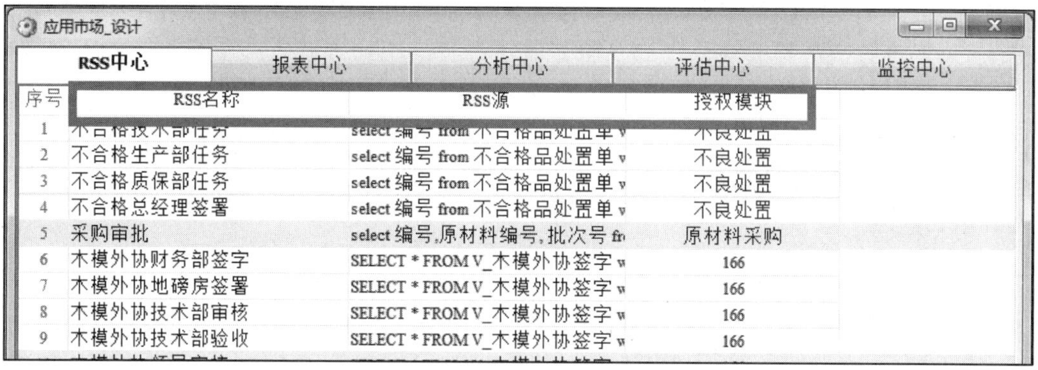

图 13-136　RSS 中心设置界面

## 2. 报表中心

报表中心是系统超级管理员管理企业现有报表和增加新的报表的工作区域，如图 13-137 所示。

报表建立是华铸 ERP 系统超级管理员分析企业数据的必备技能，其方式有以下两种：

（1）报表中心创建　如图 13-137 所示，单击"追加"按钮，在下面最后一行填写以下

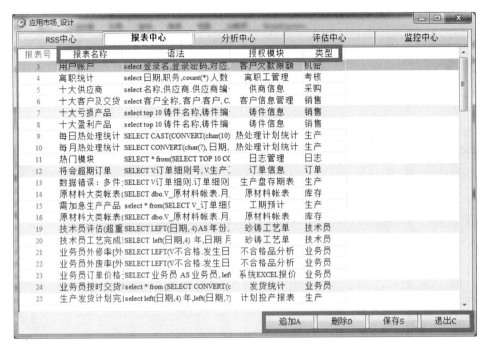

图 13-137 报表中心界面

四个信息。

1) 报表名称：自定义名称。

2) 语法：SELECT 查询语句。

3) 授权模块：报表所属子模块。

4) 类型：标识报表类型，无影响。

单击"保存"按钮，确定报表建立。

报表实际上就是一个系统自动生成的数据窗口，可以和子模块中数据窗口一样修改。双击报表中心需要修改的报表的语法列，用万能键打开语法修改器，调整成 FreeForm 报表形式、Grid 列表形式等，如图 13-138 和图 13-139 所示。

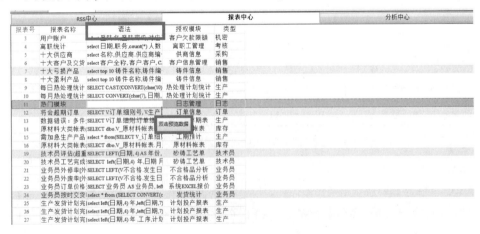

图 13-138 双击打开报表数据区

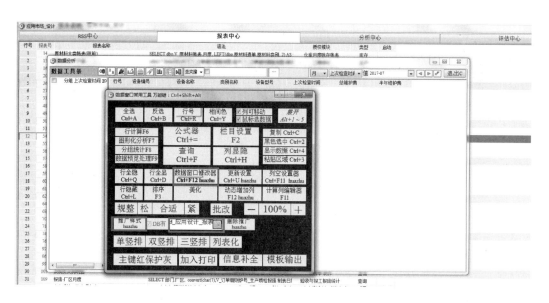

图 13-139　报表数据窗口调整

报表创建的例子中，都是创建的 Grid 列表形式的报表。实际上，报表的样式可以任意调整，亦可以由"Excel 导入功能"把做好的 Excel 格式导入，形成标准格式的报表，或者手工移动调整。图 13-140 所示为表单形式报表。

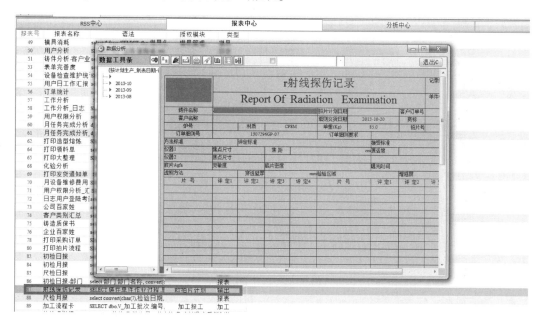

图 13-140　表单形式报表

（2）报表分享创建　在当前子模块样式中右击弹出快捷菜单，有一项"分享到报表中心"，可以将选择的样式做成报表，其报表语法就是选择样式的数据源，报表的数据窗口就是选择样式的数据窗口，如图 13-141 所示。

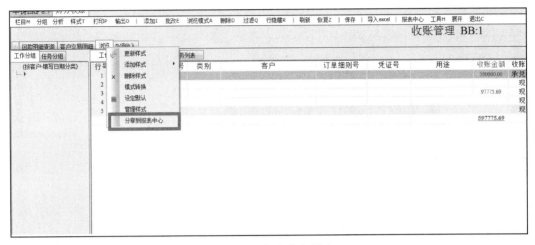

图 13-141　报表分享创建

### 3. 分析中心

分析中心是系统超级管理员管理企业现有图形化分析和增加新的图形化分析的工作区域，如图 13-142 所示。

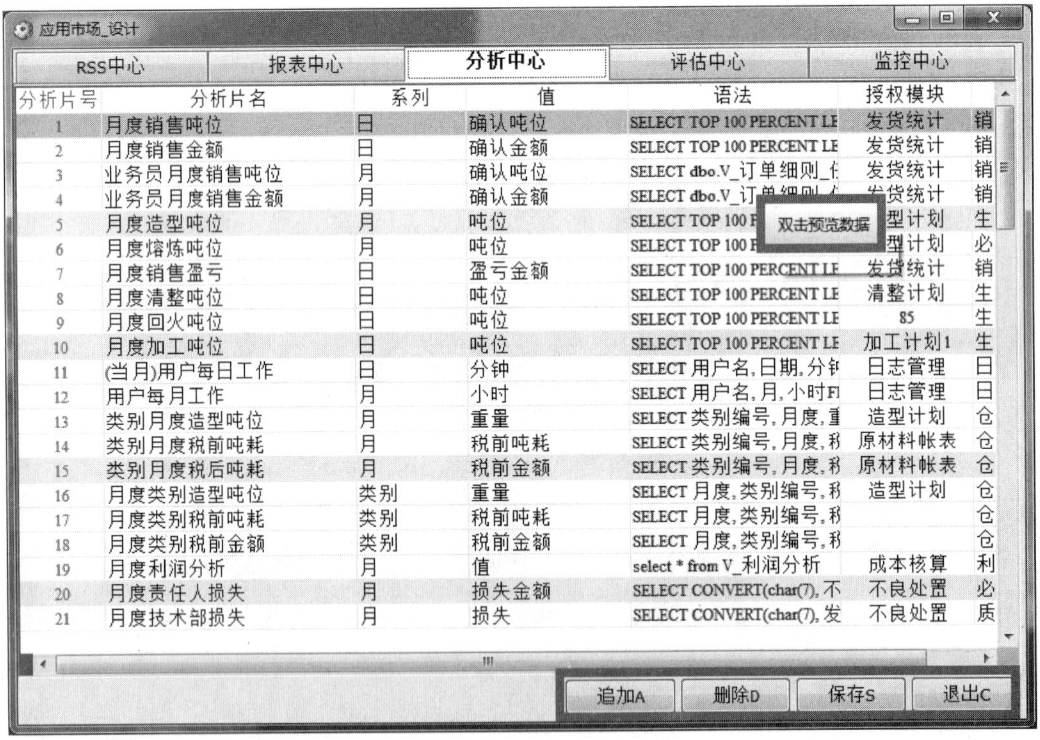

图 13-142　分析中心界面

超级管理员可以修改已分享的图形化分析的片名、系列、值、语法、授权模块、类型等。也可直接追加分析片，填写相应信息。

系统的所有分析片均可在数据分析中心中显示，打开方式为在系统主界面右侧双击，弹出分析中心操作界面，如图 13-143 所示。

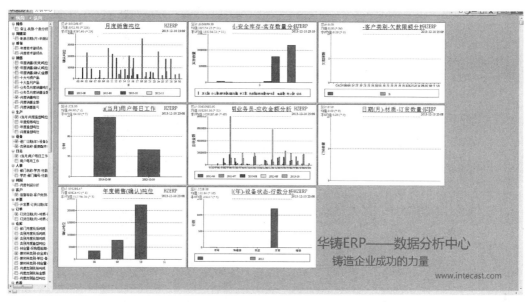

图 13-143　数据分析中心界面

**4. 监控中心**

监控中心是华铸 ERP 系统为用户提供的对自己权限内相关数据进行监控的定制化服务，除此之外，还提供 ERP 之星、生产任务、今日登录日志、今日操作日志等服务，如图 13-144 所示。

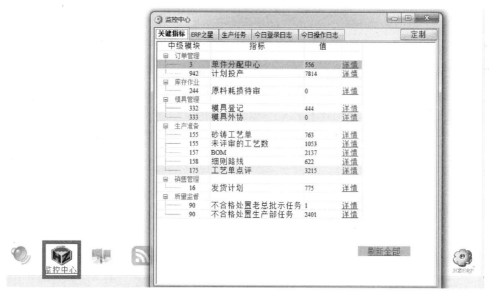

图 13-144　用户监控中心界面

图 13-145 所示为监控中心定制服务界面。定制服务说明如下：

1）选定的监控数据系统会根据设定的监控时隔进行数据的刷新，具有任务区的子模块其任务区行数会自动添加到监控中心定制服务里面。

2）定制服务的内容还包括在应用库监控中心中添加的记录。

图 13-145　监控中心定制服务界面

超级管理员在这一块的职责是根据企业的实际流程，在应用库监控中心中设置好定制的内容，如图 13-146 所示。

图 13-146　应用库监控中心界面

操作方法：单击"追加"按钮，在最下面一行填写说明、监控时隔、值、授权模块、监控内容（SQL语句）。

### 13.4.2 系统工具库设置

工具库是华铸ERP系统具有的一个强大而又快捷的应用，工具库中可以增加、删除、定位查询工具库的功能。系统工具库打开方式及其界面如图13-147和图13-148所示。

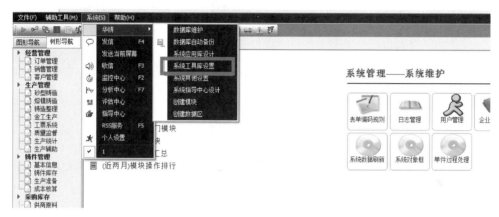

图 13-147　系统工具库打开方式

图 13-148　系统工具库界面

如图13-149所示，以序号202打印铸造质量评价为例来介绍其操作方法。单击"新增"按钮，填写相应的工具名、相关列名、工具数据窗口、过滤列、对应子模块、类别、需打印。

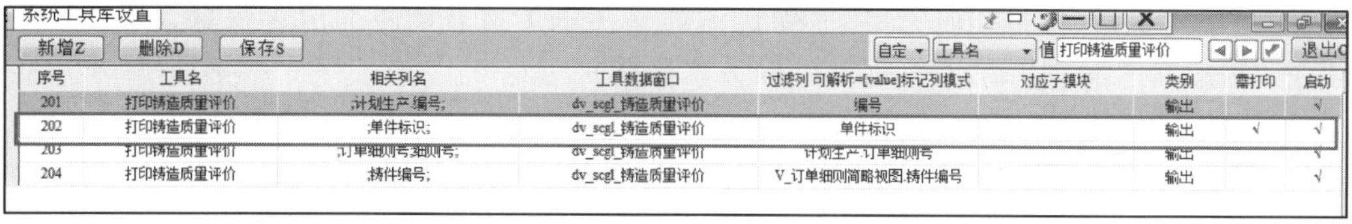

图 13-149　系统工具库案例

具体可以参考下面进行操作：

1）工具名：自己定义的名称，便于理解功能，本例中命名为“打印铸造质量评价”。

2）相关列名：检索当前窗口的数据区名字，图中格式为“；单件标识;”，就是表示右击单件标识的编号时会弹出关联的窗口数据。如图 13-150 所示，右击单件标识的编号 0000IH0001 时会弹出关联的数据窗口（见图 13-151），其他工具名是其他数据关联的。

3）工具数据窗口：一般由“创建数据窗口”功能创建出来的数据区，或者已经存在的数据窗口（表示所关联的列所在的数据窗口，本例中表示过滤列“单件标识”所在的数据窗口）。

| 新品 | 金工 | 订单细则号 | 单件标识 | 材质 |
|---|---|---|---|---|
| 0 | 1 | HX15080049011 | 0000IH0001 | 1.4581 |
| 0 | 1 | HX15080049009 | 0000IF0001 | 1.4581 |
| 0 | 1 | HX15080049010 | 0000IG0001 | 1.4581 |
| 0 | 1 | HX15080049007 | 0000ID0001 | 1.4581 |

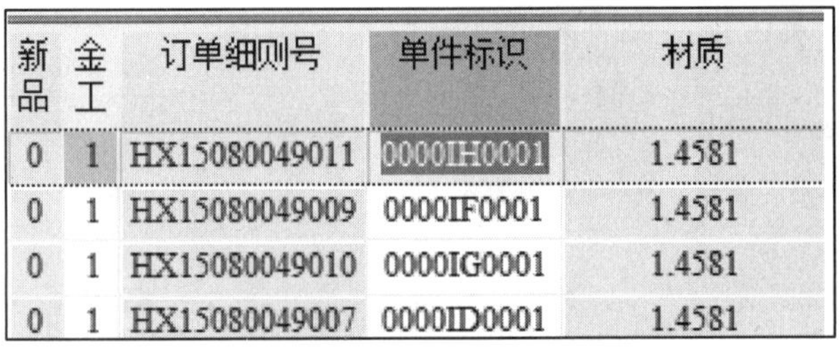

图 13-150 相关列名案例

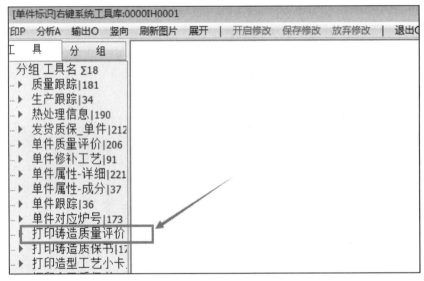

图 13-151 打印铸造质量评价

4）过滤列：数据窗口 SQL 中，where 后面的过滤条件，也指右击弹出工具库的列名（根据这列数据进行过滤，这列必须在两个数据窗口里都要有，本例中是根据“单件标识”过滤的，单击编号 0000IH0001 时，在关联的数据库中所有与该编号有关的数据）。

5）对应子模块：过滤列所在的子模块名称（本例中没有设置对应子模块，表示在所有模块中只要有单件标识，单击右键就可以关联数据）。

6）类别：一般是自定义分类。

7）需打印：选中后会在子模块显示打印菜单，打印该数据窗口样式的内容。如图 13-152 所示，双击某表单时，只要该表单中含有“单件标识”这一列名，弹出主细表，在打印菜单的下拉框中会有“打印铸造质量”这一选项，方便打印。如果没有勾选“需打印”按钮，在此打印的下拉菜单中就不会显示“打印铸造质量评价”这一个选项。

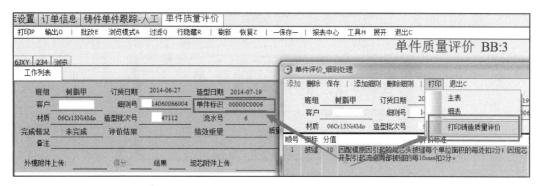

图 13-152　打印铸造质量评价

注意事项：

1）相关列名和过滤列格式分别为：表名．列名；（分号要用英文形式的）和表名．列名，表名务必填写。

2）相关列名和过滤列根据实际需要可重用，这样可以通过同一个列检索多个数据窗口信息（图 13-151 中检索了多个数据窗口信息）。

例如，对于铸件订单，可以通过工具库来跟踪生产过程、该铸件的工艺路线、发货单、成本核算、铸件单件属性、成本报价、铸件化验单等。

## 13.5　智能约束专题

企业在运作过程中需要用到很多约束，保证流程上的规范有序，这里就需要用到华铸 ERP 系统中的智能约束技术，如栏目设置中的保护设置就是其中的一个小应用。

在华铸 ERP 系统中定义的约束主要为用户对数据库中的数据操作时进行合法性检验，其作用时间为单击“保存”或“删除”按钮之后。

本节主要讲述系统中不为空约束、其他约束、系统约束集。

### 13.5.1　不为空约束

不为空约束的目的有三点：

1）该模块必需的信息不为空。

2）其他模块必需的信息不为空。

3）数据完整性要求不为空。

空值（Null）定义：空值是一个不可用的，没有被分配的，或者不能得到的值。空值不同于零或者空格。图 13-153 所示为一个空值的案例。

| 仓库编号 | 仓库名称 | 存放物料类别 | 备注 | 厂区 |
|---|---|---|---|---|
| 004 | 精铸分厂五金库 | NULL | NULL | 精铸厂 |
| 005 | 精铸分厂材料库 | NULL | NULL | 精铸厂 |
| 006 | 砂铸分厂五金库 | NULL | NULL | 砂铸厂 |
| 007 | 砂铸分厂材料库 | NULL | NULL | 砂铸厂 |

图 13-153　空值的案例

空值：null，显示为＜NULL＞。空字符串：’ ’。

约束不为空当方法有以下两种：

1）数据库表操作。表创建语句为 create 语句。在每个列定义的后面就是其空值约束，除了主键约束 not null 外，还可以在其他列定义时设置 not null，在数据库中保证该列数据不为空。

2）打开列空设置器。快捷键为 <Ctrl + F11>，如图 13-154 所示。

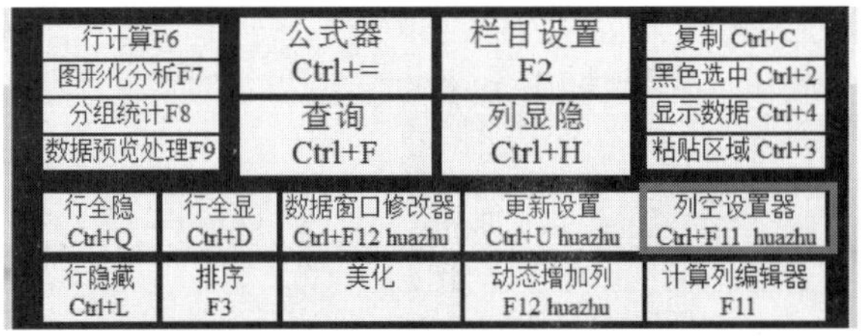

图 13-154　列空设置器打开方式

图 13-155 所示为列空设置器界面，说明如下：

① 1、0 层次是系统检索到的数据库设置的不为空列，不允许修改。
② 先勾选要约束的列，再输入层次（默认为 1）。
③ 在要设置不为空同层标记的列后面，选择标记为 A~E（默认为空）。
④ 约束设置完毕后保存即可。

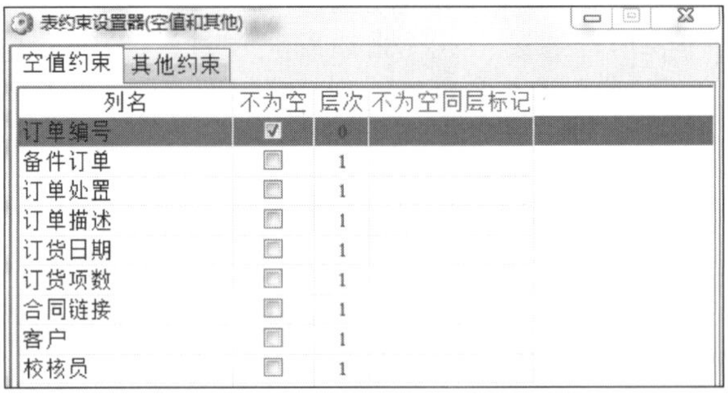

图 13-155　列空设置器界面

下面以采购订单为例，介绍多层次列空设置。

采购订单不为空设置如图 13-156 所示。

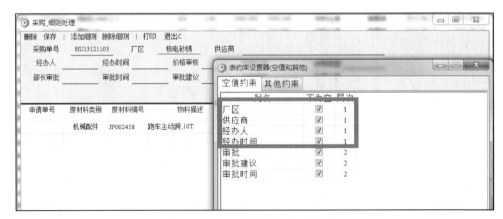

图 13-156　采购订单不为空设置

流程说明：下采购订单时，经办人和经办时间必须填写，但是审批和审批建议却在订单存在后填写且必须填写，所以这块设置两层约束。

图 13-157 和图 13-158 所示为第一层约束情况。

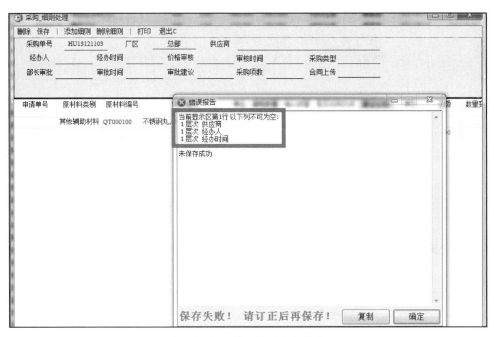

图 13-157　第一层不为空约束

图 13-158　第一层次保存成功

在该订单审查时，审批签名后，必须填写审批建议，否则不允许保存，如图 13-159 所示。

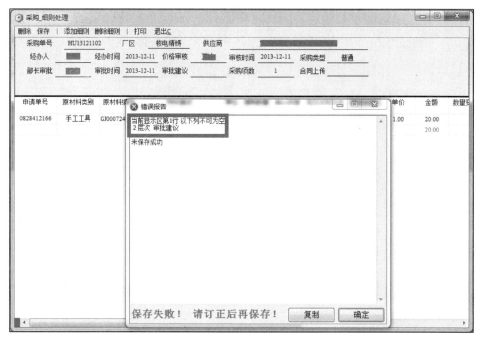

图 13-159　第二层次不为空约束

下面以职工信息为例，介绍不为空同层标记。

如图 13-160 所示，将职工信息中的户口所在地和现居住地址都标记为 A，则要录入职工居住地址时，必须同时录入户口所在地和现居住地址，无法保存一个为空、另一个不为空的情况。

图 13-160　不为空同层标记

## 13.5.2 其他约束

如图 13-161 所示，其他约束包含以下三个内容：

1）记录的数据，必须满足一个或多个特定的条件，否则不能保存。

2）约束条件使用逻辑表达式来表达，判断信息合法与否。

3）不为空约束是其子集。

其他约束类型：初值、I、U、D、IU、ID、DU。其中，初值：默认初始值；I：插入时约束（Insert）；U：更新时约束（Update）；D：删除时约束（Delete）。

约束名称：对此约束的注释。

约束内容：约束逻辑，是一个能判断真假的逻辑表达式，例如比较、是否相等、属于等。可用 and、or、not 等，进行逻辑关键字连接。

约束合法性：系统自动判断约束内容的合法性，合法约束会显示红色对钩。

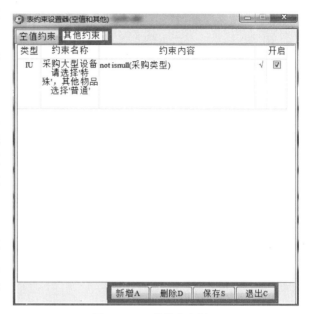

图 13-161　其他约束界面

开启状态：是否应用该约束，要求约束合法。

操作步骤如下：

1）单击"新增"按钮，在新的一行填写相应列内容。

2）检查约束内容可行性，可行打"√"，否则打"×"。

3）选择是否开启。

4）单击"保存"按钮。

## 13.5.3 系统约束集

系统约束集是针对生产上计划验收流程模块的约束设置。在设置的计划验收模块工作中，假如满足约束条件，则当前操作都不执行。系统约束集打开方式如图 13-162 所示。

图 13-162　系统约束集打开方式

图 13-163 所示为系统约束集界面。操作步骤如下：

1）添加一行记录，填写约束类型、约束名、反馈说明、约束 sql。

2）选择是否开启、需要 rw（计划验收中的任务区）、需要 dj（计划验收中的单件区），单击"保存"按钮。

图 13-163　系统约束集界面

说明如下：

1）约束 sql 都是 select 语句，而且只单独选取订单细则号或者单件标识。

2）需要 rw 和需要 dj 对应前面约束 sql 的订单细则号和单件标识，而且只能选择一个。

## 13.6　TAG 标签技术专题

华铸 ERP 系统中的 TAG 标签技术是一项非常灵活、实用的技术。该系统为管理员提供了多种模式的 TAG 标签技术，如图 13-164 所示。管理员可以通过修改控件的 tag 属性，建立数据之间的联系，实现快速上传、查看、显示、计算、录入等功能。

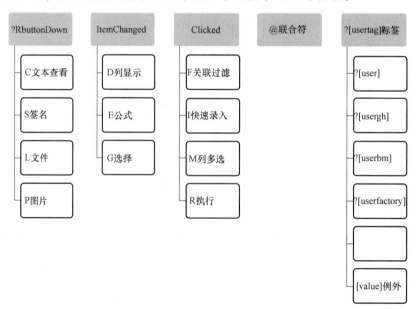

图 13-164　TAG 标签技术家族分类

## 13.6.1 RbuttonDown 族标签

RbuttonDown 族标签包括 C 模式、S 模式、L 模式、P 模式。

### 1. C 模式——文本查看

C 模式有两种用法：(C) 文本查看和 (C) 文本查看预览。

(1)（C）文本查看

用法：tag=(C) 文本查看。

功能：查看文本内容；如果有修改权限，则可以修改。在数据项中右击，出现"文本查看"按钮，单击"文本查看"按钮，会将数据显示在文本编辑查看器中，如图 13-165 所示。

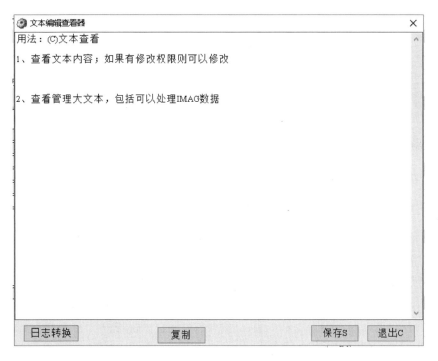

图 13-165　文本编辑查看器

(2)（C）文本查看预览

用法：tag=(C) 文本查看预览。

功能：直接预览文本中的 SQL 内容。在 SQL 语句项中右击，出现"文本查看"和"文本预览"按钮。单击"文本查看"按钮，会将 SQL 语句显示在文本编辑查看器中；点击"文本预览"按钮，可以直接预览 SQL 执行后的内容。

操作过程如下：

1) 设置任务区数据列的 tag 属性：tag=(C) 文本查看预览，如图 13-166 所示。

2) 在数据窗口界面右击任务区数据框，弹出出现"文本查看"和"文本预览"按钮，如图 13-167 所示。

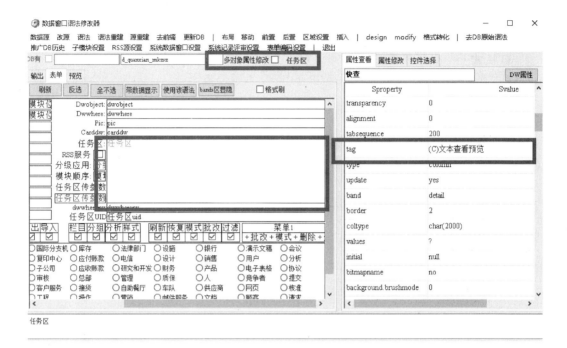

图 13-166　C 模式 tag 属性设置

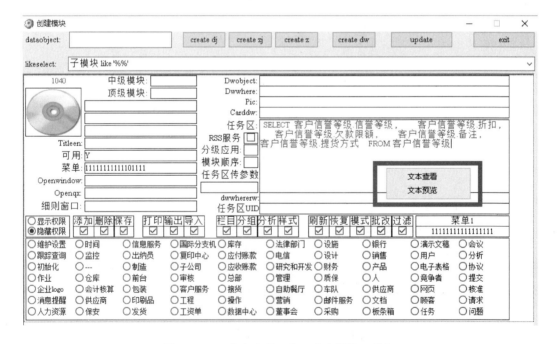

图 13-167　"文本查看"和"文本预览"按钮

3）单击"文本预览"按钮，预览 SQL 内容，如图 13-168 所示。

图 13-168　SQL 内容预览

**2．S 模式——签名/反签名**

S 模式有两种用法：不带时间的签名和带时间的签名。

（1）不带时间的签名

用法：tag=（S）签名。

功能：右击签名框，弹出"签名"按钮，单击"签名"按钮后，选择职工姓名，输入密码即可实现签名。有反签名权限的用户可以在已签名列右键弹出"反签名"按钮，撤销自己的签名。

（2）带时间的签名

用法：tag=（S）签名：签名时间。

功能：签名的同时，自动带出签名时间；反签名时，签名时间随之撤销。

操作过程如下：

1）设置 tag 属性，Tag=（S）签名：品管签名时间，如图 13-169 所示。

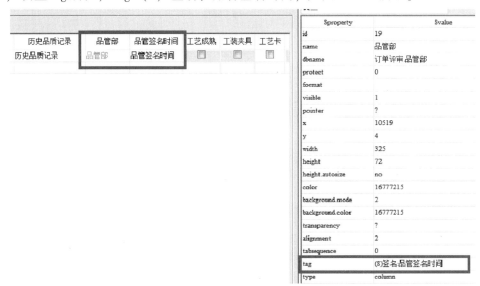

图 13-169　S 模式 tag 属性设置

2) 属性设置好后，返回数据窗口界面，在未签名项单击右键，弹出"签名"按钮，如图 13-170 所示。

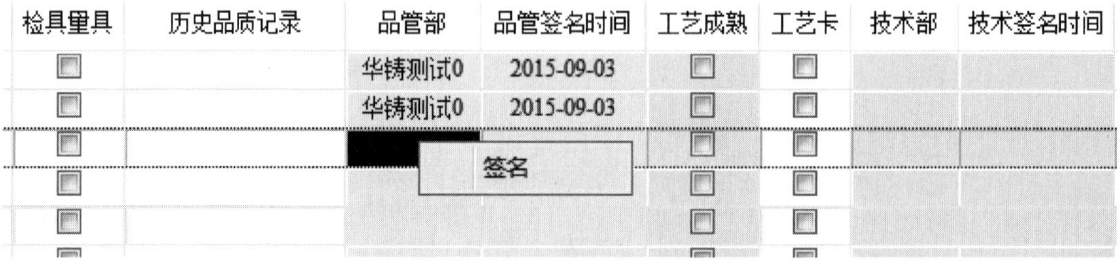

图 13-170　右键签名图

3) 单击"签名"按钮，弹出数字签名窗口，如图 13-171 所示。签名完成后自动带出签名的时间。

图 13-171　数字签名窗口

3．L 模式——FTP 文件

L 模式有两种用法：(L) 查看和 (L) 上传查看。

(1) (L) 查看

用法：tag=(L) 查看。

功能：查看 FTP 文件。在文件链接处右击，弹出读取 FTP 文件的按钮。

(2) (L) 上传查看

用法：tag=(L) 上传查看。

功能：上传、查看、删除 FTP 文件。在文件链接处右击，弹出管理 FTP 文件的按钮。

通过图 13-172 和图 13-173 对比，可以直观地看到"(L) 查看"和"(L) 上传查看"的用法（tag 值设置）和功能（右键快捷按钮）之间的区别。

4．P 模式——DB 图片

P 模式有三种用法：(P) 上传查看、(P) 查看和 (P) 查看/上传查看：db 图片列。

前两种用法与 L 模式类似，不同的是 L 模式采用的是 FTP 文件，P 模式采用图片文件。图 13-174 和图 13-175 所示分别为 (P) 上传查看和 (P) 查看。

第13章 华铸ERP集成系统二次开发

图 13-172　L 模式：（L）查看

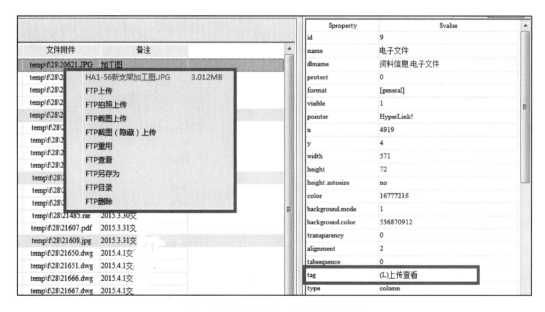

图 13-173　L 模式：（L）上传查看

P 模式的第三种用法，即（P）查看/上传查看：db 图片列，可实现在另起一列读取/管理图片列。如图 13-176 所示，设置"备注 1"的 tag 属性为：tag =（P）上传查看：职工图片，则可在"备注 1"这一列管理职工图片。

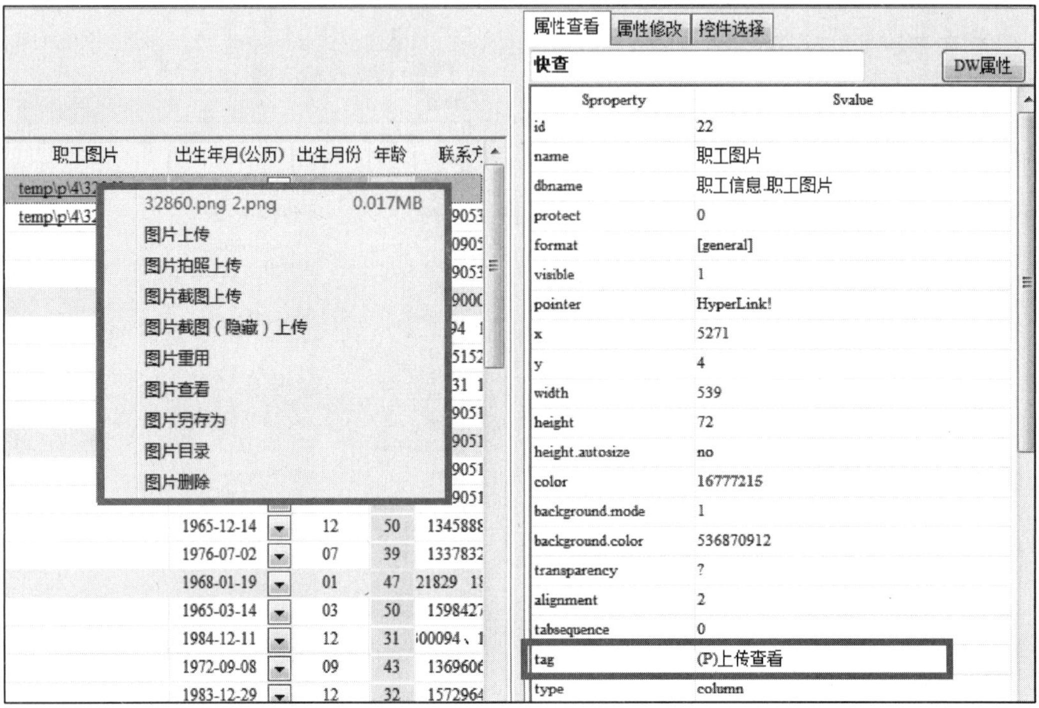

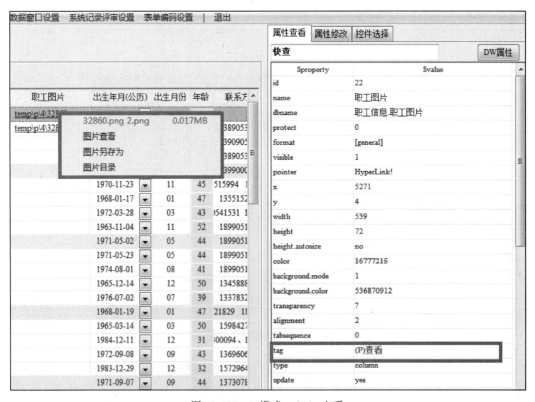

图 13-174　P 模式：（P）上传查看

图 13-175　P 模式：（P）查看

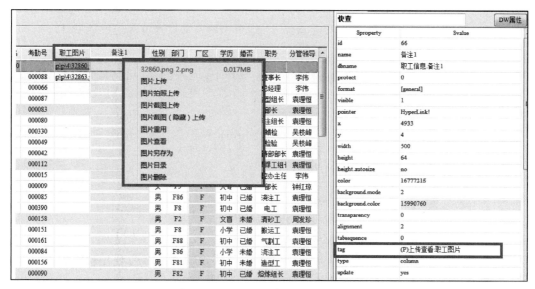

图 13-176 （P）上传查看：db 图片列

### 13.6.2　ItemChanged 族标签

ItemChanged 族标签包括 D 模式、E 模式、G 模式。

**1. D 模式——列显示**

新用法：（D）db 表名.db 列名 0；dw 列名 1；dw 列名 2；dw 列名 3＝db 列名 3。

原理：dw 列名 3＝（select db 列名 3 from db 表名 where db 列名 0＝value）。

功能：此列内容选定后，另外一列的内容也随之显示。

D 模式使用说明如下：

1）兼容查询列和新增列；兼容 TAG 中写多个（D）；兼容可以关联非字符的列；兼容触发列的触发连环 TAG；兼容老模式。

2）一般也不会写多个（D），都是在修改后的列中写触发获得其他列。如果在其他列中还可以写（D），则可显示更多的列。

3）增强后的（D）能够代替大多数的（E）；（E）图号＝gf_executesql(～"select 图号 from 铸件清单 where 铸件编号＝～～'～"+铸件编号+～"～～'～") 即（D）铸件清单.铸件编号：图号。

D 模式案例：

➢（D）V_订单细则简略视图.订单细则号：图号；铸件名称；

➢（D）订单.订单编号：客户＝客户；签订合同号＝合同号；

**2. E 模式——公式**

用法：（E)dw 列名 1＝公式 1|dw 列名 2＝公式 2

功能：可对列进行用户自定义公式，此列内容选定时系统自动计算并显示其他列。

说明：公式中多引号处理方式：三转义外单/双（三个转义符后面带英文单引、双引都可以）。

E 模式案例：

➢（E）金额＝单价＊数量　T
➢（E）发货金额＝吨位价格＊发货吨位｜运费金额＝发货吨位＊吨位运费 T
➢（E）备注＝gf_ executesql（~~~'select 备注 from 客户类别 where 类别编号＝~~~"~~~'+类别编号+~~~'~~~"~~~')　T
➢（E）备注＝gf_ executesql（~'select 备注 from 客户类别 where 类别编号＝~~~"~'+类别编号+~'~~~"~') F
➢（E）备注＝gf_ executesql（~~~"select 备注 from 客户类别 where 类别编号＝~~~'~~"+类别编号+~~~"~~~'~~~")　T

3. G 模式——选择

用法：（G）数据源．关联列：列名。

说明：由数据源中的关联列定位选择与数据名相关的信息。

数据源表格中要包含字段：类型（char）、返回内容（char）。

字段"类型"中含有"列名"的数据，选择完毕后返回"返回内容"列中的数据。

G 模式案例：砂铸工艺单冒口选择，如图 13-177 所示。

➢（G）d_wlgl_gyd_工艺工具设定．工艺单编号：冒口

图 13-177　砂铸工艺单冒口选择

### 13.6.3　Clicked 族标签

Clicked 族标签包括 F 模式、I 模式、M 模式、R 模式。

1. F 模式——关联过滤

用法：（F）db 表．db 列＝dw 列；（F）db 表．db 列＝dw 列表达式。

原理：+where db 表．db 列＝dw 列/dw 列表达式的值。

功能：某一列的取值选择范围可通过另一列过滤缩小，同时也减少了查询量。

F 模式案例：

➢（F）铸件清单．图号＝图号

➢（F）（铸件清单．铸件名称+铸件清单．规格）＝铸件名称+规格

如图 13-178 所示，在工艺单编号列中加入 tag 属性：（F）铸件工艺单．铸件编号＝铸件

编号，则下拉选择工艺单编号时系统自动加入 where 语句，只查询该项记录铸件编号下的工艺单编号。

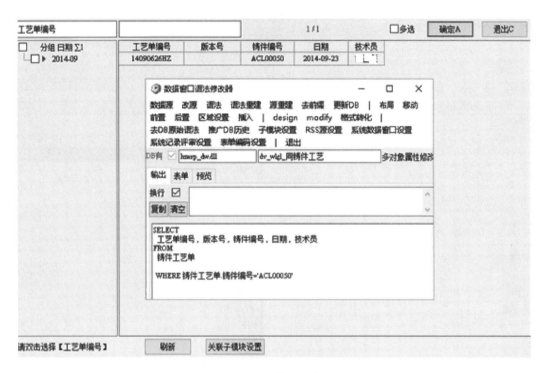

图 13-178　F 模式过滤原理

## 2. I 模式—快速录入

I 模式有两种用法：（I）S 单选和（I）M 多选。

功能：给数据项定义一个固定模板，实现快速录入一条或多条数据。

I 模式举例：快速录入合同要求。步骤如下：

1）在子模块语法修改器中设置合同要求 tag 属性为"tag=（I）S"单选模式或者"tag=（I）M"多选模式。

2）返回数据窗口，单击合同要求列会弹出模板窗口，单击模板操作后录入模板，保存。

图 13-179 和图 13-180 所示为单选和多选模式的属性设置对比图；图 13-181 和图 13-182 所示为单选和多选模式的数据录入对比图。

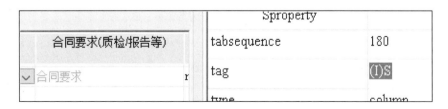

图 13-179　单选模式的属性设置

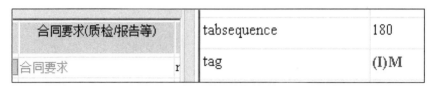

图 13-180 多选模式的属性设置

图 13-181 单选模式的数据录入 　　图 13-182 多选模式的数据录入

3. M 模式——列多选

用法：(M)dw 名 | dw 列名。

功能：可以多选 dw 列名中的数据项。

M 模式案例：

➢ (M)d_pub_zhigong | 职工姓名；实现的功能：职工姓名可以多选。

4. R 模式——执行

用法：(R) 表达式。

说明：

1) 执行模式，提示框提示表达式的计算返回值。

2) 可常用于 gf_executesql( )，返回提示内容。

3) 可执行存储过程刷新数据。

R 模式案例：

➢ (R)~~~'当前行的单件标识:~~~'+单件标识

➢ (R)gf_executesql(~~~"EXEC dbo.PRO_铸件单件状态刷新 ~~~'~~~"+单件标识+~~~"~~~'~~~")

➢ (R)gf_executesql(~~~"PRO_不合格品出现次数 ~~~'~~~" + 铸件编号+~~~"~~~

'~~~")

图 13-183 所示为单击"职工编号"按钮，弹出职工姓名提示框的 R 模式实例。设置职工编号列的 tag 属性为 tag=(R)~~~'，当前行的职工姓名：~~~'+职工姓名。进入数据窗口界面，单击"职工编号"按钮时弹出如图 13-183 所示的提示框。

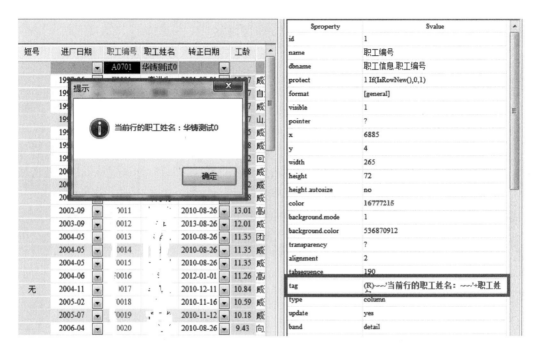

图 13-183　R 模式实例

## 13.6.4　[usertag] 标签

替换 [usertag] 的标签（当前用户 [user] [userbm] [userfactory] [usergh]）：
declare @ user varchar(50),@ usergh varchar(50),@ userbm varchar(50),@ userfactory varchar(50)

select @ user = @ suser

select @ usergh = 对应工号 from 用户登录 where 登录名 = @ user

select @ usergh = ltrim(rtrim(ISNULL(@ usergh,"")))

select @ userbm = 部门编号 from 职工信息 where 职工编号 = @ usergh

select @ userbm = ltrim(rtrim(ISNULL(@ userbm,"")))

select @ userfactory = 厂区 from 部门 where 部门编号 = @ userbm

select @ userfactory = ltrim(rtrim(ISNULL(@ userfactory,"")))

select @ ssql = replace(@ ssql,'[user]',@ user)

select @ ssql = replace(@ ssql,'[usergh]',@ usergh)

select @ ssql = replace(@ ssql,'[userbm]',@ userbm)

select @ ssql = replace(@ ssql,'[userfactory]',@ userfactory)

### 13.6.5 字符多引号的说明

（1）属性值 expression 计算列 单转义外单/双（一个转义符后面带英文单引、双引都可以，下同）：
- ~'行号~'+string(getrow()) T
- ~"行号~"+string(getrow()) T

（2）属性值 text 值颜色值等同属性计算列 单转义外单/双：
- 255~tif(完成情况 = ~'完成~',255,rgb(255,255,255)) T
- 255~tif(完成情况 = ~"完成~",255,rgb(255,255,255)) T

注意：对比 expression 属性，text 等属性设置中多一个前缀：初始属性值~t，如 255~t。

（3）不为空其他约束 原理同属性计算列，单转义外单/双：
- dec(gf_executesql( ~"select sum(数量) from v_原材料批次仓库数 where 原材料编号 = ~'~"+原材料编号+~'~' and 所存仓库 = ~'~"+gf_executesql( ~"select ltrim(rtrim(调出仓库)) from 原材料调拨表 where 调拨单号 = ~'~"+调拨单号+~"~'~")))>=调拨数量

注意：能用 dec 的就不要用 long 或者 integer。

（4）tag 值 E 模式 原理是获得=后面的公式，然后再计算公式，即多了一层，三转义外单/双（三个转义符后面带英文单引、双引都可以）：
- e)备注=gf_executesql( ~ ~ ~'select 备注 from 客户类别 where 类别编号 = ~ ~ ~"~ ~ ~'+类别编号+~ ~ ~'~ ~ ~"~ ~ ~')T
- e)备注=gf_executesql( ~ ~ ~"select 备注 from 客户类别 where 类别编号 = ~ ~ ~'~ ~ ~"+类别编号+~ ~ ~"~ ~ ~'~ ~ ~")T

结论：除了 E 模式是三转义，其他都是单转义；能用 D 模式就用 D 模式代替 E 模式。

## 13.7 常见函数库专题

常见函数库的分类与应用如图 13-184 所示。

### 13.7.1 程序函数库

程序函数库可用于语法修改器中的属性值，也可用于约束语句，主要有下列几种函数。

**1. 特殊函数**
- string gf_executesql(string)
- string gf_getparm(string)
- string gf_getpy(string)    //获得字串的拼音首字母 返回大写
- string gf_getdxje(decimal)    //获得金额的人民币大写字串

**2. 逻辑判断函数**
- any gf_max(any,any)

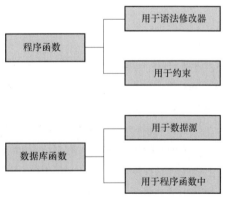

图 13-184　常见函数库

- any gf_min（any,any）
- boolean isnull（变量）gf_isnull
- any If（逻辑判断条件,any,any）gf_if
- not 逻辑判断条件

### 3．数据类型转换函数与类型判定函数
- integer（）　dec（）　long（）　double（）　char（）
- string（）　string（datetime,string 格式）　string（today（）,~'yyyy-mm-dd~'）
- date（）　datetime（）　time（）
- isnumber（）　istime（）

### 4．字符串函数
- string　left（string,long）　right　//字串左侧右侧取定长度的字串
- long len（string）　//字串长度
- String trim（string）　ltrim　rtrim　//字串左侧右侧截断多余的空格
- String Upper（string）　lower　//字串大小写
- String Mid（string,int pos,int len）　//字串中一部分　mid（~'huazhu~',2,2）

### 5．日期函数
- datetime gf_dateadd（string,datetime,int）　//获得指定日期
- gf_dateadd（~'day~',订货日期,-1）　day/month/year/second/minute/hour
- 等同于数据库中函数 dateadd
- Now（）　today（）　注意初始值属性值中写 today
- Day（）　Dayname（）　Daynumber（）
- DaysAfter（date1,date2）　//重点功能得到两个日期间的天数。
- Hour（）　Minute（）　second（）
- Month（）　year（）
- RelativeDate(date,n)　//功能得到指定日期前多少天或后多少天的日期。
- RelativeTime（time,n）//功能得到指定时间前多少秒或后多少秒的时间,采用 24 小时制。

### 6．数据窗口内部函数
- isrownew（）　isSelected（）　getrow（）　currentRow（）　rowcount（）　rowheight（）
- avg（#x for all）　count（#x for all）　sum（#x for all）
- large（#x,#x,n for all）　max（#x for all）　median（#x for all）small（#x,#x,n for all）
- last（#x for all）lastpos（s,s,x）percent（#x for all）
- cumulativeSum（#x for all）　cumulativePercent（#x for all）
- case（x when a then b when c then delse e）
- ceiling（x）向上整数　int(x) 向下取整　abs（x）绝对值　mod（x,y）求余
- char（x）　fact（x）　fill（s,x）　truncate（x,y）　space（x）
- describe（s）lookupdisplay（#x）
- gettext（）

- if( b, t, f )
- isDate( s ) isNumber( s ) isTime( s )
- page( ) pageCount( )

### 7. string gf_ executesql ( string sql)

用法：从数据库中执行 sql 语句，获得 string 结果，注意参数中的引号转义问题。

案例：

- long( gf_executesql( ~"SELECT 原材料采购细则.确认数量 FROM 原材料临时入库细则 INNER JOIN 原材料采购细则 ON 原材料临时入库细则.采购凭证 = 原材料采购细则.采购细则号 WHERE 原材料临时入库细则.采购凭证=~'~"+采购凭证+~"~'~")) >=数量
- gf_executesql( ~"select 供应商.名称 from 原材料临时入库细则 LEFT OUTER JOIN 原材料临时入库表 on 原材料临时入库细则.入库单编号 = 原材料临时入库表.入库单编号 LEFT OUTER JOIN 供应商 on 原材料临时入库表.供应商编号=供应商.供应商编号 where 原材料临时入库表.入库单编号=~'~"+入库单编号+~"~'~")
- =原材料采购主表.供应商

### 8. string gf_getparm( string )

用法：用于数据窗口中获得当前变量

案例：

- gf_getparm( ~'gs_username~')//返回 huazhu

变量代表含义：

- gs_customname　　　　　//公司名
- gs_customfullname　　　 //公司全称
- gs_username　　　　　　//当前用户名
- gs_xingming　　　　　　//当前用户对应职工姓名
- gs_userzgbh　　　　　　//当前用户对应职工编号
- gs_userbm　　　　　　　//当前用户对于部门编号
- gs_userfactory　　　　　 //当前用户对于厂区
- gs_groupquanxian　　　  //当前用户的组权限
- gs_userquanxian　　　　 //当前用户的权限
- gs_usergroup　　　　　　//当前用户组
- gs_zhuangtai　　　　　　//当前用户的在线状态:在线 下线 离开

## 13.7.2 数据库函数

数据库函数用于数据源中，也可用在程序函数里，常用的函数与关键词有：

- case when  then  when then  else end
- Convert(char(10),订货日期,120)
- Cast(订货日期 AS char(10))
- Between and
- =  >  <  <=  >=  <>  like
- Ltrim  rtrim  Left right  upper  lower

➤ dbo. fn_MD5

➤ dbo. fn_sql_dwwhere

➤ dbo. fn_urlencode

## 13.8 其他功能专题

除常用功能外，华铸 ERP 系统还提供了其他的维护系统的工具和功能，下面介绍这些工具与功能的应用意义和操作步骤。

### 13.8.1 系统其他设置

系统其他设置主要对系统参数表中的数据进行管理，进而影响系统的运作。图 13-185 所示为系统其他设置界面。

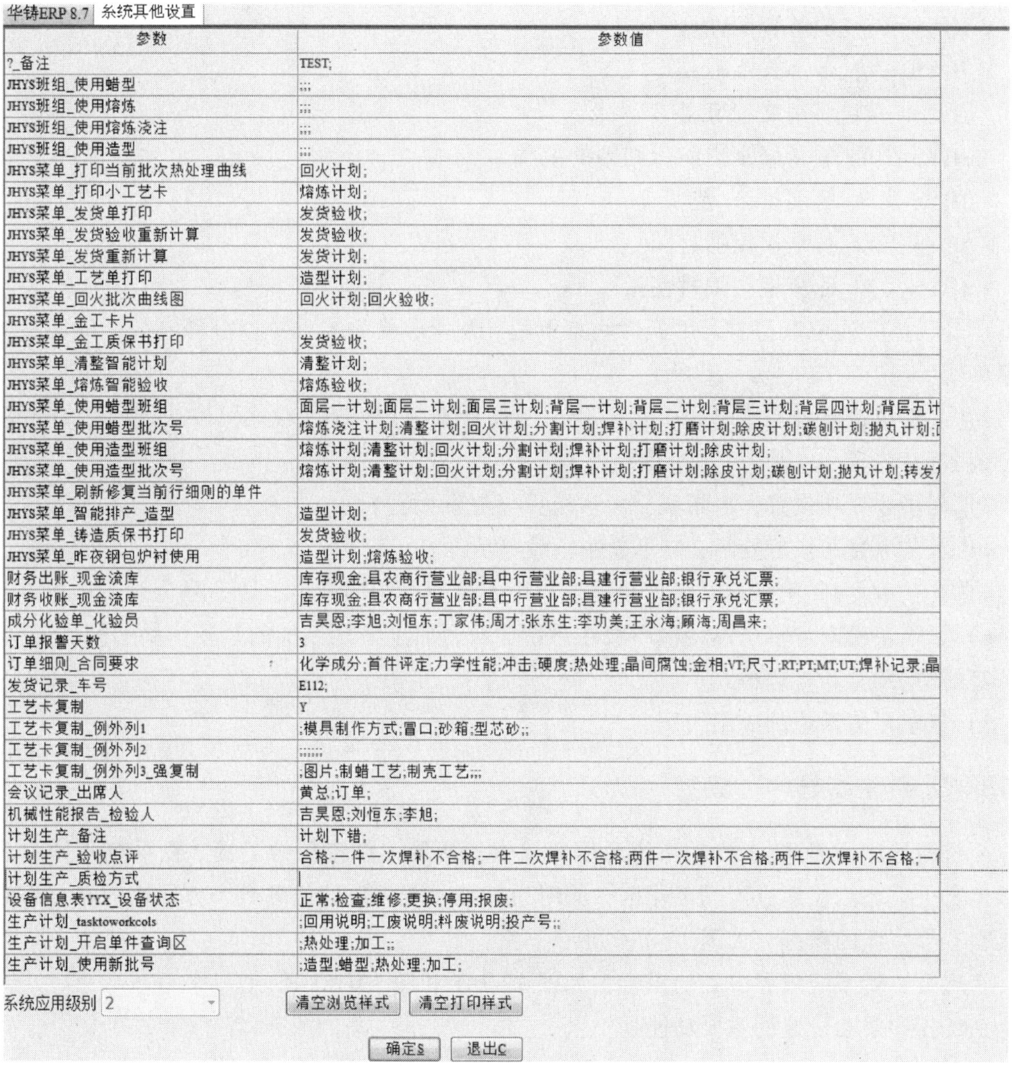


| 参数 | 参数值 |
|---|---|
| ?_备注 | TEST; |
| JHYS班组_使用蜡型 | ;;; |
| JHYS班组_使用熔炼 | ;;; |
| JHYS班组_使用熔炼浇注 | ;;; |
| JHYS班组_使用造型 | ;;; |
| JHYS菜单_打印当前批次热处理曲线 | 回火计划; |
| JHYS菜单_打印小工艺卡 | 熔炼计划; |
| JHYS菜单_发货单打印 | 发货验收; |
| JHYS菜单_发货验收重新计算 | 发货验收; |
| JHYS菜单_发货重新计算 | 发货计划; |
| JHYS菜单_工艺单打印 | 造型计划; |
| JHYS菜单_回火批次曲线图 | 回火计划;回火验收; |
| JHYS菜单_金工卡片 | |
| JHYS菜单_金工质保书打印 | 发货验收; |
| JHYS菜单_清整智能计划 | 清整计划; |
| JHYS菜单_熔炼智能验收 | 熔炼验收; |
| JHYS菜单_使用蜡型班组 | 面层一计划;面层二计划;面层三计划;背层一计划;背层二计划;背层三计划;背层四计划;背层五计 |
| JHYS菜单_使用蜡型批次号 | 熔炼浇注计划;清整计划;回火计划;分割计划;焊补计划;打磨计划;除皮计划;碳刨计划;抛丸计划; |
| JHYS菜单_使用造型班组 | 熔炼计划;清整计划;回火计划;分割计划;焊补计划;打磨计划;除皮计划; |
| JHYS菜单_使用造型批次号 | 熔炼计划;清整计划;回火计划;分割计划;焊补计划;打磨计划;除皮计划;碳刨计划;抛丸计划;转发 |
| JHYS菜单_刷新修复当前行细则的单件 | |
| JHYS菜单_智能排产_造型 | 造型计划; |
| JHYS菜单_铸造质保书打印 | 发货验收; |
| JHYS菜单_昨夜钢包炉衬使用 | 造型计划;熔炼验收; |
| 财务出账_现金流库 | 库存现金;县农商行营业部;县中行营业部;县建行营业部;银行承兑汇票; |
| 财务收账_现金流库 | 库存现金;县农商行营业部;县中行营业部;县建行营业部;银行承兑汇票; |
| 成分化验单_化验员 | 吉昊恩;李旭;刘恒东;丁家伟;周才;张东生;李功美;王永海;顾海;周昌来; |
| 订单报警天数 | 3 |
| 订单细则_合同要求 | 化学成分;首件评定;力学性能;冲击;硬度;热处理;晶间腐蚀;金相;VT;尺寸;RT;PT;MT;UT;焊补记录;晶 |
| 发货记录_车号 | E112; |
| 工艺卡复制 | Y |
| 工艺卡复制_例外列1 | ;模具制作方式;冒口;砂箱;型芯砂;; |
| 工艺卡复制_例外列2 | ;;;;;; |
| 工艺卡复制_例外列3_强复制 | ;图片;制蜡工艺;制壳工艺;;; |
| 会议记录_出席人 | 黄总;订单; |
| 机械性能报告_检验人 | 吉昊恩;刘恒东;李旭; |
| 计划生产_备注 | 计划下错; |
| 计划生产_验收点评 | 合格;一件一次焊补不合格;一件二次焊补不合格;两件一次焊补不合格;两件二次焊补不合格;一 |
| 计划生产_质检方式 | |
| 设备信息表YYX_设备状态 | 正常;检查;维修;更换;停用;报废; |
| 生产计划_tasktoworkcols | ;回用说明;工废说明;料废说明;投产号;; |
| 生产计划_开启单件查询区 | ;热处理;加工;; |
| 生产计划_使用新批号 | ;造型;蜡型;热处理;加工; |



图 13-185 系统其他设置界面

系统其他设置的主要功能如下：

1）计划验收模块中"更多"按钮中的菜单设置。

华铸 ERP 系统中提供的 JHYS_ 菜单如下：

- JHYS 菜单_打印当前批次热处理曲线
- JHYS 菜单_打印小工艺卡
- JHYS 菜单_发货单打印
- JHYS 菜单_发货验收重新计算
- JHYS 菜单_发货重新计算
- JHYS 菜单_工艺单打印
- JHYS 菜单_回火批次曲线图
- JHYS 菜单_金工卡片
- JHYS 菜单_金工质保书打印
- JHYS 菜单_清整智能计划
- JHYS 菜单_熔炼智能验收
- JHYS 菜单_使用蜡型班组
- JHYS 菜单_刷新修复当前行细则的单件
- JHYS 菜单_智能排产_造型
- JHYS 菜单_铸造质保书打印
- JHYS 菜单_昨夜钢包炉衬使用

在参数值一列中填写需要用到这些菜单的计划验收模块名称，以分号隔开，即可添加这些菜单。

2）管理单选或者多选模式中的选项，例如计划生产_验收点评，该功能参数命名规律为：表名_列名。

3）同步客户端设置：Y 同步，N 不同步（注意大写）。

4）工艺卡复制：Y 复制，N 不复制（注意大写）。

5）工艺卡复制_例外列：填写数据窗口中不希望复制的列名，以分号分开。

6）子模块横向：将子模块横向放在系统工作台右上角。添加的是子模块的编号。

7）清空浏览和打印样式。

8）显示目前系统的应用级别。

### 13.8.2 系统指导中心设置

系统指导中心是华铸 ERP 系统为用户提供的指导工作流程的工具。在系统指导中心中直接单击子模块能快速进入其工作区，同时也能显示子模块的任务数，方便用户对自己的工作流程有个整体的把握，如图 13-186 所示。

管理员负责系统指导中心的设置，如图 13-187 和图 13-188 所示。

系统指导中心设置的主要功能如下：

1）设置中级模块：选择为哪个中级模块设置流程，如图 13-189 所示。

# 第13章 华铸ERP集成系统二次开发

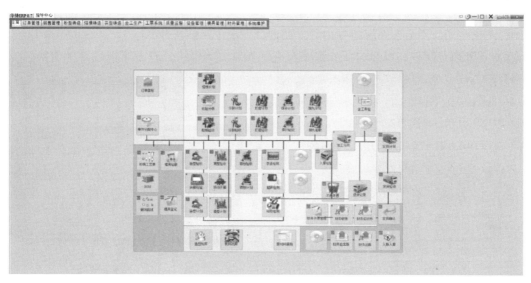

图 13-186 系统指导中心界面

图 13-187 系统指导中心设置打开方式

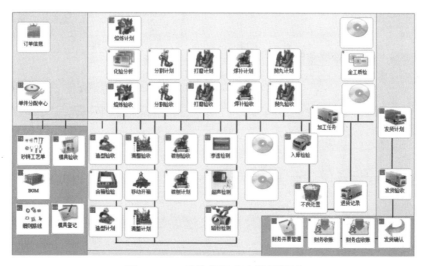

图 13-188 系统指导中心设置界面

说明：选择全局则当前设置的是企业运作的整体流程，即系统指导中心一打开就显示的界面；不选全局，则会在系统指导中心上面创造一个中级模块分页。

2）任务模块窗体：以显示任务数的表格形式显示子模块，右击属性选择子模块，如图 13-190 所示。

图 13-189 设置中级模块

图 13-190 任务模块窗体

3）箭头对象、线段对象：按住鼠标左键不放，从起点到终点就可创建一条箭头或者一条线段，右击可以选择删除。

4）说明窗体：填写说明文字，右击属性弹出修改窗口，如图 13-191 所示。

5）子模块对象：以图标形式显示子模块，右击属性，选择子模块位置，如图 13-192 所示。

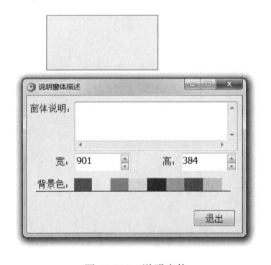

图 13-191 说明窗体

图 13-192 子模块对象

6）子模块横向：以文字形式表述子模块，右击选择属性，选择子模块位置，如图 13-193 所示。

7）监控值：以表格形式显示子模块的监控值，右击选择属性，选择子模块位置，如图 13-194 所示。

8）报表分析：以报表形式显示子模块中的数据，右击选择属性，选择子模块位置，如图 13-195 所示。

图 13-193　子模块横向

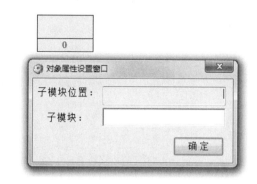

图 13-194　监控值

### 13.8.3　FTP 模板功能

FTP 配置成功后，可为订单、报表、质保书等添加 FTP 模板文件，如 Excel 表格、图片、文档等。在 Excel 中输入相关数据，上传 FTP 后可以直接查看相关链接。

图 13-195　报表分析

**1. 建立 Excel 模板**

如图 13-196 所示，建立 Excel 模板，根据需要可自行设置数据，其中"#订单编号#"代表选取已有订单中的编号，其他数据类似。

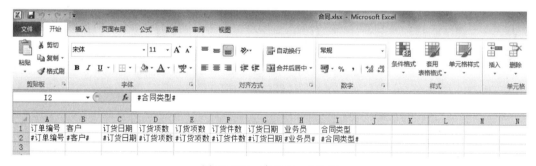

图 13-196　建立 Excel 模板

**2. 上传模板文件**

打开系统维护，在系统资源列设置，以订单中的合同链接为例，如图 13-197 和图 13-198 所示，右击工作列表中"模板文件"进行 FTP 上传。

**3. 选择 FTP 模板**

如图 13-199 所示，以订单信息为例，双击一个订单出现对话框，在合同链接右击出现"FTP 模板"菜单。

选择 FTP 模板后，打开模板，如图 13-200 所示，其中订单包含的数据显示出来，此时可以修改表格，添加相关信息，保存。

完成修改后，系统提示是否上传模板文件，如图 13-201 所示，单击"是"按钮，系统自动上传修改后的模板。

图 13-197　上传 FTP 模板

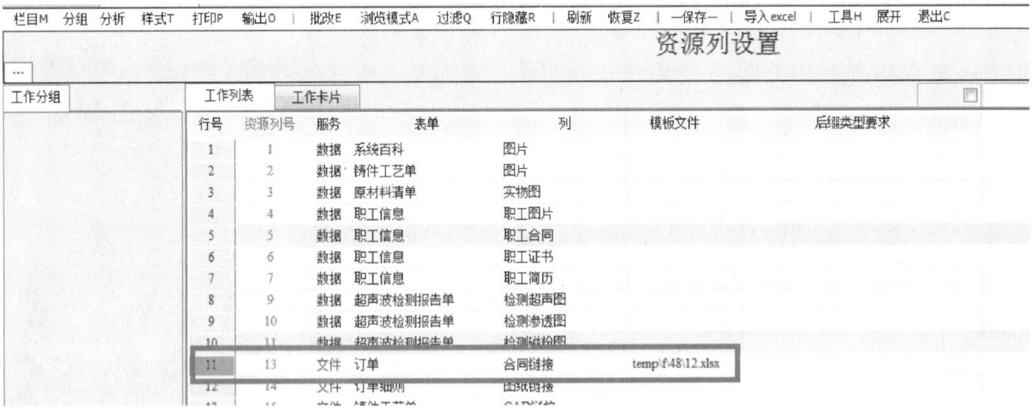

图 13-198　FTP 模板

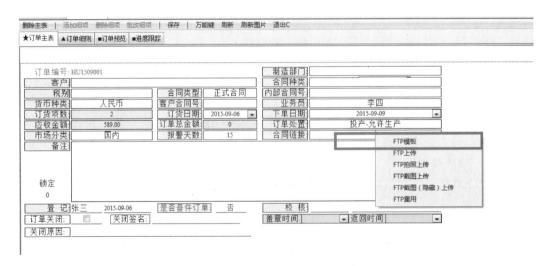

图 13-199　选择 FTP 模板

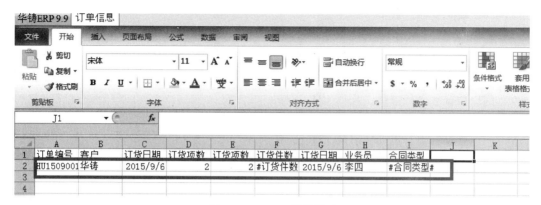

图 13-200　FTP 模板显示

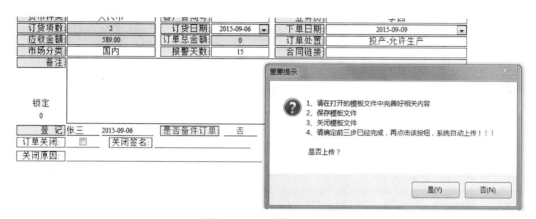

图 13-201　上传 FTP 文件

如图 13-202 所示，按照提示成功上传 FTP 文件。

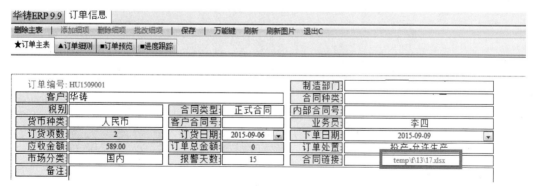

图 13-202　上传成功

#### 4. 其他操作

图 13-203 所示为设备信息模块。对"设备图片"列设置属性为"FTP 模式"，选择列，右击出现对话框，对列进行 FTP 操作。

1）FTP 上传，上传相关文件，包括 Word 文档、Excel 表格、图片等。

2）FTP 拍照上传，会打开计算机的摄像头，进行拍照上传文件。

3) FTP 截图上传，截桌面的图上传文件。

4) FTP 截图（隐藏）上传。

5) FTP 重用，单击"FTP 重用"会弹出"文件链接"对话框，选择已有的 FTP 文件，如图 13-204 所示。

6) FTP 查看：查看已经上传的 FTP 文件。

7) FTP 另存为，把 FTP 文件存放在电脑上任意位置。

8) FTP 目录，查看该列所有的 FTP 文件。

9) FTP 删除，删除对应的 FTP 文件。

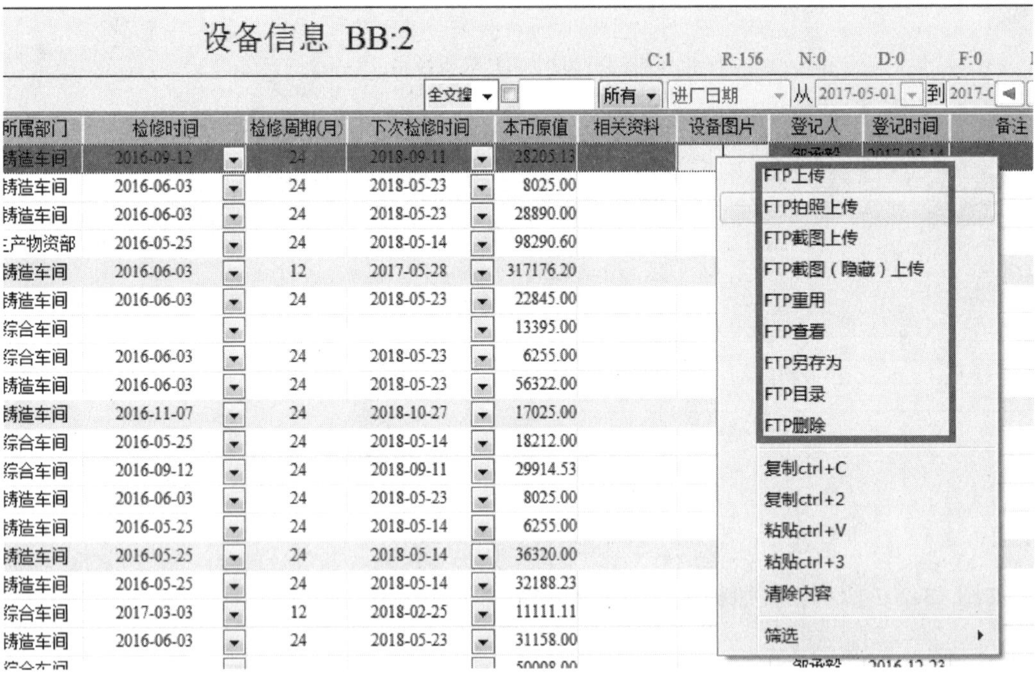

图 13-203　设备信息模块

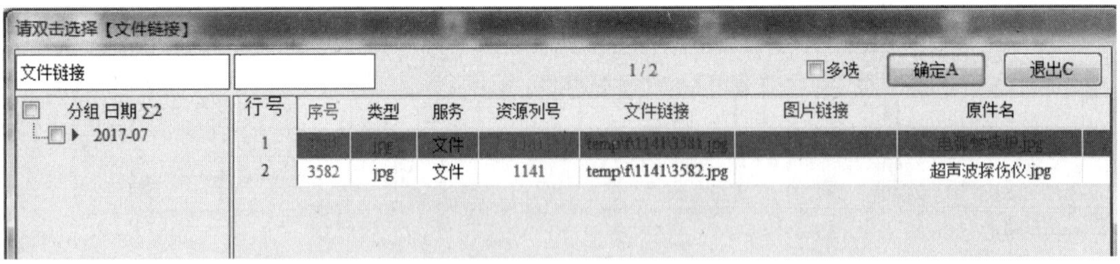

图 13-204　FTP 重用

### 13.8.4　系统分类信息

系统分类信息功能可根据企业标准或者国家标准对数据列进行初始化定义。

如图 13-205 所示，企业可对包装箱规格进行标准化定义。在系统管理→初始设置→系统分类信息管理模块中，输入初始化数据。然后在模块语法修改器中选择包装箱规格列

（注意列名与分类类别必须一致），在属性修改中双击下拉分类信息_代码名称。此时返回数据窗口左击包装箱规格列，就会弹出分类信息中的标准数据，如图 13-206 所示。

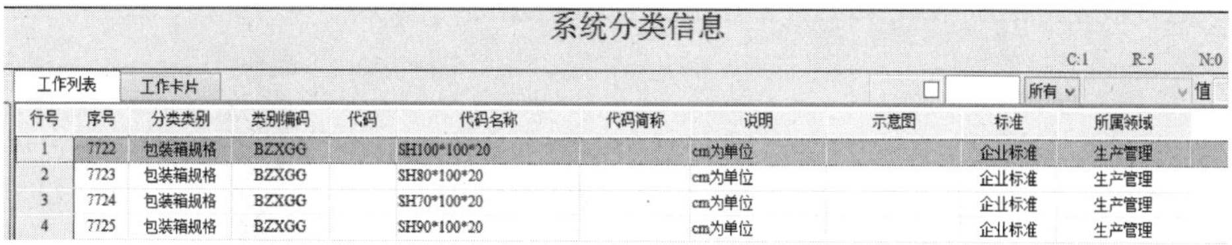

图 13-205　系统分类信息

图 13-206　下拉分类信息_代码名称

### 13.8.5　数据维护

数据维护位于系统管理顶级模块中，超级管理员在这里用到的子模块有信件管理、系统资源、资源列设置、系统百科，如图 13-207 所示。

图 13-207　数据维护

#### 1. 信件管理

超级管理员可以在信件管理中查看、删除华铸 ERP 系统中的所有信件，如图 13-208 所示。

图 13-208　信件管理

#### 2. 系统资源

超级管理员可以在系统资源中查看、删除华铸 ERP 系统中上传的所有资源，如图 13-209 所示。

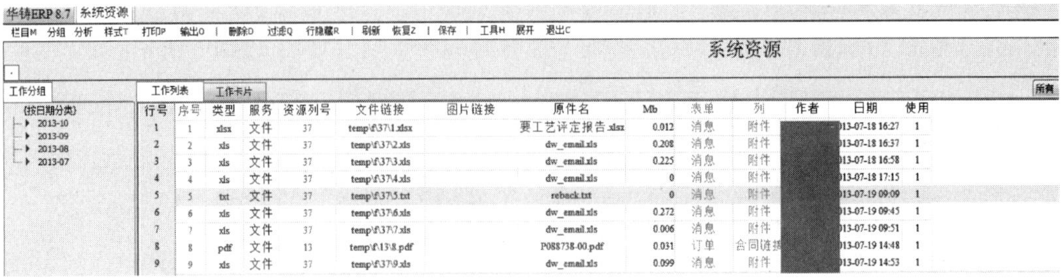

图 13-209  系统资源

### 3. 资源列设置

在该模块中,系统自动识别已经设置为 FTP 上传的列,超级管理员对其进行模板和后缀类型的维护,如图 13-210 所示。

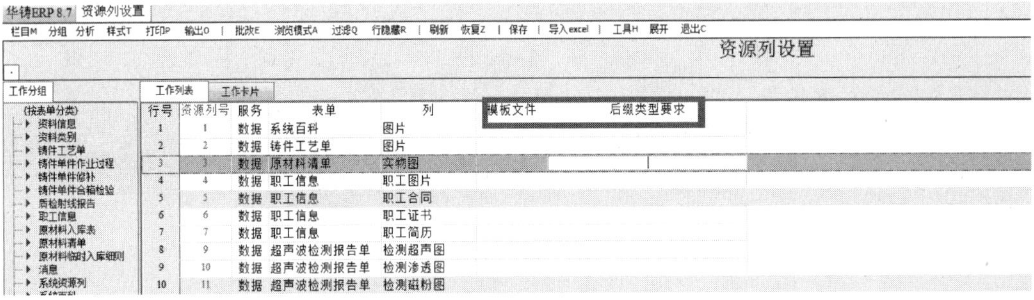

图 13-210  资源列设置

模板功能说明:以工艺单中的工艺卡为例,根据工艺单模块中的数据,超级管理员可以制作一份工艺卡的 Excel 模板,处理数据列格式为:#数据列,如图 13-211 所示。

| 制蜡工艺卡 | | | | | | | 文件编号:WH—IPC—WM-513 | | |
|---|---|---|---|---|---|---|---|---|---|
| | | | | | | | 版　本: 1 | | |
| | | | | | | | 页　数: 1/1 | | |
| 客户 | 商标 | 规格名称 | 图号 | | 材 质 | 铸件净重 | | 钢液重量 | 工艺出品率 |
| #客户 | #客户标识 | #型号 | #图号 | | #材质 | #净工艺重量 | | | |
| 生产车间 | 生产工序 | | 蜡料种类 | | 模样号 | 浇口棒名称编号 | | 附件名称编号 | |
| 蜡　模 | 压蜡、修蜡、焊装 | | #蜡料种类 | | #所用模具编号 | 专用棒 | | | |
| 压蜡参数 | 注蜡压力 | 保压时间 | 蜡料温度 | | 蜡冷方式 | 蜡型水冷时间 | | 水温 | 模冷时间 |
| | #注蜡压力 | #保压时间 | #蜡料温度范围 | | #蜡冷方式 | #蜡型水冷时间 | | #水温 | #模冷时间 |
| 防变形要求 | #防变形要求 | | | | | | | | 蜡型室温 |
| 修蜡要点 | #修蜡要点 | | | | | | | | #蜡型室温 |
| 焊蜡参数 | 每组行数 | 每行件数 | 每组件数 | | 组树方式 | 组树要点 | | | |
| | 1 | 1 | #每组件数 | | 如图 | #组树要点 | | | |
| | 工艺操作要点 | | | | 蜡模焊装简图 | | | | |

图 13-211  工艺卡上传模板处理

选择该记录，右击模板上传列上传处理好的 Excel 模板，保存确定。这样在工艺卡 FTP 上传时就会有 FTP 模板选项，系统可自动将数据传进 Excel，减少录入时间，如图 13-212 所示。

图 13-212　FTP 模板

### 13.8.6　系统维护

系统维护，顾名思义，就是系统数据管理、数据分析、用户管理和状态查询的中级模块。超级管理员在该中级模块主要用到表单编码规则、日志管理、用户管理、企业新鲜事、系统分析中心、反签名、登录日志，如图 13-213 所示。

图 13-213　系统维护

**1. 表单编码规则**

表单编码规则是针对工作区中更新的表，其主键自动编码的定义。如图 13-214 所示，表单编码规则可以在数据窗口修改器里进行设置，也可以在数据维护里的子模块——表单编码设置里进行设置。

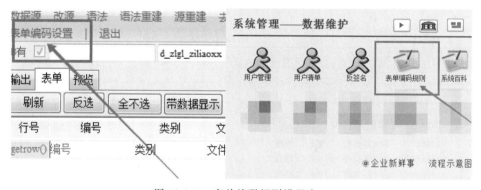

图 13-214　表单编码规则设置窗口

操作步骤如下：

1）添加记录，填写需要编码的表单，先保存。如图 13-215 所示，本例中填写的表单为资料信息，其原来的格式为编码格式为 1510+0001，前四位是时间格式，流水号设置为四位数。

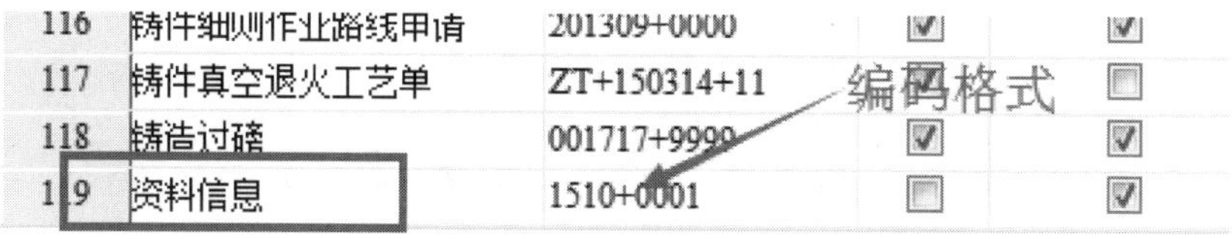

图 13-215　记录添加窗口

2）双击编码格式，弹出参数设置窗口，填写相应的项目、格式和长度。如图 13-216 所示，本例中设置的日期格式为 yy-mm-dd，流水号设置为四位数。注意：所选格式长度之和不得超过表主键的长度。

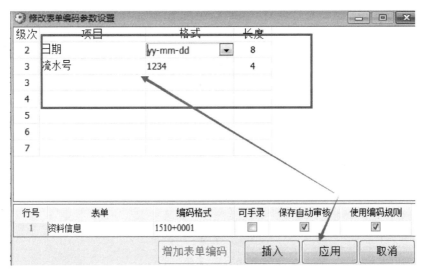

图 13-216　参数设置窗口

3）勾选可手录、保存自动审核、使用编码规则。可手录表示可以自己手写填入也可系统自己生成；保存自动审核是指保存后，编号列保护起来不让修改。

如图 13-217 所示，单击"添加"按钮（本例中添加了 5 行），就可以看到系统自己填写的编号。其中 15-10-18 表示日期，0001-0003 是流水号（本例流水号设置为四位数）。

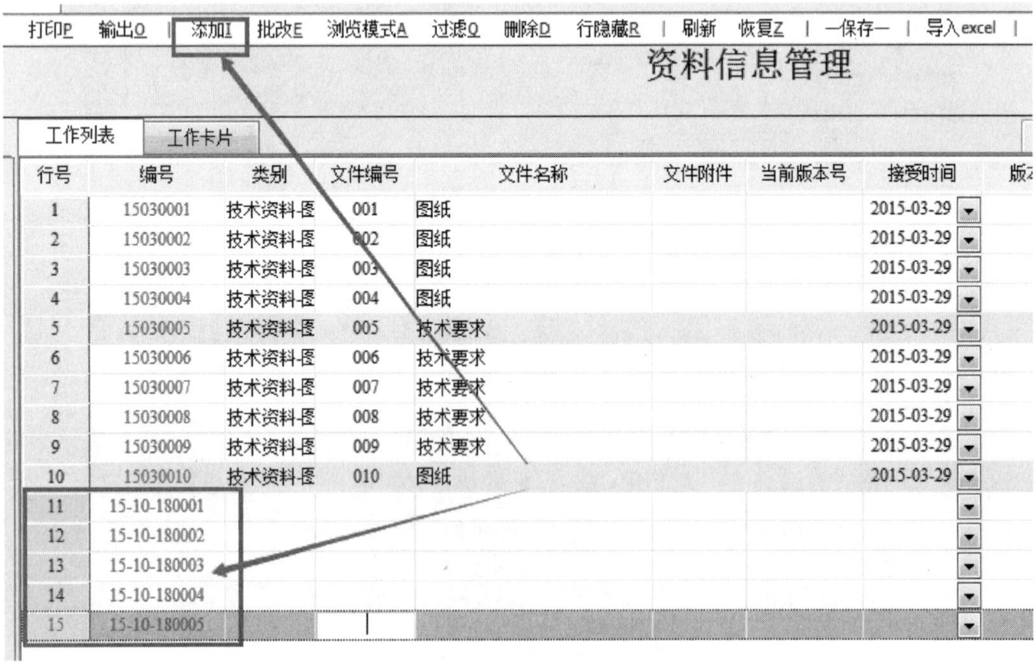

图 13-217　资料信息数据的添加

日期格式和流水号格式说明如图 13-218 所示。其中日期格式 yy 表示年的格式，mm 表示月的格式，dd 表示天的格式，HH 是小时，MM 是分钟；流水号 1234 只是表示流水号占四位长度，并不表示其形式为 1234。

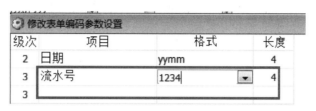

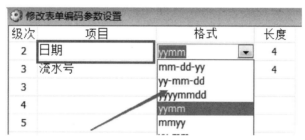

图 13-218　日期格式和流水号格式说明

### 2. 日志管理

日志管理是记录每天用户操作记录的模块，是查明和修复数据错误的必备工具，如图 13-219 所示。超级管理员可以在该模块查看用户每天在系统做的事情，及时找出数据出错原因和责任人。

图 13-219　日志管理界面

日志管理可以清晰明了地显示出哪个用户在哪一天对哪个表进行了什么操作（新增、删除、修改），右击操作说明中的"☆"可以查看具体的 SQL 语句。

### 3. 用户管理

用户管理是增加系统用户，赋予和修改用户子模块权限的工作区域，如图 13-220 所示。

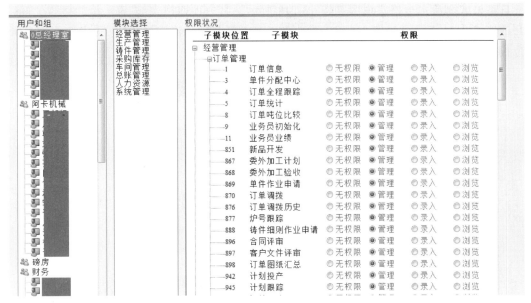

图 13-220 用户管理界面

主要功能如下：

（1）增加用户组　根据工作流程定义用户组，也就是部门，如总经理室、财务、仓库等。

对用户组右击选择增加用户组，弹出窗口，输入名称，单击"确定"按钮即可完成增加用户组，如图13-221所示。

（2）定义组权限　对用户组右击选择修改组权限，弹出窗口，赋予该组那些中级模块和子模块权限，如图13-222所示。

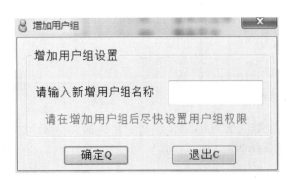

图 13-221　增加用户组

图 13-222　定义组权限

（3）删除用户组　对用户组右击选择删除用户组。

（4）增加用户　对用户组右击选择增加用户，弹出窗口，填写登录名和下拉对应职工信息（登录密码和签名密码默认为123），如图13-223所示。

（5）赋予和修改用户的子模块权限　选择用户→选择中级模块→单击"修改权限"按钮→选择该用户在该中级模块的子模块权限→保存修改，如图13-224所示。

图 13-223　新增系统用户

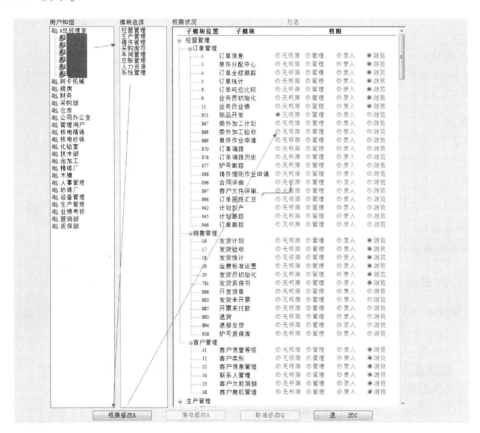

图 13-224　子模块权限

说明：子模块权限分下面四种。

1）无权限：用户看不到该子模块。
2）管理：最高权限，可以添加、删除、修改等。
3）录入：只能添加，不能删除和修改。
4）浏览：不能添加、删除和修改。

**4. 企业新鲜事**

企业新鲜事记录了所有用户发送的通知，如图13-225所示。超级管理员可以在该模块

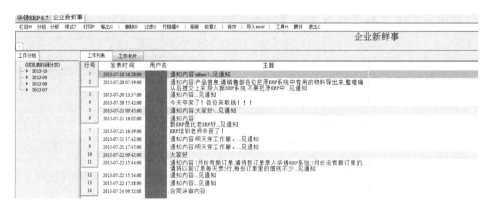

图 13-225　企业新鲜事界面

删除通知。

### 5. 系统分析中心

系统分析中心模块是企业分析自身数据的强大分析工具，在前面已经介绍了，这里不再赘述。

### 6. 反签名

反签名是指用户通过签名密码数字签名后，能够撤销其签名的功能。该功能只有企业高管和系统管理员可以使用，可对所有用户的签名都可以反签。反签需要自己的签名密码，一旦普通用户想反签，可以通过高管或者管理员申请进行反签。

使用方法：在用户管理中对某用户赋予该模块管理权限，该用户就拥有该功能。

### 7. 登录日志

记录系统所有用户登录系统和退出系统的时间，可以考察用户的工作情况。

## 13.8.7　大数据搜索

大数据搜索功能聚合了系统中比较常用的右键工具库，通过相关过滤列来进行查询搜索，十分便捷。大数据搜索打开方式如图 13-226 所示，打开后出现大数据中心界面，如图 13-227 所示。

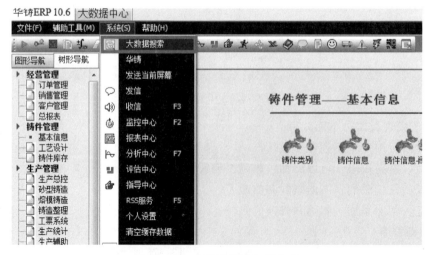

图 13-226　大数据搜索打开方式

# 第13章 华铸ERP集成系统二次开发

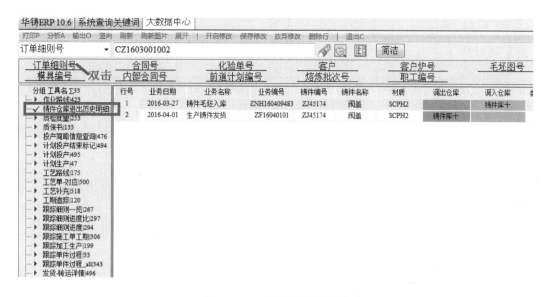

图 13-227　大数据中心界面

使用方法如下：

1）双击相关过滤列，那么会将该列关联的工具库都显示。

2）填写相关过滤列具体数值。

3）选择一个要查询的工具库即可。

比如知道一个订单细则号为 CZ1603001002，那么可以很方便快速地将订单细则号为 CZ1603001002 的仓库进出历史明细搜索出来。系统查询关键词打开方式如图 13-228 所示。同理，知道了一个合同号、化验单号等，也可以快速地将其相关资料查询出来。

相关过滤列（关键词）可以通过系统维护中级模块下系统查询关键词来增加。

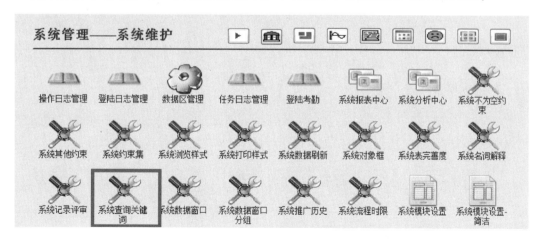

图 13-228　系统查询关键词打开方式

在系统查询关键词中增加关键词"客户类别"，如图 13-229 所示。

在大数据中心也增加了关键词"客户类别"，如图 13-230 所示。

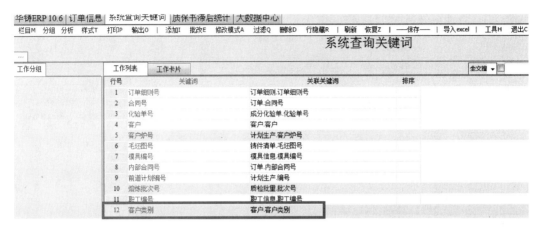

图 13-229　系统查询关键词中增加关键词"客户类别"

图 13-230　大数据中心增加了关键词"客户类别"

# 第 14 章

# 华铸ERP集成系统典型应用案例

本章详细论述了华铸 ERP 集成系统在各类典型铸造企业的应用案例,涉及航空航天、铁路、汽车、核电、石油、工程机械等领域的典型铸造企业,详细分析了企业应用之前的背景、本书上篇中各类铸造数字化管理方法与技术在应用过程以及应用之后的实际效果,为各类铸造企业数字化信息化智能化建设提供参考。

## 14.1 航空航天领域钛合金熔模精密铸造企业中的应用

### 14.1.1 企业应用背景介绍

B 公司是一家面向航空航天领域的钛合金熔模精密铸造企业,成立于 2000 年,位于驰名中外的中关村高新技术园区,是经中国科学院和国家科技部认定的高新技术企业。该公司致力于研究、开发、制造和销售以新材料、新工艺、新技术为基础的系列高新技术铸件产品,具有全套完备的铸造钛合金及其铸件研制生产的硬件条件。B 公司沿革了钛合金铸造材料与工艺研究及工程化应用历史,借鉴了 50 多年来多家企业的技术经验,建立了国内规模最大的钛合金精密铸造生产线,为国内航空航天、国内外宇航、医学工程、石油化工等行业提供了大量钛合金铸件。

在航空航天、兵器船舶等国内军工与国际宇航对钛合金铸件需求激增的背景下,B 公司努力从研制向批产转型。然而在此过程中,物流信息流不同步、产品工艺路线复杂、返工返修频繁、生产计划多变、进度监督不及时、质量保证手段低效等导致了大面积的铸件难以按质按期交付,人工电子化的管理手段严重制约了企业的发展。为此,B 公司面向"中国制造 2025"战略与"铸造行业十三五规划"网络制造的目标——铸造智能工厂,对钛合金精密铸造的数字化信息化智能化制造进行了一系列的探索与实践。

2015 年 1 月,B 公司在原有金蝶 K3、用友 U9 财务信息化管理的基础上,经多方调研后与华科华铸进行合作,引入了专业的铸造企业信息系统,快速高效地建立了钛合金精密铸造数字化制造平台,实现了订单、工艺、生产制造、质量检测、仓储物流、销售发货、财务管理的全过程价值链集成管控;借助于各类数字化显示与信息处理硬件终端,实现了车间现场生产与工艺数据的条码化、数字化、可视化;针对钛合金精密铸造混炉、混组、返工返修频繁等特点,结合敏捷制造、精益生产、铸件单件全生命周期管理理念,创新性地提出了一套有别于传统整卡方案的生产流程主子卡方案,实现了数百种铸件的单件化生产质量全过程控制与跟踪追溯;依托该平台对 ERP、PDM、MES 的高度集成,实现了全面走向数字化、标准化、规范化管理的转型,大幅提升了企业管理水平,提高了质量保证能力,缩短了研制/生产周期,降低了制造费用。

与此同时，B 公司在能力建设、技术改造过程中大量使用了自动化程度较高、数据接口良好的铸造生产与检测装备，如真空浇注炉、压蜡机、三坐标测量机等。为了进一步走向智能制造，2017 年 6 月 B 公司与华科华铸深化合作，在前期数字化制造平台的基础上，拟建设经营目标与绩效系统、铸造工厂设备数据采集与互联系统、智能化铸造工艺知识库与专家系统等子项，实现基于大数据的设备智能化互联与智能监控、工艺专家智能以及企业目标绩效智能考核等，从而不断地提升智能化水平，构建一个互联互通网络协同和数字化、信息化、智能化的铸造平台，建成国内智能铸造工厂行业标杆，为铸造行业提供参考。

### 14.1.2 应用特色1：精密铸造主子卡生产管理

B 公司主要生产的是钛合金精密铸件，存在作业路线复杂，生产周期长的特点。企业原有整卡方案能够实现前段型壳制备环节的批次管控，但是当铸件流转到熔炼浇注工序时容易产生混炉问题。熔炼浇注之后的整理工序耗时长，子循环和返工返修现象频繁，混批、拆批、并批等问题多发，原有整卡方案难以满足企业批次管理需求。针对这种情况，在该企业实施了生产流程卡主子卡方案，并结合企业生产实际操作情况，在熔炼浇注工序将主卡进行拆分，将压蜡至熔炼浇注之前的工序作为主卡一卡，熔炼浇注及后续工序作为主卡二卡，解决了熔炼浇注工序的混炉问题。通过循环子卡和返工返修子卡对子循环和返工返修场景进行处置，实现了后段整理环节的批次管理。

原有整卡方案如图 14-1 所示。图 14-2 所示为主子卡方案，包括主卡一卡、二卡、循环子卡和返工返修子卡。

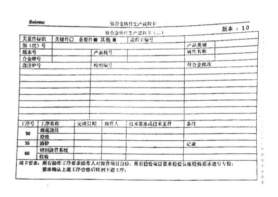

图 14-1　原有整卡方案

## 第14章 华铸ERP集成系统典型应用案例

铸件生产流程卡 Routing Card 一卡(型壳制备)

| AS | 2.0 | | 模组简码 Module NO. | 1702153 | 铁盘号 Module NO. | M1702152 | | 模组编码 Coding | BM00002-1702153 |
|---|---|---|---|---|---|---|---|---|---|
| 客户 Customer | CA | | 合同号 Contract No. | A03 | 合同交期 Dlivery Date | 2017-12-28 | 投产任务号 Job No. | 6 | 重要程度 Degree of Importance |
| 铸件名称 Part Name | 支座 | | 图号(代号) Part No. | 002 | 图纸版本 Rev. | | 合金牌号 Material | TA1 | 阶段标记 Stage Indicating |
| 铸件单件编码 Casting No. | BM00002-1702151-1~20 | | | | | | 件数 Plan Num | 20 | 是否首件 First Article |

| 顺序 Seq | 工序 Operation | Operation | 合格 Qualified | 返工 Rework | 返工原因 Cause of Re | 报废 NG | 报废原因 Cause of NG | 虚拟 vitual | 操作员 Operator | 检验员 Inspector | 报工日期 Date | 计划完工 Schedule | 工艺单号 Process sheet No. | 工艺备注 Operation | 现场备注 Field |
|---|---|---|---|---|---|---|---|---|---|---|---|---|---|---|---|
| 1 | 压蜡 | | 20 | | | | | | 王明 | 李旗 | 02-15 09:26 | | | | |
| 2 | 蜡模尺检 | | 20 | | | | | | 周峰 | 李敏 | 02-15 10:24 | | | | |
| 3 | 蜡模修整 | | 20 | | | | | | 刘贺 | 李敏 | 02-15 10:24 | | | | |
| 4 | 模组组焊 | | 20 | | | | | | 王明 | 屈丁红 | 02-15 10:24 | | | | |
| 5 | 模组清洗 | | 20 | | | | | | 王明伟 | 李敏 | 02-15 10:25 | | | | |
| 6 | 面层 | | 20 | | | | | | 刘晓辉 | 李永远 | 02-15 10:25 | | | | |
| 7 | 邻面层 | | 20 | | | | | | 匡伟伟 | 黄茵 | 02-15 10:25 | | | | |
| 8 | 背层1 | | 20 | | | | | | 周大国 | 李旗 | 02-15 10:25 | | | | |
| 9 | 背层2 | | 20 | | | | | | 刘晓辉 | 李敏 | 02-15 10:26 | | | | |
| 10 | 背层3 | | 20 | | | | | | 彭喜飞 | 李永远 | 02-15 10:26 | | | | |
| 11 | 背层4 | | 20 | | | | | | 周峰 | 黄茵 | 02-15 10:26 | | | | |
| 12 | 整体加固 | | 20 | | | | | | 刘贺 | 李永远 | 02-15 10:26 | | | | |
| 13 | 背层5 | | 20 | | | | | | 周大国 | 李永远 | 02-15 10:26 | | | | |
| 14 | 背层6 | | 20 | | | | | | 周峰 | 李敏 | 02-15 10:26 | | | | |
| 15 | 背层7 | | 20 | | | | | | 彭喜飞 | 周明 | 02-15 10:28 | | | | |
| 16 | 沾浆 | | 20 | | | | | | 周大国 | 李敏 | 02-15 10:28 | | | | |
| 17 | 脱蜡 | | 20 | | | | | | 赵群 | 黄茵 | 02-15 10:28 | | | | |
| 18 | 高温焙烧 | | 20 | | | | | | 周大国 | 胡云 | 02-15 10:28 | | | | |
| 19 | 型壳清洁 | | 20 | | | | | | 彭喜飞 | 李敏 | 02-15 10:29 | | | | |

填卡要求:
1.所有操作工序要求操作人对操作项目自检,所有检验项目要求检验员按要求进行专检;
2.要求确认上道工序合格后转到下道工序;
3.检验结果填写合格、返工、报废数量,不合格产品需进行评审,备注一栏标明评审单标号等信息。

a) 主卡一卡

铸件生产流程卡 Routing Card 二卡(熔炼精整)

| AS | 2.0 | | 批号 Batch NO. | 1702154 | 炉号编码 Pouring NO. | M1702154 | | 铸件编码 Coding | BM00002-1702154 |
|---|---|---|---|---|---|---|---|---|---|
| 客户 Customer | CA | | 合同号 Contract No. | A03 | 合同交期 Dlivery Date | 2017-12-28 | 投产任务号 Job No. | 6 | 重要程度 Degree of Importance |
| 铸件名称 Part Name | 支座 | | 图号(代号) Part No. | 002 | 图纸版本 Rev. | | 合金牌号 Material | TA1 | 阶段标记 Stage Indicating |
| 铸件单件编码 Casting No. | BM00002-1702151-1~20 | | | | | | 件数 Plan Num | 20 | 是否首件 First Article |
| 卡内模组 Modules No. | 1702153 (20件) | | | | | | 母合金锭批号 Material Batch | | |

| 顺序 Seq | 工序 Operation | Operation | 合格 Qualified | 返工 Rework | 返工原因 Cause of Re | 报废 NG | 报废原因 Cause of NG | 虚拟 vitual | 操作员 Operator | 检验员 Inspector | 报工日期 Date | 计划完工 Schedule | 工艺单号 Process sheet No. | 工艺备注 Operation | 现场备注 Field |
|---|---|---|---|---|---|---|---|---|---|---|---|---|---|---|---|
| 20 | 熔炼浇注 | | 20 | | | | | | 刘希 | 黄茵 | 02-15 10:30 | | | | |
| 21 | 清壳 | | 16 | | | 4 | 撞坏 | | 王明伟 | 黄茵 | 02-15 10:29 | | | | |
| 22 | 去除浇冒 | | 14 | | | 2 | 外协缺陷 | | 孙艳 | 周明 | 02-18 11:08 | | | | |
| 23 | 吹砂 | | 14 | | | | | | 周大国 | 李永远 | 02-20 10:51 | | | | |
| 24 | 酸洗 | | 14 | | | | | | 赵虎 | 李敏 | 03-13 08:36 | | | | |
| 25 | 补焊 | | 14 | | | | | | 刘步月 | 黄茵 | 03-13 08:57 | | | | |
| 26 | ※打磨 | | 14 | | | | | | 周大国 | 李永远 | 03-13 08:48 | | | | |
| 27 | ※▲X光检验 | | 14 | | | | | | 胡东 | 李敏 | 03-13 08:49 | | | X光子错坏 | |
| 28 | ※▲荧光检验 | | 14 | | | | | | 王明伟 | 胡云 | 03-13 08:49 | | | | |
| 29 | 热等静压 | | 14 | | | | | | 彭喜飞 | 李敏 | 03-13 08:49 | | | | |
| 30 | 成品检验 | | 14 | | | | | | 周峰 | 屈丁红 | 03-13 08:49 | | | | |
| 31 | 入库 | | 14 | | | | | | 周峰 | 03-13 08:49 | | | | | |

填卡要求:
1.所有操作工序要求操作人对操作项目自检,所有检验项目要求检验员按要求进行专检;
2.要求确认上道工序合格后转到下道工序;
3.检验结果填写合格、返工、报废数量,不合格产品需进行评审,备注一栏标明评审单标号等信息。

| 行号 | 二卡编码 | 二卡批号 | 二卡炉号 | 二卡含一卡件数 | 一卡编号 | 一卡条码 | 一卡件数 | 一卡批次号 | 一卡模组号 |
|---|---|---|---|---|---|---|---|---|---|
| 1 | R.17021500003 | 1702154 | M1702154 | 20 | Y17021500002 | | 20 | 1702153 | M1702152 |

b) 主卡二卡

图 14-2 主子卡方案

### 铸件生产流程卡　　循环子卡　　1703000002

主卡号 R17022000001

| 客户 | CA | 合同号 | A03 | 订单细则号 | 0BM1702002001 |
|---|---|---|---|---|---|
| 铸件名称 | 支座-A | 图号 | A01 | 材质 | TA7 |
| 主卡等待作业 | 打磨 | 数量 | 19 | 创建人 | |
| 子卡路线模板 | X光子循环 | 子卡循环次数 | 1　1 | 创建时间 | 2017-03-12 |
| 备注/件号说明 | | | 1702201-1~20 | | |

| 作业顺序 | 作业工序 | 合格数 | 报废数 | 返工数 | 操作人 | 检验人 | 制表日期 | 备注 |
|---|---|---|---|---|---|---|---|---|
| 1 | 清理 | 19 | 0 | | 钱还礼 | 李辉 | 2017-03-12 | |
| 2 | 补焊 | 19 | 0 | | 李辉 | 赵虎 | 2017-03-12 | |
| 3 | X光检验 | 19 | 0 | | 黄萌 | 李娟 | 2017-03-12 | |
| 4 | 打磨 | 19 | 0 | | 彭喜飞 | 李娟 | 2017-03-12 | |
| 5 | 焊前处理 | 19 | 0 | | 匡伟伟 | 周明 | 2017-03-12 | |
| 6 | 外观检验 | 19 | 0 | | 刘晓辉 | 王明伟 | 2017-03-12 | |

c) 循环子卡

### 铸件生产流程卡　　返工返修子卡　　1703000004

主卡号 R17021500003

| 客户 | CA | 合同号 | A03 | 订单细则号 | 0BM1702002002 |
|---|---|---|---|---|---|
| 铸件名称 | 支座 | 图号 | 002 | 材质 | TA1 |
| 主卡等待作业 | 吹砂 | 数量 | 4 | 创建人 | 李敏 |
| 子卡路线模板 | 返工返修路线 | 子卡循环次数 | 1　1 | 创建时间 | 2017-03-12 |
| 备注/件号说明 | | | 1702151-1~20 | | |

| 作业顺序 | 作业工序 | 合格数 | 报废数 | 返工数 | 操作人 | 检验人 | 制表日期 | 备注 |
|---|---|---|---|---|---|---|---|---|
| 1 | 吹砂 | 4 | 0 | | 周晓华 | 李娟 | 2017-03-13 | |
| 2 | 清理 | 4 | 0 | | 李辉 | 周明 | 2017-03-13 | |
| 3 | 打磨 | 4 | 0 | | 周大国 | 李永远 | 2017-03-13 | |
| 4 | 酸洗 | 4 | 0 | | 刘希 | 黄萌 | 2017-03-13 | |
| 5 | 补焊 | 4 | 0 | | 赵群 | 黄萌 | 2017-03-13 | |
| 6 | X光检验 | 4 | 0 | | 王明伟 | 孙一航 | 2017-03-13 | |

d) 返工返修子卡

图 14-2　主子卡方案（续）

截至 2016 年 5 月，B 公司使用主子卡方案已经有半年。笔者采用问卷调查结合报表分析方式收集了改进前后流程卡的生产、质量和用户体验数据。在 B 公司总共发放了 22 份问卷，有效问卷 21 份。有效问卷收集情况具体为：市场运营部 5 份，生产制造部 10 份，质量部 6 份。问卷中的四个量化指标数据由企业的报表数据分析所得，其他定性指标由问卷数据分析所得。依据前文建立的生产流程卡评价指标模型，结合企业实地调查数据，获得的 B 公司生产流程卡评价标准见表 14-1。

表 14-1　B 公司生产流程卡评价标准

| 项目 | 分值 | | | |
|---|---|---|---|---|
| | >85~100 | >75~85 | >60~75 | 0~60 |
| 生产特性 | | | | |
| 每月生产件数/件 | >55000 | >40000~55000 | >25000~40000 | ≤25000 |
| 产品生产周期/d | 1~9 | >9~15 | >15~30 | ≥30 |
| 工序监控情况 | 很好 | 较好 | 一般 | 差 |

(续)

| 项目 | 分值 | | | |
|------|------|------|------|------|
|  | >85~100 | >75~85 | >60~75 | 0~60 |
| 生产特性 | | | | |
| 按时交货率(%) | >90~100 | >80~90 | >60~80 | ≤60 |
| 质量特性 | | | | |
| 质量追溯性 | 很好 | 较好 | 一般 | 差 |
| 不合格品处理及时性 | 很及时 | 较及时 | 一般 | 很慢 |
| 产品质量波动情况 | 很小 | 较小 | 一般 | 很大 |
| 产品合格率(%) | >97~100 | >90~97 | >80~90 | ≤80 |
| 企业及用户特性 | | | | |
| 生产管控全面性 | 很全面 | 较全面 | 一般 | 较差 |
| 工人操作便捷性 | 很方便 | 较方便 | 一般 | 不方便 |
| 流程透明与规范性 | 很好 | 较好 | 一般 | 较差 |
| 生产计划响应速度 | 很快 | 较快 | 一般 | 很慢 |

**1. 改进前后生产流程卡综合得分情况**

结合表 14-1 中生产流程卡评价标准和问卷调查、报表分析所得的数据，计算各指标相对于准则层和目标层的隶属度。原有整卡方案和主子卡方案准则层模糊综合矩阵见表 14-2。

表 14-2 原有整卡方案和主子卡方案准则层模糊综合矩阵

| 方案 | 生产指标 | 质量指标 | 企业用户指标 |
|------|----------|----------|--------------|
| 原有整卡 | $\begin{bmatrix} 0 & 1 & 0 & 0 \\ 0 & 0 & 1 & 0 \\ 0.14 & 0.10 & 0.66 & 0.10 \\ 0 & 0 & 1 & 0 \end{bmatrix}$ | $\begin{bmatrix} 0.10 & 0.62 & 0.28 & 0 \\ 0.14 & 0.20 & 0.52 & 0.14 \\ 0.14 & 0.14 & 0.52 & 0.19 \\ 0 & 0 & 1 & 0 \end{bmatrix}$ | $\begin{bmatrix} 0.05 & 0.38 & 0.52 & 0.05 \\ 0.10 & 0.33 & 0.43 & 0.14 \\ 0.14 & 0.29 & 0.57 & 0 \\ 0.24 & 0.24 & 0.47 & 0.05 \end{bmatrix}$ |
| 主子卡 | $\begin{bmatrix} 0 & 1 & 0 & 0 \\ 0 & 1 & 0 & 0 \\ 0.24 & 0.48 & 0.19 & 0.10 \\ 0 & 1 & 0 & 0 \end{bmatrix}$ | $\begin{bmatrix} 0.19 & 0.24 & 0.57 & 0 \\ 0.14 & 0.34 & 0.38 & 0.14 \\ 0.24 & 0.19 & 0.43 & 0.14 \\ 0 & 1 & 0 & 0 \end{bmatrix}$ | $\begin{bmatrix} 0.19 & 0.52 & 0.29 & 0 \\ 0.05 & 0.33 & 0.38 & 0.14 \\ 0.19 & 0.57 & 0.19 & 0.05 \\ 0.24 & 0.29 & 0.33 & 0.14 \end{bmatrix}$ |

将层析分析法求得的权重 $W$ 和问卷数据求得的模糊矩阵 $R$ 带入到公式中，得到整卡方案与主子卡方案的综合评价结果向量，再将该向量与评价分数集带入公式中，得到改进前后流程卡综合得分情况。

原有整卡方案综合得分：$G_1 = 71.71$；改进后主子卡方案综合得分：$G_2 = 79.65$。

根据改进前后流程卡综合得分可知，改进后主子卡分值高于原有整卡分值，表明其在生产、质量和用户体验上的综合能力优于原有整卡方案。但主子卡方案综合分值不高，原因在于该方案在企业投入正式使用时间短，且综合考虑了各级评价指标。

为了进一步验证改进后主子卡方案的优势，对改进前后生产流程卡方案准则层各指标分值进行比较，如图 14-3 所示。

根据图 14-3 可知，改进后主子卡方案与原有整卡方案在生产特性指标得分相差最大，分值最高；企业及用户特性指标得分相差最小，分值最低。该结果说明主子卡方案在生产特性上改进效果最佳，质量特性次之，企业及用户特性改进效果不明显。这一结果的产生与生产流程卡在 B 公司的应用场景密切相关。调查时改进后的主子卡方案在该企业应用时间不长，仍然处于适应阶段，这个过程相较于原有整卡方案在一定程度上增加了企业人员的工作量，因此从问卷数据分析来看，企业及用户特性改善不明显。后来主子卡方案在企业稳定运行后，该指标得分有了较大的提高。

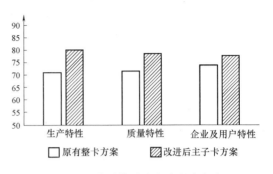

图 14-3　改进前后生产流程卡方案准则层各指标分值对比

**2. 各部门改进前后生产流程卡得分情况**

各部门改进前后流程卡准则层模糊综合矩阵见表 14-3~表 14-5。

将上述矩阵按照求取改进前后流程卡综合得分的相同步骤，计算出各部门改进前后生产流程卡综合得分，见表 14-6。

表 14-3　市场运营部准则层模糊综合矩阵

| 方案 | 生产指标 | 质量指标 | 企业用户指标 |
|---|---|---|---|
| 原有整卡 | $\begin{bmatrix} 0 & 1 & 0 & 0 \\ 0 & 0 & 1 & 0 \\ 0 & 0 & 1 & 0 \\ 0 & 0 & 1 & 0 \end{bmatrix}$ | $\begin{bmatrix} 0 & 0.60 & 0.40 & 0 \\ 0 & 0.20 & 0.80 & 0 \\ 0 & 0.40 & 0.60 & 0 \\ 0 & 0 & 1 & 0 \end{bmatrix}$ | $\begin{bmatrix} 0 & 0.40 & 0.60 & 0 \\ 0.20 & 0 & 0.60 & 0.20 \\ 0 & 0.20 & 0.80 & 0 \\ 0.20 & 0 & 0.60 & 0 \end{bmatrix}$ |
| 主子卡 | $\begin{bmatrix} 0 & 1 & 0 & 0 \\ 0 & 1 & 0 & 0 \\ 0.20 & 0.60 & 0.20 & 0 \\ 0 & 1 & 0 & 0 \end{bmatrix}$ | $\begin{bmatrix} 0.20 & 0 & 0.80 & 0 \\ 0.20 & 0.20 & 0.40 & 0.20 \\ 0.20 & 0.40 & 0.40 & 0 \\ 0 & 1 & 0 & 0 \end{bmatrix}$ | $\begin{bmatrix} 0 & 0.60 & 0.40 & 0 \\ 0.20 & 0.20 & 0.40 & 0.20 \\ 0.20 & 0.60 & 0.20 & 0 \\ 0.40 & 0.20 & 0.40 & 0 \end{bmatrix}$ |

表 14-4　生产制造部准则层模糊综合矩阵

| 方案 | 生产指标 | 质量指标 | 企业用户指标 |
|---|---|---|---|
| 原有整卡 | $\begin{bmatrix} 0 & 1 & 0 & 0 \\ 0 & 0 & 1 & 0 \\ 0.30 & 0.10 & 0.60 & 0 \\ 0 & 0 & 1 & 0 \end{bmatrix}$ | $\begin{bmatrix} 0.10 & 0.50 & 0.40 & 0 \\ 0.30 & 0.20 & 0.50 & 0 \\ 0.30 & 0.10 & 0.60 & 0 \\ 0 & 0 & 1 & 0 \end{bmatrix}$ | $\begin{bmatrix} 0.10 & 0.40 & 0.40 & 0.10 \\ 0.10 & 0.50 & 0.40 & 0 \\ 0.30 & 0.20 & 0.50 & 0 \\ 0.40 & 0.20 & 0.40 & 0 \end{bmatrix}$ |
| 主子卡 | $\begin{bmatrix} 0 & 1 & 0 & 0 \\ 0 & 1 & 0 & 0 \\ 0.30 & 0.40 & 0.30 & 0 \\ 0 & 1 & 0 & 0 \end{bmatrix}$ | $\begin{bmatrix} 0.20 & 0.40 & 0.40 & 0 \\ 0.10 & 0.60 & 0.30 & 0 \\ 0.30 & 0.10 & 0.40 & 0.20 \\ 0 & 1 & 0 & 0 \end{bmatrix}$ | $\begin{bmatrix} 0.40 & 0.50 & 0.10 & 0 \\ 0 & 0.40 & 0.40 & 0.20 \\ 0.20 & 0.60 & 0.10 & 0.10 \\ 0.20 & 0.40 & 0.10 & 0.30 \end{bmatrix}$ |

表 14-5  质量安全部准则层模糊综合矩阵

| 方案 | 生产指标 | 质量指标 | 企业用户指标 |
|---|---|---|---|
| 原有整卡 | $\begin{bmatrix} 0 & 1 & 0 & 0 \\ 0 & 0 & 1 & 0 \\ 0 & 0.17 & 0.50 & 0.33 \\ 0 & 0 & 1 & 0 \end{bmatrix}$ | $\begin{bmatrix} 0.17 & 0.83 & 0 & 0 \\ 0 & 0.17 & 0.50 & 0.33 \\ 0 & 0 & 0.33 & 0.67 \\ 0 & 0 & 1 & 0 \end{bmatrix}$ | $\begin{bmatrix} 0 & 0.33 & 0.67 & 0 \\ 0 & 0.33 & 0.34 & 0.33 \\ 0 & 0.50 & 0.50 & 0 \\ 0 & 0.33 & 0.50 & 0.17 \end{bmatrix}$ |
| 主子卡 | $\begin{bmatrix} 0 & 1 & 0 & 0 \\ 0 & 1 & 0 & 0 \\ 0.17 & 0.50 & 0 & 0.33 \\ 0 & 1 & 0 & 0 \end{bmatrix}$ | $\begin{bmatrix} 0.17 & 0.17 & 0.66 & 0 \\ 0.17 & 0.17 & 0.50 & 0.33 \\ 0.17 & 0.17 & 0.50 & 0.17 \\ 0 & 1 & 0 & 0 \end{bmatrix}$ | $\begin{bmatrix} 0 & 0.50 & 0.50 & 0 \\ 0 & 0.17 & 0.83 & 0 \\ 0.17 & 0.50 & 0.33 & 0 \\ 0.17 & 0.17 & 0.66 & 0 \end{bmatrix}$ |

表 14-6  各部门改进前后生产流程卡综合得分

| 部门 | 发放问卷数 | 有效问卷数 | 综合评分 | |
|---|---|---|---|---|
| | | | 原有生产流程卡 | 改进后主子卡 |
| 市场运营部 | 6 | 5 | 74.43 | 77.78 |
| 生产制造部 | 10 | 10 | 72.82 | 80.76 |
| 质量安全部 | 6 | 6 | 70.11 | 78.89 |

从表 14-6 看出，改进后主子卡在生产制造部综合得分最高，在市场运营部的综合得分最低。这一结果的主要原因在于生产制造部是生产流程卡的关键用户，该部门人员每天操作生产流程卡进行报工，从问卷结果来看，该部门对生产流程卡的评价更加具有说服力。质量安全部与生产制造部类似，接触并操作生产流程卡较为频繁，其主要工作是在生产流程卡中反馈生产过程中的质量信息。根据改进前后流程卡综合得分可知，该部门的综合评分提高幅度最大，这表明改进后的主子卡在质量指标上改进良好，更加便于采集生产中的质量信息。而市场运营部相对于其他两个部门接触生产流程卡的时间短，其主要工作是反馈生产过程中的外协信息，改进后的主子卡相较于原有整卡的外协部分改动较大，处于调整和适应期，因而该部门综合得分略低。

笔者通过在 B 公司实地调研，采集了各部门人员对改进后主子卡方案与原有整卡方案的自评结果。该结果表明改进后主子卡方案能够实现生产质量过程"事中控制"，解决了后段整理环节存在的混批、拆批和并批等问题。其中生产、质量部门自评结果最优，表明改进后主子卡方案在工序监控与质量追溯特性上改善明显。

**3. 串并联式生产、外协追责追踪功能实现**

B 公司采用了华铸 ERP 系统的生产、质量模块和用友 U9 系统的财务管理模块，企业中与生产、质量流程相关的模块由华铸 ERP 系统管理，与物料、成本相关的模块由用友 U9 系统管理。根据不同系统的模块分布，以 B 公司华铸 ERP 系统中的生产和外协模块为基础，设计了生产和外协追责追踪方案，由于 B 公司的材料流程在用友 U9 系统中，在此不对其进行说明。该公司作为一家军工企业，针对企业保密性需求，笔者通过测试数据来说明外协和生产追责追踪模块功能。

（1）外协追责追踪方案  图 14-4 所示为外协不良铸件信息。从图 14-4 中可以看出，安装节、支座等铸件在酸洗、去除浇冒这两道外协工序产生了报废。以订单 0BM1702002001

为例，该订单铸件在去除浇冒工序的报废率为 0.3，超出企业报废临界值，对其展开外协追责追踪。

图 14-4 外协不良铸件信息

将不良统计作为铸件追责追踪的上一道作业。根据任务驱动技术，在铸件追责追踪模块双击任务区数据进入工作区，选择订单追责类型为外协追责。通过右击该订单细则号对应的委外单号 WX170200005，可以查询到委外单号对应的外协批次和外协供应商信息，分析外协供应商和外协委托人、验收人，找出其相关责任人。该外协单号对应的外协信息如图 14-5 所示。外协缺陷铸件追责信息如图 14-6 所示。从图 14-6 中可知，外协铸件缺陷主要责任由外协供应商承担。

图 14-5 缺陷铸件外协信息

图 14-6 外协缺陷铸件追责信息

图 14-7 所示为铸件追踪处置结果列表。根据铸件所处的不同状态，图 14-7 中列举了四项追踪处置决定。图 14-8 显示了所有外协单号为 WX170200005 的铸件外协追踪处理。从图 14-8 中可以看出，同一外协批次的铸件产生了不同程度的报废。根据外协追责信息可知，铸件缺陷是由外协供应商导致，同一

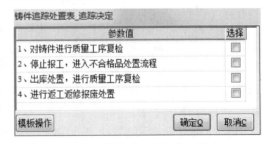

图 14-7 铸件追踪处置结果列表

## 铸件外协追踪

| 委外单号 | 订单细则号 | 铸件名称 | 订货数量 | 完成状态 | 类别 | 编号 | 合格数 | 报废数 | 等待工序 | 报废率 | 追踪决定 | 处置人 |
|---|---|---|---|---|---|---|---|---|---|---|---|---|
| WX170200005 | 0BM1702002001 | 支座-A | 40 | Y | 二卡 | R17021500002 | 12 | 3 | 已入库 | 0.25 | 3、出库处置，进行质量工序复检； | 李敏 |
| WX170200005 | 0BM1702002002 | 支座 | 50 | N | 二卡 | R17021500003 | 14 | 2 | 酸洗 | 0.14 | 1、对铸件进行质量工序复检；2、停止报工，进入不合格品处置流程； | 李敏 |
| WX170200005 | 0BM1702003002 | 侧翼-左 | 60 | N | 二卡 | R17021800001 | 18 | 2 | 补焊 | 0.11 | 1、对铸件进行质量工序复检；2、停止报工，进入不合格品处置流程； | 李敏 |
| WX170200005 | 0BM1702001001 | 侧翼-右 | 60 | N | 二卡 | R17021800002 | 18 | 2 | 吹洗 | 0.11 | 1、进工返修报废处置； | 李敏 |
| WX170200005 | 0BM1702001001 | 转向节 | 50 | N | 二卡 | R17021500001 | 23 | 4 | 酸洗 | 0.17 | 1、对铸件进行质量工序复检；4、进行返工返修报废处置； | 李敏 |

图 14-8 铸件外协追踪处置

外协批次的所有铸件均可能受到影响。

如图 14-8 所示，对于已经入库的铸件，如 R17021500002，首先对其进行出库处置，然后进行质量工序复检处理，将质量复检不合格的铸件进行返工返修或报废处置；对于生产在制的铸件需要停工，根据其所处的不同工序进行不同的处置，如 R17021500003，其等待工序为酸洗，在该外协工序之前产生报废，直接在报废工序报工结束后转入不合格品处置流程即可，对报废工序已经报工结束并进入后续流转的铸件，如 R17021500003，需要对其进行质量复检，质检工序不合格的，需要开具不合格处置单，进入返工返修、报废补加等缺陷处置流程。

（2）生产追责追踪方案　图 14-9 所示为生产不良铸件信息。从图 14-9 中数据可以看出，2017 年 2 月 20 日当天的生产订单在补焊工序出现较高的报废率。根据报废说明可知，该补焊工序产生的多批报废铸件可能由操作员、设备或环境问题导致。图 14-9 中多个订单在补焊工序的报废率已经超出了企业报废率临界值，因此对其展开追责追踪。

### 不良统计

| 制表日期 | 订单细则号 | 回用数 | 回用说明 | 完成数 | 工序 | 合格数 | 报废数 | 报废说明 | 报废率 | 制表人 | 铸件名称 | 炉号 | 材质 | 类型 |
|---|---|---|---|---|---|---|---|---|---|---|---|---|---|---|
| 2017-02-20 | 0BM1702002001 | | | 20 | 补焊 | 19 | 1 | 焊废 | 0.05 | 李娟 | 支座-A | 1702209 | TA7 | 质检 |
| 2017-02-20 | 0BM1702002002 | | | 20 | 补焊 | 18 | 2 | 焊废 | 0.10 | 李娟 | 支座 | 1702205 | TA1 | 质检 |
| 2017-02-20 | 0BM1702001001 | | | 10 | 补焊 | 8 | 2 | 焊废 | 0.10 | 李娟 | 转向节 | 1702204 | TA4 | 质检 |
| 2017-02-20 | 0BM1702003003 | | | 18 | 补焊 | 16 | 2 | 焊废 | 0.11 | 李娟 | 壳体 | 1702202 | TC1 | 质检 |
| 2017-02-20 | 0BM1702003003 | | | 20 | 清壳 | 18 | 2 | 气孔 | 0.10 | 李敏 | 壳体 | 1702202 | TC1 | 质检 |
| 2017-02-15 | 0BM1702002001 | | | 18 | 清壳 | 15 | 3 | 摔坏 | 0.17 | 李敏 | 支座-A | 1702153 | TA7 | 质检 |
| 2017-02-15 | 0BM1702002002 | | | 20 | 清壳 | 16 | 4 | 摔坏 | 0.20 | 黄萌 | 支座 | 1702154 | TA1 | 质检 |
| 2017-02-15 | 0BM1702001001 | | | 30 | 清壳 | 27 | 3 | 摔坏 | 0.10 | 周红红 | 转向节 | 1702155 | TA4 | 质检 |
| 2017-02-14 | 0BM1702001002 | | | 13 | 补焊 | 11 | 2 | 焊废 | 0.15 | 李敏 | 安装节 | 1702145 | TA5 | 质检 |

图 14-9 生产不良铸件信息

为了查询补焊工序 2017 年 2 月 20 日的工序报废情况，需要统计当天所有流程卡每道工序的报废时间、数量、操作人和质检人等信息。生产不良追责追踪模块任务区汇总了每张流程卡的报废信息，工作区对在补焊工序报废的生产订单进行追责追踪处置。在生产不良追责追踪模块工具栏中选择查询框，则出现如图 14-10 所示生产查询窗口。通过在该查询窗口中输入报废工序和报工时间，可以准确查出对应的报废信息，查询出的 2017 年 2 月 20 日生产报废流程卡追踪信息如图

图 14-10 生产查询窗口

14-11 所示。

从图 14-11 可知，2017 年 2 月 20 日当天铸件在补焊工序出现了不同程度的报废，而且操作人均为赵群，分析该道工序的操作人、所用设备、操作方法等工况可以对确定其责任人为赵群，从而对其进行相应追责处理。根据追踪处置决定列表，对处于不同生产状态的流程卡进行追踪处置，处置结果如图 14-12 所示。

| 订单细则号 | 铸件名称 | 完成状态 | 类别 | 编号 | 合格数 | 报废数 | 报废工序 | 等待工序 | 操作人 | 制表人 | 最后报工时间 | 报废率 | 批次号 |
|---|---|---|---|---|---|---|---|---|---|---|---|---|---|
| 0BM1702001001 | 转向节 | N | 二卡 | R17022000003 | 8 | 2 | 补焊 | 打磨 | 赵群 | 李娟 | 2017-02-20 | 0.25 | 1702203 |
| 0BM1702003003 | 壳体 | N | 二卡 | R17022000002 | 16 | 2 | 补焊 | 打磨 | 赵群 | 李娟 | 2017-02-20 | 0.13 | 1702202 |
| 0BM1702002002 | 支座 | N | 二卡 | R17022000005 | 18 | 2 | 补焊 | X光检验 | 赵群 | 李娟 | 2017-02-20 | 0.11 | 1702205 |
| BM1701001001 | 安装节 | Y | 二卡 | R17022000004 | 1 | 1 | 补焊 | 已入库 | 赵群 | 李娟 | 2017-02-20 | 1.00 | 1702204 |
| 0BM1702002001 | 支座-A | N | 二卡 | R17022000001 | 19 | 1 | 补焊 | 荧光检验 | 赵群 | 李娟 | 2017-02-20 | 0.05 | 1702209 |

图 14-11　生产报废流程卡追踪信息

| 订单细则号 | 铸件名称 | 完成状态 | 类别 | 编号 | 合格数 | 报废数 | 报废工序 | 等待工序 | 操作人 | 制表人 | 最后报工时间 | 报废率 | 责任人 | 追踪决定 | 处置人 |
|---|---|---|---|---|---|---|---|---|---|---|---|---|---|---|---|
| 0BM1702001001 | 转向节 | N | 二卡 | R17022000003 | 8 | 2 | 补焊 | 打磨 | 赵群 | 李娟 | 2017-02-20 | 0.25 | 赵群 | 4、进行返工返修报废处置； | 李敏 |
| 0BM1702003003 | 壳体 | N | 二卡 | R17022000002 | 16 | 2 | 补焊 | 打磨 | 赵群 | 李娟 | 2017-02-20 | 0.13 | 赵群 | 4、进行返工返修报废处置； | 李敏 |
| 0BM1702002002 | 支座 | N | 二卡 | R17022000005 | 18 | 2 | 补焊 | X光检验 | 赵群 | 李娟 | 2017-02-20 | 0.11 | 赵群 | 2、停止报工，进入不合格品处置流程；4、进行返工返修报废处置； | 李敏 |
| BM1701001001 | 安装节 | Y | 二卡 | R17022000004 | 1 | 1 | 补焊 | 已入库 | 赵群 | 李娟 | 2017-02-20 | 1.00 | 赵群 | 3、出库处置，进行质量工序复检；4、进行返工返修报废处置； | 李敏 |
| 0BM1702002001 | 支座-A | N | 二卡 | R17022000001 | 19 | 1 | 补焊 | 荧光检验 | 赵群 | 李娟 | 2017-02-20 | 0.05 | 赵群 | 2、停止报工，进入不合格品处置流程；4、进行返工返修报废处置； | 李敏 |

图 14-12　生产报废流程卡追踪处置

图 14-12 所示的流程卡在补焊工序出现了不同程度的报废，流程卡 R17022000003 和 R17022000002 处于补焊报工结束等待下一道打磨工序的状态，对其采用第四项处置方式，即进行返工返修或报废处置。流程卡 R17022000005 和 R17022000001 分别流转到了 X 光检验工序和荧光检验工序，此时应该停止后续工序报工，对其进行质量复检，将复检不合格的铸件转入不合格品处置流程，进行返工返修或报废处理。流程卡 R17022000004 已经入库，该流程卡在补焊工序出现了报废，责任人为补焊操作员，即该补焊工序产生的报废是由操作员操作不当导致的。当天同一生产条件下该操作员补焊的其他铸件也可能产生报废，因此首先对这些铸件进行出库处置，然后进行质量复检。复检合格的铸件可不做处置；复检报废的铸件，则开具不合格品处置单，进行返工返修或报废处理。

### 14.1.3　应用特色 2：生产制造 ERP 系统与财务供应链系统集成

B 公司实行战略转型后订单量急剧增加，客户对产品的交付进度、价格的要求越来越高。然而，因企业存在物流与信息流不同步、生产计划多变、生产进度监督及时性差、工序等待严重等问题，导致产品的交付进度不能满足客户交付要求，欠交的现象经常发生。该企业在引入用友公司的 ERP 系统（用友 U9）对公司财务、供应链进行管理后，又引入华铸 ERP 系统对公司生产过程、质量控制过程、工艺设计过程进行管理，以求双系统强强联合，量身打造适合企业自身实际管理需要的 ERP 系统。

经企业管理层、华铸 ERP 开发商与用友 U9 开发商三方多次协商、反复研讨，华铸方和用友方都制定出了详细的系统集成方案。下面以 B 公司订单、发货为例，介绍华铸 ERP 系统与用友 U9 系统的对接流程。

## 1. 订单

首先在华铸 ERP 系统的订单管理子模块中录入数据，经过订单评审环节后，订单校核，如图 14-13 所示。用户在用友 U9 系统中单击"同步"按钮，审核后订单自动推送至用友数据库生成销售订单，如图 14-14 所示。这一过程也支持逆过程，即华铸 ERP 系统中订单弃审后用友 U9 系统中销售订单删除。同时具备防错设定，华铸 ERP 系统提交失败，返回错误信息，数据不传给用友 U9 系统。

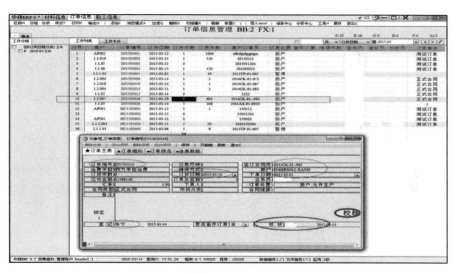

图 14-13　华铸 ERP 系统中的订单审核

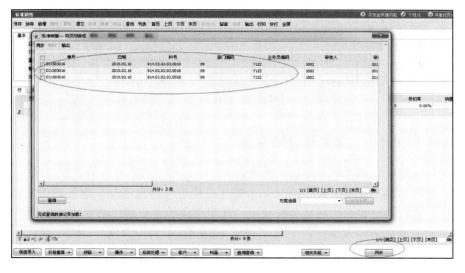

图 14-14　用友 U9 系统中的销售订单接收

## 2. 发货

用友 U9 系统中发货单录入后，在系统中经过审核流程，批准后华铸 ERP 系统接收用友 U9 系统的数据，整个过程如图 14-15 和图 14-16 所示。用友 U9 系统发货弃审后华铸 ERP 系统数据删除。

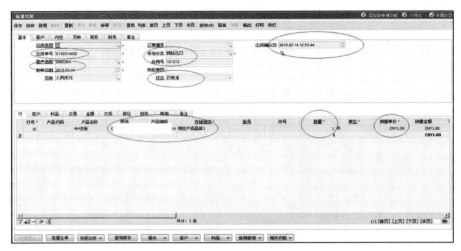

图 14-15 用友 U9 系统中的发货单审核

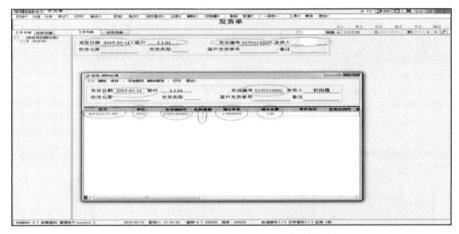

图 14-16 华铸 ERP 系统中的发货单接收

### 14.1.4 应用特色 3：全流程外协管理

随着国内航空航天和国际宇航需求的增加，B 公司内部的钛合金铸件外协加工在产品品种、数量、委托内容、验收方式、结算方式等方面发生着巨大变化。原有的人工纸质/电子台账管理方式难以适应现有的外协管理状况，严重影响着企业的转型发展。为此，企业在自身钛合金精密铸造数字化制造平台（基于铸造 ERP/MES/PDM 系统）上，与已有系统的开发团队合作设计了外协全流程管理模块来对外协各项事务进行信息化管理。

**1. 企业应用**

图 14-17 所示为外协管理模块在 B 公司的应用实例。由图 14-17 可以看到，在生产管理—外协管理中级模块中，内容涵盖外协委托全过程。流程内前后信息关联，企业内部不同部门通过相应子模块进行各个步骤的外协工作管理。

**2. 效果分析**

经过一年多的完善与应用，从外协管理的各方面来对外协管理模块的应用前后效果进行

图 14-17 外协管理模块在 B 公司的应用实例

了定性分析对比，见表 14-7。从表 14-7 中可以看出，在业务风险方面，应用外协管理模块之后，外协单价库的管理风险降低，外协验收与质量进行了关联，加工完成后，成本可及时准确归集控制，降低了成本，提高了外协质量，加快了外协进度和进度管控。在外协效率方面，应用外协管理模块之后，降低了人工操作的复杂度，人工操作工作量减少，数据错误率和不一致的状况也有改善。

表 14-7 外协管理模块应用前后效果定性分析对比

| 对比类别 | 对比项目 | 人工纸质/<br>电子化管理（应用前） | 信息化<br>全流程管理（应用后） |
| --- | --- | --- | --- |
| 业务风险 | 外协单价库 | 风险大 | 风险小 |
| | 质量关联验收结算 | 不关联 | 关联 |
| | 成本及时准确归集控制 | 不及时 | 及时 |
| | 外协成本 | 偏高 | 降低 |
| | 外协质量 | 差 | 好 |
| | 外协进度 | 慢,不可控 | 快,可控 |
| 外协效率 | 人工操作的复杂度 | 高 | 低 |
| | 人工操作工作量 | 大 | 小 |
| | 数据错误率 | 高 | 低 |
| | 数据不一致 | 有 | 无 |

## 14.2 铁路领域半自动造型砂型铸造企业中的应用

### 14.2.1 企业应用背景介绍

G 公司是一家主要面向铁路领域，单件小批量多品种生产的、半自动造型的典型砂型铸造企业。该公司实现了大型养路机械国产化配套，产品遍布全国各铁路局、工程局、地方铁路和城市地铁，是铁路大型养路机械制造和修理基地。

以数字化为基础的智能铸造已成为铸造学科前沿研究热点，以"铸造业数字化信息化智能化"为核心的产业变革已初现端倪。面对用友 ERP 系统难以适用于铸造生产质量管控，以及自身的大型养路机械铸件工艺设计和生产管理问题：造不出（关键铸件依赖进口）、造不好（产品质量问题多）、造不快（生产组织不科学），G 公司秉承"保证一流质量，保持一级信誉"的经营理念，放眼未来，致力于长远发展，想进一步提升企业的竞争力，企业通过多方面考察对比，于 2015 年 9 月与华中科技大学华铸软件中心进行华铸 ERP 项目合作，通过使用专业的信息系统来提升企业的管理水平。

在华铸 ERP 系统应用过程中，G 公司以铸件为主线，全方位展开客户管理、合同管理、模具管理、生产计划管理、质量管理、采购管理、生产成本控制和财务管理，全方位解决物流、资金流和信息流的企业管理问题。整个项目涉及的指标有十多项：全业务管理、流水线式管理、铸件单件化管理、铸件全面质量管理、铸件工艺知识库管理和产品数据管理、智能化管理、车间软硬件数据集成和现场管控、具备二次开发接口、项目内其他子系统的整体集成、系统与通用系统之间的数据集成等。

### 14.2.2 应用特色 1：铸造工艺自动评分

工艺版本优劣的科学评价、版本选择与换版升级直接影响着产品质量和企业效益，然而在当前砂型铸造企业中，工艺版本评价主要采用人工评判方式，缺乏科学性。为此建立了一种基于层次分析法与数据挖掘的砂型铸造工艺自评价模型，能够根据各个工艺版本的生产与质量等实际数据实时对该版本工艺进行自动评分，为工艺版本升级提供科学依据。首先通过层次分析法建立工艺单的评价指标，确定子评价指标的权重；其次，利用数据挖掘方法在企业 ERP 系统中获取所有指标的数据，并结合模糊综合评价方法对不同版本的铸造工艺单进行自动评分。最后，将该模型应用于 G 公司，应用效果表明可以科学地指导铸造企业的工艺改进或换版，并且有效地改善和提高了铸件的产品质量和企业的综合效益。该研究可为基于实际数据的工艺自动评价提供参考。该企业使用的是华铸 ERP 系统，下面对其 ERP 系统中的砂型铸造工艺数据进行评价分析。

**1. 铸造工艺自评价模型**

针对 G 公司铸造生产工艺的情况，结合企业中负责生产工艺部门相应人员，给出了该企业的砂型铸造工艺单各级指标的模糊评价标准，见表 14-8。

表 14-8 G 公司砂型铸造工艺单各级指标的模糊评价指标

| 指标项目 | | 分值 | | | |
| --- | --- | --- | --- | --- | --- |
| | | >85~100 | >70~85 | >55~70 | 0~55 |
| | | 好 | 较好 | 一般 | 差 |
| 产品质量 | 报废率(%) | ≤3 | >3~5 | >5~10 | >10 |
| | 不良率(%) | ≤3 | >3~5 | >5~10 | >10 |
| | 近三个月报废率(%) | ≤3 | >3~5 | >5~10 | >10 |
| 生产成本 | 工艺出品率(%) | >75 | >70~75 | >60~70 | ≤60 |
| | 砂铁比 | ≤3 | >3~5 | >5~10 | >10 |
| 生产效率 | 生产件数/件 | >400 | >100~400 | >50~100 | ≤50 |
| | 生产次数 | ≥6 | 4~5 | 3~4 | 1~2 |
| | 生产工期/d | 1~10 | >10~30 | >30~60 | >60 |

在该企业的华铸 ERP 系统中可以明显地看出各个铸件的质量、生产和工艺等数据，如

图14-18所示。根据层次分析法中得出的各个评价指标的权重及表14-8的评价指标，铸造工艺单评价模型综合得分 $G$ 可以表示为

$$G = \sum_{i=1}^{8} (X_i g) \tag{14-1}$$

式中，$X_i$ 为各个评价指标的权重，总共有8个指标，$g$ 为每个指标在表14-8中模糊评价的分数。

图14-18 华铸ERP系统中各个铸件的质量、生产和工艺等数据

从图14-18中可以看出，在不同的指标数据下，ERP系统会实时自动地给出一个系统评分。例如对于托架这个铸件，系统自动评分为62.7分，评分较低。通过观察其各个指标的数据，很清楚地看到其不良率及报废率均过高，超过系统为此铸件设置的某个阈值，此时ERP系统就会自动地提示该工艺版本应进行换版升级。经过企业具体技术员改善相关工艺后，铸件的不良率及报废率下降，产品质量提升，系统的自评分自然上升。再例如轴承箱体铸件，在生产件数较高的情况下，不良率和报废率也很低，系统自动评分为76.5，说明该版工艺较为成熟，符合企业的实际生产状况。通过此项评分可以为基于实际数据的工艺评价提供方法参考。

**2. 应用效果分析**

为了进一步分析砂型铸造工艺自评价模型在该企业中的应用效果，笔者选取了典型铸件进行分析研究。转向节是汽车转向桥中的重要零件之一，它可以传递并承受汽车前部载荷，支承并带动前轮转动而使汽车转向，要求其具有很高的强度，而且它在该企业中也属于长期

生产铸件。华铸 ERP 系统中该铸件的工艺数据也比较全面，因此选用它作为典型铸件进行分析。因为铸件的不良率可以直接反映出企业的铸件产品质量状况，铸造车间砂铁比和工艺出品率的高低可以反映出车间生产成本的基本状况，因此选取了不良率、砂铁比和工艺出品率这三个指标进行应用效果研究。

在该企业的华铸 ERP 系统中，转向节铸件共有十几个品种，工艺版本历经了十余次换版。选取某典型转向节铸件进行分析，该类转向节在系统中换版次数最多，2016 年 3 月时为初始工艺版本Ⅰ，同年 11 月时为工艺版本Ⅱ，2017 年 2 月时为工艺版本Ⅲ。在系统中汇总出在 2016 年 2 月后实施该评价模型后该铸件工艺版本的系统评分及不良率变化情况，如图 14-19 所示，其中各版本时该铸件的生产件数及不良件数见表 14-9。

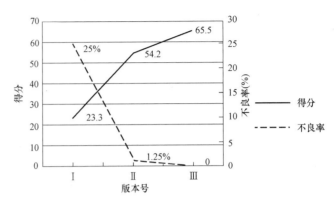

图 14-19　某典型转向节铸件各版本工艺系统
评分及不良率变化

表 14-9　某典型转向节铸件各版本的生产件数及不良件数

| 版本号 | Ⅰ | Ⅱ | Ⅲ |
| --- | --- | --- | --- |
| 生产件数 | 4 | 80 | 28 |
| 不良件数 | 1 | 1 | 0 |
| 不良率(%) | 25 | 1.25 | 0 |

首先，由图 14-19 可以看出，从该企业应用此评价模型后，系统中该铸件对应的工艺单的自评分逐步上升。2016 年 3 月时转向节铸件对应的工艺单自评分为 23.3 分，评分较低，这是因为换版前系统为初始工艺单给出的评分，通过在 ERP 系统中查看该铸件对应的各个指标数据发现，其不良率达到 25%，见表 14-9，原因可能为技术部实验导致的或是冒口割低了等。经过工艺换版后到 2016 年 11 月得分升至 54.2 分，此时在生产件数较多的情况下不良率只有 1.25%，原因有钢液浇不足、冷隔、跑火或工艺不合格等。继续应用该自评价工艺模型后，指导企业加强生产质量管控和淘汰不良工艺，到 2016 年 12 月版本Ⅲ时，该类铸件中没有再出现不良品，表明该自评价模型可以有效地指导改进工艺，促进工艺换版来改善铸件产品的质量。同时系统的自评分也上升到 65.5 分，相比于该工艺换版之前时提高了近两倍。但是其整体评分仍然不高，主要是由于系统的评分是根据多个指标来确定的，其他指标的数据也会影响自评分的大小。

其次，要分析转向节铸件的工艺出品率和砂铁比变化，则要以所有转向节品种的工艺出品率和砂铁比数据为研究目标。通过企业 ERP 系统，汇总出该系列铸件整个批次的工艺出品率和砂铁比，见表 14-10。

从表 14-10 中可以看出，工艺换版前后 A 转向节和 B 转向节的工艺出品率不变，而砂铁比有明显的下降。最初换版前砂铁比较高，原因可能是所用砂箱过大或是相关工艺不合理

表 14-10　转向节铸件的工艺出品率和砂铁比

| 铸件名称 | 工艺换版前数据 | | 工艺换版后数据 | |
|---|---|---|---|---|
| | 工艺出品率(%) | 砂铁比 | 工艺出品率(%) | 砂铁比 |
| A 转向节 | 64.70 | 4.4 | 64.70 | 1.7 |
| B 转向节 | 51.70 | 3.3 | 51.70 | 2.3 |
| C 转向节 | 49.60 | 2.9 | 62.20 | 3.6 |

等。在应用了自评价模型后，指导企业进行了工艺换版，如在生产要求允许下采用较小的砂箱或改善造型方法等，砂铁比是呈下降趋势的，与该铸件工艺换版之前相比大幅度下降。砂铁比越低即表示生产同样数量的铸件，消耗的型（芯）砂越少，从而可以大幅度地降低企业的生产成本。另外 C 转向节铸件的工艺出品率提高了 10% 以上。由于工艺出品率直接影响单位重量铸件在金属熔化过程中的能耗，因此提高工艺出品率也可以有效节约企业的成本。但是 C 转向节在工艺出品率提高的同时，砂铁比也有增加，这可能是由于冒口或浇注系统设计的问题导致的。

综上所述，G 公司实施该自评价模型后，指导不良工艺进行换版改进，铸件的不良率与砂铁比均有显著的下降，工艺出品率有一定程度的提高，而铸件的不良率、工艺出品率与砂铁比指标数据直接关系着铸件产品的质量和砂铸企业的生产成本。因此这种基于层次分析法与在 ERP 系统中进行数据挖掘的自评价模型可以科学合理地评价砂型铸造工艺版本，并有效地指导铸造企业的工艺改进或换版，从而进一步改善和提高铸件的产品质量和砂型铸造企业的综合效益。

### 14.2.3　应用特色 2：生产质量双链协同管控流程优化

G 公司在引进华铸 ERP 系统之后，采用批次管理模式，企业的生产率和铸件质量得到了一定的提升。但是随着客户对生产和质量的要求越来越苛刻，企业无价值的多余流程、存在重复工作的流程以及质量管理不细化、不严格等问题使企业难以同时满足"高效"和"高质"需求，为此必须对生产和质量流程进行进一步的优化，帮助企业解决这些问题，进一步提升企业的核心竞争力。

**1. 优化过程**

1）结合优化模型，对 G 公司的生产质量流程进行分析。企业原有的生产流程是采用计划—验收的模式，但是经过分析，许多不容易产生任务堆积的流程，采用计划—验收模式时，反而会降低流程的效率。G 公司的生产流程图如图 14-20 所示。

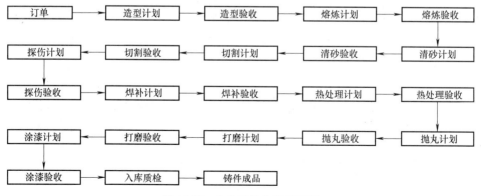

图 14-20　G 公司的生产流程图

根据流程优化方法（Eraser）中 E（Eliminate）原则，将一些冗余环节剔除。由于计划投产后任务量比较繁多，在造型环节容易产生任务积压，故须采用计划-验收模式，避免任务量的堆积，造成流程运转不畅；同时在熔炼环节，由于产品种类、炉子容量以及交货期的限制，所以在该环节必须采用计划-验收模式，否则会造成产品混乱、交货期延迟以及熔炼炉空间利用率低等问题，从而也会影响生产，导致生产率低下；同样在热处理环节，由于不同铸件的热处理工艺的差异、热处理炉子容量和空间利用率等问题，所以在此环节也应采用计划-验收模式，以减轻工作人员的负荷，提高工作效率。对其他一些非必要的环节的流程进行优化，将计划-验收模式中计划模式剔除，直接采用验收模式，即上一流程完成后流转到下一道流程，工人就直接开始对铸件进行相应工序的处理，做完就直接在华铸 ERP 系统进行验收，流程自动流转到下一流程环节。G 公司生产流程优化后的流程图如图 14-21 所示。G 公司生产流程优化后的 ERP 功能模块设计图如图 14-22 所示。同样对计划-验收模式生产流程进行建模仿真分析，Flexsim 仿真流程图如图 14-23 所示。收集相关参数，将数据进行近似处理，输入对应的实体模型，运行模型并统计入库质检流程环节的处理效率和空闲率。入库质检流程环节的数据统计如图 14-24 所示。

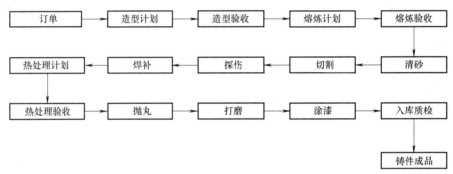

图 14-21 G 公司生产流程优化后的流程图

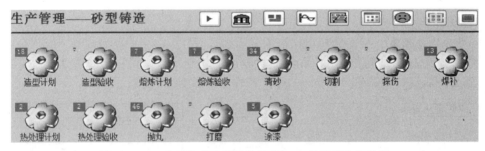

图 14-22 G 公司生产流程优化后的 ERP 功能模块设计图

图 14-23 G 公司计划-验收模式生产流程的 Flexsim 仿真流程图

2）在 G 公司的业务流程中，熔炼计划之后应进行炉料配比、成分化验、浇注记录（即配料化验浇注），并记录相关的数据，便于后续发货质保流程中发货质保书的自动生成，记录完成后进行熔炼验收环节。由于在配料化验浇注环节，需要记录碳粉、铝、孕育剂、球化剂、硅铁、锰铁等原材料炉料的配比情况，以便后续数据分析；浇注过程中需要对试样进行成分化验，记录 C、Si、Mn、P、S、Cr、Ni、Mo 等成分的含量，以便及时调整原材料的配比，直至满足相应的成分要求；在熔炼及浇注的过程中要记录浇注吨位、浇注时间、出炉温度、实际浇注温度等情况。配料化验浇注环节需要人工将相应的实时数据填写在 ERP 系统中。配料化验浇注流程如图 14-25 所示。

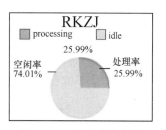

图 14-24 入库质检流程环节的数据统计图

为了避免重复性的工作以及客户对相关配料、成分及浇注数据的要求，根据流程优化方法（Eraser）中的 R（Recombine）原则，将流程进行重组合并，以减少重复性工作。流程优化后的配料化验浇注流程图如图 14-26 所示。华铸 ERP 系统中配料化验浇注流程的实现图如图 14-27 所示。同样对配料化验浇注流程进行建模仿真分析，Flexsim 仿真流程图如图 14-28 所示。收集相关数据参数并进行近似处理，输入模型，由于炉料配比、成分化验、浇注记录三个流程的统计数据与流程优化后的数据缺乏对比性，故只能通过后续的熔炼验收流程环节数据来间接反映将三个流程进行合并后流程运转效率问题，因此统计熔炼验收流程环节的处理率和空闲率。熔炼验收流程环节的数据统计图如图 14-29 所示。

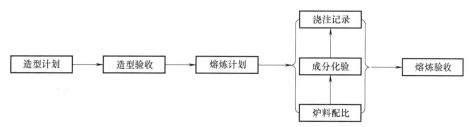

图 14-25 配料化验浇注流程图

图 14-26 流程优化后的配料化验浇注流程图

图 14-27 华铸 ERP 系统中配料化验浇注流程的实现图

图 14-28 配料化验浇注流程的 Flexsim 仿真流程图

3）模样对于铸造企业来说的重要性不言而喻，它直接影响到产品的质量，然而造型计划之后的造型检验也是至关重要的，如果检验不严格、不到位，造型验收之后产品出现缺陷的概率将大大增加。G 公司原来的造型检验流程图如图 14-30 所示。造型计划之后进行造型点检，然后进行造型验收及后续的流程。由于此流程环节只进行了造型时的一些形状、尺寸、冒口等方面的检验，而忽视了型砂、原砂以及涂料的检验，导致造型验收之后，铸件容易出现质量问题。为此根据流程优化方法（Eraser）中的 E（Extend）原则，对检验流程进行扩展，使管理更加细化，检验更加严格。因此，在造型点检的基础上，增加型砂检验、原砂检验以及涂料检验。造型检验扩展图如图 14-31 所示。扩展优化后的造型检验流程如图 14-32 所示。造型检验流程的 ERP 系统模块图如图 14-33 所示。造型检验流程的 ERP 系统约束功能设计图如图 14-34 所示。造型检验流程的 ERP 系统约束功能显示图如图 14-35 所示。

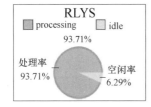

图 14-29 熔炼验收流程环节的数据统计图

图 14-30 G 公司原来的造型检验流程图

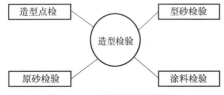

图 14-31 造型检验扩展图

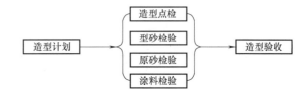

图 14-32 扩展优化后的造型检验流程图

图 14-33 造型检验流程的 ERP 系统模块图

4）由于造型点检时，检验内容较多而且造型数比较多，再加上扩展后增加了几个检验流程，导致检验时间较长，进而效率比较低。优化前的造型点检流程图如图 14-36 所示。根据流程优化方法（Eraser）中的 S（Simply）原则，对造型点检时的检验流程进行简化。优化后的造型点检流程图如图 14-37 所示。铸件产品都是根据工艺进行生产的，许多产品反复进行生产，工艺已经比较成熟了，同时工人对于造型细节也比较熟练，因此对于成熟工艺的铸件进行造型时可以在一段时间内不进行造型点检，只对待成熟工艺和新工艺铸件进行造型点检，以便节约时间，加快流程流转，提高生产率。

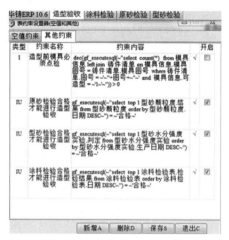 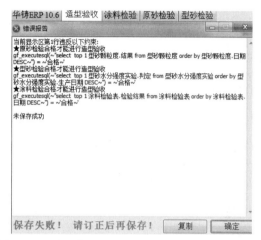

图 14-34　造型检验流程的 ERP 系统约束功能设计图　　图 14-35　造型检验流程的 ERP 系统约束功能显示图

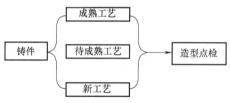 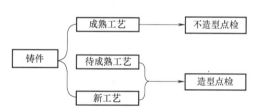

图 14-36　优化前的造型点检流程图　　　　　　图 14-37　优化后的造型点检流程图

**2. 优化结果分析**

1）从优化后的 G 公司生产流程图可以看出，利用流程优化方法（Eraser）中的 E（Eliminate）原则剔除某些不必要的计划流程环节后，G 公司的生产流程由原来的 23 个流程节点变成了 16 个流程节点。同理在 Flexsim 中进行流程优化后的建模仿真，优化后的生产流程称为验收模式生产流程。优化后的验收模式生产流程仿真建模图如图 14-38 所示。收集相关数据，将数据进行近似处理后输入对应的流程节点，再次运行模型并统计入库质检流程环节的处理率（工作效率）和空闲率。优化后的入库质检流程环节的数据统计图如图 14-39 所示。从流程优化前后统计数据对比可以看出，流程运转的效率得到了一定的提升，工作效率从 25.99% 变为 34.74%，效率提升了 8.75%。G 公司生产流程优化前后的对比情况见表 14-11。

表 14-11　生产流程优化前后的对比情况

| 优化前 | 优化方法 | 优化后 |
| --- | --- | --- |
| 生产流程有 23 个流程节点，存在一些不必要的工序，流程运转效率低 | E（Eliminate）原则 | 一些非必要流程环节被剔除，生产流程节点变成了 16 个，生产率得到了一定的提升 |
| 入库质检流程环节效率为 25.99% | | 入库质检流程环节效率为 34.74%，效率提升了 8.75% |

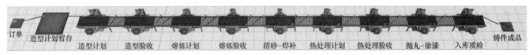

图 14-38　优化后的验收模式生产流程仿真建模图

2) 从优化后的 G 公司配料化验浇注流程图可以看出,利用流程优化方法(Eraser)中的 R(Recombine)原则,将流程进行重组合并,可以减少重复的工作。将炉料配比、成分化验、浇注记录三个流程环节合并之后,许多重复性的工作减少,相关工作人员只需一次将数据填写进华铸 ERP 系统即可,减轻了工人的负担,提升工作效率。同理在 Flexsim 中进行流程优化后的建模仿真,优化后的配料化验浇注流程仿真建模图如图 14-40 所示。优化后的熔炼验收流程环节的数据统计图如图 14-41 所示。从优化前后的数据对比可以看出,熔炼验收流程环节的工作效率从 93.71% 提升到 95.81%,效率提升了 2.1%。这从侧面反映配料化验浇注流程优化后,流程的运转效率得到了一定的提升。配料化验浇注流程优化前后的对比情况见表 14-12。

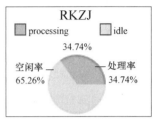

图 14-39　优化后的入库质检流程环节的数据统计图

图 14-40　优化后的配料化验浇注流程仿真建模图

3) 从优化后的造型检验流程图可以看出,利用流程优化方法(Eraser)中的 E(Extend)原则,对造型检验流程进行优化后,质量检验环节更加细化,管理更加严格,有助于造型环节的质量管控。由于造型环节检验不严格,导致的产品质量问题在一定程度上得到了解决。造型检验流程优化前后的对比情况见表 14-13。

4) 从优化后的造型点检流程图可以看出,利用流程优化方法(Eraser)中的 S(Simply)原则对造型点检流程进

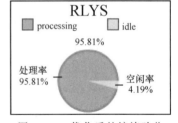

图 14-41　优化后的熔炼验收流程环节的数据统计图

行优化后,原来的三种工艺(成熟、新工艺)的检验变成了现在的两种(待成熟工艺、新工艺),许多产品都是老客户的,因此许多铸件造型后的检验可以进行相应的简化,这样就可以节约时间,加快流程的流转,降低时间成本,提高生产率。造型点检流程优化前后的对比情况见表 14-14。

表 14-12　配料化验浇注流程优化前后的对比情况

| 优化前 | 优化方法 | 优化后 |
| --- | --- | --- |
| 配料化验浇注流程存在重复性的工作,流程运转效率有待提高 | R(Recombine)原则 | 对流程进行重组后,重复性工作减少,工作效率得到了一定的提升 |
| 熔炼验收流程环节的效率为 93.71% | | 熔炼验收流程环节的效率为 95.81%,效率提升了 2.1% |

## 第14章 华铸ERP集成系统典型应用案例

表 14-13 造型检验流程优化前后的对比情况

| 优化前 | 优化方法 | 优化后 |
|---|---|---|
| 造型检验流程环节只有造型点检而无其他检验,质量管控不严格,铸件容易出现质量问题 | E(Extend)原则 | 对造型检验环节进行扩展,扩展为造型点检、型砂检验、原砂检验和涂料检验四个检验环节,管理更细化,加强质量管控 |
| 2015—2016年,由于造型环节的型砂、原砂等检验不严格产生的铸件质量问题经常出现 | | 由图14-42可见,2016年10月对造型检验环节进行扩展后,由于型砂、原砂检验不严格产生的铸件质量问题在一定程度上得到了解决 |

| 行号 | 编号 | 来源 | 发生时间 | 铸件编号 | 铸件名称 | 材质 | 件数 | 单件标识 | 处置 | 原因 | 类型 |
|---|---|---|---|---|---|---|---|---|---|---|---|
| 1 | 78830 | 内部 | 2015-12-30 | G2000129 | 54343转向节 | ZG24Mn6 | 1 | 000AXG0001 | 报废 | 合箱错型 | 内废 |
| 2 | 54022 | 内部 | 2016-06-20 | 20025458 | 上箱体 | QT400-15 | 1 | 000AWB0083 | 报废 | 夹渣、结 | 内废 |
| 3 | 97368 | 内部 | 2016-03-22 | 23023757 | 腺离合器壳体 | ZG270-500 | 1 | 000BMG0022 | 报废 | 局部气孔 | 内废 |
| 4 | 97345 | 内部 | 2016-03-17 | 23023757 | 腺离合器壳体 | ZG270-500 | 1 | 000BMG0024 | 报废 | 局部缩孔 | 内废 |
| 5 | 185226 | 内部 | 2016-09-07 | G2000145 | 球铁棒 | QT400-15 | 1 | 000CLY0047 | 报废 | 局部粘砂 | 内废 |
| 6 | 185227 | 内部 | 2016-09-07 | G2000145 | 球铁棒 | QT400-15 | 1 | 000CLY0048 | 报废 | 局部粘砂 | 内废 |
| 7 | 77291 | 内部 | 2016-03-14 | 23002753 | 上箱体 | QT400-15 | 1 | 000AVX0060 | 报废 | 块状落砂 | 内废 |
| 8 | 55643 | 内部 | 2016-03-18 | 20027453 | 分动箱体 | QT400-15 | 1 | 000AWD0044 | 报废 | 冷隔 | 内废 |
| 9 | 86471 | 内部 | 2016-03-21 | G2000016 | 炉壁板 | RTCr2 | 1 | 000BAD0437 | 报废 | 漏箱 | 内废 |
| 10 | 86477 | 内部 | 2016-03-21 | G2000016 | 炉壁板 | RTCr2 | 1 | 000BAD0443 | 报废 | 漏箱 | 内废 |
| 11 | 000CUD0012 | 内部 | 2016-11-11 | 20035591 | 润骨套 | 铸造锡青铜ZQSn6-6-3ZQSn6- | 1 | 000CUD0012 | 报废 | 毛坯料有 | 内废 |
| 12 | 000CYW0012 | 内部 | 2016-11-09 | 20035587 | 润骨套 | 铸造锡青铜ZQSn6-6-3ZQSn6- | 1 | 000CYW0012 | 报废 | 毛坯料有 | 内废 |
| 13 | 51302 | 内部 | 2016-06-02 | 20025159 | 箱盖 | ZG230-450 | 1 | 000AWA0717 | 报废 | 木模尺寸 | 内废 |
| 14 | 52758 | 内部 | 2016-06-01 | 20025159 | 箱盖 | ZG230-450 | 1 | 000AWA0673 | 报废 | 木模尺寸 | 内废 |
| 15 | 127148 | 内部 | 2016-05-31 | 20301129 | 外镐臂 | ZG25CrMo | 1 | 000BSF0006 | 报废 | 坭芯上浮 | 内废 |
| 16 | 200261 | 内部 | 2016-10-14 | 20015832 | 箱盖 | HT200 | 1 | 000CNB0004 | 报废 | 排气不通 | 内废 |
| 17 | 65071 | 内部 | 2016-01-13 | 20007215 | 弹簧座(下) | ZG230-450 | 1 | 000AWI0092 | 报废 | 跑水 | 内废 |

图 14-42 造型检验流程环节的不良统计

表 14-14 造型点检流程优化前后的对比情况

| 优化前 | 优化方法 | 优化后 |
|---|---|---|
| 成熟工艺、待成熟工艺和新工艺都进行点检,检验内容较多而且造型数比较多,检验时间较长,流程运转效率比较低 | S(Simply)原则 | 对造型点检流程进行了简化,原来的成熟工艺不进行点检,只对待成熟工艺和新工艺的铸件进行点检,有助于流程运转效率的提高,进而提高企业的生产率 |

## 14.3 汽车领域自动生产线砂型铸造企业中的应用

### 14.3.1 企业应用背景介绍

X公司是一家面向汽车领域的、拥有自动造型生产线的中型(约700人)砂型铸造企业,是一汽集团中重型货车发动机缸体、缸盖、曲轴、飞轮等核心铸件生产基地,拥有一大批经验丰富的铸造工程技术人员和工人,在薄壁高强度灰铸铁件、蠕墨铸铁件、球墨铸铁件生产控制技术方面处于国内领先水平,产品质量好。

X公司的生产方式为多品种大批量,并且对发动机的缸体缸盖等关键零部件的生产,要求做到单件化生产和全面质量全过程跟踪、管控和追溯。随着不断发展和业务的扩张,还有客户要求的多样化和质量要求的严格化，X公司对于铸件废品件原有的人工管理方式已不能满足企业新的需求。为了加快市场需求响应速度，提升企业管理水平，经过多方面选型和实地考证，X公司于2014年决定与华中科技大学华铸软件中心合作，引进了华铸ERP系统，建立了车间MES系统。华铸ERP系统的质量监控模块为X公司的质量监控、缺陷统计等提供了规范化的流程，加强了对于铸件产品质量的控制。

### 14.3.2 应用特色：发动机铸铁件断芯缺陷研究与控制

X公司的铸造生产流程分别要历经原辅材料的准备、混砂操作、芯子的制作、芯子的人工修整和检验、配芯组芯、烘干过程、砂箱造型、熔炼浇注及铸件后处理过程。X公司的铸造生产流程图如图14-43所示。

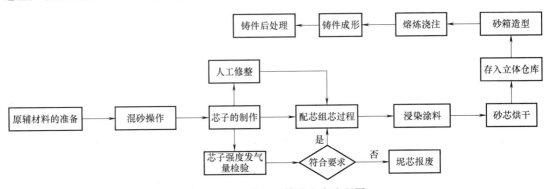

图14-43　X公司的铸造生产流程图

**1. 模型验证应用过程**

基于建立起的断芯缺陷BP神经网络模型，并利用Matlab软件训练优化好的网络模型对发动机铸铁件断芯缺陷进行研究。下面分别从两方面验证模型的应用过程：一方面由于上述模型是根据所有确立的影响因子对其作用的结果而建立的，且每个影响因子对最终缺陷的发生都有其不同的影响，改变不同的单个影响因子来验证模型的可行性；另一方面，根据上述建立起的发动机铸铁件断芯缺陷BP网络预测模型，将应用企业的最新生产质量数据导入模型中进行验证，通过测试样本集的预测值与实际值误差分析对比来验证模型的可靠性。

（1）单影响因子变化验证过程　砂芯的强度、发气量、烘干温度、立体库转存时差及浇注温度等铸造过程中的敏感性参数都会对断芯缺陷的产生造成不同程度的影响。另外，这些因素对断芯缺陷产生的影响不是单独作用的，而是相互都有联系的。分别改变其中一个因子，保持其他缺陷影响因子不变，观察单因子变化的范围对于缺陷的影响，也可以看出每个因子变化的范围敏感性大小。

将100组训练样本集每个缺陷影响因子的平均值作为单因子验证过程的基础数据，按顺序分别为砂芯初强度$A$、终强度$B$、砂芯发气量$C$、烘干温度$D$、烘干温度$E$、烘干温度$F$、烘干温度$G$、立体库转存时差$H$及浇注温度$T$。平均值数据经过计算为[1.31，1.7，13.8，137.9，157，157，143.4，9.48，1426.7]。经过样本数据的初步分析，发现砂芯转存时差和浇注温度的样本数据波动范围较大，因此选取$H$和$T$这两个缺陷影响因子进行对比，研究其变化结果趋势是否与预期相似。

网络模型的预测值用断芯指数$Q$来表征，断芯指数$Q$为[0，1]区间内的小数。$Q$越接近于1，表示铸铁件发生断芯缺陷的概率越大；反之，$Q$越接近于近0，表示铸件的砂芯断裂概率越低。

首先改变立体库转存时差$H$这个影响因子，保持其他因子数据不变，观察其断芯指数$Q$的变化趋势，见表14-15。对7组单因子$H$数据进行了测试，将$H$从1h增加到20h，观察其分别对应的预测值的变化。随着砂芯在立体库存放时间的增加，断芯指数的确呈现上升的趋势，原因是制作完毕的砂芯存放在自动化立体库中时间太久会导致其强度等力学性能的下降，从而增加砂芯在后续工段（如浇注作业）中发生断芯缺陷的风险。进一步地从具体预测值来看，当$H$不高于7h时，断芯指数$Q$的差异并不大，说明砂芯在立体库中存放不超过7h，铸件砂芯的断芯率很低；而当$H>15h$时，断芯指数$Q$超过了0.7，属于易断区间值，说明砂芯长时间在立体库中的存放易导致其性能发生变化。

表14-15 单因子$H$变化网络模型预测结果

| 序号 | 输入参数 | | | | | | | | | 预测断芯指数$Q$值 |
|---|---|---|---|---|---|---|---|---|---|---|
| | $A$/MPa | $B$/MPa | $C$/(mL/g) | $D$/℃ | $E$/℃ | $F$/℃ | $G$/℃ | $H$/h | $T$/℃ | |
| 1 | 1.31 | 1.7 | 13.8 | 137.9 | 157 | 157 | 143.4 | 9.48 | 1426.7 | 0.42 |
| 2 | 1.31 | 1.7 | 13.8 | 137.9 | 157 | 157 | 143.4 | 1 | 1426.7 | 0.088 |
| 3 | 1.31 | 1.7 | 13.8 | 137.9 | 157 | 157 | 143.4 | 3 | 1426.7 | 0.143 |
| 4 | 1.31 | 1.7 | 13.8 | 137.9 | 157 | 157 | 143.4 | 5 | 1426.7 | 0.157 |
| 5 | 1.31 | 1.7 | 13.8 | 137.9 | 157 | 157 | 143.4 | 7 | 1426.7 | 0.244 |
| 6 | 1.31 | 1.7 | 13.8 | 137.9 | 157 | 157 | 143.4 | 10 | 1426.7 | 0.57 |
| 7 | 1.31 | 1.7 | 13.8 | 137.9 | 157 | 157 | 143.4 | 15 | 1426.7 | 0.773 |
| 8 | 1.31 | 1.7 | 13.8 | 137.9 | 157 | 157 | 143.4 | 20 | 1426.7 | 0.952 |

其次改变浇注温度$T$这个单影响因子，同样保持其他因子数据不变，观察断芯指数$Q$的变化趋势，见表14-16。对5组单因子$T$数据进行了测试，将$T$从1410℃增加到1460℃，观察其分别对应的预测值的变化。随着浇注温度$T$的升高，断芯指数$Q$大体上呈增大的趋势，说明过高的浇注温度会对断芯缺陷的发生有一定的影响。在浇注温度$T$不超过1440℃时，断芯指数$Q$较低，说明这属于比较安全合理的浇注温度区间。而当浇注温度$T$高于1450℃时，断芯指数$Q$跳跃较大，说明断芯缺陷发生风险也随之提高。

表14-16 单因子$T$变化网络模型预测结果

| 序号 | 输入参数 | | | | | | | | | 预测断芯指数$Q$值 |
|---|---|---|---|---|---|---|---|---|---|---|
| | $A$/MPa | $B$/MPa | $C$/(mL/g) | $D$/℃ | $E$/℃ | $F$/℃ | $G$/℃ | $H$/h | $T$/℃ | |
| 1 | 1.31 | 1.7 | 13.8 | 137.9 | 157 | 157 | 143.4 | 9.48 | 1426.7 | 0.42 |
| 2 | 1.31 | 1.7 | 13.8 | 137.9 | 157 | 157 | 143.4 | 9.48 | 1410 | 0.129 |
| 3 | 1.31 | 1.7 | 13.8 | 137.9 | 157 | 157 | 143.4 | 9.48 | 1420 | 0.30 |
| 4 | 1.31 | 1.7 | 13.8 | 137.9 | 157 | 157 | 143.4 | 9.48 | 1440 | 0.393 |
| 5 | 1.31 | 1.7 | 13.8 | 137.9 | 157 | 157 | 143.4 | 9.48 | 1450 | 0.647 |
| 6 | 1.31 | 1.7 | 13.8 | 137.9 | 157 | 157 | 143.4 | 9.48 | 1460 | 0.924 |

(2) 测试样本验证过程　上述进行的单因子变化测试,证实了网络模型的可靠性,说明利用此模型可以预测出缺陷因子对断芯产生的趋势性影响。下面进行模型有效性的分析测试,将 10 组测试样本集分别导入已经训练好的 BP 神经网络模型当中,样本预测结果如表 14-17 所示。

表 14-17　样本预测结果

| 序号 | 输入参数 | | | | | | | | | 输出参数 | 预测断芯指数 $Q$ 值 |
|---|---|---|---|---|---|---|---|---|---|---|---|
| | $A$/MPa | $B$/MPa | $C$/(mL/g) | $D$/℃ | $E$/℃ | $F$/℃ | $G$/℃ | $H$/h | $T$/℃ | | |
| 1 | 1.33 | 1.72 | 13.5 | 133 | 156 | 154 | 139 | 1.38 | 1411 | 0 | 0.0277 |
| 2 | 1.38 | 1.77 | 12.5 | 132 | 152 | 156 | 141 | 4.93 | 1420 | 0 | 0.0464 |
| 3 | 1.33 | 1.72 | 15 | 140 | 156 | 156 | 143 | 19.02 | 1432 | 1 | 0.9212 |
| 4 | 1.38 | 1.78 | 13 | 136 | 159 | 160 | 149 | 21.55 | 1430 | 1 | 0.9873 |
| 5 | 1.3 | 1.72 | 15 | 132 | 152 | 156 | 141 | 9.45 | 1420 | 0 | 0.0337 |
| 6 | 1.33 | 1.68 | 12.5 | 133 | 153 | 153 | 138 | 5.3 | 1409 | 0 | 0.0433 |
| 7 | 1.37 | 1.73 | 14.5 | 147 | 161 | 160 | 149 | 14.95 | 1455 | 1 | 0.9934 |
| 8 | 1.32 | 1.72 | 14.5 | 145 | 160 | 160 | 149 | 15.9 | 1454 | 1 | 0.9947 |
| 9 | 1.38 | 1.72 | 15 | 145 | 160 | 160 | 149 | 14.22 | 1445 | 1 | 0.9996 |
| 10 | 1.3 | 1.67 | 13 | 135 | 159 | 159 | 140 | 4.3 | 1418 | 0 | 0.0500 |

注:输出参数中,"1"表示断芯,"0"表示未断芯。

从表 14-17 可以看出,在 10 组的测试样本数据中,第 3、4、7、8、9 组的实际生产中芯子都发生了断裂,第 1、2、5、6、10 组中的芯子并未发生断芯。输出的预测断芯指数 $Q$ 全部很接近于是否断芯值(0 和 1),误差基本都在合理范围之内,从而验证了断芯缺陷 BP 网络模型的可靠性和准确性,为断芯缺陷参数预测和敏感性参数排序分析提供了模型可行且可靠的依据,并为进一步提出砂芯质量控制举措奠定了良好的基础。

**2. 模型验证效果分析**

(1) 与传统实验方法对比评价　长期以来,砂芯质量的优化研究基本上是采用实验的试凑法,即不断通过试验,改进,再试验,再改进的方式,经过反复多次才能达到预期的目的,但是也有可能存在失败的风险。因此,少做实验,降低成本,提高效率,同时达到预期的目的,是科研工作者努力的方向之一。采用 BP 神经网络的方法进行断芯缺陷研究,基于敏感性参数的排序进行反馈,可以指导铸造生产,对相应的工艺过程进行优化。

采用传统实验方法与 BP 网络模型方法,从研究周期、人力物力消耗、研究成本和研究效果四个对比指标上进行定性分析,见表 14-18。应用效果表明,提出的断芯缺陷网络模型可以大大缩短缺陷研究的周期,避免使用过多的人力物力,节省了企业的时间、材料等各种成本。

(2) 网络模型精度分析　由上述的模型验证应用过程,直观看出验证效果较好,输出与实际的误差在合理范围之内。下面对测试样本预测的精度进行定量的分析评价,见表 14-19。非断芯数据第 1、2、5、6、10 组中的芯子实际生产中并未发生断芯,即 $Q$ 实际值均为 0,五组预测值 $Q$ 也都在 0 附近,最大偏差值为 0.05(第 10 组),即误差范围不超过 5%。另外断芯数据第 3、4、7、8、9 组的实际生产中芯子都发生了断裂,即 $Q$ 实际值均为 1,五组预测值 $Q$ 均在 1 附近,第 3 组中的 $Q$ 值为最大偏差值,误差为 7.8%,也属于合理误差范围之内。由于测试样本是随机选取的,因此预测精度的结果也能体现该铸件所有断芯大数据样本集的整体表现。该优化后的网络模型测试效果较好,因此可以进一步开展影响因子敏感性强弱的分析研究。

表 14-18 两者定性分析结果对比

| 对比指标 | 传统实验方法 | BP 网络模型方法 |
| --- | --- | --- |
| 研究周期 | 反复实验改进,周期长 | 秒级进行研究预测,周期短 |
| 人力物力 | 投入大量技术人员,多次实验消耗大量原材料 | 只需网络模型训练好,不需太多人员参与,不耗物力 |
| 成本 | 投入时间、人力、原材料、设备等各种,成本很高 | 无需成本,只需要较好的数据集作为样本来训练网络 |
| 研究效果 | 失败风险大,代价高,但不计成本下也可取得不错效果 | 预测精度很高,且影响因子的敏感性强弱,指导今后生产 |

表 14-19 模型测试定量分析

| 组别 | 预测 $Q$ 均值 | 最大误差 |
| --- | --- | --- |
| 非断芯数据组 | 0.04 | 5% |
| 断芯数据组 | 0.97 | 7.8% |

**3. 影响因子敏感性程度及控制策略分析**

利用单因子改变的方法,分别设计试验进行模拟研究。

(1) 敏感性参数排序模拟试验 确立的关于砂芯断裂的影响因子有砂芯强度、发气量、烘干温度等,但是其中哪个影响因子使铸铁件发生断芯缺陷的可能性较大,需要进一步的研究。

利用本模型的训练样本平均数值 [1.31, 1.7, 13.8, 137.9, 157, 157, 143.4, 9.48, 1426.7],分别将各个参数值的大小提高 5% 或降低 5%,保持单因子变化而其余因子数值不变,观察断芯指数 $Q$ 的变化情况。单因子数据分别增加 5% 后预测断芯指数 $Q$ 值见表 14-20。

表 14-20 单因子数据分别增加 5% 后的预测断芯指数 $Q$ 值

| 组号 | 输入参数 | | | | | | | | | 预测断芯指数 $Q$ 值 |
| --- | --- | --- | --- | --- | --- | --- | --- | --- | --- | --- |
| | $A/$MPa | $B/$MPa | $C/$(mL/g) | $D/$℃ | $E/$℃ | $F/$℃ | $G/$℃ | $H/$h | $T/$℃ | |
| 标准组 | 1.31 | 1.7 | 13.8 | 137.9 | 157 | 157 | 143.4 | 9.48 | 1426.7 | 0.42 |
| A | 1.38 | 1.7 | 13.8 | 137.9 | 157 | 157 | 143.4 | 9.48 | 1426.7 | 0.22 |
| B | 1.31 | 1.79 | 13.8 | 137.9 | 157 | 157 | 143.4 | 9.48 | 1426.7 | 0.17 |
| C | 1.31 | 1.7 | 14.5 | 137.9 | 157 | 157 | 143.4 | 9.48 | 1426.7 | 0.51 |
| D | 1.31 | 1.7 | 13.8 | 144.8 | 157 | 157 | 143.4 | 9.48 | 1426.7 | 0.81 |
| E | 1.31 | 1.7 | 13.8 | 137.9 | 164.9 | 157 | 143.4 | 9.48 | 1426.7 | 0.86 |
| F | 1.31 | 1.7 | 13.8 | 137.9 | 157 | 164.9 | 143.4 | 9.48 | 1426.7 | 0.86 |
| G | 1.31 | 1.7 | 13.8 | 137.9 | 157 | 157 | 150.1 | 9.48 | 1426.7 | 0.84 |
| H | 1.31 | 1.7 | 13.8 | 137.9 | 157 | 157 | 143.4 | 9.95 | 1426.7 | 0.43 |
| T | 1.31 | 1.7 | 13.8 | 137.9 | 157 | 157 | 143.4 | 9.48 | 1498 | 0.91 |

类似地,将单因子数据分别减少 5% 后预测断芯指数 $Q$ 值见表 14-21。

表 14-21　单因子数据分别减少 5% 后的预测断芯指数 $Q$ 值

| 组号 | 输入参数 | | | | | | | | | 预测断芯指数 $Q$ 值 |
|---|---|---|---|---|---|---|---|---|---|---|
| | $A$/MPa | $B$/MPa | $C$/(mL/g) | $D$/℃ | $E$/℃ | $F$/℃ | $G$/℃ | $H$/h | $T$/℃ | |
| 标准组 | 1.31 | 1.7 | 13.8 | 137.9 | 157 | 157 | 143.4 | 9.48 | 1426.7 | 0.42 |
| A | 1.24 | 1.7 | 13.8 | 137.9 | 157 | 157 | 143.4 | 9.48 | 1426.7 | 0.64 |
| B | 1.31 | 1.61 | 13.8 | 137.9 | 157 | 157 | 143.4 | 9.48 | 1426.7 | 0.67 |
| C | 1.31 | 1.7 | 13.1 | 137.9 | 157 | 157 | 143.4 | 9.48 | 1426.7 | 0.38 |
| D | 1.31 | 1.7 | 13.8 | 131 | 157 | 157 | 143.4 | 9.48 | 1426.7 | 0.15 |
| E | 1.31 | 1.7 | 13.8 | 137.9 | 149 | 157 | 143.4 | 9.48 | 1426.7 | 0.17 |
| F | 1.31 | 1.7 | 13.8 | 137.9 | 157 | 149 | 143.4 | 9.48 | 1426.7 | 0.11 |
| G | 1.31 | 1.7 | 13.8 | 137.9 | 157 | 157 | 136.2 | 9.48 | 1426.7 | 0.1 |
| H | 1.31 | 1.7 | 13.8 | 137.9 | 157 | 157 | 143.4 | 9 | 1426.7 | 0.49 |
| T | 1.31 | 1.7 | 13.8 | 137.9 | 157 | 157 | 143.4 | 9.48 | 1355 | 0.12 |

单因子改变后,$Q$ 变化的绝对值 $\Delta Q$ 就代表该因子对于缺陷发生的敏感性程度。由图 14-44 明显地看出,分别在 $A$、$B$ 等单因子数据的基础上增加 5% 后,砂芯的断芯指数 $Q$ 的变化趋势与之前模型测试预测的一致。利用单因子变化前后的 $\Delta Q$ 值来表征该变化因子对于断芯缺陷发生的敏感性程度。$\Delta Q$ 最大值对应的是 $T$(浇注温度),接着依次是 $E$(烘干温度 2)、$F$(烘干温度 3)、$G$(烘干温度 4)、$D$(烘干温度 1)、$B$(砂芯终强度)、$A$(砂芯初强度)、$C$(砂芯发气量) 及 $H$(立体库转存时差)。

类似地,单因子数据分别减少 5% 后的 $\Delta Q$ 值如图 14-45 所示。在这种情况下,$\Delta Q$ 最大值对应的是 $G$(烘干温度 4),接着依次是 $F$(烘干温度 3)、$T$(浇注温度)、$D$(烘干温度 1)、$B$(砂芯终强度)、$E$(烘干温度 2)、$A$(砂芯初强度)、$H$(立体库转存时差) 及 $C$(砂芯发气量)。

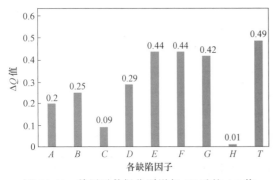

图 14-44　单因子数据分别增加 5% 后的 $\Delta Q$ 值

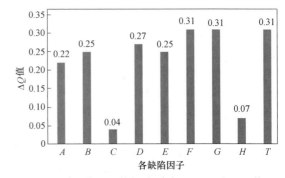

图 14-45　单因子数据分别减少 5% 后的 $\Delta Q$ 值

(2)缺陷因子数据波动性大小分析　对于缺陷因子数据的波动性大小,前文中已经有所阐述,浇注温度、烘干温度及立体库转存时差等因子的数据波动性较大。经过随机选择样本 100 组数据的散点图绘制发现,浇注温度、烘干温度和立体库转存时差因子数据波动性确实较大,而砂芯强度和发气量的数据波动性较小。图 14-46 所示为浇注温度和发气量两种因子样本数据波动性分析。

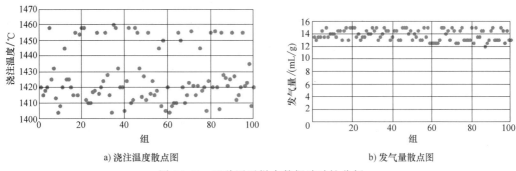

图 14-46 两种因子样本数据波动性分析

综合上述两种影响因子的敏感性和波动性分析，首先考虑发生缺陷的敏感性参数，当影响因子发生改变时，断芯指数 $Q$ 也会发生变化，其中最显著的为温度要素，包括浇注温度及烘干温度，其次为强度要素，包括砂芯的初强度和终强度，最后还有砂芯发气量和立体库转存时差因子，即对断芯缺陷的影响因子敏感程度排序为这三档。其次还要兼顾缺陷因子数据的波动性方面，经过样本数据的波动性分析得出，浇注温度、烘干温度及立体库转存时差因子的波动性很大，而砂芯强度和型砂的发气量因子数据波动性较小，数据较为稳定平缓。基于这两个方面的分析，在实际生产中应优先考虑缺陷影响因子的敏感性强弱问题，再关注其因子数据的波动性大小，见表 14-22。

表 14-22 缺陷影响因子控制程度表

| 缺陷影响因子 | 波动性 | 敏感性 | 缺陷需控制程度 |
| --- | --- | --- | --- |
| 浇注温度、烘干温度 | 大 | 强 | 强控制 |
| 砂芯强度 | 中 | 强 | 中控制 |
| 立体库转存时差 | 大 | 弱 | 弱控制 |
| 发气量 | 小 | 弱 | 弱控制 |

（3）砂芯质量参数控制要素 根据上述对铸铁件断芯缺陷影响因子敏感性和波动性的排序，结合砂型铸造车间实际的生产状况，对控制砂芯质量、预防产生断芯等缺陷问题提出如下系列要素：

1）**温度要素**。在浇注工序中，由于铸造工况复杂多变，过高的浇注温度虽然在一定程度上促使气体从砂芯中排出，但是温度的升高加大了砂芯在高温下强度不稳定的风险，使之更易产生裂纹，从而对砂芯的力学性能造成较大的影响。因此，在控制砂芯质量之前，合理地确定好每个批次每包铸件的浇注温度是很关键的，应当调整好浇包和浇口杯的相对位置，确保金属液能够准确平稳连续的进入浇口杯。另外，在影响砂芯质量的温度因子中，还有烘干工序中的烘干温度，浸染涂料后的砂芯在烘干炉中很容易因为不均匀受热而导致局部过热，从而使得砂芯质量发生问题造成断芯。实际生产中应以砂芯中含水量作为控制烘干温度的指标。

2）**砂芯的强度要素**。砂芯的初强度和终强度都是在烘干工序之前利用强度测试仪进行检测的。强度一旦达不到要求，砂芯会在后续工段中因为强度不足而有使铸件产生缺陷的风险，留有潜在质量隐患。一旦检测出砂芯的强度不符合标准规定，需要及时通知有关技术人员，对强度不足的砂芯进行快速的区分和跟踪处理，避免造成大批量铸件的质量问题。

3）砂芯的发气量及其在立体库转存时差。这两个影响因子对于断芯缺陷的敏感性顺序排在最后一组，但并不是其对铸件断芯缺陷的产生影响很小，只是没有温度和强度系列要素对缺陷的敏感性高。砂芯的发气量若超出规定范围，可能会导致砂芯个别位置疏松、粘砂严重而导致各种缺陷问题，这时需要调整树脂的加入量进行控制。砂芯在铸造车间自动化立体库的出入库时间差虽和砂芯质量没有确定的线性关系，但是久置的砂芯若是存放条件不佳，容易受潮，导致砂芯强度的下降，砂芯质量变差，其力学性能等必然随时间的增加而下降。砂芯经过组芯工序后，在合格砂芯上标记好相应的操作信息（砂芯生产日期、型号、有效期、操作人等），运输时需要轻吊轻放，经机器人运到自动化立体仓库后，立体库中砂芯的出入库时间差不能超过24h。砂芯存放时间不宜过长，须加快其流转速度及缩短在立体库内的停留时间来减少砂芯吸收空气中的水分，尽快投入下一步工序中。

## 14.4 核电石油领域精密铸造、砂型铸造混合大型集团式铸造企业中的应用

### 14.4.1 企业应用背景介绍

W公司是一家民营大型集团铸造公司。该公司采用混合式生产，包括精密铸造、砂型铸造和加工，以精密铸造为主，涉及核电、压力管道领域，是我国铸造行业的百强企业之一。W公司成立于1986年，专业从事阀门铸件生产，现旗下有四个分公司，厂区总面积约34.7万$m^2$亩，员工约1900人，年产精铸件2.3万t，砂铸件1.3万t，单件最大为10t，产品主要出口欧美及东南亚各国。随着企业迅速发展，人员、产品品种和产量剧增，客户要求多样化并且质量要求越来越高等，这些因素使得该公司的管理更为复杂。生产和质量缺乏精确管控，系统缺乏智能驱动、相互制约控制的特性，加上多个系统间不兼容、数据不一致等问题，使得企业的管理难以快速响应市场需求。为提升整体管理水平，W公司在2013年7月开始应用华铸ERP系统。

W公司应用华铸ERP系统以后，企业信息化和管理水平得以大幅度提升，主要改善如下：

1）实现了对单个铸件的订单、生产、成分、质量、发货、返修、报废等全周期的管理和跟踪，满足了阀门类的关键铸件单件质量可追溯的高级需求；实现了不多产漏产、均衡排产、质量工期可追溯；实现了发货时自动输出相关质保书；实现了总部计划部对分厂生产的有效调度与控制，以及生产过程全流程的准确、实时、严格控制。

2）经营流程得到了梳理、完善和优化：做到了由手工录入和人工管理向智能驱动的转变，自动实时计算出每个人当前任务，按流程自办自事，工作无须安排和监督，简化了管理；智能化约束技术使得工作作业、决策提交等更加规范、准确、完整、科学、合理；工艺与生产、生产与质量、质量与工艺等多业务做到了相互协同和制约。

3）现场加工车间和部分厂区的铸造车间做到了车间现场POS机条码扫描在制品管控，强化了车间层面的现场在制品的生产和质量实时准确地控制以及工人工资的实时结算，提高了工人责任心和计算机应用水平，也减轻了计划管理人员的管理工作。此外，实现了对光谱仪的设备数据集成，能够直接对接获取光谱仪的化验元素含量，保证了质保书的准确性和可信性。

4）建立了企业的数据报表中心和分析中心，能够更加灵活、多维度、多层面、多角度地对企业经营现状进行全方面的分析，从而为科学决策提供了数据保证。

5）集成了供应链、物流、工艺设计（PDM \ CAD \ CAE 等）、生产、质量、财务、人力、行政、OA、工作流、数据服务、文件服务、设备数据等。

### 14.4.2　应用特色1：财务管理系统

以W公司华铸ERP系统财务管理模块（见图14-47）为例，说明集成方案的操作和使用过程。

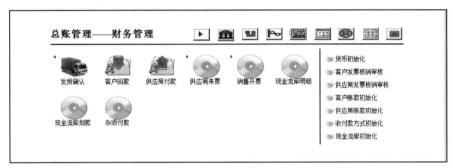

图14-47　华铸ERP系统财务管理模块

（1）发票录入　图14-48所示为客户与供应商的财务发票信息录入界面。财务工作人员只需录入发票基本信息和开票数量即可，同时系统根据客户和供应商的基本信息设定的账期智能计算并分析账龄，从而提高工作效率。

| 业务名称 | 业务编号 | 合同号 | 发运编号 | 退货批次 | 铸件编号 | 铸件名称 | 单价 | 单重 |
|---|---|---|---|---|---|---|---|---|
| 发货 | F14030400391 | 4510260823 | 514022803 | | 103341 | 10FP600,固定球阀体370D,WCC,OKC | 2.245100 | 358.00000 |
| 发货 | F14030400387 | 4510260823 | 514022803 | | 103341 | 10FP600,固定球阀体370D,WCC,OKC | 2.245100 | 358.00000 |
| 发货 | F14030400374 | 4510260823 | 514022803 | | 103341 | 10FP600,固定球阀体370D,WCC,OKC | 2.245100 | 358.00000 |
| 发货 | F14030400378 | 4510260823 | 514022803 | | 103341 | 10FP600,固定球阀体370D,WCC,OKC | 2.245100 | 358.00000 |
| 发货 | F14030400381 | 4510260823 | 514022803 | | 103341 | 10FP600,固定球阀体370D,WCC,OKC | 2.245100 | 358.00000 |
| 发货 | F14030400379 | 4510260823 | 514022803 | | 103341 | 10FP600,固定球阀体370D,WCC,OKC | 2.245100 | 358.00000 |
| 发货 | F14030400380 | 4510260823 | 514022803 | | 103341 | 10FP600,固定球阀体370D,WCC,OKC | 2.245100 | 358.00000 |
| 发货 | F14030400385 | 4510260823 | 514022803 | | 103341 | 10FP600,固定球阀体370D,WCC,OKC | 2.245100 | 358.00000 |
| 发货 | F14030400382 | 4510260823 | 514022803 | | 103341 | 10FP600,固定球阀体370D,WCC,OKC | 2.245100 | 358.00000 |
| 发货 | F14030400384 | 4510260823 | 514022803 | | 103341 | 10FP600,固定球阀体370D,WCC,OKC | 2.245100 | 358.00000 |
| 发货 | F14030400377 | 4510260823 | 514022803 | | 103341 | 10FP600,固定球阀体370D,WCC,OKC | 2.245100 | 358.00000 |
| 发货 | F14030400390 | 4510260823 | 514022803 | | 103341 | 10FP600,固定球阀体370D,WCC,OKC | 2.245100 | 358.00000 |
| 发货 | F14030400389 | 4510260823 | 514022803 | | 103341 | 10FP600,固定球阀体370D,WCC,OKC | 2.245100 | 358.00000 |
| 发货 | F14030400383 | 4510260823 | 514022803 | | 103341 | 10FP600,固定球阀体370D,WCC,OKC | 2.245100 | 358.00000 |
| 发货 | F14030400375 | 4510260823 | 514022803 | | 103341 | 10FP600,固定球阀体370D,WCC,OKC | 2.245100 | 358.00000 |
| 发货 | F14030400376 | 4510260823 | 514022803 | | 103341 | 10FP600,固定球阀体370D,WCC,OKC | 2.245100 | 358.00000 |
| 发货 | F14030400386 | 4510260823 | 514022803 | | 103341 | 10FP600,固定球阀体370D,WCC,OKC | 2.245100 | 358.00000 |
| 发货 | F14030400388 | 4510260823 | 514022803 | | 103341 | 10FP600,固定球阀体370D,WCC,OKC | 2.245100 | 358.00000 |
| 发货 | F14030400403 | 4510260823 | 514022803 | | 103342 | 10FP600,固定球阀盖370D,WCC,OKC | 2.099400 | 323.00000 |
| 发货 | F14030400396 | 4510260823 | 514022803 | | 103342 | 10FP600,固定球阀盖370D,WCC,OKC | 2.099400 | 323.00000 |

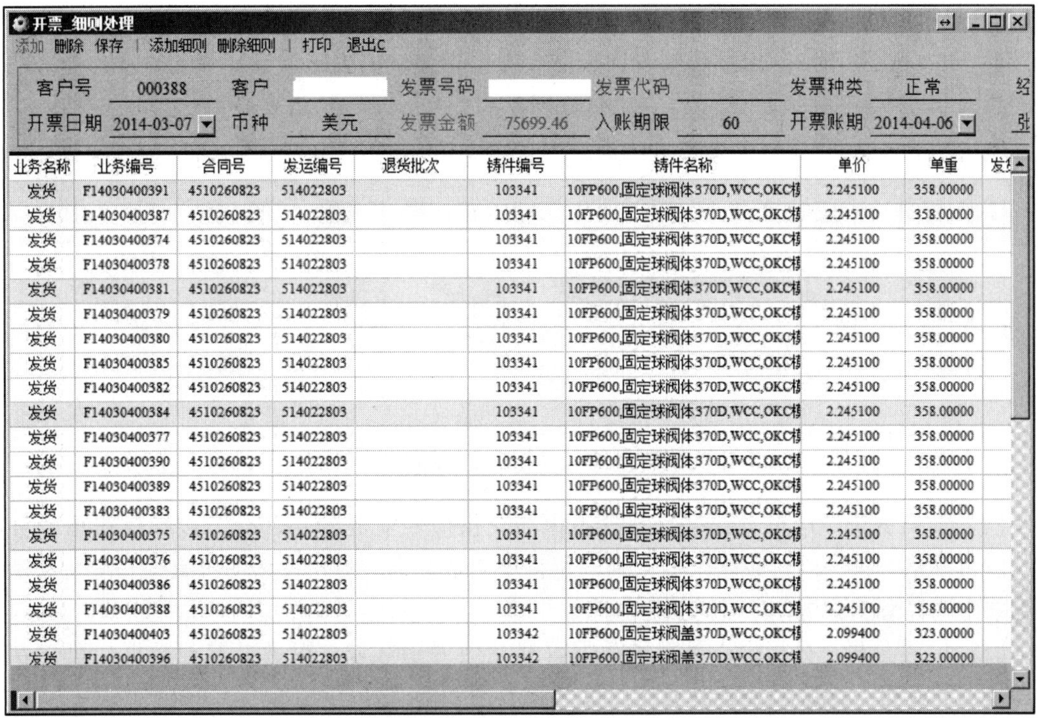

图14-48　财务发票信息录入界面

（2）财务出入账及核销　图14-49所示为财务收账和核销界面，财务出账与之类似。财务部门在这里进行日常的出入账记录并对未核销的发票制定核销方案。系统智能提供两套核销方案：默认自动按时间排序，时间早的优先核销；工作人员按照自己线下规定选择相应发票及金额。

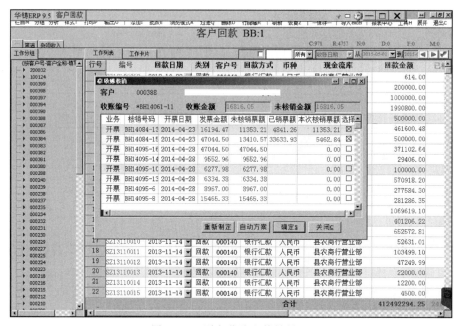

图14-49　财务收账和核销界面

（3）应收查询　应收查询是财务报表中涉及客户业务的一部分，包括开票详情、开票未付款、客户业务明细、回款明细查询、应收发票查询、应收账款余额查询、客户业务明细查询和应收账款账期回款分析，如图14-50所示。

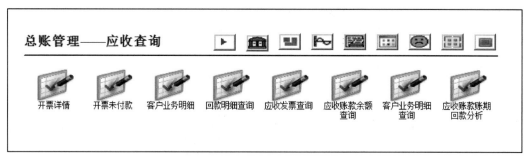

图14-50　财务应收查询模块

（4）应付查询　应付查询是财务报表中涉及供应商业务的一部分，包括供应商业务明细、应付发票查询、应付账款余额查询、付款单明细查询、应付发票明细查询和应付账款给款发票入账提醒，如图14-51所示。

（5）财务分析　分析中心是系统数据可视化的展示区域，财务及其他数据均可以在此进行预测和分析。涉及财务的分析有月度销售金额、部门月度吨耗、十大盈利产品、销售员月度销售金额、年度采购金额分析、月度利润分析等，如图14-52所示。

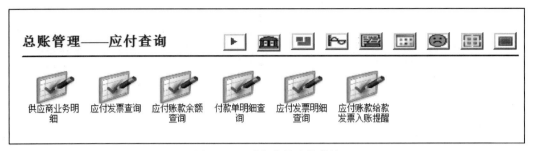

图 14-51 财务应付查询模块

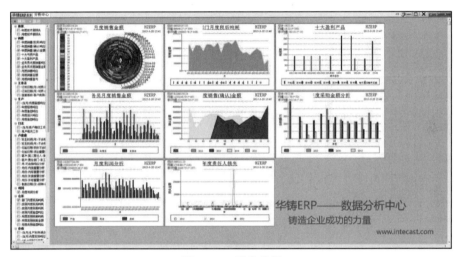

图 14-52 财务分析

(6) 成本核算 成本核算模块的数据来源于多个模块数据的交叉计算：技术部门在订单下达后录入订单细则下的铸件 BOM 和路线模板，生产部门在计划投产时选择该订单细则号下的作业路线，得出物料成本；人事部门制定每道工序的报酬定额，与细则路线计算得到人工成本；最后管理部门制定管理费用占用比例，得到产品的标准成本。成本核算结果如图 14-53 所示。

(7) 现金流库明细 财务部门人员在日常的出入账中下拉菜单中选择初始化中的现金流库名称，ERP 系统自动将这些归类统计分析，整理成报表，如图 14-54 所示。

### 14.4.3 应用特色2：扫码式现场完工报工

随着市场需求的日益多样化，多品种小批量"铸造+加工"的生产方式已经逐步成为该公司的主要生产方式之一。在这种生产方式下，加工车间的生产管理至关重要。2013 年 6 月，为了提高整个企业的管理水平，W 公司与华铸软件中心合作引进华铸 ERP 系统。华铸 ERP 系统可以为公司提供全面、直观的整个企业生产运作的数据，为企业提高决策能力和应变能力等方面提供全面数据支持。在铸造车间，华铸 ERP 系统能够实时跟踪每个单件的生产过程，同时做到批量排产，批量发货，大大减少了手工操作系统的时间，同时保证了数据的准确性。以前需要每天 1~2h 的制订核对排产计划、发货计划的工作，直接减少到 5min 以内，大大节约了时间，减轻了工作负担，提高了工作效率，也减少了管理上的混乱。

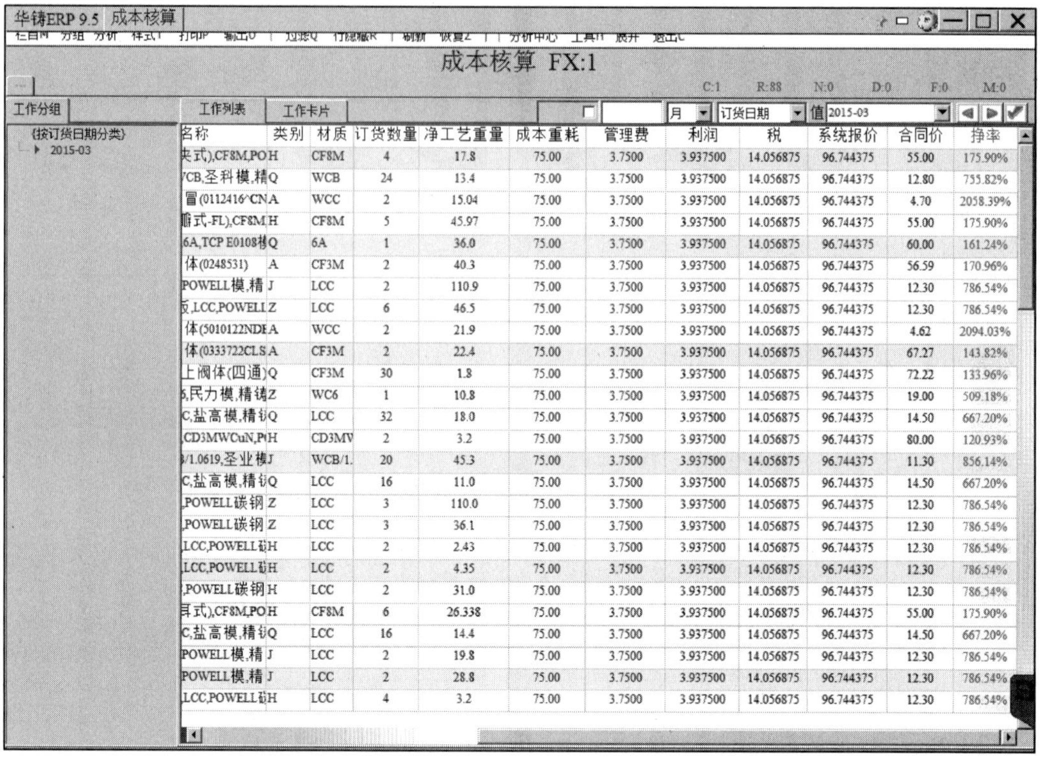


| 名称 | 类别 | 材质 | 订货数量 | 净工艺重量 | 成本重耗 | 管理费 | 利润 | 税 | 系统报价 | 合同价 | 挣率 |
|---|---|---|---|---|---|---|---|---|---|---|---|
| 夹式),CF8M,PO | H | CF8M | 4 | 17.8 | 75.00 | 3.7500 | 3.937500 | 14.056875 | 96.744375 | 55.00 | 175.90% |
| VCB,圣科模,精 | Q | WCB | 24 | 13.4 | 75.00 | 3.7500 | 3.937500 | 14.056875 | 96.744375 | 12.80 | 755.82% |
| 冒(0112416^CN | A | WCC | 2 | 15.04 | 75.00 | 3.7500 | 3.937500 | 14.056875 | 96.744375 | 4.70 | 2058.39% |
| 断式-FL),CF8M | H | CF8M | 5 | 45.97 | 75.00 | 3.7500 | 3.937500 | 14.056875 | 96.744375 | 55.00 | 175.90% |
| 6A,TCP E0108 | Q | 6A | 1 | 36.0 | 75.00 | 3.7500 | 3.937500 | 14.056875 | 96.744375 | 60.00 | 161.24% |
| 体(0248531) | A | CF3M | 2 | 40.3 | 75.00 | 3.7500 | 3.937500 | 14.056875 | 96.744375 | 56.59 | 170.96% |
| POWELL模,精 | J | LCC | 2 | 110.9 | 75.00 | 3.7500 | 3.937500 | 14.056875 | 96.744375 | 12.30 | 786.54% |
| 反,LCC,POWELL | Z | LCC | 6 | 46.5 | 75.00 | 3.7500 | 3.937500 | 14.056875 | 96.744375 | 12.30 | 786.54% |
| 体(5010122NDE | A | WCC | 2 | 21.9 | 75.00 | 3.7500 | 3.937500 | 14.056875 | 96.744375 | 4.62 | 2094.03% |
| 体(0333722CLS | A | CF3M | 2 | 22.4 | 75.00 | 3.7500 | 3.937500 | 14.056875 | 96.744375 | 67.27 | 143.82% |
| 上阀体(四通) | Q | CF3M | 30 | 1.8 | 75.00 | 3.7500 | 3.937500 | 14.056875 | 96.744375 | 72.22 | 133.96% |
| 民力模,精铸 | Z | WC6 | 1 | 10.8 | 75.00 | 3.7500 | 3.937500 | 14.056875 | 96.744375 | 19.00 | 509.18% |
| C,盐高模,精铸 | Q | LCC | 32 | 18.0 | 75.00 | 3.7500 | 3.937500 | 14.056875 | 96.744375 | 14.50 | 667.20% |
| CD3MWCuN,P | H | CD3MV | 2 | 3.2 | 75.00 | 3.7500 | 3.937500 | 14.056875 | 96.744375 | 80.00 | 120.93% |
| /1.0619,圣业模 | J | WCB/1. | 20 | 45.3 | 75.00 | 3.7500 | 3.937500 | 14.056875 | 96.744375 | 11.30 | 856.14% |
| C,盐高模,精铸 | Q | LCC | 16 | 11.0 | 75.00 | 3.7500 | 3.937500 | 14.056875 | 96.744375 | 14.50 | 667.20% |
| POWELL碳钢 | Z | LCC | 3 | 110.0 | 75.00 | 3.7500 | 3.937500 | 14.056875 | 96.744375 | 12.30 | 786.54% |
| POWELL碳钢 | Z | LCC | 3 | 36.1 | 75.00 | 3.7500 | 3.937500 | 14.056875 | 96.744375 | 12.30 | 786.54% |
| LCC,POWELL | H | LCC | 2 | 2.43 | 75.00 | 3.7500 | 3.937500 | 14.056875 | 96.744375 | 12.30 | 786.54% |
| LCC,POWELL | H | LCC | 2 | 4.35 | 75.00 | 3.7500 | 3.937500 | 14.056875 | 96.744375 | 12.30 | 786.54% |
| POWELL碳钢 | H | LCC | 2 | 31.0 | 75.00 | 3.7500 | 3.937500 | 14.056875 | 96.744375 | 12.30 | 786.54% |
| 耳式),CF8M,PO | H | CF8M | 6 | 26.338 | 75.00 | 3.7500 | 3.937500 | 14.056875 | 96.744375 | 55.00 | 175.90% |
| C,盐高模,精铸 | Q | LCC | 16 | 14.4 | 75.00 | 3.7500 | 3.937500 | 14.056875 | 96.744375 | 14.50 | 667.20% |
| POWELL模,精 | J | LCC | 2 | 19.8 | 75.00 | 3.7500 | 3.937500 | 14.056875 | 96.744375 | 12.30 | 786.54% |
| POWELL模,精 | J | LCC | 2 | 28.8 | 75.00 | 3.7500 | 3.937500 | 14.056875 | 96.744375 | 12.30 | 786.54% |
| LCC,POWELL | H | LCC | 4 | 3.2 | 75.00 | 3.7500 | 3.937500 | 14.056875 | 96.744375 | 12.30 | 786.54% |

图 14-53　成本核算结果

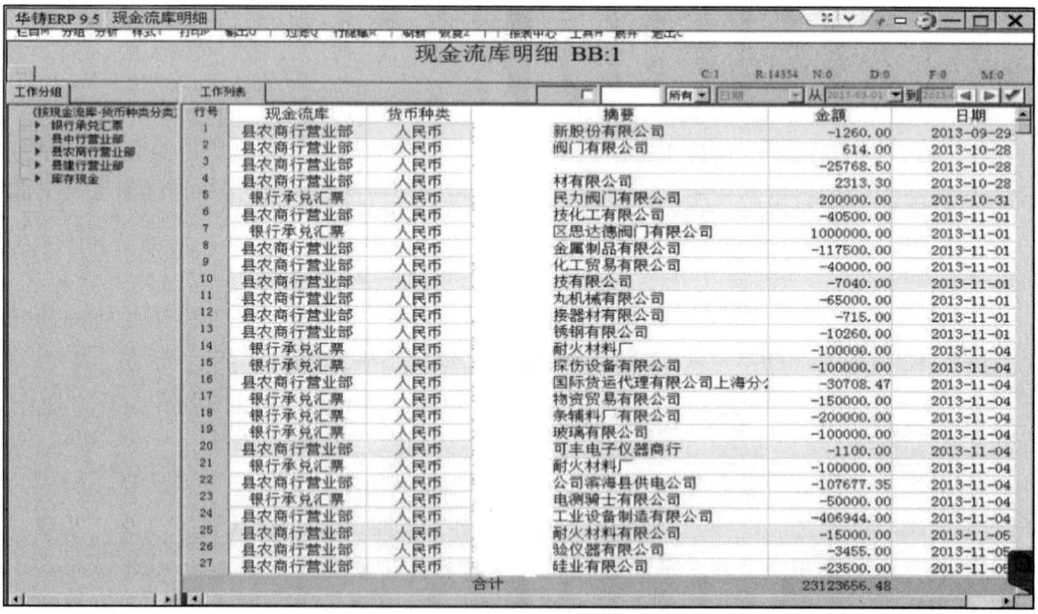


| 行号 | 现金流库 | 货币种类 | 摘要 | 金额 | 日期 |
|---|---|---|---|---|---|
| 1 | 县农商行营业部 | 人民币 | 新股份有限公司 | -1260.00 | 2013-09-29 |
| 2 | 县农商行营业部 | 人民币 | 阀门有限公司 | 614.00 | 2013-10-28 |
| 3 | 县农商行营业部 | 人民币 | | -25768.50 | 2013-10-28 |
| 4 | 县农商行营业部 | 人民币 | 材有限公司 | 2313.30 | 2013-10-28 |
| 5 | 银行承兑汇票 | 人民币 | 民力阀门有限公司 | 200000.00 | 2013-10-31 |
| 6 | 县农商行营业部 | 人民币 | 技化工有限公司 | -40500.00 | 2013-11-01 |
| 7 | 银行承兑汇票 | 人民币 | 区思达德阀门有限公司 | 1000000.00 | 2013-11-01 |
| 8 | 县农商行营业部 | 人民币 | 金属制品有限公司 | -117500.00 | 2013-11-01 |
| 9 | 县农商行营业部 | 人民币 | 化工贸易有限公司 | -40000.00 | 2013-11-01 |
| 10 | 县农商行营业部 | 人民币 | 技有限公司 | -7040.00 | 2013-11-01 |
| 11 | 县农商行营业部 | 人民币 | 丸机械有限公司 | -65000.00 | 2013-11-01 |
| 12 | 县农商行营业部 | 人民币 | 接器材有限公司 | -715.00 | 2013-11-01 |
| 13 | 县农商行营业部 | 人民币 | 锈钢有限公司 | -10260.00 | 2013-11-01 |
| 14 | 银行承兑汇票 | 人民币 | 耐火材料厂 | -100000.00 | 2013-11-04 |
| 15 | 银行承兑汇票 | 人民币 | 探伤设备有限公司 | -100000.00 | 2013-11-04 |
| 16 | 县农商行营业部 | 人民币 | 国际货运代理有限公司上海分 | -30708.47 | 2013-11-04 |
| 17 | 银行承兑汇票 | 人民币 | 物资贸易有限公司 | -150000.00 | 2013-11-04 |
| 18 | 银行承兑汇票 | 人民币 | 亲辅料厂有限公司 | -200000.00 | 2013-11-04 |
| 19 | 银行承兑汇票 | 人民币 | 玻璃有限公司 | -100000.00 | 2013-11-04 |
| 20 | 县农商行营业部 | 人民币 | 可丰电子仪器商行 | -1100.00 | 2013-11-04 |
| 21 | 银行承兑汇票 | 人民币 | 耐火材料厂 | -100000.00 | 2013-11-04 |
| 22 | 县农商行营业部 | 人民币 | 公司滨海县供电公司 | -107677.35 | 2013-11-04 |
| 23 | 银行承兑汇票 | 人民币 | 电测骑士有限公司 | -50000.00 | 2013-11-04 |
| 24 | 县农商行营业部 | 人民币 | 工业设备制造有限公司 | -406944.00 | 2013-11-04 |
| 25 | 县农商行营业部 | 人民币 | 耐火材料有限公司 | -15000.00 | 2013-11-05 |
| 26 | 县农商行营业部 | 人民币 | 验仪器有限公司 | -3455.00 | 2013-11-05 |
| 27 | 县农商行营业部 | 人民币 | 硅业有限公司 | -23500.00 | 2013-11-05 |
| | 合计 | | | 23123656.48 | |

图 14-54　现金流库明细界面

虽然华铸 ERP 系统能够有效地管理铸造车间的生产数据，做到铸件单件生产的全程跟踪和铸件生产过程中的质量监控，但是该系统在加工车间的生产管理方面不够精细，自动化水平不够高，不能做到实时监控和跟踪加工车间的单件加工过程。同时，各种清单（物料、图表等)、验收情况、加工跟踪单等大量基础信息需要操作员手动输入。操作员通过数字键盘手动输入不仅工作量大,而且采集的数据准确性不高、及时性较差,导致生产部门不能有效地跟踪生产过程中的各种信息,从而影响企业的生产率。W 公司加工车间的业务流程图如图 14-55 所示。

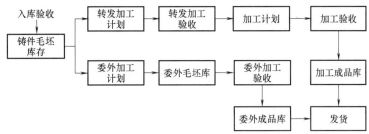

图 14-55　W 公司加工车间的业务流程图

目前 W 公司的加工车间现场已经布置了 6 台生产信息采集器和显示终端,分布在现场的几个节点。每批或每件产品加工时均附带一张由系统打印出来的批次加工跟踪卡或单件加工跟踪卡。通过节点上的扫描枪读入相关批次产品的跟踪卡条码,通过数字键盘输入少量数字就可以完成一次加工报工。同时,对复杂工序加工时,通过跟踪卡条码,从车间显示终端上获得该件或该批产品对应工序的生产工艺信息,实现产品在加工车间生产的全程跟踪。图 14-56 所示为 W 公司加工车间现场采用条码扫描进行加工报工。

下面通过跟踪 W 公司机加工生产过程中一个批次产品的整个生产流程来说明系统的操作和使用过程。

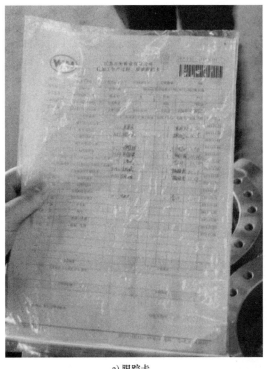

a) 跟踪卡

b) 现场扫描

图 14-56　W 公司加工车间现场采用条码扫描进行加工报工

c) 加工报工　　　　　　　　　　　　　　d) 跟踪卡流转

图 14-56　W 公司加工车间现场采用条码扫描进行加工报工（续）

图 14-57 所示为加工计划。加工计划分为任务区和工作区。首先，只需要在加工计划的任务区输入计划数量，系统会自动按照一定优先条件在单件选择区域内选择相应数量的单件号。如果单件号与实际情况不相符合，也可以通过手动方式进行调整。然后，单击"加工计划"按钮即可对该批次产品进行加工计划，也可以单击"全部计划"按钮对任务区所有产品进行加工计划。批次号是系统自动生成的，批次号的编码规则是"日期（yymmdd）+流水号"，也可以手动更改批次号。图 14-57 中显示的生产盈余期为负数，这表明这些产品需加急并赶工生产，否则按照正常生产进度必然会导致交货超期。

图 14-57　加工计划

单击"加工计划"按钮,系统自动打印相应批次号(以批次号"1312187"为例)的加工生产过程、质量跟踪卡,如图14-58所示。其中生产令号即生产批次号,也就是下面对应的条码。设置好打印参数(如页边距、大标题、副标题、打印方向、纸张大小等),即可打印加工生产过程、质量跟踪卡。如果打印样式是一致的,可以设置好打印样式,并将该样式保存,后续的加工生产过程、质量跟踪卡将可以直接打印。

图 14-58 加工生产过程、质量跟踪卡打印

加工车间根据加工生产过程、质量跟踪卡对批次号为"1312187"的产品进行加工报工,如图14-59所示。其中"报工号"标识该报工的编号,"代号"为工序代号,为了方便工序名称的录入,一般直接输入代号即可,也可以通过单击数据下拉选择窗口得到。

"操作工"是操作该工序的工人,完工时间是该工序的完成时间,"检验员"检验该工序是否合格,原则上"操作工"和"检验员"不能为同一个人,"料废数""工废数""回用数""合格数"详见现场扫描验收的业务流程,总数=料废数+工废数+回用数+合格数。填写完整上面的报工信息,单击"保存"按钮,即可对该工位进行报工。单击"退出"按钮,则退出加工报工。

"报工下拉"是指在代号、操作工、检验员处是否弹出数据下拉选择窗口。"连续报工"是指一个跟踪卡一次报工完成后,不必退出,而可以连续通过扫描下一个跟踪卡的条码进行报工,从而做到不间断的报工,提高报工效率。图14-59所示加工报工中第一道工位精车进口法兰（普）和精车进口法兰（数）是并行工位，该并行工位报工的是代号为 1 的精车进口法兰（普），对该工位的报工称为并行工位报工。同理，第三道工位精车连接法兰（普）和精车连接法兰（数）也是并行工位，对该工位的报工也为并行工位报工。

图 14-59　加工报工

工号前缀是为了方便录入操作工和检验员信息而设置的。根据公司员工编号规则设定工号前缀为"WH00"，操作工处输入"009"即可得到对应员工编号为"WH00009"的操作工李俊华。图 14-60 所示不设置工号前缀时，操作工、检验员信息同样也可以通过数据下拉选择窗口得到。

图 14-61 所示为批次号"1312187"的跳序报工。在不影响产品最终加工质量的前提下，某些产品加工工位顺序可以无关紧要，即可以在前，也可以在后，如果当前工位任务已满，而其他工位加工能力未满，则可以跳转到其他工位进行加工，对该跳转工位的报工即为跳序报工。跳序报工可以缩短产品生产周期，提高生产率。例如：第四道工位精车出口法兰报工完毕后，根据现场实际情况，为了提高生产率，直接跳转到第七道工位钻连接法兰孔（普）

进行加工报工。第七道工位报工完毕后再按正常产品工艺路线结合现场实际生产情况进行加工报工。

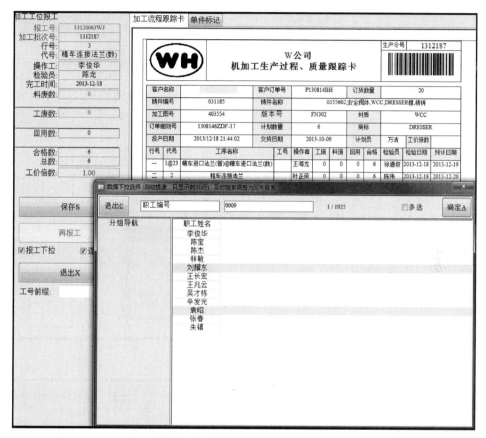

图 14-60　职工数据下拉选择窗口

如图 14-62 所示,在第十道工位钻攻服务孔现场验收中,有 5 个合格件,1 个回用件,在回用数下面是该回用件的描述"产品加工时有毛刺"。由于回用件是让步接收,所以也会自动流转到下一工位,即下一工位总数还是 6 件。如果有回用数、料废数、工废数,必须在回用数、料废数、工废数下面的横线上面填写相应的不合格描述原因,否则将弹出如图 14-63 所示错误提示框,提示不能保存成功。

加工报工完毕后的界面如图 14-64 所示。由图 14-64 可以看到,最后一个工位装箱、发货没有检验日期,因为发货是在产品加工验收后存放到成品库中再发货的。

由于加工报工是对该批次的产品进行跟踪并报工,并不能具体地跟踪到每一单件,所以生产现场中对产品单件进行标记,通过单件标记实现产品单件的全过程质量可追溯和数量可追溯。如图 14-65 所示,单件标记为"000CUX0015"的产品为回用件,其他产品都为合格件。通过单件标记,企业可以做到从"批次管理"向"单件管理"的转化。

加工报工完成后,对该产品进行加工验收,如图 14-66 所示。在加工验收的任务区中输入合格数为 6,系统会自动在下面的单件选择区中勾选 6 个单件,然后单击"加工验收"按钮对该产品进行加工验收。也可以单击"全部验收""按现场验收"按钮对产品进行加工验收。

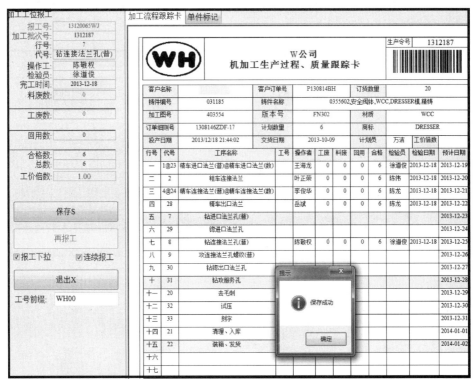

图 14-61　跳序报工

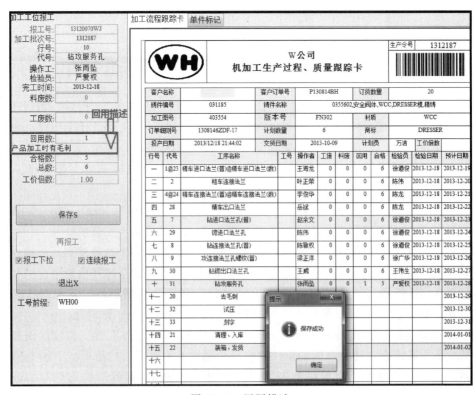

图 14-62　回用描述

# 第14章　华铸ERP集成系统典型应用案例

图 14-63　错误提示框

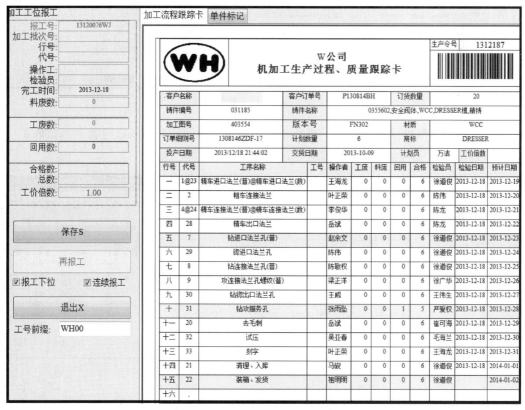

图 14-64　加工报工完毕后的界面

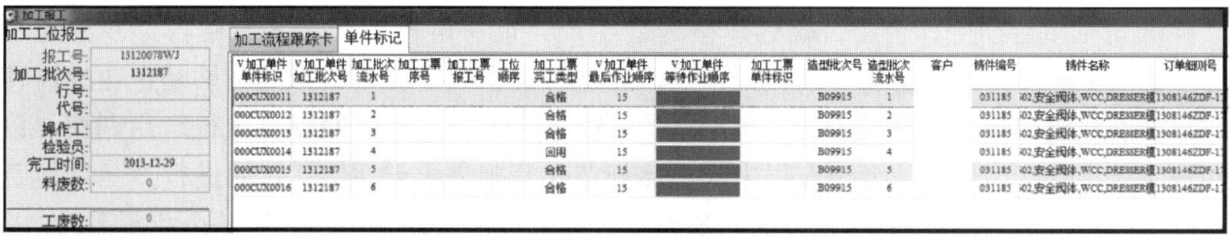

图 14-65　单件标记

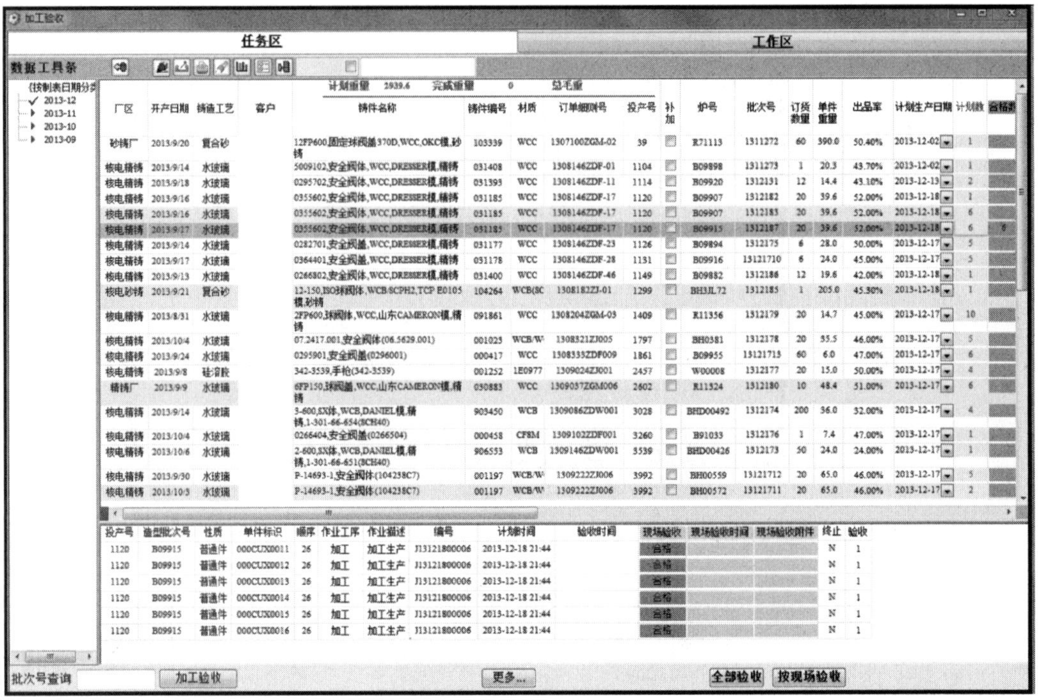

图 14-66　加工验收

加工验收完毕后产品存放到加工成品仓库中，该产品的整个加工过程就全部完成了，在加工成品仓库中就可以查到该产品的信息，如图 14-67 所示。

图 14-67　加工成品仓库

## 14.4.4　应用特色 3：基于库位模型的生产物流管控

W 公司是混合型生产企业，既有砂型铸造生产，也有熔模生产。一般而言，砂型铸造为大件小批量生产，熔模铸造为小件大批量生产，这种混合生产方式带来的结果是企业的铸件产品非常难以规范化管理，并且当产品分配不均衡时企业的不同厂区间需要进行产品调拨，以免影响按时交货进度。为了实现企业提出的产品规范化管理需求和在多厂区间进行产品调拨及调拨过程追溯的需求，在华铸 ERP 系统的基础上开发了铸件管理系统，以满足企业新需求。

下面通过跟踪 W 公司产品生产过程的一个生产订单的整个生产流程，来说明系统的操作和企业应用过程。

生产订单录入系统后，首先进行计划投产，如图14-68所示。在计划投产模块，制定生产订单的路线方案、投产部门以及投产时间。这里的投产部门即为每个厂区的计划部，各厂区计划部收到投产计划后，根据此计划安排车间生产。为了让各部门只能看到分配给自己部门的生产计划，需要在模块中设置相关权限，使数据按照厂区分流显示。以订单细则号"HUA1503001001"为例，订货数量为100件，计划投产数量为100件，路线方案选择标准路线模板"精铸不锈钢"，分配给精铸计划部进行投产。

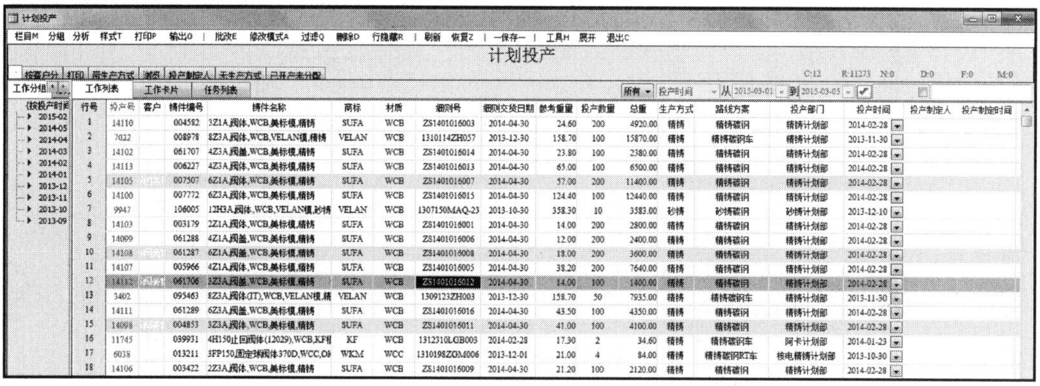

图 14-68　计划投产

然后精铸计划部按照分配的投产计划开始安排生产，依据作业路线的流转，首先进行蜡型计划，如图14-69所示。在此模块下达每日的蜡型计划，对应计划投产的100件生产订单，下达蜡型计划50件，单击"蜡型计划"按钮即可制定蜡型计划。

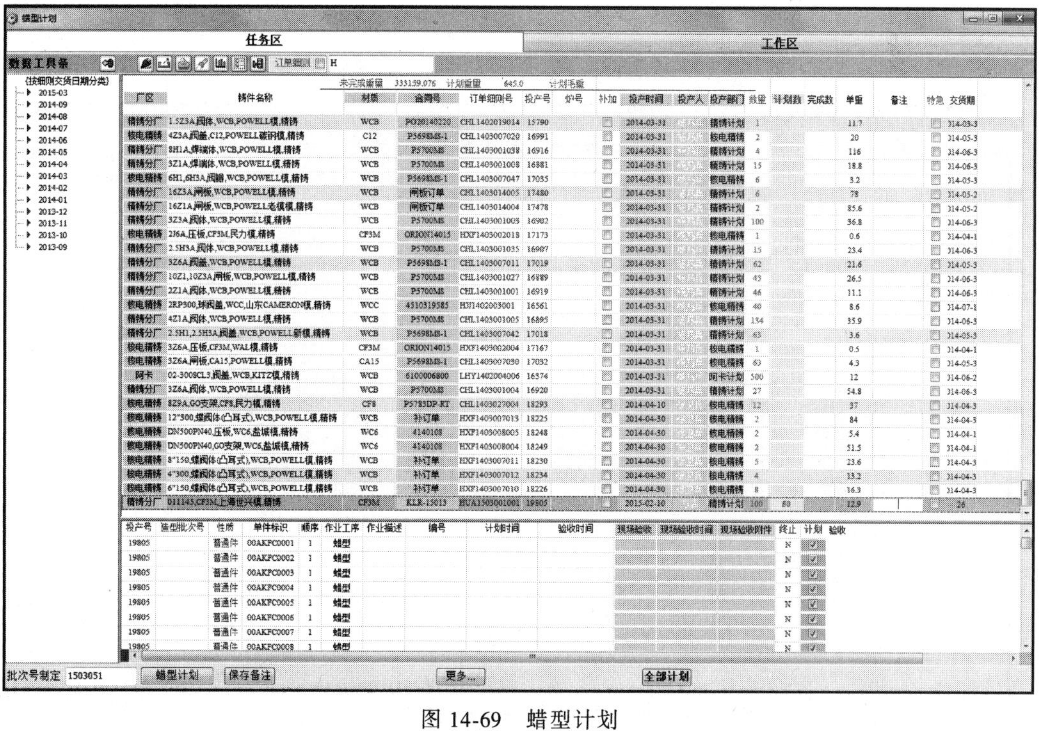

图 14-69　蜡型计划

蜡型计划在系统中制定后，需要在工作区打印生产过程跟踪卡并下发给生产车间。该投产计划对应的生产过程、质量跟踪卡如图14-70所示。生产过程、质量跟踪卡随着铸件一起在各工序车间流转，每当一个工序完成后在现场报工，相当于在制品入库手续。

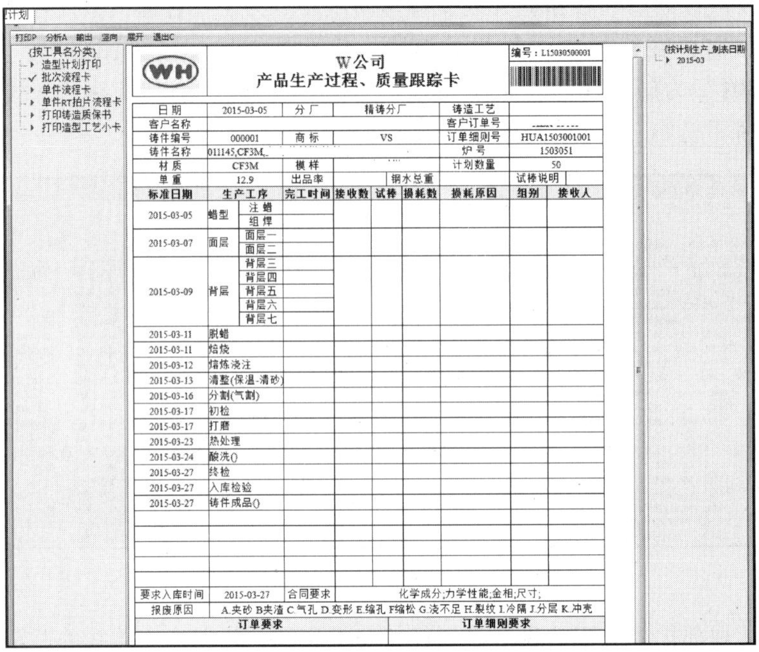

图14-70　生产过程、质量跟踪卡

蜡型验收如图14-71所示。蜡型计划下达后，数据流转到蜡型验收模块。在此模块填写验收数量，计划数为50件，生产合格50件，那么验收合格数填写50件，单击"蜡型验收"按钮完成验收，表示增加了50件在制品。

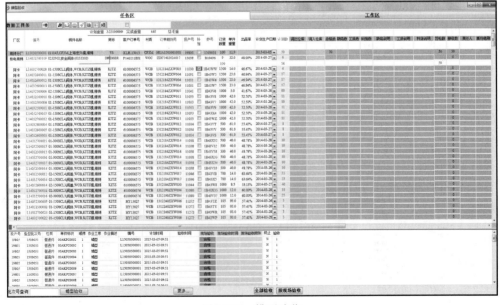

图14-71　蜡型验收

订单细则号"HUA1503001001"、炉号为"1503051"的在制品按照生产跟踪卡所示的工序路线完成生产后,在制品变为成品,需要办理入库手续,即铸件成品工序,如图14-72所示。计划生产50件,入库时发现合格件46件,不合格件有4件,入库仓库为精铸铸件成品库,表示该库位有46件成品入库。

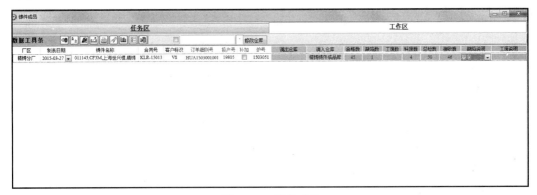

图14-72 铸件成品

对于生产过程中发现的4件不合格品,需要进入不合格品处置流程进行处置。系统中不合格品的申报有两种方式:一种为在生产现场发现不合格品时,如果可以决定产品的不合格类型和处置方式,可以在现场直接申报,图14-72所示的4件不合格品就是直接现场申报为料废不合格品;另外一种为在不符合项报告模块进行申报,然后相关部门集中进行处置。图14-73所示为现场申报后系统自动生成的不符合项报告,该铸件处置为报废,将进入铸件报废库。

图14-73 不符合项报告

图 14-74 所示为铸件生产进度跟踪。对于正在生产或生产完工的订单，可以在此模块对其进行生产进度跟踪，包括查询当前等待生产的工序，每一道工序的完工时间，以及已完工产品数量、未完工产品数量、报废产品数量的实时统计。

图 14-74　铸件生产进度跟踪

那么现在精铸分厂有 46 件成品，当总部发现自己仓库的成品缺少 10 件时，可以向精铸分厂申请调拨。成品调拨如图 14-75 所示。调出仓库为精铸铸件成品库，调入仓库为总部铸件成品库，数量为 10 件，对应铸件为订单细则号"HUA1503001001"的铸件。

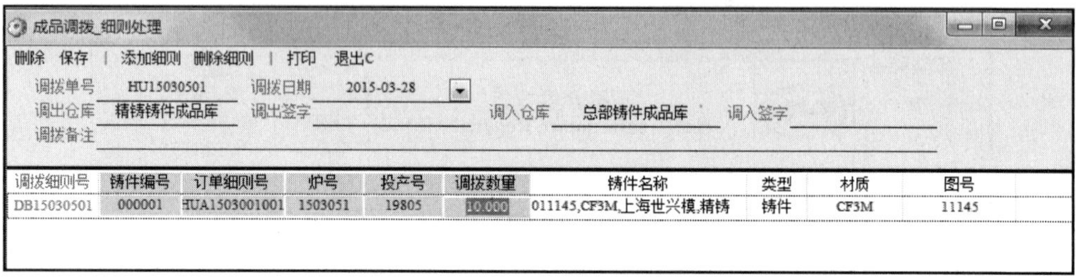

图 14-75　成品调拨

图 14-76 所示为铸件仓库进出库历史查询界面。通过订单细则号，可以查询出该订单细则号的铸件产品在不同库位间进出库的历史记录。

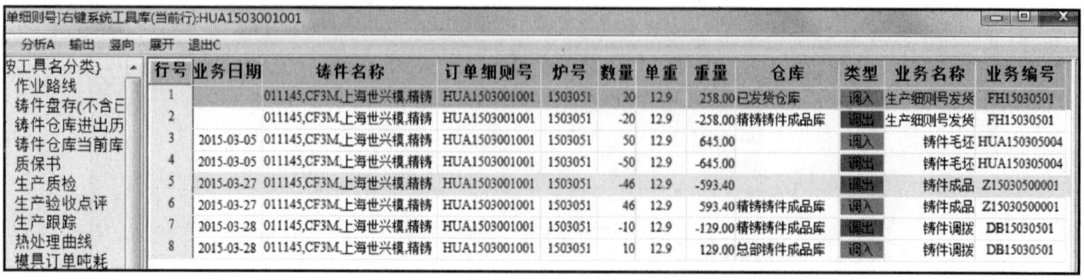

图 14-76　铸件仓库进出库历史查询界面

铸造成品仓库如图 14-77 所示。精铸铸件成品库对应铸件物料号为 000001 的产品入库 46 件，但是经调拨 10 件给总部，因此成品库存实际为 36 件。同时，总部铸件成品库对应产品的库存数为 10 件。企业可以根据成品库的库存数据来安排生产和发货。

图 14-77 铸造成品仓库

图 14-78 所示为发货单界面。对应上面的 36 件成品，表示可发货的铸件有 36 件，图 14-78a 所示为发货 20 件，完善好其他信息后即可打印发货单交给客户。

a) 发货单细则

b) 发货单打印

图 14-78 发货单界面

## 14.4.5 应用特色4：车间现场扫码与数据在线化处理

W公司的砂型铸造车间现场管理就是采用的传统表单抛转式的管理，管理层对每个工位的任务量不了解，生产调度的灵活性不高。每当有加急件时，调度起来十分吃力。生产过程中对每个工序的追踪不理想，质量的管理与控制比较困难。2013年该公司与华铸软件中心合作开始应用华铸ERP系统。华铸ERP系统能够对各种生产信息能够进行有效的管理，但是由于ERP系统自身的局限性，对于现场生产的计划、管理及调度都表现的不够灵活，仍旧无法从根本上解决企业所遇到的问题。MES系统虽然强调对生产进行跟踪，但是对于生产现场如何快速采集生产信息没有指出具体方法与原理。在集合了ERP系统与MES系统的优势基础上，华铸ERP系统基本满足了该公司在实际生产管理中需求。

图14-79所示为W公司砂型铸造车间的生产流程。

目前W公司的砂型铸造车间已经购置了两台平板计算机分布在现场，平板计算机可实时移动至任何生产工序进行验收、加工报工。每批产品生产时都有一张从系统中打印出的生产流程、质量跟踪卡，通过平板计算机后置摄像头扫描跟踪卡上的条码读入该批产品的生产信息，从而实现对整个生产过程的在线化管理。图14-80所示为用平板计算机扫描条码。平板计算机不仅是现场设备的重要组成部分，同时也是生产信息采集和传输的重要载体。

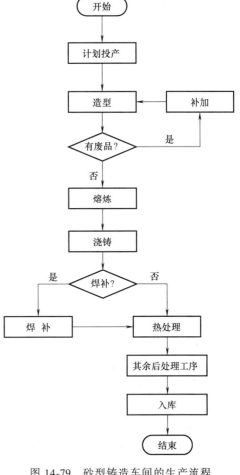

图14-79　砂型铸造车间的生产流程

下面以砂型铸造车间的某一订单中的砂型铸造产品的生产过程为例，来介绍华铸ERP系统的工作过程。

订单中产品是两个砂型铸造球阀体，生产作业路线是：制芯、造型、熔炼、浇铸、分割、碳刨、抛丸、打磨、酸洗，最终入库检验。图14-81所示生产过程与质量跟踪卡是生产完成后客户端中跟踪卡的界面（已隐去操作人和检验人姓名）。

该批次铸件的铸件编号为103340，炉号为BK1024，材质代号为WCC，计划数为2。在制芯计划界面中的列表区计划数中输入计划数2时，细则区将显示两行该铸件的信息，这是依据单件管理模型对计划

图14-80　用平板计算机扫描条码

中的产品进行单件化处理的结果。同理当该产品计划数为 4 时，细则区将同时显示四行该铸件信息。计划人员可对每个铸件进行计划，也可以进行批量计划。计划完成后，生产现场将接收到任务，进行生产。

| | W公司<br>砂铸车间产品生产过程、质量跟踪卡 | | | | | | 生产令号：1309307 | | |
|---|---|---|---|---|---|---|---|---|---|
| 日 期 | | 车 间 | 砂铸车间 | | | 铸造工艺 | 复合砂 | | |
| 客户名称 | | | | | | 客户订单号 | | | |
| 铸件编号 | 103340 | 商 标 | | | | 订单细则号 | 1307100ZGM-01 | | |
| 铸件名称 | 12FP600,固定球阀体370D | | | | | 炉 号 | BK1024 | | |
| 材 质 | WCC | 模 具 | | | | 计划数量 | 2 | | |
| 单 重 | | 出品率 | | 钢液总重 | | 打磨工资 | | | |
| 标准日期 | 生产工序 | 耗时（h） | 工废 | 料废 | 回用 | 合格 | | 操作人 | 检验人 |
| 2014-11-09 | 制芯 | 6 | | | | 2 | | | |
| 2014-11-10 | 造型 | 6 | | | | 2 | | | |
| 2014-11-11 | 熔炼(含浇铸) | 12 | | | | 2 | | | |
| 2014-11-12 | 分割 | 6 | | | | 2 | | | |
| 2014-11-14 | 碳刨 | 14 | | | | 2 | | | |
| 2014-11-15 | 抛丸 | 6 | | | | 2 | | | |
| 2014-11-18 | 打磨 | 48 | | | | 2 | | | |
| 2014-11-20 | 酸洗 | 44 | | | | 2 | | | |
| 2014-11-21 | 入库检验 | 5 | | | | 2 | | | |
| 要求入库时间 | 2014-11-22 | 合同要求 | | | 化学成分;力学性能;冲击;硬度; | | | | |
| 报废原因 | A.夹砂 B.夹渣 C.气孔 D.变形 E.缩孔 F.缩松 G.浇不足 H.裂纹 I.冷隔 | | | | | | | | |

图 14-81 生产过程与质量跟踪卡

生产完成后，验收人员在现场使用平板计算机扫描伴随产品的跟踪卡上的条码，进入对应的制芯验收界面，可对型芯单件验收，也可以批量验收，验收的同时也完成了加工报工。只有当验收结果为合格时，产品数据才会被驱动至下一工序。造型计划和造型验收分别如图14-82 和图 14-83 所示。

其余工序的计划、生产、验收流程与造型工序相同，此处不予赘述。车间管理员可以通过查看跟踪卡界面来实时了解产品的生产进度和质量状况。

图 14-82 造型计划

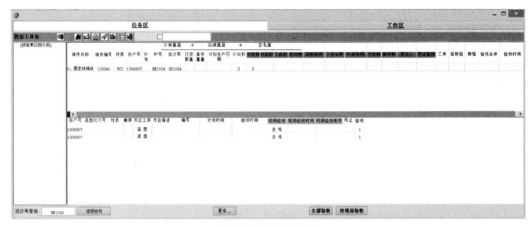

图 14-83 造型验收

## 14.4.6 应用特色 5：数字化工艺卡

### 1. 精铸数字化工艺卡设计

图 14-84 所示为 W 公司的精铸数字化工艺卡。该工艺卡主要包括：基本信息、制蜡工艺、制壳工艺、浇注工艺、质检要求、化学成分标准、附件及右侧的工艺图、工艺分析等。图 14-85 所示为 W 公司的砂铸数字化工艺卡。该工艺卡主要包括：基本信息、工装模样、造型工艺、合箱浇注工艺、清理打磨及右侧的工艺图、工艺分析等。

### 2. 应用效果分析

针对企业工艺管理范畴，围绕规范企业工艺管理，加强工艺卡片的全面性和指导性，缩短生产准备周期三个目标，从有效性、指导性等角度，对 W 公司应用华铸 ERP 系统铸造数字化工艺卡前后进行了对比，见表 14-23。实际应用表明：铸造数字化工艺卡包含了模样工艺、用砂要求、造型清整打磨等工艺要求，包含信息全面丰富，能将企业技术部门和生产车间紧密结合,从而实现工艺有效指导车间生产,降低铸件废品率;同时通过快速准确形成工艺 BOM 和提高优秀工艺的重用性,可以缩短生产准备周期和新产品试制周期。

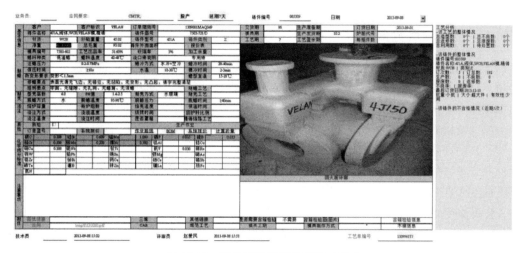

图 14-84　W 公司的精铸数字化工艺卡

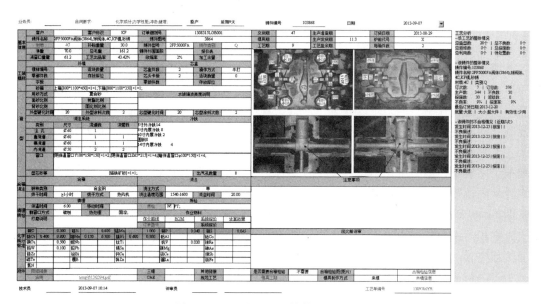

图 14-85　W 公司的砂铸数字化工艺卡

表 14-23　W 公司应用华铸 ERP 系统铸造数字化工艺卡前后的对比

| 比较方面 | 应用前 | 应用后 |
| --- | --- | --- |
| 工艺指导性、全面性 | 工艺卡包含数据简单,只包含部分工序工艺,工艺指导性不够,工艺不全 | 工艺卡内容丰富、全面详细,工艺指导性大大加强,全程协助指导车间生产,降低了废品率 |
| 生产准备周期 | 工艺 BOM 的准确制作费时费力,对相同产品要重复制作工艺,生产准备周期较长,时间成本高 | 工艺制定完成后一键工艺到 BOM,历史工艺快速重用,节省时间,缩短了生产准备和新品试制周期,降低了时间成本 |

## 14.5 核电石油领域多厂区多车间集团式精密铸造企业中的应用

### 14.5.1 企业应用背景介绍

S 公司是一家熔模精铸为主砂铸为辅的民营中大型集团式企业,主要面向核电、石油领域的管道、泵阀等的产品,是我国铸造行业的百强企业之一。该公司占地面积约为 4.48 万 $m^2$,建筑面积约为 5.41 万 $m^2$,主要生产各种阀门、泵、管道及工程机械的铸件,拥有砂型铸造、中低温蜡型精密铸造等多种生产工艺。年铸件生产能力为 10000t,机加工能力为 3000t,外销欧、美、日的产品占 30%~50%。随着企业的快速发展,客户要求的多样化和质量要求的严格化,原有管理方式不能满足企业现有需求。为了加快企业的市场需求响应速度、提升企业管理水平,S 公司于 2015 年 9 月开始应用华铸 ERP 系统。

S 公司应用华铸 ERP 系统以后,企业信息化和管理水平得以大幅提升,主要改善情况与 14.4.1 节所介绍的 W 公司的改善情况基本相同。

### 14.5.2 应用特色 1:主子卡跟踪与质量追踪追责

S 公司为混合型生产企业,熔模铸造车间占比较大。砂型铸造多为大件小批量,熔模铸造订单多为小件大批量,这种混合生产方式一定程度上造成了铸件的管理不规范,车间之间的频繁调拨会使得铸件批次混乱,难以满足企业对熔模铸件的批次管理需求。由于该企业熔模铸造车间占比较大,整体生产能力较强,铸件生产周期不长,原有生产流程卡整卡方案能够满足生产过程控制,但是难以兼顾生产批次管理和质量管控两大功能,不能满足对工序质量控制和缺陷铸件处置的需求。针对这种情况,该公司实施了生产流程卡主子卡方案,采用一张主卡来管控整体作业工序,并在流程卡背面增加了关键生产工序质量控制记录,加强了流程卡工序质量控制,采用不符合项报告单作为子卡对缺陷铸件进行处理,弥补了原有整卡方案在缺陷铸件处置上的不足。

图 14-86 所示为 S 公司改进前后流程卡方案的对比。从图 14-86 中可以看出,改进后主子卡方案相对于原有整卡方案,在生产、质量批次信息管理方面更加全面,在工序过程记录方面更加完善。

为了分析改进后主子卡方案在 S 公司的应用效果,对比改进前后流程卡方案的优劣,采用问卷调查结合报表分析方式收集了该公司的生产、质量及用户体验数据。

在 S 公司共发放 25 份问卷,有效问卷 21 份,收集的有效问卷情况具体为:销售外协部 5 份,精铸车间 10 份,质量部 6 份。问卷中的四个量化指标数据由企业报表分析所得,其他定性指标由问卷数据分析所得。依据前面建立的生产流程卡评价模型,获得的 S 公司生产流程卡评价标准见表 14-24。

**1. 改进前后生产流程卡综合得分**

根据表 14-24 中 S 公司生产流程卡评价标准,结合问卷调查和报表数据,得到原有整卡方案和主子卡方案准则层模糊综合矩阵如表 14-25 所示。

按照与 14.1.2 节中介绍的 B 公司求取改进前后流程卡综合得分相同的方法,求得 S 企业改进前后流程卡综合得分情况。

# 第14章 华铸ERP集成系统典型应用案例

a) 原有整卡方案

b) 主子卡方案主卡正面

c) 主子卡方案的主卡背面

d) 返工返修子卡

图 14-86 S公司改进前后流程卡方案的对比

表 14-24 S公司生产流程卡评价标准

| 项目 | 分值 | | | |
|---|---|---|---|---|
| | >90~100 | >80~90 | >70~80 | 0~70 |
| 生产特性 | | | | |
| 每月生产吨位 | >1000 | >900~1000 | >800~900 | ≤800 |
| 产品生产周期/d | >10~35 | >35~60 | >60~85 | >85 |
| 工序监控情况 | 很好 | 较好 | 一般 | 差 |
| 按时交货率(%) | >90~100 | >80~90 | >70~80 | ≤70 |

（续）

| 项目 | 分值 | | | |
|---|---|---|---|---|
| | >90~100 | >80~90 | >70~80 | 0~70 |
| 质量特性 | | | | |
| 质量追溯性 | 很好 | 较好 | 一般 | 差 |
| 不合格品处理及时性 | 很及时 | 较及时 | 一般 | 很慢 |
| 产品质量波动情况 | 很小 | 较小 | 一般 | 很大 |
| 产品合格率(%) | >97~100 | >92~97 | >85~92 | ≤85 |
| 企业及用户特性 | | | | |
| 生产管控全面性 | 很全面 | 较全面 | 一般 | 较差 |
| 工人操作便捷性 | 很方便 | 较方便 | 一般 | 不方便 |
| 流程透明与规范性 | 很好 | 较好 | 一般 | 较差 |
| 生产计划响应速度 | 很快 | 较快 | 一般 | 很慢 |

注：产品周期是根据产品阀体历史数据获得。

表 14-25 原有整卡方案和主子卡方案准则层模糊综合矩阵

| 方案 | 生产指标 | 质量指标 | 企业用户指标 |
|---|---|---|---|
| 原有整卡 | $\begin{bmatrix} 0 & 0 & 1 & 0 \\ 1 & 0 & 0 & 0 \\ 0 & 0.10 & 0.81 & 0.09 \\ 0 & 1 & 0 & 0 \end{bmatrix}$ | $\begin{bmatrix} 0 & 0.14 & 0.72 & 0.14 \\ 0 & 0.14 & 0.76 & 0.10 \\ 0 & 0.10 & 0.90 & 0 \\ 0 & 1 & 0 & 0 \end{bmatrix}$ | $\begin{bmatrix} 0 & 0.19 & 0.81 & 0 \\ 0.10 & 0.19 & 0.57 & 0.14 \\ 0 & 0.33 & 0.57 & 0 \\ 0.10 & 0.23 & 0.57 & 0.10 \end{bmatrix}$ |
| 主子卡 | $\begin{bmatrix} 0 & 1 & 0 & 0 \\ 0 & 1 & 0 & 0 \\ 0.10 & 0.38 & 0.52 & 0 \\ 0 & 1 & 0 & 0 \end{bmatrix}$ | $\begin{bmatrix} 0 & 0.95 & 0.05 & 0 \\ 0.05 & 0.62 & 0.28 & 0.05 \\ 0.10 & 0.57 & 0.33 & 0 \\ 0 & 1 & 0 & 0 \end{bmatrix}$ | $\begin{bmatrix} 0.10 & 0.67 & 0.13 & 0.10 \\ 0 & 0.71 & 0.29 & 0 \\ 0.14 & 0.76 & 0.10 & 0 \\ 0 & 0.76 & 0.24 & 0 \end{bmatrix}$ |

原有整卡方案综合得分：$G_1 = 74.34$；改进后主子卡方案得分：$G_2 = 79.81$。

根据改进前后流程卡综合得分可知，改进后主子卡方案综合得分高于原有整卡方案，但其综合分值不高，改进效果不明显。其原因在于该公司实施主子卡方案时间不长，企业人员对原有的纸质流程卡依赖程度大，造成主子卡方案实施困难。

根据图 14-87 可知，改进后主子卡方案在生产特性上得分最高，但是相比于原有生产流程卡分数相差不大。这主要是由于 S 公司精铸生产车间多，产能充足，能够在短时间内生产大批量订单，因此其生产流程卡主卡不需要进行拆分，这与原有整卡流转方式相差不大。但主子卡方案中子卡是在原有整卡方案基础上的改进，由图 14-87 可以看出，子卡改善了车间生产状况。质量特性与企业及用户特性的分值对比原有整卡方案有了较大的提高，这主要与 S 公司严格的质量管控理念密切相关。主子卡方案在原有整卡方案的基础上增加了关键生产工序质量控制部分，加强了生产中的质量管控，提升了车间原有的质量管理。企业及用户特性的改善表明了该公司相关人员对改进后主子卡方案的支持认可。

**2. 各部门改进前后生产流程卡得分情况**

各部门改进前后流程卡准则层模糊综合矩阵见表 14-26~表 14-28 所示。按照前面介绍的方法求得各部门生产流程卡综合得分，如表 14-29 所示。

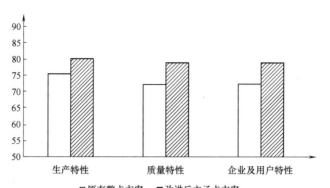

图 14-87 改进前后生产流程卡方案准则层各指标分值对比

表 14-26 销售外协部准则层模糊综合矩阵

| 方案 | 生产指标 | 质量指标 | 企业用户指标 |
|---|---|---|---|
| 原有整卡 | $\begin{bmatrix} 0 & 0 & 1 & 0 \\ 1 & 0 & 0 & 0 \\ 0 & 0 & 0.80 & 0.20 \\ 0 & 1 & 0 & 0 \end{bmatrix}$ | $\begin{bmatrix} 0 & 0 & 0.80 & 0.20 \\ 0 & 0 & 0.60 & 0.40 \\ 0 & 0 & 1 & 0 \\ 0 & 1 & 0 & 0 \end{bmatrix}$ | $\begin{bmatrix} 0 & 0 & 1 & 0 \\ 0 & 0 & 0.60 & 0.40 \\ 0 & 0 & 0.80 & 0.20 \\ 0 & 0 & 0.80 & 0.20 \end{bmatrix}$ |
| 主子卡 | $\begin{bmatrix} 0 & 1 & 0 & 0 \\ 0 & 1 & 0 & 0 \\ 0 & 0.80 & 0.20 & 0 \\ 0 & 1 & 0 & 0 \end{bmatrix}$ | $\begin{bmatrix} 0 & 1 & 0 & 0 \\ 0 & 0.40 & 0.60 & 0 \\ 0 & 0.40 & 0.60 & 0 \\ 0 & 1 & 0 & 0 \end{bmatrix}$ | $\begin{bmatrix} 0 & 0 & 0.60 & 0.40 \\ 0 & 0.40 & 0.60 & 0 \\ 0 & 1 & 0 & 0 \\ 0 & 0.40 & 0.60 & 0 \end{bmatrix}$ |

表 14-27 精铸车间准则层模糊综合矩阵

| 方案 | 生产指标 | 质量指标 | 企业用户指标 |
|---|---|---|---|
| 原有整卡 | $\begin{bmatrix} 0 & 1 & 0 & 0 \\ 1 & 0 & 0 & 0 \\ 0 & 0.20 & 0.80 & 0 \\ 0 & 1 & 0 & 0 \end{bmatrix}$ | $\begin{bmatrix} 0 & 0.30 & 0.60 & 0.10 \\ 0 & 0.30 & 0.70 & 0 \\ 0 & 0.10 & 0.90 & 0 \\ 0 & 1 & 0 & 0 \end{bmatrix}$ | $\begin{bmatrix} 0 & 0.20 & 0.80 & 0 \\ 0.20 & 0.30 & 0.50 & 0 \\ 0 & 0.60 & 0.40 & 0 \\ 0.20 & 0.40 & 0.40 & 0 \end{bmatrix}$ |
| 主子卡 | $\begin{bmatrix} 0 & 1 & 0 & 0 \\ 0 & 1 & 0 & 0 \\ 0.10 & 0.90 & 0 & 0 \\ 0 & 1 & 0 & 0 \end{bmatrix}$ | $\begin{bmatrix} 0 & 0.90 & 0.10 & 0 \\ 0 & 0.60 & 0.30 & 0.10 \\ 0.20 & 0.50 & 0.30 & 0 \\ 0 & 1 & 0 & 0 \end{bmatrix}$ | $\begin{bmatrix} 0.10 & 0.90 & 0 & 0 \\ 0 & 0.90 & 0.10 & 0 \\ 0.20 & 0.70 & 0.10 & 0 \\ 0 & 0.90 & 0.10 & 0 \end{bmatrix}$ |

表 14-28 质量部准则层模糊综合矩阵

| 方案 | 生产指标 | 质量指标 | 企业用户指标 |
|---|---|---|---|
| 原有整卡 | $\begin{bmatrix} 0 & 0 & 1 & 0 \\ 1 & 0 & 0 & 0 \\ 0 & 0 & 0.83 & 0.17 \\ 0 & 1 & 0 & 0 \end{bmatrix}$ | $\begin{bmatrix} 0 & 0 & 0.83 & 0.17 \\ 0 & 0 & 1 & 0 \\ 0 & 0.17 & 0.83 & 0 \\ 0 & 1 & 0 & 0 \end{bmatrix}$ | $\begin{bmatrix} 0 & 0.33 & 0.67 & 0 \\ 0 & 0.17 & 0.66 & 0.17 \\ 0 & 0.17 & 0.66 & 0.17 \\ 0 & 0.17 & 0.66 & 0.17 \end{bmatrix}$ |

(续)

| 方案 | 生产指标 | 质量指标 | 企业用户指标 |
|---|---|---|---|
| 主子卡 | $\begin{bmatrix} 0 & 1 & 0 & 0 \\ 0 & 1 & 0 & 0 \\ 0.17 & 0.83 & 0 & 0 \\ 0 & 1 & 0 & 0 \end{bmatrix}$ | $\begin{bmatrix} 0 & 1 & 0 & 0 \\ 0.17 & 0.83 & 0 & 0 \\ 0 & 0.83 & 0.17 & 0 \\ 0 & 1 & 0 & 0 \end{bmatrix}$ | $\begin{bmatrix} 0.17 & 0.83 & 0 & 0 \\ 0 & 0.67 & 0.33 & 0 \\ 0.17 & 0.66 & 0.17 & 0 \\ 0 & 0.83 & 0.17 & 0 \end{bmatrix}$ |

表 14-29 各部门生产流程卡综合得分

| 部门 | 发放问卷数 | 有效问卷数 | 综合评分 原有生产流程卡 | 综合评分 改进后主子卡 |
|---|---|---|---|---|
| 销售外协部 | 6 | 5 | 72.88 | 78.85 |
| 精铸车间 | 12 | 10 | 75.73 | 79.94 |
| 质量部 | 7 | 6 | 73.45 | 80.55 |

从表 14-29 看出，改进后的主子卡方案在质量部得分最高，相较于原有整卡方案综合分值提升最大。产生这一结果的原因在于主子卡在质量管控部分的改进较大，主子卡方案在原有整卡方案背面增加了关键工序质量监控内容，虽然一定程度上增加了质量部相关人员的工作量，但是在生产质量监控上取得了较好的成效。销售外协部改进后主子卡分值相较于原有整卡分值提升较大，仅次于质量部。原因在于主子卡方案优化了外协流程，增加了生产对外协的管控，得到了销售外协部门的认可。精铸车间是操作流程卡最频繁的部门，主子卡方案的实施一定程度上增加了生产报工的时间，改变了原有整卡报工时的操作习惯，尤其是在熔炼浇注等关键工序，系统对流程卡报工进行了炉号约束，未填写炉号的流程卡不能报工，这一约束加强了生产与质量协同，同时也造成了操作员报工的不便。因此精铸车间改进后主子卡相较于原有流程卡方案分值提升不大。但是从该得分情况可以预计，主子卡方案进入稳定运行期后，该得分情况会有较大改善。

笔者通过在 S 公司实地调研，采集了相关人员对生产流程卡的自评结果，该结果表明改进后的主子卡方案在质量特性上改进最优，生产特性上次之，与采用生产流程卡评价模型得到的结果相符。该方案解决了原有整卡方案与实物难以对应、不能严格管控生产质量等问题，但其在生产特性上还需继续优化。

**3. 串并联式工艺、原材料追责追踪方案的实现**

S 公司作为一家中型民营企业，其管理模式相对 B 公司较粗放，但其在工艺和原材料管理方面较为严格。铸造工艺是控制铸件生产过程和质量的源头，原材料与生产、质量和成本密切相关，S 公司对这两者重视程度较高，因此在 S 公司已有的原材料和工艺模块的基础上设计了工艺、原材料追责追踪方案。

（1）工艺追责追踪方案　图 14-88 所示为 S 公司的工艺不良铸件信息，图中的阀体铸件在熔炼浇注工序产生了漏钢。以订单 XW1601003001 为例，该订单铸件为阀体，在熔炼浇注工序报废率为 0.2，超出了企业报废临界值，对其展开工艺追责追踪。

将不良统计作为铸件追责追踪的上一道作业。根据任务驱动模式，双击任务区数据进入工作区，选择追责类型为工艺追责。通过右键单击订单 XW1601003001 对应的工艺单号

## 第14章 华铸ERP集成系统典型应用案例

**不良统计**

| 制表日期 | 工序 | 完成数 | 合格数 | 回用数 | 回用说明 | 报废数 | 报废说明 | 报废率 | 制表人 | 订单组则号 | 对应工艺单号 | 炉号 | 铸件编号 | 铸件名称 | 材质 | 类型 |
|---|---|---|---|---|---|---|---|---|---|---|---|---|---|---|---|---|
| 2016-02-20 | 熔炼浇注 | 14 | 10 | | | 4 | 漏钢 | 0.29 | 朱乃华 | CZ1601029001 | XJ00381511 | G08401 | ZJ45655 | 阀体 | CF8 | 质检 |
| 2016-02-17 | 熔炼浇注 | 10 | 2 | | | 2 | 漏钢 | 0.20 | 朱乃华 | CZ1601029011 | XJ00381512 | G08370 | ZJ45662 | 阀体 | CF8M | 质检 |
| 2016-02-17 | 熔炼浇注 | 10 | 8 | | | 2 | 漏钢 | 0.20 | 朱乃华 | CZ1601029011 | XJ00381512 | G08370 | ZJ45662 | 阀体 | CF8M | 质检 |
| 2016-02-26 | 熔炼浇注 | 10 | 3 | | | 2 | 漏钢 | 0.20 | 朱乃华 | CZ1601029007 | XJ00481518 | G08462 | ZJ45691 | 阀体 | CF8 | 质检 |
| 2016-02-22 | 熔炼浇注 | 10 | 4 | | | 2 | 漏钢 | 0.20 | 朱乃华 | XW1601003001 | XJ01231522 | G08425 | ZJ01947 | 阀体 | WCB | 质检 |
| 2016-02-24 | 熔炼浇注 | 4 | 3 | | | 1 | 漏钢 | 0.25 | 朱乃华 | XW1601003001 | XJ01231522 | G08447 | ZJ01947 | 阀体 | WCB | 质检 |
| 2016-02-17 | 熔炼浇注 | 35 | 13 | | | 4 | 漏钢 | 0.11 | 朱乃华 | CZ1601029017 | XJ01231522 | G08378 | ZJ45665 | 阀体 | WCB | 质检 |
| 2016-04-02 | 熔炼浇注 | 3 | 2 | 0 | | | 漏钢 | 0.33 | 张珍宵 | PX1603016008 | XJ01231522 | F13194 | ZJ52876 | 阀体 | 1.4470 | 质检 |

图 14-88 工艺不良铸件信息

XJ01231522 得到不良铸件工艺单信息,如图 14-89 所示,根据工艺单信息进行追责。从工艺单信息可知,该工艺尚未完善,三维图和 CAD 链接信息均未上传,阀体铸件结构存在窄槽,该处型壳强度相对薄弱,浇注时容易产生漏钢现象,这一重要信息并未在工艺卡中有所体现,因此对工艺编制人员进行相应追责处理。图 14-90 所示为该工艺不良铸件追责信息,对责任人进行追责处理。

**低温蜡 工艺卡**

| 受控状态 | 受控 | 客户 | A | | 编号 | XJ01231522 | 版本号 | 1.0 |
|---|---|---|---|---|---|---|---|---|
| 品名 | 阀体 | 客户描述 | - | | 材质 | | WCB | |
| 细则号 | XW1512001003 | 毛坯图号 | DY-WA-02F-150-6-01 | | 加工图号 | | WA-02F-150-6 | |
| 铸件编号 | ZJ01947 | 铸件重量 | | | 总重 | | | |

| 射蜡工艺 | 压蜡压力 | 0.2-0.6MPA | 修蜡说明 | ①、蜡型分型部位、孔位去披缝,法兰部位倒圆角;<br>②、铸字要清晰,正确;<br>③、炉号按每炉次钢水量编排,蜡型上修出。 | 组树 | 组数量 | 1 |
|---|---|---|---|---|---|---|---|
| | 蜡膏温度℃ | 48-57 | | | | 模头 | W-6-150-T |
| | 蜡缸温度℃ | 48-52 | | | | 蜡型重量kg | 4.04 |
| | 保压时间s | 10-20 | | | | 模头重量kg | 5.01 |
| | 冷却方式 | 水冷 | | | | 工艺出品率 | 4464.00% |

| 注意事项 | ①、内浇道与横浇道组焊处不允许有缝隙、气孔;<br>②、检查蜡型上材质标记是否与定单要求相符,并在浇口杯上做出不同材料标记;<br>③、修刮掉分型面飞边、毛刺;<br>④、焊完浇道后,滴到产品上的蜡滴须去除;<br>⑤、定单有特别要求时,参照相关要求。 |
|---|---|

| 制壳 | 型壳类型 | 硅溶胶涂料 | 第五层黏度 | 10-13s | 熔炼铸造 | 脱蜡方式 | 蒸汽脱蜡 | 切割 | 气割 |
|---|---|---|---|---|---|---|---|---|---|
| | 面层黏度 | 20-30s | 第六层黏度 | 10-13s | | 焙烧温度℃ | 1040-1150 | 除砂清理 | 震壳 抛丸 |
| | 过渡层黏度 | 5-9s | 第七层黏度 | 10-13s | | 保温时间 | 35-50min | 打磨 | |
| | 第三层黏度 | 5-9s | 八~十二层黏度 | 10-13s | | 熔炼温度℃ | 1570-1650 | 热处理 | 正火+回火处理 |
| | 第四层黏度 | 7-10s | 型壳层数 | 8 | | 浇注温度℃ | 1530-1640 | 表面处理 | 涂防锈油 |

| 规范工艺 | | 三维 | | CAD链接 | | 其他链接 | |
|---|---|---|---|---|---|---|---|
| 编制 | 谢建乐 | 审核 | 陈国平 | 批准 | | | |
| 编制时间 | 2015-12-11 | 审核时间 | 2017-02-17 | 批准时间 | | | |

图 14-89 不良铸件工艺单信息

**铸件追责追踪**

| 编号 | 订单组则号 | 完成数 | 工废数 | 工序 | 制表人 | 制表日期 | 炉号 | 对应工艺单号 | 技术员 | 不合格原因描述 | 追责类型 | 责任人 | 追责决定 | 决定签署人 |
|---|---|---|---|---|---|---|---|---|---|---|---|---|---|---|
| 1702003 | CZ1601029011 | 10 | 2 | 2 | 熔炼浇注 | 朱乃华 | 2016-02-17 | G08370 | XJ00381512 | 谢建乐 | 熔炼浇注时漏钢 | 工艺追责 | 谢建乐 | 改进工艺 | 陈国平 |
| 1702008 | XW1601003001 | 4 | 3 | 1 | 熔炼浇注 | 朱乃华 | 2016-02-24 | G08447 | XJ01231522 | 谢建乐 | 熔炼浇注时漏钢 | 工艺追责 | 谢建乐 | 改进工艺,由审批人和编制人承担责任 | 王加福 |
| 1702007 | CZ1601029017 | 10 | 4 | 2 | 熔炼浇注 | 朱乃华 | 2016-02-26 | G08462 | XJ00481518 | 谢建乐 | 熔炼浇注时漏钢 | 工艺追责 | 陈良信 | 改进工艺 | 王加福 |

图 14-90 工艺不良铸件追责信息

图 14-91 中显示了使用了工艺单 XJ01231522 的所有流程卡。从图中可以看出,流程卡的报废率和生产状态各不相同。由于铸件缺陷是由工艺设计不当导致的,使用该工艺

生产的所有铸件均可能受到影响，因此对所有流程卡进行相应处置。对于已经入库的流程卡如L16011800014，首先对其进行出库操作，然后进行质量复检，将复检不合格的铸件转入不合格品处置流程；在制的流程卡如L16031700109，其处于等待加工状态，该流程卡目前报废率已经超出临界值，需要停止后续工序报工，开具不合格处置单，转入返工返修、报废补加等缺陷处置流程；在制的流程卡如L16012000015，该流程卡报废率为0，但是该流程卡使用了缺陷工艺，也需要对其进行质量工序复检，将复检不合格的铸件转入不合格品处置流程。

**铸件工艺追踪**

| 订单细则号 | 铸件名称 | 订货数量 | 生产方式 | 完成 | 类别 | 编号 | 计划数 | 在制数量 | 报废数 | 等待作业 | 报废率 | 追踪决定 | 处置人 |
|---|---|---|---|---|---|---|---|---|---|---|---|---|---|
| XW1601003001 | 阀体 | 50 | 低温蜡 | N | 一卡 | L16012000015 | 5 | 5 | 0 | 加工 | 0.00 | 1、对铸件进行质量工序复检； | 谭辉 |
| PX1603016008 | 阀体 | 2 | 低温蜡 | N | 一卡 | L16031700109 | 3 | 2 | 1 | 加工 | 0.33 | 2、停止报工，进入不合格品处置流程； | 狄昭仁 |
| XW1601003001 | 阀体 | 50 | 低温蜡 | N | 一卡 | L16012000013 | 15 | 14 | 1 | 加工 | 0.07 | 1、对铸件进行质量工序复检；2、停止报工，进入不合格品处置流程； | 杨幻娜 |
| XW1601003001 | 阀体 | 50 | 低温蜡 | N | 一卡 | L16011900006 | 15 | 13 | 2 | 加工 | 0.13 | 1、对铸件进行质量工序复检； | 杨正蛋 |
| CZ1601029017 | 阀体 | 50 | 低温蜡 | Y | 一卡 | L16011800014 | 50 | 39 | 11 | 已入库 | 0.22 | 1、出库处置，进行质量工序复检； | 吴昊 |
| CZ1601029017 | 阀体 | 50 | 低温蜡 | N | 一卡 | L16011800015 | 50 | 1 | 11 | 震壳清砂 | 0.22 | 2、停止报工，进入不合格品处置流程； | 谢静 |
| XW1601003001 | 阀体 | 50 | 低温蜡 | N | 一卡 | L16011800005 | 15 | 15 | 0 | 加工 | 0.00 | 1、对铸件进行质量工序复检； | 狄昭仁 |

图 14-91　工艺不良铸件追踪处置

（2）原材料追责追踪方案　图14-92所示为S公司的原材料不良铸件信息，图中的阀体铸件在熔炼浇注工序产生了成分超废。以订单ZG1602003010为例，该订单铸件为阀体，在熔炼浇注工序报废率为0.38，超出了企业规定的报废率临界值，对其展开原材料追责追踪。

**不良统计**

| 制表日期 | 工序 | 完成数 | 合格数 | 回用数 | 回用说明 | 报废数 | 报废说明 | 报废率 | 制表人 | 订单细则号 | 原材料编号 | 原材料批号 | 炉号 | 铸件编号 | 铸件名称 | 材质 | 类型 |
|---|---|---|---|---|---|---|---|---|---|---|---|---|---|---|---|---|---|
| 2017-02-16 | 熔炼浇注 | 50 | 30 | | | 20 | 成分超废 | 0.40 | 吴礼谐 | CZ1604013008 | Y04 | 0213A1 | 1702161 | ZJ45512 | 阀体 | CF3M | 质检 |
| 2017-02-13 | 熔炼浇注 | 176 | 148 | 0 | | 28 | 成分超废 | 0.16 | 周摩焕 | ZG1604005001 | Y04 | 0213A1 | Z021301 | ZJ04592 | 阀体 | CF3M | 质检 |
| 2017-02-13 | 熔炼浇注 | 28 | 20 | 0 | | 8 | 成分超废 | 0.29 | 何则宝 | PX1604029009 | Y08 | 0213B1 | S021301 | ZJ30579 | 阀体 | CF8 | 质检 |
| 2016-03-18 | 熔炼浇注 | 9 | 6 | | | 3 | 成分超废 | 0.33 | 肖龙伟 | PX1602015001 | Y08 | 0213B1 | A17614 | ZJ51253 | 阀体 | CF8 | 质检 |

图 14-92　原材料不良铸件信息

进入铸件追责追踪模块，从任务区汇总的不良统计数据中选择相应数据，双击该数据进入工作区，填写追责类型为原材料追责。订单ZG1602003010对应的炉号为B19698，右键单击炉号B19698查到该炉次成分化验情况，如图14-93所示。根据成分化验数据可知，该批原材料Ni含量和Mo含量超标，该炉成分不合格。此时查询该批原材料采购信息获取缺陷原材料来源，炉号B19698对应的原材料编号为Y08，原材料批号为023B1，右键单击批号023B1查询到该批原材料的采购信息，如图14-94所示。根据采购信息确定相关责任人。结合成分化验信息和原材料供应商、经办人信息进行相应追责处理，其处理结果如图14-95所示。该批原材料本身存在质量问题，对原材料供应商和经办人进行适当的处置。

**成分化验**

| 化验单号 | 炉次 | 浇注时间 | 化验员 | 化验日期 | 光谱原始单 | 结果说明 | 调整说明 | 制表人 | 制表时间 | 化验复核 | 复核日期 | 材质 | C | Si | Mn | P | S | Cr | Ni | Mo | Cu | V | Nb | N |
|---|---|---|---|---|---|---|---|---|---|---|---|---|---|---|---|---|---|---|---|---|---|---|---|---|
| B19698 | 18 | 2016-03-26 | 沈浩栓 | 2016-03-27 | | N | | 武金彦 | 2016-03-27 | 黄海琴 | 2016-03-27 | WCB | 0.250 | 0.44 | 0.86 | 0.015 | 0.009 | 0.100 | 0.560 | 0.280 | 0.013 | 0.0020 | | |

图 14-93　不良铸件成分化验

**原材料采购信息**

| 申请单号 | 采购单号 | 采购细则号 | 请购凭证 | 原材料编号 | 原材料名称 | 单位 | 请购数量 | 确认数量 | 单价 | 运费 | 金额 | 预估回购时间 | 回购时间 | 供应商 | 经办人 |
|---|---|---|---|---|---|---|---|---|---|---|---|---|---|---|---|
| HU17021301 | HU17021301 | 1702130002 | HU17020001 | Y08 | 钼铁 | 吨 | 2 | 2 | 5200 | 78 | 10400 | 2017-02-12 | 2017-02-14 | 上海鼎实金鹰材料有限公司 | 吴圣亮 |

图 14-94　原材料采购信息

### 铸件追责追踪

| 编号 | 订单细则号 | 完成数 | 合格数 | 工废数 | 工序 | 制表人 | 制表日期 | 炉号 | 原材料批号 | 不合格原因描述 | 追责类型 | 责任人 | 追责决定 | 决定签署人 |
|---|---|---|---|---|---|---|---|---|---|---|---|---|---|---|
| 1702009 | ZO1602003010 | 80 | 50 | 30 | 熔炼浇注 | 肖龙伟 | 2016-03-26 | B19698 | 0213B1 | 原材料成分不合格 | 原材料追责 | 吴圣尧 | 供应商原材料批次质量问题 | 夏映林 |
| 1702002 | LJ1604100004 | 10 | 7 | 3 | 低温蜡 | 黄阿兰 | 2017-02-13 | F02131 | 0213B1 | 原材料成分不合格 | 原材料追责 | 吴圣尧 | 供应商原材料批次质量问题 | 夏映林 |
| 1702001 | PX1604029009 | 28 | 20 | 8 | 熔炼浇注 | 郑林华 | 2017-02-13 | S021301 | 0213B1 | 原材料成分不合格 | 原材料追责 | 吴圣尧 | 供应商原材料批次质量问题 | 夏映林 |

图 14-95 原材料不良铸件追责信息

图 14-96 显示了使用原材料批号 023B1 的所有流程卡。从图中可以看出，流程卡均产生不同程度的报废，由于铸件缺陷是由原材料导致，使用该原材料生产的所有铸件均受到影响。处于在制状态的流程卡需要停止后续工序报工，进行成分复检，并开具不合格处置单，转入返工返修或报废补加等缺陷处置流程；已经入库的流程卡需要对其试棒进行成分性能复检，以减小该批不良原材料的影响范围。

### 铸件原材料追踪

| 原材料批号 | 订单细则号 | 铸件名称 | 订货数量 | 生产方式 | 完成状态 | 类别 | 编号 | 总数 | 合格数 | 报废数 | 作业工序 | 报废率 | 追责启动 | 追责决定 | 处置人 | 材质 |
|---|---|---|---|---|---|---|---|---|---|---|---|---|---|---|---|---|
| 0213B1 | ZG1602003010 | 阀体 | 200 | 中温蜡 | N | 一卡 | L16031500021 | 82 | 50 | 32 | | 0.39 | ☑ | 1、停止报工，进入不合格品处置流程； | 邱小良 | CF8 |
| 0213B1 | PX1604029009 | 阀体 | 30 | 低温蜡 | N | 一卡 | L17021300002 | 30 | 20 | 10 | 震壳清砂 | 0.33 | ☑ | 1、停止报工，进入不合格品处置流程； | 邱小良 | CF8 |
| 0213B1 | LJ1604100004 | 阀体 | 10 | 低温蜡 | N | 一卡 | L17021300003 | 10 | 7 | 3 | 震壳清砂 | 0.30 | ☑ | 1、停止报工，进入不合格品处置流程； | 邱小良 | CF8 |
| 0213B1 | PX1602015001 | 阀体 | 5 | 中温蜡 | N | 一卡 | L16030400035 | 10 | 6 | 4 | 抛丸 | 0.40 | ☑ | 1、停止报工，进入不合格品处置流程； | 邱小良 | CF8 |

图 14-96 原材料不良铸件追踪处置

## 14.5.3 应用特色 2：生产质检流程优化

S 公司在使用华铸 ERP 系统之后，采用了批次管理模式，企业的生产流程效率和质量管控得到了显著的提升。但不合理的质保书流程导致企业在生产过程中容易出现同一客户不同批次铸件质保书存在差异情况，人工制作质保书效率低下以及开质保书时存在重复性工作的问题，进而使企业"高质"和"高效"目标难以实现，为此必须对之进行优化，解决这个问题，进一步提高的生产率和加强质量管控。

**1. 优化过程**

结合优化模型，并对 S 公司的生产质量流程进行分析。S 公司成分和力学性能流程图如图 14-97 所示。客户炉号是客户要求企业成分化验和力学性能报告上的炉编号，这个炉号需要刻在铸件上因此也叫铸字炉号。对于同种材质不同铸件（铸件 A、B、C）产品客户要求不同批次，即订货时间不同，企业在提供质保书时成分报告和力学性能报告是一样的。对于同一炉浇注的铸件 A 和 C 成分是一样的，但是对于不同炉浇注的铸件 B 和 A、C 成分可能存在一定的差异，同时铸件 B 由于数量、炉子容量等客观因素的原因采用不同炉浇注，成分也可能存在一定的差异；成分化验之后浇注的试棒进行热处理，不同炉浇注的试棒可能在同一炉中进行热处理，也可能在不同的炉中进行热处理，总之组合情况复杂；热处理后的试棒进行力学性能测试，得到机械性能报告；成分报告和力学性能报告合成质保书，发送给客户。

S 公司原有质保书流程图如图 14-98 所示。熔炼浇注之后进行成分化验，试棒进行热处理之后进行力学性能测试，然后在发货时需要提供质保书，这时发货人员会找质保人员索要质保书。质保人员首先在自己保存的成分库和力学性能库文件夹中搜索，如果搜索到以前铸件的质保书就继续使用，如果没有搜索到就需要质保人员根据成分和力学性能重新制作质保书。这两个过程都非常费时费力，且存在重复性的工作，还可能出现同一客户上一次订单的

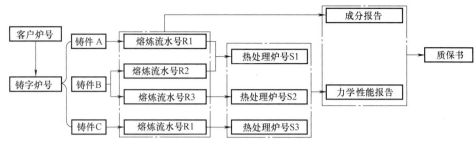

图 14-97　S 公司成分和力学性能流程图

质保书和这一次的质保书中成分和力学性能不一样的情况，导致质量要求不合格。

根据流程优化方法（Eraser）的 S（Simply）原则和 A（Add）原则，对流程进行简化并增加试棒号管理流程。S 公司优化后的质保书流程图如图 14-99 所示。成分化验登记之后进行力学性能登记，然后进行试棒管理流程（客户炉号+基准成分和基准力学性能），再进行发货单流程，系统自动生成质保书。基准成分根据客户炉号对不同炉子的钢液进行成分化验，综合不同的成分，选取最具代表性的值作为基准成分，同理热处理后对多个试棒进行力学性能测试，选取最具代表性的值作为基准力学性能。基准成分和基准力学性能报告做好了之后，再次生产该客户的铸件时，给客户开发货质保书时，可以根据客户炉号直接从系统里面调出。基准成分和基准力学性能的确定流程图如图 14-100 所示。这样就能杜绝同一客户两次的产品质保书不一样的情况，有助于提高产品质量，提高客户满意度；同时省去了像以前质保工人人工制作发货质保书的步骤，节省大量的时间，加速流程的运转；最后可以避免每次人工查找铸件质保书的重复性工作，提高了工作效率。

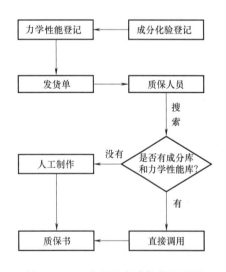

图 14-98　S 公司原有质保书流程图

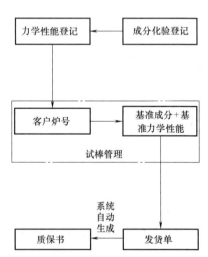

图 14-99　S 公司优化后的质保书流程图

华铸 ERP 系统实现了上述相应的业务流程逻辑和功能。华铸 ERP 系统中的试棒管理如图 14-101 所示，其中的质保书样式如图 14-102 所示。

**2. 优化结果分析**

试棒管理流程优化前后对比情况见表 14-30。

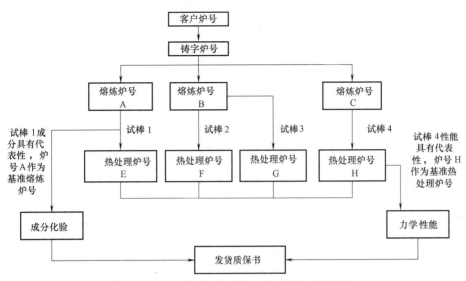

图 14-100　基准成分和基准力学性能确定流程图

图 14-101　华铸 ERP 系统中的试棒管理

发运编号　HU16092801

SD/QR.8-29A

**材料检验证明书**
**MATERIAL INSPECTION CERTIFICATE**

编号：Report No.:SD

| EN 1024-3.1 | | | 客户名称Purchaser: | | | | 技术规范 Technical requirement: | | | | ASTM A351 | | | |
|---|---|---|---|---|---|---|---|---|---|---|---|---|---|---|
| 客户炉号 HEAT NO. | 炉号 | 型号规格 DESCRIPTION | 材质 MATERIAL | 零件名称 PARTS | 订单细则号 P.O. | 发货数量 Qty | 化学成分 CHEMICAL COMPOSITION(%) (Test Tempreture=20±5℃) | | | | | | | |
| | | | | | | | C | Si | Mn | P | S | Cr | Ni | Mo |
| S2032 | G09902 | 调节阀体DN40 PN16 | CF3M | 调节阀体 | ZD1609014001 | 4 | 0.024 | 0.750 | 1.250 | 0.029 | 0.0020 | 17.400 | 9.300 | 2.170 |
| S2032 | G09902 | 调节阀体DN40 PN16 | CF3M | 调节阀体 | ZD1609014001 | 2 | 0.024 | 0.750 | 1.250 | 0.029 | 0.0020 | 17.400 | 9.300 | 2.170 |

| 客户炉号 HEAT NO. | 炉号 | 材质 MATERIAL | 力学性能 MECHANICAL PROPERTIES(Test Temperature=20±5℃) | | | | | |
|---|---|---|---|---|---|---|---|---|
| | | | 屈服强度($R_{P0.2}$) YEILD STRENGTH(N/MM²) | 抗拉强度($R_m$) TENSILE STRENGTH(N/MM²) | 伸长率(A) ENLONGATION(%) | 断面收缩率(Z) REDUCE OF AREA(%) | 硬度 HBW | 冲击吸收能量 IMPACT TOUGHNESS(J) |
| S2032 | G09902 | CF3M | | | | | | |
| S2032 | G09902 | CF3M | | | | | | |

Remarks :
1、Visual inspection:Accepted according to MSS SP-55,Other information:no major repaires were carries out.外观检验按MSS SP-55可接受，无重大焊接修补。
2、We certify that the above material has been manufactured processed according to order requirement of above P.O.我们证明上述产品按所述订单的要求进行生产和热处理。

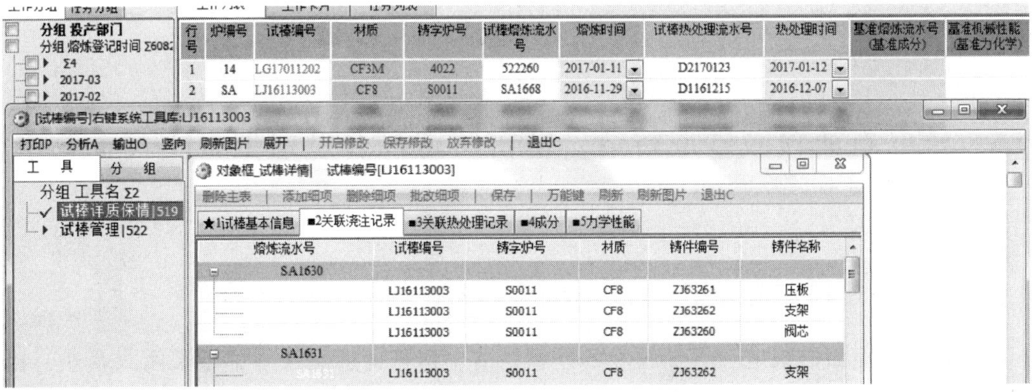

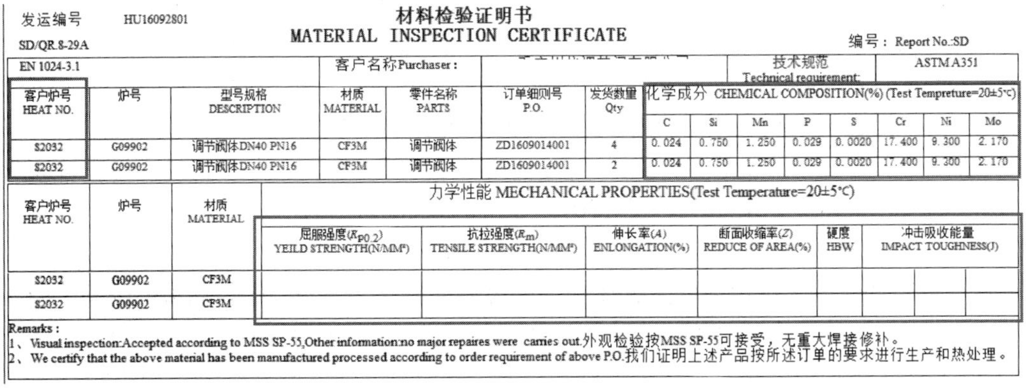

图 14-102　质保书样式

表 14-30　试棒管理流程优化前后对比情况

| 优化前 | 优化方法 | 优化后 |
|---|---|---|
| 原有质保书流程容易出现以下问题<br>1) 同一客户(客户炉号相同)不同批次产品质保书不一样的情况<br>2) 人工在 Excel 中制作质保书,费时费力<br>3) 每次人工在文件夹中查找质保书,存在大量重复性工作,费时 | S(Simply)原则和 A(Add)原则 | 从图 14-103 可以看出,对质保书流程环节进行简化并增加相应的试棒管理流程环节<br>1) 杜绝同一客户不同批次产品的质保书不一样的情况,有助于提高产品质量,提高客户满意度<br>2) 省去了人工制作发货质保书的步骤,节省了大量的时间,加速流程的运转,提高了效率<br>3) 系统自动生成质保书,避免每次人工查找铸件质保书的重复性工作,提高了工作效率 |

| 订单细则号 | 客户炉号 | 炉号 | 质保试棒(*) | 铸件编号 | 铸件名称 | C | Si | Mn | P | S | Cr | Ni | Mo | 抗拉强度 | 伸长率 | 屈服强度 |
|---|---|---|---|---|---|---|---|---|---|---|---|---|---|---|---|---|
| ZD1608030012 | S7420 | G09946 | ZF1609292 | ZJ54049 | 阀体 | 0.055 | 0.640 | 1.040 | 0.031 | 0.0080 | 18.400 | 9.300 | 2.200 | 620.000 | 49.0000000 | 330.000 |
| ZD1608030011 | S7420 | G09946 | ZF1609292 | ZJ54048 | 阀体 | 0.055 | 0.640 | 1.040 | 0.031 | 0.0080 | 18.400 | 9.300 | 2.200 | 620.000 | 49.0000000 | 330.000 |
| ZD1608030035 | S7436 | G09946 | ZF1609291 | ZJ61269 | 阀盖 | 0.066 | 0.630 | 1.040 | 0.032 | 0.0090 | 18.360 | 9.300 | 2.140 | 550.000 | 57.0000000 | 250.000 |
| ZD1608030033 | S7436 | G09946 | ZF1609291 | ZJ61267 | 阀盖 | 0.066 | 0.630 | 1.040 | 0.032 | 0.0090 | 18.360 | 9.300 | 2.140 | 550.000 | 57.0000000 | 250.000 |
| ZD1608030031 | S7436 | G09946 | ZF1609291 | ZJ61265 | 阀盖 | 0.066 | 0.630 | 1.040 | 0.032 | 0.0090 | 18.360 | 9.300 | 2.140 | 550.000 | 57.0000000 | 250.000 |
| ZD1608030032 | S7436 | G09946 | ZF1609291 | ZJ61264 | 阀盖 | 0.066 | 0.630 | 1.040 | 0.032 | 0.0090 | 18.360 | 9.300 | 2.140 | 550.000 | 57.0000000 | 250.000 |
| ZD1608030036 | S7436 | G09946 | ZF1609291 | ZJ61268 | 阀体 | 0.066 | 0.630 | 1.040 | 0.032 | 0.0090 | 18.360 | 9.300 | 2.140 | 550.000 | 57.0000000 | 250.000 |
| ZD1608030034 | S7436 | G09946 | ZF1609291 | ZJ61266 | 阀体 | 0.066 | 0.630 | 1.040 | 0.032 | 0.0090 | 18.360 | 9.300 | 2.140 | 550.000 | 57.0000000 | 250.000 |

图 14-103　发货质保书数据样例

## 14.6　核电石油领域砂型铸造、精密铸造混合型中型集团式企业中的应用

### 14.6.1　企业应用背景介绍

F 公司是一家面向核电、石油领域的砂型铸造、精密铸造混合型中型集团式企业,拥有 3 个铸造基地、1 个机械加工基地及 1 个专业检测中心。该公司创建于 1997 年,总部占地 6.7 万 $m^2$,拥有 317 名产业工人、42 名检验人员、23 名技术人员、6 名销售人员以及 35 名后勤及管理人员。该公司设有四条生产线:砂型铸造生产线、硅溶胶精铸生产线、水玻璃精铸生产线和复合型精铸生产线。F 公司主要致力于阀门、水泵等铸件的生产,其产品质量在国内一直处于领先地位,砂型铸件年产量 4000t,精密铸件年产量 2000t。F 公司自主研发的不锈钢铸件产品和机械加工产品已销往世界各地,其产品也应用于多个行业领域。F 公司一直致力于企业信息化的发展,为了进一步加强企业的管理能力,与华中科技大学华铸软件中心于 2014 年 11 月进行项目合作,通过专业的铸造 ERP 系统来解决实际需求,规范企业管理。

F 公司的 ERP 系统应用采取间歇性分三阶段的实施方法。在未采用 ERP 系统之前,该公司的质量信息与工艺、生产信息之间数据分离,三者之间的信息无法在系统上及时反馈,F 公司精密铸造铸件数量多,脱节现象更为普遍,甚至出现由于反馈机制的缺失导致产品重复性报废的现象,使得铸件的质量难以得到保证。针对这一现状,在华铸 ERP 系统的基础上开发了铸件质量与工艺、生产三角协同管理系统,以满足企业需求。

## 14.6.2　应用特色：铸件质量与工艺、生产三角协同管控

### 1. 铸件生产、质量协同管理在 F 公司的应用

图 14-104 所示为探伤检测界面，包括了超声检测 UT、渗透检测 PT、磁粉检测 MT 三种形式。探伤前一道工序工作区完成的数据通过任务驱动传递至探伤检测模块的任务区，进行探伤检测。由于探伤检测时间长，在出探伤检测报告之前会限制焊补工序的进行，从而探伤质检检测限制约束了生产的推进。

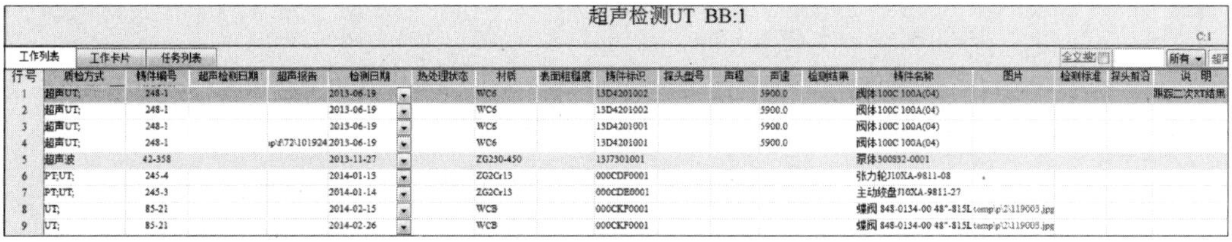

超声检测UT BB:1

工作列表　工作卡片　任务列表

| 行号 | 质检方式 | 铸件编号 | 超声检测日期 | 超声报告 | 检测日期 | 热处理状态 | 材质 | 表面粗糙度 | 铸件标识 | 探头型号 | 声程 | 声速 | 检测结果 | 铸件名称 | 图片 | 检测标准 | 探头前沿 | 说明 |
|---|---|---|---|---|---|---|---|---|---|---|---|---|---|---|---|---|---|---|
| 1 | 超声UT; | 248-1 | | | 2013-06-19 | | WC6 | | 13D4201002 | | | 5900.0 | | 阀体100C 100A(04) | | | | 跟踪二次RT结果 |
| 2 | 超声UT; | 248-1 | | | 2013-06-19 | | WC6 | | 13D4201002 | | | 5900.0 | | 阀体100C 100A(04) | | | | |
| 3 | 超声UT; | 248-1 | | | 2013-06-19 | | WC6 | | 13D4201001 | | | 5900.0 | | 阀体100C 100A(04) | | | | |
| 4 | 超声UT; | 248-1 | | p\f\72\101924 | 2013-06-19 | | WC6 | | 13D4201001 | | | 5900.0 | | 阀体100C 100A(04) | | | | |
| 5 | 超声波 | 42-358 | | | 2013-11-27 | | ZG230-450 | | 13J7301001 | | | | | 泵体300832-0001 | | | | |
| 6 | PT;UT; | 245-4 | | | 2014-01-13 | | ZG2Cr13 | | 000CDF0001 | | | | | 张力轮J10XA-9811-08 | | | | |
| 7 | PT;UT; | 245-3 | | | 2014-01-14 | | ZG2Cr13 | | 000CDE0001 | | | | | 主动轮盘J10XA-9811-27 | | | | |
| 8 | UT; | 85-21 | | | 2014-02-15 | | WCB | | 000CKF0001 | | | | | 蝶阀 848-0134-00 48"-815L | temp\p\2\119003.jpg | | | |
| 9 | UT; | 85-21 | | | 2014-02-26 | | WCB | | 000CKF0001 | | | | | 蝶阀 848-0134-00 48"-815L | temp\p\2\119005.jpg | | | |

a) 超声检测UT

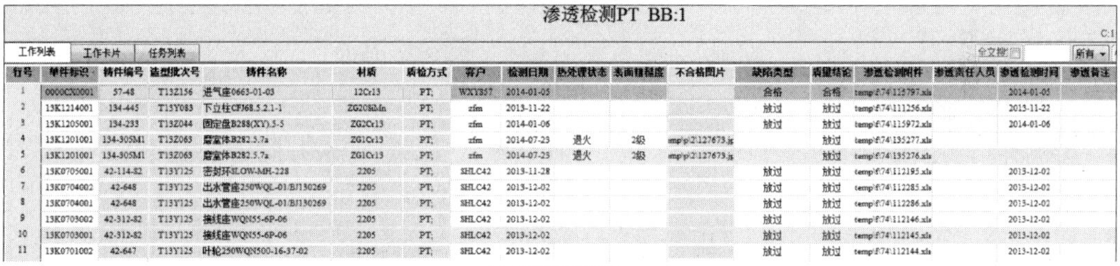

渗透检测PT BB:1

工作列表　工作卡片　任务列表

| 行号 | 单件标识 | 铸件编号 | 造型批次号 | 铸件名称 | 材质 | 质检方式 | 客户 | 检测日期 | 热处理状态 | 表面粗糙度 | 不合格图片 | 缺陷类型 | 质量结论 | 渗透检测附件 | 渗透责任人员 | 渗透检测时间 | 渗透备注 |
|---|---|---|---|---|---|---|---|---|---|---|---|---|---|---|---|---|---|
| 1 | 0000CX0001 | 57-48 | T13Z156 | 进气座0663-01-03 | 12Cr13 | PT; | WXY857 | 2014-01-05 | | | | 合格 | 合格 | temp\f\74\125797.xls | | 2014-01-05 | |
| 2 | 13K1214001 | 134-445 | T13Y083 | 下立柱CFJ68.5.2.1-1 | ZG20SiMn | PT; | zfm | 2013-11-22 | | | | 放过 | 放过 | temp\f\74\111256.xls | | 2013-11-22 | |
| 3 | 13K1205001 | 134-233 | T13Z044 | 固定盘B288(XY).5-5 | ZG2Cr13 | PT; | zfm | 2014-01-06 | | | | 放过 | 放过 | temp\f\74\115972.xls | | 2014-01-06 | |
| 4 | 13K1201001 | 134-305M1 | T13Z063 | 磨室体B282.5.7a | ZG1Cr13 | PT; | zfm | 2014-07-23 | 退火 | 2级 | mp\p\2\127673.jp | | 放过 | temp\f\74\135277.xls | | | |
| 5 | 13K1201001 | 134-305M1 | T13Z063 | 磨室体B282.5.7a | ZG1Cr13 | PT; | zfm | 2014-07-25 | 退火 | 2级 | mp\p\2\127673.jp | | 放过 | temp\f\74\135276.xls | | | |
| 6 | 13K0705001 | 42-114-82 | T13Y125 | 密封环SLOW-MH-228 | 2205 | PT; | SHLC42 | 2013-11-28 | | | | 放过 | 放过 | temp\f\74\112195.xls | | 2013-12-02 | |
| 7 | 13K0704002 | 42-648 | T13Y125 | 出水管座250WQL-01/BJ130269 | 2205 | PT; | SHLC42 | 2013-12-02 | | | | 放过 | 放过 | temp\f\74\112285.xls | | 2013-12-02 | |
| 8 | 13K0704001 | 42-648 | T13Y125 | 出水管座250WQL-01/BJ130269 | 2205 | PT; | SHLC42 | 2013-12-02 | | | | 放过 | 放过 | temp\f\74\112286.xls | | 2013-12-02 | |
| 9 | 13K0703002 | 42-312-82 | T13Y125 | 接线座WQN55-6P-06 | 2205 | PT; | SHLC42 | 2013-12-02 | | | | 放过 | 放过 | temp\f\74\112146.xls | | 2013-12-02 | |
| 10 | 13K0703001 | 42-312-82 | T13Y125 | 接线座WQN55-6P-06 | 2205 | PT; | SHLC42 | 2013-12-02 | | | | 放过 | 放过 | temp\f\74\112145.xls | | 2013-12-02 | |
| 11 | 13K0701002 | 42-647 | T13Y125 | 叶轮250WQN500-16-37-02 | 2205 | PT; | SHLC42 | 2013-12-02 | | | | 放过 | 放过 | temp\f\74\112144.xls | | 2013-12-02 | |

b) 渗透检测PT

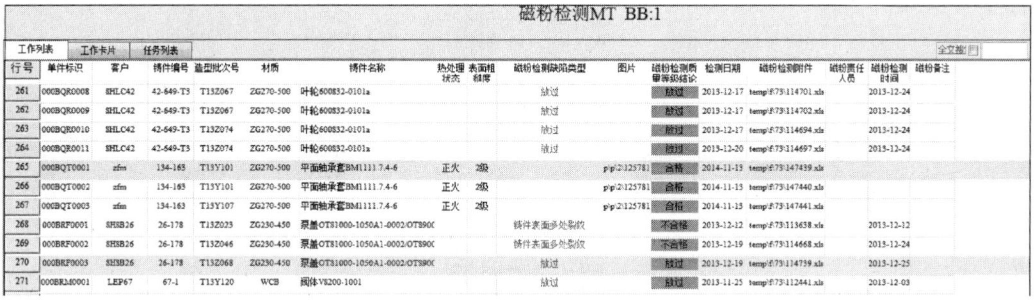

磁粉检测MT BB:1

工作列表　工作卡片　任务列表

| 行号 | 单件标识 | 客户 | 铸件编号 | 造型批次号 | 材质 | 铸件名称 | 热处理状态 | 表面粗糙度 | 磁粉检测缺陷类型 | 图片 | 磁粉检测质量等级结论 | 检测日期 | 磁粉检测附件 | 磁粉责任人员 | 磁粉检测时间 | 磁粉备注 |
|---|---|---|---|---|---|---|---|---|---|---|---|---|---|---|---|---|
| 261 | 000BQR0008 | SHLC42 | 42-649-T3 | T13Z067 | ZG270-500 | 叶轮600832-0101a | | | 放过 | | 放过 | 2013-12-17 | temp\f\73\114701.xls | | 2013-12-24 | |
| 262 | 000BQR0009 | SHLC42 | 42-649-T3 | T13Z067 | ZG270-500 | 叶轮600832-0101a | | | 放过 | | 放过 | 2013-12-17 | temp\f\73\114702.xls | | 2013-12-24 | |
| 263 | 000BQR0010 | SHLC42 | 42-649-T3 | T13Z074 | ZG270-500 | 叶轮600832-0101a | | | 放过 | | 放过 | 2013-12-17 | temp\f\73\114694.xls | | 2013-12-24 | |
| 264 | 000BQR0011 | SHLC42 | 42-649-T3 | T13Z074 | ZG270-500 | 叶轮600832-0101a | | | 放过 | | 放过 | 2013-12-20 | temp\f\73\114697.xls | | 2013-12-24 | |
| 265 | 000BQT0001 | zfm | 134-163 | T13Y101 | ZG270-500 | 平面轴承套BM1111.7.4-6 | 正火 | 2级 | | p\p\2\125781 | 合格 | 2014-11-13 | temp\f\73\147439.xls | | | |
| 266 | 000BQT0002 | zfm | 134-163 | T13Y101 | ZG270-500 | 平面轴承套BM1111.7.4-6 | 正火 | 2级 | | p\p\2\125781 | 合格 | 2014-11-13 | temp\f\73\147440.xls | | | |
| 267 | 000BQT0003 | zfm | 134-163 | T13Y107 | ZG270-500 | 平面轴承套BM1111.7.4-6 | 正火 | 2级 | | p\p\2\125781 | 合格 | 2014-11-13 | temp\f\73\147441.xls | | | |
| 268 | 000BRF0001 | SHSB26 | 26-178 | T13Z023 | ZG230-450 | 泵盖OTS1000-1050A1-0002/OTS90( | | | 铸件表面多处裂纹 | | 不合格 | 2013-12-12 | temp\f\73\113638.xls | | 2013-12-12 | |
| 269 | 000BRF0002 | SHSB26 | 26-178 | T13Z046 | ZG230-450 | 泵盖OTS1000-1050A1-0002/OTS90( | | | 铸件表面多处裂纹 | | 不合格 | 2013-12-19 | temp\f\73\114668.xls | | 2013-12-24 | |
| 270 | 000BRF0003 | SHSB26 | 26-178 | T13Z068 | ZG230-450 | 泵盖OTS1000-1050A1-0002/OTS90( | | | 放过 | | 放过 | 2013-12-19 | temp\f\73\114739.xls | | 2013-12-25 | |
| 271 | 000BRM0001 | LEP67 | 67-1 | T13Y120 | WCB | 阀体VS200-1001 | | | 放过 | | 放过 | 2013-11-25 | temp\f\73\112441.xls | | 2013-12-03 | |

c) 磁粉检测MT

图 14-104　探伤检测

图 14-105～图 14-107 所示为力学性能报告、热处理温度时刻登记以及每炉热处理单件。

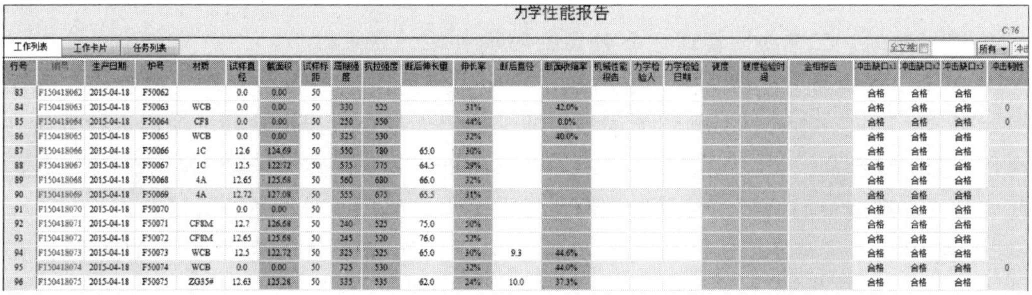

力学性能报告

C:76

工作列表　工作卡片　任务列表

| 行号 | 编号 | 生产日期 | 炉号 | 材质 | 试样直径 | 截面积 | 试样标距 | 屈服强度 | 抗拉强度 | 断后伸长量 | 伸长率 | 断后直径 | 断面收缩率 | 机械性能报告 | 力学检验人 | 力学检验日期 | 硬度 | 硬度检验时间 | 金相报告 | 冲击缺口x1 | 冲击缺口x2 | 冲击缺口x3 | 冲击韧性 |
|---|---|---|---|---|---|---|---|---|---|---|---|---|---|---|---|---|---|---|---|---|---|---|---|
| 83 | F150418062 | 2015-04-18 | F50062 | | 0.0 | 0.00 | 50 | | | | | | | | | | | | | 合格 | 合格 | 合格 | |
| 84 | F150418063 | 2015-04-18 | F50063 | WCB | 0.0 | 0.00 | 50 | 330 | 525 | | 31% | | 42.0% | | | | | | | 合格 | 合格 | 合格 | 0 |
| 85 | F150418064 | 2015-04-18 | F50064 | CF8 | 0.0 | 0.00 | 50 | 250 | 550 | | 44% | | 0.0% | | | | | | | 合格 | 合格 | 合格 | 0 |
| 86 | F150418065 | 2015-04-18 | F50065 | WCB | 0.0 | 0.00 | 50 | 325 | 530 | | 32% | | 40.0% | | | | | | | 合格 | 合格 | 合格 | |
| 87 | F150418066 | 2015-04-18 | F50066 | 1C | 12.6 | 124.69 | 50 | 550 | 780 | 65.0 | 30% | | | | | | | | | 合格 | 合格 | 合格 | |
| 88 | F150418067 | 2015-04-18 | F50067 | 1C | 12.5 | 122.72 | 50 | 575 | 775 | 64.5 | 29% | | | | | | | | | 合格 | 合格 | 合格 | |
| 89 | F150418068 | 2015-04-18 | F50068 | 4A | 12.65 | 125.68 | 50 | 560 | 680 | 66.0 | 32% | | | | | | | | | 合格 | 合格 | 合格 | |
| 90 | F150418069 | 2015-04-18 | F50069 | 4A | 12.72 | 127.08 | 50 | 555 | 675 | 65.5 | 31% | | | | | | | | | 合格 | 合格 | 合格 | |
| 91 | F150418070 | 2015-04-18 | F50070 | | 0.0 | 0.00 | 50 | | | | | | | | | | | | | 合格 | 合格 | 合格 | |
| 92 | F150418071 | 2015-04-18 | F50071 | CF8M | 12.7 | 126.68 | 50 | 240 | 525 | 75.0 | 50% | | | | | | | | | 合格 | 合格 | 合格 | |
| 93 | F150418072 | 2015-04-18 | F50072 | CF8M | 12.65 | 125.68 | 50 | 245 | 520 | 76.0 | 52% | | | | | | | | | 合格 | 合格 | 合格 | |
| 94 | F150418073 | 2015-04-18 | F50073 | WCB | 12.5 | 122.72 | 50 | 325 | 525 | 65.0 | 30% | 9.3 | 44.6% | | | | | | | 合格 | 合格 | 合格 | |
| 95 | F150418074 | 2015-04-18 | F50074 | WCB | 0.0 | 0.00 | 50 | 325 | 530 | | 32% | | 44.0% | | | | | | | 合格 | 合格 | 合格 | 0 |
| 96 | F150418075 | 2015-04-18 | F50075 | ZG35# | 12.63 | 125.28 | 50 | 335 | 535 | 62.0 | 24% | 10.0 | 37.3% | | | | | | | 合格 | 合格 | 合格 | |

图 14-105　力学性能报告

熔炼浇注工序完成后则推进力学性能检测；热处理工序完成后推动热处理温度时刻登记，其中右键单击热处理批次号可以查看热处理详细情况、该炉进行热处理的单件以及热处理温度曲线。

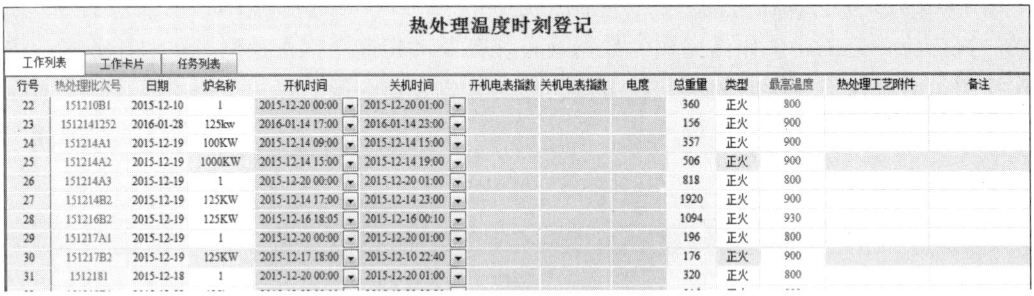


| 行号 | 热处理批次号 | 日期 | 炉名称 | 开机时间 | 关机时间 | 开机电表指数 | 关机电表指数 | 电度 | 总重量 | 类型 | 最高温度 | 热处理工艺附件 | 备注 |
|---|---|---|---|---|---|---|---|---|---|---|---|---|---|
| 22 | 151210B1 | 2015-12-10 | 1 | 2015-12-20 00:00 | 2015-12-20 01:00 | | | | 360 | 正火 | 800 | | |
| 23 | 1512141252 | 2016-01-28 | 125kw | 2016-01-14 17:00 | 2016-01-14 23:00 | | | | 156 | 正火 | 900 | | |
| 24 | 151214A1 | 2015-12-19 | 100KW | 2015-12-14 09:00 | 2015-12-14 15:00 | | | | 357 | 正火 | 900 | | |
| 25 | 151214A2 | 2015-12-19 | 1000KW | 2015-12-14 15:00 | 2015-12-14 19:00 | | | | 506 | 正火 | 900 | | |
| 26 | 151214A3 | 2015-12-19 | 1 | 2015-12-20 00:00 | 2015-12-20 01:00 | | | | 818 | 正火 | 800 | | |
| 27 | 151214B2 | 2015-12-19 | 125KW | 2015-12-14 17:00 | 2015-12-14 23:00 | | | | 1920 | 正火 | 900 | | |
| 28 | 151216B2 | 2015-12-19 | 125KW | 2015-12-16 18:05 | 2015-12-16 00:10 | | | | 1094 | 正火 | 930 | | |
| 29 | 151217A1 | 2015-12-19 | 1 | 2015-12-20 00:00 | 2015-12-20 01:00 | | | | 196 | 正火 | 800 | | |
| 30 | 151217B2 | 2015-12-19 | 125KW | 2015-12-17 18:00 | 2015-12-10 22:40 | | | | 176 | 正火 | 900 | | |
| 31 | 1512181 | 2015-12-18 | 1 | 2015-12-20 00:00 | 2015-12-20 01:00 | | | | 320 | 正火 | 800 | | |

图 14-106　热处理温度时刻登记

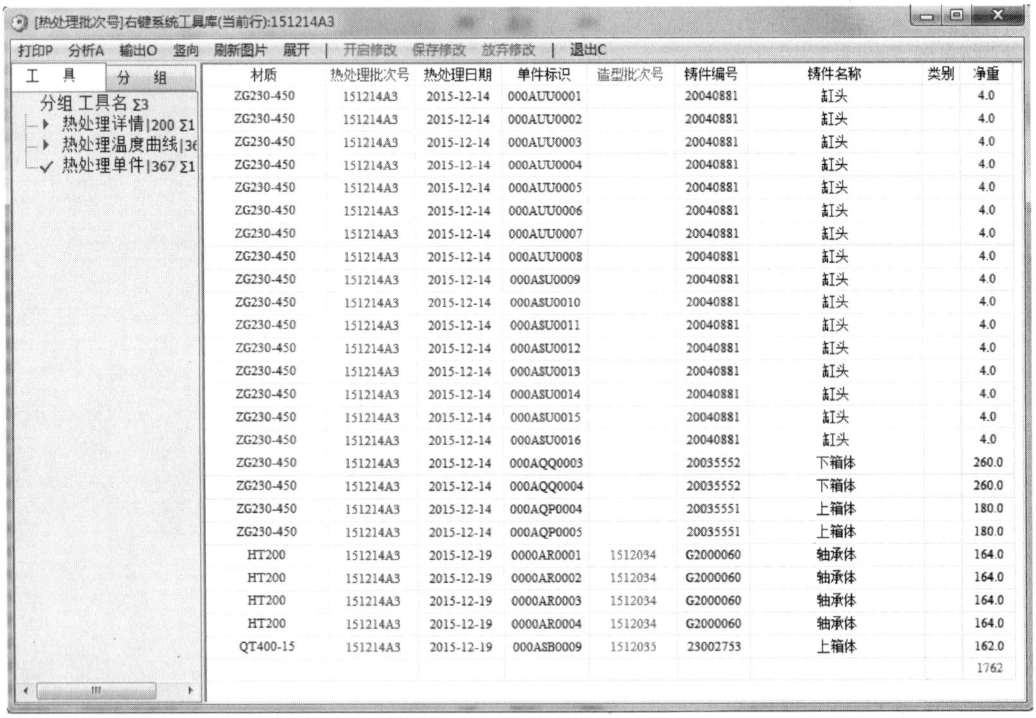


| 材质 | 热处理批次号 | 热处理日期 | 单件标识 | 造型批次号 | 铸件编号 | 铸件名称 | 类别 | 净重 |
|---|---|---|---|---|---|---|---|---|
| ZG230-450 | 151214A3 | 2015-12-14 | 000AUU0001 | | 20040881 | 缸头 | | 4.0 |
| ZG230-450 | 151214A3 | 2015-12-14 | 000AUU0002 | | 20040881 | 缸头 | | 4.0 |
| ZG230-450 | 151214A3 | 2015-12-14 | 000AUU0003 | | 20040881 | 缸头 | | 4.0 |
| ZG230-450 | 151214A3 | 2015-12-14 | 000AUU0004 | | 20040881 | 缸头 | | 4.0 |
| ZG230-450 | 151214A3 | 2015-12-14 | 000AUU0005 | | 20040881 | 缸头 | | 4.0 |
| ZG230-450 | 151214A3 | 2015-12-14 | 000AUU0006 | | 20040881 | 缸头 | | 4.0 |
| ZG230-450 | 151214A3 | 2015-12-14 | 000AUU0007 | | 20040881 | 缸头 | | 4.0 |
| ZG230-450 | 151214A3 | 2015-12-14 | 000AUU0008 | | 20040881 | 缸头 | | 4.0 |
| ZG230-450 | 151214A3 | 2015-12-14 | 000ASU0009 | | 20040881 | 缸头 | | 4.0 |
| ZG230-450 | 151214A3 | 2015-12-14 | 000ASU0010 | | 20040881 | 缸头 | | 4.0 |
| ZG230-450 | 151214A3 | 2015-12-14 | 000ASU0011 | | 20040881 | 缸头 | | 4.0 |
| ZG230-450 | 151214A3 | 2015-12-14 | 000ASU0012 | | 20040881 | 缸头 | | 4.0 |
| ZG230-450 | 151214A3 | 2015-12-14 | 000ASU0013 | | 20040881 | 缸头 | | 4.0 |
| ZG230-450 | 151214A3 | 2015-12-14 | 000ASU0014 | | 20040881 | 缸头 | | 4.0 |
| ZG230-450 | 151214A3 | 2015-12-14 | 000ASU0015 | | 20040881 | 缸头 | | 4.0 |
| ZG230-450 | 151214A3 | 2015-12-14 | 000ASU0016 | | 20040881 | 缸头 | | 4.0 |
| ZG230-450 | 151214A3 | 2015-12-14 | 000AQQ0003 | | 20035552 | 下箱体 | | 260.0 |
| ZG230-450 | 151214A3 | 2015-12-14 | 000AQQ0004 | | 20035552 | 下箱体 | | 260.0 |
| ZG230-450 | 151214A3 | 2015-12-14 | 000AQP0004 | | 20035551 | 上箱体 | | 180.0 |
| ZG230-450 | 151214A3 | 2015-12-14 | 000AQP0005 | | 20035551 | 上箱体 | | 180.0 |
| HT200 | 151214A3 | 2015-12-19 | 0000AR0001 | 1512034 | G2000060 | 轴承体 | | 164.0 |
| HT200 | 151214A3 | 2015-12-19 | 0000AR0002 | 1512034 | G2000060 | 轴承体 | | 164.0 |
| HT200 | 151214A3 | 2015-12-19 | 0000AR0003 | 1512034 | G2000060 | 轴承体 | | 164.0 |
| HT200 | 151214A3 | 2015-12-19 | 0000AR0004 | 1512034 | G2000060 | 轴承体 | | 164.0 |
| QT400-15 | 151214A3 | 2015-12-19 | 000ASB0009 | 1512035 | 23002753 | 上箱体 | | 162.0 |
| | | | | | | | | 1762 |

图 14-107　每炉热处理单件

**2. 铸件质量、工艺协同管理在 F 公司的应用**

图 14-108 所示为不合格品处置单的操作界面。生产质检不合格、退货不合格、入库质检不合格的铸件进入不合格品处置流程后，相关部门人员会对产生缺陷的原因进行分析并追究责任人和责任部门，最后技术部人员对不合格品进行处置决定。若产生缺陷的原因是由于工艺设计不合理造成的，则及时把质量信息反馈至工艺部门，对工艺进行修补。

图 14-109 所示为合箱检验的操作界面。对于工艺要求进行合箱检验的铸件，在完成造型工序后需对铸型、涂层质量、排气等情况进行检测，充分体现了工艺推进质量检测。

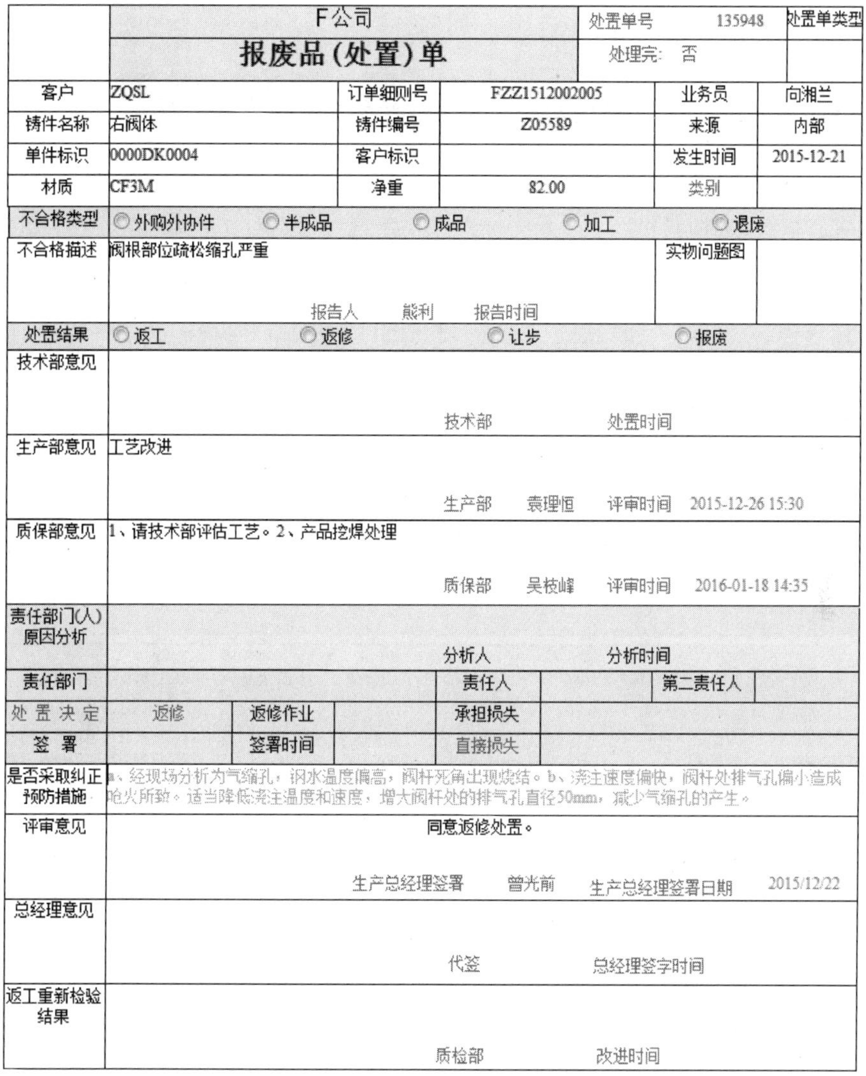

| F公司 报废品(处置)单 | | 处置单号 135948 | | 处置单类型 | |
|---|---|---|---|---|---|
| | | 处理完：否 | | | |
| 客户 | ZQSL | 订单细则号 | FZZ1512002005 | 业务员 | 向湘兰 |
| 铸件名称 | 右阀体 | 铸件编号 | Z05589 | 来源 | 内部 |
| 单件标识 | 0000DK0004 | 客户标识 | | 发生时间 | 2015-12-21 |
| 材质 | CF3M | 净重 | 82.00 | 类别 | |
| 不合格类型 | ◎外购外协件　◎半成品　◎成品　◎加工　◎退废 | | | | |
| 不合格描述 | 阀根部位疏松缩孔严重<br>报告人　熊利　报告时间 | | | 实物问题图 | |
| 处置结果 | ◎返工　◎返修　◎让步　◎报废 | | | | |
| 技术部意见 | 技术部　处置时间 | | | | |
| 生产部意见 | 工艺改进<br>生产部　袁理恒　评审时间　2015-12-26 15:30 | | | | |
| 质保部意见 | 1、请技术部评估工艺。2、产品挖焊处理<br>质保部　吴校峰　评审时间　2016-01-18 14:35 | | | | |
| 责任部门(人)原因分析 | 分析人　分析时间 | | | | |
| 责任部门 | | 责任人 | | 第二责任人 | |
| 处置决定 | 返修 | 返修作业 | | 承担损失 | |
| 签署 | | 签署时间 | | 直接损失 | |
| 是否采取纠正预防措施 | a、经现场分析为气缩孔，钢水温度偏高，阀杆死角出现烧结。b、浇注速度偏快，阀杆处排气孔偏小造成呛火所致。适当降低浇注温度和速度，增大阀杆处的排气孔直径50mm，减少气缩孔的产生。 | | | | |
| 评审意见 | 同意返修处置。<br>生产总经理签署　曾光前　生产总经理签署日期　2015/12/22 | | | | |
| 总经理意见 | 代签　总经理签字时间 | | | | |
| 返工重新检验结果 | 质检部　改进时间 | | | | |

图 14-108　不合格品处置单的操作界面

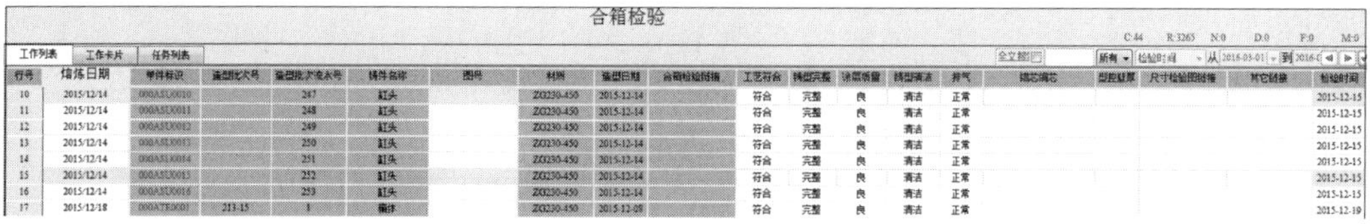

合箱检验

工作列表　工作卡片　任务列表

C:44　R:3265　N:0　D:0　F:0　M:0

全文搜索　所有　检验时间　从 2015-03-01　到 2016-[illegible]

| 行号 | 熔炼日期 | 单件标识 | [illegible] | [illegible] | 铸件名称 | 图号 | 材质 | [illegible] | [illegible] | 工艺符合 | 铸型完整 | [illegible] | 铸型清洁 | 排气 | [illegible] | [illegible] | 尺寸检验[illegible] | 其它[illegible] | 检验时间 |
|---|---|---|---|---|---|---|---|---|---|---|---|---|---|---|---|---|---|---|---|
| 10 | 2015/12/14 | [illegible] | | 247 | 缸头 | | ZG230-450 | 2015-12-14 | | 符合 | 完整 | 良 | 清洁 | 正常 | | | | | 2015-12-15 |
| 11 | 2015/12/14 | [illegible] | | 248 | 缸头 | | ZG230-450 | 2015-12-14 | | 符合 | 完整 | 良 | 清洁 | 正常 | | | | | 2015-12-15 |
| 12 | 2015/12/14 | [illegible] | | 249 | 缸头 | | ZG230-450 | 2015-12-14 | | 符合 | 完整 | 良 | 清洁 | 正常 | | | | | 2015-12-15 |
| 13 | 2015/12/14 | [illegible] | | 250 | 缸头 | | ZG230-450 | 2015-12-14 | | 符合 | 完整 | 良 | 清洁 | 正常 | | | | | 2015-12-15 |
| 14 | 2015/12/14 | [illegible] | | 251 | 缸头 | | ZG230-450 | 2015-12-14 | | 符合 | 完整 | 良 | 清洁 | 正常 | | | | | 2015-12-15 |
| 15 | 2015/12/14 | [illegible] | | 252 | 缸头 | | ZG230-450 | 2015-12-14 | | 符合 | 完整 | 良 | 清洁 | 正常 | | | | | 2015-12-15 |
| 16 | 2015/12/14 | [illegible] | | 253 | 缸头 | | ZG230-450 | 2015-12-14 | | 符合 | 完整 | 良 | 清洁 | 正常 | | | | | 2015-12-15 |
| 17 | 2015/12/18 | [illegible] | 213-15 | 1 | [illegible] | | ZG230-450 | 2015-12-08 | | 符合 | 完整 | 良 | 清洁 | 正常 | | | | | 2015-12-19 |

图 14-109　合箱检验的操作界面

### 3. 铸件生产、工艺协同管理在 F 公司的应用

图 14-110 所示为蜡型验收的处置界面。蜡型工作区数据完成后，流转到蜡型验收模块，此模块需要填写验收的合格数量、缺陷数量，并对其进行验收点评。若铸件产生缺陷的原因是由工艺问题造成的，系统会将验收点评的结果及时反馈至工艺部门，以便及时调整工艺条件。

造型计划下达后，超级管理员根据企业实际需求制定打印样式，其中包含了订单、铸件以及工艺等信息。打印好的样式随后分发到车间指导生产。造型打印样式如图 14-111 所示。

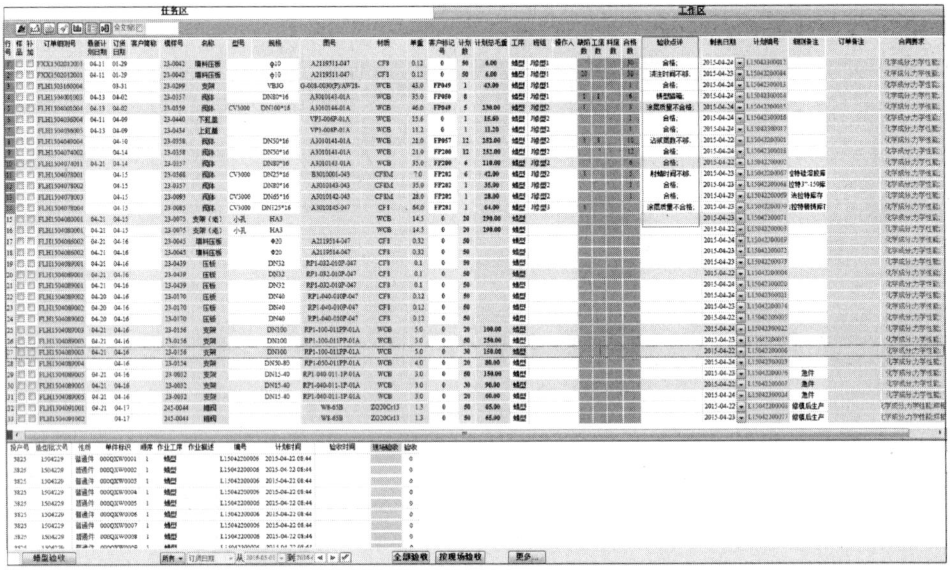

图 14-110 蜡型验收的处置界面

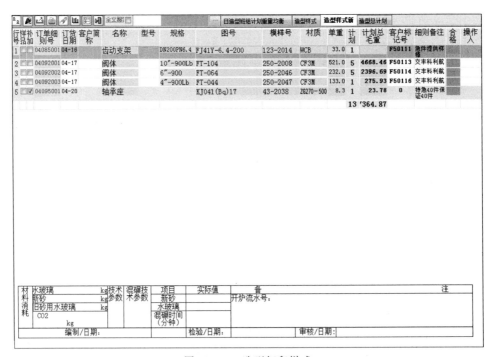

图 14-111 造型打印样式

## 14.7 工程机械领域大型铸件单件小批砂型铸造企业中的应用

### 14.7.1 企业应用背景介绍

HF 公司是一家面向工程机械领域的大型铸件单件小批量生产的典型砂铸企业。其产品

第14章　华铸ERP集成系统典型应用案例

为中低端铸件，面向国内。该公司占地4.2万 m²，年生产量达3万t，专业生产工程机械领域的大型铸件，具备良好的生产环境和较强的精加工能力。

HF公司是一个典型的家族式企业，企业生产管理中存在许多问题（如没有形成固定的、规范的、科学的流程管理制度等），每月的产量只能达到800t，而且当生产700~800t时，企业管理人员感到非常吃力。于是公司高层管理者积极探索，寻求现代信息化管理手段，以求改变企业管理现状，提升管理水平。HF公司针对产能大、产量小的突出问题以及谋求提高管理水平，2009年4月，HF公司实施和定制化开发应用了华铸ERP系统。

针对企业特殊情况，华中科技大学华铸软件团队经过艰辛探索，提出了单件管理概念，并建立了严密的单件模型应用到ERP系统中，将管理进行到底，将企业带入了单件管理的时代。至2010年4月，ERP系统生产管理，物流管理运行通畅，在没有增加额外的人力、设备、物力的情况下，月产量提高到1800t，而且生产过程秩序井然，企业信息化水平得以大幅度提升，企业切身感觉到了ERP系统带来的管理效益。为谋求企业进一步的持续发展，2010年10月，HF公司与华铸软件中心再度合作，ERP系统进入二期定制和维护阶段，并于2010年12月在企业挂牌成立了"华铸信息化研发基地"。在两年间，提出了智能化管理概念，并将智能化方法和技术体系应用到ERP系统，使得企业管理更加智能化。短短两年内，企业效益得以大幅提升，成为了当地龙头企业，2012年企业平均月产量为2000t。

## 14.7.2　应用特色1：单件化管理

**1. 单件管理模型的应用**

单件管理模型的应用包括铸件生命周期过程的演变、单件的创建、单件作业过程的生成、单件的批次排产、单件监控与跟踪以及成本核算等。

图14-112所示为铸件单件生命周期过程的演变。在订单投产期经单件分配程序自动创建铸件单件号，在生产准备期经工艺路线设定程序自动生成单件作业过程，计划生产期单件生命过程演变和信息完善，在发货到账期标记单件暂时完成，从而做到单件全周期追溯和跟踪。图14-113所示为造型计划。该程序操作只需要人工设定计划数，系统会自动按照一定的优先规则选中相同数量的单件号，从而做到单件管理的严密和批次操作的简便。

| 订单投产期 | 订单录入 → 订单评审 → 订单投产 | 生成单件 |
|---|---|---|
| 生产准备期 | 工艺设计 → BOM设置 → 工艺路线设定 → 模具检验 | 生成单件作业过程 |
| 计划生产期 | 造型计划 → 合箱检验 → 造型验收 → 熔炼计划 → 成分化验<br>热处理验收 ← 热处理计划 ← 清整验收 ← 清整计划 ← 熔炼验收<br>↓<br>加工计划 → 加工验收 → 探伤质检 → 尺寸外观质检 → 质检入库 | 单件生命过程演变与信息完善 |
| 发货到账期 | 发货计划 → 过磅发货 → 客户确认 → 应收账款 | 标记单件生命暂时完成 |

图14-112　铸件单件生命周期过程的演变

图 14-113 造型计划

图 14-114 所示为某泵体铸件的单件生产跟踪。通过单件标识（或订单编号等其他信息）可追踪查看每一个单件的生产状态，能详细到各个作业时间和作业编号，单击作业编号便可以查看各个作业的详细情况。

图 14-114 某泵体铸件的单件生产跟踪

## 2. 盈余期排产模型的应用

盈余期排产模型的应用主要有工期预警（包括工艺盈余期预警和生产盈余期预警）与工期预计两方面。图14-113所示的造型计划任务区中的生产盈余期就是生产盈余期预警的应用，可实时动态地提醒计划员，该产品按正常生产可交货日期离订单交货日期之间的盈余，从而表征产品排产的紧缓程度。图14-115所示为工期预计的内容，相关人员可据此提前得知某天某工序的生产任务。

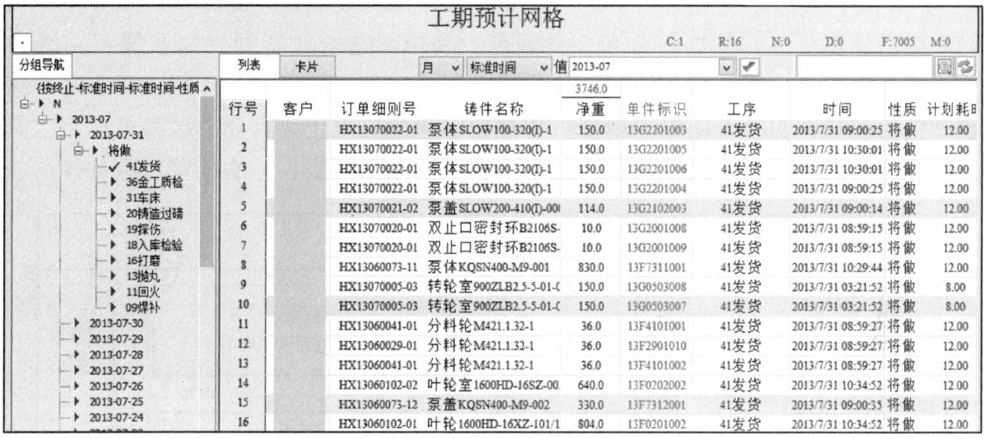

图 14-115　工期预计的内容

## 3. 流程驱动模型的应用

全流程化任务驱动如图14-116所示，生命周期中的订单处理、研发、生产和发货连成一线，各个业务环节左上角实时显示该业务的任务数，上个环节的任务完成进行下个环节，

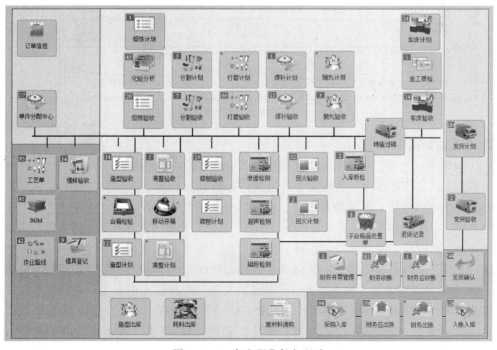

图 14-116　全流程化任务驱动

则上环节任务数减少，下环节任务数增加。该全流程化任务指导中心类比企业的全局监控中心，实时显示当前各环节的工作任务，指导和驱动各环节的工作推进，从而使得单件化管理方法体系驱动整个企业的经营运作。

### 14.7.3 应用特色2：“1+$N$”数字化铸造管理平台

#### 1. 数字化平台的构建实例

图14-117所示为HF公司的"1+$N$"数字化平台结构。利用一台专业的服务器作为支撑层，同时提供计算服务、数据服务和文件服务；利用铸造企业资源规划系统——华铸ERP系统作为集成中心，同时关联和集成其他应用。该公司设计数字化的应用主要有铸件结构及工艺设计应用和工艺充型凝固模拟应用；管理数字化的应用主要有业务员跟单应用、商务智能信息数据分析服务应用、系统作业约束应用、工艺库指导服务、文档管理服务等。

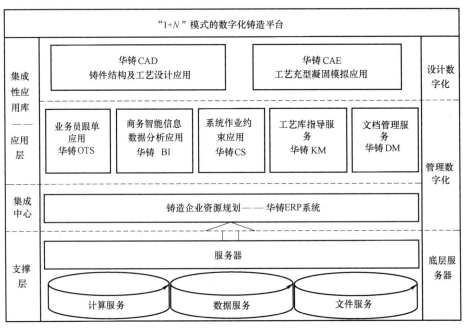

图14-117　HF公司的"1+$N$"数字化平台

#### 2. 平台的集成应用

图14-118所示为基于任务驱动相连接的ERP与CAD/CAE的集成。铸造工艺设计时分为任务区和作业区。任务区列出当前需要进行新产品研发的任务。第一步，技术员单击某项任务，ERP系统可以调用工艺库指导服务，调出历史工艺或者相似工艺，从而参考其中某项工艺。第二步，单击被参考的工艺方案中的三维图，启动三维设计软件打开方案，进行修改从而得到新产品三维设计。第三步，将设计完的新产品三维方案保存到ERP系统中的工艺单中。第四步，如果产品方案需要模拟，则ERP系统启动华铸CAE系统进行工艺模拟，将模拟方案也保存到ERP系统该工艺方案中。最后，两者的文件关联到该工艺卡上，通过基于文件服务的连接集成方式，ERP系统对三维设计方案和CAE方案进行统一管理，如图14-119所示。

图14-120所示为与ERP中铸造工艺集成的铸造CAE应用。通过工艺单中的"CAE"，单击即可查看CAE的模拟方案和结果，并进行保存等。

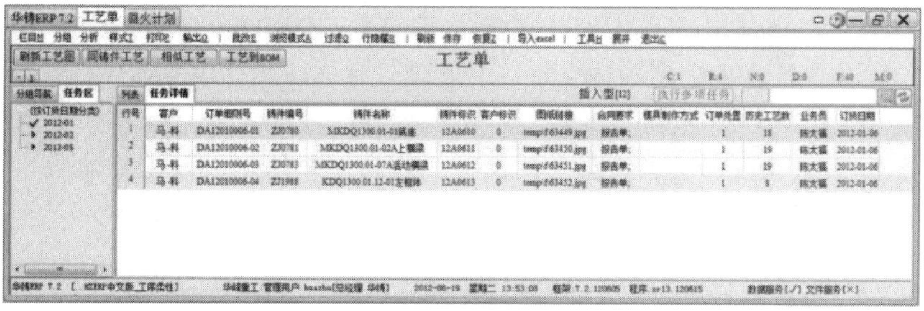

第14章 华铸ERP集成系统典型应用案例

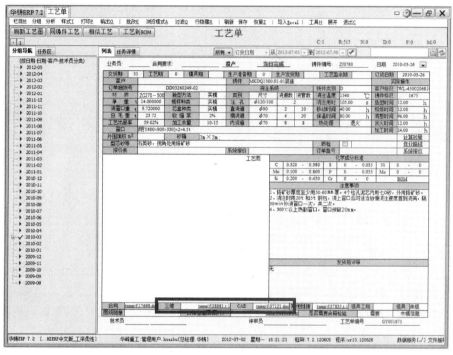

图 14-118 基于任务驱动相连接的 ERP 与 CAD/CAE 的集成

图 14-119 基于文件服务相连接的 ERP 与 CAD/CAE 的集成

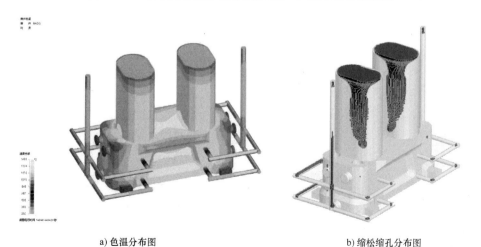

a) 色温分布图　　　　　　　　　　b) 缩松缩孔分布图

图 14-120 与 ERP 中铸造工艺集成的铸造 CAE 应用

图 14-121 所示为基于同源数据库相连接的 ERP 与 PDM 的集成。PDM 的企业文件夹将分散到各个部门各台计算机中的关键文件统一管理，存储在文件服务器中。每个用户可以自行新建文件夹、上传文件、复制、剪切、粘贴、删除、权限设置、归档、签入、签出等操作，还可以查看 ERP 中的相关的产品工艺设计、产品工艺信息以及工作流程等，实现 ERP 和 PDM 的集成。

图 14-121　基于同源数据库相连接的 ERP 与 PDM 的集成

图 14-122 所示为基于同源数据库相连接的 ERP 与 BI 数据分析服务应用的集成。华铸 BI 是实时而全面分析企业运营的所有监控指标，从而为管理决策层提供决策依据的应用，包含三个部分：数据分析引擎、数据分析模板（使用 BI 方法数据库）及数据分析源（使用

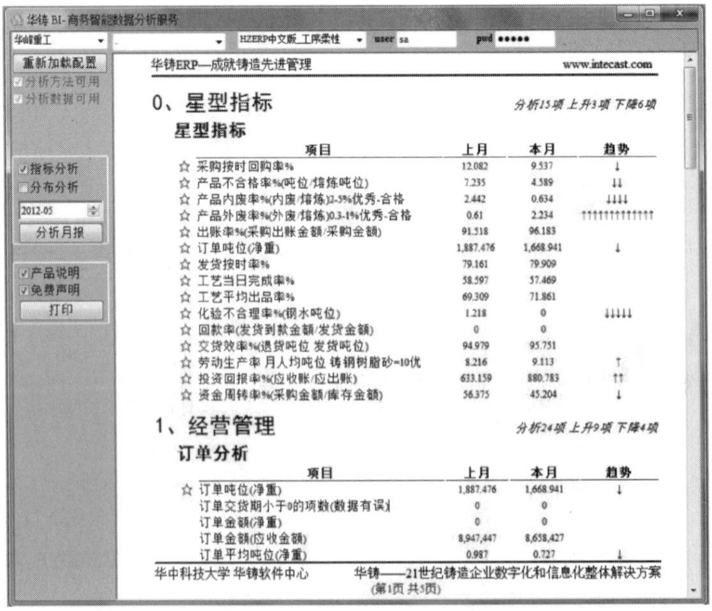

图 14-122　基于同源数据库相连接的 ERP 与 BI 数据分析服务应用的集成

ERP 数据库)。华铸 BI 通过使用华铸 ERP 系统的数据库,从而做到应用集成。随着 ERP 系统的运行,BI 所分析出的指标数据也随着变化,BI 应用完全反映了 ERP 系统及铸造企业整体运行情况。

图 14-123 所示为基于同源数据库相连接的 ERP 与业务宝的集成。业务宝通过调用 ERP 系统的数据库中的部分表单,查询跟踪某业务员所负责的各个客户的整体业务,包括客户的基本情况、订单进度、单件跟踪状态、回款等。业务员通过此应用,可以实时、便捷地掌握所负责客户的所有订单进度。

图 14-124 所示为基于同源数据库相连接的 ERP 与企业文档管理应用的集成。企业文档管理

图 14-123 基于同源数据库相连接的 ERP 与业务宝的集成

应用通过调用 ERP 系统数据库中的所有含有文件服务的表单,将其中所有的文件服务和图片内容整合在一起,统一管理,便于企业统一查询相关的重要文件。

综上所述,HF 公司构建了"1+N"模式的数字化平台,通过任务驱动、文件服务、同源数据库等关联方式,将多种应用系统与华铸 ERP 系统进行集成,使得企业内部各个系统得以信息共享。

图 14-124 基于同源数据库相连接的 ERP 与企业文档管理应用的集成

## 14.7.4 应用特色 3:数字化铸造工艺卡模型

**1. 模型应用**

图 14-125 所示为 HF 公司应用工艺卡参考模型的砂型铸造工艺卡。该工艺卡包含了工期信息、铸件基本信息、浇注系统信息、实际操作要求、化学成分标准、附件以及右侧的工艺图、工艺分析。技术员制订工艺后,系统自动计算工期信息如生产准备期、生产发货期、工艺盈余期,如果计算出的工艺盈余期为负,表明此订单需要加急生产或者协商延后订单签订的交货日期。实际操作要求部分设定了各个工序限定完成的时间如造型时间、熔炼时间、保温时间等,这些操作时间的准确与否会直接影响到系统工艺盈余期的计算,实际操作中各工序限定时间也是不断积累、调整直至准确。制订作业路线、BOM 的接口也在此部分。化学成分标准部分的数据根据铸件的材质选择结果自动获取。附件部分可供技术员上传附件,如合同、图样、三维及 CAE 模拟结果。右侧工艺分析部分显示系统自动分析此工艺的当前生

产信息、历史生产信息及历史质检信息给出的结果，技术员在制订同铸件工艺时，根据工艺分析结果，如果不良率或报废率较高，就要根据报废原因考虑改进工艺。技术员填写工艺卡信息时，基本信息直接填写，砂箱、冒口和型芯砂从标准库中选取，通过作业路线、BOM、木模信息等接口，双击弹出窗口制订相应的路线、BOM 表及模具登记。左上角提供了四个按钮，技术员可以通过"同铸件工艺""相似工艺"按钮查看、借鉴相似的铸件工艺，也可以在制订完工艺后通过"工艺到 BOM"快速生成 BOM 表。生产车间应用制订好的工艺进行生产时，系统会限定必须进行热处理前评审才能进入下一工序任务区。

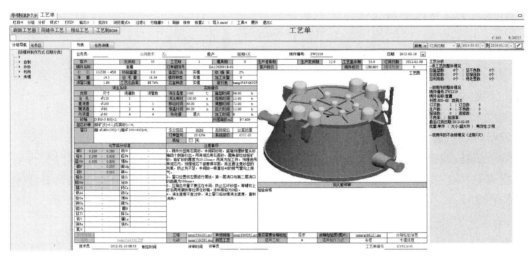

图 14-125　HF 公司应用工艺卡参考模型的砂型铸造工艺卡

### 2. 效果分析

HF 公司应用工艺卡参考模型的前后对比见表 14-31。实际应用表明：工艺卡参考模型能够实现工艺 BOM 的快速准确制订，准确限定原材料的领用量，准确把握各工序操作用时，较好地控制了工艺成本，可保证企业的铸造工艺水平不断提高。

表 14-31　HF 公司应用工艺卡参考模型的前后对比

| 比较方面 | 应用前 | 应用后 |
| --- | --- | --- |
| 生产质量对工艺的反馈 | 制订工艺时技术员不能及时准确了解该型号铸件的历史质量情况，工艺完成后车间生产对工艺没有反馈或反馈不及时。工艺正确性无法把握，工艺修正不及时，工艺没有积累和提升 | 技术员制订工艺时该铸件历史质量情况一目了然，应用此工艺生产时加入热处理前工艺评审，及时反馈工艺生产情况。工艺质量提高，工艺水平前后对比提升明显 |
| 工艺成本 | 原材料用量不能准确界定，各工序操作用时没有准确值。原材料成本高，无法限定车间领料数量，生产周期不明了 | 原料领用量准确界定，各工序用时明了。减少了原材料浪费，降低了原料成本，生产周期明确限定，降低了时间成本 |

## 14.8　工程机械领域中小型铸件单件小批砂型铸造企业中的应用

### 14.8.1　应用背景介绍

HX 公司是一家面向工程机械领域的单件小批量生产的中小型砂型铸造企业。HX 公司创建于 2005 年，经过多年的经营，如今固定资产超过 2000 万元，建筑面积为 1 万多 m²，工程技术人员数十名，已发展成为江苏省泰州市规模较大的专业铸造厂之一。该公司主要致力于机械、船舶等行业的高压阀、泵等机械配套铸件的生产，铸钢件年产量为 5000 多 t。

随着企业发展，人员、产量剧增，同时客户的要求越来越高，使得企业的管理日趋复杂，原有的生产管理系统难以适应企业管理的变化，从而企业对于市场需求难以做出快速响应。HX 公司在面对国内外激烈的竞争和国外客户对企业生产管控的要求，致力于长远发展和自身能力的提升，通过多方面考察对比，于 2012 年 11 月与华中科技大学华铸软件中心进行了华铸 ERP 系统项目合作，在 2013 年 4 月上线实施了华铸 ERP 系统，从而提升了企业的竞争力。

### 14.8.2 应用特色 1：铸件质量与工艺、生产三角协同管控

原来，HX 公司质量信息与工艺信息、生产信息之间数据分离，三者之间无法在系统上及时反馈。针对这一现状，在华铸 ERP 的基础上开发了铸件质量与工艺、生产三角协同管理系统，以满足企业需求。

**1. 铸件生产、质量协同管理在 HX 公司的应用**

图 14-126 所示为质量信息在生产上的反馈，图 14-127 所示为熔炼成分检测，二者充分体现了质量、生产管理之间的协同性。质量信息分析结果在生产上的反馈主要体现在计划投产中，计划投产显示了以往这个铸件的不合格件数，双击铸件编号弹出以前的处置方法以及纠正预防措施，这方面的信息反馈能帮助计划人员更加精确地下达生产计划；生产工序推进质量检测主要体现在熔炼过程中要及时进行成分化验，多次炉料配比的结果在合理范围内才能进行浇注。

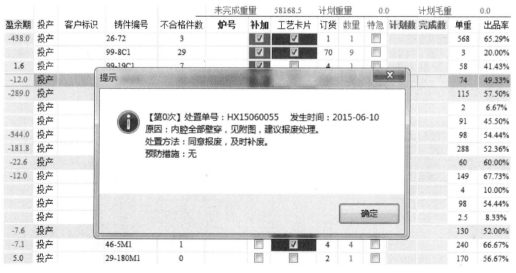

图 14-126  质量信息在生产上的反馈

**2. 铸件质量、工艺协同管理在 HX 公司的应用**

质量信息在工艺上的反馈主要体现在工艺单上，如图 14-128 所示。工艺单的右侧通过

图 14-127 熔炼成分检测

计算自动识别了以往一段时间内在此工艺条件下铸件生产的情况,包括处置数、报废数、近期该铸件产生不合格品的次数、不合格原因描述等重要指标。正是这些重要历史质量信息的反馈,技术人员在进行工艺重用时即可一目了然地知道工艺哪方面需要进行修改。如图14-129所示,工艺要求该铸件须进行造型质量检测,并通过任务驱动技术将造型工序工作区完成的数据传递至造型质量点检模块的任务区。二者体现了铸件管理的协同性和智能性,有效地将质量、工艺紧密地结合起来。

a) 工艺单

b) 不合格品情况

图 14-128 质量信息在工艺上的反馈

**造型质量点检**

工作列表　任务列表

| 班组 | 行号 | 样品 | 补加 | 客户简称 | 名称 | 型号 | 模样号 | 规格 | 图号 | 材质 | 单重 | 客户标记号 | 计划 | 细则备注 | 工艺质量 | 砂型质量 | 材料质量 | 客户标记 | 模样质量 | 造型质检备注 |
|---|---|---|---|---|---|---|---|---|---|---|---|---|---|---|---|---|---|---|---|---|
| F造型1 | | | | | | | | | | | | | 112 | | | | | | | |
| | 1 | | | | 阀体 | | 250-2047 | 4"-900Lb | FT-044 | CF3M | 133.0 | F50116 | 1 | 交丰科利航 | | | | | | |
| | 2 | | | | 阀体 | CV3000 | 23-2017 | DN150*300 | A3010166-047 | CF8 | 140.0 | F50103 | 1 | | | | | | | |
| | 3 | | | | 阀体 | | 123-2114 | DN150 PN10.0 | FJ41Y-600#-6"木模" | WCB | 212.0 | F50098 | 2 | | | | | | | |
| | 4 | | | | 阀体 | CV3000 | 23-2064 | DN250*40 | F3012608-057 | WC6 | 344.0 | F50096 | 1 | | | | | | | |
| | 5 | | | | 壳体 | | | | | ZG304 | | F50103 | 2 | 可以不打磨 | | | | | | |
| | 6 | | | | 阀体 | HPS | 23-2223 | DN50*1500 | E3010042-01A | WCB | 62.0 | F50110 | 1 | | | | | | | |
| | 7 | | | | 阀体 | | 250-2046 | 6"-900 | FT-064 | CF3M | 232.0 | F50114 | 1 | 交丰科利航 | 合格 | | | | | |
| | 8 | | | | 阀体 | | 23-2008-01 | DN200*16 | HTSP1-200-01P-0001- | WCB | 170.0 | F50110 | 1 | | | | | | | |
| | 9 | | | | 阀体 | HPAC | 23-2213 | DN200ANSI90 | I3010038-057 | WC6 | 610.0 | F50112 | 1 | | | | | | | |
| | 10 | | | | 上阀盖 | HCP | 23-2171 | DN400*16 | HCPP1-400-005P/VP7. | WCB | 230.0 | F50110 | 1 | | | | | | | |
| | 11 | | | | 阀体 | CV3000 | 23-2016 | DN150*40 | A3010116-01A | WCB | 128.0 | F50122 | 3 | | 合格 | | | | | |
| | 12 | | | | 阀体 | CV3000 | 23-2014 | DN125*40 | A3010115-01A | WCB | 88.0 | F50110 | 1 | | | | | | | |
| | 13 | | | | 放空阀阀盖 | | 21-2032 | DN500-4.0II | FJ41Y-300class/20-19-1 | WCB | 311.0 | F50098 | 1 | | | | | | | |
| | 14 | | | | 阀体 | HPS/C | 23-2229 | DN80ANSI900 | E3010034-01A | WCB | 76.0 | F50110 | 1 | | | | | | | |
| | 15 | | | | 吊环螺母 | HPC | 23-3234 | DN400 | HPCA9-400-046P-01A | WCB | 4.6 | F50110 | 5 | | | | | | | |
| | 16 | | | | 阀体 | | 250-2047 | 4"-900Lb | FT-044 | CF3M | 133.0 | F50116 | 1 | 交丰科利航 | 合格 | | | | | |
| | 17 | | | | 阀体 | | 250-2008 | 10"-900Lb | FT-104 | CF3M | 521.0 | F50113 | 1 | 交丰科利航 | 合格 | | | | | |
| | 18 | | | | 吊环螺母 | HPC | 23-3234 | DN400 | HPCA9-400-046P-01A | WCB | 4.6 | F50110 | 10 | | | | | | | |
| | 19 | | | | 阀体 | VBJGF | 23-3212 | DN700*16 | VBJGF-001-0068（P） | WCB | 452.0 | F50015 | 1 | 急件 | | | | | | |
| | 20 | | | | 阀体 | HPS | 23-2225 | 2"-900Lb | E3010032-01A | WCB | 58.0 | F50110 | 4 | | | | | | | |

图 14-129　造型质量点检

### 3. 铸件生产、工艺协同管理在 HX 公司的应用

生产信息对工艺的反馈主要体现在制订工艺时，生产部门对工艺信息的评审和点评。生产部门对工艺参数、模型信息、造型要求、熔炼浇注参数以及精装信息进行评审和点评，如图 14-130 和图 14-131 所示，对可能存在的工艺问题应及时进行修改。图 14-132 所示造型型芯质量过程评价表，图 14-133 所示为造型熔炼开箱卡。右击铸件编号即弹出两张一直伴随着工序运转的工艺卡，从而时时刻刻指导生产。

| | | | | | | | |
|---|---|---|---|---|---|---|---|
| 材　质 | 304 | 补贴重量 | 27.4 | 造型方法 | 呋喃树脂 | 上加工余量 | 8 |
| 净　重 | 160.0 | 总 毛 重 | 250.0 | 模样种类 | 型板 | 下侧加工余量 | 6 |
| 冒口重 | 62.6 | 工艺出品率 | 64.00% | 收 缩 率 | 外2.5;内1.5;高2.5; | 轴孔加工余量 | 6 |
| 浇注系统 | | | | 实际操作 | | | |
| 类别 | 尺寸 | 浇道数 | 浇管数 | 浇注温度 | 1550-1580 ℃ | 浇注用时 | s |
| 注　孔 | Ȼ 45 | | | 保温时间 | 4.00　h | 外围面积m² | |
| 直浇道 | Ȼ | | | 热处理 | 固溶 | 报价表 | |
| 横浇道 | Ȼ | | | 作业路线 | BOM | 系统报价 | 计算砂量 |
| 内浇道 | Ȼ | | | 订单盈亏 | | 系统报价 | |
| 浇注系统 | Ȼ 50直浇口，内浇口两道分别进出水法兰和脚板 | | | | | | |
| 砂箱 | [1M×1M×0.2M]×1×1; | | | | | | |
| 冷铁摆放 | 25*25*25厚*32块，100*100*50厚*2块，坭芯中50*50*50厚*8块 | | | | | | |
| 冒口 | 盖箱[暗SQA10/13K]×1×8;盖箱[明SQ125*150]×1×1;盖箱[Ȼ 20出气棒]×1×6; | | | | | | |
| 质检 | ☑ MT（毛坯）; | | | | | | |

| 化学成分要求 | | 标准 | ASTM A351-2010 |
|---|---|---|---|
| 碳C | 0 - 0.080 | 钨W | - |
| 硅Si | - 2.000 | 铅Pb | - |
| 锰Mn | 0 - 1.500 | 锡Sn | - |
| 磷P | 0 - 0.040 | 镁Mg | - |
| 硫S | 0 - 0.040 | 砷As | - |
| 铬Cr | 18.000 - 21.000 | 锆Zr | - |
| 钼Mo | 0 - 0.500 | 铋Bi | - |
| 镍Ni | 8.000 - 11.000 | 钙Ca | - |
| 铝Al | - | 铈Ce | - |
| 钴Co | - | 锑Sb | - |
| 铜Cu | - | 碲Te | - |
| 铌Nb | - | 硼B | - |
| 钛Ti | - | 锌Zn | - |
| 钒V | - | 镧La | - |
| 铼Re | - | 铁Fe | - |
| 氮N | - | | |

注意事项

1、铸件外型用石英砂，中间码砂块，底箱预埋铁管从砂箱四个侧面引出。预埋泥芯下部要焊牢固，而且要注意砂型的充氧，防止浇不足。
2、冒口位置按左图摆放。
3、压箱尽量不要压在中间，防止压坏砂型。等螺钉上好后，在用扁铁等拉焊住砂箱。
4、涂料等级为D级。
5、浇注速度不宜过快，浇上冒口后放慢浇注速度，直到浇满。

| | | | | | |
|---|---|---|---|---|---|
| 图纸链接 | | 三维 | 评审 | CAD链接 | |
| 合同 | temp\f\13\152455.pdf | CAE | | 工艺卡片 | temp\f\67\155 |

技术员 左建　2014-12-25 13:38　　生产评审签字 杨怀强　2015-01-12 14:50

图 14-130　生产部门对工艺信息的评审

## 工艺单点评

| 行号 | 日期 | 订单细则号 | 铸件名称 | 材质 | 技术员 | 工艺卡评审员 | 工艺点评 | 点评员 | 点评时间 |
|---|---|---|---|---|---|---|---|---|---|
| 4 | 2013-11-02 | HX13100037-01 | 泵体400S90-0001 | 304 | 毛小惠 | | 合格 | 张华良 | 2013-11-06 |
| 5 | 2013-11-02 | HX13100037-02 | 泵盖400S90-0002 | 304 | 毛小惠 | | 合格 | 张华良 | 2013-11-06 |
| 6 | 2013-11-03 | HX13110004-01 | 泵体303-0029BA09.A 018132#1 | CF3M | 毛小惠 | | 合格 | 张华良 | 2013-11-06 |
| 7 | 2013-11-03 | HX13100045-01 | 叶轮500S-59 | ZG230-450 | 毛小惠 | | 合格 | 张华良 | 2013-11-06 |
| 8 | 2013-11-05 | HX13100036-05 | 二级进气管937-00-11-03a | ZG2Cr13 | 毛小惠 | | 合格 | 张华良 | 2013-11-06 |
| 9 | 2013-11-05 | HX13100052-01 | 中段150SLD155-30-0002 | ZG230-450 | 毛小惠 | | 合格 | 张华良 | 2013-11-06 |
| 10 | 2013-11-05 | HX13080078-11 | 泵体FZAM100-315X-X-004 | A890-5A(2507) | 毛小惠 | | 合格 | 张华良 | 2013-11-06 |
| 11 | 2013-11-05 | HX13080078-12 | 前泵盖FTL100-315 | A890-5A(2507) | 毛小惠 | 左建 | 合格 | 张华良 | 2013-11-06 |
| 12 | 2013-11-05 | HX13080078-13 | 泵盖FTL100-315 | A890-5A(2507) | 毛小惠 | | 合格 | 张华良 | 2013-11-06 |
| 13 | 2013-11-05 | HX13080078-14 | 泵体FTL100-450 | A890-5A(2507) | 毛小惠 | | 合格 | 张华良 | 2013-11-06 |
| 14 | 2013-11-05 | HX13080078-15 | 前泵盖FTL100-450 | A890-5A(2507) | 毛小惠 | | 合格 | 张华良 | 2013-11-06 |
| 15 | 2013-11-05 | HX13080078-16 | 后泵盖FTL100-450 | A890-5A(2507) | 毛小惠 | 左建 | 合格 | 张华良 | 2013-11-06 |

图 14-131 工艺单点评

图 14-132 造型型芯质量过程评价表

图 14-133 造型熔炼开箱卡

## 14.8.3 应用特色2：砂型铸造流程优化

HX 公司在实施华铸 ERP 系统后，采用了单件化管理模式，产品的质量得到了有效的提高，为此，企业的业务量不断攀升。随着企业的发展，客户的需求也逐步呈现个性化的趋势，客户不仅对产品交期的要求越来越苛刻，而且对于铸件质量的要求也越来越严，导致该公司原有的业务流程不能同时满足"高效"和"高质"两方面的需求，如模样管理与生产脱节问题，为此必须对企业的业务流程进行深入的优化，以帮助企业摆脱这些问题的困扰。

### 1. 优化过程

结合生产、质量流程优化模型，对 HX 公司的生产、质量流程进行分析。HX 公司的生产、质量流程：客户下订单之后进行订单校核，校核完成进行工艺分配，然后开始生产，进行造型计划、合箱检验、造型验收等工序，最后经入库质检得到铸件成品，HX 公司的生产、质量流程简图如图 14-134 所示。在铸造企业，模样可以保证生产零件具有较高的精度和较高的高一致性，对于铸件来说是必不可少的。为此模样管理也是铸造企业管理的一大重点。在 HX 公司模样管理主要分为四部分：客户送来模样时进行新模样登记；模样可以自己制作的就在自己的模样厂进行自制；如果自己的模样厂来不及自制或是自己制作不划算时就找外协厂家进行外协生产；最后就是企业老客户再次下订单时，自己厂内已经有模样了进行点检后就直接利用。HX 公司的模样信息管理流程图如图 14-135 所示。目前企业的管理现状是生产管理与模样管理之间没有直接的关联和有效的配合，这容易导致造型计划下达时发现有的模样还没有，或者老模样没有进行点检，模样存在着问题，从而使工人无法进行造型，也无法进行后续的熔炼等一系列流程，铸件产品无法及时生产，从而可能导致延期交货，影响客户满意度。有的甚至引起铸件质量问题，导致不合格品的产生。

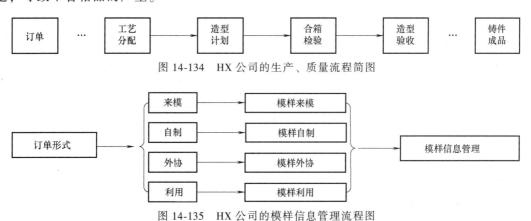

图 14-134 HX 公司的生产、质量流程简图

图 14-135 HX 公司的模样信息管理流程图

为了加强生产过程中的质量约束，根据流程优化方法（Eraser）中的 A（Add）原则，在生产流程中造型计划前加入新模样登记和模样点检流程，确保在造型前，新模样已经存在或已有老模样质量是没有问题的，优化后的模样-生产流程图如图 14-136 所示。同时在华铸 ERP 系统实现相应的功能，华铸 ERP 系统中模样-生产流程约束功能设计图如图 14-137 所示，华铸 ERP 系统中模样-生产流程约束功能显示图如图 14-138 所示。

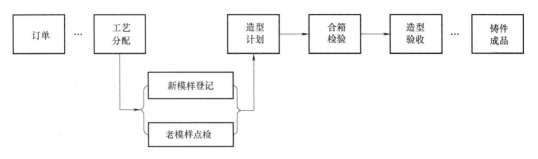

图 14-136 优化后的模样-生产流程图

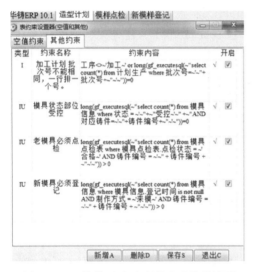

图 14-137 模样-生产流程约束功能设计图

图 14-138 模样-生产流程约束功能显示图

### 2. 优化结果分析

HX 公司以前的生产管理和模样管理是脱节的，导致计划下达以后出现模样不存在或没有进行质量点检情况。通过使用 Eraser 优化方法中的 A（Add）原则对模样-生产管理流程进行优化后，模样管理和生产管理进行协同，生产促进模样质量的监管，模样管理加强了对生产的约束，有助于加强质量管控，提升铸件的质量。HX 公司的模样-生产管理流程优化前后的对比情况见表 14-32 所示。模样原因造成的不良统计如图 14-139 所示。

表 14-32 模样-生产管理流程优化前后的对比情况

| 优化前 | 优化方法 | 优化后 |
| --- | --- | --- |
| 生产流程和模样管理脱节,导致造型计划下达时模样不存在或是老模样没进行质量点检而存在质量问题,从而影响生产流程运转和质量管控 | A（Add）原则 | 利用 A（Add）原则,对模样-生产管理流程进行优化后,模样管理和生产管理协同,有助于生产流程正常运作和质量管控强化 |
| 2013—2016 年,由于模样尺寸问题和模样缺失引起的铸件质量问题一直存在,且产生的不合格品重量最高达 7t,造成巨大的经济损失 | | 2016 年 5 月开始对模样-生产进行流程优化后,从图 14-139 可以看出,由于模样原因产生的不合格品得到了一定的控制 |

| 行号 | 月 | 不良原因 | 责任部门 | 不合格品重量 | 总报废重量 | 不合格原因占比率(%) | 生产吨位 | 熔炼不合格率(%) |
|---|---|---|---|---|---|---|---|---|
| 1 | 2013-07 | 模样尺寸问题 | 木模车间 | 525.00 | 55547.00 | 0.945 | 186605.00 | 0.281 |
| 2 | 2013-09 | 模样不全进入生产现场 | 造型车间 | 930.00 | 47909.00 | 1.941 | 181859.00 | 0.511 |
| 3 | 2013-09 | 模样尺寸问题 | 木模车间 | 236.00 | 47909.00 | 0.492 | 181859.00 | 0.129 |
| 4 | 2014-03 | 模样尺寸问题 | 质检部 | 75.00 | 26479.00 | 0.283 | 258496.50 | 0.029 |
| 5 | 2014-03 | 模样尺寸问题 | 木模车间 | 2514.00 | 26479.00 | 9.494 | 258496.50 | 0.972 |
| 6 | 2014-05 | 模样尺寸问题 | 造型车间 | 1284.00 | 62679.00 | 2.048 | 256669.00 | 0.500 |
| 7 | 2014-05 | 模样尺寸问题 | 木模车间 | 6588.00 | 62679.00 | 10.51 | 256669.00 | 2.566 |
| 8 | 2014-06 | 模样尺寸问题 | 木模车间 | 2196.00 | 37804.50 | 5.808 | 195101.00 | 1.125 |
| 9 | 2014-07 | 模样尺寸问题 | 木模车间 | 6633.00 | 21804.00 | 30.42 | 190433.00 | 3.483 |
| 10 | 2014-08 | 模样尺寸问题 | 木模车间 | 2032.00 | 22666.00 | 8.964 | 156666.00 | 1.297 |
| 11 | 2014-09 | 模样尺寸问题 | 生产部 | 620.00 | 29724.00 | 2.085 | 151224.00 | 0.409 |
| 12 | 2014-09 | 模样尺寸问题 | 木模车间 | 2694.00 | 29724.00 | 9.063 | 151224.00 | 1.781 |
| 13 | 2014-10 | 模样尺寸问题 | 木模车间 | 434.00 | 7942.00 | 5.464 | 118012.86 | 0.367 |
| 14 | 2015-03 | 模样尺寸问题 | 木模车间 | 710.00 | 53520.50 | 1.326 | 198660.50 | 0.357 |
| 15 | 2015-09 | 模样尺寸问题 | 木模车间 | 3908.60 | 46908.50 | 8.331 | 268945.00 | 1.453 |
| 16 | 2015-09 | 模样尺寸问题 | 技术部 | 3038.00 | 46908.50 | 6.476 | 268945.00 | 1.129 |
| 17 | 2015-10 | 模样尺寸问题 | 技术部 | 4198.00 | 37693.00 | 11.13 | 240737.00 | 1.743 |
| 18 | 2015-12 | 模样尺寸问题 | 木模车间 | 255.00 | 33145.00 | 0.769 | 138511.00 | 0.184 |
| 19 | 2015-12 | 模样尺寸问题 | 造型车间 | 15.00 | 33145.00 | 0.045 | 138511.00 | 0.010 |
| 20 | 2016-01 | 模样尺寸问题 | 木模车间 | 741.00 | 43572.00 | 1.700 | 125137.50 | 0.592 |
| 21 | 2016-01 | 模样尺寸问题 | 销售部 | 1030.00 | 43572.00 | 2.363 | 125137.50 | 0.823 |
| 22 | 2016-02 | 模样尺寸问题 | 木模车间 | 6970.00 | 17529.00 | 39.76 | 57535.00 | 12.11 |

图 14-139 模样原因造成的不良统计

### 14.8.4 应用特色3：热处理智能排产

HX 公司生产的铸件大部分需要进行热处理，该公司拥有 4 台热处理炉，热处理炉次计划是该公司生产计划中的重要部分。大部分情况下，热处理作业在每天晚上进行，因此白天排产员需要根据铸件热处理任务情况以及热处理炉情况合理制订晚上的热处理生产计划。然而华铸 ERP 系统只是实现了生产管理的信息化，对于热处理生产计划，排产员主要还是依靠个人经验进行制订，而且热处理工艺没有与订单细则进行绑定，排产员在制订热处理炉次计划时需要参考纸质的热处理工艺手册。这种人工排产模式比较费时，而且人工难以兼顾多种因素，制订的炉次计划并不是最合理的，热处理炉利用率低。为此，将开发的热处理炉次计划系统应用到该公司，以实现炉次计划的算法辅助排产模式。

热处理炉次计划系统于 2017 年 7 月初在 HX 公司推广应用。由于该公司热处理作业规模属于中小规模，根据前面介绍的算法对比分析可知，热处理炉次计划的求解算法适合采用连续型教与学算法，因而在实际应用中采用 C-ITLBO 算法对任务候选集进行求解。根据 HX 公司的实际应用情况，对比原有人工排产模式，分析了该系统在获得较优的炉次计划、提升排产效率以及提高热处理炉利用率三个方面的应用效果和优势。

**1. 获得较优的炉次计划**

图 14-140 所示为热处理炉次计划系统在 HX 公司的一个炉次计划计算实例。该炉次计划选定的冷却方式为水冷，设置的炉次容量为 10000kg，允许热处理炉的最大温差为 20℃。该炉次计划采用连续型教与学算法求解得到，共包含 36 个铸件，计划总重为 9976kg，基本上接近炉次负载。炉次计划的保温温度范围为 1090~1100℃，温差为 10℃，小于设定的最大温差。从交货盈余期可以看到，炉次计划把临近交货期的铸件选中。综上可知，热处理炉

次计划系统求解得到的炉次计划可以兼顾炉次负载利用率、合炉约束以及交货期这三个因素，可获得较优的炉次计划。

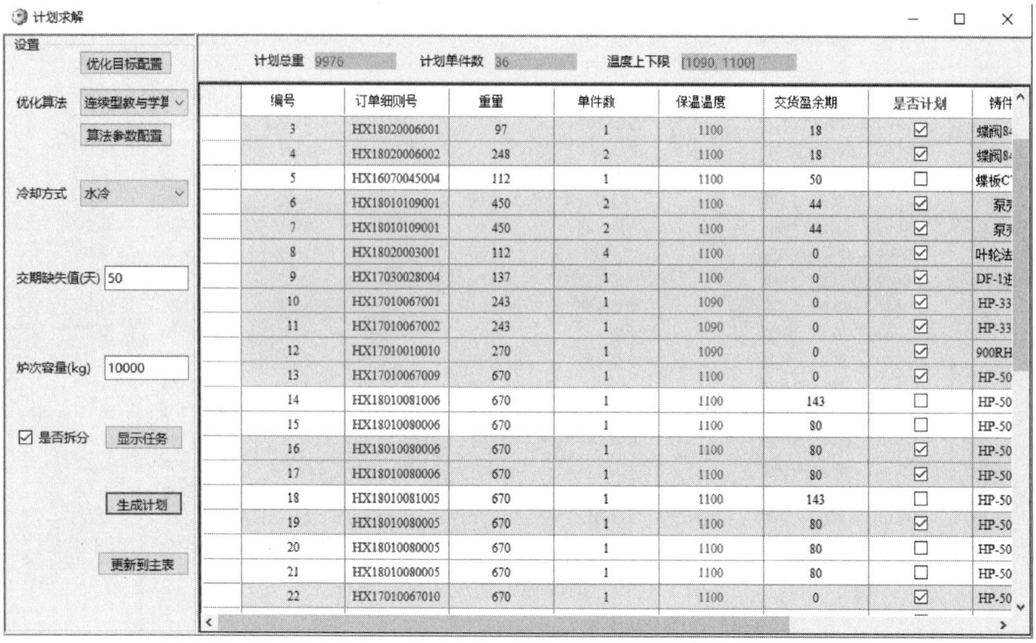


| 编号 | 订单细则号 | 重量 | 单件数 | 保温温度 | 交货盈余期 | 是否计划 | 铸件 |
|---|---|---|---|---|---|---|---|
| 3 | HX18020006001 | 97 | 1 | 1100 | 18 | ☑ | 蝶阀8 |
| 4 | HX18020006002 | 248 | 2 | 1100 | 18 | ☑ | 蝶阀8 |
| 5 | HX16070045004 | 112 | 1 | 1100 | 50 | ☐ | 蝶板C |
| 6 | HX18010109001 | 450 | 2 | 1100 | 44 | ☑ | 泵 |
| 7 | HX18010109001 | 450 | 2 | 1100 | 44 | ☑ | 泵 |
| 8 | HX18020003001 | 112 | 4 | 1100 | 0 | ☑ | 叶轮法 |
| 9 | HX17030028004 | 137 | 1 | 1100 | 0 | ☑ | DF-1进 |
| 10 | HX17010067001 | 243 | 1 | 1090 | 0 | ☑ | HP-33 |
| 11 | HX17010067002 | 243 | 1 | 1090 | 0 | ☑ | HP-33 |
| 12 | HX17010010010 | 270 | 1 | 1090 | 0 | ☑ | 900RH |
| 13 | HX17010067009 | 670 | 1 | 1100 | 0 | ☑ | HP-50 |
| 14 | HX18010081006 | 670 | 1 | 1100 | 143 | ☐ | HP-50 |
| 15 | HX18010080006 | 670 | 1 | 1100 | 80 | ☐ | HP-50 |
| 16 | HX18010080006 | 670 | 1 | 1100 | 80 | ☑ | HP-50 |
| 17 | HX18010080006 | 670 | 1 | 1100 | 80 | ☑ | HP-50 |
| 18 | HX18010081005 | 670 | 1 | 1100 | 143 | ☐ | HP-50 |
| 19 | HX18010080005 | 670 | 1 | 1100 | 80 | ☑ | HP-50 |
| 20 | HX18010080005 | 670 | 1 | 1100 | 80 | ☐ | HP-50 |
| 21 | HX18010080005 | 670 | 1 | 1100 | 80 | ☐ | HP-50 |
| 22 | HX17010067010 | 670 | 1 | 1100 | 0 | ☑ | HP-50 |

图 14-140 一个炉次计划计算实例

为了进一步分析热处理炉次计划系统在获得较优的炉次计划方面的优势，系统增加了热处理炉次计划求解日志。从图 14-141 中可以看到，基本上所有的炉次计划求解其计划量均接近预期炉次负载，这可以保证热处理炉负载被充分利用。而且，求解得到的炉次计划大部分是铸件之间保温温度无差别，这样尽量减少一个炉次计划中铸件的工艺差别，以保证热处理质量。人工排产一般难以平衡各个因素，而热处理炉次计划系统的算法辅助排产模式，一般在设置各个因素的权重之后可以给出比较优化的炉次计划，这是人工排产模式所难以完成的。

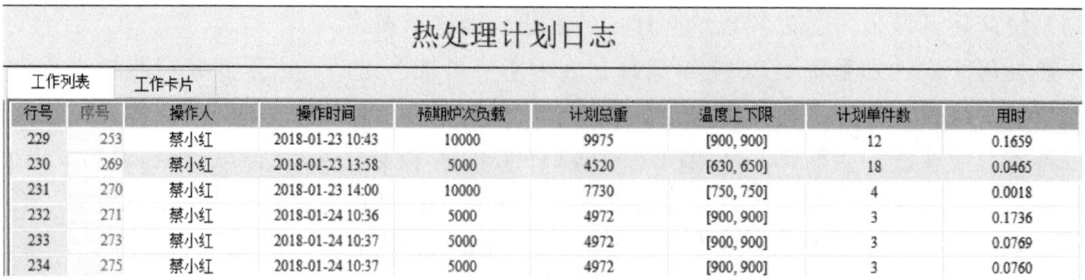


| 行号 | 序号 | 操作人 | 操作时间 | 预期炉次负载 | 计划总重 | 温度上下限 | 计划单件数 | 用时 |
|---|---|---|---|---|---|---|---|---|
| 229 | 253 | 綦小红 | 2018-01-23 10:43 | 10000 | 9975 | [900, 900] | 12 | 0.1659 |
| 230 | 269 | 綦小红 | 2018-01-23 13:58 | 5000 | 4520 | [630, 650] | 18 | 0.0465 |
| 231 | 270 | 綦小红 | 2018-01-23 14:00 | 10000 | 7730 | [750, 750] | 4 | 0.0018 |
| 232 | 271 | 綦小红 | 2018-01-24 10:36 | 5000 | 4972 | [900, 900] | 3 | 0.1736 |
| 233 | 273 | 綦小红 | 2018-01-24 10:37 | 5000 | 4972 | [900, 900] | 3 | 0.0769 |
| 234 | 275 | 綦小红 | 2018-01-24 10:37 | 5000 | 4972 | [900, 900] | 3 | 0.0760 |

图 14-141 热处理炉次计划求解日志

### 2. 提升排产效率

从图 14-141 中可以看到，每次炉次计划求解用时不到 1s，相比人工排产，热处理炉次计划系统在速度上有明显优势。未采用炉次计划系统之前，排产员在制订炉次计划时需要查阅纸质热处理工艺手册，还需要综合考虑各个因素，用时较长，一般需要 10~20min，而现在使用炉次计划系统，只需要几秒钟就可以完成炉次计划的制订。综上所述，对比人工排产模式，炉次计划系统的算法辅助排产模式可以显著提升排产效率，并节省了人力。

**3. 提高热处理炉利用率**

HX公司日常使用的热处理炉主要是热处理炉A和热处理炉B。热处理炉A最大装炉量可达10000kg，而热处理炉B的最大装炉量可达5000kg。尽管炉次计划的总重量可能接近热处理炉的最大负载，但是在实际装炉过程中由于炉内空间限制，一般实际装炉量很难达到最大负载，并且随着铸件形状与尺寸变化，同一个热处理炉的实际装炉量也会存在差异。为了定量分析热处理炉次计划系统在提升热处理炉利用率方面的应用效果，对2017年1月—2018年1月热处理炉的月平均装炉量进行统计，热处理炉A和B的月平均装炉量变化趋势分别如图14-142和图14-143所示。从两个图中可以看到，从2017年7月应用热处理炉次计划系统之后，尽管热处理炉的月平均装炉量存在波动，但是大部分月份平均装炉量相比之前有增加趋势。

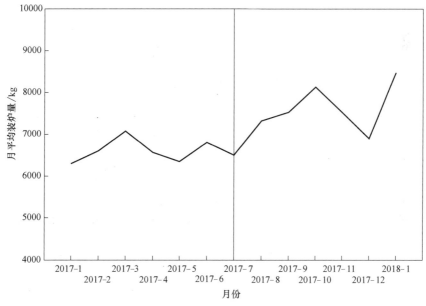

图14-142 热处理炉A的月平均装炉量变化趋势

为了对比应用前后效果，分别统计并分析了两个热处理炉在2017年1月—6月（应用前）及在2017年7月—2018年1月（应用后）的平均装炉量，结果见表14-33。从表14-33中可以看到，在热处理炉次计划系统应用后，热处理炉A和B的平均装炉量分别提升约12%和19%。该公司在2017年各个月的订单量是相对稳定的，但是使用算法辅助排产，热处理炉的负载一般设置为最大负载，而求解得到的炉次计划的计划量基本可以接近负载，在实际装炉时热处理炉负载也可以被充分利用。因此，热处理炉次计划系统的应用可以在一定程度上提高热处理炉的实际装炉量，从而提升了热处理炉利用率，实现了资源的最大化利用。

综上分析，算法辅助排产模式的热处理炉次计划系统的应用优势主要在体现以下几个方面：

1) 系统基于多个优化目标进行求解炉次计划，可以得到相对较优的炉次计划。

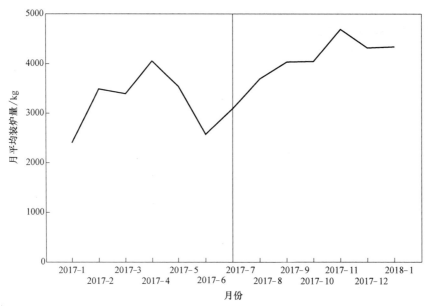

图 14-143 热处理炉 B 的月平均装炉量变化趋势

表 14-33 热处理炉次计划系统应用前后热处理炉平均装炉量对比

| 热处理炉 | 应用前平均装炉量 /kg | 应用后平均装炉量 /kg | 增长量 /kg | 增长百分比 (%) |
| --- | --- | --- | --- | --- |
| A | 6637 | 7464 | 827 | 12 |
| B | 3381 | 4026 | 645 | 19 |

2) 系统计算炉次计划用时短，相比人工可以提升工作效率。

3) 由于系统求得炉次计划的计划量接近热处理炉的负载，从而提升了热处理炉的利用率。

# 附录

## 相关英文术语解释

| 名词 | 解释 |
|---|---|
| 6σ | Six Sigma, 6 Sigma, 六西格玛 |
| AI | Artificial Intelligence, 人工智能 |
| AMR | Advanced Manufacturing Research, 美国先进制造研究机构 |
| APICS | American Production and Inventory Control Society, 美国生产与库存控制协会 |
| APS | Advanced Planning System, 高级排产系统 |
| B/S | Browser/Server, 浏览器/服务器模式结构 |
| Batch Managemagent | 批次管理 |
| BI | Business Intelligence, 商务智能 |
| BOM | Bill of Material, 物料清单 |
| BPM | Business Process Management, 业务流程管理 |
| BPR | Business Process Reengineering /Redesign, 业务流程重组 |
| BP | Back Propagation 反向传播, 常用于 BP 神经网络 |
| C/S | Client/Server, 客户端/服务器模式结构 |
| CAD | Computer Aided Design, 计算机辅助设计 |
| CAE | Computer Aided Engineering, 计算机辅助工程 |
| CAM | Computer Aided Manufacturing, 计算机辅助制造 |
| CAPP | Computer Aided Process Planning, 计算机辅助工艺规划 |
| CIMS | Computer/Contemporary Integrated Manufacturing Systems, 计算机/现代集成制造系统 |
| CLM | Casting Lifecycle Management, 铸件全生命周期管理模型 |
| CloseMRP | Close Material Requirements Planning, 闭环物料需求计划 |
| CNN | Convolutional Neural Networks, 卷积神经网络 |
| CRM | Customer Relationship Management, 客户关系管理系统 |
| EAM | Enterprise Asset Management, 企业资产管理 |
| EAS | Enterprise Application Solution/ Suites/Systems/ Services, 企业应用套件 |
| EMPS | ERP/MES/PDM/SCADA, ERP/MES/PDM/SCADA 集成系统 |
| ERP | Enterprise Resource Planning, 企业资源规划 |
| ERP Ⅱ | Enterprise Resource Planning Ⅱ, 协同商务 |
| ER 图 | Entity Relationship 图, 实体关系图 |
| ES | Expert System, 专家系统 |
| FCS | Foundry Charging mixing Software, 铸造炉料配比软件 |

(续)

| 名　词 | 解　释 |
|---|---|
| FM | Financial Management,财务管理 |
| FMS | Financial Management System,财务管理系统 |
| HCI | Human-Computer Interaction,人机交互 |
| HRM | Human Resource Management,人力资源管理 |
| HTML5 | 超文本5.0标准/语言 |
| InteCast | 华铸,华中科技大学华铸软件 |
| InteCast-CAE | 华铸CAE系统 |
| InteCast-ERP | 华铸ERP系统 |
| IOT | Internet of Things,物联网 |
| ISO | International Standardization Organization,国际标准化组织 |
| JIT | Just In Time,准时制生产 |
| JS | JavaScript,一种直译式脚本语言 |
| KM | Knowledge Management,知识管理 |
| KPI | Key Performance Indicator,关键绩效指标 |
| LP | Lean Production,精益生产 |
| MES | Manufacturing Execution System,制造执行系统 |
| MESA | Manufacturing Execution System Association,[美]制造执行系统协会 |
| MIS | Management Information System,管理信息系统 |
| MPS | Master Production Schedule,主生产计划 |
| MRP | Material Requirements Planning,物料需求计划 |
| MRP Ⅱ | Manufacturing Resource Planning,制造资源计划 |
| OA | Office Automatic,办公自动化 |
| ODBC | Open DataBase Connectivity,开放数据库连接 |
| OPC | OLE for Process Control,用于过程控制的OLE |
| PAD | Pad,portable android device,平板电脑 |
| PDM | Product Data Management,产品数据管理 |
| Piece Production | 单件生产 |
| PLC | Programmable Logic Controller,可编辑逻辑控制器 |
| PLM | Product Lifecycle Management,产品生命周期管理 |
| PM | Performance Management,绩效管理 |
| PM | Production Management,生产管理 |
| PM | Project Management,项目管理 |
| Pull Production | 拉动式生产,拉式生产 |
| Push Production | 推动式生产,推式生产 |
| QMS | Quality Management System,质量管理系统,质量管理体系 |
| RFID | Radio Frequency Identification Devices,无线射频识别技术 |

（续）

| 名　词 | 解　释 |
|---|---|
| RSS | Really Simple Syndication,简易信息聚合,聚合内容 |
| SCADA | Supervisory Control And Data Acquisition,数据采集与监视控制系统 |
| SCM | Supply Chain Management,供应链管理系统 |
| SQL | Structured Query Language,结构化查询语言 |
| SVM | Support Vector Machine,支持向量机 |
| TOC | Theory Of Constraints,决策理论 |
| TQM | Total Quality Management,全面质量管理 |
| WFS | Work Flow System,工作流系统 |
| WMS | Workflow Management System,工作流管理 |

# 参 考 文 献

[1] 中央政府门户网站. 国务院印发《中国制造 2025》[EB/OL]. (2015-05-19). http：//www. gov. cn/xinwen/2015-05/19/content_ 2864538. htm.

[2] 国务院. 国务院关于印发《中国制造 2025》的通知 [R/OL]. (2015-05-08). http：//www. gov. cn/zhengce/content/2015-05/19/content_ 9784. htm.

[3] 国务院. 国家中长期科学和技术发展规划纲要（2006—2020 年）[EB/OL]. (2006-02-09). http：//www. most. gov. cn/mostinfo/xinxifenlei/gjkjgh/200811/t20081129_65774. htm.

[4] 周济，李培根，周艳红，等. 走向新一代智能制造 [J]. Engineering, 2018, 4（01）：28-47.

[5] 周济. 智能制造——"中国制造 2025"的主攻方向 [J]. 中国机械工程, 2015 (17)：2273-2284.

[6] 柳百成. 数字化制造需要新思维 [J]. 中国经济和信息化, 2013 (6)：18-19.

[7] ZHOU J X JI X Y, LIAO D M, et al. Research and application of enterprise resource planning system for foundry enterprises [J]. China Foundry, 2013, 10 (1)；7-17.

[8] JI X Y YE HZ ZHOU J X, et al. Digital Management Technology and Its Application to Investment Casting Enterprise [J]. China Foundry, 2016, 13 (5) 301–309.

[9] 周建新，计效园，闫春泽，等. 铸造技术路线图：快速成形 [J]. 铸造, 2017, 266 (5)；433-438.

[10] 许庆彦，熊守美，周建新，等. 铸造技术路线图：数字化、网络化、智能化铸造 [J]. 铸造, 2017, 266 (12)：1243-1250.

[11] 张俊，卢秉恒. 面向高端装备制造业的高端制造装备需求趋势分析 [J]. 中国工程科学, 2017, 19 (3)：136-141.

[12] 中国机械工程学会铸造分会. 铸造行业"十三五"技术发展规划纲要 [J]. 铸造. 2015, 64 (12)；1165-1203.

[13] 中国铸造协会. 中国铸造行业 2015 年统计数据正式发布 [J]. 铸造工程 2016, 40 (4)；588-588.

[14] 中国铸造协会. 2017 年中国铸件产量数据统计 [J]. 铸造技术, 2018, 39 (7)：1643-1644.

[15] 陈启申. 知理·知己·知彼·知用 成功实施 ERP 的规范流程 [M]. 北京：电子工业出版社, 2007.

[16] 王珊，萨师煊. 数据库系统概论 [M]. 北京；高等教育出版社, 2006.

[17] 缪良. 铸造企业管理 [M]. 北京：中国水利水电出版社, 2007.

[18] 房贵如，陈琦. 铸造企业质量管理及检验入门与精通 [M]. 北京：机械工业出版社, 2012.

[19] 韩志仁，贺平，郑晖. 飞机制造技术基础：热加工、塑性加工及数字化制造 [M]. 北京：北京航空航天大学出版社, 2015.

[20] 朱森第. 从"中国制造"走向"中国智造"[J]. 中国制造业信息化, 2011 (4)：340-42.

[21] 计效园. 单件化与智能化方法及其在铸造信息化中的应用 [D]. 武汉：华中科技大学, 2013.

[22] 计效园. 信息系统柔性化方法及其铸造中的应用研究 [R]. 武汉：华中科技大学, 2016.

[23] JI X Y, YE H, ZHOU J X, et al. An improved teaching-learning-based optimization algorithm and its application to a combinatorial optimization problem in foundry industry [J]. Applied Soft Computing, 2017, 57：504-516.

[24] JI X Y YE H, ZHOU J X, et al. An improved backtracking search algorithm for casting heat treatment charge plan problem [J]. Journal of Intelligent Manufacturing 2019, 30 (3)：1335-1350.

[25] 周建新，刘飞，陈立亮，等. 我国铸造企业 ERP 系统应用现状与展望 [J]. 铸造, 2008, 57 (09)：885-891.

[26] 计效园，周建新，等. 铸造企业铸件单件管理模型 [J]. 特种铸造及有色合金, 2012, 32 (11)：1005-1008.

[27] 计效园，周建新，等. 基于盈余期模型的铸造工期控制研究 [J]. 铸造, 2012, 61 (6)：641-646.

[28] 樊晓薇，计效园，周建新. 铸造企业 ERP 系统的流程柔性化方法及应用研究 [J]. 铸造, 2016, 65 (11)：1089-1094.

[29] 林垦，计效园，周建新，等. 铸造企业不合格品协同管控的方案研究 [J]. 铸造, 2016, 65 (1)：35-39.

[30] 陈飞，计效园，周建新. 基于 Flexsim 铸造企业发货质保流程的仿真与优化 [J]. 铸造, 2016, 65 (4) 345-350.

[31] 叶虎，计效园，周建新，等. 基于遗传算法的铸造热处理炉次计划研究 [J]. 计算机集成制造系统, 2016, 23 (3) 575-583.

[32] 张明珠，计效园，周建新，等. 砂型铸造企业熔炼批量计划与调度模型及求解方法［J］. 铸造，2018，67（5）：414-419.

[33] 周黔，邓蔚林，计效园，等. 钛合金精密铸造企业生产流程卡主子卡方案研究［J］. 特种铸造及有色合金，2015，35（11）：1181-1187.

[34] 姜安龙，颜秋余，马兴杰，等. 航空钛合金铸件基于信息化的外协全流程管理方法与应用［J］. 特种铸造及有色合金，2018，28（9）：981-985.

[35] 邓蔚林，计效园，周建新，等. 基于层次分析法与模糊综合评价的精铸生产流程卡评价研究［J］. 铸造，2016，65（11）：1084-1088.

[36] 张翰青，计效园，周建新，等. 砂铸企业串并联式质量追责追踪模型研究与应用［J］. 铸造，2017，66（11）：1178-1183.

[37] 王武兵，陈飞，计效园，等. 流程优化与巩固 Eraser-SDCA 方法及铸造企业应用［J］. 特种铸造及有色合金，2017，37（11）：1192-1196.

[38] 豆义华，计效园，周建新，等. 基于层次分析法与数据挖掘的砂铸工艺自评价模型及应用［J］. 铸造，2017，66（12）：1299-1303.

[39] 杨益贤，计效园，周建新，等. 基于账期模型的中小型铸造企业现金流量管理探索与研究［J］. 中国铸造装备与技术，2014，49（5）：48-52.

[40] 江海，杨欢庆，周建新，等. 基于 Android 平台铸字识别系统的可行性研究［J］. 特种铸造及有色合金，2013，33（8）：722-725.

[41] 黄小川，计效园，周建新，等. 基于数字化技术的铸造工艺卡的研究［J］. 特种铸造及有色合金，2014，34（9）：917-921.

[42] 杨虎，计效园，周建新，等. 基于单件管理模型的砂铸车间生产进度在线处理研究［J］. 机械工业标准化与质量，2014，42（11）12-16.

[43] ZHOU J X, YANG H, JI X Y. Research on Production Schedule Online Processing Management of Sand Casting Workshop Based on Single Piece Management Model［J］. Advanced Materials Research，2014，1037（6）：499-505.

[44] 武金龙，周建新，计效园. 铸造企业实施 WFMS 的可行性分析［J］. 特种铸造及有色合金，2012，32（7）：608-610.

[45] JI X Y, ZHOU J X, LIAO D M. Flask management in the foundry moulding plan［J］. Advanced Materials Research，2011，291-294：3195-3200.

[46] CHEN L, ZHOU J X, WANG H, et al. Design and Implementation of Performance Appraisal System for Foundry Enterprises［J］. Advanced Materials Research，2011，291-294：3189-3194.

[47] 彭兴健，周建新，计效园. 铸造企业面向订单生产和备件生产的兼容模型研究和应用［J］. 中国铸造装备与技术，2013，48（1）：47-51.

[48] WANG H, ZHOU J X, JI X Y, et al. Research and development on materials management system of foundry ERP［J］. Applied Mechanics and Materials，2013，364：859-863.

[49] 周建新. 铸造计算机模拟仿真技术现状及发展趋势［J］. 铸造，2012，61（10）：1105-1115.

[50] 刘飞，周建新，陈立亮，等. 铸造企业成功实施 ERP 的策略［J］. 中国铸造装备与技术，2007，42（06）57-60.

[51] 陈永聪，周建新，陈立亮，等. 铸造企业实施 EAM 的可行性分析［J］. 中国铸造装备与技术，2011，46（03）：55-58.

[52] 陈鲁，周建新，汪洪，等. 中小型铸造企业 EAI 架构研究［J］. 铸造技术，2011，32（05）：714-717.

[53] 陈永聪，周建新，陈立亮. 铸造 ERP 系统中账套的研究与开发［J］. 特种铸造及有色合金，2010，30（07）：627-629，584.

[54] 宋健，周建新，陈立亮，等. 铸造企业 ERP 实施过程中的关键问题及解决方案［J］. 铸造技术，2010，31（06）788-790.

[55] 杨锐锐，周建新，陈立亮，等. 熔模铸造企业 ERP 系统订单与销售模块的开发［J］. 中国铸造装备与技术，2007，42（04）：59-61.

[56] 葛红洲，周建新，陈立亮，等. 熔模铸造企业 ERP 系统的开发与应用［J］. 特种铸造及有色合金，2007，27

(07): 511-514+488.

[57] 冯春亮, 周建新, 陈立亮, 等. 华特 ERP 系统的研究与开发 [J]. 中国机械工程, 2006, 34 (S1): 274-278.

[58] 秦高, 周建新, 陈立亮, 等. 铸造企业产品质量管理信息系统的开发 [J]. 铸造技术, 2006, 28 (02): 185-187.

[59] 卢建新, 周建新, 刘瑞祥, 等. 基于 ASP.NET 的熔模铸造企业 ERP 系统的开发 [J]. 中国铸造装备与技术, 2006, 41 (01): 58-62.

[60] 王红楼, 周建新, 刘瑞祥, 等. 基于分布式模型的铸造企业 ERP 系统开发 [J]. 铸造技术, 2005, 27 (02): 152-154.

[61] 周红元, 刘瑞祥, 陈立亮. 铸造行业的 ERP 策略 [J]. 现代铸铁, 2004, 24 (2): 94-6.

[62] 吴晓光, 刘瑞祥, 王宏军, 等. 基于客户/服务器结构的铸造企业管理信息系统 [J]. 铸造技术, 2003, 24 (2) 146-148.

[63] 王宏军, 刘瑞祥, 李巧玉, 等. 铸造企业如何构建适合自己的管理信息系统 [J]. 铸造技术 2003. 24 (1) 60-62.

[64] 王宏军, 刘瑞祥, 李巧玉, 等. 铸造企业管理信息系统的建设及应用实例 [J]. 铸造技术 2002. 51 (9) 561-564.

[65] 吴晓光, 刘瑞祥, 陈立亮, 等. 铸造企业信息化技术及其应用 [J]. 中国铸造装备与技术, 2002 (5): 9-11.

[66] 陈立亮, 刘瑞祥, 林汉同. 我国铸造行业计算机应用的回顾与展望 [J]. 铸造, 2002 (2): 63-67.

[67] 陆界充, 陈立亮, 张勇, 等. 基于 Web 的汽车铸件数据库管理信息系统 [J]. 现代铸铁, 2001 (3): 54-55, 56.

[68] 叶虎. 基于改进教与学算法的铸造企业热处理炉次计划研究 [D]. 武汉: 华中科技大学, 2018.

[69] 王武兵. 铸造企业设备数据柔性采集方法及应用 [D]. 武汉: 华中科技大学, 2018.

[70] 豆义华. 基于 BP 的汽车发动机铸铁件断芯缺陷建模及应用 [D]. 武汉: 华中科技大学, 2018.

[71] 张瀚青. 航空零部件成形技术体系管理系统的设计与实现 [D]. 武汉: 华中科技大学, 2018.

[72] 邓蔚林. 航空航天钛合金精铸企业生产主子流程卡方案研究与应用 [D]. 武汉: 华中科技大学, 2017.

[73] 明廷勇. 基于 HTML5 跨平台的铸造企业仓储管理系统研究与应用 [D]. 武汉: 华中科技大学, 2017.

[74] 樊晓薇. 一种铸造企业 ERP 系统的基于柔性技术的快速实施方法及应用 [D]. 武汉: 华中科技大学, 2017.

[75] 陈飞. 砂铸企业生产质量双链协同中流程优化与应用 [D]. 武汉: 华中科技大学, 2017:

[76] 林垦. 铸件质量与工艺、生产三角协同管控的研究与应用 [D]. 武汉: 华中科技大学, 2016.

[77] 杨益贤. 铸造企业财务管理与其他业务管理信息化集成方案研究与应用 [D]. 武汉: 华中科技大学, 2015.

[78] 黄小川. 基于库位模式的铸造企业铸件管理系统的研究与应用 [D]. 武汉: 华中科技大学, 2015.

[79] 杨虎. 砂型铸造车间在线化生产管理方案的研究与应用 [D]. 武汉: 华中科技大学, 2015.

[80] 江海. 基于现场在线处理模式的铸造企业加工车间生产管理系统的研究与应用 [D]. 武汉: 华中科技大学, 2014.

[81] 彭兴健. 铸钢件木模管理信息系统的开发与应用 [D]. 武汉: 华中科技大学, 2013.

[82] 武金龙. 铸造企业工作流管理系统 WFMS 的研究与开发 [D]. 武汉: 华中科技大学, 2012.

[83] 陈鲁. 铸造企业绩效管理系统的研究与开发 [D]. 武汉: 华中科技大学, 2011.

[84] 陈永聪. 铸造企业 EAM 系统的研究与开发 [D]. 武汉: 华中科技大学, 2011.

[85] 宋健. 铸造企业进销存管理系统的研究与开发 [D]. 武汉: 华中科技大学, 2011.

[86] 喻聪莹. 铸造 ERP 智能化主生产计划的研究与开发 [D]. 武汉: 华中科技大学, 2009.

[87] 方超. 铸造 ERP 智能化物料需求计划的研究与开发 [D]. 武汉: 华中科技大学, 2009.

[88] 刘飞. 基于智能客户端的铸造企业管理信息化解决方案的研究 [D]. 武汉: 华中科技大学, 2008.

[89] 葛红洲. 基于局域网的铸件炉料配比系统的研究与开发 [D]. 武汉: 华中科技大学, 2007.

[90] 冯春亮. 华铸 ERP 熔模铸造企业管理信息系统的开发与应用 [D]. 武汉: 华中科技大学, 2007.

[91] 贾楠. 基于网络的华铸 CAE 在线试算系统的设计与开发 [D]. 武汉: 华中科技大学, 2007.